대중
독재

3

대중 독재

일상의 욕망과 미망

3

임지현·김용우 엮음
비교역사문화연구소 기획

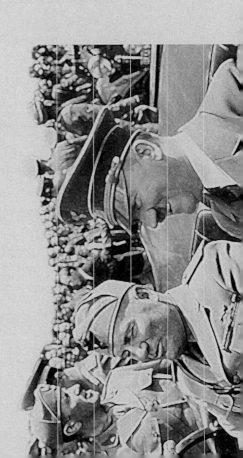

책세상

차례

프롤로그

꾸불꾸불 가기
—개념의 과잉을 넘어 연구의 방향을 틀자 | 알프 뤼트케 · 13
1. 다시 역사의 행위자들로—대중? · 13
2. 역사적 과정(들) · 16
3. 적대적 긴장관계로부터 발전의 틀의 와해까지 · 21
4. 구체적인 것의 사용가치 · 23
5. 인간과 사회 '원자화'? · 24
6. 역사의 주체—역사적 행위 주체? · 25
7. 감정/정서 · 30
8. 세대들—삶의 경로 · 32
9. 꾸불꾸불 가기 · 34

I 아래로부터의 역사와 일상사

아래로부터의 역사, 나치즘과 제3제국
—패러다임 전환과 문제 | 피터 램버트 · 41
1. 신좌파적 연구의 중점 이동—저항에 대한 연구로부터 협력에 대한 탐구로 · 41
2. 서독 사회사 연구에서 나치즘에 대한 저항과 합의의 문제 · 46
3. 자발적 고발과 게슈타포의 활동—자경사회인가 경찰국가인가 · 49
   (1) 고발자들의 프로필 · 51
   (2) 자발적 고발 대 대량 고발의 역설—고발의 사적인 성격 · 55
   (3) 과잉 고발의 딜레마 · 57
4. 잠정적 결론, 그리고 연구 패러다임의 전환 배경 · 67

자기권능화로서의 민족공동체

—나치 독일의 일상 속에 나타난 포섭과 배제 | 미하엘 빌트 · 71

    1. 민족공동체의 의미론 · 73

    2. 민족공동체의 실천 · 76

아래로부터의 스탈린주의?

—대대적 테러의 사회적 전제조건과 테러에 대한 민중의 대응 | 케빈 맥더모트 · 85

    1. 사학사적 맥락과 새로운 접근 · 86

    2. 테러—위로부터인가 아래로부터인가 · 101

    3. 맺는말 · 116

II 동원된 자발성

이단재판 떠넘기기—중국 문화혁명기의 대중독재 | 미하엘 쇤할스 · 121

    1. 대중은 진정한 영웅이다······ · 121

    2. 문화혁명과 대중 · 124

    3. 이단재판 떠넘기기 · 126

    4. 대중의 구성원 · 130

    5. 안건소조 28 · 133

    6. 이단재판관이 된 대중 · 136

    7. 고문 · 140

    8. 대중이 조사 결과를 보고하다 · 142

    9. 맺는말 · 147

스타하노프 일꾼들의 술회 속에 나타난 일상

—알렉산드르 부시긴의 경우를 중심으로 | 이종훈 · 153

    1. 공장 노동자의 소득수준과 도시 소비생활 · 156

    2. 농촌에서 도시로 · 169

    3. 교양인으로 거듭나기 · 180

    4. 맺는말 · 192

히틀러 유겐트의 '일상' 읽기 | 권형진 · 195

    1. 히틀러 유겐트—죽음으로 내몰린 소년들의 운명 · 195

    2. 히틀러 유겐트 되기 · 206

    3. 히틀러 유겐트로 성장하기 · 215

    4. 히틀러 유겐트에서 병사되기 · 227

    5. 소설과 일상의 사이 · 236

Ⅲ 욕망과 소비

북한과 욕망의 교육

—전체주의, 일상생활, 탈식민 주체의 형성 | 찰스 암스트롱 · 243

    1. 북한과 탈식민 사회의 위기 · 243

    2. 사회적인 것의 구성 · 246

    3. 욕망의 교육 · 252

        (1) 민족과 경제 · 253

        (2) 대중 동원 · 256

        (3) 사회주의적 공간들 · 264

4. 표상과 수용 · 274

　(1) 문학 · 274

　(2) 영화 · 277

5. 지배와 헤게모니 · 282

소비하거나 몰락하거나 | 하랄트 데네 · 285

1. 경직된 계획경제와 엄청난 국민의 요구 사이에서 독일민주공화국 정권의

　무원칙한 소비경제 약속은 어떻게 해체되었나 · 285

2. 약속과 위안―허약한 동독 정권은 어떻게 소비 욕구를 채워주려 했는가 · 289

3. 중앙관리복지의 환상―1971년 이후의 소비사회주의 · 295

4. 제도화된 결핍―대량 범죄의 벼랑 끝에 선 사회 · 298

5. 사회적 충돌 극복을 위한 연극―당국에 대한 허풍과 거짓 위협 · 301

6. 시대와 세계 개방에 대한 반항―내가 부르짖은 정신 · 304

7. 맺는말 · 306

꿈으로 본 나치 민족공동체의 일상 | 나인호 · 308

1. 나치 헤게모니와 대중의 일상 · 308

2. 역사학적인 꿈의 해석 · 312

3. 민족공동체의 강제와 자아 보존의 욕망 · 320

4. 강제에 의한 저항 의지의 상실과 순응 · 327

5. 은밀한 강제와 유혹을 통한 동의 · 331

　(1) 강제 자체에 대한 자발적 동의 · 335

　(2) 격심한 정체성 갈등을 수반한 순응 · 336

　(3) 소외감에서 나온 능동적 순응 혹은 동의 · 338

　(4) 대중 욕망의 구현자 히틀러―적극적 동의 · 341

6. 맺는말 · 343

Ⅳ 극한적 일상과 일상적 일상

프리모 레비의 회색지대와 수용소의 일상 │ 김용우 · 349

1. 극한 상황 속의 일상 · 349

2. 회색지대와 회색인들 · 357

3. 회색지대와 미래로 열린 기억 · 366

"마지막 순간까지 나는 증언할 것이다"

―빅토르 클렘페러를 통해 본 나치 체제하 유대인 정체성 │ 이진일 · 376

1. 클렘페러 현상 · 376

2. "이곳에 머무르고자 함은 무언가 역할을 하고 싶어서다" · 382

3. "모든 것을 동화시키지만 나만의 고유함은 유지할 것!" · 386

4. "긍지를 가지고 스스로를 독일인이라고 자부할 수 있다면 얼마나
   좋을까?" · 401

5. 맺는말 · 412

소비에트 체제 국가에서의 지식인의 일상생활

―1956~1970년 폴란드 │ 크쉬시토프 잘레프스키 · 417

1. 지식인-예술인 대 정치인 · 417

2. 지식인의 공산주의에 대한 협력―종교적 신념인가 순응주의인가 · 419

3. 협력의 역사 · 문화적 배경 · 422

4. 고무카 시대 권력과 지식인의 잠정 협정, 국가 관용의 한계 · 424

5. 클라이언텔리즘, 그리고 상징적 지리학 · 428

6. 정치적 엘리트와 상징적 엘리트의 공생 관계, 그리고 협력의 장 · 431

7. 상징 엘리트 지도층의 욕구―소비, 여가, 해외여행 · 437

8. 지식인으로서의 집단 자율권에 대한 상징 엘리트 지도층의 집착 · 441

9. 맺는말 · 443

V 제도화된 일상

'소비에트 인간형'의 창조
—네프기 '신체문화' 정책을 중심으로 | 박원용 · 449

　　1. 들어가는 말 · 449

　　2. 신체문화 이론의 기원—표트르 레스가프트 · 452

　　3. 신체문화 개념의 구체적 활용 · 459

　　4. 네프기 신체문화의 적용을 둘러싼 갈등 · 470

　　5. 맺는말 · 478

프랑코 체제와 축구 | 황보영조 · 482

　　1. 들어가는 말 · 482

　　2. 축구의 정치적 활용 · 486

　　3. 축구의 사회적 마약 기능 · 493

　　4. 축구의 체제 이미지 개선 기능 · 507

　　5. 맺는말 · 513

임시 수도 비시와 비시의 주민들, 1940~1944 | 이학수 · 515

　　1. 들어가는 말 · 515

　　2. 비시 도시와 비시 주민들 · 517

　　　　(1) 비시는 부르주아 도시였다 · 519

　　　　(2) 임시 수도를 비시로 · 521

　　3. 비시 정부 지지자들 · 526

　　4. 비시 정부에 저항한 사람들 · 539

　　　　(1) 정치인들 · 539

　　　　(2) 레지스탕스 대원들 · 543

　　　　(3) 소극적 저항자들 · 545

　　5. 맺는말 · 549

에필로그

일상의 미로에 갇힌 권력의 꿈 | 임지현 · 555

찾아보기 · 563

프롤로그

꾸불꾸불 가기
―개념의 과잉을 넘어 연구의 방향을 틀자

알프 뤼트케 :: 오승은 옮김

1. 다시 역사의 행위자들로―대중?

분석 방법의 변천은 긴 여정을 지나왔다. 거대한 악의 화신이라
고 할 히틀러Adolf Hitler, 힘러Heinrich Himmler, 스탈린Iosif

알프 뤼트케Alf Lüdtke는 독일 에어푸르트 대학 역사학과 교수로, 같은 대학 역사인
류학연구소 소장, 괴팅겐 막스 플랑크 역사학연구소 연구원을 역임했다. 그는 독일
에서 일상사/역사인류학의 주도적 학자에 속하며, 독일 근대 노동사, 경찰사, 폭력
사, 나치시대사, 동독시대사 등을 연구하고 있다. 주요 저서로는《공안, 경찰 그리고
'군사 훈련', 프로이센의 국가 폭력성과 내무성 1815~1850"Gemeinwohl", Polizei und
"Festungspraxis". Staatliche Gewaltsamkeit und innere Verwaltung in Preußen, 1815~1850》,
《고집, 제국시기에서 파시즘까지의 공장 일상, 노동자의 경험과 정치Eigen-Sinn,
Febrikalltag, Arbeitererfahrungen und Politik vom Kaiserrich bis in den Faschismus》(편저),
《사회적 실천으로서 지배 : 역사학적, 사회인류학적 연구Herrschaft als soziale Praxis :
historische und sozial-anthropologische Studien》(공동편저),《사진으로 보는 동독, 또 다
른 독일국가에서 사진 사용에 관하여Die DDR im Bild : zum Gebrauch der Fotografie
im anderen deutschen Staat》(공동편저),《폭력의 미개척지, 20세기 극단의 전쟁들No
Man's Land of Violence Extreme Wars in the 20th Century》등이 있다. 이외에 국내에 소
개된 책으로는《일상사란 무엇인가》에 실린〈일상사란 무엇이며, 누가 이끌어 가는
가?〉,〈'붉은 열정'이 어디 있었던가?〉,〈알프 뤼트케 교수와의 인터뷰〉, 그리고《트
랜스토리아》4호(2004)에 실린〈육체적 폭력, 근대의 한 지속성〉,〈'육체적 폭력' 연
구에 대한 제언, 그 후 10년〉과《일상생활의 사회학》에 실린〈일상생활의 역사서
술―사사로운 것과 정치적인 것〉등이 있다.
오승은은 한국외국어대를 졸업하고 런던으로 건너가 런던대 슬라브·동유럽 대학

Stalin 등의 적들을 연구자들이 더 이상 분석 대상으로 삼지 않게 된 후, 그리고 제2라운드에 이르러 기계적이라고까지는 할 수 없어도 사람들의 이름이 드러나지 않는 사회·경제적 과정에 대한 분석에서 벗어나게 되자, 이제 역사의 행위자들이 무대로 돌아오고 있다. 그러나 이러한 행위자들에 대해서 무대 복귀라기보다는 최초 등단이라고 말하는 견해도 있을 것이다.

그러나 연구자들이 주목하는 대상에 어떠한 변화가 있건, 그로 인해 더 광범위한 층에서 관심을 보이건 간에, 핵심은 전혀 달라지지 않았다. 근대 특히 20세기에 들어 독재를 역사적으로 재구성하는 일에서 시종일관 중심이 된 문제가 있다면, 그것은 '대중masses은 무엇을 했는가?'다.

물론 '대중'이라는 개념 자체가 늘 논쟁 대상이다. 19세기 말과 20세기 초를 거치는 동안 대중이라는 개념에 대해 저마다 강조점이 달랐을 뿐만 아니라 정반대의 내용을 담기도 했다. 자유주의적 좌파, 그리고 다양한 민주적 또는 사회주의적(또는 마르크스주의자) 집단은 대중이야말로, 혁명까지는 아니더라도, 사회 변혁에 있어서 진정한 행위 주체라고 주장했다.

그러나 19세기 초 대중에 대해 학자나 지식인들이 지녔던 통념은 귀족과 하인 사이에 엄존하면서도 겉으로는 드러나지 않는 불신 같은 것이었다. 유럽과 그 '식민지'에서 대중과 직면하거나 대중을 상상할 때의 대중이라는 말에는 경멸이 강하게 배어 있다. 19세기 후기에 진행된 농촌 인구의 지속적인 이농(離農)과 국내외적으로 행해진 대규모 이민으로 인하여 이러한 과정에 대한 관찰자들과 국

SSEES를 거쳐 런던대 킹스컬리지에서 구(舊)유고슬라비아 민족주의로 박사학위를 취득했다. 지금은 한양대 비교역사문화연구소에서 연구 교수로 활동하고 있다 .

가기관 종사자, 그 외 다른 당국자들은 대중을 '위험한 계급'의 전형으로 보게 되었는데, 이런 시각은 이미 19세기 초에 활동한 작가나 지배 계급의 의식에 팽배해 있었다.[1]

그 궁핍한 모습 속에 대중은, 다른 한편으로 사회와 정치체제 안에 잘 자리 잡은 부르주아와 귀족 집단에게는 완벽한 '타자'를 구현하는 것처럼 보였다. 그러면서 대중은 (어떤 이들이 혁명이라고 보았을) 재앙으로 향하는 점점 더 위협적인 동력을 상징한 것은 아닐까? 나름대로 세련된 감각을 지닌 지배 집단은 이 불결한 '다수many'를 체통의 코드로 파악했다. 그러므로 국가와 정치 그리고 그 밖의 지배적 지위에 오른 실력자의 '철권(鐵拳)'은 탁월해 보였다.[2] 더군다나 무산 계급 출신으로 체통의 상징을 적어도 하나 이상 획득한 사람들은 지배 계급에 합류하고 싶어 했다. 따라서 질서정연함의 관념은 여러 방식으로 작용하면서도, 이러한 무질서한 요소로부터 '민족 정화sweeping the nation'를 요구하는 방향으로 함께 움직여 나아갔다.[3]

---

1) H.-A. Frégier,《대도시 주민의 위험한 계급들*Des classes dangereuses de la population dans les grandes villes*》(Paris, 1840 ; Paris repr., 1977).

2) 여기서는 르 봉Gustave Le Bon의《군중심리*Psychologie der Massen*》(Stuttgart : Kroner, 1904)가 많은 것을 보여준다. 이 책은 폭넓은 지지를 얻었다. 잘 알려져 있듯 히틀러 역시 이 책을 읽었으며 그 스스로도 르봉을 언급했다. 현대 문학의 표상에 대해서는 K.-M. Bogdal,《무시무시한 표상들 : 부르주아 자연주의 시선에 나타나는 노동자*Schaurige Bilder : der Arbeiter im Blick des B rgers am Beispiel des Naturalismus*》(Frankfurt am Main : Syndikat, 1978)를 참조하라.

(옮긴이주) 프랑스의 사회심리학자 르 봉은 1895년에 발표한《군중심리*La psychologie des foules*》에서 군중 속에서는 개인의 의식적인 성격은 묻혀버리고 집합적인 군중심리가 지배하게 된다고 주장했다.

3) Nancy Reagin,《독일 민족 휩쓸기 : 독일의 가정 생활과 민족 정체성 1870~1945 *Sweeping the German Nation : Domesticity and National Identity in Germany, 1870~1945*》(Cambridge : Cambridge Univ. Press, 2007) 참조.

이처럼 대중이라는 개념의 재형성 역사에서 보듯, 대중이라는 용어를 해석적이거나 분석적인 도구로 이용할 때는 주의해야 한다. 여기서 중요한 것은 정치적 정확성이 아니다. 달리 말해서 분석적 도구로서 '대중'이라는 이 용어는 사용가치가 제약된다. 특히 이 용어에 함축된 가정, 즉 대중은 외관뿐만 아니라 사회적 집단으로서 통일성을 드러낸다고 보는 가정은 쓸모없는 것은 아니라고 하더라도 조금은 의심스럽다. 따라서 나는 불특정 다중a multitude 을 나타낼 수 있는 '다수the many'라는 개념을 쓰고자 한다. 이 용어는 '집단' 또는 '공동체' 같은 통일성을 나타내는 개념보다는 덜 포괄적이면서도, 회의주의를 초래할 가능성도 없다고 보기 때문이다.

2. 역사적 과정(들)

1920년대 이후 러시아 혁명과 볼셰비즘 심지어 파시즘조차도 중부 유럽의 관찰자들과 분석가들에게 커다란 중요성을 띠게 되었다. 오트발트Ernst Ottwalt[4] 같은 좌파 언론인이나 바우어Otto Bauer, 보르케나우Franz Borkenau처럼 사회 변혁의 잠재성을 포괄적으로 분석하고자 했던 마르크스주의 이론가,[5] 로젠베르크Alfred Rosenberg나 블로흐Ernst Bloch 같은 마르크스주의 경향을 띤 역사가나 철학자 모두 너나 할 것 없이 1920년대 이탈리아 파시즘이

---

4) Ernst Ottwalt, 《독일이여 깨어나라! 민족사회주의(나치즘)의 역사Deutschland erwache! Geschichte des Nationalsozialismus》(Wien · Leipzig : Hess & Co., 1932).

5) Ernst Nolte (ed.), 《파시즘에 대한 이론들Theorien über den Faschismus》(Köln : Kiepenheuer & Witsch, 1967) 참조.

받았던 대중적 지지나 수용이라는 문제에 매료되었다.

동시에 이들은 1930년 이후 독일에서 나치당이 거둔 압도적인 성공이라는 문제에 직면하게 되었다. 나치당의 주요 지지층은 소토지를 보유한 개신교 농민과 소매상인, 도시 빈민이었다. 그런데 나치는 가톨릭 신자가 압도적으로 많았던 상(上) 슈바벤 지역이나 작센 지역의 산업 노동자뿐만 아니라 교사나 대학교수 그리고 부르주아, 국가나 지방도시 행정기관의 피고용인이나 관리들에게 지지를 받았다.[6] '대중'의 이러한 행위는 연구자들에게 재앙 그 자체를 의미했다. 개인적인 차원에서도 이들은 그 같은 상황을 바라지 않았다. 그러나 자기인식과 공민의식이 반영된 이들의 해석 방식은 잘못된 것임이 입증되었고, 그 결과 이들의 정치는 패배했다.

이들은 사회 과정과 사회관계에 있어서 사회 집단과 계급의 구성을 중심 주제로 다루어왔다. 이러한 관점은 역사를 과정으로 보는 입장에 속한다. 따라서 이들은 개인과 집단의 행동은 구체적 이름을 드러내지 않는 세력들의 투쟁에 의해서 결정된다고 보았다. 물론 이러한 세력은 '주연배우Charaktermasken'는 아니라 하더라도 개인을 통해 그 모습을 드러낸다. 개인이 '주어진' 계획을 실행한 것은 사실이지만 그렇다고 그들이 자신의 대안을 통해서 창조하고 구성(혹은 생산)하는 것은 아니다. '사람들의 배후에 있는' 추동력——특히 생산력——이 인간의 행동을 결정하는 것이다.

앞에서 언급한 학자들은 그들 간에 존재하는 차이에도 불구하고

---

6) Oded Heilbronner, 《가톨릭주의, 정치 문화와 시골 : 남부 독일의 나치당 사회사 *Catholicism, Political Culture, and the Countryside : A Social History of the Nazi Party in South Germany*》(Ann Arbor : Univ. of Michigan Press, 1998) ; C. -Ch. W. Szejnman, 《중부 독일의 나치즘 : 적색 작센주의 갈색 셔츠 부대*Nazism in Central Germany : The 'Brownshirts' in Red Saxony*》(New York : Berghahn Books, 1999) 참조.

일직선적인 과정을 전제하는 진보, 엥겔스Friedrich Engels의 후기 저작(특히 1890년대 이후)에서 두드러진, 진보를 받아들이는 기계적인 접근 방법은 극복해야 한다는 점에 동의했다. 게다가 앞서 언급한 당의 노선에 대한 소수의 비판자들은 역사의 과정에 하나의 유형만 있는 것은 아니라고 주장했다. 대신에 결정적으로 중요한 것은 '불균등 발전'이었다. 이 개념은 간략하게나마 마르크스의 《정치경제학 비판 요강Grundrisse der Kritik der Politischen Öonomie》〈서문〉에 언급되어 있다. 이 대목은 고대 그리스나 셰익스피어 시절 영국 같은 다른 맥락에서 비롯된 예술에 대한 동시대인들의 열정을 반영한다. 그런데 이것은 마르크스의 입장에서 본다면 역사 과정의 '일반적 방향general direction'에서 벗어난 것이다.[7]

다시 말해 우발성이라는 것이 다양하고 복잡한 인간의 행동에 존재한다는 것을 분석자들은 인정했다. 이런 접근 방식을 취한 연구 경향 중 특히 두 가지 방식이 언급할 만하다. 이들은 좌파 정치 활동가들이 인정한 해석이 보여주는 한계를 논의하고 넘어서기조차 한다(1960년대 말과 1970년대에 다시 각광받았던 것도 이러한 분석이다). 두 접근 방법 중 하나는 블로흐가 말한 "비동시적인 것의 동시성synchronicity of the asynchronous"이다.[8] 이것은 동시성이 갖고 있는 특별한 점을 이해하기 위한 노력이다. 이해득실을 따져보는 것과 함께 근대 초기나 산업화가 시작되는 시점까지 거슬러 올라가는 삶의 방식이 아주 역동적으로 존재한다는 점을 보

---

7) Karl Marx, 《정치경제학 비판 요강 1857~1858Grundrisse der Kritik der Politischen Ökonomie, 1857~1858》(Frankfurt am Main : Rohentwurf, 1970), 29~31쪽. 저자는 이 책에 '잊어서는 안 될' 문제를 명시하고 있다.

8) Ernst Bloch, 《불균등, 그리고 불균등의 변증법에 대한 의무Ungleichzeitigkeit und Pflicht zu ihrer Dialektik》, Ernst Bloch, 《이 시대의 유산Erbschaft dieser Zeit(1932)》(Frankfurt am Main : Suhrkamp, 1962), 104~160쪽.

았던 것이다. 이러한 삶의 방식은 잃어버린 천국이라는 이미지를 중심으로 펼쳐지기도 하고, 과도한 소비를 선호하는 형태의 사교 성향을 묘사하기도 한다. 또한 각기 다른 여러 시간성이 허용되는데, 이것은 '전복적 유토피아' 방식으로 '다(多)-공간'의 변증법을 투영하게 할 수도 있다.

블로흐는 붉은 깃발과 같은 상징을 꿈꾸고 소중히 하는 것의 의미와 추동력을 추적했다. 그러나 블로흐의 이런 섬세한 접근에도 불구하고 그는 전반적으로 목적론적인 마르크스주의 틀 안에 남아 있었다. '비동시적인' 것의 형상 혹은 상징 역시 마찬가지였다. 그러므로 그것이 지닌 당대의 신선한 충격에도 그것은 결국 패배하거나 극복될 것이었다.

이러한 인습에서 벗어나 있던 동시대인 가운데 다른 한 사람은 정신분석에 초점을 맞춰 연구한 라이히Wilhelm Reich였다. 그의 견해에 따르면 주체들을 어떤 행동과 행태로 몰고 가는 것——특히 겉으로 힘 있어 보이는 '퓌러Führer'[9]과 같은 지도자를 지지하게 하는 것이 바로 섹슈얼리티와 그에 대한 억압의 메커니즘이라는 것이다. 라이히는 다른 누구보다 사회 속의 개인에 초점을 맞추었지만, 인간의 배후에서 작동하는 구조화 과정(이 경우 섹슈얼리티)을 준거점으로 하고 있다. 이 점에서 본다면 라이히는 주체성을 각기 특별하기는 하지만, 서로 연관된 잠재성이 아니라 연구자가 사태의 '본질'로 들어가기 가기 위해 침투해야 하는 속기 쉬운 표면으로 보고 있다. 정치적 입장에 상관없이 다수 사회과학자들의 입장이기도 하다.

---

9) (옮긴이주) 히틀러가 독일 제3제국(1933~1945)의 절대적 권력자인 자신의 역할을 정의하기 위해 사용했던 칭호다.

이러한 관심은 처음에는 나치즘보다는 이탈리아 파시즘에 더 많이 반영되었다. 연구자들은 국민 대다수에 미치는 광범위한 영향력이 주로 파시스트들이 구사하는 테크닉, 즉 반대자를 '국민'과 '민족'(혹은 '제국')의 '적', 경멸과 배제 이외의 어떤 처우도 해줘서 안 되는 적으로 만드는 상징적 기법 때문이라고 보았다. 그렇지만 '헤게모니' 생산을 분석하고자 하는 동시대 학자들의 노력은 상징적 영역과 사람들이 실제 그런 지배를 받아들이거나 심지어 요구하는 것 사이의 상관관계를 파고들지는 못했다.[10] 특히 무자비한 '전체주의 국가stato totalitario' 이탈리아가 (나중에 나치국가와 당이) 실질적인 혹은 잠재적인 반대자에 대항해서 행사하는 무자비한 힘은, 오늘날의 연구에서는 주로 희생자의 관점(이 또한 빈번히 가정된 하나의 관점)에서만 다뤄지고 있다.[11] 폭력이 행사되는 환경과 폭력 행사자, 공범자와 방관자의 일상은 여전히 사각지대로 남아 있다. 고문, 살인, 절멸을 '정상적인 것으로 만드는 normalizing' 사람들의 내면 역시 연구되지 않았다.[12]

그러므로 부르주아 사회의 구성원 대부분이 어떻게 독재통치

---

10) Antonio Gramsci, 《옥중수고Quaderni del Carcere》, vols. 4(Torino : Edizione Einaudi, 1977).

11) Sven Reichardt, 《파시스트 전사단 : 이탈리아 돌격대원과 나치 돌격대의 폭력과 공동체Faschistische Kampfb nde. Gewalt und Gemeinschaft im. italienschen Squadrismus und in der deutschen SA》(Köln · Weimar · Wien : Böhlau, 2002).

12) Alexandra Przyrembel, 《인종모욕Rassenschande. Reinheitsmythos und Vernichtungs-legitimation im Nationalsozialismus》(Göttingen : Vandenhoeck & Ruprecht, 2003) ; Michael Wildt, 《자기권능화로서의 민족공동체. 지방 유대인에 대한 폭력, 1919~1939Volksge-meinschaft als Selbstermächtigung. Gewalt gegen Juden in der deutschen Provinz, 1919 bis 1939》(Hamburg : Hamburger Edition, 2007). 그러나 고전으로 손꼽히는 책은 아직도 Raul Hilberg, 《범행자, 희생자, 방관자Perpetrators, Victims, Bystanders》(New York : Harper Collins Publishers, 1990)다.

와, 전쟁의 한계를 확대해 거리에서 절멸과 집단적 말살로 이어진 폭력, 전투에[13] 신속하게 참가했는지에 대한 답을 단순히 인격분열에서 찾는 것은 결코 놀라운 일이 아니다.

3 적대적 긴장관계로부터 발전의 틀의 와해까지

현대의 프로파간다에서 '적'은 극도로 야만적이며 무자비하게 그려진다. 이것은 파시즘-나치즘과 대립하는 볼셰비즘 사이에서도 나타났다. (나치는 볼셰비즘을 또 다른 유대인 음모로 묘사함으로써 반유대주의를 동원하여 볼셰비즘과 거리를 두게 했다.)[14] 소련이 파시즘이나 나치즘을 묘사할 때도 마찬가지 방법을 썼다. 그러나 나치 독일과 스탈린 통치하의 소련이 협약을 맺고 난 1939년부터 1941년까지는 이러한 입장이 유지되지 못했는데, 이는 소련과 독일 사회 모두에서 폭넓은 지지를 받았다. 그러나 각각의 '타자'에 대한 표상과 이미지는 '적'에게 고정되게끔 되어 있었다. 적어도 1941년 나치의 공격과 점령 이후 소련의 입장에서 볼 때 이것은 수백만의 사람들이 '아리안족'보다 '열등한 존재'와 '적'으로 낙인찍히는 공포를 뜻했다.

1930년대 말 마르크스주의 지지자, 좀 더 정확히 말해 조직화된

---

13) Sebastian Haffner, 《지킬 박사와 하이드*Doctor Jekyll and Hide*》(London : Longmans, 1940)를 참조하라.

14) 나치가 볼셰비키의 영향을 받은 것인지 아니면 모방한 것인지에 대한 논의는 1986년 이후 잠시 위기를 겪는다(이것은 독일의 보수적 역사학자 놀테Ernst Nolte가 소련의 교정 노동수용소 굴락Gulag이 아우슈비츠보다 '논리적이며 실질적으로 앞선 것'이라고 주장함으로써 시작되었다). 이 논의는 상대방의 주장에 초점을 맞춤으로써 서로간의 차이와 적대감을 전면에 드러냈다.

공산주의 권력의 지지자들 사이에서, 인류를 위해 좀 더 나은 미래를 건설하고자 하는 소비에트 프로젝트는 더 이상 호소력을 지니지 못했다. 그 결과 그 궤도를 계속 유지하고자 하는 노력은 거부되지는 않았다 하더라도 지지자들에게서 점점 더 멀어졌다. 쾨스틀러 Arthur Koestler 같은 '변절자'는 '위로부터' 시작된 스탈린주의 테러의 중요성을 강조했다(이로 인해 아래로부터 시작된 테러라는 문제는 무시하거나 일부러 회피했다).

스탈린 체제로 인해 발전의 틀developmental frame은 평가절하되었고, 그 결과 주어진 것처럼 보이는 '역사적 발전의 질서'의 구체적인 역사적 장소에 대한 개념 역시 평가절하되었다. 특히 1930년대 초 이래로 스탈린주의의 사례 혹은 테러로 인해, 소련이 인류의 무한한 잠재력을 가지고 있다는 주장은 한계에 봉착했다. 그러나 동시에 1920년대 말 이후 사회적 변혁은 '역사적 후진성'의 덕을 보았음을 암시했다. 바로 이것이 소련 사회가 다른 사회가 성취한 것 이상으로, '더 나은 미래'를 건설하기 위해 스스로를 동원하는 데 있어 주요한 배경이 된 것은 아닐까?

이런 맥락에서 스탈린주의와 나치즘에 대한 최근의 연구는 일상성의 장소에 대한 내적 고찰을 통해 각각의 모더니티를 추구한 것임을 강조하고 있다. 예를 들면 몇몇 연구들은 '근대적인' 바우하우스 건축(1940년대 독일에서 산업 · 개인 주택 건설에 상당히 확산되었다)을 추적하고 있거나 산업생산 합리화를 강화하거나 풍경 리모델링의 재구성이라는 면을 보여주고 있다. 이들 연구는 또한 '근대적' 미디어, 영화(극영화뿐만 아니라 뉴스도 포함한다)나 라디오(TV 실험도 포함한다) 같은 미디어가 지속적이면서도 열광적으로 사용되었음을 보여주고 있다. 또한 비행, 항공기, 비행사 등을 통해 상징되는 속도가 독일 나치즘뿐만 아니라 이탈리아 파

시즘 그리고 소련 스탈린주의에서는 더 환영받았을 것이라는 점을
보여준다.

4. 구체적인 것의 사용가치

발전의 틀의 확실성이 비판받은 후, 실증적인 경험의 구체성이
다시 중요하게 부상했다. 이러한 '실증적 전환empirical turn' 혹
은 좀 더 정확히 말해 구체적이고 확실한 것에 대한 호기심이 다시
나타난 후에 연구 분야를 근본적으로 재구성하는 쪽으로 관점이
바뀌었다. 이렇게 해서 역사적 역동성의 장과 형태에 대한 새로운
전망이 열렸고, 그것이 역사적 행위 주체를 이해할 수 있는 새로운
관점을 제공함으로써 이들이 무엇을 했는지 그리고 하지 않았는
지를 연구하게 되었다. 바로 이 지점에서, 세부 사항에 대한 인식
은 일상의 환경과 실상에 대한 관심에 활력을 불어넣었다. 미시사
적 관점은, 계급 혹은 더 큰 범위의 사회집단에 대한 통계학적 설
명이나 구조주의적 분석에서 드러나지 않는 역사적 행위 주체들
에게 목소리를 부여했다.[15]
구체적인 것에 대한 관심은 '표면'에 대한 관심과 공명한다. 표
면은 '어디서나' 볼 수 있는 것이며 동시에 개인의 다양한 측면을
글자, 보고서, 혹은 모든 종류의 그림 등으로 펼쳐 보인다. 그러나
이것이 아날학파가 '전체사total history'를 추구하는 방식은 아니
다. 이것은 실질적으로 불가능할 뿐만 아니라, 문자 그대로 치명적

---

15) Alf Lüdtke, 〈일상사란 무엇인가Alltagsgeschichte—ein Bericht von unterwegs〉,《역
사인류학*Historische Anthropologie*》vol. 11(2003), 178~195쪽 참조.

인 야심이 될 것이다. 그러므로 필요한 것은 비직선적 연관관계, 특히 그 관계가 어떻게 공명하는지를 선별적으로 살펴보는 것이다. 다른 '존재'가 아닌 다른 시간성의 동시성이 제시되어야 한다. 사람들이 구체적인 힘의 장으로 들어설 때, 맞닥트리거나 표현하게 되는 시간과 시기는 무엇을 의미하는가? 그리고 그 우회자들은 무엇을 행하는가?

5. 인간과 사회 '원자화'?

아렌트Hannah Arendt는《전체주의의 기원 *The Origins of Totali-tarianism*》에서 구체적인 정치 환경과 사회적 관행의 특징을 날카롭게 관찰하면서 광범위한 정치적 사상들을 탐구했다. 그렇게 해서 아렌트는 나치즘과 스탈린주의에 나타난 다양한 장르의 (자기) 표상을 분석했다. 아렌트는 이런 방식을 통해 사회 변혁의 장기지속적 측면에 초점을 맞추었다. 그녀의 관점에서 보면 18세기 이후 변화는 '인간의 소외'를 가져왔고 개인을 '원자화'시켰다.

아렌트는 '사회의 원자화'는 전체주의적인 지배의 전제조건이거나 결과라고 가정했다.[16] 이는 많은 학자와 지식인들의 호응을 얻었다. 이런 호응에도 불구하고 혹은 이로 인해서, 이 가설이 묘사하고자 하는 사회의 구체적인 경험적 측면들에 부합하는 것인지 진지하게 탐구한 적이 없다. 이를테면 다음과 같은 측면이다. 무엇이 붕괴되었으며 어떤 형태로 발생했는가? 더욱이 사람들은

---

16) Hannah Arendt,《전체주의의 기원 *The Origins of Totalitarianism*》, 제2판(San Diego, New York : Harvest/Harcourt, 1966)(1st ed. 1951), 14~15쪽 참조.

사회관계와 사회적 유대를 재구성하고자 시도하는가?

이러한 관점은 다른 측면에 대한 논의를 필요로 한다. "동반자로서의 덕을 회복하는 것"에 대한 논의에서, 아렌트는 인간을 근본적으로 유대관계의 가능성에 의존하는 호모 폴리티쿠스로 묘사한다.[17] 이러한 유대를 통해 사람들은 전체주의 정권의 구성 요소인 폭력을 갈망하거나 행하는 것을 자제할 수 있게 된다. 다시 말해 아렌트는 폭력과 극단적인 형태의 잔인성을 비인간적인 행위로 본 것이다. 아렌트의 도덕적 입장은 그녀 자신의 접근 방법이 갖고 있는 폭발적인 역량을 제한할 수도 있다. 한 가지 예를 들면——'미리 말하자면'——사회적 유대관계의 실질적 형태와 의미를 면밀히 검토해보면 그것에 내재된 모호성이 드러난다. 가족적 유대관계나 실제로 직장이나 군대의 동료애는 편안함을 제공할 뿐만 아니라 곤경과 좌절의 시기에 마지막 안식처로 기능한다. 따라서 바로 그 돈독한 유대관계가 '타자'뿐만 아니라 그러한 관계를 맺고 있는 사람들 사이에서도 서로 폭력을 행사하게끔 한다.

그렇지만 다시 한 번, 이러한 관점에서는 익명의 논리와 얼굴을 드러내지 않는 과정들이 역사적 행위 주체들을 단순한 의존자, 즉 어떤 자아의식도 없고 타인을 인간으로 보지 않는 의존자로 만들면서 이들의 행동을 결정하고 규제하는 것으로 간주된다.

6. 역사의 주체—역사적 행위 주체?

바로 이 지점에서 역사의 주체적인 측면에 대한 새로운 관심(때

---

17) Hannah Arendt, 《전체주의의 기원》, 174쪽.

로는 재개된 관심)이 역사를 서술하고 제시하는 방식뿐만 아니라 연구 문제 설정에도 영향을 미치게 된다. 사람들의 주체성이나 행위 주체성의 문제가 다시 역사가의 책상에 과제로 돌아왔다. 이것은 상당히 더딘 과정이었고 여전히 더디다. 그러나 그렇기 때문에 사람들의 인식, 표현, 행동의 복합적인 형태를 담아낼 수 있기도 하다.

주체성의 측면에 초점을 맞춘다고 해서 사회적 관계와 관계의 구조, 기능에 대한 분석을 버리자는 것은 아니다. 그렇지만 강조점은 바뀐다. 구조주의적/기능주의적 관점은 (그 특수성이 무엇이든 상관없이) '통합'과 '수용'의 면을 강조하게 된다. 이와 관련된 핵심 주제는 '합의'(혹은 '동의')다. 이들 개념은 모두 비슷한 수준에서 작동한다. 즉 행위와 태도의 일반적 상태라는 문제를 다루고 있다. 그 개념들 자체가 '사태state of things'를 지칭한다. 그렇지만 어떻게 이러한 사태가 생산되고 지속되며 해체되는지에 대한 논의는 빠져 있다. 다시 말해 면밀히 검토해보면 문제가 되는 과정과 실행이 고려되지 않고 있다. 그렇지만 다시 반복해서 자세히 들여다보는 작업은 사람들의 행동이나 행위 방식이 다양하며 모순과 차이를 담고 있음을 보여준다. 더군다나 같은 집단(같은 군대, 회사, 관료조직)의 사람들 사이에서조차 다양함과 차이가 있음이 드러난다.

독일의 이른바 "범죄자(가해자) 연구Täterforschung"는 상세한 관찰을 통해 생산적인 결과를 내놓기 시작했다.[18] 그러나 동시에 이런 연구가 놓치는 점도 있다. 다양한 배경(친위대원, 비밀경찰, 군인, 나치당, 국가나 집권당 기구에 속하지 않은 사람들)의 범죄자를 찾음으로써 '이런저런' 사법적 개념규정에 초점을 맞춘다. 경찰이나 검찰 조서에서 표현되는 방식으로 '사실'에 대해 사법적으로 검토하는 규정에 얽매이게 된다. 따라서 관심은 판결을 가능케 하는 명확한 구분선에 놓이게 된다. 인간의 다면적multivalent인 행위까지는 아니더라도 '얽히고설킨muddled' 상황과 양면적 ambivalent인 행위를 추적할 필요성은 무시되고, 이러한 연구에 초점을 맞추기 위해 심지어 이들의 행위가 재구성될 가능성조차 있다.

미국의 홀로코스트 연구자 브라우닝Christopher Browning의 《평범한 사람들Ordinary Men》[19]은, 사람들의 행위와 행동을 '현장에서' 꼼꼼하게 추적하기 위해서는, 예를 들어 1942년 7월 (이른바 총독부Generalgouvernement 관할지역 내) 유제푸프Józefów 주민들을 몰아내고 죽이는 데 가담한 사람들이 언제 그리고 어느 정도로 가담했는지를 보여줄 필요가 있음을 설득력 있게 보여준다. 이곳에서 독일군대는 노인, 여자, 아이들을 성인 남자들과 떼어놓은 후 살해했다. 바로 이러한 접근 방법을 통해 모든 사람들이 같은 방식으로 범죄 행위에 참여한 것은 아님을 보여준다. 군인들은 거의 10명 중 1명꼴로 범죄 행위를 피하거나 뒤로 물러섰다. 어떤 방법을 썼든 간에 가담하지 않았다(물론 지휘관의 묵인하에서였다). 그렇지만 이러한 밀착 조사는 같은 부대의 다른 참가자들이 얼마나 열렬히 범죄 행위에 가담했는지도 보여준다. 그들은 총살의 표적이 된 마을 사람들을 몰아붙이고 적극적으로 살인 행위에 가담했으며, 자신의 총이나 기관단총을 쏘고 또 쏘았다.

---

18) K.-M. Mallmann · Gerhard Paul (eds.),《폭력의 이력Karrieren der Gewalt : nationalsozialistische Täterbiographien》(Darmstadt : Wissenschaftliche Buchgesellschaft, 2004).

19) Christopher Browning,《평범한 사람들 : 경찰예비대대 101과 폴란드의 최종 해결책Ordinary Men : Reserve Police Battalion 101 and the Final Solution in Poland》(New York : Harper Collins, 1992).

이러한 연구는 어떻게 사람들이 운신의 폭room for manoeuvre을 요구했으며, (때로는 공개적으로 혹은 아주 더 빈번히 은밀한 방법으로), 그러한 운신의 폭이 무엇인지를 정의하고 전유하고 이용했는지 지형도를 그려준다.[20] 물론 이러한 분석의 중심에 놓인 것은 사회-역사적 과정이 경직되지 않은 유연한 것임을 이해하는 것이다. 이러한 분석은 운신의 폭에 대한 인식이나 운신의 폭이라는 개념장치를 이용하는 것이 무엇인지 명확하게 보여준다. 물론 실제로 운신의 폭을 밝혀내고 또 이것을 정의해야 하는 것이 쾌도난마 식으로 쉽사리 이루어질 수 있는 것은 아니지만. 1939년부터 독일 여자청년동맹Bund Deutscher Mädchen(BDM)의 전문직 공무원이 었던 마쉬만Melitta Maschmann의 자서전과 1942년 '동부전선으로' 자원했던 지방 복지 단체의 전문 공무원이었던 멘젤Alfred Menzel 의 자서전은 모두 자신의 임무를 위해 봉사하고 완수하고자 하는 열정이 독일 전역에서 '잘' 기능하고 있음을 보여준다.

감정의 강도(强度)emotional intensity에 대한 욕구는 '마른하늘에서' 갑자기 나타난 것이 아니며 비역사적인 '자연적' 특성도 아니

---

20) Christopher Browning, 〈독일인 살인자들 : 새로운 증거로 본 행위와 동기German Killers. Behavior and Motivation in the Light of New Evidence〉,《나치 경찰, 유대인 노동자, 독일인 살인자Nazi Policy, Jewish Workers, German Killers》(Cambridge, Mass. : Cambridge Univ. Press, 2000), 143~169쪽. 1930년대와 1940년대 독일에서 나치에 대한 여성들의 협력과 지지에 대해서는 다음을 참조하라. Claudia Koonz,《조국의 어머니들 : 여성, 가족, 나치 정책Mothers in the Fatherland : Women, the Family and Nazi Politics》(London : Methuen, 1987) ; Dogmar Reese,《나치 독일의 여성 교육Growing up Female in Nazi Germany》(Ann Arbor : Michigan Univ. Press, 2006 ; 독일어판 Weinheim : Beltz, 1989). 다양한 협상과 공작의 여지에 대한 간결한 논의는 Adelheid von Saldern, 〈희생자인가 가해자인가? 나치 국가에서 여성의 역할에 대한 논쟁Victims or Perpetrator? Controversy about the role of Women in Nazi State〉, David Crew (ed.),《나치즘과 독일 사회Nazism and German Society》(London : Routledge, 1994), 141~165쪽을 참조하라.

다. 반대로 감정적인 비난과 표현에서 보이는 특성과 강도는 1920년대, 1950년대, 1960년대 다시 등장한 논의의 배경이 되었고 사회-'경제적 후진성'과 같은 일반적 특성을 반영한다. 대조적으로 각기 다른 그리고 부분적으로는 비동시적인 순간들을 여러 방식으로 다양하게 배치하고 윤곽을 잡아봄으로써 이들 순간의 역동성을 좀 더 적절하게 재구성해볼 수 있다.

유럽이라는 상황에서 중요했던 것은 1920년대 이래로 두려움까지는 아니더라도 문화적으로 코드화된 불확실성이 존재했다는 것이다. 구체적으로 이것은 1918년 패전과 상실의 경험, 이와 직접적으로 연관된 국가적 '굴욕'(이것은 많은 독일인들에게 '베르사유' 즉 1919년 강화협정을 의미한다), 아울러 이것은 1920년대 초기의 초(超)인플레이션으로 강화되었고 1929년 이후의 경제 침체기에 사람들의 일상생활에 부과된 경제적 궁핍과 실망 등이다. 정치 경제적 회복에 대한 약속과 전망은 동시에 '새로운 질서'의 산물로 여겨졌다. 새로운 질서란 자신들이 겪는 불확실성 혹은 사람들의 복지와 민족의 미래에 대한 전망을 위협하는(위협하는 것으로 보이는) 모든 세력과 집단, 사람을 배제하거나 제거하는 것이다. 이러한 모든 요소가 뒤섞여 '민족공동체Volksgemeinschaft' 의식을 불러일으켰고, 이러한 의식은 계급, 종교, 정치, 문화적 차이 등의 구분선에 상관없이 나타났다. 아래로부터의 선도적 움직임을 허용하고 고무했던 것은 이러한 느슨한 망을 통해서였음은 분명하다. 1920년대 말 1930년대 초 평범한 나치 돌격대원의 보고서는 앞에서 언급한 자서전과 비슷한 내용을 담고 있다. '일상에 활력을 불어넣기'는 독일에 존재하는 기존의 모든 차이와 구분을 넘어 공통적으로 경험했던 것으로 보인다.

이런 상황 혹은 비슷한 상황을 이탈리아에서는 어느 정도로 추적할 수 있는가? 이탈리아에서는 일상 환경과 활동에 대해서 좀 더 많은 연구가 필요하다(예외적으로 파시스트 연구자 보즈워스 Richard Bosworth는 지역적 · 친족적 맥락이 어떻게 사람들에게 파시즘에 협력하고, 고발 등을 통해 파시즘 정책을 따르게 했는지에 대해 일상연구를 했다).[21] 그리고 스탈린 통치하의 소련에 대해서는 상황의 유사성에 관심을 둔 '아래로부터의 스탈린주의'에 대한 연구가 촉발되었다.[22]

7. 감정/정서

이런 이유로 자각할 수 있는 것과 감각적인 것의 영역이 고려되어야 한다. 그렇지만 아직 제대로 탐구되지 않은 이 영역에 대한 역사 연구는 한정된 범위에서만 이루어지고 있다. '이성적인 것'과 '비이성적인 것'이라는 이분법과, 이 이분법에서 '이성적인 것'이 차지하는 뿌리 깊은 특권으로 인해 인지와 감정 사이의 상관관계와 공명에 대해 좀 더 깊이 이해되지 못하고 있다. 스위스의 정신과 의사인 촘피Luc Ciompi가 말한 "감정의 논리"[23]를 탐구함으로써 이 치명적인 이분법을 극복하는 것이 최근 미국의 역사학자 레

21) Richard Bosworth,《무솔리니의 이탈리아 : 독재정권 하에서의 삶 1915~1945Mussolini's Italy : Life under the Dictatorship, 1915~1945》(London : Allen Lane, 2005).

22) Sheila Fitzpatrick (ed.),《스탈린주의 : 새로운 방향Stalinism : New Directions》(London : Routledge, 2000) ; Lewis Siegelbaum · R. G. Suny (eds.),《노동자 소비에트 만들기 : 권력, 계급과 정체성Making Workers Soviet : Power, Class, and Identity》(Ithaca, N.Y. : Cornell Univ. Press, 1994).

23) Luc Ciompi,《사유의 감정적 기초들Die emotionalen Grundlagen des Denkens. Entwurf einer fraktalen Affektlogik》(Göttingen : Vandenhoeck & Ruprecht, 1997).

디William Reddy의 연구에서 중심문제다.[24] 1789년 프랑스 혁명
에 대해서 레디는 '개인적인' 감정적 추구가 혁명의 활력을 고취
시키는 데 결정적이었음을 보여주고 있다. 레디의 주장에 따르면
사람들이 감정을 나타내는 말을 언급하는 것이 그 말이 의미하는
바로 그 감정을 불러일으키는 감정적 동기로 작동한다는 것이다.
마찬가지로 이성의 옹호자들이 '탈주술화disenchantment'에 쏟아
붓는 열정을 풀어내볼 수도 있을 것이다. 사람들의 열정을 '탈주
술'에 몰아가는 것도 대담한 감정 때문이 아닌가? 이렇게 얽혀 있
는 감정적인 것(느낄 수 있는 것)과 지적인 것(이해할 수 있는 것)
의 혼합을 탐구해봐야 한다.

　의례는 축제적이고 계산적인 행동이 뒤섞이는 것을 허용하고 가
능하게 해준다. 좀 더 구체적으로 말하자면 인간의 노동은 어떻게
(향락까지는 아니더라도) 사교성sociability에 의존하며 관련을 맺
는가? 의례가 효과가 있는 것은 바로 탈선적transgressive 행동, 혹
은 적어도 그 투영 방식을 다면적, 다각도 읽어내도록 자극하기 때
문이다. 이런 맥락에서 나치의 히틀러 소년단Hitler-Jugend(HJ)의
집회에 대한 연구 혹은 마찬가지 이유로 동독의 자유독일청년단

---

24) William Reddy, 〈감정주의와 그 말살 : 프랑스 혁명 시대의 감정의 역할Sentimen-
talism and its Erasure. The Role of Emotions in the Era of the French Revolution〉,《근대
사 학보Journal of Modern History》vol. 72(2000), 109~152쪽 ; William Reddy,《감정의 항해
: 감정의 역사를 위한 틀The Navigation of Feeling. A Framework for the History of Emotions》
(Cambridge : Cambridge Univ. Press, 2001), 마지막 5장 참조. 레디에 따르면 감정의 분
출과 그에 대한 조사는 항상 감정들이 지시하는 바로 그 장에 즉각적으로 영향을 끼친다.
이 점을 고려한다면 구체적인 감정을 하나 짚어내는 것은(미국의 역사학자 스턴스Peter
Stearns가 '질투'라는 감정을 골라냈듯이) 구체적인 감정과 그것이 담고 있는 의미를 놓
치는 것이다. 왜냐하면 감정은 고립적으로 나타나는 것이 아니기 때문이다. 이것을 맥락
에 맞게 이해하기 위해서는 연구의 초점이 집단 행동에 있든 한 개인의 행위에 있든 상관
없이 어떤 순간이든 개인 행위자는 다양한 감정을 나타낸다는 사실을 고려해야 한다.

Free German Youth(FDJ) 모임은 공적 영역과 사적 영역의 상호 관련성(과 분리)을 보여준다는 점에서 관심을 끈다. 예를 들면 동독의 많은 사람들은 아파트를 깨끗하게 정돈함으로써 '자신들을 위한' 영역을 보존하려고 열심히 노력했다. 그런데 이러한 이야기는 두 영역을 모두 찾아가 보았을 때에야 눈에 드러나는 것이다.

통치 방식, 이데올로기와 계산된 이해관계——그러므로 수용, 순응, 통합——를 강조하는 방식은 사람들이 공동 생산하며, 더불어 살고 아울러 그 내부에서 작동하는 복잡하게 짜여 있는 실천과 지향the patchwork of practices and orientations의 문제를 무시하는 경향이 있다. 사람들이 순응적 수용과 적극적 공범 행위를 한다는 것은 의존적 행위와 독립적 (그리고 또한 자기 의지적인) 행위가 역동적으로 같이 이루어짐을 의미한다.

8. 세대들—삶의 경로

나치 독일과 파시스트 이탈리아뿐만 아니라 스탈린의 소련에서도 청년들은 특히 새로운 정권이 제시하는 전망과 약속(확실히 하자면 자기표현의 기회 제공, 예를 들면 건설적인 명분에 회의적인 사람들과 '적'에게 물리적 폭력을 가하는 기회)에 민감하게 반응했다. 다시 말해 새로운 정권과 협력까지는 아니더라도 수용하는 방식에서 세대적 요인은 중요한 요소이나, '청년' 집단 위의 세대 즉 기성세대에서 이런저런 이유로 체념은 아니라고 하더라도 회의적 유보가 나타나는 것은 사실이다. 그렇지만 대부분의 경우 기성세대는 소극적으로 살아가는 것은 아니라고 하더라도 다양한 강도로 일상을 살아가는 장본인이다. 그러나 이들의 행태는 비수용의 어떤 형태 심지어는 저항과도 상당한 거리를 둔 채 작동했다.

독일에서 이른바 히틀러 소년단 혹은 고사포대 보조원 세대 Flakhelfer-Generation(1929년 이후 출생해 나치 독일군대에 징집되지는 않은 세대)는[25] 여전히 후방의 대공포 진지에서 근무해야 했다(히틀러 소년단원 가운데 나이가 더 어린 사람은 나치즘의 상징과 의례뿐만 아니라 이데올로기적 목표와 통치 방식과도 친숙했다). 이 연령대의 사람들은 1950년대 중반과 1960년대 동독과 서독에서 핵심적인 노동인구층을 형성했다. 더군다나 동-서독 모두에서 이들은 각자의 '새로운 독일'을 구현하기 위해 노력하는 정예 관리 집단의 핵심부를 차지하고 있었다.

서독에서 히틀러 소년단 연령대에 속했던 사람들은 종종 '회의주의자'로 묘사되었다. 적은 수의 일부 관리 집단을 제외하고는 상황은 동독에서도 마찬가지였다. 여기서도 사람들이 겪는 일상의 복잡성은 더 광대해진 통치체제를 용인하는 방향으로 작동했고, 실제 이를 수용하고 지지하는 결과를 초래하기도 했다. 왜냐하면 일상은 산업 생산이 계속 굴러갈 수 있게 하는 데 필요한 방식으로 움직일 여지를 주었기 때문이다. 자신의 일과 임무에 집중하는 것 자체가 극단적으로 많은 노력을 요구했다. 동시에 (원자재와 공구의) 공급을 확산하고 규칙적으로 만드는 것이 지배체제의 경제적 성공과, 그로 인한 정치사회적 성공을 거두는 데 있어 필요조건이었다. 이 점에서 본다면 선반공이든 비서든 혹은 간호사든 청소부든, 정치 프로젝트를 시작하든 혹은 그것을 피하기 위해 최선을 다

25) Heinz Bude, 《사회적 상승의 삶 구성*Deutsche Karrieren : Lebenskonstruktionen sozialer Aufsteiger aus der Flakhelfer-Generation*》(Frankfurt am Main : Suhrkamp Verlag, 1987) ; Ulrike Jureit · Michael Wildt (eds.), 《세대, 경제적 기초개념의 상관성*Generationen. Zur Relevanz eines wissenschaftlichen Grundbegriffs*》(Hamburg : Hamburger Edition, 2005).

하든, 이데올로기적 헌신이 아니라 자신의 일을 잘하고자 끊임없이 노력하는 것이 '체제'를 유지하고 궁극적으로 발전시키고 안정화하는 데 직·간접적으로 기여했다.

9. 꾸불꾸불 가기

(사람들이) 대처하는 방식을 연구하는 것은 현재 답보 상태에 빠진 것처럼 보인다. 연구자들은 역사의 행위자들을 상당히 단선적인 방식으로 인식하고 있다. 기존 연구에서 사람들은 '저항'했거나 아니면 '수용'했다. 이렇게 제시된 그림에서 사각지대로 남아 있는 점은 '왔다', '갔다' 했고, 그리고 다시 '왔다'. 예를 들면 비행기 생산 공장과 자동차 부품 탑재 공장에서 일하는 사람이 아침에 일을 태만히 했다고 치자. 어떤 '정치적' 이유일 수도 있고 아니면 그 전에 힘든 날이나 밤을 보내고 잠시 쉬기 위해서일 수도 있다. 몇 분 뒤 그 사람은 라디오를 통해 정치 거물——히틀러? 무솔리니? 스탈린?——이 하는 연설을 즐겁게 듣거나 혹은 휴식시간 동안 돌아다니는 신문에서 그 정치적 인물의 사진을 보며 찬탄하고 있을지도 모른다. 혹은 비무장지대인 라인란트Rhineland가 다시 독일 제국에 통합된다는 소식에——1936년 독일에서 그랬던 것처럼——동료들과 함께 기뻐할지도 모른다. (혹은 1957년 10월 소련이 발사한 최초의 인공위성 스푸트니크 소식에 동독에서 기뻐할 수도 있을 것이다). 그리고는 작업장 내 절삭기계 설치 구역으로 돌아가 일을 하다가 얼마 후에 '생산전투'에서 물러날 수도 있을 것이다.

이런 맥락에서 일상이라는 영역의 재구성은 사람들의 '세상의 일부'가 되고자 하는 욕망과 지배의 매력, 그리고 부수적으로 그들 자신만의 공간과 시간 그리고 행동에 대한 열망에 공명하며, 그 열망으로 강화되는 꾸불꾸불 가기practices of meandering를 드러내고 있다.

예를 들어 1941년과 1942년 동부전선에서 싸웠던 나치 독일군 Wehrmacht 사병 롬바흐를 살펴보자. 그는 좋은 군인이 되기 위해 열심히 노력했고 일도 잘했다. 그러나 정확히 이러한 열망이 결국 그를 내몰았다. 그는 전방에서 2년 정도를 보내는 동안 상급자들이 지닌 프로페셔널리즘과 용기가 자신에게는 부족하다는 점을 더 이상 견디지 못했다. 그리고 그에게 탈영은 무엇보다 전우들 곁을 떠나는 것을 뜻했다.[26]

또는 유대인 교수이자 역사학자인 클렘페러Victor Klemperer가 묘사한 상황을 보자. 그는 로망스어 전공의 유대인 교수로 비유대인과 결혼했다. 그는 《제3제국의 언어*Lingua Tertii Imperii*》에서 "근무일 하루"가 어떤 것인지를 묘사하고 있다.[27] 나치 법률에 의해 '유대인'으로 지명된 사람들은 1939년 봄 이후 노역에 강제로 동원되었고, 클렘페러도 종이봉투를 생산하는 드레스덴의 한 공장에서 일을 배당 받았다. 그는 회사의 분위기가 '특별히 나치 같은' 분

---

26) 1942년 동부전선을 탈영한 한 나치 독일군에 대한 연구를 보자. Magnus Koch, "만약 자신이 꽃피운 예술과 함께 죽음을 맞는다면wenn der Tod mit seinen furchtbaren Arten seine Ernte holt", 〈탈영병 롬바흐의 경우에 나타난 물리적 폭력의 해석Deutungen phy­sischer Gewalt am Beispiel des Wehrmachtsgefreiten Werner Rombach〉, 《인류학의 역사 *Historische Anthropologie*》 vol. 12(2004), 179~198쪽.

27) Victor Klemperer, 《LTI 문헌학 보고서*LTI. Notizbuch eines Philologen*》, 제3판(Halle : Leclam, 1957), 101쪽. 좀 더 자세한 사항은 Victor Klemperer, 《나는 최후까지 증언자로 남아 있을 것이다*Ich will Zeugnis ablegen bis zum letzten : Tageb cher*》 vols. 2(Berlin : Aufbau Verlag, 1995) 참조.

위기는 아니었다고 회고했다. 사장은 나치 친위대Schutzstaffeln대원이었지만, "그는 가능한 한 공장에서 일하는 유대인을 지원해주고자 했으며 공손하게 말을 붙이고 때로는 구내식당에서 나온 것이라며 먹을 것을 주었다(법에는 금지되어 있다)"고 밝히고 있다. 또한 말고기 소시지 한 조각을 얻는 것과 누군가가 자신을 '클렘페러 씨'나 '교수님'이라고 부르는 것 중 어떤 것이 더 큰 위안이 되었는지는 모르겠다고 회상했다.

그의 회상에 따르면 공장 근로자들은 결코 '나치'가 아니었다. 적어도 1943/1944년 겨울, 스탈린그라드 함락 1년 후에는 그랬다. 근로자 중에 알베르트라는 사람이 있었는데, 그는 독일(나치) 정부에 회의적이었고 전쟁을 좋아하지 않았다. 그는 형제 한 명을 전쟁으로 잃었으며 자신은 위장에 문제가 생겨 제대했고 '지랄 같은 전쟁이 끝나기 전에' 다시 징집될까 봐 두려워하고 있었다. 클렘페러는 동료 근로자들이 주고받는 이야기를 엿들었다. "이 전쟁이 어떻게 끝날까? 어느 쪽도 굴복하지 않고 있어!" 알베르트는 이렇게 대답했다. "우리는 결코 패배할 수 없다는 걸 다른 쪽이 인정해야 할 거야. 그들은 우리를 정복할 수 없어. 우리는 너무나 잘 조직되어 있거든."

클렘페러는 다른 동료에 대해서도 말하고 있다. 프리다라는 여자였는데 자신의 아내에 대해서 물어보기도 하고 가끔 사과를 주기도 했다. 그녀는 '유대인'에게 말을 걸어서는 안 된다는 엄격한 규정을 무시하고 와서는 말을 걸었다. "알베르트가 그러는데 당신 부인이 독일 사람이라며. 정말 독일 사람이야?" "나는 갑자기 사과에 대한 흥미를 잃었다"고 클렘페러는 회상하고 있다. 자기를 잘 대해주고 나치를 좋아하지 않고 인간적인 감정을 갖고 있는 이 사람에게서조차 나치의 해악에서 자유로울 수는 없었다. 프리다는 독일인을 아리안족이라는 신비적인 개념과 동일시했던 것이다. 그녀는 유대인의 아내도 독일인일 수 있음을 이해할 수 없었던 것이다.

두 이야기는 한편에는 '충성'과 '통합', 다른 한편에는 '거리 두기'와 '저항'으로 나뉜 범주에 완벽하게 속하지 않는 요소의 동시성을 보여주고 있다. (특히 나치 독일군인의 경우) 각 범주는 결코 일직선은 아니지만, 스스로뿐만 아니라 동료와 상급자의 인정을 받기 위해 추구해가는 노력으로 읽을 수 있을 것이다. 이런 목표에 도달하거나 혹은 군대 안에서 상호작용하는 방법에는 여러 행동이 있으며, 이것은 오직 최후의 순간에서야, 동쪽 전선에서는 전쟁 수행자로서, 그리고 좀 더 폭넓게는 나치 제도 일반을 '수용'했음을 보여준다. 그리고 이 수용이 얼마나 무너지기 쉬운 것인지, 그리고 적어도 부분적으로는 적극적인 지지로서 탈영이라는 행동이 나타났음을 보여준다. 이것은 동시에 소수가 아니라 대부분의 역사학자들이 탐구해야 할(그리고 가정할 수 있는) 강도와 차이의 문제가 아직 이해되지 않은 채 남아 있다는 것을 의미한다. 만일 이것이 사실이라면 이것은 나치 독일군 대부분의 경우일 것이다. 그리고 동시에 클렘페러의 이야기에 등장하는 독일제국의 두 사람에게 클렘페러 이야기는 비순응주의적 입장과 발언, 행동의 순간이 무엇인지를 드러내준다.[28]

---

28) 비교 접근, 특히 정치체제에 대한 실망을 '표현'하는 것과 '흥분'을 표현하는 것 사이에서 이동하는 것에 대한 비교연구는 히르쉬만A. O. Hirschman의《변화하는 참여 : 개인적 관심과 공적 행동*Shifting Involvements. Private Interests and Public Actions*》(Princeton : Princeton Univ. Press, 1982)을 참조하라.

I
아래로부터의
역사와 일상사

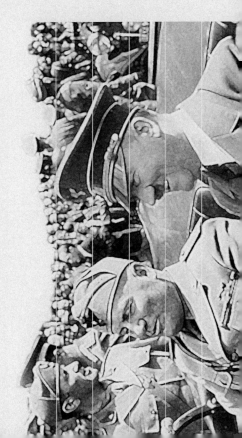

아래로부터의 역사, 나치즘과 제3제국
—패러다임 전환과 문제

피터 램버트 :: 황보영조 옮김

1. 신좌파적 연구의 중점 이동—저항에 대한 연구로부터 협력에 대한 탐구로

여기서는 나치즘, 특히 제3제국의 사회사 연구에 '아래로부터의' 관점을 적용한 주요 흐름들을 정리해보고자 한다. 아래로부터의 제3제국 역사가 처음 닻을 내린 곳은 신좌파의 네오-마르크스주의Neo-Marxism였다. 신좌파는 노동 계급(좀 더 일반적으로 말하면 '평범한' 독일인들)의 자주적 활동과 해방 능력을 낙관하고 있었고 나치 독일 내 저항의식의 대중화 현상을 밝히는 데 열을 올리

피터 램버트Peter Lambert는 지금까지 20세기 독일의 역사, 특히 나치즘하의 보수적 역사 이론, 독일 역사가, 독일의 민족주의, 독일 통일 후의 독일인의 정체성 형성 과정 등에 관해 연구했다. 발표된 논문으로는 〈특별한 길 닦기—랑케 이후의 독일 민족주의와 역사서술Paving the "Peculiar Path". German Nationalism and Historiography sine Ranke〉 등이 있다. 최근 그는 웨일스 글래모건 대학에서 근현대사를 가르치고 있는 버거Stefan Berger와 함께 《역사가들의 대화Historikerdialoge》를, 그리고 웨일스 대학 역사학 교수인 스코필드Phillipp Schofield와 함께 《역사 만들기 : 객관적 실체로서의 역사와 역사학 연구 입문Making History : An Introduction to the History and Practices of a Discipline》 등 두 권의 책을 출간했다. 현재는 웨일스 대학에서 역사학을 가르치고 있으며 최근에는 나치 시대의 대표적 역사가인 할러Johannes Haller의 보수주의 연구와 바이마르 시대 말기 노동자의 투표 경향에 관해 연구하고 있다.

고 있었다. 1960년대 후반부터 1980년대 초반까지 나온 제3제국을 다룬 주요 저작들은 대부분 이 세 가지 특징[1]을 지니고 있었다. 그런데 1980년대에는 마르크스주의와 신좌파가 붕괴되고 말았다.

하지만 아래로부터의 역사는 이 지적인 모체의 해체에도 불구하고 생존했을 뿐만 아니라 오히려 세력을 확대해 나치즘과 나치 지배를 해명하는 데 더욱 야심을 내고 있다. 이후 연구자들은 저항에 대한 연구에서 나치즘 자체나 나치 정권에 대한 대중의 협력을 탐구하는 데로 연구의 초점을 바꾸었다.[2]

이러한 경향 가운데 첫 번째로 지적할 수 있는 것은 독재체제 하의 '평범한' 독일인과 그들의 활동을 바라보는 시각이 낙관주의에서 비관주의로 바뀌었다는 것이다. 아래로부터의 역사를 서술하는 역사가들은 전체주의 연구를 근본적으로 재검토하게 했다. 그들은 이를테면 평범한 독일군 병사들의 잔인한 행동을 언급하지 않고서는 동부전선에서 벌어진 전쟁 범죄를 설명할 길이 없다는 제안을 했고 유대인 대량학살에 대한 평범한 경찰들의 역할에 사람들의 관심을 촉발시켰다.[3]

또 다른 흐름은 제3제국의 일상을 감시한 게슈타포와 그 활동에

---

1) (옮긴이주) 세 가지 특징이란 노동 계급의 자주적 활동과 해방 능력, 그리고 저항의식의 대중화 현상을 말한다.

2) 지금까지 이러한 시각의 변화를 반영한 연구는 거의 나오지 않았다. 하지만 Peter Fritzshce, 〈나치당원들은 모두 어디로 갔는가? 저항과 협력의 문제Where did all the Nazis Go? Reflections on Resistance and Collaboration〉,《텔아비브 독일사 연감 *Tel Aviver Jahrb cher f r deutsche Geschichte*》, 23(1994), 191~214쪽을 보라.

3) Omer Bartov,《히틀러의 군대 : 제3제국 하의 병사와 나치스와 전쟁 *Hitler's Army : Soldiers, Nazis, and War in the Third Reich*》(Oxford : Oxford Univ. Press, 1992) ; Christopher Browning,《평범한 사람들 : 경찰예비대대 101과 폴란드의 최종 해결책 *Ordinary Man : Reserve Police Battalion 101 and the Final Solution in Poland*》(New York : Harper Collins Publishers, 1992)를 보라.

대한 새로운 역사서술이다. 이 견해에 따르면 제3제국 내의 감시나 테러가 미친 범위와 그것이 거둔 성공을 설명해줄 수 있는 것은 다름 아니라 대중의 자발적인 고발이다. 수정주의적 설명은 이제 실질적으로 수정을 해야 할 필요성에 직면해 있으며, 최근 들어 저항과 반대의 역사를 복원하고 테러 활동에 대한 나치당 자체 역할의 중요성을 강조하는 시도들이 제기되고 있다. 평범한 독일인들과 나치 테러의 관계는 대중독재에서 '위로부터의' 권력 행사가 지니는 의미를 반감시키려는 시도에 대한 일종의 경고로 자리매김 해야 한다. 이것은 심지어 '아래로부터의' 관점이 지니고 있는 해석적 가치의 한계점을 생각나게 해준다.

역사가들이 나치 독일 내의 '저항'을 생각하는 방식에 변화가 생긴 것은 영국 (네오) 마르크스주의 역사가 메이슨Timothy Mason의 저작 때문이다. 그는 단명으로 그친 비극적인 생을 살면서 연구 논문 한 편과 잘 구성된 소논문 몇 편을 남겼다. 이 가운데 첫 번째 글은 1966년에 발표되었는데, 나치 지배 하 독일 노동 계급의 지위 문제를 다루고 있다.[4] 대부분의 역사가들이 오직 조직적인 저항 운동 차원에서 이 문제를 고찰하던 당시에 그의 저작은 큰 충격을 불러일으켰다. 특히 통합사회당 정권이 노동자의 자주적 활동에 치명타를 입힌 것이 아닌가 하는 깊은 의혹을 불러일으킨 1953년

---

4) 예를 들어 T. W. Mason, 《제3제국의 사회정책Social Policy in the Third Reich》 (Providence, RI : Berg, 1993) ; 〈제3제국의 노동Labor in the Third Reich〉, 《과거와 현재 Past & Present》, 33(1966), 112~141쪽 ; 〈제3제국과 독일 좌파 : 박해와 저항The Third Reich and the German Left : Persecution and Resistance〉, Headley Bull (ed.), 《제3제국의 도전The Challenge of the Third Reich》(Oxford : Oxford Univ. Press, 1986), 95~116쪽과 케플런Jane Caplan이 편집하고 서문을 쓴 유고집 《나치즘, 파시즘, 노동 계급Nazism, Fascism and the Working Class》(Cambridge : Cambridge Univ. Press, 1995)에 실린 몇 편의 글을 보라.

동독 노동자 봉기 이후, 동독 역사가들은 그 의미 여하에 관계없이 나치 지배에 대한 도전을 지하 공산당과 동일시하는 견해를 고집했다. 그 반대를 암시하는 견해는 어떤 것이라도 난동을 선동하는 것으로 간주했다. 한편 서독에서는 게토화된 노동운동사가 집단을 제외하고는 보수주의자와 기독교인의 저항을 영웅시했다.

힐튼Rodney Hilton과 힐Christopher Hill, 그리고 무엇보다도 톰슨E. P. Thompson의 저작으로 대표되는, 아직은 신생의 서술 전통을 따르던 메이슨은 '노동 계급' 단체보다는 노동 계급 그 자체를 중시하던 좌파 역사가였다. 그는 노동 계급이 나치 민족공동체 내부로 완전히 포섭되지 않고, 공산당과 사민당, 그리고 자유노조가 파괴된 후에도 제3제국 내에는 노동 계급이 여전히 중요했으며, 살쾡이(비노조) 파업과 태업, 계획적 결근 같은 마르크스주의와 결부된 도발적인 상징 사례들이 풍부한 것으로 보아 나치 규범에 대한 승인 거부 움직임이 만연했음을 알 수 있다고 주장했다. 그는 나치당이 반증하기 위해 최선의 노력을 했음에도 불구하고 공산당의 음모가 쟁의 행동 사례를 뒷받침할 만한 사실을 입증하는 데 거듭 실패했다고 보았다. 제3제국에서 이러한 쟁의 행동들은 대체로 자발적이었고 비조직적이었다. 메이슨은 한편으로는 계급의 경험과 자발성을 강조하기도 하고, 다른 한편으로는 좌파의 기억과 습관이 제3제국 노동자의 행위에 여전히 영향을 미치고 있다고 주장하기도 했다.

메이슨의 초기 저작, 특히 그의 연구논문이 2차대전을 탐구하는 데까지 나아가지는 않았지만 그의 박사후과정 수련생 가운데 한 사람인 솔터Stephen Salter는 이 '메이슨 테제'를 전쟁 시기까지 확장시켰다. 그는 박사학위 논문에서 상당히 다른 문제를 다루었지만 1980년에 출간한 논문에서는 지도교수의 주장을 대체로 반영했다.[5] 그가 연구한 것은 사실 노동 계급의 저항이 아니라 나치당이 노동자를 전쟁 노력에 동원시킨 사례에 대한 탐구였다.[6] 그는 지도교수와 불가피한 충돌을 빚고 싶지 않았다. 하지만 대부분 1980년에 실시한 조사 작업에서 발견한 문서보관소 자료의 영향을 적잖이 받았다.

노동 계급 출신 지식인이자 1980년대 초 노동당 활동가였던 솔터의 연구는 또한 영국 노동운동을 분쇄하려는 대처 정부의 타격과 1979년 이후 일련의 선거에서 드러난 보수당에 대한 노동 계급의 실질적인 지원 사례의 영향을 받기도 했다. 메이슨의 후기 연구는 노동 계급의 역사와 직접적인 관련이 있는 경우에 점차 비관주의적인 논조를 드러내기 시작했다. 그는 노동자의 불만과 소요를 잠재운 체제의 전략들을 연구했다. 이어서 나치 독일과 파시즘 이탈리아의 노동자 저항에 관한 비교연구를 통해 제3제국 노동 계급이 상대적으로 허약했던 까닭을 나치 정권의 특징인 훨씬 더 높은 강도의 폭력과 조직에서 찾을 수 있다는 결론을 내렸다.[7] 최근 들

---

5) Stephen Salter, 〈계급 조화 혹은 계급 갈등? 산업노동 계급과 나치 정권Class Harmony or Class Conflict? The Industrial Working Class and the National Socialist Regime〉, Jeremy Noakes (ed.), 《나치 독일의 정부와 정당과 국민*Government, Party and People in Nazi Germany*》(Exeter : Univ. of Exeter Press, 1980), 76~97쪽.

6) 또한 Stephen Salter, 〈강제와 합의의 구조. 1939~1945년 노동자의 사기와 노동 훈련의 유지Structures of Consensus and Coercion. Worker's Morale and the Maintenance of Work Discipline, 1939~1945〉, David Welch (ed.), 《나치 선전. 위력과 한계*Nazi Propaganda. The Power and the Limitations*》(London : Totowa, N. J. : Croom Helm ; Barnes & Noble Books, 1983), 88~116쪽과 비교해보라.

7) Stephen Salter, 〈무조직의 대중저항. 파시즘 이탈리아와 나치 독일의 파업Massen-widerstand ohne Organisation. Streiks im faschistischen Italien und NS-Deutschland〉, 《월간 노조*Gewerkschaftliche Monatshefte*》, vol. 32, no. 9(1984), 518~532쪽 ; 〈비노조원 노동자. 나치 독일과 파시즘 이탈리아의 대중저항Arbeiter ohne Gewerkschaften. Massen-widerstand im NS-Deutschland und im faschistischen Italien〉, 《역사 저널*Journal für*

어 역사가들은 비위에 거슬리기조차 하는 메이슨의 초기 저작을 다시 읽으며 그가 이야기한 노동자 저항론의 심층에서 노동자를 매혹시킨 나치의 사회정책을 발굴해내기 시작했다.[8] 노동자의 광범한 저항은 밝혀지자마자 그 의미와 정도가――심지어 이를 발견한 사람들의 눈에서조차――곧 증발해버리는 것처럼 보였다.

2. 서독 사회사 연구에서 나치즘에 대한 저항과 합의의 문제

메이슨의 연구와 다소 유사하게 서독에서는 나치즘에 대한 저항의 역사가 '사회사'로서 다시 서술되기 시작했다. 노동자뿐만 아니라 종교 공동체도 자신들의 정체성을 버리고 민족공동체의 늪 속으로 사라지는 것을 완강히 거부했다. 이들의 저항은 나치 지배에 대한 긍정적인 태도와 공존한, 독특하고도 제한적인 성격의 저항이었다. 일상의 시각으로 나치 시대를 연구한 브로샤트Martin Broszat는 이를 항쟁Resistenz이나 구조적 저항으로 불렀고 이것과 조직적인 저항résistance을 명백히 구분했다. 자발적인 고발 현상에 대한 관심은 바로 이러한 연구 맥락에서 나온 일종의 뜻하지 않은 부산물이었다. 이에 대한 브로샤트의 공헌은 그가 지휘한 '바바리아 프로젝트Bavaria-Project'의 엄청난 결과물에도 불구하고 그저 이름도 없는 기록관리 저널에 실렸을 뿐이다.[9]

Geschichte》(1985년 11월), 28~36쪽.

  8) Shelley Baranowski, 《기쁨을 통한 힘. 제3제국의 소비주의와 대중관광Strength Through Joy. Consumerism and Mass Tourism in the Third Reich》(Cambridge : Cambridge Univ. Press, 2004), 3쪽, 주 6을 보라.

  9) Martin Broszat, 〈나치 시대의 정치적 고발 : 뮌헨 국립문서보관소 연구조사 결과 Politsche Denunziationen in der NS-Zeit : Aus Forschungserfahrungen im Staatsarchiv

제3제국을 연구하는 역사가들 사이에 나치 지배가 파국을 맞이할 때까지 그것을 지지하는 광범한 사회정치적 합의가 전혀 없었다고 주장할 사람은 이제 거의 없을 것이다. 아직도 논란이 되는 내용은 그 합의의 성격이 정확히 무엇이고 그것이 어떻게 달성되었으며 그것을 체제의 범죄적 성격과 어떤 방식으로 연결할 것인가이다. 한 가지 문제는 나치 수용소에서 자행된 범죄를 독일인들이 얼마나 정확하게 알고 있었는가 하는 것이다. 독일의 일반인들과 홀로코스트 문제를 다룬 영국 역사가 젤러틀리Robert Gellately는 최근에 "역사가들 사이에 오랫동안 일반적 합의 같은 것이 있었으며 나치당이 자신들의 행위를 계획적이고도 의도적으로 숨겨 일반인은 실제로 몰랐을 가능성이 있다"고 주장했다. 그는 이 견해를 주장한 사람이 누구인가 또는 언제 이것이 정설이 된 것인가를 따져보지는 않았지만 자신의 연구를 통해 "이 견해에 도전을 제기한다"고 선언했다. 놀라운 것은 그가 염두에 두고 있는 수용소가 6개의 절멸수용소가 아니라 강제수용소라는 점과 그가 제기하는 보통 사람들의 인지 문제 역시 절멸수용소가 아니라 1930년대 강제수용소의 존재와 그 기능에 관한 것이라는 점이다.[10]

내가 나치 독일에 대해 강의한 세월이 대략 사반세기나 되었다. 언제부터 그렇게 했는지 기억나지는 않지만, 강제수용소의 존재는 1930년대 독일에 널리 알려져 있었던──체제를 바탕으로 해서 의도적으로 추진했었다──반면에, 절멸수용소에 대한 인식이

München〉, 《문서보관지Archivalische Zeitschrift》, 73(1977), 221쪽 이하. 또한 K.-M. Mallmann · Gerhard Paul, 《지배와 일상 : 제3제국 내의 한 산업공단Herrschaft und Alltag : Ein Industrierevier im Dritten Reich》(Bonn : Dietz, 1991)을 보라.

10) Robert Gellately, 《히틀러 지지. 나치 독일의 강제와 동의Backing Hitler. Consent and Coercion in Nazi Germany》(Oxford : Oxford Univ. Press, 2001), 5쪽.

그것을 건설하던 당시부터 종전 사이에 어느 정도나 알려졌고 얼마나 지속되었는지 알아내기가 어렵다는 점을 강조하지는 않았다. 이 둘을 구별해야 한다고 주장할 때도 나 자신이 색다르다거나 새로운 것을 말하고 있다는 사실을 몰랐다. 나는 분명 합의에 대해 과감히 도전을 제기하지 않았다.[11] 젤러틀리의 연구를 다루면서 겪게 되는 실제적인 어려움은 누가 무엇을 알고 있었는지에 대한 그의 주장과 관련이 있는 것이 아니며, 제3제국 내의 친(親)나치적 합의의 생성과 확산을 잘 설명해낸 독일의 역사학자 뤼트케Alf Lüdtke 같은 역사가들의 연구에 대해 내린 그의 긍정적 평가와 관련이 있는 것도 아니다. 오히려 그것은 합의가 "소극적이라기보다는 적극적"[12]이었다는 그의 주장에서 비롯된다. 이제 "역사가들 사이에 일반적 합의 같은 것"이 존재하는 것처럼 보인다는 것이다. 1980년대 후반 이후 등장한 게슈타포에 관한 수많은 연구들은 이러한 생각을 확증해주었다.[13]

---

11) 알리Götz Aly는 그의 글(〈다수의 유럽 유대인 학살 협력자들Die vielfachen Tatbeiträge zum Mord an den europäischen Juden〉, 《프랑크푸르트 알게마이네 차이퉁 *Frankfurter Allgemeine Zeitung*》, 15, 1(2002), 49쪽)에서 존슨Eric Johnson과 젤러틀리 Robert Gellately에 대해 골드하겐Daniel Goldhagen까지 싸잡아 혹평하고 있다. 그 이유는 독일인들이 홀로코스트를 얼마나 알고 있었는지에 대해 자신들의 증거로는 뒷받침할 수 없는 지나친 진술을 이들이 늘어놓았다는 것이다.

12) Robert Gellately, 《히틀러 지원》, 2쪽.

13) 이 글의 주석에서 인용한 젤러틀리의 연구들 외에도 다음의 글들을 보라. 〈게슈타포와 독일 사회 : 게슈타포 소송 파일에 나타난 정치적 고발The Gestapo and German Society : Political Denunciation in the Gestapo Case Files〉, 《근대사 저널*Journal of Modern History*》, 60(1988), 654~694쪽 ; 〈나치 테러 시스템 재고 : 역사서술 분석Rethinking the Nazi Terror System : A Historiographical Analysis〉, 《독일연구지*German Studies Review*》, vol. 14, no. 1(1991), 23~38쪽 ; 〈사회역사적 맥락 속의 '친위대 국가'. 제3제국 친위대, 경찰, 법정의

3. 자발적 고발과 게슈타포의 활동──자경 사회인가 경찰국가인가

이 연구들은 모두 게슈타포가 모든 것을 훤히 내다보는 전지(全知)와는 거리가 멀다는 사실을 확인해주고 있다. 1939년 말 제3제국 내의 게슈타포 요원들은 7,000명 정도에 불과했다. 이들이 조사한 사건은 대부분 사찰 행위를 통해서 밝혀진 것이 아니다. 따라서 게슈타포를 연구하는 역사가들은 정치 경찰이 '흘러나오는', 실제로 '아래로부터', '평범한 독일인들로부터' '밀려오는' 정보에 크게 의존했음에 틀림없을 것이라고 추론한다.[14] 만일 자발적인 고발 같은 독일 주민의 참여가 없었더라면 제3제국 내의 '가장 중요한 경찰기관'으로 설립된 게슈타포는 그런 성공을 거두지 못했을 것이다.[15] 여기서 주의할 것은 게슈타포와 협력한 것으로 추정

최근사Situating the 'SS State' in a socio-historical context. Recent history of the SS, the police and the courts in the Third Reich〉, 《근대사 저널》, 64(1992), 338~365쪽 ; 〈나치 독일의 인종 정책Enforcing Racial Policy in Nazi Germany〉, Thomas Childers · Jane Caplan (eds.), 《제3국의 재평가Re-evaluating the Third Reich》(New York : Holmes and Meier, 1993), 42~65쪽 ; 〈20세기 독일의 고발 : 제3제국과 동독의 자경Denunciations in Twentieth-Century Germany : Aspects of Self-Policing in the Third Reich and the German Democratic Republic〉, 《근대사 저널》, vol. 68, no. 4(1996), 931~967쪽. 이 밖의 주요 논문은 다음과 같다. K.-M. Mallmann · Gerhard Paul, 〈전지, 전능, 편재? 게슈타포, 사회, 저항Omniscient, Omnipotent, Omnipresent? Gestapo, Society and Resistance〉, David Crew (ed.), 《1933~1945년 나치즘과 독일 사회*Nazism and German Society 1933~1945*》(London : Routledge, 1994), 166~196쪽 ; 《게슈타포─신화와 현실*Die Gestapo─Mythos und Realit t*》(Darmstadt : Primus, 1995) ; 《2차대전 기의 게슈타포. 후방과 유럽 점령지*Die Gestapo im Zweiten Weltkrieg. 'Heimatfront' und besetztes Europa*》(Darmstadt : Primus, 2000) ; Gisela Diewald-Kerkmann, 《나치 정권하의 정치적 고발 혹은 국민의 작은 힘*Politische Denunziation im NS-Regime, oder die kleine Macht der Volksgenossen*》(Bonn : Dietz, 1995).

14) 예를 들어 Robert Gellately, 《게슈타포와 독일 사회. 1933~1945년 인종 정책 강요 *The Gestapo and German Society. Enforcing Racial Policy 1933~1945*》(New York : Oxford Univ. Press, 1990), 158, 258쪽.

되는 것이 바로 독일 주민이라는 점이다. 광범한 일반화는 성급한 것인지 모르겠지만 이것은 '독일 주민'이 왜, 그리고 누구를 상대로 게슈타포와 정기적으로 협력했는가 하는 문제를 제기한다.

젤러틀리를 비롯한 연구자들이 주장한, 자발적인 고발의 배후 동기는 사실 체제의 정치적 목적에 대한 이데올로기적 헌신과는 무관한 경우가 많다. 오히려 고발은 대부분 개인의 이익을 위해 다양한 정치적 범죄를 조작하는 과정에서 생겨났다. 평범한 독일인들은 이웃 간의 논쟁과 개인적 원수에 대한 오랜 원한, 심지어는 가족 문제와 부부싸움을 해결하기 위해 체제가 만들어낸, 정치적·인종적 범죄들을 겨냥한 진술들을 활용했다.[16] 그러나 새로운 역사서술에서 고발의 동기는 그 결과보다는 덜 중요하다. 평범한 독일인들은 그들의 의도와 상관없이 나치 테러에 필수적인 기여를 했다. 그들 덕분에 생겨난 것은 '경찰국가'가 아니라 당이나 국가 공무원은 말할 것도 없고 나치당원도 아닌 독일인들이 실질적으로 참여한 '자경(自警) 사회'였다.

젤러틀리는 제3제국의 경찰 문제를 다룬 상당수의 다른 역사가들, 그리고 스탈린주의 테러를 연구하는 수정주의 역사가들과 함

---

15) Sheila Fitzpatrick · Robert Gellately, 〈근대 유럽사의 고발 관행Introduction to the Practices of Denunciation in Modern European History〉, Sheila Fitzpatrick · Robert Gellately (eds.), 〈1789~1989년 근대 유럽사의 고발 관행Practices of Denunciation in Modern European History, 1789~1989〉, 《근대사 저널》, vol. 68, no. 4(1996), 특집호, 747~767쪽. 재간된 《고발 관행. 1789~1989년 근대 유럽사의 고발Accusatory Practices. Denunciation in Modern European History, 1789~1989》(Chicago · London : Univ. of Chicago Press, 1997), 7쪽.

16) 이웃 간의 논쟁 문제가 얼마나 중요한지에 대해서는 불완전하긴 하지만 만Reinhard Mann의 초기에 그리고 사후에 출간된 연구[제3제국의 저항과 통제 : 라인 지역 대도시의 일상 속에 나타나는 나치 지배Protest und Kontrolle im Dritten Reich : Nationalsozialistische Herrschaft im Alltag einer rheinischen Grossstadt(Frankfurt am Main : Campus Verlag, 1987)]에서 처음으로 제기되었다.

께 자신들을 패러다임 전환자라고 본다. 이따금씩 그들은 자신들의 연구가 지니는 역사서술의 혁명적 내용과 그 충격을 수사적으로 강조하려는 듯, 심지어 토마스 쿤의 이름과 그의 패러다임 전환 개념을 동원한다.[17] 젤러틀리와 소비에트 사회사에 관한 대표적 연구자인 피츠패트릭Sheila Fitzpatrick이 그렇다. 그리고 그들은 새로운 패러다임을 주장하면서 테러 역사를 '하향식'으로 서술하는 것에서 돌이켜 '매일이나 일상의 테러'를 관찰하고 그것을 '상향식'으로 서술하는 관점을 이에 포함시킨다.[18]

(1) 고발자들의 프로필

자발적 고발자의 사회적 프로필을 보면 그들이 '평범한 독일인들'이라고 묘사될 수 있을 정도로 매우 광범위하게는 독일 주민 전체를 의미한다고 볼 수 있다. 젤러틀리가 제안하다시피[19] 이들 대부분을 '하층 계급'이나 사회의 '하층 집단' 같은 매우 헐렁한 표현들로 규정지을 수 있다. 하지만 이것은 어쨌든 제3제국 독일인 대부분을 가리킨다. 청년과 하층 중산 계급은 이들을 과대 대표한 사람들이고 도시 산업노동자, 특히 여성은 이들을 과소 대표한 사람들이다.[20] 그러나 설사 고발자의 사회적 프로필이 사회적 범주 차원

---

17) 이것은 물론 역사서술의 전환점을 이룩한 한 개인의 역할을 극화하는 수단으로 전례가 없는 것은 아니다. 이른바 '빌레펠트 학파'의 서독 역사가들이 이와 매우 유사한 일을 했다. Peter Lambert, 〈독일의 사회사Social History in Germany〉, Peter Lambert · Phillipp Schofield (eds.), 《역사 만들기 : 객관적 실체로서의 역사와 역사학 연구 입문*Making History : An Introduction to the History and Practices of a Discipline*》(London and New York : Routledge, 2004), 93~108, 102쪽을 보라.

18) Sheila Fitzpatrick · Robert Gellately, 〈근대 유럽사의 고발 관행〉, 6쪽.

19) Robert Gellately, 《게슈타포와 독일 사회》, 158쪽.

20) 여성들의 잡담을 통해 여성들이 자발적 고발자를 대부분 양산해냈음에 틀림없다는 자연스러운 결론에 이르는 '논리' 구조를 가진 이전의 가정이 엄격한 분석 실험을 견뎌낸

의 일정한 '전형'을 암시해준다고 하더라도 '평범한' 고발자가 다른 면에서는 실제로 어떠했을까 하는 것은 여전히 심각한 문제로 남는다. 이 문제를 풀기 위한 실마리를 얻기 위해 우선 다른 집단 곧 자발적인 고발자일 뿐만 아니라 나치 테러를 확산시키는 데 의심할 나위 없는 기여를 한, 게슈타포가 모집한 신임(信任)집단Vertrau-ensleute을 살펴보는 것이 좋겠다.

강제수용소 수용기 이후 이들은 불법적인 독일공산당KPP 내의 옛 동지들을 정찰하는 임무를 맡았다. 사회적 프로 상 '브이맨V-Leute'으로 분류된 이들은——그것이 어떤 의미를 지니든 간에——'전형적인' 공산당원은 아니었다. 나치의 독재 지배를 분석한 말만K.-M. Mallmann이 보여주었다시피[21] 그들은 '급할 때는 믿을 수 없는' 공산당 우호세력도, 후발 가입자도 아니었으며, 당원과 비당원 사이를 오락가락하거나 공산당을 단지 몇 개의 정당 가운데 하나로 취급하는 흔해빠진 공산당원도 아니었다. 오히려 이데올로기적·전략적인 다양한 우여곡절을 거쳐 당과 '좋은 관계를 유지하고 있는' 그들은 공산당의 오랜 활동가였으며 프롤레타리아–마르크스주의의 핵심 배경 출신이었다. 공산주의자 대부분이 강제수용소를 출소하자마자 헌신적인 브이맨으로 게슈타포에 봉사하거나 즉각적인 저항 활동을 재개한 것은 아니다. 그들은 대부

것으로 보이지 않는다. 일부 여성들은 학대와 폭력을 일삼는 남편 문제를 해결하기 위해 자신들이 정치적 고발에 이용되기를 절실히 원했다. 하지만 이들은 가부장적 질서를 뒤엎는 데 거의 아무런 성공을 거두지 못했다. Vandana Joshi, 《제3제국의 젠더와 권력 : 1933~1945년 여성 고발자와 게슈타포Gender and Power in the Third Reich : Female Denouncers and the Gestapo, 1933~1945》(Basingstoke : Palgrave Macmillan, 2003)을 보라.

21) K.-M. Mallmann, 〈게슈타포의 브이맨. 집단전기의 개요Die V-Leute der Gestapo. Umrisse einer kollektiven Biographie〉, K.-M. Mallmann · Gerhard Paul (eds.), 《게슈타포—신화와 현실》, 268~287쪽.

분 아마도 자중하고 있었을 것이다. 지하 정당 재가입을 유혹받은 사람들도 그렇게 할 기회가 없었다. 늦어도 1936년 초까지는 독일 대부분의 지역에 가입할 공산당 세력이 남아 있지 않았다. 그리고 공산당 역시 게슈타포의 '공격' 대상이 되지 않도록 하기 위해 강제수용소의 피해자들을 재가입시키는 데 신중을 기했다.

브이맨으로서 공산당의 의구심을 떨쳐버리고 옛 정당에 '침투하는 데' 성공한 사람 가운데 상당수, 아마도 대부분은 게슈타포 '선임들'에게 일반적이고 하찮은 것을 제공하는 매우 미숙한 밀고자였던 것으로 드러났다. 일부는 두려움 때문이건 아니면 진짜 나치즘으로 전향──수용소 입소 후 구타와 고문으로 전향한 것도 '진정한' 전향으로 부른다면──했기 때문이건 간에 게슈타포에 충실히 봉사했다. 심지어 그들은 기대했던 것보다 더 많은 일을 수행했다. 하지만 나치 '재교육' 희생자 가운데 이들이 차지하는 비율은 미비하다. 따라서 이들을 '전형적인' 공산당원이나 심지어 '평범한' 공산당원으로 동일시하는 데는 매우 신중을 기해야 한다. 이러한 지극히 예외적인 변절자들은 그들의 수보다 훨씬 더 큰 영향을 미쳤다. 게슈타포가 일부 공산당 지하 네트워크에 상당히 광범한 포위 공격을 가하는 데는 한두 명이면 충분했다.[22]

자발적 고발자의 프로필은 어떠하고 그들이 기여한 것은 무엇인가? 쾰른과 크레펠트를 다룬 존슨Eric Johnson의 연구는 아래로부터 서술된 게슈타포 관련 문헌과 그것이 자발적 고발 현상에 부여한 특징이나 역할에 일련의 중요한 도전을 제기했다.[23] 존슨 스스

---

22) 또한 K.-M. Mallmann, 〈브뤼더라인(동생들과 그 또래들). 게슈타포와 대전 말기 공산당의 저항Brüderlein & Co. Die Gestapo und der kommunistische Widerstand in der Kriegsendphase〉, K.-M. Mallmann · Gerhard Paul (eds.), 《2차대전 기의 게슈타포》, 291~316쪽.

로 인정하고 있듯이 나치가 집권하기 이전 쾰른은 '평범한' 독일 사회가 아니었다. 고도의 로마 가톨릭교와 도시화, 기형적으로 많은 노동자는 모두 1929년부터 1933년 3월 동안 나치의 선거 승리에 장애물로 작용했다. 쾰른에는 이 세 요인이 공존했다. 그 결과 나치는 이곳에서 전국 최하위의 득표율을 거두었다. 하지만 1933년 말에는 쾰른 역시 독일의 여느 도시와 마찬가지로 '갈색'의 도시로 보였다. 쾰른은 이때부터 나치즘의 호소에 특별한 면역성을 나타내지 않게 된 것으로 보인다. 그리고 쾰른에 대한 나치 당국의 경찰 활동은 은연중에 도시의 '나치화'를 반영한 것처럼 보인다.

존슨이 제시한 증거는 심지어 쾰른에 거주하는 비유대인 주민들의 압도적인 다수가 게슈타포에 대해 크게 개의치 않았음을 보여준다. 이들이 한때 전쟁 동안 BBC를 청취한 것과 같은 불법적인 행동을 자행했음에도 불구하고 실제로 100명 중 단 1명에게도 문제가 일어나지 않았다. 그래서 혹자는 의문을 품는다. 그렇다면 그곳에 자발적 고발자는 얼마나 많이 있었는가? 물론 모든 고발이 게슈타포의 데스크에 접수된 것은 아니며 피고를 문제 삼지 않은 채 게슈타포가 대체로 많은 진술들을 기각시킨 것이 사실이지만, 어쨌든 전쟁 때까지 자발적 고발자의 수가 게슈타포가 조사한 희생자의 수보다 훨씬 적었을 가능성이 매우 높은 것으로 보인다. 결국 1명의 고발자가——단 한 건의 고발이나 일련의 고발을 통해——여러 명을 곤란하게 만드는 경우가 다반사였다.[24]

존슨은 자발적 고발자의 수를 추정하고 있지는 않지만 '평범한

---

23) Eric Johnson, 《나치 테러. 게슈타포, 유대인, 평범한 독일인 *The Nazi Terror. The Gestapo, Jews and Ordinary Germans*》(1999 ; UK edition London : John Murray, 2000).

24) 고발 문제를 다룬 연구 가운데 그 어떤 것도 특정 개인의 복수 고발 사례를 체계적으로 살펴본 것 같지는 않다.

독일인' 대부분은 결코 어느 누구도 고발하지 않았다고 단정한다. 이것은 물론 젤러틀리를 비롯한 다른 연구자들이 제시한 일반적인 인상과는 다르다. 이들의 과감한 주장은 조화로운 민족공동체라는 나치당의 이념 이면에 중상과 험담, 잇속 챙기기, 고자질, 상호 밀고 등 변화무쌍한 혼란이 어디에서나 지속적으로 있었음을 암시하는 것으로 보인다. 이 역사가들은 모든 것을 감찰하고 모든 것을 아는 게슈타포의 신화를 무너뜨리고 나서 그 대안 신화——어디에나 존재하는 밀고자 무리의 신화——를 만들어내는 위험에 빠졌다.

(2) 자발적 고발 대 대량 고발의 역설—고발의 사적인 성격

자발적 고발의 범위와 중요성을 주장하는 역사가들은 부지불식간에 하나의 역설을 만들어낸다. 고발 비율이 높으면 높을수록 그 고발을 자발적인 것으로 보기 어렵다는 것이다. 바꿔 말하면 고발자의 수가 증가하는, 이를테면 그 수가 주민의 10%나 그 이상이 되고 고발 대상자의 범위가 적어도 그와 같은 비율로 확장되는 곳에서는 고발을 받아들이고 그것을 장려하기로 한 정권이 더러운 활동을 하기로 작정한 상당수 시민들의 자발적인 의지에 만족하기보다는 오히려 그 평판이 형편없음에 더욱 놀라게 된다는 것이다. 이러한 조건은 일부 역사가들이 소련의 스탈린주의 테러가 정점에 달했을 때 관측된다고 주장한 상황, 곧 선제 진술을 하는 것이 체제에 충성을 표시하고 진술의 희생자가 될 위험을 최소화하는 유일한 방법이 되는 상황으로 나아갈 수 있다. 이렇게 되면 논리적으로 말해 자발적 고발이 대량의 고발과 양립할 수 있다고 보기는 어렵다.

이들이 게슈타포의 관점——과로에 시달리고 일손이 모자라는

게슈타포 요원들에게는 이것이 마치 눈사태처럼 보였을 것이다
──이 아니라 주민 전체를 대상으로 수행한 사례 연구를 살펴본
다면 '평범한', '전형적인' 혹은 다수의 자발적인 고발자가 실제
로 어떠했는가 하는 문제는 다소 다른 각도로 보인다. 다시 존슨의
견해를 따라 그가──그것이 전형적인 것이라는 것을 암시하려고
도 하지 않고 그것에 대해 지나치게 얌전을 빼거나 지나치게 호사
를 떨려고도 하지 않는 가운데──묘사하는 게슈타포의 소송 하
나를 제시한다.

　이 소송은 나이든 아버지에 대한 아들의 자발적 진술에 관한 것
이다. 이 진술 가운데 일부는 게슈타포가 흔히 듣던 내용이었고 원
칙상 하임튀케Heimtücke 죄──번역하기 어렵지만 모욕과 악의
와 불신의 의미를 지닌 범죄──의 처벌을 받을 수도 있었다.[25] 노
인은 퓌러를 무시하고 나치즘을 경멸하기로 소문나 있었다. 하지
만 아들은 아버지가 다른 면에서도 분별력을 상실했다고 덧붙였
다. 그는 단추를 풀어헤치고 페니스를 드러낸 채 집 주변을 배회하
곤 했다. 그가 가족 농장에서 수음(마스터베이션)하는 것이 자주
목격되었다. 그리고 아들은 최근에 아버지가 암소 한 마리의 궁둥
이를 말끔히 닦아낸 다음 그 위에 올라타는 장면을 목격했다. 충직
한 아들이 이 사실을 어머니에게 알리자 그녀는 남편이 이 가축 떼
로 먹고살고 있다고 하면서 어쩔 줄 몰라 했다. 가족 대부분이 어
머니를 지지하고 나섰고 아들은 급기야 아버지를 고발했다. 그러
나 이 집 딸이 오빠와 어머니가 서로를 헐뜯는 주장을 늘어놓는 속

---

25) 나치가 이 죄를 만든 것과 그것을 범한 자들이 어떤 단속을 받고 어떤 처벌을 받았
는지에 대해서는 Bernward Dörner,《하임튀케 : 무기로서의 법. 1933~1945년 독일의 통
제와 위협과 추적Heimt cke : Das Gesetz als Waffe. Kontrolle, Abschreckung und Verfolgung in
Deutschland 1933~1945》(Paderborn : Ferdinand Schöningh, 1998)을 보라.

셈이 그들의 근친상간 관계를 덮으려는 데 있다고 게슈타포에게 털어놓으면서 이 사건은 미궁 속으로 빠져들었다.[26]

　(3) 과잉 고발의 딜레마

　이 가정이 '평범한' 독일 가정이라고 하는 데는 이의를 제기하지 않겠다. 그러나 이 가정은 분명 나치 지구당과 '좋은 관계인' 오랜 나치당원 가정이었다. 아니면 나는 기꺼이 이렇게 추론하겠다. 왜냐하면 어느 가족을 대상으로 한 것이든 간에 제시된 진술 가운데 그 어느 것도──아들의 것도 딸의 것도──판결을 내리는 데 결정적인 이바지를 하지 않았기 때문이다. 그리고 모든 비난을 즉시 기각해버린 게슈타포의 입장을 따르기 전에 고발의 관행에 대해 제시한 한 증인의 조언을 곰곰이 새겨봐야만 할 것이다. 론지Paul Ronge는 1947년에 쓴 글에서 고발자의 문제가 "그가 허위로 고발한 데 있는 것"이 아니라 "그와 반대로 그의 고발이 진실이었다는 데" 있다고 했다.[27] 이 사건에서 딸은 아버지에 대한 비난을 좀 더 부드럽게 비껴가게 하고 오빠에게 불의의 습격을 가하려고 했을 것이다. 그녀는 단지 가정의 한바탕 소동이 끝난 직후 오빠의 진술들이 기각되었음을 지적하는 것으로 충분했다. 소동은 결국 아들이 아버지 집에서 쫓겨나는 것으로 끝이 났다.

　만약 론지의 말이 옳다면, 이것은 단지 재판에 상정하지 않거나 혹은 기각, 무죄 평결, 아니면 상대적으로 경미한 판결을 내리는 버릇을 지닌 게슈타포가 처리한, 나치당원에 대한 반대 진술 사건

---

26) Eric Johnson, 《나치 테러》, 293~295쪽.

27) Gisela Diewald-Kerkmann, 〈고발과 게슈타포. 식민지 출신의 자발적 협력자 Denunziantentum und Gestapo. Die freiwilligen 'Helfer' aus der Bevölkerung〉, K.-M. Mallmann · Gerhard Paul, 《게슈타포─신화와 현실》, 288~305, 303쪽에서 인용.

일 뿐이다. 그런데 이 사실의 해명 방법을 알아내는 것은 퍼즐 맞추기와 같다. 제기된 비난은 사실 퍼부어질 수 있는 것보다 훨씬 덜 심각한 것이었다. 한 개인에 대한 반대 진술이 비교적 무해한 여분의 증기 빼기로 해석될 수 있다면, 그리고 그 개인이 나치당의 표적 집단에 속한 인물이 아닌 한, 이 제도는 그렇지 않은 경우보다 관대한 판결이 내려질 가능성이 훨씬 높았을 것이다. 물론 이것은 예측할 수 없는 것이기도 했다. 이것이 게슈타포의 위력 가운데 하나였다.

1933~1935년 동안 한편으로는 표준 감시, 침투, 브이맨 활용 등 게슈타포의 사전 경찰 활동이, 다른 한편으로는 자발적 고발 행위가 각각 제국 전역의 좌파 단체를 파괴하는 데 기여한 정도를 따져보려고 한 사람이 있는지는 잘 모르겠다. 바이마르 공화국 시기에 공산당은 지하의 비밀 당파가 아니라 합법적인 대중 정당이었기 때문에 나치당과 경찰은 모두 그들이 누구인지 정확히 알고 있었다. 게슈타포는 전쟁 직전 노동운동 이력을 지닌 사람들을 일망타진하기 위해 공산당의 파일과 색인을 조사했다. 하지만 이 정보는 대개 낡은 것이었다. 물론 한 브이맨의 보고가 전체 네트워크를 괴멸시키는 결정적인 기능을 할 수 있듯이 단 한 건의 자발적 고발 역시 마찬가지 역할을 할 수 있다. 이 가해자가 그(혹은 이따금씩 그녀) 자신이 공산당의 저항에 가하고 있는 해악의 규모에 대해 아무런 감이 없을 수 있지만 말이다. 앞에서 암시했다시피 좌파 조직에 상당한 타격을 가하는 데 대다수의 자발적 고발들이 필요한 것은 아니었다.

물론 자발적 고발이 이따금씩 그리고 어떤 지역에서는, 특히 1933~1935년 동안 그리고 1939년부터 종전까지 좌파에게 타격을 입힌 것은 사실이다. 이를테면 공산당의 저항을 다룬 연구가 언제나 이

점을 뒷받침해왔다. 하지만 존슨은 그가 연구한 지역 사회에서 자발적 고발이 좌파를 붕괴시키는 데 일정한 역할을 한 사례를 거의 찾아낼 수 없었다. 어찌됐든 여기서 중요한 것은 게슈타포가 사후 행동이 아니라 사전 행동에 치중했다는 것이다. 게슈타포는 좌파를 괴멸시키는 데 필요한 수단을 지니고 있었으며 자발적 고발의 도움을 필요로 하지도 도움을 받지도 않았다. 똑같은 내용이 다음의 표적 집단인 로마 가톨릭교회와 프로테스탄트 사제들에게도 적용된다. 이들을 게슈타포에게 밀고한 자들은 교구민들이 아니었다. 이들이 곤란을 겪은 것은 교회 신문에 쓴 글과 강단에서 한 설교 때문이었다. 가장 서투른 비밀경찰이라 하더라도 이들을 감시하는 일이 그리 어렵지는 않았을 것이다.

그러나 유대인에 관한 존슨의 연구 결과는 대체로 유대인들에 대한 기소로 이어지는 게슈타포의 사건 조사에서 자발적 고발이 실질적인 기여를 했다는 젤러틀리의 견해를 지지해준다. 유대인 특별법이 마련 에 따라 유대인이 저지른 '범죄'도 증가했다. 유대인 범죄가 바이마르 공화국의 범죄 통계에서는 상당히 과소 대표되었지만 제3제국의 통계에서는 현저하게 과대 대표되었다. 그리고 놀랍지 않게도 이들이 대부분의 비유대계 독일인들보다 가혹한 처벌을 받을 가능성은 훨씬 더 높았다. 많은 독일 유대인들에게는 그들이 유대인이 아니었다면 누릴 수 있었을 이주의 기회조차 주어지지 않았다. 하지만 제국 수정(水晶)의 밤Reichkristallnacht[28] 학살 직후에 그리고 홀로코스트와 더불어 그들에게 불어 닥친 것에 비하면 자발적 고발로 겪게 된 독일 유대인의 괴로움은 차라리 아무

---

28) (옮긴이주) 제국 수정의 밤은 1938년 11월 7일 한 유태인 청년이 파리 주재 독일대사관에서 독일인 외교관에게 총격을 가한 사건을 핑계로 나치가 11월 9일에 자행한 유태인들에 대한 테러를 말한다.

것도 아니었다.

유대인을 고발한 일부 독일인들의 자발성과 홀로코스트 사이에 쉽게 식별할 수 있는 연관성이 있는 것은 아니다. 다만 고발이 독일인들로 하여금 유대인과의 사회관계를 재고해보게 하고 추방을 장려하며 유대인에 대한 무관심의 추세를 확고히 하는 데 도움을 주었다는 면에서 간접적인 모종의 관련이 있을 뿐이다. 제노사이드 추진 결정 같은 제3제국 내 반유대인 정책의 급진화는 '위로부터', 곧 히틀러와 그의 직속 부관들로부터 말미암은 것이었다. 이와 비슷한 경우를 이를테면 폴란드의 강제노동자들과 관련해서 생각해볼 수 있다. 고발이 그들을 탄압하거나 독일 주민들로부터 분리시키는 데 기여한 것은 거의 없었다. 그들은 대부분 도시의 산업노동자들이었다. 당시 정권은 주거시설과 사회생활의 분리를 추진했다. 그들은 지독한 감시와 잔인한 강제의 대상이었다. 농장에 거주하는 폴란드인들이 몇 안 되었기 때문에 게슈타포에 접수된 고발이 소수의 비극적 희생자들에게 큰 영향을 미쳤을 것 같지는 않다. 폴란드인과 독일인은 우호적인 잠정협정을 찾아 농촌에 인종정책을 강요하려는 달갑지 않은 침입자들로부터 자신과 서로를 보호한 것처럼 보인다. 에든버러 대학 역사학 강사인 스티븐슨Jill Stephenson은 2차대전 시기의 뷔르템베르크 연구를 통해 독일 농부들이 폴란드 인근 지역에 거주함으로써 인종적 편견을 덜 갖게 되었고 더욱 개방적인 성격을 지니게 되었다는 결론을 내렸다. 한 나치 지구당 인사가 불평을 늘어놓았다시피 뷔르템베르크 농민들은 나치의 "세계관을 우롱하곤" 했다.[29]

---

29) Jill Stephenson, 《히틀러의 국내전선. 나치 하의 뷔르템베르크Hitler's Home Front. Würtemberg under the Nazis》(London : Hambledon Continuum, 2006), 265∼290쪽. 인용은 287쪽.

주요 나치당원들의 공식 선언과 게슈타포의 활동 그리고 사건 조사는 독일 사회의 자경 활동에 대한 그들의 태도가 애매모호함을 보여준다. 고발은 대체로 환영을 받았지만 고발자는 아니었다. 그리고 때로 고발은 액면 가치보다 더 성가신 것으로 간주되었다. 고발자의 의도와 신뢰성, 판단이 도마 위에 올랐다. 1934년 1월 하순 올덴부르크 게슈타포는 베를린 게슈타포에게서 경고를 받았다.

여행객이 독일 땅에 발을 들여놓자마자 그들을 경찰 감시기관에 넘겨주기 위해 국제선에 근무하는 철도청 직원이 여행객들의 아무런 의미 없는 대화를 청취하는 일이 최근 들어 자주 발생했다는 것이다. 그 이유는 그들이 국가에 적대적인 언사를 일삼았다고 알려졌기 때문이었다. 사실 반국가 세력과의 투쟁에 동포 각자가 협력하는 것은 원칙상 환영할 일이고 퓌러도 기대한 바였다. 하지만 이러한 조처로 인해 독일 땅에 첫 발을 내딛는 순간, 사소한 일로 체포하는 현장을 목격하게 된다면 특히 외국인들에게 잘못된 인상을 심어주기 십상이다. 독일 동포나 외국인이 영향을 받는 문제는 대수롭지 않다. 다만 여기서는 현명치 못한 행동이 초래하는 결과를 이야기하고 있다. 체포해야 한다면 신중하고 재치 있게 처리해야 한다. 혐의가 있는 자들의 감시는 대부분 더욱 적절한 조치를 취하게 되고 잘못을 범하지 않도록 주의를 기울이는 법이다.[30] 이와 유사한 경고가 줄을 이었다.[31] 나치 정권은 고발 문화를 촉진하

---

30) Albrecht Eckhardt · Katharina Hoffmann (eds.), 《올덴부르크 게슈타포의 보고. 1933~1936년 올덴부르크 지부 국가비밀경찰과 내무부의 보고*Gestapo Oldenburg meldet. Berichte der Geheimen Staatspolizei und des Innenministeriums aus dem Freistaat und Land Oldenburg 1933~1936*》(Hannover : Verlag Hahnsche Buchhandlung, 2003), 89~90쪽 (1934년 1월 29일자 보고).

31) 더 많은 사례들에 대해서는 Gisela Diewald-Kerkmann, 〈고발과 게슈타포〉, 302쪽 이하를 보라.

는 것이 조화로운 민족공동체 이미지와 어울리지 않는다는 사실을 잘 알고 있었다.

고발 관행이 위반자를 처벌하는 데 중대한 기여를 한 것은 정권이 법으로 금한 행동 유형 가운데 하나인 외국 라디오 방송을 청취하는 것이다. 이런 종류의 자발적 고발이 실제로 게슈타포와 법정 업무 대부분을 제공해주었을 것이라고 보는 것은 그럴듯한 추론이다. 이것을 위반한 사건이 게슈타포의 탐정조사에서 비롯된 경우는 거의 드물었다. 그럼에도 불구하고 1939년 9월 1일 법에 의해 적국의 라디오 청취가 범죄로 규정되고, 6일이 지난 다음 게슈타포는 이를 철저히 시행하라는 지시를 받았다. 게슈타포가 처리해야 할 업무는 원칙적으로 따지면 산더미 같아야 했다. 음흉한 범죄를 다루는 위원회가 자주 소집되고 전쟁 말기에는 그 수가 계속 늘어나긴 했지만 적국 방송의 불법 청취는 더욱더 일반화되어 제3제국의 대중적 정치 범죄가 되었다. 독일인들은 그것에 심각한 위험이 따른다는 사실을 알면서도 믿을 만한 뉴스를 청취했다. 이 '라디오 범죄'는 게슈타포가 그 단속을 고발에 대폭 의존한 대표적인 유형의 범죄다. 젤러틀리는 고발이 유대인이나 폴란드인과 관련한 사건보다 이러한 범죄를 단속하는 데 훨씬 더 큰 기여를 했다고 지적한다.[32] 좌파와 성직자들의 처벌에 관해서는 이러한 차이가 훨씬 더 컸을 것이라는 결론을 내릴 수 있다.

그러나 헨슬M. P. Hensle의 연구에 따르면, 경찰과 법정의 관심을 끈 사건은 극소수——그것도 극소수 개인 범죄——에 불과했음이 분명하다. 나치 당국은 고발의 물결이 전례 없이 쇄도할 것이라고 기대했다. 하지만 기대한 눈사태와 같은 자발적 진술이 가시

---

32) Robert Gellately, 《히틀러 지원》, 189쪽.

화되지 않자 당혹감을 감추지 못했다. 베를린에서는 전체 260건의 '라디오 범죄'가 법정에 제출되었다.[33] 하지만 이 사건에 관한 진술과 이와 같은 다른 진술도 고발자가 일반적으로 제기한 내용이었다. 이는 자발적 고발이 나치 테러를 작동시키는 데 필수적이었다는 주장을 회의적으로 바라보게 하는 또 다른 이유에 해당한다.

더욱이 재판 절차가 이 법을 엄격히 시행하려는 의도를 약화시킨 것으로 보인다. 따라서 이 법을 위반한 사건이 1939년에는 '전쟁 특수' 범죄의 16% 이상, 1940년은 10%에도 못 미치는 데 반해 1941년에는 4%, 1942년에는 2.4%, 1943년에는 1.7%로 떨어졌다. 비율이 가장 높은 해(1939)는 전쟁 특수 범죄의 수가 가장 낮은 (0.1% 이하) 해이기도 했다. 그 해에 외국 방송 청취에 대한 판결이 언도된 것은 36건에 불과했다. 모든 범죄 가운데 전쟁 특수 범죄의 비율이 급증한 1942년에는 이 판결이 최고 수치에 달했다. 이 해에는 기소 건수만 해도 1,000건이 넘었다.

이 범죄에 관한 재판과 판결이 별 인기를 얻지 못한 것은 그리 놀라운 일이 아니다. 정권에 아첨하기를 바라는 마음과 독일 대중의 인기를 누리지는 못한다 할지라도 적어도 지나치게 나쁜 평판은 피하고자 하는 마음 사이를 오락가락한 많은 재판관들은 비교적 관대한 판결을 내리는 것으로 타협했다.[34] 하지만 게슈타포의

33) M. P. Hensle, 《라디오 범죄. 나치 시기의 적 방송 청취*Rundfunkverbrechen. Das Hören von 'Feindsendern' im Nationalsozialismus*》(Berlin : Metropol Verlag, 2003), 186쪽 이하와 347쪽을 보라. 헨슬은 또한 군수공장 같은 곳에서는 불법 라디오 청취자 추적의 주도권을 게슈타포가 쥔 반면, 다른 공장에서는 노동전선 관리와 당원, 고용주가 그들에게 정보를 제공해주었다고 지적했다. M. P. Hensle, 《라디오 범죄》, 183, 188쪽.

34) Jeremy Noakes (ed.), 《나치즘 1919~1945*Nazism 1919~1945*》, vol. 4(Devon : Univ. Press, 1998) : 《2차대전 기 독일의 국내전선. 한 문서 교정원*The German Home Front in World War II. A Documentary Reader*》(Exeter : Univ. of Exeter Press, 1998), 136쪽의 통

조사가 결정적인 판결로 이어진 것은 신종 '라디오 범죄'와 관련한 모든 사건 가운데 극히 소수에 불과했다──이것이 매우 중대하다. 범죄위원회에 이송 판결을 내린 것이 36건인 1939년의 4개월 동안 게슈타포는 이 죄의 혐의가 있는 자 1,100명을 체포했다. 젤러틀리는 이 수치조차도 게슈타포가 조사한 사건 가운데 적은 일부에 불과했을 것이라고 추론한다.

성공적인 기소는 범죄위원회의 편재와 역비례 관계를 보여준다. 외국 라디오의 청취 금지가 '평범한 독일인들'에게는 공격적이고 위협적인 것으로 보였을 텐데, 그들이 실제로 전체주의적이고 테러리즘적인 이론적 함의에 시달린 것은 매우 드물었다. 고발이 테러를 자행하는 데 매우 중대한 요소였다고 말할 수 없는 것은 바로 이러한 맥락에서다. 외국 라디오를 청취했다고 해서 평범한 독일인을 처벌하는 것이 '테러' 작전의 일부라고 말하는 것은 테러의 의미를 확대하는 것이다. 고발이 체포로 이어지고 진정한 '자경' 사회의 맥락에서 체포가 '유죄'의 평결로 이어지는 전형이 나타났다면 그 결과는 단지 두 가지였을 것이다. 평범한 독일인이 외국 라디오 방송 청취를 중단했거나 아니면 수백만 명이 투옥되었을 것이다. 전자의 경우에는 민족공동체가 견딜 수 없는 긴장에 빠졌을 테고, 후자의 경우에는 독일의 전시 경제가 엄청난 손실을 겪게 되었을 것이다.

그러나 더욱 빈번하고 더욱 가혹한 판결이 실제로는 고발 비율

계 ; Anthony McvElligott, 〈'히틀러 처형?' 제3제국의 사법부'Sentencing Towards the Führer?' The Judiciary in the Third Reich〉, Anthony McvElligott · Tim Kirk (eds.),《히틀러에 대한 공작. 이언 커쇼 경 기념논문집*Working Towards the F hrer. Essays in honour of Sir Ian Kershaw*》(Manchester : Manchester Univ. Press, 2003), 153~185쪽, 통계에 대해서는 164쪽, 대중의 반응에 대해서는 171, 184쪽의 주 99를 참고하라.

을 현저히 감소시켰을 가능성이 있다. 전쟁 와중에 제3제국 사법부는 결국 가혹한 처벌로 귀결되고 말 것이라고 알고 있는 범죄에 대해서는 자발적 고발자의 각오가 전반적으로 결여되어 있음을 점차 한탄하게 되었다. 젤러틀리도 이러한 범죄에 대한 판결이 점차 가혹해지는 전쟁 후반기 들어 고발 비율이 감소했음에 주목했다.[35] 젤러틀리가 그렇게 한 것은 아니지만, 악성 루머를 퍼뜨리고 외국 라디오 방송을 청취하는, 게슈타포와 법정 모두 상대적으로 하급 범죄라고 간주한 사건의 고발 비율이 높은 것처럼 보인 것은, 그것이 희생자를 심각한 위험에 빠뜨리는 것이 아니라는 고발자의 자기 인식에서 비롯된 것이라고 추론해볼 수 있다.[36]

이것이 만일 고발자의 동기에 대한 또 다른 문제를 제기하는 것이라면 이것은 또한 나치 테러가 주로 '아래로부터' 넘쳐 오른 압력의 산물이라는 견해에 도전하는 최종 근거가 되기도 할 것이다. 게슈타포가, 그들 자신이 그렇게 진지하게 생각하지 않은, 그리고 접수된 절박한 고발이 유죄 판결로 이어지지는 않을 것이라고 알고 있는, '라디오 범죄'에 대해 제한된 것이나마 그들의 시간과 에너지의 상당 부분을 쏟아 부었음에 틀림없다. 여기서 자발적 고발은 게슈타포의 관심을 인종적·정치적으로 설정된 표적 집단의 범주에 속하고 그들의 체포 가능성도 더욱 높았던 범죄자를 추적하는 데서 다른 곳으로 돌려놓았음에 틀림없다. 비록 제한된 분야였긴 하지만 자발적 고발은 게슈타포로 하여금 장래성이 없는 분

---

35) Robert Gellately, 〈감시와 불복종 : 나치 독일의 경찰 활동Surveillance and Disobedience : Aspects of the Political Policing of Nazi Germany〉, F. R. Nicosia · L. D. Stokes (eds.),《제3제국의 비타협과 반대와 저항. 피터 호프만 기념논문집Nonconformity, Opposition and Resistance in the Third Reich. Essays in Honour of Peter Hoffmann》(Oxford : Berg, 1990), 15~36, 27쪽.

36) Robert Gellately,《히틀러 지원》, 190쪽.

야로 뛰어들게 만들었다는 점에서 테러의 급진화와 확대를 실제로 저지하는 데 기여했을 것이다.

게슈타포에 관한 새로운 역사서술은 상대적으로 보수적인 방법론을 사용하고 게슈타포를 하나의 기관으로 파악하는 경우에 매우 설득력이 있다. 우리는 말만과 폴Gerhard Paul, 존슨, 젤러틀리 같은 역사가 덕분에 게슈타포의 규모가 얼마나 작았으며 그들이 얼마나 과로했는지를 알게 되었다. 그런데 이들의 연구는 특히 자발적 고발 현상에 대해 나치 테러를 '아래로부터'의 시각으로 재해석하면서 이상한 점을 드러냈다. 존슨은 이제까지 고군분투하며 좌파와 교회를 대상으로 이 점을 분명하고 일관성 있게 지적해왔다. 하지만 게슈타포의 능력과 테러 전반이 제대로 작동하도록 하는 데 고발이 중대한 역할을 했다는 주장에 회의를 품게 하는 허점이 많다. 이 허점을 제대로 방어하지 않는다면 이 주장은 획일적인 '집단 유죄' 테제를 은연중에 다시 역사가의 논란거리로 만들 위험성이 있다.

게다가 젤러틀리와 존슨은 나치 테러가 작동한 방식을 근본적으로 다르게 본다. 홍수처럼 밀려드는 자발적 고발에 적응하기 위해 몸부림친 반동적인 한 게슈타포의 이야기를 젤러틀리는 중요하게 다룬 반면, 존슨은 그것을 좌파와 주요 기독교 종파에 대한 게슈타포의 만행이라는 맥락에서 비롯된 소수의 고발 이야기로 보았다. 그런데 이들의 서로 다른 접근 방식은 갑작스레 만난다. 이들은 서로 반대되는 전제에서 출발하긴 했지만, 자신들이 독일 사회의 친나치적 합의가 광범한 대중 속에 존재했다는 명백한 증거를 보여주었다는 동일한 결론을 내린다. 젤러틀리는 대중의 협력으로 이루어진 대중주의적 테러가 "침묵하면서도 그렇게 침묵하지는 않은 다수가 체제를 지지한" 상황에서 정점에 달했다고 보았다.[37] 존슨은 체제에 대한 압도적 지지의 근거를 대다수의 독일인들이 게슈타포에게 어느 누구도 고발하지 못한 데서 찾고 있다. 그들이 사실상 모두 체제에 충성했다면 독일인들이 왜 서로를 고발하려고 했을까? 물론 이들이 공통의 결론에 도달한 방식이 옳다는 것은 아니다. 특히 상당수의 자발적 고발의 동기가 이데올로기적인 것에 있지 않았다는 젤러틀리의 (설득력 있는) 이전 주장에서는 고발을 체제 지지의 표시로 이용한 의혹이 있다. 체제 지지에 대한 젤러틀리와 존슨의 묘사는 모두 대담하게 그려진 만큼이나 조야하다.

4. 잠정적 결론, 그리고 연구 패러다임의 전환 배경

여기서 잠정적인 결론 네 가지를 제시하겠다. 첫째, 대중독재의 고발 문제를 다루는 연구자들은 고발이 쇄도하는 범죄 채널이 '위로부터' 만들어진 것임을 강조하는 데 매우 세심한 주의를 기울여야 한다. 둘째, 눈에 잘 띄지 않는 나치 정권 자체의 감시 활동에 대한 증거를 찾는 데 더 많은 연구가 필요하다. 로트K. -H. Roth가 행한 노동전선의 보안국Abwehr(정식 명칭은 대외 첩보 및 보안국 Amt Ausland Nachricheten und Abwehr) 연구는 잠재적으로 매우 유용한 연구 방향을 보여주고 있다. 이 고도의 비밀감시국은 제3제국 내에서 가장 대중적인 단체에 배치되었다. 그 의미, 심지어는 존재조차 오래도록 역사가들의 인식 밖에 있었다. 자신들이 게슈

---

37) Robert Gellately, 〈1933~1939년 사회적 국외자와 히틀러 독재의 공고화Social Outsiders and the Consolidation of Hitler's Dictatorship, 1933~1939〉, Neil Gregor (ed.), 《나치즘, 전쟁, 제노사이드 : 제레미 노크스 기념논문집Nazism, War and Genocide : Essays in Honour of Jeremy Noakes》(Exter : Univ. of Exeter Press, 2005), 56~74.

타포로부터 끊임없이 감시받고 있다고 잘못 생각한 노동운동 활동가와 노동자들이 착각한 것은 단지 그들을 정찰하고 있는 나치의 부서가 정확히 어디인지에 관한 것이었다. 이것은 로트의 주장이 마치 극적으로 단순화되고 이상화된 나치즘에 대한 계급 중심의 저항 모델로 되돌아가게 한 것처럼 보인다는 얘기가 아니다. 그의 자료는 노동자의 반대와 때로는 그들의 저항에 관한 더 많은 증거를 제공해준다.[38] 셋째, 게슈타포와 나치 정권의 다른 강제 기구 간의 협력을 충분히 인식해야 한다. 넷째, 테러를 지원한 '아래로부터'의 기여에 대해 말만과 폴, 특히 젤러틀리가 제시한 것보다 더 세심히 묘사하는 게 적절할 것이다. 이것은 여전히 그들 자신의 연구에 기초한 하나의 정의다. 그 중요성을 반감시키고 싶지는 않지만 나는 그것을 이렇게 읽고 싶다. "적긴 하지만 의미심장한 소수의 독일인이 게슈타포와 다른 나치 당국에 정보를 기꺼이 제공하려고 했다. 이것이 테러에 미친 영향은 다양했다. 이것이 나치 경찰국가의 효율성을 높여준 것은 단지 매우 특수한 상황하에서뿐이었다." 다음으로 나는 고발자를 '평범한' 독일인으로 규정짓는 것을 삼가려고 했다시피 존슨과 더불어 '자경 사회'라는 용어보다는 '경찰국가'라는 학술어를 선호한다.

제3제국 당시 독일인 지역 사회는 스스로 치안을 유지한 곳—— 결국 자경이라는 매우 이상한 정의를 내릴 수 있는, 나치당의 블록 감독이나 경찰, 혹은 게슈타포에게 고발을 일삼는 개인의 행위에 맞선 것으로서——에서는 때때로 체제의 의도를 무너뜨리고 나치의 행위에 도전하거나 적어도 독재로부터 자신을 방어하기 위해

---

38) K. H. Roth,《테러의 얼굴. 1933~1938년 '독일 노동전선'의 비밀정보국과 노동운동 파괴 *Facetten des Terrors. Der Geheimdienst der 'Deutschen Arbeitsfront' und die Zerstörung der Arbeiterbewegung 1933~1938*》(Bremen : Edition Temmen, 2000).

그렇게 했다. 사민당의 관찰자가 지적했다시피, 제3제국의 공장 공동체는 노동자(나치당의 정식 당원들을 포함하는)와 십장, 고용주들이 드러난 고발자의 생애를 비참하게 만드는 작업에 공동 대응할 때 정권에 대한 자신의 생각을 그다지 달갑지 않은 방식으로 토로했다. 그들은 최악의 보수를 주며 일을 시킴으로써 '진정으로 아픈 곳인 (그들의) 지갑'에 타격을 가했다.[39] 나치의 살인청부업자들은 폴란드나 러시아 남성과 성관계를 가진 혐의가 있는 독일 여성들에게 의식(儀式)적인 수모를 줄 때 직접적이고 대중적인 정의를 행사하려고 했다. 하지만 평범한 독일인은 나치당의 이러한 행동에 격하게 반발했고 나치 정권은 곧 이를 중단시켰다.[40] 효과적인 테러 수단은 린치를 가하는 폭도가 아니라 법정과 감옥이었다. 1944년 7월 일부 독일인들이 히틀러 암살 미수 사건 소식을 듣고자, 한 나치 친위대원 앞에 모였을 때조차도 그들이 애매모호하게 자중하기는 했지만 그것이 체제에 유리한 것은 분명 아니었다. 좀바르트Gerturd Sombart는 존슨과 로이반트K. -H. Reuband와의 인터뷰에서 "저는 남편과 함께 있었는데 그에게 '정말 운이 나쁘다'고 말했어요. 그러자 남편은 '제발, 그렇게 말하지 마. 저기 친위대원이 있잖아'라고 했지요. 그런데 그때 우리와 함께 있던 한 여성이 '히틀러를 내 손으로 죽이고 말거야'라며 대화에 끼어들었어요. 사람들이 얼마나 다양한가를 알 수 있지요."[41]

---

39)《독일-독일 사민당의 보고(소파데)Deutschland-Berichte der Sozialdemokratischen Partei Deutschlands(Sopade)》(Salzhausen · Frankfurt a. M. : Verlag Petra Nettelbeck · Zweitausendeins, 1980), vol. 2, report for June, 1935, 651~652쪽.

40) Jill Stevenson,《히틀러의 국내전선》, 281쪽.

41) Eric Johnson · K. -H. Reuband (eds.),《우리가 안 것. 나치 독일의 테러와 대량 살인과 일상생활What We Knew. Terror, Mass Murder and Everyday Life in Nazi Germany》(London : John Murray, 2005), 160쪽.

게슈타포의 수정주의 역사가들이, 논쟁을 즐기며 전투 준비가 꽤 잘 된 무리로서 새롭고도 난해한 역사서술 분야 개척을 시도해 나치 독일의 사회사 풍경을 지배하는 데 성공한 이유는 무엇인가? 여기 제시한 답변들은 불확실한 추론들이다. 그러나 이 연구의 도달 지점을 환경 중심의 저항이나 불찬성 혹은 반대를 연구하는 연구자들이 부딪치게 되는 변칙적인 예외들로 치부할 수 있는 것은 아니라고 어느 정도 확실하게 말할 수 있다. 젤러틀리와 피츠패트릭이 자신들의 연구가 초래한 패러다임 전환을 소개하면서 토마스 쿤을 언급했기 때문에 '쿤식'으로 말한다면, 이 분야에 내재한 것보다 더 많은 원인들이 여기에 있다고 주장하는 것은 타당해 보인다.

　첫째, 교육받은 독일 청년들이 골드하겐Daniel Jonah Goldhagen 의 《히틀러의 자발적 사형 집행자들Hitler's Willing Executioners》을 수용한 것에서 알 수 있다시피 이제는 가장 대담한 판본의 '집단 유죄' 테제조차도 기꺼이 수용할 독일인들이 적지 않다. 시간이 흐름에 따라 제3제국 내 평범한 독일인의 행위에 대해 비판적인 입장을 취하는 것이 훨씬 쉬워졌다. 독일에 젤러틀리의 저작을 소비할 시장이 생겨났다. 존슨의 저작에 대해서도 마찬가지다. 이들의 연구논문은 발표 즉시 독일어로 번역되었다. 둘째, 적어도 이러한 연구의 일부에는 푸코Michel Foucault식 개념——이 경우에는 '자경' 사회와 '파노라마' 사회——이 영감을 주었을 것이다. 물론 푸코의 언어는 이것을 윤색했다. 셋째, 포스트모더니즘이 이 연구에 광범한 영향——물론 그 활성화를 자극한 최소한의 흔적이나 자료와 역사가의 관계에 대한 도전이 아니라 근대성의 조건에 비판주의적인 태도를 취하는 데——을 미쳤는지는 의문이다.

자기권능화로서의 민족공동체—
나치 독일의 일상 속에 나타난 포섭과 배제

미하엘 빌트 :: 나인호

2년 전(2005) 《나치 민족공동체—새로운 정치질서*The National Socialist Volksgemeinschaft —a new political order*》에서 나치는 정치적으로 국가와 사회를 민족공동체라는 새로운 정치질서로 변화시키려는 의도를 지니고 있었다고 결론 내린 바 있다. 민족Volk이야말로 나치 사상의 정수였다. 나치의 행위는 결코 그 어떤 독재국가나 관료체제가 정의한 규칙이나 규정에 근거하지 않았다. 심지어는

미하엘 빌트Michael Wildt는 독일 함부르크 사회문제연구소의 연구원이자 하노버 대학 현대사 강좌 담당 객원 교수이며, 지금까지 주로 독일 나치 정권의 유대인 정책과 제국 보안대 같은 나치 수하 기구들의 정책 전개 과정 등에 관해 연구해왔다. 《국가 보안대의 유대인 정책, 1935~1938*Die Judenpolitik des SD 1935~1938. Eine Dokumentation*》이라는 사료집을 편집했으며, 그 밖에 영화 〈쉰들러 리스트〉를 다룬 〈상상해낸 것과 실제, 한 영화에 대한 역사서술적 주석The Invented and the Real : Historiographical Notes on Schindler's List〉, 〈1950년대 소비와 근대화Konsumen und Modernisierung in den fünfziger Jahren〉, 〈'최종 해결책'의 전단계—국가 보안대의 유대인 정책, 1935~1938Vor der 'Endlösung'. Die Judenpolitik des SD 1935~1938〉, 〈제국 보안 사령부—한 기구의 과격화Das Reichssicherheitshauptamt. Radikalisierung und Selbstradikalisierung einer Institution〉, 〈아이히만의 우상Eichmanns Götzen〉 등의 논문을 발표했다. 최근 저서로는 《무조건의 세대—제국 보안 사령부의 지도층*Generation des Unbedingten. Das F hrungskorps des Reichssicherheitshauptbeamtes*》과 《자기권능화로서의 민족공동체. 지방 유대인에 대한 폭력, 1919~1939*Volksgemeinschaft als Selbstermächtigung. Gewalt gegen den Juden in der deutschen Provinz 1919 bis 1939*》 등이 있다 .

가장 억압적인 독재체제를 존속하기 위해 사람들을 구속하고 있던 그 어떤 법칙에도 기초하지 않았다. 나치가 취했던 준거점은 민족공동체 즉 인종공동체였으며, 이러한 공동체의 발전은 어떤 관료체제도 조절할 수 없다는 점만이 '자연스러웠다'. 독일민족적völkisch 혹은 인종적 의미에서 정의된 '인민'만이 결정적 범주이며, 이 인민이 정치적 역동성을 이뤄낸다는 것이다. 일반적으로 독재체제에서조차 국가가 준거점이 될 때에만 규칙과 법적 규범이 확립될 수 있으며 이것이 범법자를 포함한 모든 이들에게 적용되는 것이 보통이다. 그러나 민족공동체는 이와는 반대로 자신의 고유한 정치적 실행의 경계를 이미 암시하고 있었다.

물론 정권의 반유대주의 정책은 이러한 정치적 과정에서 결정적 역할을 했다. 그러나 독일 국민을 인종적 공동체로 변화시키고, 부르주아적 시민사회를 약탈자라는 공격적 공동체로 변화시키는 일은 법적인 규범을 정의하고 확립하는 것을 통해서는 결코 일어날 수 없다. 이러한 변화는 특정한 정치적 계급이나 도시화된 중심 지역에서만이 아니라, 특별히 농촌 지역 즉 여러 마을과 소읍에서 일어난 정치적 진행 과정이다. 여기서 나치는 지도적 위치를 차지했다. 하지만 민족공동체의 확립은 고사하고 그 어떤 정치적 힘조차 행사하지 않았다. 독일 내의 유대인들을 '인민의 적'과 '독일민족의 인종적 적대자'로서 박해하는 행위 그 자체가 시민사회를 파괴하는 데 결정적인 정치적 도구가 되었다.

여기서 나는 일상 속에서 벌어진 반유대주의적이고 폭력적인 배제가 민족공동체를 형성하는 과정을 논의할 것이다.

1. 민족공동체의 의미론

민족공동체는 결코 나치만이 사용한 용어는 아니다. 이 말이 처음으로 유행한 것은 수많은 독일인들이 애국적 감정에 도취되고, 황제가 더 이상 특정 정당에 의존하지 않고, 독일인만을 염두에 두었으며, 심지어는 독일 사회민주당과 유대인들도 힘을 모아 전쟁을 치르면서 마침내 평등을 성취하고 민족구성원으로서 인정을 받으리라고 믿었던 1914년 여름이었다. 이러한 열광 어린 도취감은 결국 환멸로 끝났지만 민족공동체라는 말이 지녔던 마력은 결코 소진되지 않았다.

바이마르 공화국 당시 거의 모든 정당들은 이 용어를 사용하고 있었다. 그런데 사회민주당은 '민족공동체'라는 말을 소수의 자본가와 대립하는 인민의 단결이라는 염원을 상징하기 위해 이 말을 썼다. 여기서 민족공동체는 모든 근로 인민의 단결을 말한다. 반면 우파 쪽에서는 포용과 통합이 아닌 배제의 의미로 정의되었다. 민족공동체에 속하는 사람이 아니라 그것에 속할 수 없었던 사람에게 가장 결정적인 문제가 되었던 것이다. 게다가 유대인은 일반적으로 독일인의 공동체에 속할 수 없다는 것이 우파의 일치된 견해였다. 따라서 우파에서 정의한 민족공동체는 필연적으로 반유대주의를 포함한다. 특히 나치는 어느 정당보다도 설득력 있게 스스로를 모든 계급을 위한 젊은 운동으로 부각시킬 수 있었다. 히틀러는 모든 독일 인민의 '지도자'라는 카리스마를 갖게 되었고, 미래의 '민족공동체' 속에서 단결과 해방, 사회적 갈등을 치유하려는 열망을 채워줄 수 있는 힘을 가지고 있는 사람이라고 신봉 받았다.

그러나 이러한 민족공동체 개념이 지닌 포용과 통합의 차원은 나치 집권 초기부터 이른바 '비사회적 인간', 장애인과 정신적 결함이 있는 사람, 그리고 무엇보다 유대인을 폭력적으로 배제하려는 시도와 결합되었다. 나치가 정치 프로젝트로서 취했던 민족공동체 버전은 무수한 갈등으로 찢긴 사회를 '치유'하고 단결시키고자 하는 열망을 수반하고 있지 않았다. 대신 나치는 사회 내부에 선명한 경계를 긋고, 포용과 배제 사이의 폭력적 차별을 실행시키려고 했다. 2차대전 후 많은 독일인들의 기억은 양분되어 왔다. 한편으로는 민족공동체의 즐거운 경험이, 다른 한편으로는 유대인이나 다른 인종으로 구별된 사람들이 겪은 박해와 살인이다. 그러나 기억이 양분되어 왔다는 것은 동일한 정치적·사회적 프로젝트의 두 차원, 즉 시민사회의 파괴와 새로운 인종 질서의 확립이라는 동전의 양면을 보여줄 뿐이다.

이처럼 나치의 민족공동체 개념은 포용과 배제의 변증법 이상이었다. 나치 민족공동체는 근대적 수단으로 근대성을 극복하려는 근대의 고유한 꿈이었다. 이 공동체는 인민의 주권을 위한 요구를 거부하지는 않았다. 그러나 인민을 종교나 젠더, 그리고 인종과 상관없이 자유롭고 평등한 시민의 추상적 집합으로서 간주하지 않고, 실제로 존재하는 하나의 실체로 보았다. 이 개념은 루소J.-J. Rousseau와는 다르다. 왜냐하면 루소의 인민주권은 개별성에 기초하고 있기 때문이다. 그러나 루소 또한 대의제의 가능성을 부정하고 인민의 의지를 단지 한 날 한 장소에 모인 사람들이 행하는 명시적 표현으로서만 받아들였다.

영향력이 있던 독일의 정치이론가 슈미트Carl Schmitt는 루소의 이 개념에 내재한 모순을 발견했다. 그리하여 그는 인민주권을 자유롭고 평등한 개인의 연합이 아니라, 실제적인 것으로서 요청된 평등성으로 정의했다. 슈미트의 관점에서 볼 때 민주주의란 동일성을 필요로 한다. 모든 이질적인 요소는 제거되어야 한다. 동일한 종교적 믿음이나 민족(국민) 구성원 자격이 이러한 '평등의 본질'에 속할 수 있다. 슈미트적인 의미에서 민주주의란 스스로를 동질적인 것으로서 구성하고 모든 이질적인 집단을 자신에게서 분리시켜야만 존재할 수 있다.

이러한 주장을 통해 민족공동체는 인종적 특징을 견지한 인민주권의 의미를 부여받을 수 있었다. 슈미트는 인민의 의지란 대표될 수 있는 것이 아니라 함께 모인 군중에 의해 표현되어야 하는 것이라는 루소의 주장에 입각해서, 바이마르 공화국은 민주적이지 않다고 비판할 수 있었다. 그에 따르면 단지 대의제라는 자유주의적인 것과 동일성의 확인이라는 진정으로 민주적인 것, 이 두 개념이 있을 뿐이다. 동일성 즉 통치자와 통치 받는 자 사이의 동일성이 지배할 때라야 민주주의가 생길 수 있다.

나는 이것이 정치이론가만의 사소한 담론은 아니라고 생각한다. 모든 정치권력은 인민에게서 나와야 한다는 근대적 입헌정치의 요청은 근대적 대의제 정치체제 속에서는 경험할 수 없기 때문이다. 인민주권의 원리는 정규적 투표 행위 속에서는 결코 작동될 수 없는 엄청난 권력을 요청하고 있다. 아직까지 인민주권은, 얼마 전 우크라이나에서 본 것처럼, 사람들의 정치적 열정을 깨우고 사람들을 바리케이드 속으로 몰아갈 수 있는 정착되지 않고 균형 잡히지 않은 힘으로서 남아 있다. 이는 심지어 자유주의적 입헌대의제 민주주의 속에서도 마찬가지다.

따라서 민족공동체를 전(前)근대적인 괴상한 정치개념으로 간주해서는 안 된다. 나는 이것이 근대성에 대한 하나의 가능한 대응, 즉 인종주의적이고 반(反)근대적인 근대적 대응이라고 생각한다. 민족공동체란 동일성과 힘, 주권의 실제적 경험에 대한 열망을 충족시키고자 하는 하나의 약속이다. 민족공동체란 모든 이질적인 요소를 분리시켜 그 속에서 고유한 동질성을 확립함으로써 스스로 진정한 정치적 주권자가 되었던 메타 근대적인 정치질서 개념이다. 이러한 정치적 개념은 전사들의 무자비한 공동체, 기존 질서를 모두 파괴하고 상상할 수 있는 온갖 무자비한 수단으로 생활의 공간을 획득했던 냉혹한 전사공동체를 의미한다. 민족공동체란 많은 사람들에게 좀 더 포용적이라거나 혹은 평등과 '공동체의 복지'에 의해 정의되는 공동체로서 존재하는 것이 아니다. 민족공동체는 실천 속에서 창조되고 실현 되어야 하는 공동체다.

2. 민족공동체의 실천

독일 국민을 인종적 공동체로 변화시킨다는 것, 부르주아적 시민사회를 약탈자들의 공격적 공동체로 전환시킨다는 것은 단 한 번의 정의나 법적 규범으로 가능한 것이 아니다. 이러한 변화는 정치적 계급, 도시화된 중심부, 농촌 지역 즉 마을과 소읍에서 동시진행된 정치적 과정이다. 여기서 나치는 지도적 위치를 차지하긴 했지만, 민족공동체의 확립은 물론 그 어떤 정치권력도 행사하지 않았다.

먼저 지방적 수준에서 벌어진 정치적 실행을 보자. 여기서 최초의 목표는 유대인과 독일인 동포 이른바 '민족의 동지' 사이의 사회적 간격을 만들어내고 특정한 형태의 연대감과 '박해 받았던 사람들'에 대한 연민을 각인시키는 것이다. 이는 유대계 이웃을 고립시키고 이들에게는 아무런 권리도 없음을 선언하여 이들을 공격하기로 한 사람들의 손쉬운 먹잇감이 되도록 하는 것이다. 지방의 나치당이 취할 수 있었던 가능한 수단으로는 유대계 정적의 박해,

유대계와의 상거래 보이콧, 그리고 이른바 '인종적 치욕'이라고 비난하기 등이 있었는데, 이 모든 것이 민족사회주의적인 민족공동체 정치의 실제적인 구현을 약속하는 행동영역을 구성했다.

유대인 상점에 대한 보이콧 캠페인은 이를 부정하는 공식적인 선언이 있었음에도 불구하고 1933년 4월 1일 이후로 결코 중단되지 않았다. 유대인에 대한 폭력과 보이콧 캠페인은 나치당 정치의 중심적 영역이었다. 이는 특별히 지방 당에서 그러했다. 이른바 개별적 행동을 그만두라는 명시적인 명령을 무시하면서, 지방의 나치 그룹은 지역에서 유대계 시민을 고립시키고, 다른 독일인을 동원하기 위해, 또한 국가로 하여금 자신의 반유대인 정책을 급진화시키도록 설득하기 위해, 그리고 나치당을 '맹세된 공동체'로 확립시키기 위해 유대인에 대한 폭력을 사용했다.

특이하게도 나치 정권 초기에는 유대인 상점주뿐만 아니라 비유대인 소비자 역시 보이콧 행위의 표적이 되었다. 나치당은 유대인 상점을 이용한 소비자의 사진을 찍어 상세한 주소와 함께《슈튀르머Stürmer》지 광고판에 전시했다.《슈튀르머》지 광고판은 거의 모든 독일 소읍에 설치된 커다란 붉은색의 전시용 판으로, 반유대주의 정기간행물《슈튀르머》의 최종판의 이슈가 게시되곤 했다.

1935년 여름이 되자 반유대인 행위가 새로운 폭력적 절정 국면으로 치달았는데, 이는 훗날의 유대인 학살과 상당히 흡사했다. 베를린에서 일어난 사건은 잘 알려져 있다. 그러나 여러 소읍과 마을에서 일어난 사건 역시 수도에서 일어난 사건 못지않게 극적이다. 예를 들어 작센 주에 있는 쾨텐에서는 거대한 군중이 폭동을 일으켜 그곳 읍장이 경찰에게 군중을 해산하고 질서를 회복하라는 명령을 내려야 했다. 브레멘 근교의 하르프슈테트에서는 비유대계 상점주들이 유대인에게 빵과 우유, 버터를 팔지 않아서, 그곳 유대계 주민들이 브레멘까지 가서 식료품을 사야 했다. 이와 유사한 사건들이 독일의 다른 지역에서도 보고되었다. 이러한 사건이 유대인에게 주는 메시지는 명료했다. 살던 곳을 떠나거나 죽거나!

같은 해에 다른 형태의 민족공동체 정책이 보편화되었다. 대체로 성관계를 가졌다고 단죄된 유대계 남성과 비유대계 여성 커플을 공개적으로 모욕하는 것이다. 조롱하는 군중, 머리를 짧게 깎이고 학대당하며 외설스러운 문구가 새겨진 명찰을 목에 건 희생자, 이것이 공개 모욕이 보여주는 이미지다. 이러한 악명 높은 시위 행위는 밝은 대낮에 일어났으며 나치 행동대원들이 주도했으나, 다수의 시민 군중 역시 참여자로서 혹은 동조자로서 아니면 방관자로서 동참했던 볼 만한 구경거리였다. 좀 더 정확히 말하자면, 이러한 시위 행위가 효과적이려면 공중의 참여가 필수적이었던 것이다. 이러한 공개적 행위는 방관자나 이러한 일에 참여하기를 주저하면서 확신을 갖지 못한 사람 등 모든 비열성분자들이 연루되고 침묵하는 동조자로서 변화될 때만이 성공적일 수 있었다. 그러나 만약 공개적인 반대의 신호가 어떤 형태로라도 있었다면 이러한 정치적 조작은 실패했을 것이다.

독일인 가운데 일부는 여전히 반유대주의적인 폭력에 유보적 태도를 지니고 있었다. 그러나 이러한 모호한 태도야말로 더욱 세밀하게 시험할 만한 가치가 있다. 비유대계 소비자는 유대인 상점주들이 재앙에 가까운 경제적 상황에 맞서면서 자신들에게 보장한 물적인 혜택을 적극적으로 받아들였고 이익을 보았다. 또한 수많은 독일인들은 자신들의 유대계 이웃이 가혹하게 취급당하는 것은 반대하지 않았지만, 나치 지방당 조직, 특히 나치 청년조직이 힘을 행사하는 것에는 반대했다. 그들은 경찰이 이러한 힘을 행사해야 한다고 생각했다.

많은 사람들은 뉘른베르크 인종법이 통과되었을 때 안도감을 느꼈다. 왜냐하면 그들이 보기에 이 법이 법과 질서를 다시 확립시켰기 때문이다. 그런데 그들이 인정할 수 없었던 것은 이러한 인종법이야말로 최소한 부분적으로나마 1935년 여름에 벌어진 유대인에 대한 폭력적인 공격의 결과이며, 더 나아가 독일 내 유대인의 일상적 삶이 이미 뉘른베르크 인종법 시행 전야에 극적으로 악화되었다는 점이다. 이처럼 독일인들의 행동은 모호했다. 따라서 독일인들의 행동을 일차원적으로 묘사해서는 안 된다. 독일 시민이 유대인 동료시민을 대한 방식은 상이한 상황과 권력 관계에 따라 매우 달랐다. 그렇지만 나치가 주도한 반유대주의적 행동에 대한 서로 다른 동기 부여와 참여 정도에도 불구하고, 독일 시민의 행위는 언제나 그리고 모든 곳에서 유대계 독일인을 거부하는 방향으로 일관되어 있었다.

망명 중이었던 당 지도부에 전해진 사민당의 비밀보고서에 따르면 이러한 폭력적 행위는 결코 목표물을 잃어버린 적이 없으며 매우 효과적이었다. 1936년 1월의 보고서는 반유대주의가 독일 사회의 거의 모든 집단 내부에 뿌리를 내리고 있으며, 심지어는 폭력적 공격을 명확히 반대하는 사회민주주의자마저도 이른바 유대인의 패권을 마침내 영원히 종식시키고 유대인의 활동을 특정한 분야에 한정시켜야 한다는 데 찬성하고 있다고 진술하고 있다.

여기서 언급해야 할 중요한 사실은 시간이 흐를수록 점점 더 젊은 사람들이 보이콧 캠페인의 선두에 섰다는 점이다. 1933년과 1934년에는 유대인 가게 앞에 모인 대열에 서서 사진을 찍어대고 소비자를 학대했던 사람은 주로 나치 돌격대Sturmabteilung와 나치 친위대 대원들이었다. 그런데 앞서 말한 보고서에 따르면 특별히 중고등학생이나 히틀러 소년단 단원 같이 한층 어린 연령층이

유대인 가게 근처에 서서 반유대주의 구호를 외치고, 소비자가 그 곳에서 물건을 사는 것을 방해했다.

더군다나 이 보고서는 점점 더 많은 군중이 행진과 시위에 참여했다는 것을 언급하고 있다. 그렇다면 누가 이러한 군중 대열에 참가했는가? 명백한 것은 제복을 입고 있었기 때문에 쉽게 확인할 수 있는 나치당원만이 참가했던 것은 아니라는 점이다. 당시 촬영된 사진을 보면 민간인 복장을 한 많은 사람들이 그 군중 대열에서 발견된다. 이러한 민간인 집단은 반유대인 데모를 위해 나치당이 동원했거나, 때로는 자발적으로 모였을 수도 있다. 예를 들어 유대인 가게에서 옷을 구입한 후 공개적으로 그 옷을 벗도록 강요당했던 비유대계 소비자의 경우처럼 말이다. 이러한 폭력적인 공격은 아마도 나치 단원이 주도했을 것이지만, 지나가던 보행자의 참여 없이는 일어날 수 없었을 것이다.

군중의 참여 강도를 판단하거나 그 사람들이 적극적 가해자 또는 기세등등한 참가자였는가, 혹은 적극적으로 참여하지는 않았지만 단순히 이러한 공격 행위를 인정한 방관자였는가, 아니면 그러한 광경을 보기 위해 잠시 발걸음을 멈춰 섰던 호기심 많은 행인에 불과했는가, 혹은 그러한 장면을 무심하게 바라보면서 수동적인 자세로 폭력 행위를 용인했던 다수 중 하나였는가 하는 것을 판단하기는 쉽지 않다. 그러나 이러한 폭력적 공격은 소수의 전투적 집단 행위가 아니라, 이를 용인하거나 이에 다양한 강도로 참여했던 수많은 다른 사람들이 연루되어 일어났다.

이 점이 바로 문제의 핵심이다. 이러한 폭력적 공격이 공개적으로 일어났다는 사실은 독일 시민들이 이러한 폭력 사태를 존중할 수밖에 없었다는 것을 의미한다. 이러한 폭력 행위는 독일의 공공 여론이 이러한 위법 행위를 인정할 때만 성공할 수 있다. 실제로 반유대주의적 폭력의 효과는 나치 정권 초기 국면에 나타났던 무력 사용에 대한 여론의 반대를 무디게 만들었다. 왜냐하면 그러한 행위들이 지닌 영향력은 선전 효과 때문이 아니라 실제로 독일인들 스스로에게 근거했기 때문이다.

유대인들은 배제된 자의 무력감을 경험했다. 반면 '민족의 동지'는 자신들이 지닌 권능을 향유했다. 심지어는 적극적으로 폭력 행위에 가담하지 않은 자들마저 동조자로서 그러한 권력에 참여할 수 있었다. 비록 개인적 동기는 달랐지만 집단적 행위는 실제로 내적인 차이를 사라지게 했다. 탐욕이나 복수심, 개인적 악감정 때문에 행동에 가담했던 모든 사람들에게 공식적인 반유대주의 정책이 화려한 근거를 제공한 것이다.

의미심장하게도 공적인 질서를 수호해야 할 책임이 있는 사람은 폭력 사태에 뒤늦게 개입하곤 했고, 종종 폭력 행위를 최종적으로 금지시키기 전까지 몇 시간 동안은 범법자들이 멋대로 하도록 내버려두었다. 폭력을 행사하는 젊은이들은 공적 질서를 수호해야 할 책임이 있는 사람까지 포함해 지역의 어른들이 자신들의 행위를 다소 인정하고 있다고 확신했다. 따라서 문제는 젊은이들이 법을 어겼다는 것이 아니라, 일반적으로 어른, 또한 특별히 법을 집행하는 공무원이 이러한 폭력을 중단시키지 않았다는 데 있다.

더 나아가 이러한 어른들은 유대계 시민에 대한 모욕 행위에 개입하거나 중단시키지 않음으로써, 젊은 세대의 폭력 행위를 용인한다는 입장을 명시적으로 밝혔다. 따라서 독일 청소년들은 아무런 제재나 처벌에 대한 두려움 없이 유대인들을 모욕하고 학대하며 심지어는 때리기까지 할 수 있다는 것을 배웠다. 게다가 폭력을 행사하는 젊은이들은 스스로를 무척 용감하다고 생각했는데, 어른들은 내심으로만 바랐을 뿐이며 자신들만이 감히 공개적으로

할 수 없었던 행동을 실천으로 옮겼기 때문이다.

민족공동체의 확립을 위해서는 이러한 순응, 그리고 유대인 이웃에게는 법률이 유보될 수 있고, 어느 누구도 그들의 안전을 보장할 필요가 없으며, 그들을 모욕과 폭력에 방치시킬 수 있다는 합의, 즉 이러한 종류의 '아래로부터의 정치'가 '위로부터의' 법령이나 조작, 그리고 규칙 못지않게 필요했던 것이다. 어떠한 제재나 처벌 없이 범법 행위가 가능한 순간부터 모든 '민족의 동지'를 포함시킴과 동시에, 유대인과 기타 생물학적으로 정의된 적, 그리고 추방자를 배제하기 위한 민족공동체의 경계가 그어졌다.

이제 우리는 이러한 폭력적 공격 행위를 한 활동가와 주도자 즉 명령을 수행하고 스스로 폭력적 공격의 속성을 정의했던 이러한 악한뿐만 아니라, 다른 사람 즉 아마도 이들보다는 더 소극적이었던 참가자, 방관자, 혹은 수동적 보행자 역시 자신의 행동을 통해 필요한 역할을 했음을 고려해야 한다. 이런 사람들의 행동이 은연중에 범법자들에게 권위를 부여했거나 찬성을 했든 아니면 인정을 했든 혹은 단순한 가담에 그쳤든 간에 말이다. 나치 정권 초창기에 발생했던 유대인을 향한 폭력적 공격은 단순히 정치적·경제적 혹은 사회적 맥락만으로는 설명할 수 없다. 우리는 필수적으로 폭력 자체에서 비롯된 변화를 고려해야 한다.

무엇보다 폭력이란 상호 영향을 주는 물리적 경험이다. 인간은 타인에게 해를 가하거나 스스로에게 해를 가할 능력을 지니고 있다. 그런데 누군가가 폭행을 당하거나 학대를 받으면 그가 겪어야 할 것은 고통만이 아니다. 희생자는 더 나아가 무력감과 무기력함을 경험한다. 폭력은 물리적 신체뿐만 아니라 정신적 상태를 겨냥한다. 폭력은 한 개인을 송두리째 해친다. 한 개인의 내적 구성 상태, 자신의 힘과 개인적 존엄, 통합력에 대한 신뢰가 흔들린다. 한 개인의 존엄함에 대한 이러한 공격은 실제적 사건이 끝난 뒤에도 오랫동안 영향을 준다. 이는 특히 대등한 두 적대자 간의 경쟁보다는 비대칭적인 권력 관계가 있는 곳에서 그러하다. 비록 어느 한편이 겪는 스스로가 허약하다는 경험은 다른 편이 겪는 힘의 확실성에 정반대되지만, 이러한 양자의 인식은 서로 연관되어 있다. 단지 패배자의 패배만이 승리자의 승리를 확보시켜줄 수 있다.

만약 조건이 동등하다면 패배자는 복수를 요구할 수 있고 입장을 바꿀 수 있는 기회를 가지며 다음에는 승리할 수도 있다. 나치 정권하에서는 학대 당한 유대인들이 상황을 반전시킬 수 있는 기회를 얻지 못했다. 오히려 스스로를 지키려는 그들의 권리는 위법적인 저항으로 다시 정의되었다. 희생자를 학대하고 도시와 마을을 행진시킴으로써, 가해자와 이에 가담한 자들은 성공적으로 문화적 헤게모니를 주장할 수 있었다. 이러한 합의는 단지 불만의 여론, 더 나아가 반대가 가시화될 때만 멈춰질 수 있다.

정치적 폭력이란 공공연한 폭력을 의미한다. 정치 폭력은 가해자의 권력과 피해자의 무력함을 시위하려고 한다. 희생자를 공공연하게 모욕하는 것, 그리고 이러한 모욕 행위에 동원된 수단들이야말로 반유대주의적 행동의 통합적 요소였다. 이러한 고도로 가시화된 희생자에 대한 모욕 행위는 그러한 폭력 행위를 실제적으로 구성하는 요소였으며, 단순히《슈튀르머》광고판의 이미지로서만 존재한 것은 아니다. 이러한 행위는 시장이나 시청 앞 광장, 읍이나 마을의 중요한 장소에서 전개되는 실생활 속에서 벌어졌다. 공개적으로 모욕당하며 학대받는 사람들과 반면에 공격을 가한 자들은 무사히 돌아다니는 것을 보는, 모든 사람이 통행하는 장소에서 일어난 것이다.

폭력적인 반유대주의적 공격이야말로 민족공동체를 확인시키고 실행시켰다. 이러한 폭력적 실행 자체는 나치들이 확립하고자 했던 인종주의적 공동체, 그리고 '민족의 동지'와 '민족에 낯선 자' 사이의 배타적 위계질서를 창조해냈다. 이러한 행위와 변화 과정에서 결정적인 순간이 되자, 바로 그 순간 민족공동체가 실제가 된 것이다. 민족공동체의 실현은 물리적 법규와 폭력, 힘의 경험 즉 구질서가 타당성을 잃고 새로운 질서가 자리를 잡게 된, 법에 의한 지배가 중지되고 예외 국가가 확립됨으로써 이루어졌다.

폭력 행위를 주도한 악한들은 자신들이 정치의 장을 정의하고 지배할 수 있으며, 모든 가담자, 특히 유대인 공격에 적극적으로 가담하지 않았던 자들에게 새롭게 창조된 질서를 받아들이도록 압력을 가할 수 있다고 주장했다. 폭력은 지역의 정치적이고 문화적인 질서를 파괴시켰으며, 심지어는 폭력을 단순히 바라만 보고 있던 자들마저 이러한 기존 질서를 침식시키는 데 기여했다. 폭력 행위를 주도한 악한들과 마찬가지로 이러한 사람들 또한 절대적으로 우세한 힘이 그들에게 넘어갔음을 깨달았고, 그리하여 폭력 행위가 실행되었던 바로 그 순간, 나치의 목표였던 인종주의적 위계질서 즉 자기권능화Self-empowerment로서의 민족공동체를 창조하는 데 일조했던 것이다.

아래로부터의 스탈린주의?
—대대적 테러의 사회적 전제조건과 테러에 대한 민중의 대응

케빈 맥더모트 :: 이종훈 옮김

이 글은 두 가지 목적을 지니고 있다. 우선 첫째는 구소련 붕괴 후 개방된 '문서보관소의 소장 자료 탐색과 연구의 열풍archival goldrush'이 가져다준 영향과 그로 인해 스탈린 치하 국가−사회의 여러 관계에 대한 우리의 이해가 어떻게 달라졌는지 가늠해보는 것이다. 두 번째는 1937~1938년의 대대적 테러 문제와 관련하여 사회적 전제조건, 그리고 대규모 탄압과 희생자들에 대한 민중의 반응을 살펴보기 위해서 최근의 서방측 연구를 정리해보고 비판하는 것이다. 이 과정에서 나는 이 책의 공동 주제인 대중독재에 관한 몇 가지 논제를 던져보기를 희망한다. 정치사 전공자로서 나는 스탈린주의에 대한 새로운 사회−문화사적 연구와 일상사적 접근 방법이 어떻게 '전통적' 정치사의 영역과 연구자들의 시야를

케빈 맥더모트Kevin McDermott는 소련과 동유럽 역사 전공 연구자로서 현재 셰필드 대학에 재직하고 있다. 주요 저서로는 《스탈린 : 전쟁 시대의 혁명가Stalin : Revolutionary in an Era of War》,《코민테른 : 레닌부터 스탈린까지 국제공산주의 역사 The Comintern : A History of International Communism from Lenin to Stalin》(공저),《스탈린 테러 : 소련의 고위 정치와 대대적 탄압Stalin's Terror : High Politics and Mass Repression in the Soviet Union》(공동 편집) 등이 있다. 현재 '동유럽의 혁명과 저항 1948~1989Revolution and Resistance in Eastern Europe, 1948~1989' 프로젝트에 대한 연구를 진행하고 있다.

넓혀주었는지를 제시하기 위해 '위로부터의' 시각과 '아래로부터
의' 시각을 아우르고자 한다.

1. 사학사적 맥락과 새로운 접근

우선 현재의 논쟁과 연구를 1970년대와 1980년대의 사학사적
맥락에서 볼 필요가 있다. 이 시기에는 '전체주의totalitarian' 학파
와 '수정주의revisionist' 학파 사이에 결국은 소모적인 것으로 드
러날 아귀다툼이 벌어지고 있었다. '전체주의' 견해는 스탈린주의
국가를 억압적이고 수동적이며 획일적인 사회에 군림하는 테러리
즘적이고 획일적인 체제로 상정했다. 반면 '수정주의' 견해는 스
탈린주의 내부에도 중앙-지방 사이의 긴장, 엘리트 집단 내부의
투쟁, 스탈린 관료제 안의 혼선과 기능 부전 요소 등이 있으며, 사
회적 신분 상승upward social mobility에서 비롯되는 대중의 높은
지지가 체제를 뒷받침한다고 주장함으로써 논쟁을 유발했다.[1] 내
가 보기에는 양쪽 견해는 모두 스탈린주의에 대한 기본적 '사실'
을 밝히고 있으므로 어느 한쪽만이 원천적으로 옳거나 그르다고
할 수 없다. 즉 오늘날까지 대중의 담론을 계속 지배해온 전체주의
자들의 생각이 사회 과정과 인간 운명을 장악하려는 볼셰비키의
욕망과 의도를 올바르게 확인한 것이라면, 수정주의자들은 '위로
부터의' 의도가 예측하지 못했던 '아래로부터의' 반발과 대응에

---

1) 논쟁의 자세한 내용에 대해서는 Sheila Fitzpatrick, 〈스탈린주의에 대한 새로운 관점
들New Perspectives on Stalinism〉, 《러시아 학보*Russian Review*》, vol. 45, no. 4(1986년 10
월), 357~373, 375~413쪽 ; 《러시아 학보》, vol. 46, no. 4(1987년 10월), 375~431쪽을
참조하라.

의해 종종 저지되었다는 사실을 정확하게 헤아렸다. 그런데 최근의 연구와 방법론들이 어떻게 기존의 범주와 자기 제약적인 논쟁 너머로 스탈린주의에 대한 이해를 심화시켰는가? 이것이 문제의 핵심이다.

1980년대 말에서 1990년 초에 이르는 소비에트식 공산주의 붕괴 이래 스탈린주의와 그 권력 원천에 대한 학문적 접근 방법에 있어서 진정한 혁명이 진행되어왔다. 이러한 중점 이동은 학문적 권위를 인정받는 최근의 연구 논집에 나타난 주제들을 한번 훑어보기만 해도 즉각 확연해진다. 예를 들면 사적-공적 실천private and public practices, 소비와 문명, 테러의 다양성, 지위로서의 출신 민족nationality as a status 등이다. 두 가지 핵심적인 진행 과정이 이러한 전환을 설명해준다. 첫째는 이전까지 접근할 수 없었던 중앙과 지방의 당-정부 기관 문서보관소의 부분적 공개다. 둘째는 역사 연구에서 전통적인 정치 · 경제적 분석들보다 사회사-신문화사의 관점과 이론을 선호하는 '문화로의 전환cultural turn'이다.[2] 1993~1994년 이래 진행되어온 비밀문서 해제가 순탄한 과정을 겪고 있는 것은 아니지만, 정치사 연구자들에게 문서보관소는 거의 무제한의 가능성을 제공한다. 정치국, 당 중앙위원회, 소비에트 정부, 각 장관 담당 업무부서 등의 내부 상황, 그리고 스탈린과 주요 보좌진 사이의 사적인 서신 왕래와 관련해 문자 그대로 수백만 쪽의 문서가 있다. 또한 그동안 궁금했던 비밀경찰과 교정노동수용소 ГУ-ЛАГ(Gulag) 같은 핵심 기관의 활동 내면을 들여다볼 수 있는 자료들이 있다.[3] 사회사-신문화사 연구자에게도 문서보관소는 풍성

---

2) 앞에 열거한 연구 주제와 나의 주장은 Sheila Fitzpatrick (ed.), 《스탈린주의 : 새로운 경향들Stalinism : New Directions》(London : Routledge, 2000), 1~14쪽에 근거한 것이다.

3) 구 '당 중앙 문서보관소'(현재는 '러시아 국립 사회-정치사 문서보관소 РГАСПИ'로

한 사료를 제공한다. 소비에트 인민의 동향에 관한 비밀경찰의 정기 보고서свoдки(svodki), 스탈린을 포함한 당-정부 요인에게 보내는 헤아릴 수 없이 많은 시민의 편지와 진정서, '보통' 사람들의 일기와 사적으로 왕래한 서신, 실제로 거의 모든 시민에게 수정 증보가 요구된다고 할 정도의 자전적 형태의 살아온 이야기 등이다.

당연한 말이지만, 이러한 자료들은 대단히 조심스럽게 다루어야 한다. 예를 들어 모든 반대와 불복종을 근절하는 것이 비밀경찰 담당 부서인 내무인민위원부НКВД(NKVD)의 일임을 염두에 둘 때, 그들이 작성한 인민의 부정적 동향에 관한 보고서는 얼마나 정확한가? 이러한 보고서의 편집자들은 자신들의 존재와 활동을 정당화하고 자원과 예산을 확충하려고 힘쓰면서 국지적인 불만을 과장하지는 않았는가? 더 나아가 그들은 상급자들이 듣고 싶어 한다고 간주한 것을 기록한 것은 아닌가? 그럼으로써 그들은 도처에 '반대' 세력이 있다고 보는 지도자들의 사고 경향을 더욱 강화시킨 것은 아닌가? 한편 아무리 사적인 의견 교환이라도, 이것이 개인의 '진정한' 믿음이나 정체성이나 동기를 대변한다고 연구자들은 추정할 수 있는가? 심지어 일기라고 하더라도 나중에 출판될 것을 염두에 두고 서술되었을지도 모른다. 그리고 일기를 쓴 사람들도 자신이 글로써 토로한 것이 열람해서는 안 될 사람의 수중에 들

개칭—옮긴이주) 소장 자료에 대해 이제는 시대에 좀 뒤떨어지게 된 안내서로는 《'러시아 현대사 문서 보관 센터' 안내 개요*Краткий путеводитель по RЦХИДНИ*》(Москва: Благовесть, 1993)와 《'러시아 현대사 문서 보관 센터' 소장 개인별 수집 자료 분류 개요*Путеводитель по фондам и коллекциям личного происхождения RЦХИДНИ*》(Москва: Благовесть, 1996)를 보라. '러시아 연방 국립 문서보관소ГАРФ'의 자료 안내서는 좀 더 나은 편이다. 예를 들면 С. В. Мироненко (ред), 《안내서 제2권. 러시아 사회주의 연방 소비에트 공화국 역사 관련 러시아연방 국립 문서보관소 소장 자료 편*Путеводитель, том 2. Фонды Государственного архива Российской Федерации по истории РСФСР*》(Москва: Государственный архив Российской Федерации, 1998)이 있다.

어가는 일이 없을 것이라고는 결코 확신할 수 없었을 것이다. '자기 검열self-censorship'의 유인은 틀림없이 강했을 것이다.[4] 이러한 문헌 증거와 관련된 딜레마에 대해서는 어떠한 결정적인 해답도 없다. 그러나 적어도 새로운 자료의 홍수 덕분에 스탈린 체제의 권력이 창출되는 과정과 국가-사회 간의 다각적인 상호관계에 대해서는 좀 더 세밀한 뉘앙스를 파악하고 이해할 수 있게 되었다.

문서보관소 자료의 새로운 발굴은 스탈린 독재에 대해 무엇을 말해주는가? 무엇보다 이러한 자료는 원자화된 수동적 사회를 지배하는 전능한 획일적 국가라는 낡은 모델이 불필요하게 제한적이며 일차원적임을 확언해준다. 확실히 스탈린 체제하의 국가는 삶의 모든 부분에 과도할 정도로 개입했고 강도 높은 대대적 탄압을 실시했으며, 순응과 외적 추종을 강제하는 데 의심의 여지없이 부분적으로 성공했다. 그러나 이러한 강제력은 스탈린 체제의 경험에서 가장 중요한 측면임에도 어디까지나 한 측면에 불과하다. 스탈린 체제에는 소수의 인적 요소에 의해 좌우되는 고도로 집중화된 의사결정 형태와 매우 복잡하고 다층적이며 매끄럽지 못한 결의 이행과정 간의 내재적 긴장이 존속했다. 이에 따라 중앙으로부터의 지시는 하층 말단 기관에 이르면 과도한 업무에 시달리거나 종종 제대로 훈련받지 못한 지역 담당자들에 의해 수행될 수도 있고 수행되지 못할 수도 있다.[5] 스탈린은 이러한 모순을 완벽하게 인식하고 있

---

4) 스탈린 시대 고위 인사 중에서 현재 유일하게 접할 수 있는 디미트로프Georgi Dimitrov의 경우만 보더라도 '자기 검열'은 명백하다. Ivo Banac (ed.), 《게오르기 디미트로프 일기, 1933~1949 *The Diary of Georgi Dimitrov, 1933~1949*》(New Haven, CT. : Yale Univ. Press, 2003)를 보라. (디미트로프는 불가리아 출신 공산주의자로 1934~1943년 동안 모스크바에서 코민테른 의장을 역임하면서 스탈린의 심복으로 자처했다. 2차대전 후 불가리아 공산당 당수와 정부 수상을 지냈다—옮긴이주)
5) 소련에서 중앙과 지방 사이의 긴장에 대해서는 다음을 참조하라. J. R. Harris, 《우랄

었다. 1930년 9월 그는 번역하기도 곤란한 '점검하며 귀싸대기 날 리기проверочно-мордобойнаяработа(proverochno-mordo-boinaia rabota)'라는 말을 만들어냈는데, 이는 그의 거친 인사 관 리 방법을 전형적으로 표현한다.[6] 1937년 6월 스탈린은 다시 불평 했다. "중앙에서 모든 것을 알아야 하고 보아야 한다고들 생각하는 모양인데, 실상은 아니다. 중앙은 모든 것을 보지 못한다. 전혀 그 렇지 못한 상황이다. 중앙은 단지 부분을 볼 뿐이다. 나머지는 지방 에서 볼 수 있다. 중앙은 사람을 파견하지만 그들을 100% 아는 것 이 아니다. 그대들이 이들을 점검해야 한다."[7] 이러한 위로부터의 '균열'은 아래쪽에 있는 분화된 사회 속에서도 재현된다. 여러 저 작 중에서도 이를 분명히 보여주는 것으로 피츠패트릭, 데이비스 Sarah Davies, 바이올라Lynne Viola, 그리고 시겔봄Lewis Siegel-baum과 그의 연구협력자인 러시아 학자 소콜로프Andrei Sokolov 의 것이 있다.[8]

지역 : 지역주의와 소비에트 체제의 진화The Great Urals : Regionalism and the Evolution of the Soviet System》(Ithaca : Cornell Univ. Press, 1999) ; D. J. Raleigh (ed.), 《지방의 풍경 : 지방 차원의 소비에트 권력, 1917~1953Provincial Landscapes : Local Dimensions of Soviet Power, 1917~1953》(Pittsburgh : Univ. of Pittsburgh Press, 2001) ; E. A. Rees (ed.), 《스탈 린주의 국가의 중앙과 지방 관계, 1928~1941Centre-Local Relations in the Stalinist State, 1928~1941》(Basingstoke : Palgrave, 2002).

6) Lars Lih et al. (eds.), 《몰로토프에게 보내는 스탈린의 편지, 1925~1936Stalin's Letters to Molotov, 1925~1936》(New Haven, CT · London : Yale Univ. Press, 1995), 210쪽.

7) 《사료Источник》, no. 3(1994), 79쪽.

8) Sheila Fitzpatrick, 《스탈린의 농민 : 집단화 이후 러시아 농촌에서의 저항과 생존 Stalin's Peasants : Resistance and Survival in the Russian Village after Collectivization》(New York : Oxford Univ. Press, 1994) ; Sheila Fitzpatrick, 《일상적 스탈린주의. 비상시국의 평 상적 삶 : 1930년대의 소비에트 러시아Everyday Stalinism. Ordinary Life in Extraordinary Times : Soviet Russia in the 1930s》(New York : Oxford Univ. Press, 1999) ; Sarah Davies, 《스탈린 치하 러시아의 여론 : 테러, 선전 그리고 반체제 행위, 1934~1941Popular Opinion in Stalin's Russia : Terror, Propaganda and Dissent, 1934~1941》(Cambridge : Cambridge Univ.

이러한 발견들 때문에 나는 이 책의 주제인 '대중독재'에 대해 생각하게 된다.[9] 단일한 억압 주체로 간주되는 국가가 그 주민을 다루기 쉬운 대상으로 만듦으로써 원자화되고 획일적이며 사회적으로 응집력 있는 '대중' 사회가 나타나는 것인가? 그러나 다양한 배경과 맥락의 사람들이 스탈린주의의 실제와 가치에 순응하고 이를 채택하고 수용하며 한편으로는 이에 저항하는 노력을 기울이기 때문에, 시겔봄의 표현대로 사회의 '다양한 목소리polyphony of voices'[10]가 오히려 더 정확한 것처럼 나타난다. 이러한 관점에서 대중 사회는 균질적이라거나, 이 사회는 대체로 체제에 순종적이고 예속적이라는 함축은 상당히 문제가 된다. 다른 한편으로는 독재 체제의 균등화 추구 성향에 대한 인식이 대세를 이루고 있다. 물론 스탈린 국가의 강제력과 근본적으로 반민주적이고 독재적인 본질을 과소평가하는 연구자가 있을 수도 있겠지만, 거의 없다고 본다. 그러나 여기에서도 그 모습은, 내가 지금부터 제시하려는 바와 같이, 통상적으로 전제하는 것보다는 복잡하다.

독재에 대한 증거는 압도적이다. 1930년대 중후반까지 스탈린은 독재자였고 그의 말은 복음이었으며 국가 주도의 테러에 의지

Press, 1997) ; Lynne Viola, 《스탈린 치하 농민 반란 : 집단화와 농민 저항 문화*Peasant Rebels under Stalin : Collectivization and the Culture of Peasant Resistance*》(New York : Oxford Univ. Press, 1996) ; Lynne Viola (ed.), 《스탈린주의와 겨루기*Contending with Stalinism : Soviet Power and Popular Resistance in the 1930s*》 ; Lewis Siegelbaum · Andrei Sokolov (eds.), 《생활방식으로서의 스탈린주의 : 사료 해제*Stalinism as a Way of Life : A Narrative in Documents*》, Thomas Hoisington · Steven Shabad (trans.)(New Haven, CT · London : Yale Univ. Press, 2000).

9) '대중독재'에 관한 자세한 논의에 대해서는 임지현Jie-Hyun Lim이 발표한 관련 논문들을 보라.

10) Lewis Siegelbaum · Andrei Sokolov, 《생활방식으로서의 스탈린주의 : 사료 해제》, 6쪽.

하는 성향은 명백했다.[11] 더욱이 소비에트 정치체제에는 자유주의 체제하에서 행정부의 특권을 제약하는 헌법상의, 그리고 사회적인 견제와 균형이 부재했다. 소련의 '의회'란 다당제에 근거해 민주적으로 선출된 기관이 아니라 기본적으로 고무도장 찍는 기관에 불과했다. 사법부와 법원은 정치 지도부로부터 독립성을 지니지 못했으며, 볼셰비키 이론에서 법의 지배라는 관념은 불안정한 기반을 지닐 뿐이었다. 언론과 다른 매스컴 수단은 엄격히 통제되었으며, 정보의 대안적 원천은 공식적으로 금지되었다. 또한 정부 정책에 영향력을 행사하려는 독립적이며 합법화된 비(非)정당적 '압력단체'가 전무했다. 요컨대 소련에는 법적으로 보호받는 다원적 '시민사회'가 없었다. 따라서 권력은 합법화된 중앙의 권위와 사회적 정체consenting social polity 사이에서 협상 대상이 될 수 없었고, 시민적 자유는 명목상으로나 보장될 뿐 실제적인 것이 되지 못했다. 게다가 소련 공산당 자체도 '정상적'인 정치조직과는 거리가 멀었다. 그것은 고도로 비밀스럽고 엄격하게 기강이 확립되어 위계적 성격이 강한 조직이었다. 스탈린 지배하에서 매섭게 적용된 '민주집중제democratic centralism'라는 레닌의 규범은 당 내에서 지도부의 정책이나 포고령에 제동을 걸 어떠한 '분파'도 출현하지 못하게 하려고 고안한 것이다. 그리하여 볼셰비키 정치문화는 많은 점에서 권위주의적이고 심지어 독재적이다.

그러나 우리가 스탈린주의의 지표면을 파내려가기 시작할 경우, 그 모습은 좀 더 불투명하고 모순되고 '난삽messy'해진다. 우선

---

11) 러시아의 대표적인 소비에트 시대 연구자가 최근에 이에 관하여 요약한 것을 보려면 O. V. Khlevniuk, 〈독재자로서의 스탈린 : 권력의 개인화Stalin as dictator : the personalisation of power〉, Sarah Davies · James Harris (eds.), 《스탈린 : 새로운 역사Stalin : A New History》(Cambridge : Cambridge Univ. Press, 2005), 108~120쪽을 참조하라.

스탈린 체제의 여러 가치와 정책에 대한 소비에트 사회의 대응을 살펴보는 것에서 시작하자. 앞서 언급한 대로, 스탈린주의의 독재적 성향이 의심의 여지가 없는 것이라고 해도 이로 인하여 지리, 계급, 젠더, 세대, 인종, 종교와 그 밖의 여러 면에서 소련에 나타나는 엄청난 다양성을 무심히 지나쳐서는 안 된다. 예를 들어 스탈린 찬양에 대한 민중의 반응은 인민이 그것의 어떤 측면을 거부하거나 무시했지만 어떤 측면은 자신들의 이용목적에 따라 선택했음을 암시한다. 몇몇 사람이 이를 공공연히 비판했던 한편, 또 다른 사람들은 거만한 지역 관리들에 맞서 스탈린의 발언을 종종 일깨우며 자신들의 목표를 추구하기 위해 공식적인 진정서나 편지에서 예찬의 수사학을 동원하면서 이를 이용했다.[12] 요컨대 공식 이데올로기에 대한 모종의 사회적 협상 공간이 존재했던 것으로 나타난다. 한편 국가 선전 기관은 전능한 존재가 아니었으며, 찬양의 소비자들에게 선전을 완벽히 주입시킬 수도 없었다.

소비에트 사회의 한가운데 존재했던 이러한 본질적 양면성은 최근의 사학사 논쟁 속에 요약되어 있다. 여기에 최근의 논쟁을 짤막하게 요약하는 것만으로는 각 주장의 세세한 부분을 정당하게 다룰 수는 없을 것이다. 그러나 간단히 표현해서, 푸코 이론의 영향을 받은 연구자들의 진영에서 제시하는 결론은 많은 소비에트 시민이 스탈린주의 프로젝트에 포함된 여러 가치와 목표를 대체로 내면화했거나 최소한 코트킨Stephen Kotkin의 기억할 만한 경구

---

12) '스탈린 찬양에 대한 긍정적·부정적 반응의 세부적 내용에 대해서는 Sarah Davies, 《스탈린 치하 러시아의 여론: 테러, 선전 그리고 반체제 행위, 1934~1941》, 155~182쪽; Sarah Davies, 〈스탈린과 1930년대 지도자 숭배화 작업Stalin and the Making of the Leader Cult in the 1930s〉, Balazs Apor et al. (eds.),《공산주의 독재하 지도자 찬양: 스탈린과 동구권The Leader Cult in Communist Dictatorships: Stalin and the Eastern Bloc》(Basingstoke: Palgrave, 2004), 29~46쪽을 보라.

대로 '볼셰비키 언어 말하기speak Bolshevik'를 익혔다는 것이다. 이러한 놀랄 만한 공식에 따르면, 스탈린주의의 힘은 단지 강제와 선전에 의지하는 것이 아니라, 폭넓은 사회주의 의제와 병행하여 사회적 정체성을 명료하게 하고 창출해내는 생산적 능력에도 의거한다는 것이다.[13] 코트킨 너머로 개념상 한 발짝 더 움직여보면, 사적인 일기에 대한 헬베크Jochen Hellbeck의 분석은 그 자신의 표현대로 '소비에트식 사고 영역 속으로 힐끔 들여다보기a glimpse into the domain of Thinking Soviet'를 제공해준다. 스탈린 치하의 사람들은 소비에트식 생각하기를 통해 볼셰비키 혁명의 해방적이며 자아실현적인 효과에 기반을 둔 진정한 소비에트 심성을 키워나감으로써 자신들의 존재를 의식했다는 것이다. 이러한 측면이 헬베크가 표현한 '참여와 동원 양식에서 개인과 국가 명령의 공동작용joint operation of the individual and state order in modes of participation and mobilization'을 뒷받침해준다.[14] 진실로 그가 암

---

13) '볼셰비키 언어 말하기speaking Bolshevik'의 개념과 그 의미에 대해서는 Stephen Kotkin, 《자석의 산 : 문명으로서의 스탈린주의*Magnetic Mountain : Stalinism as a Civilization*》(Berkeley · London : Univ. of California Press, 1995), 198~237쪽을 보라.('자석의 산'은 1930년대 우랄 산맥 남단 기슭 주변 허허벌판에 새로이 건설된 제철산업 도시 '마그니토고르스크'의 명칭을 뜻풀이한 것이다—옮긴이주)

14) Jochen Hellbeck, 〈토로 : 스탈린 시대 러시아에서 지지와 반대의 언어들Speaking Out : Languages of Affirmation and Dissent in Stalinist Russia〉, 《비판*Kritika*》, vol. 1, no. 1(2000년 겨울), 71~96쪽, 인용한 부분은 85, 92쪽. 아울러 Jochen Hellbeck, 〈스탈린주의 정신 모방하기 : 스테판 포드루브니 일기, 1931~1939Fashioning the Stalinist Soul : The Diary of Stepan Podlubnyi, 1931~1939〉, 《동유럽 역사 연보*Jahrb cher f r Geschichte Osteuropas*》, vol. 44, no. 3(1996), 344~373쪽; Brigitte Studer et al. (eds.), 《스탈린 치하 스스로에 관해 말하기 : 1930년대 공산주의하에서 정체성 형성*Parler de soi sous Staline : La construction identitaire dans le communisme des ann es trente*》(Paris : Fondation Maison des sciences de l'homme, 2002)를 참조하라. 대립되는 해석에 대해서는 D. M. Vyleta, 〈악마의 도시 : 불가코프의 모스크바와 스탈린주의적 주체에 대한 모색City of the Devil : Bulgakovian Moscow and the Search for the Stalinist Subject〉, 《역사 다시 생각하기

시하는 바에 따르면, 소비에트 시민은 스탈린주의의 희생자라기 보다는 참여자였다. 그래서인지 그는 스탈린 치하의 삶을 훨씬 부 정적으로 평가하는 일기들을 평가절하하는 경향이 있다.[15]

바이올라와 함께 작업하는 또 다른 역사가 집단은 이러한 체제 지지의 증거를 굳이 외면하지 않으면서도 소비에트 인민 사이에 여 러 가지 형태의 '저항resistance'이 있었음을 밝혀내고 있다. 여기서 저항은 폭넓게 정의되는데 일상적인 사회적·경제적 불복종, 생존 전략으로서 '인맥이나 연고를 활용하는 부정행위блат(blat)', 그 리고 흔한 일은 아니지만 의도적인 정치적 반체제 행위와 반란 행 위 등을 모두 아우른다.[16] 그런데 바이올라가 저항이라고 부르고 싶어 하는 이 모든 것들이 과장되어서는 안 된다. 집단화에 대한 대 대적인 농민 저항을 논외로 한다면 지배체제가 대규모의 능동적인 반대에 의해 심각하게 위협받았던 일은 거의 없다.[17] 그러나 노동 자 파업과 무장 갱단에서 시작해 젠더 차원의 이의제기, 암시장, 심 지어 만연한 정치적 농담과 외설적인 운율의 유행가частушки (chastushki)에 이르는 광범위한 저항 행위가 말해주는 것은 소비 에트 시민이 규칙을 기계적으로 오차 없이 따르기를 거부했고 '손 해의 최소화'를 통해 '체제를 이용'할 여지가 있는 사회적 관행을 만들어낼 수 있었다는 점이다.[18] 그러나 '저항이란 스탈린주의에

Rethinking History》, vol. 4, no. 1(2000년 1월), 37~53쪽을 보라.

15) 예를 들면, Nina Lugovskaya,《한 소비에트 여학생의 일기, 1932~1937 *The Diary of a Soviet Schoolgirl, 1932~1937*》(Moscow : Glas Publishers, 2003).

16) Lynne Viola (ed.),《스탈린주의와 겨루기》. '부정행위блат(blat)'에 대해서는 Sheila Fitzpatrick,《일상적 스탈린주의》, 62~66쪽을 참조하라.

17) 집단화 시기와 그 이후에 걸쳐 나타난 농민 저항에 관하여 대립되는 견해를 참조하 려면 Sheila Fitzpatrick,《스탈린의 농민 : 집단화 이후 러시아 농촌에서의 저항과 생존》 그리고 Lynne Viola,《스탈린 치하 농민 반란 : 집단화와 농민 저항 문화》를 보라.

대한 사회적 대응이라는 광범위한 연속체의 일부일 뿐이며, 사회 활동상의 대응에는 수용, 적응, 순응, 무관심, 내면으로의 도피 internal emigration, 기회주의, 적극적 지지가 망라되어' 있으며, 이러한 태도들은 시간이 흐름에 따라 한 개인의 내부에서도 변할 수 있다는 것이 바이올라의 설득력 있는 결론이다.[19]

이와 유사한 분석들이 스탈린 정치체제에 대한 인습적 이해의 두 가지 기반을 문제 삼기 시작했다. 첫째는 시민사회를 효과적으로 분쇄하는 국가의 능력이다. 둘째는 '획일적' 국가 개념과 이와 관련된 관념으로서 '우리'와 '저들' 즉 '선한 인민'과 '악한 국가'의 명확한 구별이다. 스탈린 체제의 굴레 아래 시민사회가 완전히 파괴되었다고 주장하는 명백한 전체주의론에 입각한 목소리들과는 대조적으로 오스트레일리아의 전문 연구자인 리그비T. H. Rigby 는 시민사회의 '퇴화기관 같은 요소들'이 '가장 암울했던 스탈린주의 시대에서조차' 존속했음을 설득력 있게 제시했다. 그는 스탈린 체제하에서도 '명백히 활발한 요소', '명백히 상징적이나 활발하지 않은 요소', '은밀하지만 활발한 요소'라는 세 유형의 시민사회적 요소가 있음을 확인했다. 첫 번째 유형에는 제한된 노동시장, 가정 소비 용품과 관련된 한정된 규모의 소매시장, 농업 부문에서 가족이 담당하는 소구획, 상호동의와 민법에 의해 결정되는

---

18) '손해의 최소화minimum disadvantage'라는 표현은 Stephen Kotkin, 《자석의 산 : 문명으로서의 스탈린주의》, 237쪽에 나오는데, 코트킨은 이 표현을 홉스봄Eric Hobsbawm 에게서 차용한 것이다.

19) Lynne Viola (ed.), 《스탈린주의와 겨루기》, 1쪽. 반응의 범위를 이와 비슷하게 정하고 있는 경우는 G. T. Rittersporn, 〈분노와 체념 사이의 소비에트 시민Soviet Citizens between Indignation and Resignation〉, Brigitte Studer · Heiko Haumann (Hrsg.), 《스탈린의 국민 : 소련과 코민테른 속의 개인과 체제, 1929~1953*Stalinistische Subjekte / Stalinist Subjects / Sujets staliniens : Individuum und System in der Sowjetunion und der Komintern, 1929~1953*》(Zürich : Chronos, 2006)에서도 나타난다.

인간관계(결혼, 이혼, 재산 양도 등)가 포함되었다. 두 번째 유형은 '국가 기구에 대안적인 사회 형태로서의 자발적 결사체 관념'에 기반을 두었다. 민주주의는 스탈린 치하에서 심하게 왜곡되었지만, 이 두 번째 유형은 흔적만 있는 민주주의를 어느 정도 알고 있는 데 근거한다. 고참 세대의 공산주의자들은 레닌의 당에서뿐만 아니라 본래 '소비에트'라는 이름의 각종 평의회와 그 밖의 풀뿌리 조직체에서도 '민주주의가 본래 볼셰비키 전통의 진정한 요소를 구성해왔다'는 것을 기억할 수 있었다. 리그비에 따르면, 마지막 유형에 속하는 시민사회의 잔존 형태는 '공식적인 것을 대체하는 비공식적 관계, 과정, 기준의 복합체' 속에 있었다. 구체적으로는 그림자 경제, 고객 집단과 연락망 등이었다. 그리고 한 가지가 더 있었는데 그것은 '은밀하고 퇴화한 사상 교류의 시장'으로서, '모든 형태의 문화적 표현'을 포용했으며 '결코 전적으로 탄압받지 않았다.'[20]

스탈린주의 국가가 아무리 마지못해서라도 밑으로부터의 압력에 때때로 반응했고 폭넓게 '인기 있는' 정책과 태도를 지지했다는 것도 의미 있어 보인다. 1932년 봄과 여름의 제한된 '신-네프 neo-NEP',[21] 집단농장원에 대한 개인 텃밭의 허용, 제2차 5개년

---

20) T. H. Rigby, 〈단일조직적 사회주의와 시민사회Mono-organisational Socialism and the Civil Society〉, Chandran Kukathas et al. (eds.), 《사회주의로부터의 전환 : 고르바초프 시대 소련의 국가와 시민사회 The Transition from Socialism : State and Civil Society in Gorbachev's USSR》(Melbourne : Longman Chesire, 1991), 107~122쪽, 인용한 부분은 112~114쪽. 인습적인 전체주의론 시각을 드러내는 경우로는 "1930년대 중반까지 스탈린 체제는 개인의 사고에 대한 통제를 이루었다"는 식의 견해가 있다. 이와 관련해서는 Vladimir Shlapentokh, 〈러시아 시민사회의 파괴, 1917~1953The Destruction of Civil Society in Russia(1917~1953)〉, Chandran Kukathas et al. (eds.), 《사회주의로부터의 전환 : 고르바초프 시대 소련의 국가와 시민사회》, 82~106쪽을 보라. 인용한 부분은 99쪽.

21) '신-네프neo-NEP'에 대해서는 R. W. Davies, 《소비에트 경제의 위기와 발전, 1931

계획에 제시된 소비재 생산의 증대, "삶은 더 나아졌습니다, 삶은 더 즐거워졌습니다!"는 자신의 슬로건에 보조를 맞추어 진행된 스탈린의 '사치' 품목 생산 장려책,[22] 그리고 점증하는 러시아 중심적 국가주의에 대한 호소[23] 등, 이 모든 것은 스탈린 체제 지도부가 정통성과 효과적인 동원정책을 추구하기 위해 '여론'을 아예 무시할 수는 없었다는 점을 시사한다. 우리는 이것을 시험적으로 '포퓰리즘' 독재 또는 '신(新)포퓰리즘' 독재라고 부를 수 있지 않을까?

스탈린주의 국가에 대해 가정되는 단일적 성격에 관해 바이올라는 몇 가지 중요한 유보 사항을 제시했다. 그녀의 주장에 따르면, '국가'는 다층적이었고, "인습적인 국가와 사회의 이원체가 암시하는 것보다 더 복합적이었으며, 획일적이지도 않았고, '사회' 밖

~1933*Crisis and Progress in the Soviet Economy, 1931~1933*》(Basingstoke : Macmillan, 1996), 213~215쪽을 보라. (옮긴이주) 신-네프는 학계의 합의된 명칭은 아니다. 이것은 1929~1931년의 무리한 공업화 계획과 농업집단화 추진에 따른 부작용을 어느 정도 해소하기 위해 취해진 다소 완화된 경제운용정책을 가리킨다. 특히 곡물의 정부 수매를 최저 고정가격으로 하는 것 말고도 일부 집단농장 농산물에 대하여 일정한 범위 안에서 가격 자유화를 인정하는 이른바 '집단농장 시장' 허용이 핵심을 이룬다. 그 외 기업이윤추구를 위하여 일정한 범위의 기업운영 자율성 허용, 유통과정에서 화폐가 담당하는 불가피한 역할에 대한 인식 증대 등이 여기에 속한다. 그러나 이러한 정책변화는 당-정부 고위당국자 사이에 격렬한 논쟁을 유발했으나, 이러한 내부 갈등은 밖으로 거의 알려지지 않았다. 그러나 원칙적인 차원에서 계획경제의 큰 틀과 아울러 당-정부의 총괄적인 경제운용과 개입이 고수되었다는 점에서 신-네프는 1920년대의 네프와는 다르다.

22) 스탈린의 소비품, 식품, '사치품' 산업에 대한 주장과 관련해 흥미로운 통찰을 보여주는 것으로는 Jukka Gronow, 《캐비어와 샴페인 : 스탈린 치하 러시아에서의 일반적 사치와 좋은 생활의 이상*Caviar with Champagne : Common Luxury and the Ideals of the Good Life in Stalin's Russia*》(Oxford : Berg, 2003)을 보라.

23) David Brandenberger, 《민족 볼셰비즘 : 스탈린주의 대중문화와 근대 러시아 민족 정체성의 형성, 1931~1956*National Bolshevism : Stalinist Mass Culture and the Formation of Modern Russian National Identity, 1931~1956*》(Cambridge, MA : Harvard Univ. Press, 2002).

에 존재하지도 않았으며 '사회'에 생소한 존재도 아니었다." 때때로 사회는 국가의 한 편과 '제휴'하며 국가의 다른 한 편에 맞서기도 했는데, 예를 들면 1930년 3월 스탈린의 글 〈성과로 인한 현기증 Головокружениеотуспехов (Golovokruzhenie ot uspekhov)〉[24] 이 발표되고 난 후 농민은 과욕을 부리는 지방 관리들에 맞서 중앙 정부와 연대했다. 또한 반대로 이들은 1930년대 초 기근이 계속된 몇 해 동안에는 비현실적으로 과도한 곡물 공출 같은 중앙 정부의 인기 없는 정책에 대항해 지방 관료들과 은밀한 동맹을 형성하기도 했다.[25] 그렇다면 피츠패트릭이 묻듯이, 농촌 지역의 많은 말단 관리들이 가난에 찌들어 사회적 배경과 지위 면에서 지방 주민과 별반 차이가 없는 상황에서, 중앙으로부터의 지시를 지방의 여건이나 요구와 조화되도록 중재해야 하는 체제에서 '우리'와 '저들'의 경계를 과연 어디에 그을 수 있는가?[26]

또한 지역 관리, 기업 경영인과 전문가 들이 역기능적인 행위, 좀 더 정확하게 말해서 '자기 보호 전략'을 일삼았다는 의미에서도 국가는 획일적이지 않았다. 이 방면의 탁월한 전문 연구자인 해

---

24) (옮긴이주) 《프라우다(진리)Правда》에 게재된 이 글은 농업집단화가 폭력적으로 진행된 것을 개탄하며 이를 어리석고 반혁명적이라고 규정했다. 1929년부터 광적으로 추진된 농업집단화는 농민층의 극렬한 반발과 저항을 야기했다. 집단화 추진 속도와 방법에 당 지도부는 1930년 3월부터 우려하기 시작했다. 스탈린의 글은 이러한 상황에서 나왔다. 당 지도부는 그해 봄의 파종기가 다가오자 농민과의 극한대결을 피하고자 지나친 집단화 추진과 그 부작용의 책임을 지방당국에 돌린 것이다. 그리하여 집단화 과정에서 몰수한 가축을 원소유주에게 돌려주었고 집단농장에 잔류 여부를 자유의사에 맡겼다. 그 결과 1930년 3월 이전까지 50%를 웃돌던 집단화 농가비율은 그해 6월이 되기 전까지 25% 이하로 급격히 감소했다. 그러나 다시 여름이 되자 정책은 다시 강력한 집단화 추진으로 환원되었다.

25) Lynne Viola (ed.), 《스탈린주의와 겨루기》, 9~11쪽, 인용 부분은 9쪽.

26) Sheila Fitzpatrick, 《일상적 스탈린주의》, 191쪽.

리스James Harris가 상기시켜주는 바에 따르면, 대체로 이러한 행위자들은 제도권 내 주요 기관에 소속된 사람이며 충성스러운 스탈린주의자이므로 이들의 행동을 '저항'이라고 기술하는 데는 상당한 난점이 따른다. 그러나 5개년 계획에 따라 할당된 과업 달성이라는 과제의 압력과 이에 반하는 저조한 실적을 숨기기 위해 지방 관리들은 수치를 조작하고, 자기 보호를 위해 인맥을 동원하며, 지역의 반대 세력이나 '인민의 적'을 속죄양으로 삼음으로써 중앙 부처의 주의를 분산시키고 빈약한 생산 수준을 은폐하려 했다.[27] 이러한 회피 전술에서 나타나는 의미가 있다면, 그것은 스탈린으로서는 자기 부하들이 중앙의 지시를 고분고분 수행하는 중이라고 결코 확신할 수 없었다는 점이다. 그리하여 여기서 보게 되는 독재자란 그 권위는 과도하게 증대했지만, 실상은 속임수와 잡아떼기와 늑장 피우기를 일삼으며 드러내지 않는 오기와 패거리 근성을 지닌 일꾼들에게 의존하는 존재였다. 스탈린은 이러한 의존을 자신의 권력에 대한 참을 수 없는 제약으로 간주했음에 틀림없다. 그러나 스탈린이 1937~1938년 당-정부 기관과 기업 경영의 엘리트를 대거 희생시킨 것은 이와 관련된 심리적인 문제에서 연유한다기보다는 20세기 독재자들의 어쩔 수 없는 딜레마에서 비롯한다. 즉 자신의 원대한 국가 건설 계획이 순종하는 듯하면서도 고집 피우며 자기 보호 성향을 지닌 관료제에 의해 손상된다는 점이다. 따라서 당-정부 기구들은 순조롭게 작동하는 단일체라고 하기는 어렵다. 진실로 1930년대 초에 스탈린 '반대 세력'이 속속 색출

---

27) James Harris, 〈우랄 지역의 5개년 계획에 대한 저항, 1928~1956, 또는 지역관리들에게 '파괴분자'와 '태업분자'가 필요했던 이유Resisting the Plan in the Urals, 1928~1956. Or, Why Regional Officials Needed "Wreckers" and "Saboteurs"〉, Lynne Viola (ed.), 《스탈린주의와 겨루기》, 202쪽, 주 3.

되었는데, 가장 유명한 것은 1932년의 '류친 강령Riutin Platform' 이었다. 태동하는 스탈린주의를 신랄하게 성토한 중견 볼셰비키 류친Мартемьян Рютин(Martem'ian Riutin)은, 스탈린의 대내외 정책이 레닌주의에서 벗어난다고 호되게 비난하고 스탈린을 지도부에서 제외시킬 것을 촉구했다.[28] 스탈린은 이러한 민주 집중제의 대대적인 위반행위를 잊지 못했을 것이다.

2. 테러─위로부터인가 아래로부터인가

이러한 이야기는 나의 논의를 대대적 테러the Great Terror로 옮겨가게 한다. 이 문제에 대해 우리는 10여 년 전보다 훨씬 더 많이 알게 되었다. 크게 보아서 스탈린을 비롯한 정치 지도자들과 비밀경찰 지휘부가 1937년 여름부터 1938년 11월까지 대대적인 체포와 처형의 전 과정을 주도하고 감독했다는 점에는 의심의 여지가 없다. 방대한 양의 문서보관소 자료가 이를 증언하고 있으며 '수정주의' 해석을 시도하는 대다수 연구자들도 스탈린이 주범이었음을 인정한다. 볼셰비키 혁명 20주년인 1937년 11월에 스탈린이 행한 주목할 만한 연설은 그가 바로 테러의 선동자였음을 확고히 증언한다. '위대한 지도자'는 이렇게 말했다. "사회주의 국가의 통일성을 행동으로나 사상으로 공격하는 자라면, 그렇다, 단지 사상으로만 공격한다고 하더라도, 그것이 누구든지 가차 없이 분쇄될 것이다." 그러면서 그는 다음과 같은 소름끼치는 말로 건배를 제

---

28) Б. А. Старков, 〈류친 사건Дело Рютина〉, А. В. Афанасьев (ред),《그들은 침묵하지 않았다Они не молчали》(Москва : Политиздат, 1991), 145~178쪽.

안하며 연설을 마무리했다. "모든 적을 최후까지 분쇄하기 위하여!"[29] 그런데 '위로부터의 테러'라는 명칭에는 다소 오해의 소지가 있다. 물론 대대적인 탄압이 대부분 '위로부터' 세심하게 조정되었던 것은 사실이다. 그러나 1990년대 초 게티J. A. Getty와 매닝R. T. Manning이 지적했던 대로, "비록 스탈린이 성냥불을 그어댔다고 하더라도, 대재앙으로 비화되는 데는 바싹 마른 불쏘시개와 불꽃을 살리는 바람이 필요했다."[30]

최근 연구에서 이루어진 주된 혁신은 테러라는 것이 단일한 최우선 목표하에 진행된 획일적인 현상이라기보다는, 분리되어 있으면서도 서로 관련된 정치적·사회적·'민족적'(또는 인종적) 차원들로 이루어져 다양한 면모를 지니는 과정이었다는 것이다. 이러한 세 가지 차원의 기원과 목표는 각각 달랐지만, 이것이 모두 어우러져 1937~1938년의 무시무시한 대대적 체포와 처형으로 나타났다. 탄압 과정에서 스탈린의 역할이 정확하게 드러나는 테러의 엄밀하게 정치적 측면, 모스크바에서 세 차례 벌어진 전시용 공개재판, 키로프S. M. Kirov 암살 같은 핵심적 사건의 영향은 계속

29) А. Г. Латышев, 〈스탈린과 나란히Рядом со Сталиным〉, 《완전 비밀Совершенно секретно》, no. 12(1990), 19쪽. 대대적 탄압에서 스탈린이 중심적인 역할을 맡았으며 그가 이와 관련하여 비밀경찰 지휘부와 계속 긴밀한 연락을 취했다는 사실은 다음과 같은 최근의 두 자료집에서 명백히 드러난다. В. Н. Хаустов и др (ред.), 《루반카. 스탈린과 전국비상위원회-국가정치운영부-통합국가정치운영부-내무인민위원부, 1922년 1월~1936년 12월Лубянка. Сталин и ВЧК-ГПУ-ОГПУ-НКВД январь 1922~ декабрь 1936》 (Москва : Международныйфонд 'Демократия' 2003) ; В. Н. Хаустов и др. (ред.), 《루반카. 스탈린과 내무인원부 국가안전본부 1937~1938년Лубянка. Сталин и главное управление госбезопасности НКВД 1937~1938》(Москва : Международныйфонд Демократия, 2004)(루반카는 모스크바 시내 중심부로 비밀경찰 본부가 있는 지역 이름이다—옮긴이주).

30) J. A. Getty · R. T. Manning (eds.), 《스탈린주의 테러 : 새로운 관점들Stalinist Terror : New Perspectives》(Cambridge : Cambridge Univ. Press, 1993), 15쪽.

해서 들끓는 논쟁을 유발하고 있지만 보기에 따라서는 잘 알려지고 잘 연구된 주제들이다. 따라서 나는 최근까지 비교적 덜 알려진 사회적, '민족적' 측면에 대해 논하고자 한다.

사회적 차원과 관련하여, 하겐로P. M. Hagenloh와 셰어러D. R. Shearer 같은 역사가들의 연구는 1930년대 초·중반의 사회적 혼란과 이에 대처하기 위해 발전해온 비밀경찰의 전략이 1937년 여름에 시작된 대대적인 체포와 어떻게 서로 관련되는지에 대해 각종 자료를 제시해왔다. 하겐로는 '상습' 범죄자, 사회적 주변인, 그리고 새로이 등장하는 스탈린 체제에 적응하지 않았거나 적응할 수 없었던 하층 계급 출신 사람들의 모든 행동방식 등을 단속하는 관행이 10여 년에 걸쳐 과격해지다가 절정에 이른 것이 대대적 테러라고 본다.[31] 셰어러의 주장에 따르면, 비밀경찰 책임자들은 이러한 범죄자, 불량배, 그 밖의 '사회적 해악분자' 그리고 서부 시베리아 등지의 무장 갱단 등으로 인해 야기된 사회 불안의 위협을 매우 심각하게 받아들였다는 것이다. 1937년에 이르러 사회 혼란, 정치적 반대, 그리고 민족 혼합이라는 위협적 삼중주는 외세에 대해 점점 적대적으로 되어가는 당과 경찰 엘리트 사이에서, 끊이지 않는 외국의 앞잡이와 밀정과 결부되어 사회 저변에 폭넓게 자리 잡은 반(反)소비에트 '오열fifth column'에 대한 두려움을 불러일으켰다. 셰어러에 따르면, 이에 대응하여 스탈린 체제 지도부는 자신들이 불길한 위협이라고 인식한 것, 즉 소비에트 정부를 무력으로 전복하려는 시도를 지지할 만한 사회적 기반을 파괴하기 위해 소비에트 사회에 대한 대규모 숙청을 개시했다. 스탈린 치하의 대

---

31) P. M. Hagenloh, 〈'사회적 해악분자들'과 대대적 테러'Socially Harmful Elements' and the Great Terror〉, Sheila Fitzpatrick (ed.), 《스탈린주의 : 새로운 경향들》, 286~287쪽.

대적 탄압은 국가의 적들과 싸우는 수단에 그친 것이 아니라 소비에트 국가 정책의 구성 요소였다는 것이 셰어러의 결론이다.[32] 소장학자 세대에 속하는 또 다른 미국 역사가 웨이 Amir Weiner는 '부적격의 인간 잡초들'을 솎아냄으로써 소비에트 사회의 정화를 강조했던 1930~1940년대 스탈린주의 담론 속에서 '해충', '오염', '악취' 같은 '생물학적-위생학적' 용어들을 추적했다.[33]

1937년 7월말 정치국의 비준을 받을 당시 악명 높았던 내무인민위원부 명령 제447호에 의거해서 '쿨라크(부농)였던 자, 범죄자, 기타 반소비에트 분자'를 겨냥한 대대적인 작전이 시작되었다.[34] 1938년 11월까지 효력을 지녔던 이 명령과 관련해 767,000~800,000명이 유죄 판결을 받았다.[35] 소련 각 지역별로 냉혈적으로 정밀하게 명단이 작성되었다. 처형 대상(제1부류) 인원은 75,950

---

32) D. R. Shearer, 〈1930년대 사회혼란, 대대적 탄압과 내무인민위원부Social Disorder, Mass Repression, and the NKVD during the 1930s〉, Barry McLoughlin · Kevin McDermott (eds.), 《스탈린의 테러 : 소련의 강권정치와 대대적 탄압Stalin's Terror : High Politics and Mass Repression in the Soviet Union》(Basingstoke : Palgrave, 2003), 85~117쪽 ; D. R. Shearer, 〈스탈린 치하 러시아의 범죄와 사회혼란 : 대타협과 대대적 탄압에 대한 재평가Crime and Social Disorder in Stalin's Russia : A Reassessment of the Great Retreat and the Origins of Mass Repression〉, 《러시아 세계Cahiers du Monde russe》, vol. 39, no. 1 ~2(1998), 119~148쪽.

33) Amir Weiner, 〈사회주의 유토피아의 자연과 양육 : 사회주의 시대 소비에트 사회-인종적 신체 그리기Nature and Nurture in a Socialist Utopia : Delineating the Soviet Socio-Ethnic Body in the Age of Socialism〉, D. L. Hoffmann (ed.), 《스탈린주의 : 필독자료Stalinism : The Essential Readings》(Oxford : Blackwell, 2003), 243~274쪽.

34) 명령 제447호에 관한 영어 자료는 J. A. Getty · O. V. Naumov, 《테러의 길 : 스탈린 그리고 볼셰비키의 자기 파괴, 1932~1939The Road to Terror Stalin and the Self-Destruction of the Bolsheviks, 1932~1939》(New Haven, CT · London : Yale Univ. Press, 1999), 473~480쪽.

35) Марк Юнге Рольф Биннер, 《테러는 어떻게 '대대적'인 것으로 되었는가. 비밀명령 제447호와 그 이행의 기술Как террор стал "большим". Секретный приказ 00447 и технология его исполения》(Москва : АИРО-XX, 2003), 136쪽.

명이었으며, 교정노동수용소 8~10년 복역 대상(제2부류) 인원은
193,000명이었다.[36] 실제로 이 수치는 당초 계획을 초과한 것이다.
정치국은 할당된 체포 대상 인원을 늘려달라는 내무인민위원부
지역 책임자들의 요구를 정기적으로 들어주었다. 이것 자체가 이
른바 '아래로부터 이루어진 테러'의 비록 모호하기는 하지만 궁금
증을 자아내는 구성 요소 중 하나다. 따라서 수치상으로 따져볼 때
대대적 테러의 탄압 대상자의 주류는 공산당원이 아닌 '보통' 시
민, '쿨라크'와 노동자였다는 점이다. 이 흥미로운 결론은 희생자
를 엘리트층으로 보는 기존에 수용되어온 지식과 상반된다. 게다
가 상습 범죄자, 노숙자, 실업자 등 잡다한 '사회적 주변인'도 탄압
대상이었는데, 이들 모두는 새로이 모습을 드러내는 스탈린주의
'유토피아'의 사회적 표준에서 벗어난 존재였다. 이러할 정도로
테러는 어떤 면에서는 '새로운 소비에트 인간형' 창출의 목표를
지닌 채 엄청난 규모로 진행된 '사회 정화'의 일환으로 간주되어야
한다.

　최근에야 세부적으로 탐구되는 스탈린 치하 테러의 또 다른 특
징은 '민족적' 또는 인종적 요소다.[37] 1937년 여름에 비밀경찰이
특정 지역 출신의 외국인과 비(非)러시아 출신 소련 시민에 대한
'민족청소'를 개시했음이 이제는 알려졌다. 중동부 유럽인이 특히

---

36) 이 수치는 Марк Юнге・Рольф Биннер,《테러는 어떻게 '대대적'인 것으로 되었는
가》, 136쪽에 근거한 것이다. 게티는 교정노동수용소 복역형 선고를 받은 총인원을
194,000명으로 제시한다. J. A. Getty, 〈"초과는 허용되지 않는다" : 1930년대 말 대대적
테러와 스탈린주의 통치"Excesses are not permitted" : Mass Terror and Stalinist
Governance in the late 1930s'〉,《러시아 학보》, vol. 61, no. 1(2002년 1월), 117쪽.
　37) 스탈린의 민족정책 변천에 대한 명쾌한 설명은 Terry Martin, 〈소비에트 인종청소의
기원The Origins of Soviet Ethnic Cleansing〉,《근대사 잡지Journal of Modern History》, vol.
70, no. 4(1998), 813~861쪽에서 찾아볼 수 있다.

심대한 타격을 입었다. 그러나 중국인, 아프가니스탄인, 이란인 같은 많은 비유럽인도 표적이 되었다. 특히 1937년 가을 한국인은 극동의 거주지에서 집단적으로 추방되어 카자흐스탄과 우즈베키스탄으로 강제 이주했고 여기서 혹심한 곤경에 처했다.[38] 가장 치명적인 민족청소는 1937년 8월 7일 정치국이 승인한 '대 폴란드계 주민 작전'이었다. 약 140,000명이 체포되었으며, 이 중 80%에 달하는 111,000명이 충격에서 헤어나지 못한 채 비틀거리다가 총살당했다.[39] 어렴풋이 다가오는 전쟁 위협의 분위기 속에서 유사한 작전이 독일계, 핀란드계, 발트 연안계 주민을 대상으로 전개되었다. 그 밖에 적성국가의 분명한 '첩자' 또는 잠재적 '첩자'로 간주되거나 외국의 반소비에트 정보 기구의 앞잡이로 인식된 많은 사람들도 표적이 되었다. 즉 이러한 대대적 탄압에서 나타나는 임의성과 자의성은 전쟁 발발 시의 잠재적 '오열'에 대해 지배체제가 지닌 두려움으로 이해할 수 있다. 마찬가지로 모스크바 소재 코민테른 본부에서 일하던 외국공산당원들의 상당수가 숙청으로 인하여 실제로 대거 희생되었다.[40] 실로 이러한 '민족작전' 역시 대규

---

38) Michael Gelb, 〈소비에트 초기 인종별 강제 이주 : 극동 한인의 경우An Early Soviet Ethnic Deportation : The Far-Eastern Koreans〉, 《러시아 학보》, vol. 54, no. 3(1995년 7월), 389~412쪽.

39) N. V. Petrov · A. B. Roginskii, 〈내무인민위원부의 '대 폴란드계 주민 작전', 1937~1938The "Polish Operation" of the NKVD, 1937~8〉, Barry McLoughlin · Kevin McDermott (eds.), 《스탈린의 테러》, 153~172쪽.

40) 세부적인 사항은 W. J. Chase, 《적들이 대문 안에 있는가? 코민테른과 스탈린 치하 탄압, 1934~1939Enemies within the Gates? : The Comintern and the Stalinist Repression, 1934 ~1939》(New Haven, CT · London : Yale Univ. Press, 2001) ; Kevin McDermott · Jeremy Agnew, 《코민테른 : 레닌에서 스탈린까지 국제 공산주의 역사The Comintern : A History of International Communism from Lenin to Stalin》(Basingstoke : Macmillan, 1996)를 참조하라.

모로 진행되었다. 1938년 2월경부터 내무인민위원부는 명령 제447호와 관련된 공작보다 이 작전을 더 광범위하게 수행했다.

소비에트식 '인종청소'의 이러한 예들은 몇몇 학자들로 하여금 스탈린주의와 나치즘의 절멸 정책을 비교하게 했다. 한두 명의 전문가가 사용한 '스탈린식 종족살해Stalinist genocide'라는 용어는 나치 테러와 소비에트 테러 사이의 밀접한 관계와 도덕적 등가성을 내포한다. 우리가 '의도적' 대 '기능적'이라는 틀을 취할 경우, 스탈린주의의 동기에는 두 가지 요소가 모두 적용될 수 있는 것으로 보인다. '의도된' 희생자는 쿨라크, 정치적 반대파, 옛 차르 체제 지지자 같은 '전통적인 혐의자'였다. 그리고 '기능적' 희생자는 시대의 특수한 맥락 속에서 조작된 경우인데, 대체 가능한 엘리트 간부와 '비러시아계' 민족 출신이 포함된다.[41] 전쟁이 임박했다는 예측은 양 독재체제의 탄압 정책을 과격하게 만들었다. 그러나 나는 스탈린주의에 의한 탄압의 방대한 규모는 인정하지만, 한편으로 홀로코스트의 독특성을 강조하는 커쇼Ian Kershaw와 르윈Moshe Lewin 같은 역사가들의 견해에 동의한다. 이들의 말에 따르면 "한 인종 집단의 구성원 하나하나를 대상으로 완전한 신체적 파괴를 노렸던 고의적인 정책의……유일한 예에 필적할 만한 것이 스탈린주의하에서는 없었다".[42]

이제 나는 논쟁의 소지가 다분한 관념인 '아래로부터의 테러'로

---

41) '의도적' 희생자와 '기능적' 희생자의 아이디어는 맥러플린Barry McLoughlin에게서 얻었다.

42) Ian Kershaw · Moshe Lewin (eds.),《스탈린주의와 나치즘 : 독재체제의 비교Stalinism and Nazism : Dictatorships in Comparison》(Cambridge : Cambridge Univ. Press, 1997), 8쪽 ; C. S. Maier,《부단한 성찰 대상으로서의 과거 : 역사, 홀로코스트, 그리고 독일 국민 정체성The Unmasterable Past : History, Holocaust, and German National Identity》(Cambridge, MA : Harvard Belknap Press, 1988), 71~84쪽을 보라.

돌아가고자 한다. 이것은 무엇을 의미하는가? 첫째는 대대적 탄압과 박해가 일어날 수 있는 사회적 저변이 형성되어 있었다는 것이다.[43] 테러를 좀 더 긴 안목으로 바라본다면, 우리는 전쟁과 혁명이 러시아와 소비에트 사회에 가져다준 파괴적이고 반복적인 영향을 볼 수 있다. 혁명 발발을 기점으로 1905년부터 1920년까지 단 15년밖에 안 되는 세월 동안 러일전쟁, 1차대전, 혹독한 내전이 이어져 국가적으로 재앙이라고 할 만한 규모의 전쟁을 세 차례나 겪었다. 더욱이 이러한 전쟁에는 불타오르듯 세 차례의 혁명적 봉기가 수반되었다. 1905~1907년 혁명, 1917년의 2월혁명과 10월혁명, 게다가 소비에트 사회와 문화와 경제를 대대적으로 그리고 격렬하게 뿌리째 흔들어버린 스탈린의 '위로부터의 혁명'이 있었다.[44] 실제로 '위로부터의 혁명'과 테러의 관련성은 점점 더 명백해지고 있다. 1928~1929년부터 시작된 급속한 산업화 캠페인과 소비에트 농업의 강제 집단화에 배어 있는 '거대 규모에 대한 열광gigantomania'은 사회적 대변동의 격류와 증대하는 범죄 수준, 공공연한 농민 저항, 생활필수품의 심각한 부족과 그로 인한 도시의 긴장 상태 등을 야기했다. 더욱이 '민족문제'에 대해 취한 선제적 조치의 제한적 성공, 관료에게는 반항과 기만을 조장하고 엘리트에게는 압력을 가한 모순된 상황, 앞서 살펴본 대로 지역별로 자

---

43) '아래로부터의 테러'를 검토하는 또 다른 방법은 '축소'된 지역 단위 수준에서 바라보는 것이다. Александр Юрьевич Ватлин, 《지구 단위 테러 : 1937~1938년 모스크바 주 쿤체보 지구에서 진행된 내무인민위원부의 "대대적 작전" Террор районного масштаба : "Массовые операции" НКВД в Кунцевском районе московской области 1937~ 1938 гг.》(Москва : РОССПЭН, 2004).

44) '전쟁-혁명 모델war-revolution model'에 관한 상세한 논의에 대해서는 Kevin McDermott, 《스탈린 : 전시 혁명가Stalin : Revolutionary in an Era of War》(Basingstoke : Palgrave, 2006)를 참조하라.

기 방어를 위해 형성된 파당과 연락망 등, 스탈린식 '위로부터의 혁명'의 이 모든 '결과'가 '적'을 사냥하기에 적합한 조건을 만들어놓았다. 요컨대 테러의 사회문화적 배경을 밝히는 데 있어서는 많은 해석자들이 사용한 '대중적 히스테리'나 '대중적 정신이상'이라는 관념보다는 '전쟁-혁명 모델war-revolution model'이 좀 더 설득력 있다. '대중적 히스테리' 같은 현상이 있었다면, 무엇이 그것을 야기했다는 말인가?

깊이 자리 잡은 사회적 분열과 계급 갈등, 인종적 증오, 종교적 분열, 그리고 이러한 일련의 전쟁과 혁명적 위기로 야기되고 한층 고조된 이상사회 대망론 등은 내외의 '적'을 거의 가는 곳마다 목격할 수 있다는 상황을 조성하는 데 적잖이 기여한 것처럼 보인다. 이러한 '적'들의 존재는 국가에 의해 확인될 수도 있지만, 무엇보다 여러 소비에트 시민에게 완벽하게 인정될 수 있었다. 대중 선전과 매체가 벌이는 캠페인들은 '파괴분자'들이 도처에 존재한다고 생각하게끔 인민을 현혹하는 역할을 분명히 수행했다. 그러나 이러한 선전은 종종 대중적 인식과 믿음에 영합했다. 이렇게 결론 내릴 만한 증거는 단편적이어서 논란의 여지가 있지만, 외면할 수도 없다. 예를 들어, 옛 귀족, 성직자, 백위대, 차르의 관리, 기업가, 무역업자, 쿨라크 등 '구시대 인사бывшие(byvshie)'로 지칭되는 사람들에 대한 일반 민중의 태도는 적대적이고 폭발성이 잠재하는 상태로 남아 있었다. 1930년대 중반 한 시민은 "성직자들이 유권자나 피선거인이 되어야 하는 것을 용납할 수 없다……내 생각으로는 성직자란 근로자가 아니라 기생충"이라고 썼다.[45] 1936년 '스탈린 헌법'에 요약된 생각 중 하나인 '소외 계급'에게도 선

---

45) Sheila Fitzpatrick, 《일상적 스탈린주의》, 131쪽.

거권을 부여하고 여타 권리를 인정해주어야 한다는 내용에 많은 노동자들은 분개했다. 어떤 사람은 귀족의 자녀란 재교육될 수가 없다고 하며 "귀족의 피가 그들의 혈관 속에 몇 세대 간 흐를 것"이라고 통렬하게 기록했다.[46] 또 다른 사람들은 쿨라크에게 법률상의 권리가 부여될 경우, 그들이 1930년대 초 쿨라크 박멸 캠페인에 관여한 당 일꾼들에게 복수하려 할 것이라고 우려하면서 단호한 반쿨라크 감정을 계속 품었다.[47] 이러한 불안감은 지방 관리 사이에 광범위하게 유포되어 있던 것으로 나타나는데, 이들은 이제 스탈린 헌법으로 참정권을 얻게 된 수백만의 쿨라크 출신, 백위대 출신 그리고 갖가지 '반소비에트 분자들'에 의해 소비에트 권력에 가해지는 위험에 대해 경계할 것을 스탈린 체제 지도부에 부지런히 촉구했다.[48] 그렇다면 구체제 엘리트에 대한 사회적 비난은 일상생활 속에서 한결같은 양상으로 지속되었던 것이 아닌가 한다.

이와 유사하게 사회적 스펙트럼의 반대편 끝에서는 나치 독일에서 일어났던 것처럼 상습 범죄자, 매춘부, 걸인, 부랑자 그리고 모든 부류의 '사회적 유해분자'에 대해 국가가 후원하는 공격이 대중적 지지 이상의 것을 야기했다고 생각될 수 있다. 일찍이 강제적인 농업 집단화와 쿨라크 박멸 캠페인 시기에 행해졌던, 강자를 약자에 대립시키고 주류를 주변인들에게 맞서게 하는 방식의 전통적인 희생자 만들기가 부활함에 따라 '사회적 주변인', 국외자와 경제적 약자들이 종종 촌락에서 탄압의 표적이 되었다.[49] 이러한

---

46) Sarah Davies, 《스탈린 치하 러시아의 여론》, 70쪽.

47) Sheila Fitzpatrick, 《일상적 스탈린주의》, 179쪽.

48) 이러한 해석에 대해서는 J. A. Getty · O. V. Naumov, 《테러의 길》, 468~469쪽을 보라.

49) Lynne Viola, 〈재림 : 1927~1935년 소비에트 농촌에서의 계급의 적들The Second

추정은 전통적 입장의 많은 서방 학자들이 소비에트 시민의 '자유주의적' 성향에 대해 지니는 안이한 가정에 도전한다. 부연하자면, 전통적 가정은 소비에트 시민에게 주체적인 선택의 여지가 주어질 경우, 이들이 보편적 인권, 사회적 종교적 윤리적 관용 등 판에 박힌 '서방' 가치를 당연하게 옹호할 것이라는 소박한 믿음이다. 물론 이러한 훌륭한 태도가 존재했지만, 그것은 스탈린 이후에도 계속적으로 그 반향이 울려나오는 통속적이고 '반자유주의적'인 감정과 뒤섞여 있었다. 예를 들어, 1953년 이후 교정노동수용소 수감자들에 대한 석방이 부분적으로 이루어지자 많은 소비에트 시민들은 바로 복합적인 반응을 보였다. 그들은 역사적으로 불의가 자행되었음을 인정하면서도, 수용소에서 죄수들을 석방했기 때문에 범죄율이 급증했다고 중앙 정부 기관에 불평했다.[50]

마찬가지로 음모, 전쟁 공포, 외국 '간첩'과 '앞잡이'에 대한 스탈린주의의 강박관념은 비옥한 토양을 만났으며 이전부터 존재해온 인종적 적대감과 얽히게 되었다. 소비에트 민족정책에 대한 대표적 연구자인 마틴Terry Martin에 따르면, 인종청소와 대대적인 강제 이주를 조장한 것은 해당 지역의 러시아인과 이합집산을 거친 소수민족 사이에서 토지와 유입민의 지위, 그리고 그 밖의 불만을 놓고 벌어진 언쟁이었다. 예를 들어, 이미 1925년 극동에서는 러시아인과 한인 이주민 사이에 불거진 농지 점유에 대한 갈등으로 인해 이 지역의 러시아인들이 '타지역으로의 한인 재정착'을

Coming : Class Enemies in the Soviet Countryside, 1927~1935〉, J. A. Getty · R. T. Manning (eds.),《스탈린주의 테러》, 65~98쪽.

50) 이 정보는 셰필드 대학의 돕슨Miriam Dobson에게서 얻었다. 그녀의 미출간 원고인 〈소비에트 상상력 탐구 : 스탈린 사후 시민들의 편지와 여론Exploring the Soviet Imagi-nation : Citizens' Letters and Popular Opinion After Stalin〉을 보라.

요구했다.[51] 또한 대중적인 통념 속에서 유대인이 종종 권력이나 부패와 관련되었던 탓에 상대적으로 광범위하게 확산되어 있던 반유대주의와 많은 소비에트 유대인 체포의 밀접한 관련도 천착 해봄직한 주제다.[52] 유대인은 여러 기관의 상층부에 많았기 때문에 비율상 과도하게 표적이 되었는지도 모른다. 데이비스가 지적한 바와 같이, 대체로 1937~1938년에 소수인종은 '연성 표적soft targets'이었다. '비러시아인'을 희생양으로 삼고 정통성을 획득하는 수단으로 지배체제가 의식적으로 민족 간 갈등을 이용했을 수도 있다.[53]

테러의 '대대적' 성격과 관련된 또 다른 예는 다수의 공산주의 간부에 대한 체포와 처형이다. 공산주의자들이 다른 공산주의자들을 체포하고 총살하는 광경은 오랜 고통에 시달려온 소비에트 시민들에게 통쾌한 장면임에 틀림없었을 것이다. 그리고 엘리트 관료나 경영 책임자를 공격하는 것이 특징인 노동자들은 폭풍처럼 몰아치는 공장집회에서 열정적으로 또는 관성적으로 자신의 상관을 '파괴분자'와 '언행불일치자'로 폭로할 태세를 갖추고 있었다. 이러한 캠페인들은, 적어도 부분적으로는, "책임 있는 지위에 있는 자들에 적대해 예속적 집단들을 동원하고 그럼으로써 지

51) Terry Martin, 《적극행위의 제국 : 소련의 민족과 민족주의, 1923~1939The Affirmative Action Empire : Nations and Nationalism in the Soviet Union, 1923~1939》(Ithaca : Cornell Univ. Press, 2001), 311~343쪽, 인용 부분은 317쪽 ; G. T. Rittersporn, 〈도처의 음모 : 1930년대 정치와 사회관계에 대한 소비에트 이미지The Omnipresent Conspiracy : On Soviet Imagery of Politics and Social Relations in the 1930s〉, J. A. Getty · R. T. Manning, 《스탈린주의 테러》, 99~115쪽을 보라.

52) Sarah Davies, 《스탈린 치하 러시아의 여론》, 85~88쪽; Sheila Fitzpatrick, 《일상적 스탈린주의》, 186~187쪽.

53) Sarah Davies, 《스탈린 치하 러시아의 여론》, 83쪽.

배체제 자체에 대한 불만을 비껴가기 위해 고안된 포퓰리즘 전략의 하나"처럼 보인다. 이러한 정도까지 "엘리트를 대상으로 한 테러는 명백히 인기를 얻었다".[54] 그러나 이것은 위험한 전략이었다. 개별 공산주의 관료들의 사치스럽고 '부르주아적'이며 종종 부패한 생활방식이란 공산당 간부 전체의 판에 박힌 모습으로 해석될 수 있었으며 실제로 그러했기 때문이다. 일부 사람들이 공식적으로 '적들'로 규정된 경우를 넘어 모든 권력자를 불신했다는 것은 증거가 남아 있다.[55] 관리들을 대대적으로 체포한 데 따른 필연적 결과로서 중요한 것은 수천 명의 사람이 죽은 자의 자리를 차지함에 따라 1930년대 신분 상승 정도가 매우 높았다는 점이다. 그러나 승진, 만족감, 높아진 지위는 매우 일시적인 것일 수 있었다. 왜냐하면 탄압이라는 국가의 도끼가 계속 이어지는 상향의 물결 위로 떨어졌기 때문이다.

이렇듯 대숙청에 민중이 개입한 사례를 인용함으로써 대숙청이 어떤 식으로든 '아래로부터' 추동된 것임을 암시하려는 것은 나의 의도가 아니다. 앞서 분명히 했듯이, 최고위층의 정치 엘리트와 비밀경찰 수뇌부가 위로부터 테러를 주도하고 지휘했다. 또한 모든 소비에트 사람들이 대대적 탄압을 지지했다고 말할 수도 없다. 어디에나 '적들'이 존재한다는 선전을 모든 사람이 믿었던 것도 아니다. 세 차례의 선전용 공개재판 판결에 따라 죽은 지노비예프G. Y. Zinovyev, 카메네프L. B. Kamenev, 퍄타코프G. L. Pyatakov, 부하린N. I. Bukharin, 리코프A. I. Rykov를 애도하거나 처형된 '구시대 인사'에 대해 동정을 표하는 등의 비판적 목소리도 들을

---

54) Sarah Davies,《스탈린 치하 러시아의 여론》, 113, 131쪽.
55) Sarah Davies,《스탈린 치하 러시아의 여론》, 126쪽.

수 있다. 익명의 한 편지는 지배체제의 사회주의적 수사학을 흥미롭게 동원하면서 다음과 같이 선언했다. "동무들! 전대미문의 테러에 저항하라. 진정한 민주주의와 발언의 자유를 요구하라⋯⋯ 피비린내 나는 독재 타도! 자유로운 소비에트 연방 만세!" 그러나 "확보할 수 있는 많은 자료가 테러에 대한 일반 사람들의 무관심과 심지어 찬동까지 가리키고 있다"는 데이비스의 결론에는 나도 동의하는 편이다.[56]

마지막으로 스탈린주의 테러에 대한 새로운 접근에서 가장 논쟁적인 부분에 대한 약간의 생각을 제시하고자 한다. 이것은 소비에트 연구에서 좀 더 폭넓은 '문화로의 전환'과 연결되어 있다. 이때 연구의 초점은 고위 정치인과 당-국가 위계에서 소비에트 시민 개개인으로 이동한다. 즉 대대적 탄압을 포함하는 지배적인 스탈린주의 이데올로기의 여러 목표와 가치와 심성을 내면화하고 합리화하기 위해 개인이 이용한 다양한 수단이 연구 대상이 된다. 하르호르딘Oleg Kharkhordin과 할핀Igal Halfin 같은 연구자는 테러의 원천을 스탈린 체제 엘리트의 의식적 목표만큼, 보통 사람의 정신 상태 속에서도 찾아야 함을 시사해왔다.[57] 공산주의자 숙청에 관한 저서에서 할핀은 많은 개인이 당의 공식 담론과 자신을 일체화함으로써 "공산주의식 '자기 스타일 만들기self-fashioning'에 참여했으며, 국가의 메시아적 열망을 자신의 개인적 삶과 관련된 문제로 전환시켰음"을 제시했다. 기존의 역사서술을 크게 뒤집어놓

---

56) Sarah Davies, 《스탈린 치하 러시아의 여론》, 120~123쪽.

57) Oleg Kharkhordin, 《러시아에서 집단과 개인 : 실제에 대한 연구*The Collective and the Individual in Russia : A Study of Practices*》(Berkeley and London : Univ. of California Press, 1999) ; Igal Halfin, 《내 영혼 속의 테러 : 재판에 대한 공산주의자들의 자전적 이야기들*Terror in my Soul : Communist Autobiographies on Trial*》(Cambridge, MA : Harvard Univ. Press, 2003).

으면서 할핀이 강변하는 바는 공산주의자에 대한 대숙청이 의도하지 않았던 결과들을 가져오긴 했지만, '모든 도덕적 행동의 전례 없는 붕괴'를 나타내는 것은 아니라는 것이다. 오히려 그것은 '인간성을 도덕적으로 완성시키려는' 추구의 하나로서 "그 내부에서는 대규모 폭력이 도덕적 의미를 가질 수 있는……윤리 체계에 근거했다"는 것이다. 그의 당혹스러운 결론에 따르면, "국가의 정책이라기보다는 마음의 상태가 문제되는 것으로……공산당에 대한 테러는 부단한 자기 심문의 결과"였고 '자기 규찰 행위'와 실질적인 '자아 숙청 행위'의 산물이다.[58]

이러한 견해는 긴 논의 과정을 거쳐 최고위층에서 말단에 이르는 모든 공산주의자가 자기 계층에 대한 광포한 숙청을 지지했다고 주장함으로써 1937~1938년에 자행된 살인 행위에 대해 스탈린과 그 심복들에게 무혐의 처분을 내린다. 공산주의자들은 지배적인 당의 공식 담론과 '인민의 적'이 항상 존재한다는 도덕 논리를 내면화함으로써 공범자가 되었다. 이것은 '볼셰비키의 자기 파괴self-destruction of the Bolsheviks'라고 불려온 바를 나타낸다.[59] 이 충격적인 개념은 우리로 하여금 수백만 공산주의자의 심성을 이해하게 해준다. 또한 이것은 테러가 다양한 원인을 지녔고, 여러 방식으

---

58) Igal Halfin, 《내 영혼 속의 테러》, 1~6쪽.

59) 내가 아는 바로는, 이 용어가 처음 만들어진 것은 J. A. Getty · O. V. Naumov, 《테러의 길》에서다.

(옮긴이주) 이 용어는 공산당의 부패와 타성화를 막기 위하여 당이 원칙을 고수하고 끊임없이 도덕적으로 쇄신되어야 하며 그 과정에서 타락한 동료 당원들에 대한 숙청까지도 불가피하다고 느끼고 행동하는 성향을 의미한다. 참고로 현실적 측면을 보자면, 1933~1938년에 당원 수는 3,500만에서 1,900만으로 줄어 45% 이상 감소했다. 1934년 초 제17차 당대회 대의원 1,966명 중에서 55%가 넘는 1,108명이 '반혁명 범죄' 혐의로 체포되었으며, 2%도 채 안 되는 35명만이 1939년의 제18차 당대회 대의원으로 계속 활동할 수 있었다.

로 개인들에게 영향을 주었고, 갖가지 방법으로 지속되었으며, 그러므로 오로지 한 사람이 조종하는 악의 기제의 탓으로 환원될 수 없음을 부각시켜준다. 그러나 할핀의 이론은 당원들을 자발적으로 자신의 신체적 와해에 동의하고 결탁하는 레밍쥐lemming[60] 같은 성격을 지닌 것으로 강조한다는 점에서 지나친 감이 있다. 당 중앙위원회 소속 전원이 대대적인 체포에 양순하게 동의했다는 것은 문제가 안 된다. 보다 큰 문제는 이러한 해석이 스탈린 체제의 탄압 기구인 도축-분쇄기 안에 갇힌 수 만 비공산주의자의 운명에 대해 아무런 설명도 제시하지 않는다는 점이다. 궁극적으로 이러한 해석은 국가가 사회적 심리적 통제를 통해 일반 공산당원뿐 아니라 보통 사람들의 사고 과정과 심성에도 침투할 수 있었다는 것을 암시한다. 이는 위험하게도 인습적인 전체주의적 독법(讀法)에 근접해가고 있는 것이다.[61]

3. 맺는말

결론으로서 나의 주된 논점을 요약하고자 한다. 첫째, 문서보관소 자료 발굴, 역사 연구에서 새롭게 나타난 '문화로의 전환', 불

---

60) (옮긴이주) 일명 나그네쥐. 북유럽산(産)으로 개체 수가 급증할 때는 해안 절벽을 기어오르는 대규모 이동을 감행하는데 이때 상당수가 바다에 빠져 익사한다. 환경 적응에 합당한 종(種)의 규모를 일정하게 유지하는 과정에서 상당수 개체의 소멸이 수반되는 경우다.

61) Eric Naiman, 〈소비에트 국민과 학자들에 관하여. 누가 그들을 만드는가On Soviet Subjects and the Scholars Who Make Them〉, 《러시아 학보》, vol. 60, no. 3(2001년 7월), 311쪽 ; Daniel Beer, 〈스탈린주의 관련 역사서술에서 기원, 모더니티, 저항의 문제 Origins, Modernity and Resistance in the Historiography of Stalinism〉, 《현대사 잡지 *Journal of Contemporary History*》, vol. 40, no. 2(2005년 4월), 363~379쪽.

순응과 저항에 대한 최근 연구 등으로 인해 소비에트 사회, 그리고 이보다는 정도가 덜하지만 스탈린 체제의 국가에 대해서도 다양성과 양면성에 초점이 맞춰지고 있다. 이렇게 다양한 대응과 태도를 염두에 두면 획일성, 사회적 응집력, 전체적 국가 등을 내포하는 독재의 개념은 흔들리게 된다. 둘째, 내가 '전쟁-혁명 모델'이라고 불러온 바를 해석 틀로 삼으면, 대대적 탄압의 사회적 선행 조건을 더 깊이 있게 이해할 수 있으며 1917년 혁명 전후를 포괄해 좀 더 장기간에 걸쳐 지속된 적대 관계를 설명할 수 있을 것이다. 끝으로, 대대적 테러라는 것이 의심의 여지없이 중앙, 그중에서도 스탈린이 지시한 것임에도, '반자유주의적' 정서가 폭넓게 자리 잡고 있던 당시 소비에트 시민의 상당수는 테러의 표적이 되어 희생된 많은 사람들이 마땅한 대가를 치르는 것이라고 보았다. 그리고 이러한 점이 인기 없는 공산주의 엘리트, 사회적으로 경멸 대상이었던 주변인, 그리고 '이방인 같은' 소수민족을 테러의 표적으로 조준하는 것을 정당화했던 것이다.

II
동원된 자발성

이단재판 떠넘기기
—중국 문화혁명기의 대중독재

미하엘 쇤할스 :: 고원 옮김

1. 대중은 진정한 영웅이다……

"대중은 진정한 영웅이다"라는 마오쩌둥(毛澤東)의 말은 중국 군

미하엘 쇤할스Michael Schoenhals는 스웨덴 룬트 대학 부설 언어·문학연구센터 교수다. 1987년 스톡홀름 대학에서 〈도약적 사회주의 : 마오쩌둥과 1958년을 향한 대약진Saltationist Socialism : Mao Zedong and the Great Leap Forward 1958〉으로 중국학 박사 학위를 받은 후, 버클리 소재 캘리포니아 주립대, 하버드대, 브리티시-컬럼비아대 등에서 후속 연구를 수행하면서, 중국의 선전, 검열, 담론과 수사학을 다룬 연구서《중국 정치의 언어 분석Doing Things with Words in Chinese Politics》(1992)을 출간했고, 문서보관소의 방대한 문헌을 섭렵해 1960년대 후반 중국에서 광풍처럼 일어났던 바를 생생하게 전달해주는 자료 선집《중국 문화혁명, 1966~1969China's Cultural Revolution, 1966~1969 : Not a Dinner Party》(1996)을 선보였다. 2003년 스웨덴 연구원으로부터 우수연구자상 수상자로 선정되었으며, 2005~2006년에는 북경 소재 중국 사회과학원 산하 중국현대사연구소에서 방문학자로 지속적인 연구를 수행했다. 최신 연구로는 하버드대 정치학 교수인 맥퀴Roderick Mcquhar와 함께 중국 문화혁명에 관해 쓴《마오쩌둥 최후의 혁명Mao's Last Revolution》(2006)이 있다. 그리고 '마오쩌둥 치하 중국의 사회 통제' 그리고 '덩샤오핑 치하 중국의 선전과 검열, 1978~1997년' 등의 차후 연구 과제 수행을 계획하고 있다.《전체주의 운동과 정치 종교Totalitarian Movements and Political Religions》,《계간 중국The China Quarterly》,《현대중국사상Contemporary Chinese Thought》,《동아시아 연구European Journal of East Asian Studies》등 여러 학술지의 편집인으로 활동 중이며, 비교역사문화연구소(RICH) 주최 대중독재 국제학술회의에 매년 논문 발표자로 참여하고 있다.
고원은 경희대 사학과를 졸업하고 프랑스 파리10대학에서 브로델Fernand Braudel

부가 1970년에 편찬한《마오쩌둥 어록 선집 *Index to Quotations from Chairman Mao*》2109쪽에서 찾아볼 수 있다. 마오쩌둥은 '대중(군중)'에게 매혹되었던 20세기의 유명한 '독재자'였다. 마오쩌둥의 혁명적 수사(修辭)가 그의 혁명적 실천과 얼마만큼 연관되어 있는지는 별개의 문제지만, '대중'이라는 용어가 마오주의 언설에서 굉장히 중요한 위치를 차지하고 있다는 점은 분명하다. 이는 그의 글에서만이 아니라 정부와 통치의 주요한 사안에 관한 마오쩌둥의 언명에서도 마찬가지였다. 그는 1967년 가을에 이렇게 이야기한 적이 있었다. "독재는 대중에 의한 독재이며, 정부는 대중의 요구에 따라, 그리고 그들의 협조하에서 매우 제한된 숫자의 사람을 구금할 수 있을 뿐이다."[1]

공산당에 관한 마오쩌둥의 언급에는 당의 중요성을 상대적으로 낮추는 뉘앙스가 함축되어 있다. 하지만 마오쩌둥은 중국공산당의 주석이었으므로, 대중과 정부를 최전면에 내세우는 것은 강력한 수사 전략에 다름 아니었다. 그의 동지들의 경우에는 명확한 입장을 표명하지 않았다. 설령 그들의 견해가 마오쩌둥의 대외적인 입장과 같다 하더라도 그들의 발언은 '대중의 역할에 우선권을 부여하는 것처럼 가장하면서 당 지도력의 중요성을 폄하하려는 시도'로 쉽게 오해받을 수 있었다. 더구나 그들 중 많은 이들은 마오쩌둥의 입장에 동의하지 않았으며, 전근대적인 요소에 기반을 둔 전통적인 신념을 개인적으로 간직하고 있었다. 예를 들면 마오쩌둥의 정치 비서였고 이후 공산당 정치국의 동지이기도 했던 천보다(陳伯達)는 1989년 임종을 맞이해 그를 예방한 공안公安 부부장

의 역사 사상을 주제로 박사 학위를 받았다. 현재 한양대 비교역사문화연구소 연구교수로 재직하고 있다.

1)《마오쩌둥 어록 선집 *Mao zhuxi yulu suoyin*》(n.p., 1970), 2109, 190쪽.

에게 자신의 주어진 운명, '하늘의 순리'를 따를 준비가 되어 있다고 이야기했다. 이에 깜짝 놀란 부부장이 당신은 유물론자가 아니었던가 하고 묻자 천보다는 하늘을 가리키면서 "하늘이 당이다. 하늘에 순종하며 자신의 운명을 받아들이는 것이 당에 복종하고 자신의 운명을 따르는 것이다"라고 대답했다.[2] 18년 전 당 고급 간부들의 마르크스주의 원전 해독과 마르크스주의에 대한 이해 증진을 독려하는 캠페인을 전개할 당시, 마오쩌둥은 세계와 인간에 대한 관점이 천보다와 유사하다는 의혹을 받은 이들을 "천보다 유의 사기꾼들"이라고 부르면서 천보다를 간접적으로 비판한 바 있었다.[3]

이 글에서 나는 마오쩌둥의 "대중에 의한 독재"——'대중의 독재'나 '대중독재'로 불리기도 하지만, 이 개념들은 아직까지 명확하게 구분된 바가 없다——를 일정 부분 비판하고, 무엇이 평범한 사람들을 열광시키고 몰두하게 만들었는지를 알아보려 한다. 이를 위해 나는 중화인민공화국의 역사에서 가장 뚜렷한 마오주의 시기였던 문화혁명기(1966~1976)에 초점을 맞출 것이다. 비록 이 시기를 이끌었던 위대한 조타수의 자긍심은 중화인민공화국의 역사 속에서 이내 사라졌지만,[4] 마오쩌둥이 '대중에 의한 독재'라는 이념을 현실 속에서 가장 근접하게 구현했던 시기는 1967~1968년 문화혁명의 절정기였다.

---

2) Chen Xiaonong (ed.), 《천보다의 마지막 회상*Chen Boda zuihou koushu huiyi*》(Hong Kong : Sun Global Publishing, 2005), 442쪽.

3) Zhonggong zhongyang wenxian yanjiushi (ed.), 《국가 건립 이후의 마오쩌둥 수고 *Jianguo yilai Mao Zedong wengao*》, vol. 13(Beijing : Zhongyang wenxian chubanshe, 1990 ~1998), 193쪽.

4) Michael Schoenhals (ed.), 《중국 문화혁명 1966~1969*China's Cultural Revolution, 1966~1969 : Not a Dinner Party*》(Armonk, NY : M. E. Sharpe, 1996), 293쪽.

2. 문화혁명과 대중

1966년 수정주의에 대한 선제공격을 시작할 때, 마오쩌둥은 대중이라는 카드를 사용한다. 당시 마오쩌둥의 측근이었던 공안부장은 1966년 8월 이른바 '대중의 전위'라고 불렸던 북경의 홍위병과 관련해 경찰 간부들에게 이렇게 말했다. "그들이 나쁜 사람들을 때리는 것에 대해 잘못했다고 이야기하지 마라. 설령 그들이 분노에 차서 나쁜 사람들을 때려 숨지게 했다 할지라도, 그들이 잘못했다고 말한다면 그것은 나쁜 사람들을 옹호하는 것이 된다. 어쨌든 나쁜 사람들은 나쁜 사람들이며 그런 사람들이 죽도록 얻어맞더라도 그게 무슨 대수겠는가!"[5] 하지만 대중이란 누구인가? 각양각색의 광범위한 사람들 속에서 누구를 대중이라 지칭하고, 또 누구를 '대중의 적'으로 규정할 수 있는가? 4개월 후, 정치국 상임위원이며 외국의 전기 작가들에게 마오쩌둥의 "사악한 천재"[6]로 불리는 캉성(康生)은 이에 대한 대략적인 구분법을 제시한다. "린뱌오(林彪) 부주석과 마오쩌둥 주석에 반대하는 자들은 반혁명분자다. 그들은 대중이 아니라 대중의 적이다."[7]

마오쩌둥의 '프롤레타리아 총사령부' 구성원들의 이 같은 수행적 언설은 '계급투쟁'의 이름하에 의도적으로 형성된 적대적 상황

---

5) Beijing shi huaxue gongyeju jiguan hongse xuanchuanzhan (ed.),《위대한 프롤레타리아 문화혁명 연표 *Wuchanjieji wenhua dageming ziliao*》, vol. 2(Beijing, 1966), 192쪽.

6) John Byron · Robert Pack,《용의 발톱 : 마오쩌둥의 사악한 천재 캉성과 중화인민공화국에서 그의 유산 *The Claws of the Dragon : Kang Sheng? The Evil Genius Behind Mao?and His Legacy of Terror in People's China*》(New York : Simon & Shuster, 1992).

7) Shoudu dazhuan yuanxiao hongweibing daibiao dahui Zhengfa gongshe (ed.),《위대한 프롤레타리아 문화혁명에 대한 책임자 동지들의 연설 *Zhongyang fuze tongzhi guanyu wuchanjieji wenhua dagemingde jianghua*》, vol. 2(Beijing, 1967), 109쪽.

속에서 부적 같은 역할을 했다. 대중의 일원이라고 신뢰받은 사람들은 문화혁명을 불신하며 비판하는 자들의 '난동'에 대항하는 강력한 방어 수단을 갖게 된 것이다. 1967년에 들어서면서, 중화인민공화국이 만들어진 이래로 존속해온 비교적 '재래식'의 독재는 서서히 진화해나갔다. 마오쩌둥이 '대중에 의한 독재'라고 부르게 될 사회 상황이 모습을 드러내기 시작한 것이다. 각자가 서 있는 위치에 따라, 이러한 정세의 변화는 좋은 소식이기도 했고 나쁜 소식이기도 했다. 1967년 5월 자신을 방문한 해외 사절들에게 마오쩌둥은 사회가 좋은 방향으로 나아가고 있음을 강조하면서, 어떻게 자신이 대중의 일부를 '무장시켜' 이러한 변화를 만들어냈는지를 설명했다. 홍위병이 없었다면 "천 년이 지나도 아무런 변화가 없었을 것이다!……우리 정부는 대중에게 의지하고 있다. 대중 없이 우리는 아무것도 할 수 없다".[8] 하지만 마오쩌둥을 불신하는 이들은 반대 의사를 명확히 했다. 1967년 2월, 중화인민공화국 국무원 부총리는 동료들에게 강한 불만을 털어놓았는데, 이 가운데는 마오쩌둥의 대필 작가도 포함되어 있었다. "항상 대중, 대중 하는데, 도대체 대중이 무엇인가? 당의 지도력은 여전히 건재하다! 사람들이 당의 지도력은 무시한 채, 스스로를 해방시키고 스스로를 교육시키고 스스로 혁명을 만들어내는 대중에 대해서만 하루 종일 떠들어대고 있다. 이런 말도 안 되는 소리가 어디 있나? 이것은 형이상학이다."[9]

중화인민공화국 국무원의 부총리가 '형이상학'이라고 불렀던 마오쩌둥의 '무장병력'은 중국 공안 조직과 군대의 합법적 권력과

8) Pang Xianzhi · Tan Chongji, 《마오쩌둥 전기(1949~1976)*Mao Zedong zhuan(1949~1976)*》, vol. 2(Beijing : Zhongyang wenxian chubanshe, 2003), 1486~1487쪽.

9) Pang Xianzhi · Tan Chongji, 《마오쩌둥 전기(1949~1976)》, 1481쪽.

교차하면서 '대중독재'라는 마오주의적 혼합물을 만들어냈다. '대중독재'라는 명칭은 전략적으로 모호한 의미를 가지고 있었지만, 그들은 그 명칭 속에서 자신들이 행동할 수 있는 힘을 얻었다. 예컨대 내몽고 자치구의 수도 "후허호트의 대중독재 사령부는 광범위한 일반 대중을 전적으로 각성시키고 그들을 신뢰하면서, 계급의 적들이 저지르는 파괴적인 행위를 모두 폭로하고 열성적으로 고발하는……대중적인 성격의 프롤레타리아 독재를 강화하기" 위해 노력했다.[10] 물론 문화혁명기의 대중독재를 완곡하게 '군중정치'라고 표현하거나 오늘날 중화인민공화국의 공식 역사가들이 비난하는 조야한 '극좌적' 탈선으로 단순하게 이야기할 수는 없다. 그것은 국가가 일반인들에게 매우 폭력적이고 때로는 추악하기까지 한 임무를 떠넘기는 방식으로 진행된 독재의 한 형태였다. 이 임무를 수행했던 이들은 여러 복합적인 공적/사적 이유로 인해 국가의 자발적인 대리자로서 행동할 준비가 되어 있던, 대중의 구성원이었다.

3. 이단재판 떠넘기기

오늘날 중국에서는 더 이상 누구도 마오쩌둥 시기에 벌어졌던 대중의 독재와 결부되기를 원치 않으며 그에 대한 책임을 지려는 사람도 없다. 1980년대 초, 국가와 공산당은 문화혁명의 시대와 단절하기 위한 공식적인 담화를 제시했다. 이 담화는 몇 개의 정식

---

10) Neibu cankao bianjiubu (ed.), 《계급 숙청에 관한 자료 선집Guanyu qingli jieji duiwu wenti cailiao huibian》, vol. 2(N. p., 1968), 19쪽.

들을 통해 누가, 무엇 때문에 공식적으로 비난받아야 하는지를 명시했다. 대중과 중국공산당은 모두 책임에서 벗어나 있었다. "명목상으로 '문화혁명'은 대중의 직접적인 지지 속에서 수행되었다." "중화인민공화국이 탄생한 이후 우리 당의 역사와 관련한 몇 가지 의문에 대해 공산당 중앙위원회는 이렇게 답한다." "사실 문화혁명은 당 조직과 분리되어 있었으며, 대중과도 유리되어 있었다."[11] 1981년 이후 당의 비난은 '린뱌오와 장칭(江靑)[12]'을 중심으로 하는 반혁명 도당'의 몇몇 구성원과 그 추종자들에게 집중되었다.

20세기가 거의 끝나가면서, 문화혁명과 관련된 각종 자료들은 과거만큼 엄격한 규제나 제한을 받지 않게 되었다. 이 중에는 어떤 적극적인 '해명'도 없이 한 걸음 떨어져서 소극적으로 기술된 문건들이 존재한다. 대중의 독재와 관련해서는, 1980년대 초 홍위병 지도자들에 대한 공판을 기술한 원본 자료를 찾아볼 수 있다. 1967년 당시 북경 대학 내 '혁명적 대중 조직'의 지도자로서 자신의 능력을 보여주었던 니에위안쯔(聶元梓)의 공소장에는 그녀와 '린뱌오, 장칭 등 반혁명 도당의 핵심 분자'로 간주되는 캉성 사이의 거래가 다음과 같이 기술되어 있다.

1967년 4월 14일, 피고 니에위안쯔는 캉성이 손으로 쓴 편지 한 통을 받았다……캉성은 "그녀가 조사팀을 구성해 펑전(彭眞)(문화혁명으로 숙청된 북경 시장)과 리우렌(펑전의 측근, 북경 시 당위원회 제2서기)에

---

11) Michael Schoenhals, 《중국 문화혁명, 1966~1969》, 298쪽.

12) (옮긴이주) 장칭은 마오쩌둥의 네 번째 부인이다. 훗날 마오가 "장칭은 내게 무관심하고 정치에만 매달렸다"고 회고할 정도로 활발한 정치 활동을 벌였다. 문화대혁명(1966~1976) 당시 건강이 악화된 마오를 대신하여 군과 홍위병을 거느리며 절대 권력을 누렸다. 마오가 사망한 직후 덩샤오핑 계보의 실용주의자들에게 밀려 당에서 숙청당한다.

관한 체계적인 뒷조사를 진행할 것"을 원했다. 니에위안쯔는 즉시 "북경 대학 문화혁명위원회 산하 변절자 색출 조직"을 결성하고, 상기 세력의 조직 구성과 "변절자 색출" 작업 과정을 캉성과 시엔후치(謝富治, 문화혁명 당시 공안 부장)에게 보고했다.[13]

주목할 만한 것은 다른 고위급 관리 혹은 당 지도자에 대한 언급은 없으며, '나쁜 사람들' 간의 부정한 공모에 의해 모든 일이 벌어졌다고 본다는 점이다. 이러한 특징적인 기술 방식은 1980년대 중국에 작성된 다수의 보고서——문체를 약간 윤색한 것까지 고려한다면 거의 대부분의 보고서——에서 반복해서 나타나고 있다.

1990년대 이후 중국과 홍콩에서는 시장market의 영향력이 확산되었고, 이에 따라 1980년대 초 중국 법정에서 모든 죄를 뒤집어쓰고 처벌받았던 대중의 구성원들은——일반 독자를 겨냥한 회고록을 출판하면서——문화혁명에 관한 정부의 공식적인 설명에 반박할 수 있는 기회를 잡게 된다. 그러나 문화혁명 당시의 역할로 인해 17년형을 선고받은 니에위안쯔 같은 이들이 시도한 것은 누락된 역사의 복원 혹은 공정하고 균형 잡힌 '사건의 설명'이 아니라——과거 정부가 제시한——공식적인 역사 기록이 보여주었던 낡은 양태의 구태의연한 반복이었다. 니에위안쯔는 홍콩에서 출간된 회고록에서 자신의 활동을 "대중들의 독재"와 결부지어 설명한다. 당시의 사건은 공식 보고서가 기술한 '캉성과의 공모'가 아니라 그녀와 일반 대중의 공모였으며, 자신이 주도한 행동은 전적으로 정당했고 정부와 고위 각료, 그리고 저우언라이(周恩來) 총리의 지

13) 〈북경 시당국의 기소Beijing shi renmin jianchayuan qisushu〉(1982년 10월 5일),《역사의 심판Lishi de shenpan〔xuji〕》, vol. 2(Beijing : Qunzhong chubanshe, 1986), 133쪽.

지를 받았다는 것이 그녀의 주장이었다. 물론 저우언라이는 문화혁명과 관련한 모든 공식적인 역사 기록에서 전형적인 '좋은 사람'으로 묘사되고 있는 인물이다.

변절자 색출 작업에 우리가 참여했던 것과 관련해 밝혀야 할 또 다른 이야기가 있다. 당신이 읽는 모든 자료에는 캉성이 쓴 기록 때문에 북경 대학이 변절자들을 색출했으며, 우리가 어떻게 캉성의 지시에 따라 움직였는지가 이야기되고 있다. 하지만 솔직히 나는 캉성의 기록에 대해서는 아무것도 모른다. 사실 우리는 저우언라이 총리가 쓴 지시문을 가지고 있었다. 총리는 우리가 조사 활동을 통해 변절자들을 추적하는 것에 동의했다……[14]

따라서 오늘날에는 문화혁명에 대한 두 가지 종류의 해석이 제시되고 있다. 하나는 마오쩌둥 이후의 중국공산당이 내놓은 공식 해석이다. 여기서 대중의 독재는 당의 고유한 실천으로부터의 비합법적인, 심지어 '반혁명적인' 일탈이며, 사악한 소수의 음모자들이 선한 사람들에 대해 저지른 범죄로 설명된다. 또 하나의 해석은 사건에 깊이 연루된 대중의 일부에 의해 나중에 만들어진 것이다. 이들은 세간에 알려져 있는 것과는 다르게, 당시 벌어졌던 일들이 '수정주의에 맞서 싸우려는' 목표를 가진 혁명 지도자 사이의 합법적이고 '정당한' 협력을 통해 진행되었다고 주장한다. 첫 번째 해석에 명확한 근거가 없다는 것은 이미 많은 이들이 지적하고 있다. 두 번째 해석에서는 학생들이 정치를 주도했다는 것 자체

---

14) Nie Yuanzi, 《니에위안쯔의 회상Nie Yuanzi huiyilu》(Hong Kong : Time International Publishing, 2005), 232쪽.

가 쉽게 받아들이기 어렵다. 이는 현실적으로 타당하지 않다.

　문화혁명기 대중의 독재를 객관적으로 이해하기 위해서는, 선별적으로 공개된 단편적인 자료들을 분석하고 '회고록'이라 불리는 것들을 읽는 것으로는 불충분하다. 독재체제의 깊숙한 내면을 보여줄 수 있는 자료가 필요하다. 운 좋게도 우리는 그러한 자료를 찾을 수 있었다. 이 자료는 악명 높은 중앙특별안건심사소조 산하의 '안건소조 28'에 관해 알려준다. 안건소조 28은 대중의 일원들로 구성된 작지만 잘 짜여진 팀이었다. 저우언라이의 지휘 아래서 정기적인 모임을 가졌던 중앙특별안건심사소조는 중국공산당 정치국 상임위원회의 부속 기관이었으며, 문화혁명 시기 수많은 고위급 인사들의 박해와 죽음에 직접적으로 연관된 조직이었다.[15]

4. 대중의 구성원

　안건소조 28 관련 자료는 손으로 쓴 두 개의 파일 꾸러미로, 두꺼운 파일과 얇은 파일이 스프링으로 묶여 있다. 가죽 표지의 상단에는 큰 글자로 "기록 자료", 하단에는 작은 글자로 "경공업부 No. 1. 디자인 연구소", 그리고 중앙에는 중간 크기의 글자로 "이름"이라는 단어가 등사되어 있고 "이름" 옆에는 누군가의 달필로 "판춘전"이라는 이름이 적혀 있다.[16] 앞부분에 등장하는 목차는 이 자료

---

15) 중앙특별안건심사소조의 활동에 관해서는 다음 글을 참조하라. Michael Schoenhals, 〈중국공산당 중앙특별안건심사소조 1966~1979The CCP Central Case Examination Group, 1966~1979〉, 《계간 중국 The China Quarterly》, no. 145(1996년 3월), 87~111쪽.

16) 이 자료와 연관된 개인들의 이름은 신변 보호를 위해 가명으로 처리했다. 문화혁명 당시 그들의 역할과 관련해 이 자료에서 언급되는 내용은 아직 '공식적인 기록'으로 인정

의 내용이 '판춘전 동지에 의해 행해졌다'고 추정되는 '과오'에 대한 조사라는 것을 보여준다. 얇은 파일은 모두 32개의 자백 기록과 "보강 증거"라는 항목들로 구성되어 있다. 두꺼운 파일은 "외부 조사"의 결과물이며, 목차에 분류되어 있는 64개의 서로 다른 텍스트로 이루어진다. 판춘전에 관한 이 자료는 중앙특별안건심사소조의 안건소조 28과 어떤 관계를 맺고 있는가? 1967년 당시 학생이었던 판춘전은 안건소조의 일원으로 "변절자 색출"을 위해 활동하면서 그의 죄목으로 열거되는 "과오"를 저지르게 된다. 1972년에 작성된 판춘전의 기록 파일은 안건소조 28의 구체적인 활동 내용을 담고 있으며, 따라서 이 자료는 한 개인에 관한 단순한 조사 보고서의 수준을 넘어 문화혁명을 이해하기 위한 1차 사료로서의 가치를 지니고 있다.[17]

판춘전은 1960년 북경의 명문 청화대 기계과에 입학했다. 문화혁명이 시작되었을 때, 그는 4학년생으로 여전히 학교에 남아 있었다. 당시 판춘전은 중국공산당의 정식 입당을 기다리는 예비 당원 신분이었다. 1966년 겨울, 그는 북경 홍위병 운동의 지도자 콰이다푸(蒯大富)가 조직한 정강산 병단에 들어간다. 1971년 청화대를 방문했던 한 미국인은 그를 "명석하고 자기 확신에 가득 찬 모습이 인상적이었던 빈농 출신의 강인한 젊은이……자기 행동의 정당성에 대한 확신과 결국은 승리할 것이라는 굳은 신념을 가지고 군대의 사령관처럼 움직이던 젊은이"라고 묘사한 바 있다.[18] 판춘

받은 상태가 아니기 때문이다.

17) 나는 이 자료를 1990년대 북경의 한 벼룩시장에서 발견했다. 이 자료는 모두 손으로 썼으며, 아직 출판되지 않은 상태다.

18) William Hinton, 〈백일전쟁 : 청화대의 문화혁명Hundred Day War : The Cultural Revolution at Tsinghua University〉,《월간 평론Monthly Review》(1972년 7~8월), 58쪽.

전은 정강산 병단 산하의 이른바 "제28연대"——1966년 크리스마스이브에 창설되었으며 홍위병 관련 사료에는 "콰이다푸가 직접 지휘한 부대"[19]로 기술되어 있다——의 일원으로, '개호주 전투소조'라고 이름 붙인 작은 조직을 이끌었다.

'개호주 전투소조'는 별다른 성과 없이 단명한 조직이었다. 그러나 1967년 4월, 콰이다푸는 판춘전에게 새로운 임무를 부여한다. 그것은 정강산 병단의 '류사오치(劉少奇) 고발소조'와 관련된 업무였다. 중국공산당의 부주석, 중화인민공화국의 국가 주석을 역임한 류사오치는 문화혁명기의 희생자 가운데 가장 유명한 인물로서 '자본주의의 길을 추구하는 당내 세력의 수장'이라는 죄목으로 비판받았다. 판춘전은 류사오치의 '12·9운동' 당시 반동 혐의를 조사하기 위해 5명으로 이루어진 특별 조사팀을 구성한다.[20] 1935년에 일어난 12·9운동은 일본의 침략자들에게 나라를 '팔아넘겼다'는 이유로 국민정부에 항의해 봉기한 대규모 학생시위였다.[21] 1967년 봄 북경의 여러 대학 캠퍼스에서는 은밀한 지령을 받은 조직이 여럿 등장했는데, 판춘전의 이른바 '12·9 안건소조' 역시 그중 하나였다.

판춘전의 소조가 한 일은 무엇인가? 판춘전의 파일은 소조의 활

---

19) Qinghua Jinggangshan lianhe zongbu "Yiwangxi" zhandoudui (ed.),《위대한 프롤레타리아 문화혁명 기간 중 청화대의 정강산 연대와 관련한 주요 사건 기록 1966년 12월 19일~1968년 1월 30일Qinghua daxue Jinggangshan bingtuan Wuchanjieji wenhua dageming dashiji 66. 12. 19~68. 01. 30》(Beijing, 1968), 2쪽.

20) 〈판춘전과 12·9 안건소조의 관계Fan Chunzhen yu 12. 9 zhuan'anzu de guanxi〉. 손으로 쓴 두 장 분량의 내용에는 1970년 6월 11일 날짜가 적혀 있고, "전직 정강산 병단 홍위병 루구이펀Lu Guifen"의 서명이 있다.

21) Pamela Lubell,《중국공산당과 문화혁명 : 61명의 변절자The Chinese Communist Party and the Cultural Revolution : The Case of the Sixty-One Renegades》(Oxford : Palgrave, 2002), 47~49쪽.

동을 광범위하게 조사한 내용을 담고 있다. 12 · 9운동 당시 중국 공산당의 활동을 하나의 큰 그림으로 그리려 하는 판춘전과 그의 동료들은 매우 열성적이고 열정적이었지만, 다소 '어리숙한' 젊은 아마추어 역사가의 모습을 보여준다. 어쨌든 그들은 자신의 임무를 적절하게 수행했고, 판춘전 소조의 활동은 곧 다른 대학과 홍위병 조직들에게 알려진다. 그들은 다른 여러 소조들과 연락을 주고받으며 기록을 교환하는데, 여기에는 '홍기 전투팀'이라 불린 농업연구소 내부 조직도 포함되어 있었다. 판춘전은 홍기 전투팀을 통해 중앙당 고위 인사들과 관계를 맺게 되며, 이를 계기로 아마추어 역사가에서 한 단계 승급해 안건소조 28의 조직원이 된다. 중앙특별안건심사소조의 이단 재판과 대중의 독재 한가운데 참여하게 된 것이다.

5. 안건소조 28

1967년 5월 중순, 12 · 9운동을 조사하던 홍기 전투팀은 1930년대 류사오치의 활동에 관한 자료를 모아 캉성에게 편지를 보냈다——사실 이러한 자료 수집이 그들에게 주어진 임무는 아니었다. 하지만 문화혁명이 시작된 이래로 홍위병 조직은 자발적으로 각종 자료와 봉사를 정부의 고위 관리와 공산당 지도자에게 제공했다——이 자료에는 류사오치의 극악한 행동을 입증하기 위한 정보가 4개 부분으로 나뉘어 길게 정리되어 있었다. 놀랍게도, 며칠 후 홍기 전투팀은 중국공산당 중앙위원회 사무국으로부터 '고위층 인사들'이 그들의 자료를 읽었다는 전화를 받았고, 이와 관련한 문제들을 직접 설명할 수 있는 기회를 잡는다.[22]

홍기 전투팀의 조직원 4명은 북경 중남해 호수의 서문에서 4명의 인민해방군 장교를 만난다. 장교 중 한 명은 북경 수비대의 부사령관이었으며, 또 다른 한 명은 중앙특별안건심사소조 직할의 '류사오치와 왕광메이(王光美)[23] 안건소조'를 이끌던 시아오멍이라는 인물이었다.[24] 시아오멍은 홍기 전투팀의 작업을 격려하면서 앞으로의 계획에 대해 질문했다. 시아오멍은 그들의 야심만만한 구상을 대략적으로 들은 후 이 계획을 준비하고 있는 구체적인 인원이 몇 명인지를 물었고, 모두 4명이라는 답변에 대해 그들의 계획이 실현 가능할지에 대한 의문을 표시했다.[25]

판춘전의 파일은 이 결정적인 첫 번째 만남 이후 벌어진 일들에 관해 다수의 '자백'과 '증거'를 담고 있다. 6월 중순, 판춘전은 정강산 조직으로부터 자신의 임무가 12·9운동 안건에서 한층 '격상'되었다는 소식을 듣게 된다. 농업연구소의 홍기 전투팀이 시아오멍의 의문을 불식하기 위해 조직 확대를 결정하고, 청화대의 정강산 조직과 북경대에 근거지를 둔 '동부 지구는 붉은 코뮌이다' 조직에 도움을 요청한 것이다. 결국 3개 대학을 대표하는 9명이 모

---

22) Guo Kewei, 〈안건 28 관련 공판28 zhuan'an de faqi guocheng〉, 1970년 3월 23일에 작성했으며 1972년 7월 22일 중국 농림 아카데미의 혁명위원회가 (북경의 경공업 디자인 연구소 혁명위원회에) '참조를 위해' 공식적으로 배포한 28쪽 분량의 손으로 쓰고 서명한 기록, 1~2쪽.

23) (옮긴이주) 중화민국 고위급 외교관이었던 아버지와 기업가 집안 출신 어머니 사이에서 태어난 왕광메이는 중국 여성으로서는 최초의 원자물리학 석사 학위 소유자였다. 류사오치와 결혼해 퍼스트레이디에까지 올랐지만, 문화혁명으로 류사오치가 실각하면서 왕광메이 역시 북경 교외의 정치범 수용소에 갇혔다. 문화혁명이 끝난 후에는 복권되어 전국정치협상회의 위원을 지내기도 했다.

24) Huang Zheng (ed.), 《류사오치의 말년 1966~1969 Liu Shaoqi de zuihou suiyue 1966~1969》(Beijing : Zhongyang wenxian chubanshe, 2002), 214~216, 235쪽.

25) Guo Kewei, 〈안건 28 관련 공판〉, 3~4쪽.

여 하나의 팀을 구성했고, 그들은 모두 '거대하고 야심만만한 계획'의 실현에 매진하려는 열의를 가지고 있었다. 그들이 주목한 것은 류사오치의 초기 경력에 속하는 1928년 겨울 천진에서 벌어진 한 사건이었다. 그때 류사오치는 후앙진롱(당시 중국공산당의 노동 활동가였으며, 훗날 '변절자'로 돌아선 인물)에 의해 프랑스 조차지(租借地)에 하룻밤 감금당하고 곧바로 풀려난 일이 있었다. 학생들은 이 사건에 대해 의혹을 품었고, '의문'을 제기했다. 왜냐하면 훗날 중화인민공화국이 설립되고 후앙진롱이 잠시 체포되었을 때, 그가 류사오치에게 도움을 요청했음에도 류사오치는 그를 처형하라는 답신을 보냈기 때문이다. 후앙진롱의 처형을 통해 류사오치가 은폐하려 했던 것은 무엇인가? 1928년 그날 밤 류사오치가 누설한 비밀은 무엇이었는가? 그가 감금되었다가 곧 풀려난 사건의 이면에 숨은 진실은 무엇인가?[26]

6월 말, 판춘전과 동료들은 중남해에서 홍위병들과 다시 접촉했고 앞으로 그들과의 연락을 담당하게 될 공산당 중앙위원회 사무국 간부 후위티엔을 소개받는다. 훗날 후위티엔이 증언한 바에 따

---

26) 판춘전의 파일에서 1967년 봄에서 여름 동안 그의 행적을 가장 상세하게 묘사한 것은 청화대 동료 송주카이Song Jukai의 진술 기록이다. 여기에는 다음과 같은 기록이 포함되어 있다. 〈안건소조 28에 내가 참여한 사정Guanyu canjia 28 zhuan'an de qianqian houhou〉, 1972년 3월 17일 작성했으며, 같은 날 태원 보일러 공장 혁명위원회가 (북경의 경공업 디자인 연구소 혁명위원회에) '참조를 위해' 공식적으로 배포한 21쪽 분량의 손으로 쓰고 서명한 기록 ; 〈안건소조 28의 자료Guanyu 28 zhuan'an de cailiao〉, 1972년 6월 12일에 작성했으며, 그 다음 날 태원 보일러 공장 혁명위원회가 (북경의 경공업 디자인 연구소 혁명위원회에) '참조를 위해' 공식적으로 배포한 25쪽 분량의 손으로 쓰고 서명한 기록 ; 〈안건소조 28의 주변 환경에 대하여—내가 아는 판춘전의 활동Guanyu 28 zhuan'an de qingkuang? wo suo liaojie de Fan Chunzhen de huodong〉, 1972년 3월 21일에 작성했으며, 1972년 3월 25일 태원 보일러 공장 혁명위원회가 (북경의 경공업 디자인 연구소 혁명위원회에) '참조를 위해' 공식적으로 배포한 22쪽 분량의 손으로 쓰고 서명한 기록.

르면, 다음과 같은 사항이 정식으로 결정되었다.

　　중앙특별안건심사소조는 중국 농업연구소, 청화대와 북경대의 대중 조직에게 특별안건소조 28의 구성을 위임했다. 이들의 임무는 1928년 천진에서 벌어졌던 류사오치 감금 사건을 조사하는 것이었다.[27]

　주목해야 할 것은 이러한 결정이 중앙특별안건심사소조에 의해 대중에게 떠넘겨진 부정 폭로 작업의 사례를 보여준다는 점이다. 9명의 학생들은 당시뿐만 아니라 이후에도 중앙특별안건심사소조로부터 정식으로 임금을 받는 조직원이 아니었다. 대학과 연구소에 적을 두고 있는 그들의 신분에는 아무런 변화가 없었다. 그들에게는 다음과 같은 사항이 분명하게 전해졌다. "조사 과정에서 발생하는 모든 비용은……농업연구소를 통해 지급될 것이다."[28]

6. 이단재판관이 된 대중

　판춘전의 파일은 안건소조 28이 류사오치의 '감금' 당시 벌어졌던 일들을 '설명'하기 위해 분주하게 움직였던 1967년의 여름을 상세하게 기록하고 있다. 안건소조 28의 조직원들은 자료를 수집하게 위해 북경에서 출발해 유주, 광주, 남경을 거쳐 다시 북경으로 돌아오는 긴 여정에 들어갔고, 마침내 한 인물을 찾아냈다.

---

27) 〈중앙위원회 사무국 후위티엔, 자오리엔인 동지와의 대화 편집 기록Zoufang Zhongyang bangongting Hu Yitian [sic.], Zhao Lianyin tongzhi tanhua jilu zhengli〉, 1972년 1월 6일에 작성된 한 페이지 분량의 기록.

28) Song Jukai, 〈안건소조 28의 주변 환경에 대하여―내가 아는 판춘전의 활동〉, 8쪽.

1928년 운명적인 그날 밤의 사건에 동참했던 이들 가운데 한 명이 아직도 천진에 살고 있었던 것이다.[29] 그는 커이엔정으로, 이른바 '역사적 반혁명분자'였다. 이 특이한 명칭은 1950년대 이래로 중국공산당이 사용해온 용어로서, 인민공화국 건립 이후의 반혁명분자와 '해방 이전'의 '반혁명' 활동에 연루된 혐의자를 구분하기 위해 만든 것이었다.[30] 그는 부인과 단 둘이 살고 있었으며, 신장에 사는 딸이 매달 보내주는 30위안의 돈으로 생활하고 있었다.[31]

판춘전의 파일에는 안건소조 28에 시달린 커이엔정 본인의 진술이 기록되어 있다. 훗날 판춘전의 '과오'를 조사하기 위해 천진에 파견된 사람들에게 커이엔정이 진술하고 서명한 내용이다——"상기 사항은 본인이 직접 이야기한 사실입니다. 커이엔정, 1972년 2월 2일"[32]—— 여기서 한 가지 재미있는 것은 1928년 사건의 의혹을 '증명'하기 위한 '증거'를 찾으려고 혈안이 되어 있던 판춘전과 그의 동료들이 커이엔정을 상대로 저질렀던 행동은 과거 1928년의 사건을 그대로 따라하고 있다는 점이다……. 초기에는 별다른 성과를 거두지 못한 이 아마추어 역사가들은 중앙특별안건심사소조

29) Li Weiling, 〈안건소조 28의 활동Guanyu 28 zhuan'anzu huodong de qingkuang〉, 1971년 7월 7일에 작성했으며, 1971년 7월 10일 청룡 인민공사 혁명위원회가 (북경의 경공업 디자인 연구소 혁명위원회에) '참조를 위해' 공식적으로 배포한 3쪽 분량의 손으로 쓴 증언 기록을 참고하라.

30) Zuigao renmin fayuan yanjiushi (ed.), 《법원 편람Sifa shouce》(Beijing, 1981), vol. 1, 330쪽을 보라.

31) Chu Xingsheng, 〈북경에서 안건소조 28과의 만남 기록Jiefa jiaodai he Beijing 28 zhuan'anzu de lianxi〉, 1972년 2월 4일에 순유생과 장위즈Sun Yusheng and Zhang Yuzhi가 작성했으며, 1971년 12월 30일 천진대 주시앙생Chu Xingsheng 안건소조에 제출한 18쪽 분량의 손으로 쓴 조서.

32) Ke Xianzheng, 〈증언Zhengming cailiao〉, 1972년 2월 6일 천진시 하북구 공안 조직의 인민해방군 지휘소조가 (북경의 경공업 디자인 연구소 혁명위원회에) '참조를 위해' 공식적으로 제공한, 커이엔정이 서명하고 도장을 찍은, 손으로 쓴 4쪽 분량의 증언 기록.

의 이단재판관이 된 듯 굴었다. 그 한 예로 그들은 커이엔정을 심문할 때 스페인 이단재판소가 사용했던 방법을 거의 그대로 모방했다. 스페인의 역사가 카멘Henry Kamen은《스페인의 이단재판 : 역사적 검토 *The Spanish Inquisition : A Historical Revision*》에서 다음과 같이 쓰고 있다. "많은 사람들에게 고통과 수난을 가져왔던 이단재판 과정의 특징 가운데 하나는 수감자들에게 잡혀온 이유를 알려주지 않는 것이었다. 그래서 그들은 자신이 왜 감옥에 갇혀 있어야 하는지도 모른 채 여러 날을 보내야 했다."[33] 판춘전과 그의 동료들은 커이엔정에게 "우리는 노동운동에 대해 조사하고 있다"고 이야기했다.[34] 심문은 커이엔정의 집 인근에 있는 지역공안국을 빌려 진행되었다. 가끔 공안처럼 보이는 사람이 방문했고, 류사오치의 초기 경력을 캐고 있던 천진대의 홍위병 조직원 두셋이 찾아오기도 했다. 그들 중에는 대학에서 중국공산당사를 강의하는 이가 있었는데, 그가 보기에 판춘전과 그의 동료들이 주로 사용하는 '안건소조 28식'의 방법으로는 어리둥절해하는 커이엔정에게서 "아무것도 얻어내지" 못할 것이 분명했다. 그래서 그는 판춘전과 동료들에게 전술을 바꿀 것을 제안했다. "류사오치를 여기로 데리고 오지 않는 이상, 이런 방식으로는 끝이 없을 것이다. 그에게 최소한의 상황 설명이라도 해주어야 무엇인가 얻어낼 수 있지 않겠는가? 그를 약간이라도 포섭하라."[35] 한편 커이엔정은 공안 간부가 자신을 심문하는 데는 무엇인가를 알아내려는 의도가 있다고 생각했다.

---

33) Henry Kamen,《스페인의 이단재판 : 역사적 검토 *The Spanish Inquisition : A Historical Revision*》(New Haven : Yale Univ. Press, 1999), 193쪽.

34) Guo Kewei, 〈안건 28 관련 공판〉, 18쪽.

35) Chu Xingsheng, 〈북경에서 안건소조 28과의 만남 기록〉, 5~6쪽.

공안국에 네 번째 방문했을 때, (공안 간부가) 나에게 물었다. 류사오치를 감금한 적이 있는가? 나는 그런 적이 없다고 대답했다. 그러자 그는 한번 잘 생각해보라고 말하고는 가버렸다. 그날 나는 집에서 보내온 점심을 먹었고, 그 후 판춘전이라 불리는 사람이 다시 나에게로 와서 그때 일을 기억할 수 있겠냐고 물었다. 나는 기억이 안 난다고 대답했다.[36]

판춘전의 다음 질문이 마침내 커이엔정의 기억을 자극했다. 1920년대 후반경 천진의 프랑스 조차지에 있는 포자오루 호텔에 간 적이 있는가? 커이엔정의 첫 반응은 단순하게 아니오라는 대답이었다. 하지만 곧 그는 그 장소에 후앙진룽과 함께 가본 적이 있다는 사실을 섬광처럼 떠올리게 된다. 하지만 커이엔정이 관련된 것은 단지 거기까지였다.

누군가 포자오루 호텔에 하룻밤 감금된 적이 있었다. 하지만 그가 누구였는지는 모른다. 나는 그를 보지 못했고, 그는 다음 날 가버렸다. 그가 누구였는지는 정말 모른다.[37]

이로써 커이엔정의 시련은 끝난 것처럼 보였다. 커이엔정이 심문받던 곳의 공안은 그에 대한 조사를 마칠 준비를 진행했다. 1967년 7월 30일 오후 커이엔정은 공안국에 출두해 자신의 진술 기록을 확인하고, 모든 기록이 정확하다는 증표로 지문을 찍었다.[38] 그러나 판춘전과 그의 동료들은 이 정도로 만족하지 못했다. 충분한

---

36) Ke Xianzheng, 〈증언〉, 2쪽.
37) Ke Xianzheng, 〈증언〉, 2쪽.
38) Ke Xianzheng, 〈증언〉, 3쪽.

조사가 이루어졌다고 생각한 지역 공안들과 달리, 판춘전과 동료들은 보다 많은 것을 원했다. 결국 이제까지와는 전혀 다른 방식으로 추가 조사가 진행된다…….

7. 고문

자신들이 원하던 증언을 얻지 못하고 별다른 소득 없이 몇 주가 지난 후, 안건소조 28의 조직원들은 이제까지 사용하던 정중한 방식을 버리고 약간 '강도를 높이는 것'이 필요하다고 생각하게 된다. 새로운 홍위병 친구들——천진대의 조직원들——과 공모해, 커이엔정이 보다 많은 것을 털어놓도록 강압적인 수단을 사용하기로 결심한 것이다. 그들의 계획은 커이엔정을 외진 곳으로 납치해, 자신들이 원하는 이야기가 나올 때까지 두들겨 패는 것이었다.

그들은 천진 대학 내에 '심문실'로 사용할 작은 방을 하나 마련하고 대학 관리실에서 미리 열쇠를 빌려놓았으며, 후면에 문이 달린 커다란 지프차 한 대도 미리 준비했다.[39] 그리고 어떤 일이 벌어졌는지에 대해 커이엔정은 다음과 같이 진술하고 있다.

저녁 9시가 넘은 시각에 판춘전이라는 사람이 집으로 찾아왔다. 당시 날이 굉장히 더워서 나는 상의를 벗은 상태였다. 판춘전이 나에게 말했다. 빨리 옷을 걸치고 나와 같이 가서 잠시만 이야기하자. 그래서 나는 옷을 입고 그를 따라나섰다. 그와 함께 가던 도중, 나는 소변이 마려워서 인근 공중 화장실에 들어갔다. 화장실을 나오니 다른 누군가

---

39) Chu Xingsheng, 〈북경에서 안건소조 28과의 만남 기록〉, 8쪽.

(안건소조 28의 조직원)가 판춘전과 함께 나를 기다리고 있었다. 우리가 모퉁이를 막 돌아서자 차가 한 대 나타났고, 문이 열렸다. 그들은 나를 뒷좌석에 억지로 밀어 넣었다. 그들은 내 눈을 가렸고, 나는 아찔한 느낌이 들었다. 내 옆에서 누군가 말했다. 조용히 해! 그 상태로 차는 한참을 달렸다. 마침내 차가 멈추자 그들은 나를 끌어내더니 좁은 도랑을 건너 작은 방으로 데리고 갔다. 나를 방에 가두고 문을 잠근 채 어디론가 가버렸다. 30분 정도 지난 후, 사람들이 나타났다. 그들은 가죽 벨트로 나를 때리기 시작했다.[40]

판춘전 파일의 기록에 따르면, 실제로 폭력을 행사한 이는 판춘전이 아니라 천진대의 홍위병들이 체육학과에서 데려온 건장한 근육질의 인물들이었다. "우람한 세 명이 가죽 벨트로 커이엔정의 등과 엉덩이를 때렸다."[41] 커이엔정의 진술이 다음과 같이 이어진다.

그들은 나를 마구 때리면서 물었다. 당신이 감금했던 사람이 류사오치인가 아닌가? 나는 류사오치가 맞다고 대답했다. 그렇게 한 시간 정도의 시간이 지나간 후, 그들은 사라졌다. 다음 날 아침, 판춘전과 그의 동료들이 나타나서 나에게 물었다. 왜 류사오치를 감금했는가? 후앙진룽과 류사오치 사이에 어떤 오해가 있었던 것 아닌가? 후앙진룽은 누구와 친분이 있었는가? 잘 생각해보라, 그렇지 않으면 지난밤과 같은 꼴을 또 당할 것이다.[42]

---

40) Ke Xianzheng, 〈증언〉.

41) 〈안건소조 28에 첨부―송모우런의 자백 요약Yu 28 zhuan'anzu de guanxi? hai zi Song Mouren de jiaodai cailiao〉, 1972년 2월 4일에 순유생과 장위즈가 작성했으며, 1971년 12월 28일 천진대 송모우런 안건소조에 제출된 19쪽 분량의 손으로 쓴 조서.

42) 〈안건소조 28에 첨부―송모우런의 자백 요약〉, 4쪽.

안건소조 28의 조직원 가운데 한 명이었던 농업연구소 홍위병의 진술에 따르면, 7월 31일 오전 4시 커이엔정은 마침내 "모든 것을 고백하고 싶다"고 이야기한다.[43] 그의 자백은 이루어졌고, 안건소조 28은 임무를 완수했다.

8. 대중이 조사 결과를 보고하다

커이엔정의 '자백'을 토대로 중앙특별안건심사소조에 제출할 보고서를 준비하는 동안, 안건소조 28의 몇몇 조직원과 천진대 홍위병들은 그의 진술을 얻어내기 위해 자신들이 사용한 방법을 놓고 혼란에 빠져 있었다. 중국공산당사 강사는 커이엔정에게 심문 과정에서 폭력이 등장하게 된 것은 당신의 잘못 때문이라고 말하면서 그를 납득시키려 애썼다. 판춘전에 대한 파일에 들어 있는 '자백' 부분에서, 중국공산당사 강사는 다음과 같이 적고 있다. "나는 커이엔정에게 이렇게 말했다. 애당초 우리는 당신을 구타하려는 생각은 없었다. 하지만 당신이 우리를 이렇게 만들었다! 당신을 구타한 목적 중 하나는 당신을 조금이라도 교육하려는 것이었다……." 중국공산당사 강사는 자신의 혼란스러운 경험을 마오쩌둥이 문화혁명을 시작할 때 그랬던 것처럼 '계급의 문제'로 덮어버렸다.

커이엔정은 우리에게 국민당의 당원, 청방(靑幇)[44]의 조직원, 일관도

---

43) Guo Kewei, 〈안건 28 관련 공판〉, 21쪽.
44) (옮긴이주) 청(淸)나라 초기에 일어난 중국의 비밀결사. 중화민국의 수립 후에는 소금 밀수, 아편굴·도박장 등을 경영해 거부가 되었고, 간부들은 정계·실업계에까지 진

(一貫道)[45]의 신도, 그리고 '황색 노조'[46]의 깡패 등으로 살아온 자신의 지난 세월에 대해 이야기했다. 또한 그는 해방 초기 감시하에서 지냈던 시간, 그리고 감시에서 벗어나게 되자 먹고살기 위해 이것저것 닥치는 대로 사고팔았던 시절에 대해서도 이야기했다. 그의 이야기를 들으면서 우리는 안도감을 가질 수 있었다. 류사오치에 대한 뒷조사라는 우리의 목적은 차치하더라도, 우리가 아무 죄도 없는 사람을 때린 것은 아니었기 때문이다.[47]

안건소조 28의 조직원들은 중앙특별안건심사소조에 조사 결과를 보고하기 위해 잠시 북경을 방문하고 돌아온 후, 커이엔정을 원래 심문받던 방에서 천진대의 '8월 13일 게스트하우스'로 옮겼다. 그리고 8월 3일 저녁 8시가 조금 넘은 시각에야 커이엔정을 집으로 돌려보냈다. '자백' 이후에도 그를 게스트하우스에 계속 감금해놓을 수밖에 없었던 이유는 그의 얼굴에 구타당한 흔적이 남아 있었기 때문이다. 뺨에 남아 있는 멍들이 어느 정도 사라질 때까지 기다려야 했다.[48] 커이엔정은 자신이 풀려나던 순간을 다음과 같이 이야기한다. "한 학생이 나를 큰길로 데리고 나갔다. 우리는 공안국에 잠시 들렀다가 북역으로 가는 버스를 탔다. 그가 경찰에게 무슨 이야기를 했는지는 모르겠다. 아무튼 그러고 나서 나는 집으

출해 1927년 장제스(蔣介石)의 쿠데타 당시 공산당원이나 폭동 노동자들을 소탕하는 데 공헌하기도 했다.

45) (옮긴이주) 1920년대에 결성된 중국의 종교적 비밀 결사. 1930년대 말 이후부터 2차대전 종결 후까지 유력한 종교 결사였으며, 중국공산당 치하에서 반공 세력으로 활동하다가 숙청되어 쇠퇴했다.

46) (옮긴이주) 어용노조를 말한다.

47) Chu Xingsheng, 〈북경에서 안건소조 28과의 만남 기록〉, 11쪽.

48) Chu Xingsheng, 〈북경에서 안건소조 28과의 만남 기록〉, 11쪽.

로 돌아왔다……"[49]

8월 2일 안건소조 28의 보고를 받은 중앙특별안건심사소조 간부들의 반응은 복합적이었다. 그중 하나였던 인민해방군의 장교는 이렇게 이야기했다.

당신들의 열띤 노력은 류사오치 감금 사건의 진실을 밝히는 데 중요한 공헌이 될 것이다. 우리는 이제 증인을 확보했고, 구체적인 장소와 주변 환경을 알게 되었다. 하지만 궁극적인 결과를 얻기 위해서는 좀 더 깊숙이 파보아야 한다. 이 조사의 목적은 사건의 본질을 규명하는 것이다. 여기서 마음을 놓지 말고 한층 더 가열차게 노력하라.[50]

지난 6월 이래로 안건소조 28과 가장 빈번하게 접촉했던 후위티엔은 다음과 같이 지적했다.

당신들의 보고에 원칙적으로 동의한다. 그러나 커이엔정이 류사오치 감금 사건의 증인이기는 하지만, 대단한 사실을 이야기한 것은 아니다. 류사오치가 감금되었던 정확한 시기가 언제인가? 최소한 몇 년도 몇 월에 그 일이 벌어졌는지 정도는 알고 있어야 한다. 그래야 그때 류사오치가 실제로 천진에 있었는지 아닌지를 규명하는 작업을 진행할 수 있다. 물론 명확한 결론을 이끌어내는 일은 매우 어려운 작업임이 분명하다. 하지만 류사오치 감금 사건의 본질을 밝히는 것은 매우 중요하다. 왜 그가 감금되었을까? 그리고 어떻게 풀려날 수 있었을까? 이러한 질문들을 통해 우리는 류사오치 감금 사건의 정치적 배경을 파악할 수 있

---

49) Ke Xianzheng, 〈증언〉, 4쪽.
50) Guo Kewei, 〈안건 28 관련 공판〉, 23쪽.

을 것이며, 진실의 전체적인 윤곽을 그려낼 수 있을 것이다. 당시 후앙 진룽은 적극적으로 국민당을 지지했던 것은 아닐까? 그리고 그들의 끄나풀은 아니었을까? 아니면 다른 목적, 예를 들어 돈을 노렸던 것은 아닐까? 이러한 질문들이 문제의 핵심이다. 커이엔정을 계속 조사하고 더 많은 성과를 내기 위해 노력하라. 느슨해져서는 안 된다. 여기서 멈추면 기회는 결코 다시 오지 않는다.[51]

그러나 그들의 작업은 더 이상 진전되지 못했다. 안건소조 28의 조직원들은 각자 다른 사안에 관심을 가지기 시작했던 것 같다. 중앙특별안건심사소조는 안건소조 28이 지령을 수행하는지 관찰하면서 8월의 몇 주를 별다른 소득 없이 보냈고, 결국 그들에 대한 신뢰를 버리게 된다. 물론 중앙특별안건심사소조는 류사오치의 '꼬투리'를 찾기 위해 안건소조 28의 작업 외에 다른 여러 안건의 조사를 진행하고 있었다. 안건소조 28은 1967년 11월경 공식적으로 해체되며, 그들의 남은 '과업'은 천진시 공안국으로 이관된다.[52]
  '투쟁과 비난이 난무하던' 1967년 8월 초, 캉성의 처를 비롯해 중앙특별안건심사소조의 젊은 조직원들, 중앙위원회 사무국의 300여 직원에게 감시받고 있던 류사오치에게 폭력 사태가 벌어진다.[53] 1967년 8월 16일, 상해에 머무르던 마오쩌둥은 두 명의 알바니아 출신 '해외 전문가'와 대담하면서 류사오치 숙청 이유를 언급한다. 마오쩌둥이 알바니아 손님들에게 언급한 바에 따르면, 류

---

51) Guo Kewei, 〈안건 28 관련 공판〉, 23~24쪽.
52) Li Weiling, 〈안건소조 28의 활동〉, 2쪽.
53) 《세기의 물결Bainian chao》, no. 2(2000), 24쪽. 당시 이미 가택연금 상태에 있던 류사오치는 이 사건의 발생 이후 다시는 부인과 아이들을 보지 못한다. 그는 중앙특별안건심사소조에 의해 구금된 상태에서 1969년 11월 12일 사망한다.

사오치 '문제'는 겉보기만큼 단순한 것이 아니었다.

단지 류사오치의 우편향적인 사고만이 문제가 아니다. 그는 과거에 국민당이 지배하던 지역에서 4차례나 감금당한 적이 있었다. 그때 류사오치가 적들에게 투항했다고 증언하는 사람들이 여러 명 있다. 이런 점에서 볼 때, 그가 1936년 중국공산당 중앙위원회 북방국(北方局) 시절 변절자 석방에 보증을 섰던 것은 우연이 아니었다.[54]

마오쩌둥의 주장은 명확한 근거가 없지만, 그가 언급한 내용 중 한 가지는 역사가로서 흥미를 가지게 한다. 그것은 류사오치가 "4차례나" 감금당했다는 부분이다. 1968년 가을 중국공산당 제8기 중앙위원회 제12차 전체회의에서 류사오치의 '극악한 범죄'가 공개되고 그의 영구제명 처분이 결정될 당시, 이적 행위와 관련해 언급된 사실은 단지 3차례뿐이었다——1925년 창사에서, 1927년 우한에서 그리고 1929년 만주에서——류사오치는 "적들에게 체포되었고 변절했고 항복했으며, 배신자와 반역자로서 은밀하게 봉사할 것을 다짐했다".[55] 그러나 1980년 류사오치의 사후 복권 이후 과거사에 대한 중국 정부의 커밍아웃은 단지 이 세 사건에 국한되어 있으며, 네 번째에 관해서는 아무런 언급도, 해명도 이루어지지 않았다. 네 번째는 아마도 안건소조 28이 추적했던 사건일 가능성이 매우 높다.

---

54) Zhonggong zhongyang wenxian yanjiushi, 〈마오쩌둥 전기Mao Zedong zhuan〉, vol. 2, 1536쪽.

55) Hubei sheng geming weiyuanhui (ed.), 《위대한 프롤레타리아 문화혁명 기록집 *Wuchanjieji wenhua dageming wenjian huibian*》, vol. 3(Wuhan, 1968~1969), 1128~1141, 1148쪽.

9. 맺는말

　미국의 역사학자 화이트Hayden White는 "역사가들은 이야기의 형식, 즉 일련의 사건에 여러 의미를 부여할 수 있는 상이한 플롯 구조를 미학적 바탕 위에서 선택해왔다"고 주장한다.[56] 만일 우리가 이러한 논리에 따라 일련의 사건을 안건소조 28에 관한 하나의 완결된 '이야기'로 취급한다면, 이 이야기는 특권적 대중과 실용주의적 독재 사이의 기묘한 로맨스를 의미하는 것처럼 보일 수도 있다. 그렇지만 이러한 관점만으로는, 판춘전이 비판받게 된 과오를 저지른 동기나, 그에 관한 자료를 만들게 된 동기를 설명할 수 없다. 더욱이 그 '과오'란 무엇인가? 안건소조 28이 조직적으로 자행한 커이엔정의 고문은 단지 판춘전 혼자만의 책임인가? 물론 그렇지 않다. 안건소조 28의 폭력 행위는 1967년 8월 2일 중앙특별안건심사소조에 솔직하게 보고되었지만, "밤새워 결과를 얻어낸" 그들에게는 단지 "가벼운 경고"만이 주어졌을 뿐이다.[57]

　1972년에 만들어진 판춘전의 파일은 1967년의 사건뿐 아니라 훨씬 더 많은 것들에 대해 이야기하고 있다. 기록의 이면에는 이단재판의 가해자가 또 다른 이단재판의 희생자로 이어지는 과정이 숨어 있다. 1970년대의 시작과 함께 '5월 16일 반혁명 음모'의 주동자들에 대한 전국적인 규모의 마녀사냥이 진행되지만, 표적이 되었던 이들 가운데는 1967년 당시 "붉은 깃발에 반대하기 위해 붉은 깃발을 치켜세웠던" 이들도 있었다.[58] 이 두 번째 이단재판에

---

56) Hayden White, 《담론의 회귀선 : 문화비평론*Tropics of Discourse : Essays in Cultural Criticism*》(Baltimore : The Johns Hopkins Univ. Press, 1978), 53쪽.

57) Song Jukai, 〈안건소조 28의 주변 환경에 대하여—내가 아는 판춘전의 활동〉, 20쪽.

58) 마녀사냥의 실상을 알기 위해서는 이른바 '반혁명 음모의 주동자'로 몰린 이들의

서 살아남은 모든 중국인——당시 전국적으로 1,000만 명이 조사 받았고, 300만 명 이상이 구속되었다[59]——은 판춘전이 저질렀던 것과 같은 일을 직접 겪거나 주변에서 목격했으며, 현대 중국사를 연구하는 해외 역사가들 역시 이러한 일들을 간접적으로나마 인 정하고 있다. 만일 우리가 파일에 등장하는 사건을 가지고 하나의 이야기를 기술한다면 그 이야기의 중심은 나쁜 류사오치가 아니라 정부의 수반, '인민들의 존경과 사랑을 한 몸에 받는 저우언라이' 일 것이다. 1967년의 로맨스는 1972년의 코미디로 이어지며, 이 두 번째 이야기는 1967년에 일어났던 사건들의 의미를 완전히 바꿔 버리게 된다.

1972년에 작성된 "자백"과 "보강 증거"에는 1967년 이후 벌어진 사건들에 대해서는 아무런 언급이 되지 않고 있다. 모든 이야기는 1967년 가을에서 겨울 사이, 즉 안건소조 28이 해산되고 조직원들 이 '각자 자신의 일'에 몰두하기 시작하던 시기까지만 언급하고 있다. 그러나 이 기록들은 '5월 16일 반혁명 음모'에 대한 마오쩌 둥, 저우언라이 그리고 당 고위급 간부들의 성명서가 잇따라 발표 된 이후에 작성되었으며, 회고적 관점에 따라 판춘전과 그 동료들 의 불법적인 행위에 초점을 맞추고 있다는 점을 지적해야 한다. 이 는 1967년 당시의 평가와는 전적으로 상반되는 것이었다. 과거 프 랑스의 마녀사냥에 관한 프랑스의 역사가 르세르클J.-J. Lecercle 의 논의에 따르면 "마녀로 낙인 찍히기 전까지 희생자는 평범한 사

대부분이 문화혁명 초기에는 '급진파'에 속했다는 사실을 지적해야 한다. 그러나 1970년 대 초에 접어들면, 그들은 '극좌파', 특히 저우언라이(周恩來)의 '반대파'로 몰리며 기소되 고 박해받는다.

59)《왕리의 회상 *Wang Li fansi lu*》, vol. 1(Hong Kong : Beixing chubanshe, 2001), 386 쪽 ; vol. 2, 1023쪽.

람이었다. 그렇지만 일단 낙인이 찍히고 나면, 이미 오래전부터 마녀였던 것으로 간주된다".[60] 판춘전과 그의 동료들의 경우도 마찬가지였다. 일단 5월 16일 반혁명 음모의 가담자로서 규정되자, 그들이 했던 이야기, 행동들은 완전히 재평가되었다. 보다 정확하게 말하면, 중앙특별안건심사소조의 의견에 맞춰 그렇게 바뀌어야 했다.

안건소조 28의 기록 자료 마지막 부분은 중국 혁명사 박물관 관장 쉬빈루가 1972년 7월 8일 박물관 편지지에 쓴 진술서로 구성되어 있다. 번호가 매겨진 세 개의 문단으로 이루어진 이 진술서에는 "1928년에서 1930년 사이 천진의 중국공산당 조직에 대해 청화 정강산 조직과 천진대 홍위병들이 질문했던 것에 관한 기억"이라는 제목이 붙어 있다.[61] 진술서의 내용이 이후에 만들어지는 일부 기록 자료들의 작성에 영향을 주었으리라는 것은 거의 확실하다. 그런데 불행히도 이 자료들——6쪽으로 된 판춘전의 "자백서"와 2쪽 분량의 "위대한 문화혁명 기간 중 판춘전 동지가 범한 과오들에 관한 조사 보고서"(1972년 8월 29일자), 그리고 1쪽짜리 "판춘전 동지가 범한 과오들에 대한 사후조치 결정문"(1972년 9월 4일자)[62]——은 제목만 알려져 있을 뿐 남아 있지 않다.

71살의 서빈유는 중국농공민주당의 당원이었고 '민주적인 인물'로 불렸지만, 사실은 저우언라이 밑에서 오랫동안 은밀하게 '통합전선' 작업을 수행해온 공산당의 중견 당원이었다. 그가 진

---

60) J.-J. Lecercle, 《언어의 폭력*The Violence of Language*》(London : Routledge, 1990), 234쪽.

61) Xu Binru, 손으로 쓴 2쪽 분량의 기록. 여기에는 공식적인 정보 요청에 대한 답변 시에만 사용되는 혁명사 박물관 혁명위원회의 특별 관인이 찍혀 있다.

62) 판춘전의 파일 목차에는 나와 있지만, 손실된 기록들이다.

술한 내용은 실제 벌어진 사건에 대한 객관적인 기억이라기보다는 오히려 사건의 주동자들을 향한 상투적인 비난에 가까웠다. 서빈유의 진술 속에서 1967년에는 '아무도 모르던' 사실이 이제 '새로이 밝혀지게' 된다. 그는 자신을 방문한 홍위병들이 1920년대 후반 천진에 머물던 저우언라이의 활동에 관심을 보였다고 '회상'하면서, 그들이 저우언라이에 관한 뒷조사를 했다고 진술한다. 서빈유는 홍위병들이 류사오치에 관심을 가지고 있었다는 사실에 대해서는 전혀 기억하지 못한다. 그가 류사오치의 이름을 언급하는 것은 단 한 번뿐이다. "그 일이 벌어지는 동안, 홍위병들이 작성한 문건은 중국공산당 중앙위원회 북방국의 역사에서 류사오치의 사악한 노선을 고발하는 내용이었다."[63] 하지만 이와 같은 언급에도 불구하고 이후 류사오치의 이름은 더 이상 등장하지 않는다.

만일 우리가 역사적 기록이라는 것을 이야기들이 층층이 쌓여 있는 모양에 비유한다면, 가장 바닥에는 1928~1929년에 실제로 벌어졌던 아주 모호한 이야기가 있을 것이며 그 위에는 안건소조 28의 이야기가 놓일 것이다. 그리고 맨 꼭대기에 올려져 있는 1972년의 이야기는 정말 허술하게 구성된 일종의 코미디라고 할 수 있다. 물론 이론적으로는 판춘전과 그의 몇 안 되는 동료, 즉 대중의 구성원들이 자신에게 주어진 이단재판 임무를 수행하면서 중국 정부 수장의 비리를 파헤쳤고 이러한 활동이 공산당 지도자들을 비난하는 전국적인 음모의 일부분으로 연결되었다는 주장이 가능하지만, 현실적으로 이 '플롯'은 터무니없다는 것이었다. 판춘전의 파일은 안건소조 28의 조직원들을 사악한 음모자로 비난하면서 그들의 행동에 새로운 역사적 의미를 덮어씌운다.

---

63) Xu Binru, 손으로 쓴 2쪽 분량의 기록, 2쪽.

중국문화혁명기 대중의 독재는 하나의 비극으로 이해되어야 한다. 1966~1967년 겨울에 존재했던 대중의 전위는 사실 평범한 학생들이었다. 그들은 단지 비정상적인 시대와 우연히 맞닥뜨렸던 것뿐이었다. 마오쩌둥은 1966년 8월 12일자 《인민일보(人民日報)》에서 "여러분은 국가의 문제에 관심을 기울여야 하며, 위대한 프롤레타리아 문화혁명을 끝까지 완수해야 한다"고 이야기했고, 학생들은 그 말에 따라 행동했다.[64] 그들이 한 걸음 더 나아가 안건소조 28처럼 특정 임무를 "떠맡았던 것"은 그들이 마오쩌둥으로부터 자신들의 임무를 부여받았음을 의미한다. 그들은 1967년 4월 12일 당 기관지에 최초로 실렸던 "감히 생각하고, 발언하고, 행동하라. 그것은 두려움 없는 위대한 정신에 창조적인 역할을 부여할 것이며, 그럼으로써 그 어떤 인물도, 권위도 당신을 두려움에 떨게 하지 못할 것이다"[65]라는 마오쩌둥의 권고를 충실하게 따랐다. 판춘전과 그의 동료를 비롯한 평범한 젊은이들은 대중의 독재에 봉사하던 짧은 기간 동안, 그들에게 요구되었던 일들을 최선을 다해 수행했다.

하지만 문화혁명이 공식적으로 끝나기도 전에, 그들이 혼신을 다해 기꺼이 봉사하던 '독재 권력'은 그들에 대한 태도를 바꾼다. 1971년 봄 축제의 전날 밤, 안건소조 28의 과거 조직원 두 명이 동료 홍위병의 결혼식에서 만나게 된다. 그들 중 한 명이 다른 한 명에게 말했다. "그거 알아? 난 지난 몇 주 동안 계속 조사 받았어……우리가 그때 너무 순진했던 같아! 모든 게 혼란스러워! 우리는 속았어……."[66] 결국 처음에는 가해자였다가 나중에는 피해

---

64) 《인민일보 Renmin ribao》(1966년 8월 12일).

65) 《광명일보 Guangming ribao》(1967년 4월 12일).

자가 된 판춘전과 그의 동료들에게 문화혁명은 1972년 중국공산당의 공개적인 비난만을 남겼다. 그들에게 문화혁명은 앞으로도 지속될 이미지, 거대한 '고기 분쇄기'를 연상하게 하는 그 무엇일 뿐이다.[67] 대중은 마오쩌둥을 도와 분쇄기의 핸들을 작동했을 때가 아니라 바로 거기에서 빠져나왔을 때, 비로소 비극적이지만 진정한 "영웅"이었다.

---

66) Song Jukai, 〈안건소조 28의 주변 환경에 대하여—내가 아는 판춘전의 활동〉, 21쪽.

67) Michael Schoenhals, 〈정치 운동, 변화와 안정 : 중국공산당의 집권Political Movements, Change and Stability : The Chinese Communist Party in Power〉, 《계간 중국》, no. 159(1999년 9월), 598쪽을 보라.

스타하노프 일꾼들의 술회 속에 나타난 일상—알렉산드르 부시긴의 경우를 중심으로

이종훈

　이 작업은 이른바 '사회주의 건설' 시대인 1930년대 후반의 소비에트 사회를 풍미했던 스타하노프 운동과 관련해, 고리키(현 니즈니 노브고로드) 시 소재 몰로토프 자동차 공장 노동자였던 알렉산드르 하리토노비치 부시긴Aleksandr Kharitonovich Busygin의 눈에 비친 스타하노프 일꾼의 삶을 통해 그들의 일상을 그려내려는 시도다. 부시긴은 알렉세이 그리고리예비치 스타하노프Aleksei Grigor'evich Stakhanov와 열흘 정도의 차이를 두고 규정 작업량을 기록적으로 초과 달성해 1935년 9월 소비에트 언론의 주목을 받았던 '생산 영웅 제2호'인 셈이다.[1]

　이종훈은 서강대 사학과 대학원에서 〈바꾸닌의 아나키즘에 관한 연구〉로 문학 박사 학위를 받은 후, 모스크바에 있는 러시아사 연구소IRI RAN에서 러시아 근현대사를 연구했다. 지금은 한양대 연구 교수로 있으면서 비교역사문화연구소에서 스탈린주의에 관해 연구하고 있다. 〈영웅 만들기 측면에서 바라보는 스탈린주의의 이미지. 1930년대의 포스터, 회화, 삽화를 중심으로Visual Stalinism from the Perspective of Heroisation : Posters, Paintings and Illustrations in the 1930s〉 등의 논문을 발표했으며, 권형진과 함께 《대중독재의 영웅 만들기》를 편집했다.

　1) 부시긴A. K. Busygin(1907~1985)은 1935년 9월 10일, 크랭크축 1일 표준 주조량인 675개를 초과해 966개를 주조하는 대기록을 수립했다. 이후 그는 작업 방식을 더 '합리화'해 9월 11일부터 17일까지 매일 1,000개 이상의 크랭크축을 주조해냈다. Семен Гершберг, 《스타하노프와 스타하노프 일꾼들Стаханов и стахановы》, Издание второе(Москва:

이제껏 스타하노프 운동에 대한 분석적이고 비판적인 연구가 적지 않았지만 스타하노프 일꾼들стахановцы(stakhanovtsy, 영어식 표기로는 Stakhanovites)의 삶에 대한 본격적인 일상사적 연구는 시도되지 않았다. 기존 연구의 초점은 주로 소비에트 권력이 어떤 식으로 이들을 생산 증대를 위한 선전 사례로 활용했으며, 나아가 그 때문에 일반 근로자들로부터 어떠한 반감과 저항을 유발했는가 하는 데 있었다.[2] 따라서 스타하노프 일꾼들이 자신들의 강연, 수기, 회고록 등을 통해 어떻게 스탈린 체제와 사회주의 건설 프로그램에 대한 일체감을 일상 곳곳에서 심정적으로 구축했으며(때로는 직장의 동료나 상사와 협력하고 때로는 갈등을 겪어가며), 어떻게 대중 속에서 체제에 대한 동의와 호응을 불러일으키는 모델이 될 수 있었는가 하는 측면은 크게 부각되지 못했다.

이와 관련해 분석 대상이 될 만한 자료의 문제점을 우선 지적할

Издательство политической литературы, 1985), 57쪽. 한편 스타하노프A. G. Stakhanov(1906~1977)의 채탄 기록 경신은 1935년 8월 30일 밤부터 31일 새벽 사이에 이루어져, 9월 2일 중앙 일간지 《프라우다》에 보도되었다. 9월 9일에는 스타하노프의 사진이 게재되고, 9월 11일부터는 '스타하노프 운동'이라는 용어가 등장했다.

2) 특히 서방측 연구에서 이러한 경향이 두드러진다. 그러나 균형 잡힌 최초의 본격적인 연구서로는 Lewis Siegelbaum, 《스타하노프주의와 소련의 생산성 정치, 1935~1941Stakhanovism and the Politics of Productivity in the USSR, 1935~1941》(Cambridge : Cambridge Univ. Press, 1988)을 꼽을 수 있다. 국내 학자의 연구로는 차문석, 《반노동의 유토피아 : 산업주의에 굴복한 20세기 사회주의》(박종철출판사, 2001)가 있는데, 소련-중국-북한의 산업생산성 향상을 위한 노동-경제 정책을 비교 분석하고 있다. 스타하노프 운동에 관해서는 제5장 제1절에서 집중적으로 다루고 있다. 한편 '영웅 만들기' 측면에 주목한 연구로는 Won-Yong Park, 〈스타하노프주의자 만들기 : 국가와 인민의 상호작용Making of Stakhanovists : Bilateral Interaction between the State and People〉, 《대중독재와 동의의 생산. 제2차 '대중독재' 국제학술회의Mass Dictatorship and Consensus-Building. The Second 'Mass Dictatorship' International Conference》(RICH, 2004), 비교역사문화연구소 기획 총서인 권형진·이종훈 엮음, 《대중독재의 영웅 만들기》(휴머니스트, 2005)의 제1부 제4장 〈모로조프, 스타하노프, 슈미트. 스탈린 시대의 영웅들〉을 참조하라.

수 있다. 스타하노프를 비롯해 대표적 스타하노프 일꾼들의 수기
는 풍부한 공식 지배 담론의 성찬일 뿐, 그들의 일상적 삶과 내면
세계에 대한 서술은 상대적으로 빈약하다. 특히 스타하노프 자신
은 가정불화 때문인지 사생활에 대한 언급을 가급적 회피하는 편
이었다.[3] 좀 더 근본적인 문제는 스타하노프 일꾼들이 당시 여느
공장 노동자들과 마찬가지로 궁핍한 농촌에서 생계 수단을 찾으
러 광산이나 산업 건설 현장에 모여든 사람들로서, 제대로 된 교육
의 기회를 거의 갖지 못했던 데 있다. 물론 훗날 이들 중 일부가 특
별 교육의 혜택을 누리게 되었지만, 자신들의 문장력만으로 스스
로 겪어온 삶에 대해 수기를 낸다는 것은 거의 기대하기 어려운 실
정이다. 이들의 수기란 당에 의해 배정된 전속 작가들이 당사자의
구술이나 조악한 원고를 토대로 이야기를 덧붙여 가며 집필했다
고 해도 과언이 아니다. 특히 널리 읽혔다고 선전되는 스타하노프
의 수기가 대표적이다.[4]

　　그러나 분석 자료의 이러한 한계에도 불구하고, 농촌 출신의 평

---

3) 주 12를 참조하라.

4) А. Г. Стаханов, 《나의 삶 이야기 *Рассказ о моей жизни*》(Москва : ОГИЗ Госу-
дарственное социально-экономическое издательство, 1937). 그리고 브레즈네프
L. I. Brezhnev 시대에 이르러 보완된 А. Г. Стаханов, 《스타하노프. 사회주의 근로 영
웅 *А. Г. Стаханов Гергой Социалистического Труда*》(Киев : Издательство
политической литературы Украины, 1975)이 있다. 이 중 첫 번째 저작은 집필 과정
에 도움을 준 작가를 밝히고 있지만, 그렇다고 해서 이러한 수기나 회고록이 스타하노프
자신에 의해 집필되었을 가능성은 일반적으로 매우 낮다고 본다. 예컨대 Константин А
Залесский, 《스탈린 제국. 인물백과사전 *Империя Сталина. Биографический энци
-клопедический словарь*》(Москва : Вече, 2000), 428쪽을 보라. 그러나 이 논문에
서는 스타하노프 자신만이 알고 말할 수 있는 개인적 경험과 느낌에 해당하는 대목을 부
분적으로 인용했다. 그 외 스타하노프 자신의 채탄 기록 경신을 가져온 작업 방식과 관련된
것으로 А. Г. Стаханов, 《나의 방법. 1935년 11월 14일 연설문 *Мой метод. Речь 14 ноя-
бря 1935 г.*》(Москва : Партиздат ЦК ВКП(б), 1935)이 있다.

범한 노동자로 출발해 자동차 공업계의 대표적 일꾼이 된 뒤 글을 깨치고 교양을 갖추려고 부단히 노력했던 부시긴의 수기는 스타하노프와 대조적으로 개인의 일상적인 삶과 느낌에 대해 상대적으로 풍부한 서술을 보여주는 매우 드문 경우다.[5] 나는 부시긴의 생각과 주변 환경에 대한 반응과 인식을 생생히 드러내려는 의도에서 그의 직접적인 서술을 가급적 자주 인용하려 한다.

부시긴의 수기를 통해 당시 일상을 그려내는 데 있어서 세 가지 점에 주목하고자 한다. 우선 노동자로서의 소득수준과 소비생활과 관련되어 나타나는 일상, 둘째로 당시 도시 근로자들이 유소년 시절의 농촌생활에서 벗어나 공장 노동자로 자리 잡아가는 과정에서 엿보이는 일상과 인식, 그리고 셋째는 교육을 통해 교양인으로 거듭나는 산업교육원промакадемия(promakademiia) 연수 생활에서 나타나는 일상과 느낌이다. 이러한 세 측면을 살펴보면서 부시긴 같은 스타하노프 일꾼의 경우 어떠한 심리적 요소들이 형성된 것인지 밝혀보고, 또한 이러한 요소가 일상 속에서, 갈등과 고뇌를 거치면서도, 어떻게 궁극적으로 체제에 대한 확신과 동의로 귀결될 수 있었는가를 시사하고자 한다.

1. 공장 노동자의 소득수준과 도시 소비생활

스타하노프 일꾼들의 담론 중에서 특징적인 측면은 구체적인 수치를 제시하며 '급료'로 얼마를 받았다 또는 '성과급' 또는 '상여

---

5) А. Х. Бусыгин, 《나와 내 친구들의 삶 Жизнь моя и моих друзей》(Москва : Проф-издат, 1939). 아울러 브레즈네프 시대에 자신의 느낌과 사생활에 관한 내용을 다소 보완해 출판한 А. Х. Бусыгин, 《달성 Свершения》(Москва : Профиздат, 1972)이 있다.

금'으로 얼마를 받았다고 강조하는 일이다. 아울러 공식석상에서도 자신의 소득이나 상금으로 구입하게 된 소비재, 생활용품들을 자랑스럽게 열거하곤 한다.[6] 주요 스타하노프 일꾼과 당 간부 연석회의에서 4,500루블을 벌었다고 밝힌 포노마레프라는 노동자가 스스로 번 돈을 어떻게 썼으면 좋겠냐고 '경애하는 지도자'에게 묻자, 스탈린은 이렇게 응수한다. "그것은 당신의 돈입니다, 따라서 당신의 일입니다. 원하는 대로 쓰십시오."[7]

이처럼 제2차 5개년 계획 시대에는 사회적으로 '개인'의 작업 성과와 여기에 정당한 보상으로 수반되는 고소득과 '풍요로운' 소비가 공식 담론 속에서 강조되었다. 이 당시 널리 선전되어 유행하던 경구는 바로 "삶은 더 나아졌습니다, 삶은 더 즐거워졌습니다!"였다.[8]

이러한 성향은 1933~1937년의 제2차 5개년 계획과 더불어 나타나기 시작했다. 물론 신경제정책의 시대인 1920년대에도 언론에서 노동자를 찬미한 것은 사실이지만, 그것은 집단적 존재로서의 노동자를 의미하는 것이지 탁월한 '개인'으로서의 생산 영웅을 염두에 두었던 것은 아니다. 바로 여기에 돌격작업반원들ударники

---

6) 《사회주의 근로 여성 영웅들Героини социалистического труда》(Москва : Партиздат ЦК ВКП(б), 1936), 55, 71, 129쪽.

7) D. L. Hoffman, 《스탈린주의의 가치들 : 소비에트 근대성의 문화적 표준들, 1917~1941Stalinist Values : The Cultural Norms of Soviet Modernity 1917~1941》(Ithaca : Cornell Univ. Press, 2003), 138쪽에서 인용.

8) 이 경구는 1935년 11월 17일 '제1차 전국 스타하노프 일꾼 대회'에서 스탈린이 행한 연설의 다음과 같은 부분에서도 나타난다. "동무들! 삶은 더 나아졌습니다. 삶은 더 즐거워졌습니다!……삶이 즐거울 때 일도 빨리 진행됩니다. 규정 생산량이 높아집니다. 따라서 남녀 노동 영웅들이 나옵니다. 무엇보다 이것이 스타하노프 운동의 뿌리인 것입니다."《프라우다》, 1935년 11월 22일자. 원문은 다음 웹사이트에 실려 있다. http://www.geocities.com/CapitolHill/Parliament/7345/stalin/14-53.htm

(udarniki, shock workers)의 운동과 이후 스타하노프 운동의 차이가 있다. 돌격대원들에 대한 예찬은 물질적 보상과는 크게 관련이 없는 순수한 명예에 국한되었고 집단성이 강조되었다. 반면 스타하노프 운동에서는 '개인'의 경이로운 기록 경신과 아울러 '개인'의 소득 증대와 '풍요로운' 소비생활의 면모가 부각되었다.

또한 이데올로기 차원에서 보더라도, 스탈린의 언급대로 스타하노프 운동은 '사회주의로부터 공산주의로의 이행 조건'을 준비하는 것이다. 공산주의에서는 '능력에 따라 일하고 필요에 따라 분배'받지만, 사회주의 단계에서는 각 개인이 '사회를 위해 일한 바'에 따라 분배를 받기 때문에 개인별 소득 격차는 당연시되었다.[9] 따라서 고소득은 사회에 대한 각 개인의 높은 기여도를 반영하는 것으로 정당화되었다. 1936년 스탈린 헌법에 따라 최고 소비에트 대의원으로 대거 진출하게 된 스타하노프 일꾼들의 사진을 도안으로 제작한 대형 포스터 〈누가 사회주의 국가에서 유명인사인가〉 중앙에는 스탈린의 다음과 같은 발언이 자리 잡고 있다. "재산이나 출신 민족이나 남녀 성별이나 근무 환경이 아니라, 각 시민의 개인적(강조는 인용자) 능력과 노동이 자신의 사회적 위치를 규정합니다."[10] 이렇듯 1930년대 후반의 소비에트 사회에서는 '개인'에 대한 독특한 강조가 나타난다.

이러한 사회 분위기 속에서 급료의 수치를 밝힘으로써 자신의 작업 성과를 드러내는 것은 자연스러운 일이 되었다. 스타하노프는 채탄 기록을 경신한 1935년 8월 말~9월 이전에도 한 달 수입이 500~600루블 정도로 '과히 나쁘지 않은' 상태였는데, 기록 수립

---

9)《프라우다》, 1935년 11월 22일자.

10) 권형진·이종훈 엮음,《대중독재의 영웅 만들기》, 268쪽 도판 설명을 참조하라. 이 포스터는 1938년 구성주의 화가 리시츠키 Лазарь Лисицкий가 도안했다.

직후인 9월 현재는 1,000루블이라고 자랑스럽게 밝히고 있다.[11] 소득을 높이려는 이유는 대개 가족을 부양하기 위해서였는데, 스타하노프도 예외는 아니었다.[12]

부시긴도 스타하노프 일꾼으로 주목받기 훨씬 전부터 이러한 일면을 보여준다. 그는 첫 월급을 받은 후 자기로서는 큰돈인 50루블

---

11) 아울러 자신이 고안한 채탄법으로 자기 기록을 무너뜨린 작업 현장 동료인 듀카노프의 경우 1,338루블, 콘체달로프의 경우는 1,618루블이라고 덧붙인다. А. Г. Стаханов, 《나의 방법. 1935년 11월 14일 연설문》, 10쪽.

12) А. Г. Стаханов, 《나의 삶 이야기》, 16쪽 ; 스타하노프 운동 40주년을 기념해 1975년 수정·증보되어 출간된 회고록 А. Г. Стаханов, 《스타하노프. 사회주의 근로 영웅》, 27쪽에서도 스타하노프는 같은 내용을 언급하면서, 좀 더 구체적으로 1929년 예브도키야 이바노브나와 결혼했으며, 1933년에 첫 딸을 보았다고 밝히고 있다. 1937년 스타하노프가 모스크바 소재 산업교육원 연수 명령을 받고 가족과 함께 모스크바로 이주하자, 전국적 명성을 지닌 생산 영웅에 대해 신문기자들뿐 아니라 그를 만나는 모든 사람이 질문 공세를 퍼부었다. 스타하노프가 가장 예민하게 느끼면서 답변을 회피한 질문은 그의 사생활과 가족에 관한 것이었다. 스타하노프는 1929년부터 집시 여인 이바노브나와 혼인신고 없이 동거했다. 두 사람 사이에 딸과 아들이 태어났지만, 그녀는 다른 집시들을 따라 가출했다. 그 후 초청연사로 여러 학교를 순회하던 스타하노프는 조숙해 보이던 미모의 14세 여중생 갈리나에게 끌리게 되었고, 신부의 나이를 두 살 올려 혼인신고를 하고 부부가 되었다. 갈리나는 17세, 20세에 각각 딸을 출산해서 전처소생의 두 아이와 함께 여섯 식구의 살림을 도맡았다. 갈리나가 낳은 첫 딸 비올레타의 증언에 따르면, 스타하노프는 아내를 열렬히 사랑했지만 그의 사랑은 가학적이었다. 누군가 황홀한 느낌으로 아내를 쳐다보았다는 이유만으로도 그는 아내를 구타하곤 했다. "아버지의 주먹은 어린아이 머리만 했다"고 딸은 회상한다. 아내가 조금 비틀어 말하기만 해도 스타하노프는 그녀를 죽일 듯이 달려들 태세였다고 한다. 스탈린 사후 스타하노프가 후르시초프 N. S. Khrushchev에 의해 돈바스 지역으로 좌천되었을 때 모스크바의 가족들은 그를 따라가지 않았다. 스타하노프는 가족과 떨어져 살며 모스크바로부터 유배되었다는 생각과 국가에 대한 자신의 기여가 제대로 인정받지 못한다는 불만에 상심해 폭음하게 되어 결국 알코올 중독으로 정신병원에 수용되어 쓸쓸히 생을 마감했다. 이 부분의 자세한 내용은 Сергей Пустовойтов, 〈알렉세이 스타하노프는 14세 여중생과 결혼했다(광부 넘버원 생애의 숨겨진 사실들) Алексей Стаханов женился на 14— летней школьнице(неизвестные факты биографии шахтера No.1)〉, 《인터넷 프라우다 Правда РУ》, 2003년 9월 6일자를 참조하라. http://news.pravda.ru/society/2003/ 09/06/54544_.html

을 농촌 고향으로 보냈으며, 다음 달에는 60루블을 보냈다. 그 후에는 매달 120~150루블 정도를 보냈다. 그는 여러 작업 부문을 전전하다가 야철 작업장에서 견습하던 중, 야철공이 담배를 피우려고 자리를 비운 사이 현장에 찾아온 한 작업반장에 의해 우연히 야철공으로 발탁된다. 이후에는 월 350루블 정도의 급료를 받게 된다.[13] 이 정도 소득수준에 이르자 부시긴은 시골 고향에 남아 있던 아내를 데려온다. 그리고 이전과는 판이한 소비생활을 누리게 된다. 달라진 소비생활의 면모를 부시긴은 다음과 같이 술회한다.

내 급료는 늘어났다. 가구와 그릇을 사들이게 되었다. 점점 더 옷에 주의를 기울이게 되었다. 혼자 살림할 때는 이런 모든 것에 눈도 돌리지 않았다. 코페이카[1루블은 100코페이카] 한 푼마다 버텨가며 아꼈다. 지금은 점차 옷을 차려입는다. 아내에게는 외투를 사주었다. 그녀의 인생에서 최초의 도회풍 외투였다. 내 것으로는 정장 한 벌, 아들 것으로 또 옷 한 벌을 샀다. 급료를 받을 때마다 아파트에 들여놓을 물건이나 옷을 구입하기 위해 돈을 얼마씩 모아두는 습관이 생겼다……이렇게 한 해가 흘렀다. 우리의 삶도 완전히 새로워 보이게 됐다……새로운 수요가 생겼다. 5년 전의 나에게 누군가가 극장에 가는 데 1루블을 쓴다고 말했다면, 나는 크게 웃었을 것이다. 그러나 지금은 극장에 한 달에 두 번 이상, 영화관에는 일주일에 한 번 정도 가게 됐다. 신문

---

13) A. X. Бусыгин, 《나와 내 친구들의 삶》, 17쪽. 국가계획위원회가 9대 산업 중심지에서 젊은 노동자 7,138명을 대상으로 조사한 1935년 12월의 평균 소득은 279루블이었다. 이 중 스타하노프 일꾼의 경우는 344루블, 일반 노동자의 경우는 275루블이었다. 그런데 양쪽의 1931년 1월 수입을 비교해보면, 87루블 대 83루블로 격차가 크지 않았다. Lewis Siegelbaum, 《스타하노프주의와 소련의 생산성 정치, 1935~1941》, 184~185쪽. 따라서 부시긴의 경우, 이미 1930년대 초에 일반 노동자나 훗날의 스타하노프 일꾼에 비해 4배 정도의 수입을 기록한 것으로 추정된다.

도 몇 가지 구독 신청했다.[14)]

　이러한 소비와 문화생활은 이미 스타하노프 운동이 시작되기 1
년 전부터 새롭게 나타나는 이상적인 노동자상에서도 감지된다.
이전의 돌격작업반원들의 노동은 생사를 건 전투처럼 또는 그러
한 심성으로 진행되는 것을 이상으로 삼았다. 그러나 이제 탈진하
도록 미친 듯이 일하는 것은 공산주의적 열정이 아니라 '낙후성'
의 증좌로 간주되었다. 리드미컬하게 일하고 작업 시간을 초과하
지 않으면서도 작업 과제를 완수하고, 작업하지 않을 때는 주기적
으로 영화를 감상하고 스포츠를 즐길 줄 아는 것이 이상적이고 모
범적인 노동 영웅의 이미지가 되었던 것이다.[15)]

　당시 스타하노프 일꾼들이 누리는 값비싼 의상, 외투, 축음기,
가구와 그 밖의 문화생활의 품목에 대한 현시적 소비는 권력에 의
해 대대적으로 홍보되었으며, 아울러 문화 · 교양 · 품격 · 격조를
뜻하는 '쿨투라культура'와 '쿨투르노스치культурность'라는
용어가 크게 강조되었다.('교양' 개념에 대한 논의는 제3절에서 다
루고자 한다.) 해석하기에 따라 이러한 측면은 하층민의 일부를 준
(準)엘리트적 소비와 가치 체계에 통합시킴으로써 불평등을 정당
화하는 것일 수도 있다.[16)] 실제로 스타하노프 일꾼들 사이에서도

---

14) А. Х. Бусыгин,, 《나와 내 친구들의 삶》, 18쪽. 신문 구독이 어느 정도 실제 욕구
에 의한 것인지는 다소 의문의 여지가 있다. 몇 년 후 산업교육원에서 연수를 받으면서부
터 부시긴은 읽기와 쓰기 교육을 집중적으로 받고, 책을 제대로 읽기 시작한 것으로 판단
되기 때문이다.

15) Lewis Siegelbaum, 《스타하노프주의와 소련의 생산성 정치, 1935~1941》, 225쪽.

16) Vadim Volkov, 〈'교양'의 개념. 스탈린주의의 문명화 과정에 관한 단상The Concept
of *Kul'turnost'*. Notes on the Stalinist Civilizing Process〉, Sheila Fitzpatrick (ed.), 《스탈린주
의. 새로운 경향들*Stalinism. New Directions*》(London : Routledge, 2000), 216쪽. 러시아의 사
회학자인 볼코프Вадим викторович Волков의 이 글은 본래 〈교양의 개념, 1935~1938 :

차츰 여러 등급이 생겨, 하위 집단은 물질적 혜택을 거의 받지 못하는 경우도 있었다.[17] 그러나 달리 보자면, 작업 과정에서 보여준 탁월한 생산성에 대한 보상으로 쾌적한 소비생활의 모습을 제시함으로써, 권력은 물품 부족의 현실 속에서도 앞으로 더욱 확산될 풍요와 문화생활의 미래상과 그 전조를 예시(豫示)하며 한편으로는 번영으로의 길이 인민 각자의 헌신적인 노력을 통해서 닦여짐을 강조한 것이다.[18]

그런데 상대적으로 부시긴의 수기에서는 각종 생활용품을 현시하는 듯한 언급은 상당히 자제되어 있는 편이다. 그럼에도 부시긴은 새로운 삶의 징표로서 자신의 아파트에 대해서만큼은, 시골에서 아내를 처음 데려 오던 날을 회상하며, 기쁨을 감추지 않고 표현한다.

방 두 칸과 주방, 그리고 모든 편의시설이 갖추어진 새 아파트 안으로 아내를 데리고 들어가서, 개수대 위의 수도꼭지 있는 곳에 이르러, 거기서 물이 쏟아져 나오는 것을 보여주자, 아내는 손뼉을 치고 내 목을 끌어안으며 말했다.

"오우, 사셴카(부시긴의 이름 알렉산드르의 애칭), 여기서 정말 우리만 살게 되는 거야? 정말 이거 꿈이 아니지?"

소비에트 문명과 스탈린 시대의 일상Концепция культурность, 1935~1938 годы : Советская цивилизация и повседневность сталинского времини〉이라는 제목으로 《사회학 잡지 Социологический журнал》, no. 1~2(1966)에 게재되었다. 다음 웹사이트를 참조하라. http://sj.obliq.ru/article297

17) Lewis Siegelbaum, 《스타하노프주의와 소련의 생산성 정치, 1935~1941》, 183~189, 299쪽.

18) Julie Hessler, 〈교양·품격 있는 거래 : 스탈린 체제하 소비주의로의 새로운 지향 Cultured Trade : the Stalinist Turn towards Consumerism〉, Sheila Fitzpatrick (ed.), 《스탈린주의. 새로운 경향들》, 202쪽.

첫 날은 마룻바닥에서 자고 나서……탁자와 의자를 방에 들여놓고, 찬장에 그릇을 채워 넣자, 아나스타샤(부시긴의 아내)는 이 방 저 방으로 새처럼 날아다녔다.[19]

또한 부시긴의 직장 동료이자 대표적 스타하노프 일꾼인 파우스토프A. Faustov는 자신의 아파트와 관련해 다음과 같이 기술하고 있다.

작년(1937년)에 집단농장에 계신 아버지가 나를 보러 오셨다. 아버지는 아파트와 가구와 승용차를 둘러보시더니 고개를 흔드시며 말씀하셨다.
"이야, 스테판(파우스토프의 이름), 너 아주 널찍한 데서 살고 있구나. 우리 살던 데서는 (과거) 영주들도 이렇게 살지는 못했단다."
(나는 생각했다.) 우리 노동자 1,000명이 나처럼 살고 있는데…….[20]

파우스토프의 간략한 언급과 촌로인 아버지의 경탄은 많은 의미를 함축한다. 공적인 의미에서는, 모범 노동자의 쾌적한 주거 공간에 대한 압축적 묘사로 참담했던 과거 역사와 극명하게 대조되는 행복한 현실, 그리고 이것을 가능케 한 지배체제의 업적과 존재 의의가 부각된다. 사적인 의미에서는 아버지와 아들의 화해다. 1906년 오룔 주의 빈곤한 농민 가정에서 태어난 파우스토프에게 아버

---

19) А. Х. Бусыгин, 《달성》, 36쪽.

20) С. А. Фаустов, 《나의 성장 Мой рост》(Горький: ОГИЗ Горьковское Областное Издательство, 1938), 24쪽. 고리키 시 몰로토프 자동차 공장에서 각별히 스타하노프 일꾼들을 위해 지은 아파트에 1937년 말까지 800가구가 입주했다. Lewis Siegelbaum, 《스타하노프주의와 소련의 생산성 정치, 1935~1941》, 188쪽을 참조하라.

지는 완고함과 비정함 그 자체였다. 식구가 열아홉이나 되는 집안에서 아버지는 파우스토프가 여덟 살이 되자 더 이상 밥을 거저 주지 않겠다며 그를 삯일로 내몰았다. 부농 집에서 머슴살이를 하던 그가 1년 만에 집으로 돌아왔을 때도 아버지는 이를 탐탁히 여기지 않아 안부조차 묻지 않았다.[21] 그러나 이제 아버지로 상징되는 암울한 과거가 아들이 향유하는 쾌적한 주거 환경으로 상징되는 행복한 현재와 밝은 미래에 압도되어 극복되는 것이다. 조금 다른 사례지만, 중앙아시아 지역 타직스탄의 여성 스타하노프 일꾼인 함라비비의 다음과 같은 발언에서도 비슷한 의미가 나타난다. "이제 나는 낡은 토담집에 살지 않습니다. 유럽형 가옥을 상으로 받았습니다. 문화적으로(또는 교양 있게) 살고 있습니다."[22] 이처럼 주택과 아파트는 근대화와 (경우에 따라서는 변방 소수민족에 대해 러시아가 주도하는) 문명화의 상징이기도 했다.

앞서 언급한 대로, 부시긴에게 숙련공이 될 수 있는 기회는 매우 우연하게 찾아왔다. 이것은 공업화 시대에 숙련 노동자의 절대적인 부족을 짐작하게 한다. 스타하노프도 기록을 수립하기 8년 전인 1927년에 돈바스 지역 이르미노 광업소에 흘러들어오는데 처음에는 갱도를 두려워해서 별 기술 없이도 할 수 있는 석탄 부스러기 긁어내는 일을 했다. 그러나 우연한 기회에 갱도에 들어가 두려움을 극복하게 되었고, 이후 갱도에서 채탄 수송 마차를 몰다가 나중에는 막장에서 곡괭이로 채탄 작업을 시작했다. 압축 공기를 사용하는 굴착기를 사용하게 된 것은 그 뒤의 일이었다.[23]

그런데 부시긴의 경우, 숙련된 야철공으로 입지를 굳히는 과정

21) С. А. Фаустов, 《나의 성장》, 3~4쪽.
22) 《사회주의 근로 여성 영웅들》, 129쪽.
23) А. Г. Стаханов, 《나의 방법. 1935년 11월 14일 연설문》, 10~11쪽.

은 상급자인 작업반장과의 갈등을 겪으며 좌절감을 맛보는 등 그리 순탄치만은 않았다.[24] 부시긴은 단기간에 여러 가지 해머의 사용법과 기계 조작을 익히며 자칭 '만능 야철공'이 된다. 그 결과 작업 구역 내에서 문제가 발생한 곳마다 작업반장의 지시로 투입되는 응급 지원 역할을 맡게 되었다. 당시 공장에 초빙된 미국인 기술 고문도 그를 '해결사'라고 불렀다. 그런데 여기에서 부시긴의 고민이 시작되었다. 급유공 같은 잡급직으로 분류되어 있던 2~3개월 전에 비해서 훨씬 나은 대우를 받고 더 높은 소득을 올리게 되었지만, 그러한 자신의 지위가 불안정하다는 것을 자각하게 된 것이다. "모든 것이 정상화되어 더 이상 나의 도움이 필요 없게 된다면, 나는 청소 업무에나 투입되는 것이 아닐까?" 불안과 분노를 느끼던 부시긴은 어느 날 작업반장 베레이킨의 응급 지원을 위한 이동 지시를 거부하고, 다른 야철 숙련공들처럼 일정한 장소에서 안정적으로 작업하고 싶다는 뜻을 밝혔다. 격노한 베레이킨은 "작업 거부와 작업 이탈로 부시긴을 해고함"이라고 쓴 명령서를 발급했다. 좌절하고 체념해 다른 일자리를 알아볼 생각으로 작업복을 반납하고 정든 공장을 둘러보던 중 부시긴은 직업동맹 단위공장 위원회 위원이기도 한 고참 동료 모킨의 눈에 띄어 운 좋게 공장에 남게 되었다. 이처럼 막강한 권한을 행사하던 작업반장에게 다소 무모할 정도로까지 맞서려 했던 부시긴의 가장 중요한 동기는 상대적으로 높은 소득을 안정적으로 보장받으려는 데 있었다.

그런데 그 후에도 소득과 관련해서 부시긴이 대담한 행동을 보이는 사례가 나타난다. 공장에서 스타하노프식 작업이 본격화하

---

24) А. Х. Бусыгин, 《나와 내 친구들의 삶》, 18~19쪽 ; А. Х. Бусыгин, 《달성》, 37
~41쪽.

면서 부시긴의 임금은 급상승하게 되었다. 1935년 9월 그는 1,043 루블을 받았다. 이전에 받던 액수 350루블을 크게 넘어선 것이다. 그리고 부시긴을 조장으로 하는 작업조에서 모든 조원의 급료도 2배로 뛰었다. 완성된 크랭크축과 제조된 부품 수와 함께 매일 급료의 수치가 게시되었다. 많이 버는 것은 명예로운 일이었다고 그는 술회한다.[25] 이처럼 부시긴과 함께 계획된 작업 과정에 참여하는 노동자들은 고소득을 올리며 더욱 결속했다. 이들은 작업이 끝나면 작업 효율 증진을 위한 자발적인 티타임을 가지며 강한 유대감을 형성했던 것으로 보인다. 물론 부시긴을 비롯해 이들은 스타하노프 운동의 '정당성'에 대해 이념적으로 또는 공식 지배 담론으로 무장하고 있었지만, '사회주의적 경쟁'이라는 생산 증대 운동에 매우 적극적이었던 데는 자신들의 소득 증진과 관련된 측면이 있다. 그러므로 1936년 봄부터 공장 경영진이 이른바 '사회주의적 경쟁'에 들어갈 작업반별 명단을 게시하지 않거나, 새로이 두각을 나타낸 스타하노프 일꾼의 사진을 전시하지 않거나, 작업용 자재를 원활하게 공급해주지 않는 등 스타하노프 운동에 대한 '사보타주' 징후가 감지되자, 이들은 강한 불만을 표출했다. 작업조장으로서 부시긴은 자신의 전국적 지명도를 무기로 직접 모스크바로 찾아가 신문사에 공장 실태를 알리기도 하며, 이 과정에서 스타하노프 같은 노동 영웅 만들기의 대부라고 할 수 있는 중공업 인민위원(장관)인 오르조니키제G. K. Ordzhonikidze와 면담까지 할 정도로 적극적인 사태 해결에 나섰던 것이다.[26]

사실 생산 작업 현장의 기록을 경신해 전국적 명성을 갖춘 스타

---

25) А. Х. Бусыгин,《나와 내 친구들의 삶》, 28쪽.
26) А. Х. Бусыгин,《나와 내 친구들의 삶》, 32~34, 38~40쪽.

하노프 일꾼이 되는 데는 공장과 기업의 경영 책임자나 지역의 당 서기 등의 후원이 절대적으로 필요했다.[27] 흔한 일은 아니었지만, 부시긴과 그의 동료들은 이러한 후원자와 갈등을 감수할 정도였다. 그 이유로 중앙 정부의 요인이나 중앙 언론의 보도 기자들의 지지를 꼽을 수도 있겠지만, 이에 못지않게 '생산 증대를 통한 사회주의 건설'이라는 공식 담론과 구별하기 힘들 정도로 뒤엉킨 개인적인 소득 증대의 열망을 지적할 수 있다.

이와 관련해 스타하노프주의는 생산성 증대를 위해 경영진에 의한 노동 통제를 전제하는 테일러리즘Taylorism과는 근본적으로 다르다는 주장이 연구자들 사이에서 강력히 대두되었다.[28] 다시 말하면, 중앙 정부는 경영진과 노동자의 위계적 상하관계를 중시하면서도 생산 증대를 위해 개별 기업의 경영진에게 자율권을 더 부여하는 방법을 기피했던 것이다. 그렇다고 당과 중앙 정부가 경영진의 역할을 외면할 수도 없었다. 즉 부시긴의 고발에 노발대발

---

27) Sheila Fitzpatrick,《일상적 스탈린주의. 비상시국의 평상적 삶 : 1930년대의 소비에트 러시아 *Everyday Stalinism. Ordinary Life in Extraordinary Times : Soviet Russia in 1930s*》(Oxford : Oxford Univ. Press, 1999). 110쪽.

28) Lewis Siegelbaum,《스타하노프주의와 소련의 생산성 정치, 1935~1941》, 6, 12, 294~296쪽. 아울러 Don Van Atta, 〈왜 소련에는 테일러리즘이 없을까?Why Is There No Taylorism in the Soviet Union〉,《비교정치*Comparative Politics*》, vol. 18, no. 3, 327~337쪽, 특히 330~334쪽을 보라. 그러나 1920년대 레닌이나 스탈린이 테일러리즘을 긍정적으로 보았던 것은 사실이다. Jeffrey Brooks,《감사합니다, 스탈린 동무! 혁명부터 냉전까지 소비에트 공식문화 *Thank you, Comrade Stalin : Soviet Public Culture from Revolution to Cold War*》(Princeton : Princeton Univ. Press, 2000), 37쪽을 보라. 주요 업종에서 숙련공의 부수적 업무에 대한 부담을 덜어주어〔예를 들면, 채탄 작업에서 채굴과 치목(治木)을 분리해 숙련공은 전자에 전념케 하는 방식〕생산 속도를 증대시키는 스타하노프주의는 1930년대 중반에는 효과적인 생산 혁신 수단이었다. 그러나 그 적용이 부분적이었다는 것이 문제였다. 특정 품목의 과잉 생산은 전체 생산 과정과 조율되지 않았고, 계획에 입각한 전체 자원의 분배라는 원리와도 조화될 수 없었다. Lewis Siegelbaum,《스타하노프주의와 소련의 생산성 정치, 1935~1941》, 284~285쪽.

한 오르조니키제는 몰로토프 공장의 경영 책임자들을 불러놓고 직접 회의를 주재했다. 그는 부시긴이 보는 앞에서 이들에게 호통을 침으로써 부시긴과 그 현장 동료들에 대한 강한 지지를 과시했으나, 결과적으로는 이들을 견책하거나 크게 징계하지 않는 애매한 자세를 보여주었다.[29] 정책 당국으로서는 전문 기술 경영인과 숙련 노동자 양쪽 모두를 포용해야 했던 것이다. 특히 지배체제의 성격상 노동자들에게는 고용뿐 아니라 주거, 식량, 레크리에이션까지 제공해야 했다. '노동자' 당과 정부를 표방한 체제의 위신이 걸린 문제였기 때문이다. 이러한 권력의 입장으로 인해 스타하노프 일꾼들은 간혹 경영진의 지시에 이의를 제기하는 가운데 자신들을 비호하는 듯한 지배체제에 대해 보다 더 쉽게 일체감과 동의를 형성했는지도 모른다.

그러면 표준 작업량 초과 달성으로 개인 소득을 증대하려는 공통적인 욕망 외에, 부시긴과 작업 현장의 동료들 사이에 형성된 유대의식의 또 다른 근원은 무엇일까? 그것은 고향인 궁핍한 농촌을 떠나 도시에서 노동자로서의 새 삶을 맞게 된 공통적 경험에서 찾을 수 있을 것이다.[30]

---

29) Lewis Siegelbaum, 《스타하노프주의와 소련의 생산성 정치, 1935~1941》, 136~138쪽.

30) 부시긴이 크랭크축 생산 기록을 수립한 지 한 달 정도 지난 1935년 10월 어느 날 그의 집에는 동료 야철공인 파우스토프, 벨리크자닌, 그리고 다른 작업 공정을 맡은 숙련 노동자들이 모여, 통성명하며 담소하게 되었다. 그런데 처음 자리를 잡고 앉았을 때 파우스토프는 불쑥 다음과 같은 제안을 한다. "이봐, 친구들. 각자 어린 시절부터 청년기까지 지내온 것에 대해 말해보자고. 우리 모두 같은 단위 공장에서 일하고 몇 년 동안 동고동락했는데, 누가 누구인지 그리고 어디서 왔는지는 잘 모르잖아." 이렇게 해서 각자 살아온 길에 대해 이야기하다보니, 그 과정이 서로 자연스럽게 동질감을 형성할 정도로 비슷했다는 것이 드러났다. 이런 식의 모임은 그 시기나 주선 배경부터 상당히 작위적인 인상을 주는 것이 사실이지만, 각각의 유사한 인생 경험이 유대의식의 바탕을 이룬다는 것은 분명

2. 농촌에서 도시로

부시긴의 수기를 통해 나타나는 1930년대 소비에트 노동자들의 일상에서 가장 중심적인 문제는 '독재와 근대'다. 우선 공업화라는 사회경제적 현상에 수반되는 모든 부문의 변화와 체험을 부시긴은 매우 긍정적으로 받아들이고 있다. 그의 술회 속에는 '내 평생 처음으로'라는 표현이 무수히 나온다. 예를 들면, 내 평생 처음으로, '농촌을 떠나', 도시와 공장과 기계를 보고, '많은 사람들이 모인 집회에서 연설'을 해보고, '화물차가 아닌 국제선급 정식 여객 열차의 승객'이 되어 '200킬로미터 이상의 거리'를 가보고, '크렘린 궁'에 들어가 보고, '요양소' 존재와 이를 이용할 수 있는 유급 휴가제를 알게 되고, 휴양지에서 '바다'를 보고, '미술관'에 들어가 보고 '레핀'이라는 화가가 있다는 것을 알게 되고, '볼쇼이 극장'에 들어가 보았다는 것이다.

이 시대의 또 한 가지 지배적 표현 방식은 '그 당시에는'과 '지금에는'으로 시작되는 문구가 짝을 이루어가며 과거의 낙후성과 현재의 발전을 대비하는 방식이다.[31] 부시긴의 동료인 파우스토프는 이렇게 술회한다.

서쪽 노동자 부락에 있는 막사에 거처를 마련했다. 지금은 기간(基幹) 노동자의 대다수가 잘 정돈된 건물에 거주하고, 부시긴의 이름을 딴 구역의 웅장한 아파트들과 영화관과 음악당이 완공되고, 유리로 반

해 보인다. A. X. Бусыгин, 《나와 내 친구들의 삶》, 3~11쪽을 참조하라(파우스토프의 발언은 3쪽에서 인용).

31) Sheila Fitzpatrick, 《일상적 스탈린주의. 비상시국의 평상적 삶 : 1930년대의 소비에트 러시아》, 9~10쪽.

짝이는 3층짜리 백화점에 사람들이 출입하고 있다. 그런데 이제는 불과 6~7년 전[1931년경] 모습만 떠올려도 그토록 생소할 수가 없다. 그당시 공장의 거의 모든 삶은 땅 속으로 파들어 간 목조 구조물들에 집중돼 있었다……요즘 공장 주위 건물은 석조(石造)인 데 비해, 그 당시에는 모든 주변이 목조(木造)였다. 클럽, 식당, 막사, 사무소, 진료소 등을 전부 나무로 지었다……이러한 변화가 우리 조국이 거둔 승리가 어느 정도인지 말해주는 한 부분이 아닐까 한다. 아마 그 당시에 누군가다층 석조 건물에 살게 될 것이라고 내게 말해주었더라면, 그리고 이 건물의 사진을 내게 보여주었더라면, 나는 말하는 사람의 눈을 빤히 쳐다보며 웃었을 것이다. 그때 같았으면 정녕 놀라 자빠질 일 아닌가!……내가 거처로 삼았던 막사는 어느 것이나 엇비슷했다. 비가 올 때는 눅눅했고, 추위에는 얼어붙었다.[32]

이러한 맥락에서 현재와 과거의 비교라든지, 과거의 역경에 대한 회상은 현재의 성취에서 마음의 여유를 갖고 바라보는 특성을 지니게 된다. 부시긴 역시 자신과 동료와 동시대인들이 경이로운 변모의 중심에 있으며, 그러한 변화의 수혜자임을 자부심 속에서 증언하는 것이다. 그리하여 이러한 변화와 혜택을 가능하게 한 스탈린 체제에 대한 일체감과 강력한 동의를 드러낸다. 나아가 부시긴과 그 동료들의 체험은 스탈린 개인에 대한 일체감으로까지 발전되었을 개연성이 크다. 이에 대한 한 연구자의 다음과 같은 해석을 음미해볼 필요가 있다.

당시 신화에서 스탈린은 이 나라의 여러 총아 중에서 가장 위대한 경

---

32) C. A. Фаустов, 《나의 성장》, 8쪽.

우였을 뿐이다. 그 역시 한미(寒微)한 집안에서 태어났으나 용기와 결단력으로 출신을 극복했다……스탈린이 권력의 정점에 홀로 있었다 하더라도 그는 비슷한 길을 따라온 많은 다른 사람들을 대표했던 것이다. 대중은 스탈린 찬양을 거부하지 않았다……오히려 누구에게나 가능성 있는 성공신화로 받아들였다.[33]

부시긴은 1908년 볼가 강 중류 지대의 14명의 식구가 딸린 가난한 농가에서 태어났다. 그의 집안은 1920년대 말에 재편된 집단농장에 소속되었으나 여전히 생활고 해결에 어려움을 겪었다. 그러다가 그는 형이 일하러 간 고리키 시(엄밀히 말해서 니즈니 노브고로드 시가 개명된 것은 1932년이며, 1990년 이후 본래 명칭으로 환원되었다)에서 큰 공장을 세운다는 소문을 듣고, 1930년 가을 행복을 찾아 고향을 떠난다. 부시긴은 스물두 살 나이에 평생 처음으로 농촌을 벗어난다. 그는 천신만고 끝에 고리키 시 인근 소도시 아프토스트로이(현재는 니즈니 노브고로드 시의 일부)에 다다르는 극적인 이야기를 술회한다. 그의 회고에는 도시 근로자로 단단히 자리 잡았다는 데 대한 성취감이 배어 나온다. 이를 바탕으로 그는 빈궁했던 과거의 농촌에서 벗어나 도시로 향하는 고생스러운 과정을 이렇게 전해준다.

아내는 둥글고 큰 빵, 돼지비계 몇 쪽, 감자, 속옷, 무명 저고리 두 벌을 보따리에 싸 주었다. 나는 약간의 돈을 챙겨 길을 떠났다……비가 막 쏟아지고 난 직후였다. 진창에 발이 푹푹 빠져 걸을 수가 없을 정도

33) James von Geldern · Richard Stites (eds), 《소련의 대중문화. 이야기, 시, 노래, 영화, 연극, 민속, 1917~1953*Mass Culture in Soviet Russia. Tales, Poems, Songs, Movies, Plays, and Folklore, 1917~1953*》(Bloomington : Indiana Univ. Press, 1995), xix쪽.

였고……장화는 엉망이 되었다. 장화를 벗어 어깨에 멨다. 고향 사람 카랴긴과 함께 떠났다. 그는 소르모프(현재는 니즈니 노브고로드 시의 일부)공장으로 가는 길이었다. 우리는 농촌을 벗어났다. 아직 해가 뜨기 전이었다. 낮에 베틀루가 시에 닿았다. 통통배를 타고 싶어 돈을 세어봤으나 모자랐다. 또 10베르스타(1베르스타는 1.067킬로미터 정도)를 걸었다. 어두워졌다……우리는 어둠 속을 걸었다. 원기를 돋우려고 노래를 부르려 해보았지만 노래가 나오지 않았다……오두막집 불빛에 점점 가까워졌다. 나무꾼이 사는 집 같았다. 재워달라고 청했지만 거절당했다……또 걸었다. 어디로 가는지 우리 자신도 몰랐다. 마침내 다시 멀리서 불빛이 보였다. 불빛을 따라가다 늪지대로 들어갔다. 천신만고 끝에 우레나에 닿았다. 그곳은 지금 내 선거구다(회고록 집필 당시 부시긴은 새로이 제정된 스탈린 헌법에 따라 최고 소비에트 대의원으로 선출되었다)……우레나에서 화물 열차로 고리키에 닿았다. 카랴긴과 작별하고 아프토스트로이 시로 향했다. 형이 사는 기숙사를 찾아냈다. 나를 만난 형은 달가워하지 않으며 재워줄 데가 없다고 했다. 형에게서 떠났다. 목수 구인광고를 봤다. 주소를 찾아가 농촌 소비에트가 발급한 증명서와 서류를 보여주었다. 일자리를 얻었다. 임금 계산 장부와 기숙사 입주증을 받았다……새로운 삶은 이렇게 시작되었다."[34]

그러나 부시긴이 안착(?)한 공사 현장의 상황도 그곳까지의 여정만큼이나 험했다. 다만 그가 이에 대해 더 언급하지 않았을 뿐이다. 그에게는 다른 대안이 없을 만큼 생계의 문제가 절박했던 것같다. 부시긴과 거의 같은 시기에 같은 현장에서 일하게 된 파우스

---

34) А. Х. Бусыгин, 《나와 내 친구들의 삶》, 11~12쪽. 30여 년 후 부시긴은 자신이 노동자로서 새 삶을 시작했던 이 날이 1930년 10월 12일이라고 밝히며 의미를 부여하고 있다. А. Х. Бусыгин, 《달성》, 6쪽.

토프는 고리키 시 교외 건설 현장에 도착하던 날 진창길에 무릎까지 빠지고 장화 속에 진흙이 들어가 이곳에 함께 도착한 사람들이 하나같이 매우 불유쾌한 첫인상에 다음 날 당장 다른 곳으로 떠나려는 생각을 했을 정도였다고 증언한다.[35] 부시긴은 아프토스트로이 시에서 수천 명의 노동자가 온갖 난관을 극복하며 거대한 공장을 건설하는 것을 목격했다. 그는 사회주의의 이름으로 일하는 것이 무엇을 의미하는지 이해하게 되었다고 한다. 농촌에 있을 때도 사회주의와 공업화에 대한 이야기를 들었지만, 건설 현장에 와보니 이러한 말들이 보통 이야기되는 것과는 다른 확실성을 지니게 되었다고 한다.[36]

그러나 30여 년 후의 회고에서 부시긴은 노동자로서의 새 삶을 시작했던 그날의 심난함과 아울러 '사회주의 건설'과 관련된 의식의 미숙함에 대해 진술하게 밝히고 있다. 첫날 기숙사에서 깜빡 잠든 뒤끝의 비몽사몽간에, 부시긴은 다음과 같은 아내의 애절한 목소리를 듣게 된다. "나의 사냐[부시긴의 이름인 알렉산드르의 또 다른 애칭], 당신, 누구 때문에 내게서 떠난 거야? 난 아직 젊은데, 나 혼자 남게 되는 거야?" 그러자 "농촌을 떠나지 말았어야 했나?" 하는 회의가 밀려왔다. 그러다 이내 "도대체 그곳에 남아 어떻게 살란 말인가?" 하고 반문하게 된다. 아버지가 남겨준 것이라고는 지붕도 제대로 없는 집 한 채뿐이고, 쟁기, 말, 암소는 형들이 각자 챙겼던 터라 달리 살 방도가 없었던 것이다.[37] 그러면서 부시긴은

---

35) С. А. Фаустов, 《나의 성장》, 8쪽.

36) А. Х. Бусыгин, 《나와 내 친구들의 삶》, 15쪽. 나중에 부시긴은 건설공사에 동원된 인원 규모가 13,000명이라고 좀 더 정확하게 말하고 있는데 그중 75%가 자기처럼 경험 없는 젊은이였다고 회고한다. А. Х. Бусыгин, 《달성》, 15쪽.

37) А. Х. Бусыгин, 《달성》, 6~7쪽.

'솔직히' 말해야겠다며 다음과 같이 덧붙인다.

> 당시 나는 무엇이 건설을 위한 것인지……우리나라 경제에서 미래
> 의 자동차 공장이 담당할 역할이 무엇인지 전혀 상상하지 못했다……
> 오로지 아는 것은 단 한 가지, 빚을 갚게끔 시골의 아내에게 송금할 수
> 있도록, 가능한 한 빨리 숙련 목수가 되어 돈을 벌어야 한다는 것이었
> 다. "[38]

이처럼 부시긴이 노동자로서의 삶이 시작되는 바로 그 순간부터 새로운 환경과 공업화라는 시대적 과제에 대해 확신과 자부심을 지녔던 것은 아님을 알 수 있다. 그러나 점차 그는 작업 속도와 작업 성과를 놓고 벌이는 조별 경쟁에서 성취의 영예와 열등함의 수치를 느끼게 되었다. 다른 작업조들이 성과를 달성해 붉은 깃발을 휘날리는 가운데 자신이 속한 조가 경쟁에 뒤쳐져 깃발 대신 거적때기를 매달고 다닐 때의 치욕을 잊을 수 없었다. 그러는 동안 부시긴은 사람에게는 돈도 중요하지만, '노동의 명예'도 귀한 것임을 깨닫는 '내적 성장'을 경험했다고 밝힌다.[39]

부시긴은 이 당시 목수로 일하던 노동자들을 세 부류로 나눈다.[40] 첫째는 손에 도끼 하나 들고 방방곡곡을 다녀본 장년의 세습적 목수, 둘째는 목수 일을 막 배우고 현장에 도착한 청년들, 셋째는 계절노동자들이다. 이 중 마지막 부류는 돈을 벌어 귀향해 쟁기 끌 말이나 수레나 새 집을 구입할 생각으로 푼돈 한 푼도 쓰지 않고 아껴가며 구두쇠처럼 살았다. 한편 같은 건설 현장에서 일하던 파

---

38) А. Х. Бусыгин, 《달성》, 8쪽.

39) А. Х. Бусыгин, 《달성》, 10~11쪽.

40) А. Х. Бусыгин, 《달성》, 11쪽.

우스토프는 좀 더 넓게 전체 노동자를 다음과 같이 셋으로 나누고 있다.[41] 첫째는 작업 시간이나 노동 조건을 따지지 않고 열성적으로 일하는 노동자로, 이들의 다수는 조직된 노동자이자 '돌격작업반원'이기도 했다. 둘째는 한 발을 여전히 농촌에 담근 채 농한기에 품일을 하기 위해 나타난 집단농장원이다. 이들은 본격적인 농사철이 시작되면 썰물처럼 빠져나갔기 때문에 당시 당 조직과 직업동맹은 이들을 건설 현장에 잡아두려고 상당히 애를 썼다. 셋째는 유리한 임금 조건을 좇아 전국의 도시를 배회하는 '유랑 일꾼'이었다. 파우스토프는 이들을 노동 인력 중 '가장 하찮은 집단'으로 평가절하하면서 이들 중에는 소비에트 권력에 반대하는 쿨라크 출신이 숨어 있다고 경계했다. 부시긴은 파우스토프의 분류에 따르면 두 번째 부류인 듯하지만 첫 번째 부류에 더 가깝다고 할 수 있다. 또한 앞서 자신의 분류대로라면 푼돈 한 푼도 아낀다는 점에서 세 번째 부류에 속한 듯 보이지만, 정작 자신은 두 번째 부류에 속한다고 생각했다. 왜냐하면 그는 농촌으로 돌아갈 생각이 없었기 때문이다.

부시긴 같은 노동자에게 농촌은 결별해야 할 빈곤과 과거를, 도시는 희망의 현재와 미래를 의미했다. 견습공으로 여러 작업장을 전전하다가 우연한 기회에 야철공으로 발탁된 그는 월 350루블의 급료를 받으며 생활이 안정되자 결단을 내리게 된다.

앞으로 어떻게 살아야 할지 결정해야 했다. 한 가지는 분명했다. 다시는 농촌으로 돌아가지 않는다는 것이었다. 공장에서 홀아비 생활을 하며 용케 버텨왔고, 이미 공장을 떠날 생각이 없었다……아내에게 편

---

41) С. А. Фаустов, 《나의 성장》, 8~9쪽.

지를 써서 어떻게 해야 할지 물어보았다. 아내는 내 뜻대로 따르겠다며, 내가 있는 공장으로 데려와 달라고 답장했다. 아파트에 마음이 쓰였다. 당시 나는 야철장에서 두각을 나타내고 있었다. 새로운 석조 건물이 완공되자, 그 내부의 아파트가 내게 배당되었다. 주방이 딸린 방 두 칸짜리였다. 휴가를 얻어 가족에게 갔다. 나는 집과 암소를 팔았다. 살림살이는 궤짝 하나에 다 들어갔다. 마지막으로 농촌을 바라보았다. 누이들과 작별 인사를 나누고, 짐마차로 베트루가 시를 향했다.[42]

오랜 세월이 흐른 뒤 부시긴은 아내가 농촌을 떠날 때 마차에서 눈물을 흘리며 강보에 싸인 어린 아들을 꼭 껴안고 있었다고 회상한다. 부시긴은 말없이 말에 채찍질만 했다. 그는 아내가 익숙했던 것과 헤어져야 한다는 것을 알고 있었다.[43] 그리고 새로운 삶에 대한 아내의 불안이 곧 사라질 것으로 확신했다. 그런데 보다 놀라운 것은 아내를 데리러 고향에 간 부시긴이 수일간 느낀 감정이었다.

농촌은 내게 어색했다. 적막함으로 귀가 멍했다. 이해할 수 있겠는가? 건설 현장의 소음과 굉음을 체험한 후, 그리고 공장 생활의 긴장된 속도를 체험한 후, 여기 들판에서 숲속에서 아침 해와 저녁노을 속에서 나는 모든 것이 말 그대로 낯설게 느껴졌다. 공장에서 줄곧 서둘러 일하는 데 익숙해진 나로서는 이곳에서 어디에 몸을 두어야 할지 몰랐다. 놀라울 뿐이다! 집 밖으로 나가 마을 주위를 둘러보아도 그저 적막할 뿐이다……숲속에는 새들이 날고 가랑비가 내리고 나뭇잎이 바스

42) А. Х. Бусыгин, 《나와 내 친구들의 삶》, 17쪽.

43) А. Х. Бусыгин, 《달성》, 36쪽. 훗날 스타하노프도 태어나고 자란 고향 땅을 떠나는 일이 어려웠지만, 불가피했다고 술회한 바 있다. А. Г. Стаханов, 《스타하노프. 사회주의 근로 영웅》, 20쪽.

락거리는 소리만 들릴 정도로 고요하다……이곳에 온 지 이틀밖에 안 되었는데 우울해졌고 그래서 서두르게 되었다."[44]

이제 건설 현장의 노동자로서 부시긴이 얼마나 체질적으로 그리고 정서적으로 농촌 환경에 적응할 수 없게 되었는지 극명하게 나타난다. 게다가 그는 '도시적' 또는 '도회풍'이라는 표현에까지 집착하고 있음이 다음과 같은 그의 언급에서도 느껴진다.

아내는 '도회풍'으로 옷을 입었다. 그래서 우리 공장에 다니는 여성들과 외모에서 아무런 차이가 나지 않게 되었다. 우리 아이 콜랴(니콜라이의 애칭)도 '도시' 아이와 비슷하게 되었다.(강조는 인용자)[45]

부시긴이 볼 때 생산 현장에서 자신과 호흡을 맞추게 된 이른바 '스타하노프식' 작업 노동자의 대다수는 자신처럼 1930~1932년에 공장에 온 것 같았다. 공장에 온 지 4~5년이 되면서 그들은 지난날의 농부에서 '우수하고 의식적인' 노동자들로 변모했다. 그들은 자신들의 새로운 일터인 공장과 일체감을 느끼며 굳세게 성장해온 상태였다. 그리고 이들은 대개 부시긴처럼 시골에 있던 가족을 공장 지역으로 데려왔다. 그 결과 가장만 공장에서 일하는 것이 아니라 그의 아내, 누이, 형제도 함께 하는 것이 일상적인 모습이 된다.[46] 물론 부시긴처럼 상대적으로 높은 소득을 올리는 경우, 아내들은 공장에서 일하지 않고 전업 주부가 될 수 있었다.

부시긴은 비슷한 경험을 가진 동료들 사이에 형성된 끈끈한 유

---

44) А. Х. Бусыгин,《달성》, 35~36쪽.
45) А. Х. Бусыгин,《달성》, 36쪽.
46) А. Х. Бусыгин,《나와 내 친구들의 삶》, 28쪽.

대의식을 강조한다. 앞서 살펴본 대로, 부시긴이 작업반장 베레이킨과 갈등을 겪었을 때 그를 도운 것은 작업장에서 함께 일하며 그의 재능을 눈여겨보았던 고참 동료 모킨이었다. 그는 공장을 떠나려는 부시긴에게 "지금 야철공 한 명 한 명이 아쉬운 판국에 부끄럽지도 않냐?"고 다그치며 동료애를 드러냈다. 그는 단위공장 공장장을 찾아가 "어떻게 작업반장이 직업동맹의 동의 없이 마음대로 노동자를 해고할 수 있느냐?"고 따졌다. 모킨이 직업동맹 단위 공장 위원회 위원이라는 사실과, 단위공장장으로서는 위원의 문제제기에 답변할 의무가 있다는 것을 부시긴은 그때까지 모르고 있었다. 공장장에게 소환된 베레이킨은 작업 규율 유지를 위해 부시긴에 대한 해고 조치가 불가피했다고 변명했으나 정당성을 입증하지 못하고 얼굴을 붉혀야 했다. 결국 해고 조치는 무효가 되었다.[47] 이러한 과정을 통해 부시긴은 자신의 권리를 지키는 방식(예를 들면 직업동맹, 당 기구, 대자보 활용 등)에 눈을 떴고 무엇보다 동료 간 유대의식을 더 강하게 갖게 되었다. 이후 1935년 가을부터 불어 닥친 스타하노프 운동 열풍 속에서 몰로토프 자동차 공장을 대표하는 중심인물이 된 부시긴은 작업 과정에서 생산성과 효율을 높이기 위한 비공식적이고 친밀한 다과 모임을 빈번히 가지게 된다.[48]

노동자를 묶어주는 또 한 가지 요소는 이른바 '쿨라크' 즉 '부농'에 대한 부정적 시각이다. 이들의 상당수는 빈농 출신으로 어린 나이에 상대적으로 살림이 넉넉한 농가에서 머슴살이를 체험했다. 파우스토프는 품삯으로 마지막에 옷을 한 벌 사주겠다던 부농

---

47) А. Х. Бусыгин, 《달성》, 37~41쪽. 인용은 40~41쪽.
48) А. Х. Бусыгин, 《나와 내 친구들의 삶》, 29쪽.

에게 기만당한 데 대해 큰 반감을 가지고 있었다.[49] 스타하노프에게도 유사한 경험이 있다. 스타하노프는 쿨라크 밑에서 10년간 머슴살이를 했는데 제대로 된 옷 한 벌, 장화 한 족 갖지 못한 불만이 있었고, 옷이 없어 사람들 앞에 모습을 드러내기가 창피했다고 술회한다.[50] 특히 말을 좋아했던 스타하노프는 쿨라크의 말에 속아 매월 품삯의 일부를 말 구입비용으로 적립했으나, 말은커녕 3년간의 적립금도 돌려받지 못한 채 쫓겨났다고 한다.[51] 당시 농촌에서 만연했을지도 모르는 이러한 약속 불이행 사례는 피해자들에게 계급적 적대의식을 구성하는 구심점으로 작용했을 것으로 보인다.

농촌 생활에서 쿨라크에게 기만당해 이들을 개인적으로 증오하게 된 경험은 부시긴의 경우 특별히 언급되지 않고 있다. 그러나 그는 건설 현장에서 처음 일하던 시절, 공사를 막 끝낸 구조물에 대한 방화 사건이나 주차중인 자재 운반 차량의 타이어를 고의로 구멍 낸 사건들을 접하면서 쿨라크 출신의 소행일 것이라는 풍문을 크게 의심하지 않고 받아들인다. 아울러 건설 사업이 소득을 보장해주고 미래 인생에 대한 꿈을 심어주고 있는데도 이러한 범행을 저지르는 의도를 이해할 수 없다는 식으로 쿨라크 출신에 대한 거부감을 보여주고 있다.[52] 당시 상황을 감안하면 부시긴의 이러한 거부감은 적대감으로 전환되기 쉬웠으리라 추정된다. 나아가 그의 동료들은 소비생활에서 기본적으로 중요한 곡물의 가격 불안정으로 인해 스탈린 체제가 전개한 '쿨라크 박멸 투쟁'의 취지

---

49) С. А. Фаустов, 《나의 성장》, 4쪽.

50) А. Г. Стаханов, 《나의 삶 이야기》, 10쪽.

51) А. Г. Стаханов, 《스타하노프. 사회주의 근로 영웅》, 19쪽.

52) А. Х. Бусыгин, 《달성》, 11쪽.

와 공격적 담론에도 쉽사리 수긍할 수 있는 심리적 기반을 지녔을 것으로 보인다. 이들에게 도시에서의 새로운 삶은 빈곤한 과거와의 결별일 뿐 아니라, 부농으로 상징되는 탐욕과 대립되는 보다 건전한 소득과 소비의 경제라는 이중적 의미를 지녔을 것이다.

3. 교양인으로 거듭나기

1936년 가을, 이전까지 기업 경영직과 전문 기술직 종사자만을 교육 대상으로 삼았던 모스크바 소재 스탈린 산업교육원은 스타하노프 일꾼들을 교육시키기 시작했다. 부시긴은 중공업 인민위원부의 명령을 받고 2년간의 예비 과정에 들어가면서, 가족을 데리고 교육원 기숙사 내의 5층짜리 아파트로 이주했다. 이것은 제대로 교육받을 기회가 없었던 그에게는 더없이 좋은 기회였다. 그는 교육원에 입소하기 1년 전부터 좀 더 다양한 분야의 기술과 지식을 습득하고 싶어 했다. 그러나 그 실현은 쉽지 않았다. 그는 다음과 같이 술회한다.

(1935년 10월 하순 모스크바에서 환대받고 돌아온 뒤 내 해머를 가지고 더 기꺼운 마음으로 일하기 시작했다. 그런데) 해머 이외에도 흥미가 생겼다. 책을 앞에 놓고 앉곤 했다. 이때 처음으로 푸시킨의 작품을 알게 되었다. 그의 시와 이야기에 무척 끌렸다. 그러나 책 읽기가 쉽지는 않았다. 글이 딸렸다. 편지 쓰기는 더 힘들었다. 전에는 이런 것을 안 하려고 기를 썼는데, 이제 와서 보니 아무짝에도 쓸모없는 고집이었음을 뼈저리게 느꼈다. 사람들은 내게 선생을 붙여주었다. 공부하기란 쉽지 않았다. 낮에는 야철장에서 일하는데 이것도 쉬운 것은 아니었

다. 저녁에는 생산성 증진 집회가 있었다. 보통 책과 공책을 앞에 놓고 앉는 것은 한밤중에나 할 수 있었다. 그러나 이것이 내 활력을 약하게 하지는 않았다……장차 내 앞에 자랑스러운 꿈이 멀리 보이기 시작했다. 해머 사용법을 배울 뿐만 아니라 더 나아가 이를 가르치는 것이다. 기계제작 기술자가 되는 것이다.[53)]

그러면서 부시긴은 스탈린이 제시한 과제를 상기했다. 즉 "노동 계급의 문화적·기술적 수준을 전문 기술직 종사자 수준으로 제고한 기초 위에서 정신노동과 육체노동 사이의 모순 대립을 일소할 것"이었다.[54)] 앞서 지적한 대로 스탈린은 스타하노프 운동을 사회주의에서 공산주의로의 이행 조건을 마련하는 과정으로 규정했다. 아직 공산주의에 이르지 못한 사회주의 단계에서 '정신노동과 육체노동 사이의 모순 대립'은 해소되지 않고 남아 있었다. 스탈린에 따르면, 정신노동 종사자나 전문 기술자의 수준을 육체노동자 수준으로 억지로 낮추는 하향평준화는 사회주의의 발전과 부합하지 않는다. 반대로 육체노동자의 수준을 전문 기술을 습득하고 교양을 갖춤으로써 정신노동 종사자 수준으로 향상시키는 일이 필요하다는 것이다.[55)]

스탈린이 이러한 발언을 하기 3일 전인 1935년 11월 14일에 크렘린 대강당에서 제1차 전국 스타하노프 일꾼 대회가 개최되었다. 부시긴에게도 연설 기회가 주어졌는데 그는 많은 참석자의 주목

---

53) А. Х. Бусыгин, 《나와 내 친구들의 삶》, 31~32쪽.

54) А. Х. Бусыгин, 《나와 내 친구들의 삶》, 57쪽.

55) 《프라우다》, 1935년 11월 22일자. 이 글은 1935년 11월 17일 '제1차 전국 스타하노프 일꾼 대회'에서 스탈린이 한 연설이다. 원문은 다음 웹사이트에도 실려 있다. http://www.geocities.com/CapitolHill/ Parliament/7345/stalin/14-53.htm

을 받아 긴장한데다가 청중석 제일 앞에서 자신을 바라보는 스탈린을 발견하자 제대로 말을 하지 못했다. "저는 말하는 것이 어렵습니다, 제게는 크랭크축을 해머로 두드리는 것이 더 쉽습니다." 그러자 스탈린은 "우리에게는 좋은 노동자들이 필요한 것이지, 연설가들이 필요한 것은 아닙니다"라고 말했다. 부시긴은 이 말에 큰 위안을 받았다.[56]

그럼에도 조리 있게 의견을 말하고 제대로 글을 읽고 쓰는 것을 포함하는 교양 형성에 대한 지배 권력의 명령은 준엄했다. 1936년 1월 당시 인민위원회의(각료회의에 해당) 의장이던 몰로토프V. M. Molotov는 당 중앙위원회 회의에서 "우리나라 노동자의 평균적인 교양 수준은 몇몇 자본주의 국가 노동자의 평균적인 교양 수준에 뒤떨어져 있다"고 지적하면서, 이러한 교양 부족을 돌격대 작업 속도와 노동 영웅주의로 만회해야 하며, 스타하노프 운동도 이러한 차원에서 전개되는 것이라고 언명했다.[57] 부시긴이 스탈린의 따뜻한 위로에 안도한 것도 겨우 이삼 일, 바로 그 '자애로운' 스탈린에게서 교양인으로 거듭나야 한다는 엄명을 받은 것이나 다름없었다.

그렇다면 '교양'이란 과연 무엇인가? 사실 이 개념은 빈번히 사용되면서도 명확하게 규정된 적이 없다. 다만 1930년대 후반 공적인 텍스트나 활자 매체의 용례로 미루어 볼 때, 교양은 "개인의

---

56) А. Х. Бусыгин, 《나와 내 친구들의 삶》, 53~55쪽.

57) Сергей Констатинов, 〈알렉세이 스타하노프에 대한 두 번의 망각. 유명한 광부는 살아 있는 동안 권력에 의해 잊혔고, 지금은 우리 역사에서 거의 부정적인 인물이 되었다 Двойное забвение Алексея Стаханова. Знаменитый шахтер был забыт властями при жизни, а ныне стал почти отрицательным персонажем нашей истории〉, 《네자비시마야 가제타(독립신문)Независимая газета》, 2000년 8월 31일자. http://www.rosugol.ru/ps/arhiv/centr/08.00/31.html를 보라.

내적, 외적 면모 일신을 지향하는 실생활의 여러 관례" 또는 "소비
에트 국가의 새로운 주인에 적합한 생활양식의 수단과 매너"를
의미했다.[58] 이 용어의 개념 규정에 대해서는 연구자마다 견해가
다르다. 피츠패트릭에 따르면, 첫 번째는 비누로 손 씻기, 이 닦기,
침 뱉지 않기 등 기본적인 위생 관리와 초보적인 독해와 글쓰기다.
두 번째는 식탁 매너, 공공장소에서의 처신, 여성에 대한 배려, 공
산주의 이데올로기에 대한 기본 지식 등으로 당시 도시 주민에게
요구되는 수준이었다. 세 번째는 훌륭한 매너, 올바른 연설, 단정
하고 상황에 적합한 복장, 그리고 문학 · 음악 · 발레 같은 고급 문
화를 감상할 정도의 소양 등이었다.[59] 한편 볼코프Vadim Volkov
는 시기별로 강조점이 달라졌음에 주목한다. 그에 따르면, 1934~
1936년에 교양은 단정한 복장, 청결, 점잖음, 즐거운 문화생활 향
유를 뜻했으며 불결함, 복장 불량, 무례, 문맹 등이 배격 대상이었
고, 1936~1937년에는 내적 교양과 폭넓은 지식이 강조되었으며
천박한 속성과 지나친 소비가 속물주의로 배격되었다. 1937~
1938년에는 개인적 위생이나 품격보다는 소비에트 인간의 진정한
덕성으로서 의식성과 사상성이 강조되었다는 것이다.[60] 이렇게 볼
때 스타하노프 일꾼들에게 부여된 각종 물질적 혜택은 좀 더 부유
하고 즐거운 삶의 차원에 국한된 것이 아니라 좀 더 교양 있는 삶
을 위한 것이었다. 그러나 이러한 교양은 완성되어야 했다. 스타하
노프 일꾼들은 각종 생활용품 공급에서 혜택을 누리는 대가로 좀
더 교육받고 좀 더 교양을 갖추어야 할 의무가 있었다.[61]

58) Vadim Volkov, 〈'교양'의 개념〉, 216쪽.
59) Sheila Fitzpatrick, 《일상적 스탈린주의. 비상시국의 평상적 삶 : 1930년대의 소비에
트 러시아》, 80쪽.
60) Vadim Volkov, 〈'교양'의 개념〉, 226쪽.

그러나 '자애롭고 준엄한' 스탈린이 부여한 과제라는 자각에도 불구하고, 대부분의 스타하노프 일꾼들에게 교육을 받는 일은 쉽지 않았다. 배우고자 하는 욕구가 강했던 부시긴도 30세 가까운 나이에 거의 처음으로 받는 교육에 어려움을 느끼기는 마찬가지였다. 우선 입학을 위한 첫 번째 받아쓰기 시험 때 부시긴은 마음의 동요로 손과 등줄기가 땀으로 젖었다고 말한다. 아침 9시 수업 시작을 알리는 종이 울리기 전에 강의실에 들어가면, 오후 3~4시까지 수업이 계속된 후 한 시간 반가량 식사 시간이 주어지고, 그 후 수업이 재개되는 방식이었다. 그는 다음과 같이 어려움을 술회한다.

적지 않은 스타하노프 일꾼들이 연수 첫 기간을 어렵게 보냈다……내 인생에서 어려웠던 시절이 적지 않았다. 그러나 그때 내게 요구된 것은 하나였다. 일, 굴하지 않는 노력. 이것에는 어린 시절부터 익숙해 있었다. 이 모든 것은 내가 손으로 잡을 수 있었던, 눈에 보이는 구체적 목표였다. 내 앞에 해머가 있다. 그렇다면 해머를 능숙히 다루어야 했다. 그런데 여기에 전혀 다른 것이 나타났다. 나는 틀리지 않고 글씨를 쓰는 것, 내 생각을 글로 쓰는 것을 배워야 했다. 어려움을 극복하는 전혀 다른 방법들이 필요했다……나는 필기구를 집게처럼 집어 들고 손가락 사이에 꼭 쥐었다. 그러나 필기구는 내게 길들여지지 않았다. 마음먹은 대로 해보면, 그래서 써놓은 것을 살펴보면, 글자도 아니고 단어도 아니었다……거의 모두가 말했듯이 가장 어려운 것은 공장 작업으로부터 학과 공부로 두뇌를 재편하는 것이었다.[62]

---

61) Sheila Fitzpatrick, 《일상적 스탈린주의. 비상시국의 평상적 삶 : 1930년대의 소비에트 러시아》, 103쪽.

당시 광부 출신인 한 수강생이 차라리 탄광으로 돌아가 석탄을 채굴하는 것이 낫겠다며 돌연 교육원 학습을 포기하려 하는 사태가 있었다. 그는 자신의 동료이자 스타하노프의 채탄 기록을 경신한 니키타 이조토프에게 호소했다.

니키타, 공부하는 것보다, 나이 서른에 머리통을 헤집어놓는 것보다, 석탄 캐는 게 내겐 더 쉬워.

그러자 이조토프의 질타가 이어졌다.

책을 앞에 두고 앉아 있는 게 난들 쉬웠는 줄 알아?……숙제로 내준 문제풀이가 석탄 캐는 것보다 쉬운 줄 알아? 이봐, 지금 잘못하고 있는 거야. 우리에게 퇴로는 없어. 우린 교육받고 나면 더 숙련되게 석탄을 캘 수 있단 말이야. 당은 우리를 믿고 있어. 그리고 우리가 앞으로 인민 경제의 듬직한 축이 되어주리라 바라고 있어. 그런데 넌 도망을 쳐? 선봉대열에서 이탈하는 거나 마찬가지야!

이조토프는 부시긴에게 몸을 돌리며 물었다.

"부시긴, 네 생각은 어때? 너도 이 약골처럼 주조 공장으로 돌아갈 궁리를 하고 있는 거야? 왜 말이 없어?"
"아니. 난 (그런 식으로) 공장으로 돌아가지는 않겠어. 우린 부끄러움을 안고 복직해서는 안 돼."[63]

---

62) А. Х. Бусыгин, 《나와 내 친구들의 삶》, 62~63쪽.
63) А. Х. Бусыгин, 《달성》, 110쪽.

부시긴에게서 이러한 답변을 이끌어낸 이조토프는 학습 능력이 탁월한 연수생은 아니었지만, 스타하노프 운동의 선구인 돌격대 운동에서 이미 전국적 명성을 획득한, 기골이 장대하고 카리스마가 넘치는 인물이었다. 이조토프 같은 연수생의 언행은 동료들에게 상당히 위압적으로 작용했을 것으로 보인다. 그러한 그가 당의 이념과 노선을 지배 권력의 담론을 빌려 반복하면서 강조할 때, 이의를 제기하기란 어려웠을 것이다.

이처럼 이들이 받는 교육 내용이 이조토프의 말대로 채탄의 성과로 직결될 수 있는지에 대해, 또는 양자 사이에 어떠한 구체적 연관성이 있는지에 대해 제기되는 의문은 상대적으로 모범적이거나 영향력 있는 동료들에 의해 제압되었다. 스타하노프의 회고에 따르면, 교육원의 한 동료가 푸시킨의 작품 《예브게니 오네긴》이 채탄 작업에 무슨 도움을 주느냐고 불만을 터뜨리자 역시 광부였던 콘체달로프는 다음과 같이 응수했다. "푸시킨은 모든 일에 도움이 된다! 왜냐하면, 그분 덕분에 우리는 교양인이 되기 때문이다. 그리고 세상은 폭넓은 교양을 갖춘 사람에게만 열린다."[64] '모범생'들의 언행에서 드러나듯이 교육은 일방적으로 공식 담론을 주입하는 것이었다. 다른 연수생들은 따를 수밖에 없었을 것이다.

그런데 당 노선을 앞세워 모범 노동자 본연의 자세를 촉구하는 이조토프나 콘체달로프 같은 동료뿐만 아니라, 가족에 대한 생각도 부시긴에게 부담이 되었다. 그러나 가족에 대한 생각은 단순한 부담을 넘어 긍정적인 자극이 되었다고 볼 수 있다. 그는 자신과 달리 어린 시절부터 교육의 혜택을 누리는 아들을 생각하며 지배 체제에 강력한 동의를 느낀다. 그리고 분발해야겠다는 각오를 새

---

64) А. Г. Стаханов, 《스타하노프. 사회주의 근로 영웅》, 156쪽.

로이 하는 것이다.

　내 아들 콜랴는 당시 3학년이었다. 저녁에 아들아이가 잠자리에서
나직이 코를 골 때면 나는 녀석의 공책들을 집어 들곤 했다. 그것을 책
상 위에 놓고 인쇄된 곧은 선들을 눈여겨보곤 했다. 글자는 병사들처럼
열을 지어 곧게 서 있다. 문장은 내 공책에 있는 것처럼 줄 밖으로 위아
래로 삐져나오지 않는다. 아, 내 아이들이 소비에트 시대에 살고 있는
것은 얼마나 행복한가! 이 아이들에게는 기쁘고 평온한 유년이 있다는
것이 얼마나 행복한지……내 어린 시절은 어둠과 가난 속에 흘러 가버
렸다. 내가 무언가를 쉽게 이해할 만한 시절에는 배울 기회가 없었다.
지금에야 배우려 하니 어렵다, 너무 어렵다……아내 아나스타시야가
살며시 방으로 들어와 내 머리를 쓰다듬는다. 이처럼 드물게 어루만져
주는 것 말고 아내가 나를 도울 수 있는 길은 별로 없다. 그녀 역시 시
골에서 태어나 제대로 글공부를 못했다. "괴롭지?" 아내가 조심스레 물
었다. 그러다 이내 서슴없이 확언하듯 내뱉는다. "당신 괴롭구나. 알
아. 하지만 괜찮아, 견뎌봐!……우리 콜랴는 글씨 매끈하게 쓰는데."
아들의 공책들을 책가방에 챙겨 넣으며 그녀는 불쑥 말했다. 그러다 내
게 상처를 주었을까 봐 멈칫하며 당황한 채 말문을 닫는다."[65]

　부시긴은 교양인으로 거듭나는 일에 대해 착잡한 심경을 보이고
있다. 글을 깨치지 못한 아내에 대한 연민, 성장기의 환경을 탓하
며 순탄치 않은 만학에서 느끼는 자기연민의 감정이 드러난다. 그
러나 그러한 가운데서도 자식에 대해서만은 희망을 펴본다. 스타
하노프 운동에 대한 연구자인 시겔봄의 냉정한 지적대로, 스타하

---

65) А. Х. Бусыгин, 《달성》, 112～113쪽.

노프 일꾼들은 아무리 상점 판매대에서 구매 우선순위를 보장받고 아무리 '중간 계급'적 예법을 익힌다 하더라도 결국은 육체노동자이며, 아무리 특권을 누린다 해도 보통의 전문 기술자들이 누리는 혜택을 능가하지는 못했다는 것이다.[66] 그러나 그들의 자녀들은 유치원이나 야외 학습에서 전문 기술자의 자녀들과 차별 없이 같은 반이나 조에 편성되어 같이 배우며 꿈을 키웠다. 예컨대 스타하노프 일꾼 포노마레프에게는 1937년 당시 열여섯 살과 열 살짜리 아들이 둘 있었는데, 큰아들은 대양 항해 선박의 선장이 되기를 원했고 둘째 아들은 북극 항로를 날아다니는 비행사가 되고 싶어 했다. 당시 잡지 《스타하노베츠(스타하노프 일꾼)Стахановец》에 실린 가족사진의 제목은 "우리나라 청년들에게 모든 길이 열려 있다!"였다.[67] 부시긴은 둘째 아들 볼로쟈에게 피아노를 사주자는 아내의 제안에, 오직 작업장 해머 소리에만 익숙했던 자신의 어린 시절을 떠올리며 흐뭇한 미소로 화답하기도 했다(훗날 둘째 아들은 오페라 가수가 되어 공연을 하며 전국을 누비게 된다).[68] 이처럼 가족, 특히 자녀들에 대한 생각은 스타하노프 일꾼들에게 지배체제에 대한 동의를 더욱 확고하게 하고 아울러 힘겨운 학습 과정을 극복하게 하는 원동력이 되었을 것으로 추정된다.

부시긴은 학습 부진을 자책하며 난관을 극복하려고 무진 애를 썼다. 그리고 작업 현장에서의 경험을 살려 나름대로 학습 방법을 합리화하려고 했다.

---

66) Lewis Siegelbaum, 《스타하노프주의와 소련의 생산성 정치, 1935~1941》, 242, 244쪽.

67) Lewis Siegelbaum, 《스타하노프주의와 소련의 생산성 정치, 1935~1941》, 243쪽.

68) А. Х. Бусыгин, 《달성》, 100쪽. 둘째 아들에 관한 설명은 96~97쪽 사이 네 번째 사진 설명 참조.

몇 달이 흘렀다. 나는 몇 시간씩 앉아 있는 것을 배웠다. 책과 공책도 진도에 따라 해당 페이지를 눌러 펴지 않아도 될 정도로 손때가 묻었다. 이미 오래전부터 필기구도 길이 들었다. 필기한 문장도 공책 안에 제대로 자리를 잡았다. 나 자신이 제자리에 머무르지 않고 어느새 앞으로 나가고 있어 기뻤다……그리고 학습에도 합리화를 도입해보면 안 될까 하는 생각이 떠올랐다……공장에서도 나 자신을 위해 개선된 방법을 개발해냈으니 공부에서도 이런 일이 성공할 것 같았다……과연 무얼까? 나의 학습 과정을 합리화했다……선생님 말씀을 받아 적으면 더 쉽게 기억됨을 깨닫고 실행에 옮겼다. 나에게 눈썰미가 있다는 점을 이용했다. 많은 것이 주의력과 학과에 대한 집중력에 달려 있다는 것을 알게 되었다……나름대로 내린 결론은 책을 앞에 놓고 앉게 되면 학습 중인 것 이외는 생각지 말자는 것이었다……처음에는 성공하지 못했다. 그러자 나 자신에게 화가 나서 스스로에게 명령을 내렸다. '모든 잡생각을 없애라, 부시긴! 넌 어린애가 아니야!' 전체적으로는 개선되었다. 공부하는 일이 나아지기 시작했다.[69]

마침내 부시긴은 1938년 9월 말 기계제작 인민위원부 명에 의해 '예비 과정 성공적 이수'로 표창을 받고, 1939년 초 카가노비치 기계제작 산업교육원으로 전출되었다. 교양화된 노동자로 거듭나게 된 그는 다음과 같이 수료 소감을 밝히고 있다.

거의 2년간 산업교육원에서 배웠다. 이 기간에 내가 거둔 성공은 어떠한 것인가? 가장 중요한 것은 공부하는 방법을 배웠다는 것이다. 나는 지금 공책과 책을 앞에 두고도 겁내지 않는다. 펜은 더 이상 나를 당

---

69) А. Х. Бусыгин, 《달성》, 113쪽 ; А. Х. Бусыгин, 《나와 내 친구들의 삶》, 66쪽.

황하게 하지 않는다. 이제 나는 책상에서 몇 시간 동안 쉬지 않고 집중
해서 일할 수 있다. 이제 펜은 내게 길들여졌다. 전에는 공장에서 내 생
각을 설명하고 싶을 때 적당한 단어가 떠오르지 않았다. 이제 나의 언
어는 풍부해졌다. 많은 새로운 단어들이 내 일상에 들어왔다. 푸시킨,
고골, 네크라소프, 톨스토이를 읽게 되었다.[70]

이처럼 언어와 문학에 대한 이해에서 비롯한 뿌듯함이 부시긴의
심리적 기반을 이루고 있다. 한편 다음과 같은 러시아 문화에 대한
예찬에서는 부시긴이 당시 태동하고 있던 러시아 중심적 국가주
의 담론에 포섭되어 있음을 알 수 있다.

커다란 흥미를 가지고 문학과 음악계에서 손꼽히는 교수들이나 명사
들의 강의를 들었다. 주제는 푸시킨, 레르몬토프, 고골, 투르게네프,
네크라소프 같은 작가들, 그리고 글린카, 다르고미스키, 차이콥스키
같은 유명 작곡가들에 관한 것이었다……강의를 통해서 문학작품을
새롭게 이해하는 데 도움을 받았다. 그 밖에 작가들과 역사적 인물들의
개인적 운명에도 관심이 갔다……우리 인민의 가장 뛰어난 아들들인
푸시킨과 레르몬토프의 비극적 운명, 고골의 슬픈 최후는 과거 우리나
라가 겪었던 공포를 분명하게 말해주었다.[71]

이제 부단한 학습 속에서 부시긴의 교양은 이데올로기 내지는
세계관 정립의 새로운 단계를 보여준다. 그는 1938년 봄 공산당 입
당을 앞두고 당사(黨史)를 정독한다.

---

70) А. Х. Бусыгин, 《나와 내 친구들의 삶》, 67쪽.
71) А. Х. Бусыгин, 《나와 내 친구들의 삶》, 67~68쪽.

나는 지금 공산당사를 공부하고 있다. 밤의 정적 속에서, 차분하게 한 줄 한 줄, 한 단락 한 단락 읽어 내려간다. 수십 개의 질문이 새로운 생각과 더불어 떠오른다. 나는 그것을 적는다. 내가 책을 가지고 공부하면서 이런 방법을 실행하기 시작한 것은 극히 최근의 일이다. 당신이 책을 가지고 스스로 공부할 때, 당신이 한 줄마다 생각할 때, 당신은 볼셰비키적 사고방식을 배운다고 느낄 것이다.[72]

이처럼 거의 교육받지 못한 육체노동자로 출발한 부시긴은 교양인으로 거듭나는 학습을 통해 스탈린 지배체제의 호명에 능동적인 동의로 호응하게 된다. 그러나 그 길은 매우 힘겨운 과정이었다. 여러 방면의 교양을 갖추어가는 과정에서 그가 모스크바 체류 시절 가장 즐겼던 공연 관람과 관련해 남긴 다음과 같은 술회는 시사적이다. 그의 말에서 교양인이 되기 위해 몸부림쳤던 당시 노동자의 고단함이 배어나오는 것을 느낀다면 무리한 해석일까?

나는 극장 관람을 매우 즐겼다. 기꺼이 볼쇼이 극장에 다녀오곤 했다. 모스크바 예술극장에서는 정말 휴식을 취한다. 여기서 하는 공연은 거의 다 관람했다. 이 극장에서 무엇이 마음에 드느냐고 묻는다면, 나로서는 대답하기 어렵다. 내가 아는 것은 단 한 가지, 막이 오르는 순간부터 나는 무대에서 전개되는 새로운 삶을 산다는 것이다. 그리하여 스펙터클이 영원히 계속되도록 공연이 끝나지 말았으면 하는 소망이 자주 생겨난다.[73]

---

72) А. Х. Бусыгин, 《나와 내 친구들의 삶》, 70쪽.
73) А. Х. Бусыгин, 《나와 내 친구들의 삶》, 71쪽.

4. 맺는말

부시긴은 1930년대 공업화 시대에 노동자로서 지배체제의 요구에 부응해 비교적 성공적인 삶을 영위한 경우다. 그러나 사회주의-공산주의를 공식 이념으로 표방하는 체제 속에서도 그는 다분히 개인적이고 자기중심적인 욕망에 따라 사고하고 행동했음을 볼 수 있다. 이러한 성향은 부시긴에게서 때로는 가족 중심적으로 나타나기도 하고 때로는 직장 동료들과의 결속을 통해 집단적 이기주의로 발현되기도 했다. 작업량 초과 달성으로 인한 성과급 증대는 개별 스타하노프 일꾼들의 가계 소비와 맞물려 부시긴과 그 동료들에게는 매우 중대한 문제로 인식되었다. 이들은 자신들이 마음껏 작업 역량을 발휘할 수 없게 하는 자재 공급 미비나 경영진의 소극적 자세를 일종의 '태업'으로 규정하고 투쟁하면서 사적인 이해관계를 드러내기보다는 '사회주의 건설'이나 '사회주의적 경쟁' 등의 공식 담론을 나름대로 전유해가며 전문 경영 기술직 종사자들에게 압박을 가하기도 했다. 이들이 자신들의 주장을 관철하는 과정에서 정부 고위층이나 언론 기관의 지지를 끌어내기 위해 공식 담론에 의지했다는 사실은 매우 시사적이다. 이들이 공식 담론에 포섭된 상태임에도 불구하고, 자신들의 경제적 이해관계에 따라 이를 활용할 수 있었다는 점, 그리고 이들의 이러한 요구에 중공업 인민위원부 같은 정책 당국이 어느 정도 성의를 보여야 했다는 점 등은 대중독재의 '지배와 동의'의 기제가 실제로 일상 속에서는 단순하지 않게 작동했음을 보여준다. 이들은 의식적으로 또는 무의식적으로 더 큰 동의의 이름으로 저항했고 보다 큰 대의 속에 자신들의 사적 이해관계를 담았다. 마치 호모 소비에티쿠스 내면에서 움직이는 또 다른 존재인 호모 에코노미쿠스를 보는 것 같다고 한다면 지나친 추론일까?

　아울러 부시긴을 비롯한 스타하노프 일꾼들이 집단적 목소리를 낼 만큼 일체감을 가질 수 있었던 배경으로 당시 소비에트 사회의 공업화, 도시화 경험에 유념할 필요가 있다. 대다수가 빈농 출신인 이들은 부농에 대한 적대감, 탐욕과 빈곤의 암울한 과거로 상징되는 농촌의 이미지, 공장과 도시 생활 속에 무에서 유를 창출했다는 개인적 성취감 등의 공통 요소로 인해 서로 경쟁하거나 대립하는 속에서도 집단적 이익을 놓고 결속할 수 있었다. 한편 '사회주의 건설'이나 '공업화' 과제와 관련된 공식 담론은 공통된 개별 체험으로 일체화된 이들에게 세계관의 내용과 표현 수단을 제공해주고, 아울러 현실에 대한 수긍과 미래에 대한 낙관주의를 심어줌으로써, 지배체제에 대한 이들의 동의가 지속성을 지닐 수 있는 기반을 마련해주었다.

　그런데 이들의 동의를 지속적으로 확보하려는 지배체제의 욕망은 사회적 격동기에 배움과 담 쌓고 살았던 이들을 한층 더 '교양화'하려는 데까지 이르렀다. 이것은 부시긴을 비롯한 빈농 출신 무학(無學)의 숙련 노동자들에게 가해진 최대의 정신적, 육체적 부담이었는지도 모른다. 적어도 부시긴의 일상에서 나타나는 배움의 과정은 내면적 갈등의 연속이었다. 새로이 교육받는 스타하노프 일꾼들은 학습과 '교양'의 대의를 거부한 것도 아니고 배움에 대한 의욕이 없었던 것도 아니었다. 그러나 오랫동안 육체노동에 종사해왔던 이들에게, 노동 현장에서 이루어낸 성과와 극명하게 대조되는 지지부진한 학습 성과는 좌절과 시련을 안겨주었다. 스타하노프 운동의 상징인 스타하노프가 바로 이 과정에서의 낙오자라고도 해도 과언이 아니다. 그와는 대조적으로 결국 이 난관을 극복하려고 분투하는 부시긴의 삶에서는 새로운 '교양인'을 만들어내 체제의 정당성을 입증하려는 권력의 욕망과 이에 호응해 동의의 계단을 힘겹게 올라가는 한 숙련공 육체노동자의 고단한 일상이 엿보인다.

히틀러 유겐트의 '일상' 읽기

권형진

1. 히틀러 유겐트—죽음으로 내몰린 소년들의 운명

"그레이하운드같이 날렵하고, 가죽처럼 끈질기며, 크룹사(社)의 강철처럼 강인한"[1] 젊은이. 이것이 히틀러가 독일의 소년들에게 제시한 청소년상이다. 이런 이상을 위한 나치의 청소년 정책의 중심에는 히틀러 유겐트Hitler-Jugend가 존재한다. 히틀러가 정권을 장악한 1933년 말에는 10세에서 18세 사이의 약 753만 명의 청소년 인구 중 230만 명(30.54%), 2차대전이 발발한 1939년 초에는 약 887만 명의 청소년 중 870만 명(98.08%)이 히틀러 유겐트에 속해 있었다.[2] 제3제국의 모든 구성원이 그렇듯이 독일의 청소년도 거대한 국가 조직의 일개 구성원으로 살아가야 했다. 이러한 국가 통제 시

권형진은 건국대 사학과에서 석사를 마치고 독일 빌레펠트 대학에서 나치 시대의 노동 창출 정책에 관한 연구로 박사 학위를 받았다. 현재 건국대 사학과 조교수로 근무하고 있다.

1) Rolf Schörken, 〈청소년Jugend〉, Wolfgang Benz · Hermann Graml · Hermann Weiß (Hrsg.), 《민족사회주의 백과사전*Enzyklop die des Nationalsozialismus*》(Müchen : Deutscher Taschenbuch Verlag, 2001), 209쪽.
2) Arno Klönne, 《제3제국의 청소년. 히틀러 유겐트와 그 적대자들*Jugend im Dritten Reich. Die Hitlerjugend und ihre Gegner*》(Köln : Papyrossa Verlag, 2003), 33쪽.

스템 때문에 사람들은 나치 체제와 같은 독재체제의 일상에 심한 거부감을 드러내며, 당대인들의 일상을 '암울했다'고 평가한다.

그렇기 때문에 히틀러 유겐트로 청소년기를 보내야 했던 1920 ~1930년대에 출생한 독일인에 대해서는 '동정적인' 시각이 존재한다. 독일의 제2국영방송ZDF에서 역사 담당 편집자로 활발한 활동을 하고 있는 크노프Guido Knopp가 지적하고 있듯이 "1930년대와 1940년대 초 성장한 독일의 소년과 소녀들에게" 히틀러 유겐트라는 국가 조직은 자신들의 "자유로운 선택에 의해 가입하고 탈퇴할 수 있는 단체가 아니었다". 이런 의미에서 크노프는 이 세대를 "히틀러의 아이들Hitlers Kinder"이라고 부르고 있다.[3] 더 비극적인 것은, 히틀러를 선택한 것이 그들이 아니라 그들의 부모였음에도, 지금까지 수많은 저작과 연구가 히틀러 유겐트를 나치의 독재체제를 상징하는 조직으로 강조하고, 그들에게 과거사 청산과 극복의 무거운 '부담'을 지워왔다는 사실이다.

그러나 히틀러 유겐트에 대한 지금까지의 역사서술을 전면적으로 부정하는 것 또한 용이하거나 타당하지 않다. 무엇보다도 나치 정권이 '천년왕국 건설'을 위해 미래를 담당할 청소년을 나치즘의 세계관 속으로 끌어들이고 양육한 것은 부인할 수 없는 사실이기 때문이다. 이런 의미에서 히틀러 유겐트는 나치 정권에 의해 말살된 유년 시절의 상징이자, 독재체제가 개인의 일상을 어떻게 전유할 수 있는가를 보여주는 상징이 되었다. 지금까지 히틀러 유겐트 조직에 관한 많은 연구가 진행되어 상당한 성과가 있었고, 당대의 자료들도 많이 남아 있다.[4] 또한 청소년 교육과 관련된 연구[5]와 함

---

3) Guido Knopp, 《히틀러의 아이들*Hitlers Kinder*》(München : Goldmann Verlag, 2001).

4) Wilhelm Fanderl (Hrsg.), 《히틀러 유겐트 행진하라! 새로운 히틀러 유겐트 지침서

께 '구술사'나 '일상사' 같은 새로운 방법의 연구도 등장해 상당
한 연구 성과를 보이고 있다.[6] '대중'을 중심으로 전개된 나치 독

H. J. marschiert! Das neue Hitler-Jugend-Buch》(Berlin : Paul Franke Verlag, 1933) ; Baldur
von Schirach,《히틀러 유겐트. 그 사상과 구성Die Hitler-Jugend. Idee und Gestalt》(Berlin :
Verlag und Vertriebs-Gesellschaf, 1934) ; Hermann Bolm,《10년간의 히틀러 유겐트. 니
더작센 청소년들의 믿음의 길Hitler-Jugend in einem Jahrzehnt. Ein Glaubensweg der nieder-
sächsischen Jugend》(Braunschweig · Berlin · Leipzig · Hamburg : Verlag Georg Westermann,
1938) ; Arno Klönne,《히틀러 유겐트. 제3제국의 청소년과 그 조직Hitlerjugend. Die Jugend
und ihre Organisation im Dritten Reich》(Hannover · Frankfurt a. M. : Norddeutsche Verla-
gsanstalt, 1955) ; H. W. Koch,《히틀러 유겐트의 역사. 그 기원과 발전 1922~1945Geschi-
chte der Hitlerjugend. Ihre Urspr nge und ihre Entwicklung 1922~1945》(Percha am Starnberger
See : Verlag R. S. Schulz, 1975) ; Jutta Rüdiger (Hrsg.),《히틀러 유겐트와 임무에서 나타
난 그들의 자발성Die Hitler-Jugend und ihr Selbstverst ndnis im Spiegel ihrer Aufgabengebiete》
(Lindhorst : ASKANIA, 1983) ; Christoph Schubert-Weller,《히틀러 유겐트. '아돌프 히틀
러 소년돌격대'에서 제3제국의 국가 소년단으로Hitler-Jugend. Vom 'Jungstrum Adolf Hitler'
zur Staatsjugend des Dritten Reiches》(Weinheim · München : Juventa Verlag, 1993) ; M. H.
Kater,《히틀러 유겐트Hitler Youth》(Cambridge · London : Harvard Univ. Press, 2004) ; B.
R. Lewis,《히틀러 유겐트의 역사 1922~1945. 잃어버린 소년기Die Geschichte der Hitlerjugend
1922~1945. Die verlorene Kindheit》(Wien : tosa, 2005) 외 다수 참조.
5) Günther Oelschläger,《히틀러 유겐트의 세계관 교육. 내용, 목적과 방법Weltan-
schauliche Schulung in der Hitler-Jugend. Inhalte, Schwerpunkte und Methoden》(Norderstedt :
Selbstverlag G. Oelschläger, 2001) ; Jochen Hering u. a.,《나치 시기 학생의 일상Sch le-
ralltag im Nationalsozialismus》(Dortmund : pad, 1984) ; Harald Scholtz,《나치하의 육아와
교육Erziehug und Unterricht unterm Hakenkreuz》(Göttingen : Vandenhoeck und Ruprecht,
1985); Alexander Shuk,《히틀러 유겐트와 독일소녀단의 교육에 나타난 민족사회주의 세
계관. 교재 분석Das nationalsozialistische Weltbild in der Bildungsarbeit von Hitlerjugend und
Bund Deutscher M del. Eine Lehr- und Schulbuchanalyse》(Frankfurt a. M. u. a. : Perter Lang,
2002) 외 다수 참조
6) Horst Burger,《왜 히틀러 유겐트에 가입했어요. 아버지에게 물은 4가지 질문Warum
warst du in der Hitler-Jugend. Vier Fragen an meinen Vater》(Hamburg : Rowohlt, 1978) ;
Gabriele Rosenthal (Hrsg.),《히틀러 유겐트 세대. 과거청산을 위한 자전적 주제화Die
Hitlerjugend-Generation. Biographische Thematisierung als Vergangenheitsbew ltigung》(Essen :
Dei Braue Eule, 1986) ; Jürgen Kleindienst (Hrsg.),《히틀러 유소년단, 소녀들과 다른 아이
들. 1933~1939년 독일의 어린이들Pimpfe, M dels & andere Kinder. Kindheit in Deutschland
1933~1939》(Berlin : Zeitgut Verlag, 1998).

재체제를 연구하는 데 있어 문제는 나치의 집권을 가능하게 만든 독일의 '성인 대중'과 달리 나치 집권에 직접적인 책임이 없는 '청소년 대중'을 어떻게 이해하고 설명할 수 있는가다. 이를 위해서는 지금까지의 연구 성과와 함께 뤼트케가 주장하는 보다 정교하고 광범위한 일상사적 접근이 이뤄져야 할 것이다.[7] 물론 이러한 새로운 접근 방식이 히틀러 유겐트에 대한 보다 구체적이고 정확한 이미지를 그려낼 수 있을지 아닌지를 판단하기에는 아직 이른 감이 있다. 그러나 적어도 일상사가들의 연구와 함께 지금까지의 연구 성과를 다른 각도에서 점검하고 새로운 시도를 할 수는 있을 것이다.

히틀러 유겐트를 어떻게 다른 시각에서 접근하고 해석할 수 있을까? 이를 위해서는 히틀러 유겐트가 사람들에게 어떤 이미지로 각인되고 있는지를 먼저 물어야 한다. 이 거대한 국가 조직에 대해서는 수많은 자료와 연구가 있지만 지금의 세대가 기억하는 히틀러 유겐트의 이미지는 단순하거나 전무하기까지 하다. 몇 안 되는 단순한 이미지 중에서 가장 잘 알려진 사진은 제3제국 패망을 앞두고 히틀러가 최후의 결전에 투입할 어린 소년들을 만나는 장면이다.

히틀러가 56세가 된 1945년 4월 20일 베를린과 기타 지역에서 전공(?)을 세운 어린 히틀러 유겐트 단원들이 수상 관저로 초청받았다. 히틀러가 얼굴을 쓰다듬고 있는 소년은 슐레지엔의 라우반 시 출신의 히틀러 유겐트 단원인 16세의 휘브너Wilhelm Hübner다. 2차대전이 마지막으로 치닫던 3월, 독일군의 라우반 시 탈환 작전에

---

7) 알프 뤼트케, 〈일상사란 무엇이며, 누가 이끌어가는가?〉, 알프 뤼트케 외,《일상사란 무엇인가》, 나종석 외 옮김(청년사, 2002), 15~65쪽.

1945년 3월, 베를린 수상 관저에서
히틀러와 만나는 히틀러 유겐트[8]

서 전령으로 자원해 '혁혁한' 전공을 세운 공로로 이미 고향에서
선전상 괴벨스P. J. Goebbels에게 2급 철십자 훈장을 받은 휘브너
가 제3제국의 퓌러(지도자) 히틀러의 최후의 공식 행사에 초대받
은 것이었다.[9] 이 사진은 철없는 아이들까지도 전장으로 내몬 나치
정권의 '잔악성'을 대변하는 사진으로 잘 알려져 있다.[10]

이 사진 외에도 히틀러 유겐트와 관련된 수많은 사진과 동영상
자료[11]가 있다. 그러나 나의 '순전한' 자의적 선택 기준에서 나치

---

8) Christian Zentner · Friedmann Bedürftig (Hrsg.),《제3제국 대백과사전*Das große
Lexikon des Dritten Reiches*》(München : Südwest Verlag, 1993), 624쪽과 625쪽 사이의 2차
대전 화보의 네 번째 사진.

9) Guido Knopp,《히틀러의 아이들》, 354~355쪽. 이에 대한 자세한 내용은 귀도 크노
프,《한 장의 사진으로 읽는 광기와 우연의 역사 3》, 이동준 옮김(자작나무, 1997), 194~
207쪽을 참조.

10) 사진의 주인공인 휘브너는 히틀러 유겐트에 대한 일반적인 평가를 인정하면서도
자신이 역사의 주역(영웅)으로 설정된 이 사진에 대해 자랑스럽게 생각하고 있다. 귀도
크노프,《광기와 우연의 역사 3》, 205~207쪽 참조.

11) 나치 정권에 관련된 동영상 중에서는 여감독 리펜슈탈Leni Riefenstahl의 작품을 참
고하라. 특히 1933년과 1934년 뉘른베르크에서 열린 나치당 전당대회를 중심으로 기록한
영화 〈신념의 승리Der Sieg des Glaubens〉(1933)와 〈의지의 승리Triumph des Willens〉

photo©Keystone

제국 청소년대회에서 히틀러식 경례를 하는 소년[12]

집권 이후 히틀러 유겐트의 역사를 상징적으로 보여주는 두 장의 사진에 대해서 살펴보기로 하겠다. 첫 번째 사진은 1934년 10월 1일 포츠담에서 열린 제국 청소년대회Reichsjugendtag에서 완벽한 돌격대 복장을 한 조그만 소년의 모습을 담은 사진이다.

유년기를 채 벗어나지도 않은 어린 소년이 나치 돌격대 복장으로 히틀러식 경례를 하고 있는 모습은 보는 사람으로 하여금 경악을 금치 못하게 만든다. 이 사진의 주인공에 대해서는 알려진 것이 거의 없지만, 나치 돌격대가 아니라는 것은 분명하다. 이 사진은 소년의 부모가 연출한 하나의 해프닝이다. 아마도 나치당의 승리를 상징적으로 표현하려는 소년의 부모가 연출한 해프닝일 것이다. 그러나 우리는 이 조그만 소년의 사진에서 히틀러 유겐트가 추

(1935)에는 나치즘을 선전하는 장대한 스펙터클이 묘사되고 있다. 이 중에서도 〈의지의 승리〉 여덟 번째 장면에는 자신들의 지도자인 히틀러를 열광적으로 맞는 히틀러 유겐트의 모습이 잘 드러나 있다.

12) Guido Knopp, 《히틀러의 아이들》, 15쪽.

츠바이브뤼켄에서 포로로 잡힌 대공포 부사수[13]

photo©Keystone

구하는 구체적인 모습을 볼 수 있다.

　또 하나의 사진은 히틀러 유겐트로 성장한 독일 청소년이 대면해야 하는 운명을 극단적으로 보여준다. 돌격대 복장을 한 사진 속의 어린 소년의 운명은 아마도 위 사진의 울먹이는 히틀러 유겐트 단원의 모습으로 끝나지 않았을까 상상하게 된다. 이 사진 속의 16세 소년은 팔츠의 츠바이브뤼켄에서 대공포 부사수로 참전했다가, 자신의 포대에서 유일하게 살아남아 포로가 되었다. 이 울먹이는 소년이 사진에 찍힌 것은 1945년 3월 21일이다.

　나치 집권 후 청소년들은 히틀러 유겐트로, 즉 다가올 전쟁에서 조국과 민족을 위해 자신을 희생할 전사로 성장했다. 그리고 1939년, 전쟁이 발발하자 자신들이 이 '위대한 전쟁'을 경험할 수 없을까 조바심 냈다. 전쟁이 막바지로 치달으면서 히틀러 유겐트 단원의 조바심은 더욱 커져갔다. 휘브너의 경우에서 보듯이 그것은 생

---

13) Guido Knopp, 《히틀러의 아이들》, 391쪽.

애 최초로, 또 유일하게 자신이 역사의 한 페이지를 장식하기도 했지만, 그들에게 주입된 '영웅'이 되고자 안달이 난 어린 병사들의 종말은 비참한 것이었다. 전쟁 막바지, 나치의 총력전Totaler Krieg에 투입된 어린 전사들에게 지급된 대전차 화기는 '재수가 좋으면' 전차의 궤도를 맞추고 효력을 발휘할 수 있는 것이었다. 전의를 상실한 늙은 국민방위군Volksstrum과 함께 도시 입구에 배치된 히틀러 유겐트 단원들이 전쟁 영웅이 될 수 있는 시간이나 기회는 사실상 전무했다고 해도 과언이 아니었다.

그러나 조금 더 깊이 생각해보면 히틀러 유겐트의 역사를 단선적이고 '일목요연'하게 보여주는 이 세 장의 사진으로 모든 것이 설명될 수 있을까 하는 의문이 든다. 1920년대와 1930년대 초 독일에서 태어났다는 이유로 히틀러 유겐트에 속해야만 했던 이 '불행한' 소년들의 역사가 단 세 장의 사진으로 설명 가능한가? 답은 분명하다. 이 세 장의 사진으로 설명할 수 없는 무수히 많은 히틀러 유겐트의 일상이 존재한다. 이런 맥락에서 1970년대 이후, 히틀러 유겐트를 직접 경험한 사람들이 자신의 경험을 '자의반 타의반' 회고하고 기록하는 작업이 끊임없이 진행되었다. 그러나 이제 이 '체험자'들도 생애를 정리할 나이가 되었다. 이런 의미에서 크노프가 지적하고 있듯이 마지막 생존자들의 기억을 기록하고 정리하는 작업이 더욱 시급해졌는지도 모른다.[14]

그러나 보다 근본적인 문제는 이런 일상사적 · 구술사적 기록들을 어떻게 분석하고 담아낼 것인가에 대한 진지한 고민과 해결책을 제시하는 것이다. 이와 함께 나치 패망 이후 60여 년이 지난 현시점에서 히틀러 유겐트에 대한 인식과 이해의 지형도가 어떠한

---

14) Guido Knopp, 《히틀러의 아이들》, 13쪽.

지를 살펴보는 것도 매우 중요하다. 제3제국의 몰락과 함께 두 개의 국가로 나뉜 독일에서 나치 시대에 대한 역사적 인식과 이해는 분명히 각각 다른 궤적을 그리며 자리 잡았다. 이 결과는 다양한 역사 해석을 가능하게 했다는 긍정적인 면도 있지만 국가적 정체성에 따라 제3제국에 대해 전혀 상이한 두 개의 역사 그림을 그리도록 했다. 따라서 1990년 두 개의 독일 국가가 통일되고 16년이 흐른 지금 제3제국에 대한 역사적 인식이 어떠한지를 살펴보는 것은 상당히 의미가 있다. 그러나 현재 독일인이 히틀러 유겐트에 대해 어떻게 생각하고 있는지, 그들의 역사 인식이 어떠한지에 대해 분석하는 것은 그리 간단한 일이 아니며, 현실적으로도 가능해 보이지 않는다.

히틀러 유겐트의 일상적 이미지를 그려낼 수 있는 방법은 사진이나 동영상이 전달하는 시각적이고 직접적인 방법에서 생존자들의 구술을 정리하고 분석하는 것까지 다양하다. 그리고 이러한 각각의 방법은 히틀러 유겐트에 대한 역사적 이미지 형성에 지대한 영향을 미친다. 그리고 일상이라는 역사를 재구성한다는 것은 그리 녹록한 작업이 아니다. 일상사적 역사서술이 아직도 광범위한 인정을 받지 못하는 것도 이러한 일상사의 근본적인 한계에서 연유한다고 하겠다. 여기서 한 가지 주목해야 할 점은 이런 일상사적 접근 방법이나 구술사적 방법 이전에도 히틀러 유겐트의 일상을 전달하고 인식하는 방식이 존재했다는 점이다. 그 대표적인 방법이 자전적 소설이다. 이러한 점에 착안해 이 글에서는 히틀러 유겐트의 일상을 소설이라는 허구의 방식에서 접근하고 이해하는 것이 과연 어느 정도 역사적 사실과 일치하는지를 살펴보고자 한다.

이러한 목적을 위해서는 우선 전후 독일인의 히틀러 유겐트에 대한 역사적 인식에 기여한 자전적 소설을 선정해야 한다. 문제는 나치 시대 전체가 아니라 히틀러 유겐트의 일상을 다룬 소설이어야 한다는 점이다. 이렇게 구체적으로 찾으면 선택의 폭은 넓지 않다. 대표적인 작품으로 리히터H. P. Richter의《우리는 그때 거기에 있었다Wir waren dabei》[15]가 있다. 1962년에 발표된 이 소설은 전후 세대에게 히틀러 유겐트의 실상을 잘 보여주는 작품으로 알려져 있다. 12세 이상의 청소년에게 권장된 도서인 이 소설은 지금까지 많은 학교에서 청소년에게 읽혔으며, 이 책의 판권을 소유한 아레나 출판사가 독일 내에서만 1977년부터 2006년까지 20판을 출간했을 정도로 스테디셀러의 자리를 굳히고 있다.[16]

리히터는 전후 독일 작가로서는 최초로 '수치스러운' 나치의 과거사를 주제로 1961년《그때 프리드리히가 있었다Damals war es Friedrich》는 소설을 썼다.《우리는 그때 거기에 있었다》는 1967년 작《젊은 병사의 시간Die Zeit der jungen Soldaten》[17]과 함께 리히터가 나치 시대를 배경으로 쓴 대표적인 청소년 소설이다. 더욱이 그의 작품을 시작으로 독일인에게 '불편한' 나치 시대의 이야기가 본격적으로 소설화되기 시작했다는 점은 역사적으로도 매우 의미가 깊다.[18]

---

15) H. P. Richter,《우리는 그때 거기에 있었다Wir waren dabei》(Freiburg in Breisgau : Alsatia-Verl., 1962)

16) 이 소설의 한글 번역본은 아직 없지만, I was There라는 영역본이 있으며, 최소 7개국에서 번역되었다. 이를 통해 이 소설이 독일어권 외의 지역에서도 히틀러 유겐트의 일상에 대한 대중적 이미지 형성에 기여했음을 알 수 있다.

17) H. P. Richter,《젊은 병사의 시간Die Zeit der jungen Soldaten》(Freiburg in Breisgau : Alsatia-Verl., 1967). 자원입대한 주인공의 눈에 비친 군대의 잔혹성을 다룬 소설이다.

18) Heike Kelm,《전쟁 전후 세대 중 선별된 독일 아동 및 청소년 문학 작가의 표현에 나타난 자전적 흔적. 하나의 질적 연구Autobiographische Spuren im Narrativ ausgewählter deutscher Kinder - und Jugendbuchautoren der Kriegs - und Nachkriegsgeneration. Eine qualitative Studie》(Münster Dissertation, 2006), 40~41쪽.

특히 히틀러 유겐트의 일상을 보여주는《우리는 그때 거기에 있었다》는 다양한 시각에서 논의해볼 가치가 있다. 무엇보다 리히터의 소설은 단순히 문학작품으로서의 의미를 넘어서 전후 세대의 히틀러 유겐트에 대한 역사 인식에 상당한 영향을 미쳤다. 이것은 현재 독일 사회의 중장년층을 형성하는 전후 세대의 히틀러 유겐트에 대한 역사 인식을 반영하는 것일 수 있다. 또한 현재 독일 사회에서 자라나고 있는 청소년들에게 읽히고 있다는 사실에서 히틀러 유겐트에 대한 미래 독일 사회의 역사 인식에도 여전히 관련되어 있다고 생각된다. 특히 이 소설의 주 독자층이 청소년이라는 점에 주목할 필요가 있다. 나치의 역사를 극복하고 청산하고자 했던 전후 독일 사회가 '공인한' 역사 교육의 한 방식이라는 점에서도 시사하는 바가 있다.

그렇다면 픽션인 소설의 내용이 얼마나 역사적 사실에 근접해 있는지를 어떻게 확인할 수 있는가? 물론 리히터라는 한 소설가의 개인적 경험을 픽션화한 소설의 내용을 나치 집권하의 모든 독일 청소년의 일상과 비교한다는 것은 불가능하다. 그러나 비소설 장르에서 이와 유사한 경우를 선별해 양자의 유사성과 차별성을 확인할 수는 있을 것이다. 이를 통해 히틀러 유겐트의 일상의 실체를 확인하고, 동시에 소설이라는 방식을 통해 인식되어온 히틀러 유겐트의 일상에 대한 전후 독일인의 역사 인식의 옳고 그름을 알아볼 수 있을 것이다. 이런 비교를 위해서는 일상사적 시각에서 정밀하게 분석한 뛰어난 연구 결과를 이용하는 것이 중요하다.

여기서 이용한 것은 하우페르트Bernhard Haupert의 일상사적 연구서[19]다. 1차대전 후 프랑스가 점령한 자를란트에서 1924년에

---

19) Bernhard Haupert,《십자가와 나치의 갈고리십자가 사이에 선 청소년 : 파시즘의 일

출생해 연합군의 노르망디 상륙 작전이 있은 지 얼마 지나지 않은 1944년 7월 8일 전사한 전차 조종수 세퍼F. J. Schäfer의 일대기를 재구성한 이 연구는 다양한 방법과 시각에서 나치 시대를 산 한 독일 청소년의 삶을 우리에게 보여준다. 히틀러 유겐트로 자라난 세대의 한 유형을 극명하게 보여주는 세퍼의 일생을 통해 우리는 이미 앞에서 언급한 히틀러 유겐트의 일상, 특히 나치즘이 선전한 미래의 전사가 어떤 '장렬한' 죽음을 맞이했는지를 볼 수 있다. 물론 이러한 불행한 죽음을 맞이한 젊은이가 모든 히틀러 유겐트 단원의 전형적인 운명을 대변하지는 않는다. 그러나 지금까지의 연구 결과는 '상당히' 많은 독일 청소년이 이와 유사한 길을 걸었음을 보여주고 있다.

마지막으로 언급해야 할 점은 이 글에서 다루는 대상은 히틀러 유겐트에 가입한 10세에서 18세까지의 독일 소년이라는 것이다. 물론 히틀러 유겐트는 소녀들도 포함하는 국가 조직이었지만, 확고한 젠더 이데올로기를 바탕으로 하는 나치즘하에서 소녀들의 히틀러 유겐트 조직과 활동은 전혀 다른 내용의 독립된 영역으로 분리해서 연구되어야 하므로 이 글에서는 다루지 않을 것이다.

2. 히틀러 유겐트 되기

나치 집권 후 독일 청소년은 어떻게 히틀러 유겐트에 가입했는가? 히틀러 유겐트의 역사를 다룬 모든 책에서 거의 공통적으로 강

상사로서 전기 재구성*Jugend zwischen Kreuz und Hakenkreuz : Biographische Rekonstruktion als Alltagsgeschichte des Faschismus*》(Frankfut a. M. : suhrkamp, 1991).

조하는 것은 나치스가 정권을 장악하고 난 이후 1933년 3월 24일의 수권법Ermächtigungsgesetz[20]을 통해 '획일화Gleichschaltung'가 가능해졌고, 독일의 모든 청소년 단체가 해체되거나 히틀러 유겐트로 흡수 통합되었다고 적고 있다. 4월 3일, 50명의 히틀러 유겐트 단원이 나치당 제국 청소년지도자Reichsjugendführer der NSDAP 쉬라크Balur von Schirach의 명령에 따라 '독일 청소년연합 전국위원회Reichsausschuss der deutschen Jungendverbände' 사무실을 장악하면서 청소년 단체의 해산과 통합이 진행되었다.[21] 그러나 이렇게 시작된 '획일화' 과정으로 완전한 국가 통제가 달성된 것은 아니었다. 가장 영향력 있는 청소년 단체 중 하나인 '가톨릭 청소년연맹Katholisches Jugendbund'의 저항은 그 후로도 3년이나 지속되었고,[22] 더욱이 독일의 모든 청소년이 이 단체들에 가입하지는 않았다. 따라서 독일의 모든 청소년이 히틀러 유겐트에 가입하도록 하는 조치가 필요했다. 이를 위해 쉬라크는 1934년에는 히틀러 유겐트의 훈육을, 1935년에는 심신 단련을 목표로 정했다. 1936년은 '독일 히틀러 유소년단의 해'로 명명했다.[23] 히틀러 유

---

20) 이 법령을 통하여 히틀러는 제국의회Reichstag와 제국참의회Reichsrat의 동의 또는 제국대통령의 승인 없이도 새로운 법령의 제정 또는 외국과의 조약체결이 가능해졌다.

21) H. W. Koch, 《히틀러 유겐트의 역사. 그 기원과 발전 1922~1945》, 148쪽.

22) B. R. Lewis, 《히틀러 유겐트의 역사 1922~1945. 잃어버린 소년기》, 38~39쪽.

23) 1933년부터 쉬라크는 히틀러 유겐트의 다음 해 목표를 정해 발표하고, 이를 기반으로 조직을 운영했다. 구체적으로 1933년을 '조직의 해Jahr der Organisation', 1934년을 '훈육의 해Jahr der Schulung', 1935년을 '심신단련의 해Jahr der Ertüchtigung', 1936년을 '독일 히틀러 유소년단의 해Jahr des deutschen Jungvolks', 1937년을 '히틀러 유겐트 회관 확보의 해Jahr der Heimbeschaffung'로, 1938년을 '협력의 해Jahr der Verständigung'로, 1939년을 '건강/보건의 해Jahr der Gesundheit'로, 1940년을 '입증의 해Jahr der Bewährung'로 정했다. 1941년 모토는 '우리의 삶 : 지도자를 위한 길Unser Leben : Ein Weg zum Führer'로 정해 독일의 청소년이 전쟁을 준비하도록 했으며, 1942년에는 한 걸음 더 나아가 '동부전선 참전과 농촌 봉사의 해Jahr des Osteinsatzes und des Landdienstes'를 모토로 확장되

겐트에 가입하지 않은 10세의 청소년의 가입을 조직적으로 유도하기 위해 학교와 사회적으로 대대적인 캠페인을 벌이는 한편 히틀러의 47번째 생일인 4월 20일 마리엔부르크 성에서 충성의 선서식을 거행하기도 했다.[24] 이에 맞춰 1936년 12월 1일 법령을 제정해 자발적인 소년단 입단 원칙을 넘어서 히틀러 유겐트를 하나의 청소년 국가 조직으로 전환한다. 이로써 독일 청소년의 양육은 이제 학교와 가정 그리고 히틀러 유겐트가 담당하게 되었다.[25] 히틀러 유겐트는 나치당의 하부 조직에서 '국가청소년단Staatsjugend'이 국가 조직으로 격상되었다. 이제 독일의 모든 청소년은 '아돌프 히틀러의 병사'가 되어야 하는 의무를 짊어지게 된 것이다.[26] 그러나 다른 한편으로는 나치 집권 이전의 열성적이고 맹목적인 히틀러 추종 세력으로서의 히틀러 유겐트의 모습은 사라졌다고 할 수 있다.[27]

그러면 리히터의 소설에 등장하는 소년들은 어떻게 히틀러 유겐트 대원이 되었는가. 《우리는 그때 거기에 있었다》의 세 등장인물인 '나'와 '하인츠', '귄터'는 나치 집권 이후 각각 다른 이유와 방법

는 전쟁 상황을 강조했다. 1943년에는 '독일 청소년의 참전Kriegseinsatz der deutschen Jugend'이라는 모토를 내세워 '총력전'을 준비했다. 나치 정권 마지막 해인 1944년에는 '자원입대의 해Jahr der Kriegsfreiwilligen'를 모토로 정해 나이에 관계없이 히틀러 유겐트 대원의 자발적인 참전을 독려했다. H. W. Koch,《히틀러 유겐트의 역사. 그 기원과 발전 1922~1945》, 172쪽 ; Hermann Giesecke,《반더포겔단에서 히틀러 유겐트까지. 정치와 교육 사이의 청소년보호Vom Wandervogel bis zur Hitlerjugend. Jugendarbeit zwischen Politik und Pädagogik》(München : Juventa-Verlag, 1981), 192쪽.

24) B. R. Lewis,《히틀러 유겐트의 역사 1922~1945. 잃어버린 소년기》, 39쪽.

25) 〈1936년 12월 1일의 히틀러 유겐트 법Gesetz über die Hitler-Jugend vom 1. Dezember 1936〉,《제국법령지 IReichsgesetzblatt I》(1936), 993쪽.

26) B. R. Lewis,《히틀러 유겐트의 역사 1922~1945. 잃어버린 소년기》, 41쪽.

27) H. W. Koch,《히틀러 유겐트의 역사. 그 기원과 발전 1922~1945》, 175쪽.

으로 히틀러 유겐트에 가입한다. 이야기의 서술자인 나와 친구 귄터는 히틀러가 집권한 1933년에 여덟 살이었다. 이들보다 나이가 많은 하인츠는 이 중 리더 격으로 다른 소년들에게 모범이 된다.

이야기는 1933년 어느 날 밤 공산주의자들이 나치 돌격대원을 살해한 사건에서 시작된다. 어른들의 조심스러운 반응과 달리 주인공인 소년들은 사건의 진지한 관찰자로서 사건 해결 과정을 추적한다. 여기서 소년들의 리더 격인 하인츠의 성향이 드러나는데, 그는 '민족사회주의적'이다.[28] 이는 그가 히틀러 유겐트 단원이 될 것임을 암시한다. 하인츠의 아버지는 부유한 부르주아인데, 지역의 열렬한 나치당원으로서 당에서 중요한 직책을 맡고 있다.[29]

이와 반대로 나의 히틀러 유겐트 가입은 시기적으로나 내용적으로 불확실하다. 분명한 것은 나의 아버지가 끊임없이 내가 히틀러 유겐트에 가입하도록 압력을 가한다는 것이다. 이 상황에서 모델은 당연히 하인츠다. 나의 아버지에게 하인츠는 모범적인 소년이고, 아들이 본받아야 할 존재다. 전형적인 소시민인 나의 아버지에게 히틀러는 바이마르 공화국 시절의 실업 상태에서 직업을 갖게 해준 고마운 존재다. 나의 아버지는 이 때문에 나치당원이 된 것으로 추측된다. 그에게 정치적 신념은 중요해 보이지 않는다. 나치가 집권하고 자신에게 일자리가 생기고 가족들에게 빵을 가져다 줄 수 있게 된 사실이 무엇보다 중요하다고 생각하는 인물이다.[30] 이런 아버지와 친구 하인츠의 영향으로 나는 일찌감치 히틀러 유겐트가 되기를 갈망한다. 그런데 여덟 살인 나는 아직 히틀러 유겐트

---

28) H. P. Richter, 《우리는 그때 거기에 있었다 *Wir waren dabei*》(Würzburg : Arena Verlag, 2006), 16쪽.

29) H. P. Richter, 《우리는 그때 거기에 있었다》, 19~23쪽.

30) H. P. Richter, 《우리는 그때 거기에 있었다》, 75쪽.

에 가입할 수 있는 나이가 아닌데다가 가정 형편도 넉넉지 못해 히틀러 유겐트로서 갖추어야 할 가장 기본적인 갈색 셔츠를 구입할 돈도 없다. 그러나 다행히 아홉 살이 된 1934년, 할머니의 도움으로 간절히 원하던 갈색 셔츠를 입게 되고 힘에 부친 첫 번째 히틀러 유겐트 행진에 동참함으로써 히틀러 유겐트에 가입한다.[31]

한편 귄터의 히틀러 유겐트 가입은 다른 두 소년과는 전혀 다른 방식으로 이루어진다. 귄터의 아버지는 사회적으로나 사상적으로 하인츠의 아버지와 정반대의 위치에 있다. 이를 반영하듯 어린 귄터는 나치가 정권을 잡은 후에도 거리에서 국제공산당가를 목청껏 소리 높여 불러 주위의 어른들을 긴장시킨다. 공개적으로 나치 체제를 비판한 아버지가 구금된 후, 학급에서 유일하게 히틀러 유겐트에 가입하지 않은 귄터는 철저히 소외된다.[32] 그러나 결국 이런 귄터조차 1936년 12월 1일의 법령에 의해 의무적으로 히틀러 유겐트에 가입하게 된다. 신입 단원을 맞이하는 자리에서 지대장의 환영 인사에 대한 귄터의 대답은 "우리가 기뻐해야 할 이유는 없습니다. 우리가 이곳에 나오게 된 것은 나와야만 하기 때문이었습니다"[33]였다.

이처럼 리히터의 소설에 등장하는 세 소년이 히틀러 유겐트에 가입하는 이유는 각각 다르다. 그런데 이들이 자신의 의지로 히틀러 유겐트 가입을 결정한 것은 아니다. 나와 귄터의 경우는 친구 하인츠와의 관계가 상당히 중요했다. 이런 의미에서 하인츠는 다른 두 소년의 모델이다. 하지만 하인츠조차 스스로의 판단으로 히

---

31) H. P. Richter,《우리는 그때 거기에 있었다》, 24~28쪽.

32) 귄터는 반에서 유일하게 히틀러 유겐트에 가입하지 않은 학생이었다. H. P. Richter,《우리는 그때 거기에 있었다》, 41~42쪽.

33) H. P. Richter,《우리는 그때 거기에 있었다》, 58쪽.

틀러 유겐트가 된 것으로 보기에는 어렵다. 그에게는 아버지의 영향력이 컸다. 나의 경우도 아버지의 역할이 중요하게 나타난다. 귄터의 경우는 아버지라는 존재가 히틀러 유겐트에 가입하지 못하도록 막는 역할을 했다. 그러나 이런 귄터에게도 국가가 정한 제도에 의해 굴복해야 하는 순간이 오고, 이것은 나치 체제하에서 자신의 존재 이유에 대해 갈등하는 그의 아버지의 모습과 겹친다. 결국 나치 정권하에서 독일 청소년이 어떻게 히틀러 유겐트 단원이 되었는지를 보여주는 일반적인 모습은 하인츠와 나의 경우다. 귄터는 지극히 예외적인 경우였다.

그렇다면 일상사에서 나타난 사례는 어떠한가? 세퍼의 경우는 일반적인 모습의 단면을 보여준다. 세퍼는 1924년 3월 4일 자를란트의 오트바일러 군의 부스트바일러라는 조그만 농촌 마을에서 태어났다. 부스트바일러는 자를란트의 중심 도시에서 떨어진 농촌 지역으로 농업이 중심이지만, 충분한 경지를 소유하지 못한 대부분의 주민은 탄광이나 딜링겐, 푈클링겐, 자르브뤼켄과 노인키르헨의 제철소, 대도시 주변의 철강 관련 산업으로 생계를 유지하는 '노동자농민Arbeiterbauer'[34]이었다.[35] 정치적인 성향은 가톨릭 중앙당Zentrum의 지지자가 압도적으로 많았다.[36] 주민들의 일상생활에서도 가톨릭교회가 중요한 위치를 차지했다.[37]

---

34) 농업만으로 생계유지가 어려워 외부 지역의 탄광이나 공장에서 노동자로 일하는 것을 지칭한다.

35) Bernhard Haupert, 《십자가와 나치의 갈고리십자가 사이에 선 청소년》, 22쪽.

36) 1929년 지역회의Gemeinderat 선거 결과, 중앙당Zentrum이 73%, 사민당(SPD)이 17%, 공산당(KPD)이 8%, 기타 정당이 3%의 득표를 했고, 1932년의 선거에서도 중앙당이 68%로 여전히 압도적인 승리를 거두었다. 반면 사민당은 9%, 공산당은 24%로 급진 좌파의 성장이 두드러진다. Bernhard Haupert, 《십자가와 나치의 갈고리십자가 사이에 선 청소년》, 22쪽의 그래프 참조.

부스트바일러 지역과 세퍼가(家)에 대한 일반적인 사회·경제·종교적 환경과 함께 고려해야 할 점은 당시의 특수한 정치적 상황이다. 1차대전 후 국제연맹의 보호 지역으로서 프랑스의 실질적인 통치권에 들어가게 된 자를란트는 1923년 광부들이 일으킨 대대적인 파업의 영향과 그 후유증으로, 갈수록 독일 민족주의 감정이 지배적으로 자리 잡아가고 있었다. 특히 자를란트의 광산 수익을 통해 전쟁 배상을 최대한 받아내려는 프랑스 정부의 점령 정책은 이러한 독일인의 반감을 더욱 증가시키는 요인으로 작용했다. 프랑스 점령 기간 동안 이 지역의 탄광들에 대한 시설 개선은 기대하기 힘들었으며 더욱이 1920년대 말의 대공황이라는 경제적 상황은 이런 사회적 분위기를 더욱 강화했다.[38]

부스트바일러에 히틀러 유겐트 조직이 결성된 것은 1933년 11월 1일이다. 이는 팔츠 지역에서 진행된 일련의 히틀러 유겐트 대회와 야영 대회 등에 참가한 인물들에 의해서 이루어졌으며, 일부는 비밀리에 조직되고 활동한 것으로 나타난다. 그러나 이 지역의 청소년이 나치당의 청소년 조직에 가입하는 것이 그리 어렵지 않았다.[39] 또한 이미 가톨릭교회 소속 단체들에 가입한 이 지역의 청소년들이 히틀러 유겐트에 이중적으로 가입하는 것도 사회적으로도 큰 문제가 없었다.[40] 물론 자를란트가 독일에 재통합된 1935년 이후 히틀러 유겐트가 이 지역에서 규모와 활동 면에서 급격하게 성장한 것은 두말할 필요가 없다. 이런 배경 속에서 자란 세퍼의 히틀러 유겐트 가입과 관련해 예외적이거나 특별한 상황은 없었다.

37) Bernhard Haupert, 《십자가와 나치의 갈고리십자가 사이에 선 청소년》, 86쪽 이하.
38) Bernhard Haupert, 《십자가와 나치의 갈고리십자가 사이에 선 청소년》, 62쪽.
39) Bernhard Haupert, 《십자가와 나치의 갈고리십자가 사이에 선 청소년》, 147쪽.
40) Bernhard Haupert, 《십자가와 나치의 갈고리십자가 사이에 선 청소년》, 146쪽.

세퍼가 히틀러 유겐트에 가입한 것은 1935년 11세 때였다. 독실한 가톨릭 신자인 부모의 영향으로 세퍼의 유년 시절은 가톨릭교회와 밀접하게 관련되었다. 종교적 이유로 세퍼의 부모는 나치당을 지지하는 그룹에 속하지는 않았다.[41] 어린 시절 세퍼는 미사의 진행을 돕는 복사(服事)로 활동했는데, 이는 마을에서 그의 집안의 사회적 위상과 함께 부모의 신앙심이 어린 세퍼에게 미친 영향을 보여준다. 세퍼 자신도 성당에서의 이런 역할을 집안의 장남으로서 수행해야 할 당연한 과정으로 받아들였다. 특히 조그만 마을에서 신부를 보좌하는 복사의 임무는 마을의 청소년 사회에서 상당히 주목받는 지위를 보장했다.[42] 이러한 '사회적' 위치에 있던 세퍼는 히틀러 유겐트에 가입함으로써 전통적인 엘리트 코스(?)를 거쳐 '새로운 사회'의 엘리트 코스를 밟게 된 것이다.

세퍼의 히틀러 유겐트 가입은 자발적이라기보다는 나치 정권에 의해 규정지어진 의무에 의한 것이었다. 따라서 그가 히틀러 유겐트의 활동에 적극적이었던 것 같지는 않다. 특히 아버지 요한 세퍼가 병약해서 장남인 그는 어린 나이에 이미 농사일과 집안일을 책임져야 했다. 이러한 책임은 가족 내에서 가장의 대리인으로서의 지위와 권위도 부여해, 두 어린 동생이 다락방에서 같이 생활했던 반면 그는 가장 좋은 방을 혼자 사용했다. 그러나 이러한 상황 때문에 그는 마을의 친구들과 놀 수 있는 자유 시간을 가질 수 없었고, 히틀러 유겐트 활동에도 적극적으로 참여할 수 없었다.[43]

그러나 세퍼가 히틀러 유겐트로 가입하는 것이 이러한 가정 상

---

41) 세퍼의 가까운 가족 중에 나치당원이 없었던 것도 이러한 이유에서다. Bernhard Haupert, 《십자가와 나치의 갈고리십자가 사이에 선 청소년》, 113쪽 이하 참조.

42) Bernhard Haupert, 《십자가와 나치의 갈고리십자가 사이에 선 청소년》, 142~143쪽.

43) Bernhard Haupert, 《십자가와 나치의 갈고리십자가 사이에 선 청소년》, 118~119쪽.

황이나 부스트바일러라는 농촌 마을의 전통적 관습에 의해 방해 받거나, 반대로 더 보장되었던 것은 아니다. 이것은 리히터의 소설에 나오는 하인츠나 내가 히틀러 유겐트에 가입한 상황과 다를 바 없다. 분명한 것은 히틀러의 수상 취임 이후, 즉 나치 통치기에 성장한 소년들에게 히틀러 유겐트라는 조직이 하나의 국가 제도로 자리 잡아 이들의 일상을 지배했다는 사실이다. 1932년 10만 7,956명이었던 히틀러 유겐트 단원수가 1933년 229만 2,041명으로 증가하고, 전쟁이 발발하기 전인 1939년에는 728만 7,470명으로 급격히 증가한 사실에서 이러한 상황을 분명하게 확인할 수 있다.[44]

그러나 우리는 이런 통계 수치가 담고 있지 못한 사실에도 주목할 필요가 있다. 아버지를 통해 나치 이데올로기에 대한 환상을 가지고 히틀러 유겐트가 된 하인츠나 아버지의 압력을 받기도 했지만 친구 하인츠와 함께 하기 위해 히틀러 유겐트가 된 나처럼 자발적으로 가입한 경우는 논외로 하더라도, 국가에 의해 강제로 히틀러 유겐트에 가입한 귄터조차도 히틀러 유겐트 가입을 당연시하는 사회적 통념에 심리적으로나 가정적으로 영향을 받아 가입을 결정했던 것이다. 리히터의 소설 속에 나타난 당시 소년들의 심리는 세퍼라는 소년의 개인사에서도 정황적으로 확인된다. 히틀러 집권 이후 나치 체제에 대해 강력하게 도전했던 가톨릭교회의 전통이 강했던 지역이었음에도 세퍼나 그의 친구들이 히틀러 유겐트에 가입하고 활동하는 것이 일반적이었다는 점이다. 즉 히틀러

44) 1936년 12월 1일의 법령으로 히틀러 유겐트가 국가의 청소년 조직으로 인정되었지만, 여전히 히틀러 유겐트의 가입은 강제적 조항은 아니었다. 강제 조항은 1939년 12월 1일 법령에 의해 규정되었다. B. R. Lewis, 《히틀러 유겐트의 역사 1922~1945. 잃어버린 소년기》, 37쪽 ; Christoph Schubert-Weller, 《히틀러 유겐트. '아돌프 히틀러 소년돌격대'에서 제3제국의 국가 소년단으로》, 155쪽.

유겐트 가입은 일반적으로 반드시 해야만 하는 '의무Muß'로 표현되었지만, 이 표현의 이면에는 그들 자신의 '의지Wollen'가 포함되어 있다는 점을 간과해서는 안 된다. 왜냐하면 소년들의 일상에서는 친구나 또래집단과 경험을 공유하고자 하는 사회성도 중요하게 작용하기 때문이다.[45]

3. 히틀러 유겐트로 성장하기

히틀러 유겐트는 다양한 공식·비공식 행사를 통해 청소년의 일상을 통제한 것으로 평가된다. 긴장·규율·강제·교화를 적절하게 잘 조화한 히틀러 유겐트의 일상의 목적은 조국의 영광을 위해 신체적으로 완벽한 준비를 갖추는 것이었다. 이를 위해 군대 같은 조직과 운영 방법이 적극적으로 활용되었다.[46] 물론 10세부터 14세까지의 유소년[47]은 본격적인 준군사훈련보다는 야영 등의 야외 활동, 스포츠 활동에 참가하도록 지도되었다. 반면 14세 이상의 소

---

45) Bernhard Haupert, 《십자가와 나치의 갈고리십자가 사이에 선 청소년》, 146쪽.

46) 이러한 방식은 나치 집권 이후의 새로운 창안물이 아니었다. 이미 바이마르 공화국 시절 정치 조직들은 군사훈련을 청소년 훈육의 가장 이상적인 방식으로 인식하고 있었다. Christoph Schubert-Weller, 《히틀러 유겐트. '아돌프 히틀러 소년돌격대'에서 제3제국의 국가 소년단으로》, 158쪽 ; B. R. Lewis, 《히틀러 유겐트의 역사 1922~1945. 잃어버린 소년기》, 47쪽.

47) 히틀러 유겐트의 조직은 유소년(10~14세)들의 조직인 '독일 유소년단Deutsches Jungvolk(DJ)'과 청소년(14세~18세)들의 조직인 '히틀러 소년단'과 10세에서 14세까지의 유소녀들의 조직인 '유소녀단Jungmädel(JM)', 14세에서 21세까지의 처녀들의 조직인 '독일소녀동맹Bund Deutscher Mädel(BDM)'으로 구성되었다. 특히 17세에서 21세까지의 처녀들은 '믿음과 아름다움Glaube und Sch?nheit' 조직에 속하도록 되어 있었다. Arno Klönne, 《제3제국의 청소년. 히틀러 유겐트와 그 적대자들》, 43쪽.

년이 소속된 히틀러 유겐트는 본격적인 준군사훈련에 참가해야 했다.

그러나 히틀러 유겐트가 나치 집권 초기부터 이처럼 체계적으로 조직된 것은 아니었다. 1933년 6월, 쉬라크가 '독일 청소년연합 전국 위원회'를 접수하고 '독일 청소년지도자,Jugendführer des Deutschen Reiches'가 되었지만 히틀러 유겐트가 전국적인 조직으로 변신하기 위해서는 상당한 시간이 필요했다.[48] 집권 전 정치적 선전이 중심이었던 히틀러 유겐트의 활동도 근본적으로 대대적인 수정이 필요했다. 특히 1933년 이후 단원 수가 급속히 증가함에 따라 신속히 새로운 조직의 지도자를 양성하는 것이 무엇보다 큰 문제였다. 여기에 다양한 성격의 청소년 단체들을 통합하면서 발생하는 문제들, 즉 이전의 청소년 단체들이 추구하던 목적과 정체성을 어떻게 나치 이데올로기로 전환하는가도 간단한 문제가 아니었다. 히틀러 유겐트 조직이 확대될수록 짊어지게 되는 과제와 담당 분야도 확장되었다. 게다가 청소년 정책에 관련된 정부 부서 간의 관계와 역할 분담도 해결해야 할 시급한 문제였다.[49] 따라서 우리가 알고 있는 획일적이고 체계적으로 '미래의 병사'를 만들어내는 히틀러 유겐트의 이미지는 적어도 1936년 이후에야 형성될 수 있었다.

그러면 히틀러 유겐트의 일상을 구성하는 구체적인 프로그램은 어떠했는가? 일반적인 형태의 활동 규정은 외견상 청소년의 일상생활에 부담스러운 것은 아니었다. 14세까지의 유소년과 유소녀

---

48) Christoph Schubert-Weller, 《히틀러 유겐트. '아돌프 히틀러 소년돌격대'에서 제3제국의 국가 소년단으로》, 155~156쪽.

49) Christoph Schubert-Weller, 《히틀러 유겐트. '아돌프 히틀러 소년돌격대'에서 제3제국의 국가 소년단으로》, 157쪽.

는 매주 오후 각각 2시간짜리 정기 모임Heimnachmittag과 체육시간Sportnachmittag을 주중에 갖도록 규정되었다. 15세 이상의 히틀러 소년단 단원Hitlerjungen과 독일소녀동맹Bund Deutscher Mädel(BDM) 단원은 이러한 모임을 저녁 시간에 갖도록 되어 있었으며, 여기에 주중에 2회, 각각 2시간씩 히틀러 소년단의 임무를 수행하도록 정해져 있었다. 그러나 히틀러 소년단원은 이러한 정기적인 활동 외에도 많은 모임과 활동에 참여해야 했다. 전체 히틀러 유겐트 단원은 매달 한 번씩 소풍 형식의 행군을 해야 했다. 특히 소년의 경우는 유소년단 시절부터 이미 야외훈련Geländespiel과 사격훈련을 하도록 정해져 있었다. 15세 이상의 청소년은 매달 정기적으로 한 번씩 소속 제대(梯隊)별로 집합에 참가해야 했으며, 이 밖에도 '특별반Sondereinheiten'에서 실시하는 매달 두 번의 모임을 통해 특기와 전문성을 기르는 이론적 · 기술적 훈련을 받아야 했다. 결국 히틀러 소년단 단원은 주중에 3일 또는 4일의 저녁 시간과 매달 3회의 일요일 모임에 참석해야 하는 상황이었다.[50]

이러한 일상은 리히터의 소설에도 잘 나타난다. 주인공인 나는 열망하던 히틀러 유겐트의 유소년단원Pimpf이 되지만, 처음 경험하는 행진은 그에게 너무 힘든 것이었다. 소풍 가듯 점심으로 먹을 빵을 배낭에 넣고 나선 행진에서 소년은 목표 지점인 시내 중심에 도착하기도 전에 이미 대열의 마지막에서 낙오하지 않기 위해 안간힘을 써야 하는 상황에 처한다. 결국 목적지에 도착하기 전, 친구인 하인츠에게 끌려 나와 전차를 타고 집으로 돌아가라는 충고

---

50) Christoph Schubert-Weller, 《히틀러 유겐트. '아돌프 히틀러 소년돌격대'에서 제3제국의 국가 소년단으로》, 162쪽.

를 받은 어린 소년은 울면서 집으로 돌아온다.[51]

유소년단원으로서 어느 정도 적응하기 시작한 소년들의 일상은
곧 틀에 박힌 것으로 변한다. 히틀러의 시 방문에 동원되어 오랜
시간 동안 뙤약볕 밑에서 군중과 히틀러 사이의 보호막 역할을 하
거나,[52] 어려운 경제 상황을 극복하기 위해 나치 정권이 실시한
'동계모금운동Winterhilfswerk'에 참여해 모금함을 들고 추운 거
리에서 행인들에게 배지를 판매하고,[53] 1936년 라인란트로 진주하
는 독일군을 환영하기 위해 히틀러 유겐트 단복으로 '성장'하고
병사들에게 꽃과 담배를 던져주거나,[54] 베를린 올림픽과 함께 불
어 닥친 스포츠 열기에 들떠 전국 소년체전에 참가하려고 학교 대
표 선발대회에 참가하는[55] 등 나치 정권의 공식 일정과 관련된 경
험들이 그것이다.

히틀러 유겐트 단원에게 가장 중요한 준군사훈련도 소년들의 일
상에서 중요한 일과였다. 1936년 마지막으로 귄터가 히틀러 유겐
트에 가입한 후, 세 소년은 한편이 되어 시 외곽의 버려진 공사장
에서 일종의 전쟁놀이인 야외훈련을 벌인다. 소년들은 청색 띠를
가진 '우리' 편과 붉은 띠를 한 '다른' 편으로 나뉘어 상대편의 띠
를 빼앗는 전쟁놀이에 몰입한다.[56] 히틀러 유겐트의 중요한 야외
훈련의 하나인 야영도 군대식으로 진행된다.[57] 이러한 일련의 야
외훈련과 더불어 이 소년들이 속한 히틀러 유겐트 중대Fähnlein[58]

---

51) H. P. Richter, 《우리는 그때 거기에 있었다》, 24~28쪽.
52) H. P. Richter, 《우리는 그때 거기에 있었다》, 28~31쪽.
53) H. P. Richter, 《우리는 그때 거기에 있었다》, 32~38쪽.
54) H. P. Richter, 《우리는 그때 거기에 있었다》, 49~51쪽.
55) H. P. Richter, 《우리는 그때 거기에 있었다》, 51~53쪽.
56) H. P. Richter, 《우리는 그때 거기에 있었다》, 60~63쪽.
57) H. P. Richter, 《우리는 그때 거기에 있었다》, 63~69쪽.

는 다른 두 중대와 함께 비 내리는 야외에서 지루하게 이어지는 대대장Oberjungstammführer의 연설을 들어야만 한다. 대대장은 소년들이 자신의 이야기에 집중하지 않는 것을 보고 분개해 본보기로 귄터를 불러내 군대식 얼차려를 시키고, 겁먹은 다른 소년들은 차렷 자세로 이를 묵묵히 지켜본다.[59] 아직 14세도 되지 않은 소년들에게 행해지는 이러한 가혹행위는 다가올 미래에 '지도자' 히틀러의 병사가 되기 위해 당연히 참고 견뎌야 하는 훈련의 일부였다.

이렇게 유소년단 생활을 마친 나는 1939년 14세의 나이로 드디어 히틀러 소년단 단원이 된다. '피와 명예Blut und Ehre'가 새겨진 히틀러 소년단 단원용 단검을 닦으며 나는 행복에 겨워한다. 이미 히틀러 소년단이 된 하인츠와 함께 귄터와 나는 첫 번째 히틀러 소년단 집합에 참석한다. 이들이 소속된 히틀러 소년단의 중대장 Gefolgschaftsführer은 히틀러 소년단 단원으로서 지켜야 할 열 가지 사항을 강조한다. 유소년단원이 아닌 히틀러 소년단 단원은 앞으로 병사가 되기 위해 철저하게 준비해야 하며, 이를 위해서는 무엇보다도 "복종, 복종, 무조건적인 복종"만이 의무라는 것을 머릿속에 깊이 각인시키며 집합은 끝난다. 확고한 중대장의 환영사(?)

---

58) 히틀러 유겐트의 유소년단 조직은 15명까지의 인원으로 구성된 분대Jungenschaft, 3개 분대가 모여 최대 50명까지의 소대Jungzug, 다시 3개 소대가 모여 150명까지의 인원으로 구성된 중대Fähnlein, 4개 중대가 모여 600명까지의 인원으로 구성된 대대Stamm, 다시 5개 대대가 모여 3,000명까지의 인원으로 구성된 연대Jungbahn으로 구성된다. 그 상위 제대는 14세 이상의 히틀러 소년단과 동일하다. 5개 연대가 모여 최대 15,000명까지의 인원으로 구성된 사단Oberbahn, 5개 사단이 모여 최대 75,000명까지의 인원으로 구성된 지역Gebiet, 5개 지역이 모여 최대 375,000명의 인원으로 구성된 상위 지역Obergebiet으로 이루어진다. 동부·서부·남부·북부·중부의 5개 상위 지역이 있었으며, 오스트리아는 독립적인 지역으로 편성되었다. Christoph Schubert-Weller, 《히틀러 유겐트. '아돌프 히틀러 소년돌격대'에서 제3제국의 국가 소년단으로》, 159~160쪽.

59) H. P. Richter, 《우리는 그때 거기에 있었다》, 70~74쪽.

에도 불구하고 세 소년은 귀갓길에서 히틀러 유겐트에 대해 알지 못할 회의감을 느낀다.[60]

이제 소년들의 일상은 히틀러 소년단으로서의 전형적인 모습을 띠기 시작한다. 그러나 시대적 상황은 예전과 같지 않다. 밤길을 더듬어 겨우 도착한 야영지는 아침에 일어나 보니 프랑스의 침공을 막기 위해 설치된 '서부장벽Westwall' 공사장의 한복판이었다. 이런 혼란스러운 상황에서 소년들은 본격적으로 히틀러 유겐트에 대해 의심하기 시작한다. 그들의 눈에도 전쟁으로 가고 있는 현실이 보이기 시작한 것이다. 그러나 회의와 혼란스러움 속에서도, 폴란드와의 전쟁이 가까워오자 하인츠는 17세가 되면 자원입대할 것을 결심한다. 그의 사뭇 비장한 각오에 대해 다른 소년들 역시 자신들이 익히 들어오고 전쟁놀이를 통해 연습한 것을 직접 해보기를 열망한다. 그들에게 전쟁은 번쩍거리는 군복을 입은 장교가 되고 장군이 되는 낭만적인 공상의 세계였다. 훈장과 아름다운 처녀들의 시선을 받는 미래에 대한 그들의 공상을 막을 것은 아무것도 없었다. 단지 그들이 병사가 되어 전쟁에 참가하기 전에 전쟁이 끝날 것이 걱정스러울 뿐이었다.[61]

이성에 눈을 뜨기 시작한 나이임에도 세 소년의 일상에는 제복을 입은 '독일소녀동맹' 대원들과의 해프닝[62] 이외에 풋풋한 첫사랑의 이야기는 존재하지 않는다. 하지만 적어도 가장 나이가 많은 하인츠는 성인으로 성장하고 있다. 전 유럽이 전쟁의 소용돌이에 휘말린 1940년 하인츠는 가장 먼저 자원입대한다. 이제 나와 귄터만의 히틀러 소년단 시기가 시작되는 것이다. 남겨진 귄터에게는

---

60) H. P. Richter, 《우리는 그때 거기에 있었다》, 90~93쪽.
61) H. P. Richter, 《우리는 그때 거기에 있었다》, 100~103쪽.
62) H. P. Richter, 《우리는 그때 거기에 있었다》, 104~111쪽.

특별히 하인츠가 맡고 있던 히틀러 소년단 소대장Scharführer의 임무가 주어진다.[63] 그래도 전쟁이 제3제국에 유리하게 진행된 1941년까지 나와 귄터의 일상은 가을걷이를 돕거나 기초 군사훈련을 받는 등의 다소 쉬운 일과들로 이루어진다.[64] 그러나 1942년에 들어서면서 상황은 급변한다. 이들은 공습을 피해 어린 히틀러 유겐트 단원들을 대피시키는 임무를 맡는다.[65] 하인츠와 함께 행군을 하고 야영을 하던 시절의 낭만적이었던 이들의 일상에 전쟁이 파고들어 모든 것을 바꾸어놓는다. 귄터와 나의 소대에서 어린 소년이 공습 중에 실종되고, 파괴된 거리에서 소련군 포로들이 강제 노역을 하는 모습이 이들의 일상 공간을 차지하는 이미지가 된다. 히틀러 정권에 저항했던 귄터의 아버지조차 독일의 승리를 위해 다시 전선으로 나갈 것이라고 말하며 귄터가 자원입대하는 데 기꺼이 동의한다.[66]

왜 그마저도 이렇게 바뀌었는가? 방공호에 숨어 매일 밤을 지새우는 것만으로는 자신의 존재 이유나 가치를 찾을 수 없다고 판단한 인간의 마지막 결심이 그에게서 표현되고 있는 것이다. 이제 귄터와 나에게 남은 것은 하인츠의 뒤를 따라 자원입대하는 길뿐이다.

앞에서 본 것처럼 소설 《우리는 그때 거기에 있었다》는 히틀러 소년단으로서 당시 소년들이 겪었을 상황을 역사적 사건과 병행해 서술하고 있다. 그런데 실존 인물인 세퍼의 경우를 보면, 히틀러 유겐트의 공식적인 활동이 강제성을 띠고 행해진 것으로 보기

63) H. P. Richter, 《우리는 그때 거기에 있었다》, 111~117쪽.
64) H. P. Richter, 《우리는 그때 거기에 있었다》, 118~131쪽.
65) H. P. Richter, 《우리는 그때 거기에 있었다》, 132~137쪽.
66) H. P. Richter, 《우리는 그때 거기에 있었다》, 143쪽.

는 어렵다. 나치스는 히틀러 유겐트 활동을 강요하는 대신, 소년들 스스로가 흥미를 느끼고 적극적으로 참여하게 하는 다양한 장치를 마련했다. 이것은 또한 지금까지 가톨릭교회가 지배적이었던 이 가난한 시골 마을의 여론을 감시하고 통제하는 데도 매우 유용한 수단이었다.[67]

히틀러 유겐트로서 리히터의 소설에 등장하는 소년들과 부스트바일러의 소년들이 경험하는 일상에서 나타나는 큰 차이점은 자발적인 활동을 위한 동기 부여라는 요소다. 즉 리히터의 소설에서 가장 자발적으로 히틀러 유겐트에 가입하고 적극적으로 활동한 하인츠는 아버지라는 인물을 통해 '국가'와 '민족'에 대한 사랑과 올바른 청소년으로서 가져야 할 자세를 물려받는다. 그러나 부스트바일러의 청소년들은 히틀러 유겐트를 통해 자신의 존재를 인정받고자 하는 사회적 동기를 실현하고자 했으며, 빈부귀천을 떠나 같은 연령의 소년을 동등하게 대우하는 나치 정권의 사회적 획일화 정책에 매료된 것으로 평가할 수 있다. 게다가 히틀러 유겐트는 한 곳에 머무르지 못하고 끊임없이 움직이며 새로운 것에 호기심을 보이는 그 또래 소년들의 관심을 끌 수 있는 내용의 프로그램을 제공했다.[68]

소년들은 부모의 간섭에서 벗어나 또래와 함께 야영을 하거나, 나치 정권에 의해 게르만 전통으로 부활한 하지와 동지 축제Sonnen-wendfeier[69]에 참가하고, 매주 학교에서 행해지는 저녁의 정기 모

---

67) Bernhard Haupert, 《십자가와 나치의 갈고리십자가 사이에 선 청소년》, 150쪽.
68) Bernhard Haupert, 《십자가와 나치의 갈고리십자가 사이에 선 청소년》, 150쪽.
69) 하지 축제는 매년 6월 23일에 행해졌다. 특히 히틀러 유겐트 조직은 게르만 전통을 강조했는데, 저녁에 캠프파이어를 하면서 민족사회주의 운동을 위한 '순교자'들과 전쟁 영웅을 위한 화환을 불 속에 집어넣는 의식을 거행했다. 이 행사가 끝나면 불의 주문을 외

임에서 같이 노래 부르고 바이킹 놀이를 했다.[70] 부스트바일러의 소년들이 특히 매력을 느꼈던 것은 히틀러 유겐트 특별반인 '히틀러 유겐트 기동대Motor-HJ'에서 오토바이를 배우는 것이었다. 히틀러 유겐트 기동대는 성인들로 구성된 '나치 수송대Nationalsozialistisches Kraftfahrerkorps(NSKK)'가 특별히 지도했다.[71] 이러한 특별반 조직의 활성화는 소년들의 관심을 유도하는 동시에 향후 군대에서 필요한 특수한 기술과 기본적인 지식을 습득하도록 하는 좋은 장치였다. 이와 함께 소년들의 관심을 자극한 것은 사격연습이었다. 집안일로 히틀러 유겐트에 적극적으로 참석하지 못했던 세퍼도 총기류에 대한 관심이 컸다. 그가 직업훈련생 시절 연습용 소총Flobert을 직접 구입한 것이 이러한 사실을 잘 보여준다.[72]

사격 외에 나치 정권이 히틀러 유겐트 활동에서 중점을 두었던 것은 체육 활동이었다. 일반적으로 체육 활동에 많은 관심을 가진 이 또래의 소년들이 나치의 체육 장려 정책에 적극적으로 호응한 것은 당연하다. 부스트바일러는 비록 작은 농촌 마을이었지만 이미 1929년 7월에 가톨릭교회의 청소년 스포츠클럽인 '독일 청소년의 힘Deutsche Jugendkraft(DJK)'이 설립되어 축구, 체조, 육상 세 종목의 선수들이 활동했다.[73] 그러나 자를란트가 독일에 다시

우고 횃불 행진을 하기도 했다. 12월 21일에 행해지는 동지 축제에서는 선물을 교환해 크리스마스 전통을 대체하려 했으나 일반적으로 하지 축제처럼 광범위하게 받아들여지지는 않았다. Wolfgang Benz · Hermann Graml · Hermann Weiß (Hrsg.), 《민족사회주의 백과사전》, 737쪽 참조.

70) Bernhard Haupert, 《십자가와 나치의 갈고리십자가 사이에 선 청소년》, 150~151쪽.

71) Bernhard Haupert, 《십자가와 나치의 갈고리십자가 사이에 선 청소년》, 152쪽.

72) Bernhard Haupert, 《십자가와 나치의 갈고리십자가 사이에 선 청소년》, 153쪽.

73) Bernhard Haupert, 《십자가와 나치의 갈고리십자가 사이에 선 청소년》, 154쪽.

편입되면서 종교적 색채가 강한 독일 청소년의 힘은 1935년 7월 새로운 회장을 선출하고 클럽의 명칭을 '스포츠클럽 게르마니아 부스트바일러SV Germania Wustweiler'로 바꾸었다. 이 사실은 나치의 획일화가 조그만 농촌 마을의 스포츠클럽에서도 시행되었음을 확인하게 한다. 일반적으로 소년들이 그렇듯이 세퍼도 축구를 매우 좋아해서 어려서부터 '스포츠클럽 게르마니아'의 청소년팀 선수로 활동했다. 특히 전쟁이 발발해 많은 선수들이 군에 입대하자 클럽의 1군팀에서 오른쪽 수비수로 활약하게 된 세퍼는 동년배 사이에서 중심적인 인물이 될 수 있었다.[74]

그럼에도 고향 마을에서 세퍼의 성장에 히틀러 유겐트는 큰 영향을 미친 것으로 보이지 않는다. 무엇보다 그가 국가가 기획한 히틀러 유겐트의 집합과 훈련에서 제외될 수 있었다는 점이 이를 뒷받침한다. 그러나 앞에서 언급했듯이 '히틀러 유겐트 기동대'처럼 기술적인 전문 지식을 요구하는 청소년 조직이 나치 정권에 의해 적극적으로 권장되었다는 점을 감안한다면, 이러한 사회적 변화가 세퍼가 자신의 장래 직업을 선택하는 데 영향을 미쳤음을 알 수 있다. 세퍼는 집안과 친분이 있는, 정치적 영향력을 가진 하크Philipp Haag의 도움으로 1939년 4월부터 자르브뤼켄-부르바흐에 있는 제국 철도 수리공장Reichsbahn-Ausbesserungswerk(RAW)의 기계공 양성 과정에 입학했다.[75]

세퍼가 기관사가 되기 위해서 집을 떠나 기계공 양성 학교에 입학한 나이가 15세였으니, 본격적인 히틀러 유겐트로서의 활동은

---

74) Bernhard Haupert, 《십자가와 나치의 갈고리십자가 사이에 선 청소년》, 162~164쪽.

75) Bernhard Haupert, 《십자가와 나치의 갈고리십자가 사이에 선 청소년》, 170~172쪽.

이 학교에서 이뤄졌다. 또한 프랑스 국경과 인접한 이 국립 학교에서는 민족사회주의 이데올로기가 매우 비중 있게 다루어졌다는 점을 주목해야 한다. 실제로 이 학교의 교장을 위시한 대부분의 교사는 나치당원이거나 친나치적인 인물이었다.[76] 더욱이 이 학교에 입학한 수련공들은 의무적으로 '공장 히틀러 유겐트Betriebs-HJ'에 가입해야 했다. 이것은 국립 학교에서는 당연한 규정이었다. 그러나 히틀러 유겐트 가입 의무가 청소년들에게 반감을 유발한 것 같지는 않다. 학교 측에서는 국가적 차원에서 중요한 철도 기능공을 양성하기 위해, 철도에 대한 관심을 유발하는 동시에 민족사회주의 이데올로기를 주입할 수 있는 다양한 종류의 프로그램과 히틀러 유겐트 특별반을 구성해 운영했다. 이런 특별반들 중에서는 '히틀러 유겐트 기동대' 조직이 가장 활발한 활동을 했다. 이 밖에도 자체적인 공작소와 자체 제작한 글라이더를 보유하고 있던 '히틀러 유겐트 비행대Flieger-HJ'의 활동이 두드러졌다. 또한 재학생들은 무료 철도 승차권을 지급받았기 때문에 히틀러 유겐트가 조직하는 다양한 여행을 경험할 수 있었을 뿐 아니라 휴가철에도 북쪽의 뤼겐 섬에서 남쪽의 보덴 호수까지 어디로든 여행할 수 있었다.[77]

세퍼가 철도 기계공 양성 과정에 입학한 1939년부터 이 과정을 마친 1942년까지의 기간은 전쟁이 일어나기 직전부터 나치 독일이 전쟁에서 승리를 구가하던 시기에 해당한다. 그리고 자를란트의 특수한 지정학적 위치 때문에 세퍼와 그의 동급생들 사이에서는 군 입대에 대한 열기가 뜨거웠다. 더욱이 이들은 모두 가장 현

---

76) Bernhard Haupert, 《십자가와 나치의 갈고리십자가 사이에 선 청소년》, 176~180쪽.

77) Bernhard Haupert, 《십자가와 나치의 갈고리십자가 사이에 선 청소년》, 184쪽.

대적인 장비를 다루는 기술 지식과 투철한 사상을 갖추고 있었다. 따라서 거의 모든 수련생이 교육 과정을 이수한 후 기술 병과나 잠수함 승조원 같은 해군, 공군, 전차병 또는 친위사단Waffen-SS에 자원입대한 것은 당연한 결과였다.[78] 세퍼도 예외는 아니었다. 1942년 신체검사에 합격한 세퍼는 집으로 돌아와 자랑스럽게 이 사실을 가족들에게 알리고 해군에 지원한다. 그러나 세퍼가 미성년이라는 이유로 그의 아버지가 입대 동의서에 서명을 해주지 않았기 때문에 곧장 입대할 수는 없었다. 결국 1942년 10월 나이가 차서 입대해 배속된 곳은 베르사유 부근에 주둔한 전차 100보충대였다.[79]

리히터의 소설 《우리는 그때 거기에 있었다》에서 그려지는 세 소년과 세퍼의 히틀러 유겐트로서의 일상은 근본적으로 큰 차이가 없다. 하지만 리히터의 소설은 히틀러 유겐트의 일상을 제3제국의 역사적 사건들을 중심으로 서술하면서 나치 정권의 청소년 정책에 대한 부정적인 이미지를 쌓아나가고 있다. 이러한 경향은 소설이 작가의 의도에 따라 구성되었음을 보여주는 한편, 히틀러 유겐트의 일상을 정확하게 표현하고 있지 않다는 것을 보여주기도 한다. 각기 다른 가정환경에서 성장하는 소년들을 주인공으로 등장시킨 것도 소설의 극적 효과를 높이기 위한 장치로 볼 수 있다. 더욱이 세퍼의 경우에서 보듯이 나치 시대 청소년들이 히틀러 유겐트를 통해 전통적인 가정의 울타리를 자발적으로 벗어나 도시화되고 근대성을 경험했다는 사실도 리히터의 소설에서는 거의 찾아볼 수 없다. 제3제국의 미래의 전사를 양성했다는 식의 히틀

---

78) Bernhard Haupert, 《십자가와 나치의 갈고리십자가 사이에 선 청소년》, 182~183쪽.

79) Bernhard Haupert, 《십자가와 나치의 갈고리십자가 사이에 선 청소년》, 194쪽.

러 유겐트에 대한 일반적인 인식이 리히터의 소설 전체를 관통하고 있다.

그러나 히틀러 유겐트 단원으로서 세퍼의 일상도 일반적인 인식과는 약간 거리가 있다. 그의 일상에서는 나치의 국가 정책을 철저하게 시행한 철도 기계공 양성 학교의 히틀러 유겐트 활동이 그 또래 젊은이들에게 어떠한 영향을 미쳤는지에 주목할 필요가 있다. 유럽이 근대성을 향해 질주하던 1930년대에, 국가가 청소년의 다양한 욕구에 부응할 수 있는 프로그램을 제공한 것은 분명 민족사회주의의 내부에 '근대적 프로젝트'가 존재함을 보여주는 예일 것이다. 따라서 나치 독일이 전쟁에서 승리하던 1941년까지는 독일의 청소년들이 히틀러 유겐트가 제시하는 방향에 열광할 수 있었으리라고 생각된다. 물론 이러한 환상이 깨지는 데는 그리 오랜 시간이 필요하지 않았지만.

4. 히틀러 유겐트에서 병사되기

나치 정권하에서 '정상적'으로 성장한 청소년이라면 남녀를 불문하고 히틀러 유겐트를 마치는 18세부터 25세 사이에 6개월간 '노동봉사Reichsarbeitsdienst'를 해야만 했다.[80] 리히터의 소설에 등장하는 귄터와 나도 하인츠가 자원입대한 다음 해인 1941년 순무 밭으로 노동봉사를 나간다. 도시 출신의 히틀러 소년단에게는 농사

---

80) 1935년 6월 26일 '노동봉사의무에 관한 법률Das Gesetz zur Arbeitsdienstpflicht'이 제정된 이후 노동봉사는 독일 청소년의 의무가 되었으나, 1939년부터 재정적인 이유로 소녀들은 자원봉사 형식으로 참여했다. Wolfgang Benz · Hermann Graml · Hermann Weiß (Hrsg.), 《민족사회주의 백과사전》, 664쪽 참조.

일이 힘겹기만 하다. 대부분의 소년은 자신에게 할당된 밭고랑을 다 매기도 전에 포기하고 만다. 소대장인 귄터와 나만이 겨우 할당된 작업을 끝마친다. 그러나 이들의 손에 남은 것은 피가 섞인 물집뿐이다.[81]

그러는 사이 먼저 군에 입대한 하인츠가 부상병 휴가를 받아 나온다. 하인츠를 아는 모든 히틀러 유겐트 단원이 그를 보기 위해 히틀러 유겐트 회관에 모이고, 하인츠에게 전쟁터에서 겪은 '멋진 일 Schönes'을 이야기해달라고 조른다. 하인츠는 전쟁에서 '멋진 것'은 없다고 생각하지만, 여전히 전쟁에 열광하고 있는 소년들의 간청에 못 이겨 수류탄 투척 훈련 과정에서 발생한 사고 이야기를 들려준다. 자신의 몸을 던져 다른 병사들의 목숨을 보호한 외톨이 훈련 조교는 하인츠에게는 영웅이었으나 다른 소년들은 실망스러워한다.[82]

이야기는 히틀러 소년단인 소년들이 사격훈련을 받으며 병사가 되어 참전하기 위해 준비하는 일상을 보여준다.[83] 1942년 귄터와 내가 드디어 자원입대 신청을 하고 신체검사를 받게 된다. 그런데 신체검사장에서 이들이 경험하는 것은 자원입대하는 히틀러 유겐트 단원들에 대한 냉소에 찬 반응이다. 소년들을 면접한 군의관은 "그래, 너희들이 가지고 있던 인디언 책들을 다 읽고, 이제는 제대로 된 모험을 찾아 자원입대를 하겠다고"[84]라고 말하며 히틀러 유겐트에 대한 조소 섞인 감정을 표현한다. 그리고 "히틀러 유겐트 사이에 전염병이 퍼지고 있는데, 이 병을 고치는 유일한 치료제는

---

81) H. P. Richter,《우리는 그때 거기에 있었다》, 118~121쪽.

82) H. P. Richter,《우리는 그때 거기에 있었다》, 121~123쪽.

83) H. P. Richter,《우리는 그때 거기에 있었다》, 123~131쪽.

84) 나치 시대 청소년들에게는 미국 서부 시대를 배경으로 한 마이Karl May의 소설들이 큰 인기를 끌었다. H. P. Richter,《우리는 그때 거기에 있었다》, 150쪽.

기사 철십자 훈장뿐이지. 나랑은 상관없지만"[85]이라고 말한다. 여기서 우리는 히틀러 유겐트에 대한 사회적 인식을 읽을 수 있다. 또한 나와 귄터가 젊은이들에게 인기 있는 공군이나 해군이 아닌 보병으로 지원하자, 군의관은 이들에게 히틀러 유겐트에서 유행하는 '영웅열병Heldenfimmel'에 대한 예방주사를 맞기라도 한 것이냐고 되묻는다. 이처럼 히틀러의 전쟁이 독일인들로부터 서서히 외면당하기 시작한 시기에 귄터와 나는 보병으로 자원입대해 같은 부대에 배속된다.

앞의 이야기 속에 내포된 몇 가지 사실을 주목할 필요가 있다. 우선 히틀러 유겐트로 자라난 독일 소년들이 전쟁 영웅에 대한 동경에서 자원입대하는 경우가 많았다는 사실이다. 이것은 나치 정권이 히틀러 유겐트를 통해 미래의 전사를 육성했다는 주장을 확인시켜준다. 이런 일반적인 인식과 함께 히틀러 유겐트에 소속된 소년들은 히틀러 유겐트 기동대, 히틀러 유겐트 비행대, 히틀러 유겐트 해양대Marine-HJ, 히틀러 유겐트 통신대Nachrichten-HJ 등 특별반 활동을 통해 보다 전문적이고 기술을 요구하는 병과를 선호했다는 사실이다. 이것은 전쟁 영웅이 되기 위해서는 일반 보병으로 입대하는 것보다는 이런 특수 병과들을 선택하는 것이 보다 효과적이라는 생각이 히틀러 유겐트 내부에 퍼져 있었다는 것을 암시한다. 이런 일반적인 사회적 인식과는 반대의 선택을 한 귄터와 나는 '비정상적인' 히틀러 유겐트였다.

히틀러 유겐트에서 기초적인 군사 교육을 마치고 1943년 자원입대한 두 소년이 배치된 곳은 소설 속의 묘사로 보아 한창 전쟁이 진행 중이던 동부 전선으로 추측된다. 주변에 보이는 건물이라고

---

85) H. P. Richter, 《우리는 그때 거기에 있었다》, 150쪽.

는 초라한 역무원 건물밖에 없는 황량한 숲 가장자리의 조그만 역사에서 이 지원병들은 "갓 들어온 히틀러 소년단 출신의 보충병들"이라는 인솔 장교의 말과 함께 인계된다. 이 보충병들을 인수받은 상사와 하사관은 아무런 반응도 없이 이들을 이끌고 전선 후방으로 데리고 간다. 소설은 여기서 서서히 절정으로 치닫는다. 이곳에서 귄터와 나는 반가운 옛 친구 하인츠와 다시 만난다. 그동안 소위로 진급해 소대장이 된 하인츠가 신병을 인수하기 위해 나온 것이다. 재회의 기쁨도 잠시, 칠흑 같은 어둠 속에서 차가운 물웅덩이에 빠지기도 하며 겨우 도착한 전선 벙커에서 소대장 하인츠는 신병인 귄터와 나에게 잠시 눈을 붙이라고 명령한다. 나는 젖은 바지 때문에 거의 잠을 잘 수가 없다. 이런 가운데 소대장 하인츠는 새로운 명령을 가지고 돌아온다.

새벽 4시경, 이제 병사가 된 세 소년에게 운명의 시간이 다가온다. 하인츠는 적의 정보를 얻기 위해 적군을 생포할 목적으로 다른 소대원들과 함께 적진에 침투한다. 남겨진 귄터와 나는 하인츠와 소대원들을 엄호하기 위해 기관총좌에 배치된다. 신병인 그들은 공격을 받기 전에는 절대로 사격해서는 안 된다는 엄중한 명령을 받는다. 적막이 감도는 참호 속에 귄터와 단둘이 남은 나에게 곧 추위와 피로가 엄습해오고 졸음이 쏟아진다. 적이 공격한다는 착각에 놀라 깬 나는 주위를 살핀다. 주변은 조용하고 기관총을 잡고 있는 귄터는 졸고 있다. 그를 깨우기 위해 내가 그를 치자, 귄터는 깜짝 놀라 잠에서 깬다. 엉겁결에 기관총의 방아쇠를 당겨 버린 귄터. 쥐죽은 듯 조용한 전선의 적막을 깨고 기관총이 불을 뿜는다. 조명탄이 발사되고 적의 기관총과 유탄 발사기가 불을 토해낸다. 오늘 처음 전선에 투입된 두 명의 신병 주위는 지옥으로 변한다. 이 모든 소동의 주범인 귄터와 나는 공포에 이를 부딪치며 운다.

갑자기 귄터가 하인츠의 이름을 부르며 참호에서 뛰쳐나가 지옥 속으로 달려간다. 그 주위로 총탄이 쏟아진다.[86] 1943년 어느 날 동부 전선에서 일어난 일이다. 히틀러 유겐트로 성장한 세 소년의 이야기는 이렇게 끝난다. 그들이 살았는지 죽었는지, 저자인 리히터는 말하지 않는다. 그러나 이 책을 읽은 독자들은 비극적인 결말을 머릿속에 그린다. 적어도 나는 그랬다. 우리는 이 소설에서 히틀러 유겐트 단원으로 민족사회주의 이데올로기로 단련된 소년들이 어떻게 '천년제국'의 전사로 활약했는지를 어느 곳에서도 찾아볼 수 없었다. 소년들은 자신들이 '갈고 닦은' 솜씨를 보이기도 전에 '경험 미숙'으로 사라져간 것이다.

그러면 실존 인물인 세퍼의 군대 생활은 어떠했을까? 그의 군대 생활은 리히터의 소설 속에 나오는 세 소년과는 사뭇 다르게 시작된다. 철도 기계공 양성 학교에서 전문 기술을 배운 그는 나치 독일 육군의 엘리트 병사인 전차병으로 군대 생활을 한다. 1942년 10월 14일 세퍼는 약 10여 명의 신병과 함께 전차 조종수로서 교육을 받기 위해 당시 독일의 점령 지역이었던 프랑스의 베르사유에 있는 전차 보충대에 배치되었다. 베르사유로 가는 길은 세퍼에게 새로운 경험이었다. 반프랑스적이며 독일 민족주의가 강한 자를란트에서 태어나고, 1935년 이 지역이 독일에 재편입된 이후에는 민족사회주의의 실현을 목적으로 하는 히틀러 유겐트로 성장한 세퍼가 처음으로 파리의 지하철을 타게 된 것이다. 이 짧은 경험은 그에게 깊은 인상을 남긴 것 같다.

베르사유에서의 전차병 기초 훈련 과정은 힘들고, 보급은 형편 없었다. 1943년부터 세퍼는 기억할 만한 일들을 짤막하게 기록했

---

86) H. P. Richter,《우리는 그때 거기에 있었다》, 152~160쪽.

는데, 베르사유와 파리로의 외출과 에펠탑에 오른 것 등이 그 내용이었다.[87] 기초 훈련 과정 수료 후 셰퍼는 파리 부근의 퐁투아즈에서 전차 조종수 훈련 과정을 마치고 제100기갑연대 6중대 2소대에 배치되었다. 그가 배치된 제100기갑연대는 이후 몇 차례의 재편성을 거쳐 1943년 7월 15일 아프리카 전선에서 살아남은 장교와 하사관으로 구성된 제21기갑사단에 배속되었다. 제21기갑사단은 1944년 초 포이히팅거E. Feuchtinger 중장의 지휘하에 캉과 팔레즈 사이의 지역으로 이동했다.[88]

이 사이 셰퍼는 전차 조종수 과정을 마치고 1943년 3월 1일 자신의 첫 전차인 프랑스제 르노-35형Renault 35 전차를 조종하게 되었다. 셰퍼가 소속된 전차중대는 대부분 프랑스로부터 노획한 전차로 구성되었고, 이 중에는 한 번도 기동훈련에 참가하지 못한 영국제 전차도 있었다. 1943년에는 이런 열악한 장비에도 불구하고 매주 기동훈련과 사격훈련을 함으로써 병사들이 다른 곳에 신경 쓸 틈을 갖지 못하게 만드는 것이 부대 지휘부의 방침이었다.[89] 시간이 지나면서 신형 장비로 교체되었으나, 셰퍼의 부대는 D-Day 이전에 계획된 신형 장비를 전부 보급받지는 못했다. 그러나 셰퍼 개인적으로는 이 기간 동안 10톤짜리 르노-35형 전차에서 중형 전차 조종을 위한 교육 과정과 하사관 교육 과정을 마치고 1944년 5월 하사관으로 진급했다. 엘리트 부대인 독일의 전차부대에서 전차장이 될 수 있음을 인정받은 것이다.[90] 셰퍼는 농촌 마을 출신이

---

87) Bernhard Haupert, 《십자가와 나치의 갈고리십자가 사이에 선 청소년》, 195~197쪽.

88) Bernhard Haupert, 《십자가와 나치의 갈고리십자가 사이에 선 청소년》, 199쪽.

89) Bernhard Haupert, 《십자가와 나치의 갈고리십자가 사이에 선 청소년》, 200~201쪽.

었지만 도시의 철도 기능공 양성 학교로 진학하고 전문적인 기술을 필요로 하는 엘리트 병과를 선택해 입대함으로써 또래의 청년들보다 훨씬 빨리 사회적으로 인정받을 수 있는 위치에 도달한 것이다.

전차병으로서 세퍼의 일상에서 특이한 점은 별로 없다. 1943년부터 1944년 D-Day까지 세퍼의 일상은 앞에서 언급했다시피 전차 조종을 위한 특별 교육과 기동훈련 같은 비전투 상황의 연속이었다. 따라서 대부분의 시간은 무료함과 싸워야만 했다. 장교들의 오락거리로 행해진 토끼사냥, 부대 간 축구 경기와 센 강에서 보트 타기, 경마 구경, 르 아브르에 주둔하고 있던 자매함 '그라이프 Greif' 승무원과의 부대 간 친선 방문 등이[91] 세퍼가 경험한 일상 속의 조그만 사건들이었다. 물론 이런 행사들은 병사들의 단조로운 일상에서 매우 예외적인 경우였다. 단조롭고 무료한 일상을 극복하기 위해 병사들은 설탕을 모아 양조장에서 술과 교환하거나, 식사 시간에 남은 음식물을 모아 돼지를 기르다가 크리스마스에는 도살해 요리를 만들어 먹었다. 또한 세퍼의 6중대가 배치된 이브토에 있는 호텔의 레스토랑에서 저녁마다 정기적인 술자리를 벌이거나, 무당벌레를 잡아 자루에 모아 두었다가 저녁에 술집에서 풀어놓는 장난을 하는 것이 일상이었다. 이런 일상에서 벗어나기 위해 1943년 크리스마스에는 부대 내 병사들의 우스개 이야기를 담은 자체 신문Bierzeitung을 발행하기도 했다.[92]

---

90) Bernhard Haupert, 《십자가와 나치의 갈고리십자가 사이에 선 청소년》, 204쪽.

91) Bernhard Haupert, 《십자가와 나치의 갈고리십자가 사이에 선 청소년》, 204~205쪽.

92) Bernhard Haupert, 《십자가와 나치의 갈고리십자가 사이에 선 청소년》, 206~208쪽.

이와 같은 병사로서의 일상과 함께 세퍼 개인의 일상이 있다. 그중 중요한 것은 세퍼가 1943년 초부터 마리아Maria O.라는 소녀와 사귀었다는 것이다. 동료 병사의 소개로 마리아를 알게 된 세퍼는 약 1년간 그녀와 매우 긴밀한 관계를 유지한 것으로 보인다. 프랑스에 주둔하던 전차병 세퍼와 메르치히 부근의 메케른[93]이라는 조그만 마을에 살고 있던 마리아는 정기적으로 만날 수 없었다. 이들은 거의 매일같이 서로 편지를 주고받았다.[94] 이들이 얼마나 긴밀한 관계를 유지했는지 알 수는 없지만, 대부분의 청년들이 입대한 당시의 상황을 감안한다면, 이들이 여성들과 사귈 수 있는 방법은 우편을 통하는 것이 일반적이었을 터다. 1942년 말부터 1944년 사망할 때까지 세퍼는 세 번의 휴가를 얻어 고향을 방문하는데, 1943년 9월 아버지의 장례식에 참석하기 위해 고향을 방문했을 때 처음으로 마리아와 만났다. 그러나 11월 24일부터 12월 12일까지의 휴가에서의 만남이 마지막이었다.[95] 이 젊은 남녀의 사귐이 더 이상 발전하지 못한 것은 세퍼가 전사했기 때문이었다.

자를란트의 조그만 농촌 마을에서 자영농의 맏아들로 태어난 세퍼의 짧은 일생은 1944년 7월 8일 노르망디의 캉 부근에서 만 20세의 나이로 끝난다. 연합군의 노르망디 상륙작전 이후 연속된 공격에서 캉 지역을 방어하기 위해 배치된 세퍼의 전차는 정오경 연합군의 셔먼 전차와 마주친다. 셔먼 전차에서 발사한 포탄이 세퍼가 있는 조종석과 통신병석 사이를 정통으로 맞추자 전차는 곧바로 화염에 휩싸였다. 세퍼가 조종하던 판처 4형Pz. IV 전차가 총

93) 자를란트의 자르브뤼켄 근방의 조그만 시골 마을이다.
94) Bernhard Haupert,《십자가와 나치의 갈고리십자가 사이에 선 청소년》, 210~213쪽.
95) Bernhard Haupert,《십자가와 나치의 갈고리십자가 사이에 선 청소년》, 213쪽.

470리터의 연료를 실을 수 있는 것을 고려한다면, 적의 전차가 발사한 최초 공격으로 세퍼는 전차 내부에서 즉사하고, 전차와 함께 시신도 완전히 불타버린 것으로 추정된다.[96]

세퍼는 전장에서 이렇게 비참한 죽음을 맞이한다. 그러나 하인츠와 귄터, 나는 히틀러 유겐트로서 활동하다가 결국에는 나치 체제에 부정적인 인식을 가진 채 군에 자원입대한 반면, 실존 인물인 세퍼는 나치 체제가 만들어낸 국가 통제 시스템에 부정적인 인식을 가진 것으로 판단하기 어렵다. 오히려 세퍼는 나치가 제시한 '근대적 국민'의 한 사람으로 변신하기 위해 적극적인 '도전'을 했다고 볼 수 있다. 이런 차이는 우리로 하여금 나치 시대에 대해 서술된 역사에서 일반적으로 나타나는 히틀러 유겐트에 대한 도식적인 인식틀을 의심하게 한다. 나치 체제가 강요하는 독재는 단순히 위로부터의 방향성만으로는 작동할 수 없다. 이것은 "감정을 자극하는"[97] 선전·선동을 통해서든, 자발적인 동의와 참가의 형태로든, 대중의 동조가 존재해야 가능한 것이다. 따라서 세퍼의 생애에서 보듯이 히틀러 유겐트는 정권의 단순한 정치적 도구가 아니라 당시 청소년들이 갈구하는 적당한 놀이와 새로움에 대한 욕망의 충족을 제공하는 제도적 장치라는 측면에서도 고찰되어야 할 것이다.

또한 나치 이데올로기의 궁극적인 목적을 달성하는 수단으로 전쟁이 불가피했다고 가정한다면, 이를 위해 히틀러 유겐트라는 국

---

96) Bernhard Haupert, 《십자가와 나치의 갈고리십자가 사이에 선 청소년》, 219~222쪽.

97) 크리스토프 클라센, 〈두 가지 유형의 선전·선동?—'제3제국'과 동독에서의 대중매체 방송의 의미에 대한 고찰〉, 임지현·김용우 엮음, 《대중독재 2—정치 종교와 헤게모니》(책세상, 2005), 268쪽.

가 청소년 조직을 만들고 유지하는 것은 국가적으로 시간과 노력을 낭비하는 것이었다. 오히려 이미 존재하는 학교를 중심으로 교육 기관에 대한 국가 통제를 강화하고 확대하는 것이 훨씬 효과적이었을 것이다. 청소년 정책이라는 차원에서 국가가 중복적인 조직을 운영하는 것은 분명 비효율적이다. 이런 조직이 없던 1차대전에도 독일 국민의 대부분은 적극적으로 전쟁에 동참했다. 물론 그 전쟁이 실패했다는 것이 분명해진 시점에 내부로부터의 붕괴를 경험해야 했지만. 어떤 정치가가 패배를 전제로 전쟁을 일으키겠는가? 이런 점에서 히틀러 유겐트는 민족사회주의가 주장하는 '민족공동체'라는 거대한 국가 기획의 차원에서 이해해야 한다. 물론 나치 정권의 기획이 전쟁이라는 국면에 도달했을 때 히틀러 유겐트로 자라난 독일 청소년이 대부분 자발적으로 전쟁터로 나간 것은 사실이다. 그러나 히틀러 유겐트의 지휘관과 당 관료의 자식들은 군대에서도 상대적으로 안전하고 편안한 자리에 배치된다는 것이 알려지면서 청소년 사이에서 히틀러 유겐트의 활동에 대한 부정적인 시각이 널리 퍼지기 시작했다.[98] 이것은 결국 지원병의 숫자를 감소시키는 결과를 초래했고, 힘들여 구축한 '민족공동체'의 이상도 더 이상 독일의 청소년들에게 감동을 주지 못했을 것이다.

5. 소설과 일상의 사이

이 글은 '히틀러 유겐트의 일상은 과연 어땠을까?'라는 단순한

---

98) Bernhard Haupert, 《십자가와 나치의 갈고리십자가 사이에 선 청소년》, 153쪽.

의문에서 시작되었다. 그러나 이런 의문과 함께 나는 너무 흔하게 사용하고 있는 '일상'이라는 단어가 역사의 개념으로서는 얼마나 불분명하고 모호한지 알게 되었다. 오히려 나치 시대라는 이상한 시대에 정상을 의미하는 일상이 가능하며 그리고 과연 존재할까라는 의문을 갖는 것이 당연한 것처럼 보였다.[99] 독일 역사가 포이케르트Detlev Peukert의 지적대로 일상사가 '작은 사람들kleine Leute'의 모순되고 불투명한 경험에 집중하는 역사서술[100]이라면, 어떻게 이들의 경험으로 이상한 나치 시대 전체를 조망하는 시야를 확보할 수 있는가? 구체적으로 포이케르트가 지적하는 것처럼, 일상사를 통해 "체제에 대한 지지가 어디에서 비롯되었고 어떤 종류의 일상적 태도와 기대가 '지도자'의 그럴듯한 성공에 대한 환호로 이어졌는가를 인식할 수"[101] 있는가? 수많은 군중의 복잡한 일상을 히틀러에 대한 열광으로 설명하는 것이 과연 가능한가? 파편 같은 대중의 일상을 모아 하나의 거대한 퍼즐로 짜 맞출 수 있는가? 물론 가능할 수도 있다. 그러나 그 퍼즐은 1,000개, 2,000개 또는 5,000개 정도의 조각으로 이뤄지는 것이 아니라, 우리가 계산할 수 없을 정도의 무수히 많은 파편으로 이뤄져 있다. 일상사적 퍼즐 맞추기로 완전한 그림을 찾는 것은 현실적으로 매우 어려운 과제며 가능하지도 않다. 결국 일상사로 맞춰진 한 부분의 그림으로 전체 그림의 윤곽과 모양새를 추정하는 정도가 고작이다.

---

99) 독일의 역사학자인 포이케르트는 나치 일상사에 대한 관심이 증가하는 것이 나치라는 비상한 체제의 특수성을 지워버리고, 이로 인해 나치의 추종자와 적들 사이의 전선을 지워버리고, 자명한 가치들을 불분명한 것으로 상대화할 위험이 있음을 지적하고 있다. 데틀레프 포이케르트, 《나치 시대의 일상사 : 순응, 저항, 인종주의》, 김학이 옮김(개마고원, 2003), 22쪽 참조.

100) 데틀레프 포이케르트, 《나치 시대의 일상사》, 22쪽.

101) 데틀레프 포이케르트, 《나치 시대의 일상사》, 23쪽.

이런 일상사적 접근에서 또 한 가지 문제는 지금까지 다뤄지지 않던 '작은 사람들'에 관한 문제다. 지금까지 익명으로 존재하던 '작은 사람들'을 역사 연구의 전면으로 불러내는 과정에서 누구를 선택할 것인가 하는 문제가 대두된다. 또한 그 '작은 사람들'에 포함되지 못한 사람들은 무엇이라고 불러야 하는가? '허깨비?' '잊혀진 사람들?' 어떤 명칭이든 간에 역사에서 다룰 가치가 없는 특별한 집단을 만들어낸다는 것은 일상사가 추구하는 것이 아니다. 결국 일상을 연구한다는 것은 독립된 영역의 역사를 연구하는 것이 아니다. 이 점은 포이케르트도 지적하고 있다. "일상을 들여다보는 것은 연구자를 사회사, 경제사, 교육사 혹은 문화사 속으로 안내"하고, "일상사는 기존의 역사학 저편에 새로운 연구 영역을 개척하는 것이 아니"라 "새로운 전망"을 제시하는 것이라고 말이다.[102]

이런 맥락에서 나치 시대의 일상에 대한 현재의 역사 인식을 형성하는 데는 역사학 이외의 영역, 특히 소설 분야가 큰 역할을 해왔다. 소설적 허구가 역사적 사실을 과장하거나 왜곡할 수 있다는 우려가 있지만, 소설에서 서술하는 내용들을 '작은 사람들'의 심성으로 이해하는 일상사적 시각에서 본다면 전혀 다른 전망을 얻을 수 있다. 특히 자전적 소설은 소설 속의 등장인물을 통해 작가 개인과 그 주변 인물들의 심성을 상당 부분 반영하며, 적어도 당대인들이 공감할 수 있는 최소한의 공통분모를 공유하고 있을 것이다. 이런 점에서 리히터의 《우리는 그때 거기에 있었다》는 나치 시대 일상을 후세대에게 보여주는 좋은 역사 부교재의 역할을 한다. 또한 일상사에서는 '작은 사람들'이 역사의 전면으로 불려나오는 순

---

102) 데틀레프 포이케르트, 《나치 시대의 일상사》, 27쪽.

간 익명성을 상실하지만, 소설에서는 주인공들이 고유한 이름을 가지고 있음에도 '작은 사람들'의 익명성을 그대로 유지한다.

반면 세퍼의 생애를 재구성한 하우페르트의 일상사 연구는 매우 치밀하다. 실제로 존재했던 한 '작은 사람'을 중심으로, 연구자는 그가 속한 사회, 가족, 개인에 대해 다양한 분석을 하고 있다. 한 개인이 가지는 중층적 구조를 해체해 그의 일상의 껍질들을 벗겨내고 있다. 그러나 세퍼의 일상은 세밀하게 분석되고 있음에도, 그의 심성에 대해서 특별한 설명을 해주지는 못한다. 이것은 '작은 사람' 세퍼가 전쟁에서 죽었기 때문에 생긴 문제이다. 이 글에서 주목했던 점은 다양한 시각에서 다양한 대상을 연구하는 일상사가 소설과 같은 허구와도 일정 부분 맥을 같이하고 있지는 않은가였다. 즉 소설 속에 등장하는 세 소년의 일상적 삶과 실존 인물인 세퍼의 그것이 비교될 수 있는지, 그리고 나치 시대 히틀러 유겐트를 경험한 소년들의 일상적 삶이 소설과 일상사 연구를 통해 어떻게 전달되고 있는지를 살펴보고자 했으나 이러한 목적에 만족할 만한 답을 찾았는지는 나도 확신할 수 없다. 일상이라는 개념 자체가 가지고 있는 모호함이 이런 결과를 당연한 것으로 만들지는 않았나 하는 생각도 든다.

문학적 형식을 갖춘 소설과 다양한 증언을 기초로 한 일상사 연구가 비교 대상이 될 수 있다는 생각 자체를 인정하지 않을 수도 있다. 그러나 리히터의 《우리는 그때 거기에 있었다》가 작가의 경험과 기본적인 역사적 사실들에 기초해 구성된 역사물이라는 사실을 인정한다면, 소설 속의 일상과 역사 연구물인 일상사를 비교할 수도 있다고 생각된다. 역사학이라는 분야도 소설과 마찬가지로 독자를 소비자로 가지고 있다는 점에서 나치 시대에 존재했던 히틀러 유겐트의 일상을 어떻게 읽어내는가는 당시의 일상이 실제로 어떠했는가만큼 중요한 역사학의 과제라고 생각된다. 게다가 히틀러 유겐트의 일상이라는 주제가 내포하는 엄청난 양의 크고 작은 사건들을 소비자들이 소화할 수 있는 정도로 정제해 제공할 수 있어야 한다는 의미에서 나치 시대에 대한 역사 인식에서 소설의 의미는 더욱 중요해진다. 특히 히틀러 유겐트의 일상에 대한 문자화된 자료가 아직 완전히 정리되지 않은 상황에서 소설은 역사 기록물의 특성과 문학작품의 특성을 동시에 가지고 있었다. 일상사 연구가 어느 정도 성과를 보이고 있는 지금도 소설의 이러한 특성은 유효하다. 소설과 일상사가 공존하는 현재, 히틀러 유겐트의 일상에 대한 우리의 역사 인식은 소설과 일상사 사이의 어느 지점은 아닐까?

III
욕망과 소비

북한과 욕망의 교육
—전체주의, 일상생활, 탈식민 주체의 형성

찰스 암스트롱 :: 장문석 옮김

1. 북한과 탈식민 사회의 위기

독일의 일상사가 포이케르트가 주장했듯이, 독일의 민족사회주의(나치즘)가 계급으로 분할된 산업 사회의 위기로부터 발생한 것이라면, 북한의 사회주의적 민족주의는 탈식민지 사회의 위기로부터 출현했다.[1] 이는 소비에트-스탈린주의 '모델'과 탈식민적 민족 형성의 충격을 결합시킨 제3세계의 다른 마르크스-레닌주의 국가들, 그러니까 베트남, 중국, 쿠바, 앙골라, 모잠비크 등의 경우

찰스 암스트롱Charles K. Armstrong은 컬럼비아 대학 역사과 교수로 전공은 한국 근대사와 근대 동아시아의 국제관계사다. 《북조선 혁명 1945~1950 The North Korean Revolution, 1945~1950》과 《한국 사회 : 시민 사회, 민주주의, 국가 Korean Society : Civil Society, Democracy, and the State》를 출간했다. 그 외에도 한국과 동아시아 역사에 관해 여러 편의 글을 썼으며 곧 출간될《중심에 선 한국 : 동북아 지역주의의 역학 Korea at the Center : Dynamics of Regionalism in Northeast Asia》의 공동 편집자다. 최근에는 북한의 외교관계사에 관한 책을 마무리하고 있다.

장문석은 서울대 서양사학과에서 문학 박사 학위를 취득했고, 현재 한양대 비교역사문화연구소 연구 교수로 있다.

1) D. J. K. Peukert, 《나치 독재 안에서 : 일상생활 속의 순응, 반대, 인종주의 Inside Nazi Germany : Conformity, Opposition, and Racism in Everyday Life》, Richard Deveson (trans.) (New Haven : Yale Univ. Press, 1982), 11쪽.

는 물론이요, 이와는 구별되는 발전 모델을 따랐던 박정희 시대의 남한 같은 우익 권위주의 체제의 경우와도 유사하다. 포이케르트가 독일에 대해 말했듯이, 이 모든 경우에서 "근대성의 병리학과 균열이 특별한 힘과 착종"[2]되었는데, 특별히 탈식민적인 공업화라는 환경에서 그러했다. 북한에서의 다중적 위기들은 엄밀하게 전체주의라고 할 수는 없을지라도 필경 20세기의 가장 전체주의적인 체제들 가운데 하나를 창출하는 것으로 이어졌는데, 일본의 식민주의적 군국주의와 한국의 민족주의적 반동, 소련의 점령과 스탈린주의적 지배관리governance 기술의 실행, 농업 위주에서 공업 위주 사회로의 국가 주도적인 급속한 이행, 그리고 1950년에 시작되어 오늘날까지 지속되는 남한 및 미국과의 전쟁이 이런 다중적 위기를 잘 보여준다.

이와 같은 조건 아래에서 북한은 민족 경제의 구축과 전시 동원이라는 집단적 기획을 위해 인민의 욕망과 역량을 엄격하게 제한하고 이를 소기의 목표에 맞게 전환시키려 했다. 요컨대 조선민주주의인민공화국(이하 DPRK)은 동원 경제의 단계에 머물렀을 뿐, 다른 마르크스-레닌주의 국가와 같은 소비 지향적인 경제 단계로 진입하지 못했는데, 북한과 비슷한 사례로는 호자Enver Hoxha가 집권한 알바니아와 폴 포트Pol Pot의 단명한 민주주의 캄보디아를 들 수 있다. 1950년대 후반에는 소련의 스탈린 격하 운동과 호응하며 나라를 좀 더 "개혁적인" 방향으로 이끌고 김일성의 1인 지도 체제를 집단 지도 체제로 대체하려는 시도가 일어났으나 철저하게 압살당했다.[3] 그리하여 1990년대 중반에 경제가 붕괴하고 잇따라

---

2) D. J. K. Peukert, 《나치 독재 안에서》.

3) Andrei Lankov, 《북한의 위기 : 탈스탈린화의 실패, 1956*Crisis in North Korea : The Failure of De‐Stalinization, 1956*》(Honolulu : Univ. of Hawaii Press, 2005)을 보라.

민간 부문과 국가 부문이 '혼합된' 경제의 윤곽이 서서히 드러나기 시작할 때까지 북한은 시민들의 개인적 소비 행위를 엄격하게 통제했으며, 북한 사람들을 집단행동으로 동원하기 위해 일차적으로 비물질적인 방식으로 의욕을 높이거나 낮추는 것에 의존했다.

자유주의적 정치 이론들(미국의 대통령들은 물론이거니와)은 북한과 같은 체제를 왜곡된 체제로, 심지어 '악' 그 자체로 간주하여 주변으로 밀쳐내왔는데, 이런 태도는 적어도 다음 두 가지 방식으로 전체주의적 체제들에 대한 올바른 이해를 저해한다. 첫째, 그것은 극단적인 형태이기는 하지만 전체주의적 체제들이 보여주는 '보통의' 근대 사회의 병리학을 은폐한다. 둘째, 인민 대중으로부터 체제를 분석적으로 구별하는 것은 이런 조건들 속에서의 보통 사람들의 공모를 무시한다.[4] 최악의 '전체주의적인' 조건 아래에서도 일상생활은 의연히 지속되는 법이다. 정치적 권위에 적응하거나 그로부터 탈피하고 그에 대해 지지하거나 저항하는 보통 사람들의 기술은 체제 밖에 있는 것이 아니라 그 체제 자체의 일부다.

국가에 의해 정의되고 국가 목표에 정향된 집단적 주체성을 통해 시민들을 사회화하려는 것은, 아마도 우리가 "욕망의 교육"이라고 부를 수 있을 어떤 것, 즉 개인적인 호불호를 사적인(특히 물질적인) 쾌락으로부터 떼어내 공적인 기획으로 되돌리는 일과 관련되어 있다.[5] 전체주의 국가의 궁극적인 의도는 전체 사회체를

---

4) Chantal Mouffe, 《정치적인 것의 귀환 *The Return of the Political*》(London : Verso, 1993), 3쪽 ; Victor Buchili, 《사회주의의 고고학 *An Archaeology of Socialism*》(Oxford : Berg, 1999), 22쪽에서 재인용.

5) 섹슈얼리티는 북한을 고찰하기에 흥미로운 주제지만 이 글에서는 검토하기 어렵다. 다만 "욕망의 교육"이라는 표현은 섹슈얼리티를 다룬 책인 A. L. Stoler, 《인종과 욕망의 교육 : 푸코의 성의 역사와 식민지적 사물의 질서 *Race and the Education of Desire : Foucault's History of Sexuality and the Colonial Order of Things*》(Durham : Duke Univ. Press, 1995)에서

——북한식 어법을 빌리면——'일심단결'의 마음을 지닌 단일한 주체성으로 흡수하는 것이다. 즉 넓은 의미에서 교육의 목표는 (북)한민족으로 구체화되고 그 지도자로 대표되는 집단적 주체성을 창출하는 것이라는 말이다. 실제로 북한이 형성되던 1940년대 후반과 북한의 이데올로기적인 지도 원칙으로서 '주체사상'이 출현하던 1960년대 후반에 북한은 개인과 집단적 정체성과 국가가 서로 교차하는 주체성을 발전시켰다. 따라서 이러한 주체성이 세계화, 경제 개혁, 점증하는 소비 욕구에 직면하여 유지될 수 있을지의 여부를 고찰할 필요가 있겠다.

2. 사회적인 것의 구성

1940년대 후반부터 개시된 북한의 혁명적 기획은 새로운 사회적 범주와 집단적 정체성의 구성과 밀접하게 관련되어 있었다. 이는 수평적이면서 수직적인 차원을 모두 포함했다. 수평적인 측면에서는 개인을 젠더, 연령, 직업(농민, 노동자, 청년, 여성, 화이트칼라 노동자나 지식인)에 따라 집단적으로 범주화하고 조직화했으며, 수직적인 측면에서는 계급적 배경에 따라 배치했다. 전체주의에 대한 아렌트의 고전적인 설명에 따르면, 전체주의 국가는 종래의 계급 범주가 무용지물이 되는 원자화된 개인들로 이루어진 사회로부터 동원된 대중을 창출한다.[6] 그럼에도 한국은 "대중 사회"가 전혀 아니었다.[7] 확실히 일본의 식민 지배, 특히 후기의 전시

차용했다.

6) Hannah Arendt, 〈전체주의Totalitarianism〉, 《전체주의의 기원 *The Origins of Totalitarianism*》(New York : Harcourt, Brace & World, 1951), 3~38쪽.

동원 국면에서의 식민 지배는 유사 전체주의의 방식으로 계급을 민족과 제국에 종속시키려 했다. 그러나 전후 북한 체제는 각 개인의 사회 계층(성분)을 주의 깊게 기록함으로써 사회적 범주들을 말소하기는커녕 더욱 도드라지게 만들려고 했다. 그럼에도 일단 이런 범주화가 실행된 뒤, 국가는 예전의 위계를 뒤집으려 했고, 그리하여 '좋은 성분' 혹은 이전의 '피착취 계급'에 속한 이들을 사회의 상층부에 앉히려고 했다. 즉 한국 전쟁 이후에 분명해졌듯이, 북한 혁명의 결과는 사회적 위계 자체를 없앤 것이 아니라 위계의 '내용'을 뒤집은 것이었다. 이는 중국보다 훨씬 엄격하게 계층화되었던 전근대 한국 사회를 현대적으로 반영한 것으로 볼 수도 있다.[8] 1960년대부터 북한에 정착된 '핵심 계급', '동요 계급', '적대 계급'으로 이루어진 세습적인 삼층 구조는 식민지와 한국 전쟁 시기에 자신이나 선조가 어떤 행동을 했는가에 따라 결정되었다. 이런 계층화는 1946년부터 모든 북한 시민을 사회 계층에 따라 신중하게 범주화함으로써 가능해졌고, 조선 사회를 지배했던 양반, 상민, 노비라는 삼층 구조와 호응했다.[9] 위계의 내용은 조선과 북한이 크게 달랐으나, 양자 모두 자유주의 사회의 유동적인 성

---

7) Bruce Cumings, 〈한국은 대중사회인가?Is Korea a Mass Society?〉, 《부정기 한국 보고서Occasional Papers on Korea》 no. 1(1972).

8) 팔레James Palais는 조선 시대의 지배 엘리트를, 재능에 따라 상층으로 올라갈 수는 있지만 이런 사회적 상승이 세습적인 엘리트 지위를 보완하는 것일 뿐 대체하는 것은 아닌 "귀족/관료 혼성체"로 명명한 바 있다. James Palais, 〈한국의 유교와 양반/관료 균형Confucianism and the Aristocratic Bureaucratic Balance in Korea〉, 《하버드 아시아연구Harvard Journal of Asiatic Studies》, vol. 44, no. 2(1984년 12월).

9) 북한의 삼분할 계급 구조는 물론 DPRK의 명시적인 정책은 아니지만, 북한 망명자들은 이런 계급 구조를 일관되게 언급해왔다. Minnesota Lawyers' Human Rights League, 《조선민주주의인민공화국의 인권Human Rights in the Democratic People's Republic of Korea》 (Minneapolis : AsiaWatch, 1988)을 보라.

격과는 대립했다.

이런 변화는 북한 체제가 1946년 봄과 여름에 개시해 '민주주의 개혁'——농지 개혁, 노동 개혁, 새로운 법적·제도적 구조들을 포함하여——이라고 명명한 것, 그러니까 북한 사회를 하루아침에 뒤바꾼 개혁에 의해 초래되었다. 그러나 변화가 아무리 갑작스러웠을지라도 이는 위로부터 부과되었을 뿐만 아니라 (특히 농지 개혁의 경우에는) 중앙의 명령이 지방의 참여와 실행, 그리고 자원투입과 결합되었다. 남한의 미국 군정청의 문서들과 같은 매우 비판적인 사료들만 보더라도 "북한에서 확인되는 종래의 사회적 패턴에 일대 변화가 유발되었다"[10]고 하여 그 변화들을 "심대한 사회혁명"[11]으로 부르는 것을 알 수 있다.

물론 식민주의가 종식되면서 식민 지배층이 사라지고 조선인 협력자들이 제거되며 이 두 계층이 소유했던 토지가 가난한 농민들에게 분배됨으로써, 공산주의자들이 권좌에 오르기 전에 이미 한국에서는 새로운 국가 형태와는 무관하게 광범위한 사회적 이동이 야기되고 있었다. 북한은 이와 같은 사회적 이동을 부분적으로 촉진했고, 그것을 체제의 특정한 목표에 맞게 지도하고자 했다.[12] 국가의 목표는 농지 재분배, 사회복지 조치, 예전의 비특권적 요소

---

10) United States Army Forces in Korea, Assistant Chief of Staff, G-2. Record Group 332, Box 57. 〈오늘날의 북한North Korea Today〉, 17쪽.

11) Robert Scalapino · Chong-Sik Lee, 《한국 공산주의Communism in Korea》, vol. 1(Berkeley : Univ. of California Press, 1972), 350쪽.

12) 이와 유사하게 피츠패트릭은 소련에서 스탈린주의가 부분적으로 사회를 동요시키는 대규모의 상향식 유동성을 창출하기보다는 오히려 통제하려 했다고 주장한다. 〈계급 전쟁으로서의 문화 혁명Cultural Revolution as Class War〉, Sheila Fitzpatrick (ed.), 《러시아의 문화 혁명, 1928~1931Cultural Revolution in Russia, 1928~1931》(Bloomington : Indiana Univ. Press, 1978), 11쪽.

들에 대한 차별의 법적 폐지를 통한 사회적 평등이었다. 이런 목적을 위해 여러 집단(특히 농민, 노동자, 여성, 청년 동맹)이 정치 과정에 호출되어, 대규모 결사체나 '사회 조직체'로 편성되었다.

이런 측면에서 형성기(1945년 일본 통치의 종식으로부터 1950년 한국 전쟁의 발발까지)의 북한은 소비에트 점령자들과 조언자들로부터 도움을 받으면서 근대 국가의 일반적 발전을 고도로 압축된 시간 순서에 따라 추구했다. 사실 근대 국가는 새로운 권력체제를 발명하기보다는 기성의 것을 재활용함으로써 수세기에 걸쳐 개인들을 통합하는 권력을 발전시켜왔다. 푸코에 따르면, 새로운 것은 "무엇보다 권력 효과들을 가장 미세하고 멀리 떨어진 요소들에까지 관계시키는 것을 가능하게 하면서" 이런 권력 관계를 정규화하고 정상화하며 효율적으로 만드는 규율의 기술——국가에 국한된 수단에 의해서만이 아니라——이다.[13] 그러므로 전체주의 체제들은 서구의 정치경제적 합리성을 포함하여 "이미 대부분의 다른 사회들에 존재하는 여러 기제들을 활용하고 확장하되,"[14] 국가를 유일하게 정당한 권력의 원천으로 설정했다. 스탈린주의를 비판하면서 프랑스의 정치철학자 르포르Claude Lefort는 다음과 같이 관찰하고 있다.

다른 무엇보다 전체주의 담론은 국가와 시민사회 사이의 대립을 말소한다. 그것은 사회적 공간을 통해 국가가 엄연히 현존하고 있음을 부

---

13) Michel Foucault, 《감시와 처벌 : 감옥의 탄생*Discipline and Punish : The Birth of the Prison*》, Alan Sheridan (trans.)(New York : Vintage Books, 1979), 216쪽.

14) Michel Foucault, 〈후기 : 주체와 권력Afterword : The Subject and Power〉, H. L. Dreyfus · Paul Rabinow (eds.), 《미셸 푸코 : 구조주의와 해석학을 넘어*Michel Foucault : Beyond Structuralism and Hermeneutics*》(Chicago : Univ. of Chicago Press, 1983), 209쪽.

각시키려 한다. 즉 일련의 대표자들을 통해 행위의 다양성을 관할하고 이를 일반적 충성 모델에 따라 통합하는 권력의 원리를 전달하려 한다.[15]

권력은 단순한 지배가 아니다. 푸코에 따르면, 근대 사회에서 권력 관계는 "보완적인 구조로 사회 '위'에 재구축되는 것이 아니라 사회적 관계 속에 깊이 뿌리내리고 있다".[16] 전체주의 국가가 시도하려는 것은 규율 과정을 독점하고 가족, 종교, 문화, 자원 단체, 교육, 고용 등에 내재하는 권력 관계망을 국가 자체로 대체하는 것이다. 마르크스-레닌주의 체제들이 그토록 강압적이면서도 결국 그토록 취약한 것도 이런 목표를 실현하는 것이 불가능하기 때문이다. 독점화라는 궁극적 목표에도 불구하고 '전체주의' 국가가 모종의 지속적인 헤게모니를 구축하기 위해서는 처음부터 기성의 권력망을 이용하여 작동하지 않을 수 없는데, 권력망을 전복시키고 궁극적으로 지배하기 위해서라도 그럴 수밖에 없는 것이다.

미국의 동아시아 전문 정치학자인 스칼라피노Robert Scalapino와 이종식은 조선노동당에 대해 "공산주의 정당이건, 다른 정당이건 그 어떤 근대 정당도 대중 동원의 정치를 그토록 강조한 정당은 없을 것"이라고 정확하게 지적한 적이 있다.[17] 1948년에 DPRK가 수립되었을 때, 북한의 성인 거주자 대부분은 국가가 후원하는 하나 이상의 조직에 속해 있었다. 그런데 스칼라피노와 이종식의 주

---

15) Claude Lefort, 《근대 사회의 정치 형태 : 관료제, 민주주의, 전체주의*The Political Forms of Modern Society : Bureaucracy, Democracy, Totalitarianism*》, J. B. Thompson (ed.)(Cambridge, U. K. : Polity Press, 1986), 215쪽.

16) Michel Foucault, 〈후기 : 주체와 권력〉, 222쪽.

17) Robert Scalapino · Chong-Sik Lee, 《한국 공산주의》, 375쪽.

장은 이 모든 집단이 지배 정당의 명령에 따라 완전히 새로 만들어졌다는 인상을 준다. 사실상 체제는 대개 이러저러한 형태로 기성 조직에 통일성과 구조, 지도력을 제공했던 것처럼 보인다. 더욱이 대중 동원의 주요한 대상이었던 농민과 노동자, 여성, 청년은 단체로 조직되었을 뿐만 아니라 그들에게 맞는 새로운 사회적 역할과 정체성을 부여받았다.

　한국 전쟁으로 북한은 사회적 동원에 더욱 의존하게 되었다. DPRK가 수립되었을 때 북한은 단지 은유적으로만 전시 경제를 유지했다고 말할 수 있지만, 1950년 6월에 전쟁이 발발하면서부터는 진정한 의미의 전시 국가가 되었고, 이 사실은 그 이후로도 줄곧 변함이 없었다. 전후에 수천 명의 북한 시민들이 남한으로 이주했는데, 이는 경제적으로 보자면 북한 체제에 해로운 일이었지만 정치적으로 보자면 잠재적인 반대자들을 대부분 제거했다는 의미에서 북한 체제에 이로웠다. 남한 정보 기관에 대한 지속적인 두려움으로 전후에 숙청과 사회적 감시의 강화가 정당화되었는데, 이로 말미암아 사회에 대한 국가의 침투가 확대되고 정당한 형태의 정부가 무엇인지에 대한 일체의 비판적 논의가 금지되었다. 또한 전쟁은 새로운 혐의자 계급, 즉 친인척이 남한과 미국으로 망명한 사람들을 양산했다. 그리하여 이 혐의자 계급과 그들의 후손은 믿을 만한 체제 지지자들로서의 '핵심' 계급으로부터 영영 배제되어버렸다. 1960년대에 DPRK는 대체로 20년 전에 시작된 북한의 수직적 분할을 공고하게 했던 것이다.

3. 욕망의 교육

북한의 정치경제는 그 시작부터 최근에 이르기까지 대중 동원과 집산주의——즉 개인적 소비 욕구를 대규모의 집단적 기획에 종속시키는 것——에 기초를 두어왔다. 처음 20여 년간 중공업 우선, 소비재 제한, 자본주의적 세계 경제로부터의 철수, 계획 생산의 강령은 남한의 경제 성장을 훌쩍 뛰어넘는 북한의 인상적인 경제 성장률을 기록하면서 잘 작동하는 것처럼 보였다.[18] 그러나 1970년대에 들어와서 이런 발전 경로는 아주 제한된 결과만을 보여주었고, 1990년대에 접어들어 외관상 북한 경제는 구제불능의 위기에 처하게 되었다. 동유럽의 중앙집권화된 경제가 한때 그랬던 것처럼 북한은 공업화 초기 단계에서 괄목할 만한 성취를 자랑했으나, 대량 생산의 단계를 넘어 "탈포드주의", "탈근대"나 "비조직"[19] 자본주의 등으로 다양하게 묘사되는 자본주의와 더 이상 경쟁할 수 없게 되었다. 특히 북한처럼 중앙집권화된 경제는 그 주민들이 느끼듯이 이웃의 선진 자본주의 국가들과는 매우 대비되는 방식으로 소비재에 대한 인민의 수요를 충족시켜주는 데 실패하기 마련이었다. 소련이 붕괴하기 15년 전에 동독의 반체제 인사였던 바로Rudolf Bahro는 "모스크바의 권력 기구는 충족되지 못한 물질적 필요라는 화산 위에 앉아 있다는 것을 스스로 깨달을 것이다……선전 기계는 '풍요 사회'의 단순한 외관에 맞서 완전히 무장해제당한 채로 있다"라고 진단했다.[20]

---

18) United States Central Intelligence Agency, 《한국 : 북한과 남한의 경제적 경쟁 *Korea : The Economic Race Between the North and the South*》(Washington, D. C., 1978)을 보라.

19) Scott Lash · John Urry, 《조직 자본주의의 종언 *The End of Organized Capitalism*》 (Madison : Univ. of Wisconsin Press, 1987)을 보라.

(1) 민족과 경제

　북한 정치 경제의 사명은 인민의 생활수준을 높이고 그들 속에 생산주의 이데올로기를 스며들게 하는 것이었다. 초기 DPRK에서 나온 어느 팸플릿은 "노동자, 농민, 사무원으로 이루어진 광범위한 근로 대중의 생활 조건은 근본적으로 바뀌었고, 새로운 체제의 노동자들은 변화했으며, 노동은 영광스러운 작업이 되고 있다"라고 쓰고 있었다.[21] 생산성 증대를 위해 첫 번째로 동원되어야 할 사회 계층은 농민이었다. 1946년의 농지 개혁 직후에 김일성은 농민들에게 생산성을 증대하여 북한을 "식량 부족 지역에서 풍요 지역으로" 바꾸라고 훈시했다.[22]

　농업 생산성을 가일층 증대시키자는 김일성의 요구 뒤에는 식량 생산 문제가 깔려 있었다. 북한은 남한의 곡창 지대에서 떨어져 있고 비료와 농기구가 부족한데다가, 1945년 가을에는 소련 점령군이 소를 징발해 도살하면서 농업 산출에 심각한 차질을 빚게 되었다.[23] 해방 후 첫 18개월 동안에는 내부 문서와 첩보 기관 보고서가 반복해서 강조하고 있듯이 식량 부족이 심각했다. 지방의 어느 인민재판소 문서는 해방 직후에 생산이 "무정부 상태"에 있었으며

---

　20) Rudolf Bahro,《동유럽의 대안 *The Alternative in Eastern Europe*》, David Fernbach (trans.) (London : Verso, 1981), 237～238쪽.

　21) Record Group(RG) 242, Shipping Advice(SA) 2006 15/37. Cultural Development Section, Ministry of National Defense, 〈조선민주주의인민공화국의 사회 기관과 국가 기관 Social and State Organs of the Democratic People's Republic of Korea〉(1949년 2월), 53쪽.

　22) Chong-Sik Lee, 〈농지 개혁, 북한의 집산화와 농민들 Land Reform, Collectivization and the Peasants in North Korea〉,《계간 중국 *China Quarterly*》, no. 14(1963), 71쪽에서 재인용.

　23) National Archives and Records Administration, United States Army, Far East Command. G-2 Weekly Summary no. 31(1946년 4월 17일), 6쪽.

식량 공급이 어려웠음을 증언하고 있다.[24] 임시인민위원회가 권력을 획득한 직후에는 식당에서 고기와 밥의 판매가 금지되고 식량 배급이 엄격하게 강화되었다.[25] 한국 전쟁 이전 시기는 물론이요, 그 이후에도 식량은 군대에 우선적으로 지급되는 등 노동 유형에 따라 차등적으로 배급되었다.[26] 북한은 다른 사회주의 체제들처럼 극단적으로 심각하지는 않았더라도 상당히 심각한 "결핍 경제"였던 셈이다.[27]

북한 지도부는 공업, 특히 중공업이 나라의 경제 발전에 중추가 된다는 점을 조금도 의심하지 않았다. 이미 1930년대와 1940년대 초반에 일본에 의해 북한 지역에서 공업화가 이루어짐으로써 북한은 아시아의 사회주의 국가들 사이에서 스탈린주의적 발전 모델을 가장 쉽게 따라갈 수 있었다.[28] 북한 인민은 "국가 경제를 발전시키고 인민의 물질적이고 문화적인 수준을 향상"시키는 데 필요한 민주주의적이고 "계몽된 공업"을 구축하라고 독려받았다.[29] 1946년 8월에 조선노동당은 일련의 주요한 사회 개혁들 가운데 마지막으로서 주요 공업에 대한 국유화 법령을 통과시켰다. 공업의

---

24) National Archives and Records Administration, RG 242, SA 2005, item 8/59. 해주 인민법정Haeju People's Court, 〈지방 동향과 활동Local Situation and Activities〉(1946년 4월 10일).

25) 《새길 신문》, 1946년 3월 21일자.

26) RG 242, SA 2005 7/57. Supply Section, 평양시 인민위원회Pyongyang City People's Committee, 〈배급Distribution of Rations〉(1949년 1월).

27) 결핍 경제로서의 사회주의 체제에 대해서는 Janos Kornai, 《사회주의 체제 : 공산주의의 정치경제학The Socialist System : The Political Economy of Communism》(Princeton : Princeton Univ. Press, 1992), 208)~301쪽을 보라.

28) Bruce Cumings, 《한국 전쟁의 기원The Origins of the Korean War》, vol. 2(Princeton : Princeton Univ. Press, 1990), 337쪽.

29) RG 242, SA 2007 9/61. 김찬, 《상사대차대조표 소론》(평양 : 문명산업사, 1947), 5쪽.

국가 소유로의 이행은 식민지 시기 공업에 대한 일본의 통제를 극복하려는 작업이 병행되면서 상대적으로 수월해졌다. 즉 해방으로 일본인들이 떠나버려 몰수 대상인 사적 소유자가 거의 없었던 것이다. 그러나 국가 소유권이 확립되면서 공장에 대한 지방 인민위원회의 통제권과 짧은 시기나마 존재했던 노동자 자율성은 종식되었다.[30]

"자립적 민족 경제의 발전"을 위한 두 차례에 걸친 1개년 계획 중 첫 번째가 1947년 2월에 채택되었다. 김일성은 오직 단일한 국가 계획 아래에서만 "경제가 복구되고 진실로 신속하게 발전하며 인민의 생활수준이 향상될 수 있을 것"이라고 선포했다. 이 계획은 건설, 강철, 석탄, 화학, 동력, 운송, 특히 철도에 집중하면서 이전 시기에 비해 공업 생산에서 92%의 성장률을 요구했다.[31] 미국 첩보 기관 보고서들이 주목했듯이, 북한의 국가 경제 계획은 소련 모델을 따랐으나, 그와 동시에 일본 총독부의 국가 자본주의에서 선구적인 형태를 찾아볼 수 있는 것이었다.[32] 1947년 계획의 주요 입안자는 1945년 9월에 북한에 와서 계획부 고문이 된 게이오 제국대학의 강사 출신인 김관진과 일본에서 경제학을 공부하고 돌아와 공업부를 이끈 이문한이었다.[33] 수백 명의 일본인 기술자들도 국영 공업체들에 고문으로 재배치되었다.[34]

---

30) United States Army, Far East Command. RG 319. 《북한 첩보 개요*Intelligence Summary North Korea*》 no. 37(1947년 6월 15일), 9쪽.

31) Kim Il Sung, 〈민족경제 발전을 위한 1947년 계획에 대하여On the 1947 Plan for the Development of the National Economy〉, 《저작집*Works*》, vol. 3(Pyongyang : Foreign Languages Publishing House, 1980), 79, 82쪽.

32) United States Armed Forces in Korea, Assistant Chief of Staff, G-2. RG 332, box 57. 〈오늘날의 북한North Korea Today〉, 20쪽.

33) 《북한 첩보 개요》, no. 41, 11쪽.

소련과 중국의 초창기 시절처럼 경제 발전은 '운동'과 '동원', 그리고 '돌격 운동'을 포함한 전쟁의 전술이나 용어와 더불어 추구되었다. 사회주의 국가들, 특히 북한은 생산을 증진시켜 발전이 정상화되어 "탈동원" 국면에 도달하기 위해서라도 이런 방법을 포기할 수 없었다.[35] 우리에겐 《국가와 사회혁명》이란 저작으로 잘 알려져 있는 미국의 정치학자 스코치폴Theda Skocpol은 "경제 발전의 임무에 대처하는 혁명체제의 능력이 어떻든 간에" "그것은 전시 민족을 위해 최고의 희생을 바치도록 주민을 격려하는 데 단연코 뛰어난 것처럼 보인다"라고 관찰한 적이 있다.[36] 그런데 스코치폴이 간과한 것은 경제 발전 자체가 군사적 투쟁과 희생의 방법과 언어로 추구된다는 사실이다. 사실 사회주의 국가가 병영, 공장, 심지어 학교와 같은 일차적인 "규율 제도들"을 한데 결합시키는 곳은 무엇보다 경제 발전이라는 영역일 것이다.[37]

(2) 대중 동원

1950년 6월에 전쟁이 발발했을 때, 북한은 이미 대중 동원 사회였다. 한국 전쟁은 한반도 전체를 폐허로 만들었으며, 특히 공업 산출의 거의 절반, 농업 산출의 4분의 1, 사망과 피난으로 수백만

---

34) United States Army, Far East Command. Allied Translator and Interpreter Section (ATIS), box 4, item 25. Planning Bureau, North Korean Provisional People's Committee, 〈북한 인민이 성취해야 할 경제 발전 계획Plan of Economic Development to be Achieved by the North Korea People〉(top secret)(1947), 5쪽.

35) A. G. Walder, 《공산주의의 신전통주의 : 중국 공업의 작업과 권위Communist Neo - Traditionalism : Work and Authority in Chinese Industry》(Berkeley : Univ. of California Press, 1986), 8쪽.

36) Theda Skocpol, 〈사회 혁명과 대중 군사 동원Social Revolutions and Mass Military Mobilization〉, 《세계정치World Politics》(1988년 1월), 150쪽.

37) 〈공장, 내 학교〉(동시), 《소년단》(1950년 5월), 7쪽.

명의 시민을 상실한 북한에서는 더욱 그러했다.[38] 전후 재건 노력
은 전시는 물론, 전전의 경제 계획처럼 군사적 방법으로 실행되었
다. 실제로 군대와 민간 재건 노동력을 구분하는 선은 종종 모호했
다. 즉 조선인민군KPA은 때때로 군대에 배치되는 대신에 공장에
파견되거나, 민간 재건 기획을 위해 활용되었다.[39] 지방 농민들은
공장에서 나온 폐품들을 치우고 거리를 정비하는 데 동원되었다.
수백 명의 사무원들도 일과 후에 노력 동원에 불려나가 평양의 스
탈린 도로(1956년에 승리도로로 이름이 바뀜)를 보수하는 데 이용
되었다.[40]

　전전에 정치 조직으로서 중심적인 역할을 수행한 바 있는 민주
주의청년동맹DYL도 학교와 문화 시설들을 건설하는 데 어린이와
청소년을 동원했다.[41]

　재건 노력은 매우 짧은 시간에 북한의 공업 부문을 활성화시켰
으나, 재건이 일반 북한 사람의 생활수준에 미친 효과는 이중적이
었다. 1953년 12월에 DPRK 정부는 농민이 부담한 한국 전쟁 이전
의 부채를 모두 탕감한다는, 생활고에 시달리던 농민들이 환영할
만한 법령을 발표했다.[42] 그러나 당 지도부는 전반적인 공업화에

---

38)《전후 북한 민족경제의 재건과 발전*Postwar Reconstruction and Development of the
National Economy of DPRK*》(Pyongyang : Foreign Language Publishing House, 1957), 8쪽.

39) Soviet Embassy in DPRK Report, 1954년 6월 30일. Foreign Policy Archives of the
Russian Federation(AVPRF), Fond 0102, Opis 10, Papka 52, Delo 8.

40) Soviet Embassy in DPRK Report, 1953년 10월 15일. AVPRF, Fond 0102, Opis 9,
Papka 44, Delo 9. 종종 그러했듯이, 동베를린의 '스탈린 가'를 건설하기 위한 지방 노동
자 동원은 1953년 6월 17일의 베를린 폭동, 즉 소비에트 블록에서의 최초의 민중 폭동의
도화선이 되었다. 그러나 이런 문제들은 평양의 재건 노동에 영향을 주지는 않았다.

41) Soviet Embassy in DPRK Report, 7 October 1953, AVPRF, Fond 0102, Opis 9,
Papka 44, Delo 9.

42) Soviet Embassy in DPRK Report, 13 January 1954. AVPRF, Fond 0102, Opis 9,

우선권을 둘 것이냐, 아니면 소비재 생산과 대중의 생활수준 향상에 초점을 맞출 것이냐 하는 문제를 둘러싸고 격렬한 논쟁을 벌였다. 가령 제6차 조선노동당 중앙위원회 총회에서 몇몇 대표자는 배급제를 없애고 임금을 높이는 방안을 옹호한 반면, 다른 이들은 배급량을 증가시키기를 원했다. 결국 중앙위원회는 배급제를 유지하면서도 몇몇 소비재의 가격을 낮추고 임금을 높이기로 결정했다. 지나치게 높은 물가에 대한 불평이 여전히 있기는 했지만 4월에 체제는 노동자의 임금을 평균 25% 인상했다.[43]

　북한은 1947년의 제1차 경제 계획에서처럼 이른 시기에 화학, 강철, 수력 부문을 포함하는 중공업을 각별히 강조하면서 스탈린주의적인 급속한 공업화 강령을 내세웠다.[44] 한국 전쟁 이후 DPRK는 다시금 중공업을 재건하는 과업을 최우선시했다. 1953년 7월 말에 소련 대사인 수즈달레프Suzdalev에게 보낸 김일성의 보고서는 북한의 중공업적 기반, 특히 공작기계 부문을 급속하게 재건할 필요가 있다고 강조했다.[45] 전후 재건기의 첫 두 해 동안 공업 투자의 약 80%, 그러니까 전체 투자의 거의 40%가 중공업 분야에 할당되었는데, 이는 같은 시기 중국과 유사하고 약간 이른 시기 동유럽과 유사한 비율이었다.[46] 이처럼 북한이 중공업을 강조한 것은 일본

Papka 44, Delo 9.

　43) Soviet Embassy in DPRK Report, 28 May 1954. AVPRF, Fond 0102, Opis 9, Papka 44, Delo 9.

　44) C. K. Armstrong, 《북한 혁명, 1945~1950 *The North Korean Revolution, 1945~1950*》 (Ithaca : Cornell Univ. Press, 2003), 제5장.

　45) Kim Il Sung to Suzdalev, 1953년 7월 31일, enclosure, 1~3쪽.

　46) Masai Okonogi, 〈북한 공산주의 : 원형을 찾아서 North Korean Communism : In Search of Its Prototype〉, Dae-Sook Suh (ed.), 《한국 연구 : 태평양 신동향 *Korean Studies : New Pacific Currents*》(Honolulu : Univ. of Hawaii Press, 1994), 185~186쪽.

식민지기 말에 구축된 전전의 공업적 하부구조가 이미 존재하고 있었기 때문이다. 비록 이 하부구조의 많은 부분이 한국 전쟁으로 손상되거나 파괴되었지만, 재건은 무에서 구축하는 것보다는 더 쉬운 과제였다. 즉 계획과 기술적 지식이 이미 있었고, 선진 형제 국들에서 파견된 기술자들이 도와줄 터였다. 그러나 김일성이 일찍이 표명했듯이, 북한 지도부는 식민지기의 발전이 보여준 왜곡을 바로잡는 데 열성이었다. 가령 김일성은 일본인들이 주요 공장을 본국에 수송하는 데 편리하기는 하되 원료 산출지에서 멀리 떨어지고 국내의 필요에 부적합한 해안 지대에 건설했다고 지적했다. 그러므로 기성 공단들은 재건되어야 했을 뿐만 아니라 이를 뒷받침하기 위한 새로운 공장들과 하부구조가 북한의 필요에 맞게 건설되어야 했다.[47] 새로운 경제 계획들은 동력과 원료——특히 전력과 광물——산출지에서 시작해) 철, 강철, 공작기계, 선박, 자동차 부품, 화학 비료를 포함하는 화학물 같은 기본 공업재의 생산으로 이어지는 공업적 자급자족을 지향하며 신중하게 발전 순서를 짰다.[48]

소련은 기술 고문과 원료 등 많은 것을 지원했으나, 북한의 야망이 늘 소련의 지침을 따른 것은 아니었다. 전쟁 기간까지 북한은 대체로 소련에 대한 농산물 공급지로 기능했으나, 전후에 북한의 경제 계획자들은 소비에트 블록 밖으로의 수출품을 포함해 제조품에 초점을 맞추려 했는데, 이는 소련 고문단이 비현실적이라고 생각한 것이었다. 1954~1956년 계획은 소련의 조언과는 반대되는 또 다른 정책으로서 DPRK가 의류와 섬유 부문에서 자급자족할

---

47) Kim,《전후 부흥*Postwar Rehabilitation*》, 11쪽.

48) Kim,《전후 부흥》, 11~14쪽 ; Kim Il Sung to Suzdalev, enclosure.

수 있도록 분단 이전에 남한에 압도적으로 집중되었던 분야인 섬
유 생산에 큰 관심을 기울였다.[49] 전후 부흥 계획의 창끝은 소련이
주도하는 국제 분업에 편입되는 것이 아니라 명백히 자급자족을
겨누고 있었다. '사회주의적 분업'의 확립은 2차대전 이후의 점령
지들로부터 소련이 필요한 것을 징발하거나 아니면 '위성' 국가들
의 자활을 선호했던 스탈린에게 그다지 큰 관심사가 아니었다. 한
편 흐루시초프는 사회주의 국가들 사이의 경제 관계를 합리화하는
일에 주력했는데, 북한은 이런 시도에 대해 끝까지 반대했다. 북한
은 소련 주도의 상호경제지원위원회CMEA에 참여하지 않았는데,
예컨대 다른 사회주의 국가들의 계획과 겹치지 않도록 자국의 경
제 계획 일정을 재조정할 정도였다.

여기서 북한 사람들이 잘 알고 있었던 당시 동유럽의 기획들과
북한의 전후 공업화 강령을 대조해볼 필요가 있다. 참고로 DPRK
는 알제리, 기니와 수교한 1958년까지는 다른 사회주의 국가들과
단지 외교적 관계만을 맺고 있었다.[50] 1953년에 동독과 체코슬로
바키아에서 주요 노동자 저항이 일어났다. 소련은 이에 대한 대응
으로 동독이 지불해야 할 배상금 일부를 깎아주었으며, 체코와 동
독 정부는 보통 시민들의 생활수준을 어느 정도 향상시키기 위해
자원을 재배정했다.[51] 북한의 경제 계획자들은 1954년 봄에 소련
고문단과 만나 경제 계획 과정에서 드러난 "인민 민주주의 체제

---

49) Soviet Embassy in DPRK Report, 30 March 1956. AVPRF, Fond 0102, Opis 12,
Papka 68, Delo 5.

50) George Ginsburgs·R. U. T. Kim, 《외교사건 일지, 조선민주주의인민공화
국Calendar of Diplomatic Affairs, Democratic People's Republic of Korea》(Moorestown, NJ :
Symposia Press, 1977), 51~52쪽.

51) Martin McCauley, 《1945년 이후의 동독The German Democratic Republic since 1945》
(London : Macmillan, 1983), 69쪽을 보라.

들"의 경험과 오류에 대해 큰 관심을 피력하면서, 특히 보통 시민의 생활 향상을 중요하게 여기고 있다고 말했다.[52] 그러나 말과는 달리 사실 DPRK의 경제 계획은 발전 도상의 북한의 독립적인 공업 기반과 특히 군수산업체에 크게 경도되어 있었다.

어떤 의미에서 재건은 다른 방법으로 수행한 전쟁이었다. DPRK의 권력 핵심에 있었던 김일성과 예전의 만주 항일 파르티잔 집단은 결국 게릴라전, 정규전, 그 사이 짧은 기간의 스탈린주의적 경제 건설——이 역시도 일종의 전시 동원으로 간주될 수 있는——이외의 다른 것은 몰랐다. 강력한 공업 국가를 창출하겠다는 관심에 비하면 소비재 생산과 대중의 일상생활의 향상은 부차적인 것이었을 따름이다. 전후 북한에서는 동유럽과 달리 대처해야 할 성가신 노동자 저항 따위는 없었다. 주민 자체가 국가 권력을 위한 군사력과 공업화의 자원이었다.

가능한 한 빠른 시일 내에 자급자족, 혹은 적어도 국내 공업 수품 생산을 충족시키기 위한 북한의 시급한 행보에도 불구하고 DPRK의 전후 부흥은 압도적으로 해외, 특히 소련의 원조에 의존했다. 1955년에 모스크바 당국은 북한에 기술을 사실상 무상으로 이전해주는 데 동의했다. 1956년과 1958년 사이에만 소련은 3억 루블에 달하는 차관을 북한에 공여했고, 1959년경에는 소련의 총 원조액이 28억 루블, 그러니까 당시의 환율로 따지자면 6억 9,000만 달러에 달할 정도로 파격적으로 지원했다.[53] 당시 소련측 기록에 따르면,

---

52) Soviet Embassy in DPRK Report, 19 April 1954. AVPRF, Fond 0102, Opis 10, Papka 52, Delo 8.

53) E. V. Ree, 〈주체사상의 한계 : 소련 산업 원조에 대한 북한의 의존, 1953~1976The Limits of Juche : North Korea's Dependence on Soviet Industrial Aid, 1953~1976〉,《공산주의 연구Journal of Communist Studies》, vol. 5, no. 1(1989년 3월), 68쪽.

5개년 계획이 끝나는 1960년까지 소련의 원조는 북한 전력 생산의 40%, 코크스 생산의 53%, 주철 생산의 51%, 강철 생산의 22%, 내강 콘크리트 벽돌 생산의 45%, 면직물 생산의 65%를 차지했다.[54] 수천 명에 달하는 북한 사람이 소련과 동유럽에서 기술 훈련을 받았고, 약 만 명의 북한 학생이 재건 시기에 소비에트 블록 국가들의 대학을 다녔다.

그러나 이런 의존에도 불구하고, 아니 차라리 의존 때문에 DPRK의 지도부는 1950년대 후반에 소련 및 동유럽과 북한의 경제 관계를 둘러싸고 의견이 나뉘어 있었다. 다음에서 보게 되듯이, 1956년과 1958년 사이에 김일성과 그의 당파는 북한이 농산품을 유럽 사회주의 국가들의 제조품과 맞교환하는, 소련 주도의 국제 분업에 통합되는 것에 한사코 반대했다. 반면 김일성의 반대파들은 지나친 자급자족 방안을 반박하면서 중공업의 비중을 감소시키고 경공업과 소비재 분야의 비중을 좀 더 확대하라고 요구했다. 이러한 주장은 경제 정책뿐 아니라, 흐루시초프의 '스탈린 격하 운동'에 의해 촉발된 집단 지도 체제 관련 논쟁을 둘러싸고 심화되었다. DPRK의 통치 집단은 내부적으로 친소련파와 친중국파, 만주 게릴라 파벌 사이의 권력 투쟁에 휘말리게 되었다. 결과적으로는 김일성의 집산화, 민족주의, 자급자족, 중공업 우선 발전 노선이 승리해, 많은 반대자들이 목숨까지 잃게 되었다.

비록 외국의 원조가 1960년대에 크게 줄어들었지만, 북한은 소련이 와해될 때까지 소련과 다른 사회주의 국가들로부터 받은 장기 상환 차관에 여전히 의존하고 있었다. 1989년경에 DPRK의 대

---

54) Karoly Fendler, 〈전후 북한에 대한 사회주의 국가들의 경제 원조와 차관, 1953~1963Economic Assistance and Loans from Socialist Countries to North Korea in the Postwar Years 1953~1963〉, 《아시아Asien》, no. 42(1992년 1월), 42쪽.

외 무역 절반은 소련과 관련되어 있었고, 소련에 대한 북한의 부채는 거의 1년 수출액에 맞먹는 규모였다.[55] DPRK의 경제 계획자들은 제1차 7개년 경제 계획(1961~1967)을 공식화할 때 외국의 원조를 잃는 것에 별로 개의치 않았던 것으로 보인다. 그러나 그 결과, 경제 계획은 실행될 수 없었고 사실상 3년을 늘려 10개년 계획(1961~1970)으로 바꾸어야만 했다. 그리하여 북한은 제때에 경제 계획을 실행하지 못했고, 1960년대 중반 이후 경제 산출량의 구체적인 통계조차 공표할 수 없었다. 우리는 이를 북한의 장기화되고 지연된 경제적 쇠퇴의 시작으로 간주할 수 있다. 1950년대 사회주의 경제의 본보기였던 북한은, 남한이 근대화 강령을 본격적으로 추진하기 시작한 1960년대에 이미 시들어가고 있었던 것이다. 어떤 의미에서 북한은 수십 년간 헤어 나오지 못할 발전의 막다른 지점에 들어가면서 자신의 때 이른 경제적 성공의 희생자가 된 셈이었다.

이와 같은 음울한 운명은 1950년대 중반에 북한 안팎의 누구도 미처 예견하지 못한 일이었다. 다소 늦은 1974년에 일련의 서방 경제학자들은 DPRK를 "일체의 서방 경제 사상이 수용하고 있던 모든 전제를 뒤엎는 대안적 발전 이론"을 제공하는 경제적 성공담의 사례로 선언하기까지 했다.[56] 북한은 2년 8개월이라는 놀랄 만한 (그리고 몹시 힘든) 시간을 거쳐 3개년 계획을 완수했다고 선포했다. 공식 생산 통계는 눈부실 정도이며, 아마도 대부분은 사실일 것

---

55) Karoly Fendler, 〈전후 북한에 대한 사회주의 국가들의 경제 원조와 차관, 1953~1963〉, 43쪽

56) Ellen Brun·Jacques Hersh, 《사회주의 조선 : 경제 발전 전략 사례 연구*Socialist Korea : A Case Study in the Strategy of Economic Development*》(New York : Monthly Review Press, 1976), 21쪽.

북한과 욕망의 교육 263

이다. 물론 공업이 계획의 중심에 있었고, 1956년의 공업 생산은 1953년의 2.9배와 전전 시기인 1949년의 2배에 달했다. 농업 생산은 관개, 화학 비료 공급, 트랙터와 각종 농기구의 급속한 증가에 힘입어 1953년 대비 124%, 1949년 대비 108% 증가했다. 80개 이상의 새로운 중·대규모 공업 단지가 건설되었고, 그에 따라 수백 개의 학교, 병원, 극장이 세워졌다. 희천과 구송에는 완전히 새로운 공업 도시들이 건설되었다. 평양 동부에는 경공업, 낙원-북충 지역에는 기계-건축의 새로운 중심지들이 등장했다.[57]

이 모든 것은 '사회주의 개조'의 명목으로 이루어졌는데, 이 말은 국가가 경제를 지도하고 인민은 집단적인 형태의 결사로 조직된다는 것을 의미했다. 국가가 운영하는 협동조합적 공업은 전전 북한 공업의 90.7%를 차지했으나, 이제는 그 비율이 98%에 달했다. 1956년 말경에 농민 가구의 80.9%는 농업 협동조합에 소속되어 있었다. 효율적인 협동농장에 있는 반듯한 농가들이 전통적인 초가집을 대체했고 "조선 농촌은 이제 가난에서 영영 탈출하게 되었다". 도시에서 북한의 생산직, 사무직 노동자는 1956년 11월과 1957년 6월 사이에만 평균 35% 상승된 임금을 받았다.[58] 북한 인민의 '영웅적인 새로운 시대'에 대한 선전이 완전히 부당한 것은 아닌 셈이었다.

(3) 사회주의적 공간들

DPRK의 수도인 평양은 북한 체제가 일상생활의 공간들에서 과시한 유토피아적인 꿈을 가장 잘 관찰할 수 있는 장소다. 도시, 특

---

57) 김일찬, 〈북한의 경제 재건〉, 《신한국》, 제6호(1957년 6월), 11~13쪽.

58) 김일찬, 〈북한의 경제 재건〉, 13쪽.

히 수도는 1920년대의 "붉은 모스크바"를 필두로 하여 오랫동안 국가 사회주의적 기획에서 중심적인 역할을 수행했다.[59] 마르크스-레닌주의자들에게 근대 공업 도시는 자본주의적 착취라는 악의 본보기인 동시에 합리적이고 "과학적인" 사회주의적 이상에 따라 도시 생활을 계획하고 재조정하는 잠재성을 지니고 있었다.[60] 유토피아를 건설하기 위한 실험실로서의 도시의 이념은 17세기 초 이탈리아의 이상주의자였던 캄파넬라Tommaso Campanella의 《태양의 도시*La città del sole*》로까지 거슬러 올라가면서 유럽 계몽사상의 전통에 깊게 뿌리내리고 있는데, 캄파넬라의 책은 소련의 가장 급진적인 도시 실험이었던 철두철미한 계획 공업 도시인 우랄 산맥의 마그니토고르스크Magnitogorsk가 형체를 갖추고 있던, 정확히 1930년대에 소련의 계획자들에게 높이 평가받았다.[61] 한편 '민족의 태양'인 김일성이 존재한 평양도 '태양의 도시'였다고 할 만하다. 평양이 전쟁으로 파괴됨으로써 북한의 도시 계획자들에게는 이상 도시를 창출하기 위한 사실상의 공터가 제공된 셈이었다. 전후 사회주의 세계에서 그에 견줄 만한 유일한 실험은 동베를린이었는데, 동베를린은 평양과 비슷하게 전쟁으로 파괴당했지만 절반의 도시에 불과했다. 반면 평양에서 북한 사람들은 재건해야 할 전체 도시를 가지고 있었다. 수십 년간 진화를 거듭하면서 평양

59) T. J. Colton, 《모스크바 : 사회주의 메트로폴리스를 관할하기*Moscow : Governing the Socialist Metropolis*》(Cambridge : The Belknap Press of Harvard Univ. Press, 1995).

60) D. M. Smith, 〈사회주의적 도시The Socialist City〉, Gregory Andrusz · Michael Harloe · Ivan Szelenyi (eds.), 《사회주의 이후의 도시들 : 탈사회주의 사회에서의 도시 및 지역의 변화와 갈등*Cities after Socialism : Urban and Regional Change and Conflict in Post-Socialist Societies*》(Oxford : Blackwell, 1996), 70~99쪽.

61) Stephen Kotkin, 《자석산 : 문명으로서의 사회주의*Magnetic Mountain : Socialism as a Civilization*》(Berkeley : Univ. of California Press, 1995), 364~365쪽.

은 기념물, 직선 도로, 깨끗한 공원, 파스텔 톤의 고층 건물로 가득 찬 조선식 사회주의의 독특한 본보기가 될 터였다. 잿더미로부터 재건된 평양은, 권위주의적 지배 아래에서 신중하게 계획되고 관리되는 또 다른 도시인 싱가포르를 예외로 한다면, 아시아의 그 어떤 도시와도 닮지 않았다. 그런가 하면 DPRK는 중국이나 쿠바 같은 다른 제3세계 사회주의 국가들과도 달리 이데올로기나 경제 정책에 있어서 반(反)도시적인 편견을 갖고 있지 않았다. 오히려 그 반대로 평양은 민족 생활의 중심지이자 특권적이고 정치적으로 우수한 분자들만이 거주할 수 있는 사회 유기체의 심장으로 부각되었다. 때때로 1990년대의 기근에서처럼 나라의 외곽 지역은 심장이 살아갈 수 있도록 희생해야만 했다.

평양은 북한의 전후 부흥 노력의 중심지이자 본보기였다. 훗날의 DPRK의 기록에 따르면, 한국 전쟁 동안 미국의 공습으로 평양에 42만 8,748발의 폭탄이 투하되었는데, 이는 이 도시 거주자 1인당 한 발 꼴이었다.[62) 가장 큰 파괴는 1951년에 있었는데, 이때 도시의 많은 부분이 잿더미로 변했다. 수도의 부흥은 휴전과 거의 동시에 1953년 7월 30일에 나온 DPRK의 내부 결정 125번 문서인 〈평양의 재건에 대하여〉의 지침에 따라 개시되었다.[63) 이 결정은 8월 초에 북한 전역의 전후 재건을 최우선한 조선노동당 중앙위원회의 "제6차 당대회 정신"을 실행하고자 했다. 특히 평양의 재건은 일본 식민지기의 발전이 보여준 "반계몽적이고 착취적이며 억압적인 성격"을 교정하고 수도의 시민들에게 질서, 이성, 삶의 질의 향상을 가져다주는 것을 목표로 했다.[64) 가령 일본의 지배 아래

---

62) 《평양 평론 *Pyongyang Review*》(Pyongyang : Foreign Languages Publishing House, 1985), 25쪽.

63) 평양 향토사 편집위원회, 《평양지》(평양 : 국립출판사, 1957), 501쪽.

에서 공장의 67%가 도시의 주거 공간에 세워졌고, 평양 노동자들은 도시 근교에서 가난하게 살았다. 그리하여 일본인들이 이웃에서 특권을 누리고 살면서 공업, 상업, 행정의 최고 요직을 차지한 다른 식민지기 조선의 도시들에서처럼 평양의 조선인 주민과 일본인 주민은 첨예하게 분리되었다. 비록 일본인은 식민지기 조선인구의 2~3% 이상을 차지하지는 못했지만, 1925년 평양 주민의 거의 4분의 1이 일본인이었다. 서울에서는 그 비율이 훨씬 높았다.[65] 또한 평양을 위한 새로운 도시 계획으로 주거지가 공단에서 분리되고, 도시 거주민을 위해 수만 호에 달하는 새로운 "노동자 아파트"가 지어질 것이었다. 평양의 수많은 사적이 보존되어 새로운 건물은 옛 건물과 조화를 이루고, 평양의 "특수한 성격"도 보존되어 한국에서 가장 예스러운 도시이자 "영웅적이고 근대적인" 새로운 수도가 될 것이었다.[66]

이 도시 건설 계획을 관장하기 위해 설립된 평양시재건위원회(이하 PCRC)의 위원장은 다름 아닌 이 도시 출신의 김일성 자신이었다. 그러나 재건은 소련 기술자들과 소련 대사 수즈달레프의 원조와 조언, 긴밀한 감독 아래 실행되었다.[67] 동독 역시 이 계획에 도움을 줄 도시 계획가 팀을 파견해주었다.[68] 첫 번째 임무는 조국해방 전쟁의 '승리'를 기념하고 도시의 새로운 중앙 공간을 구축하

---

64) 평양 향토사 편집위원회, 《평양지》, 502쪽.

65) Eckart Dege, 〈북한 수도 평양의 고대와 현대P'yŏngyang-Ancient and Modern-The Capital of North Korea〉, 《지정학GeoJournal》, vol. 22, no. 1(1990년 9월), 26쪽.

66) 《평양 지명사전Pyongyang Gazetteer》, 502쪽 ; 《평양의 어제와 오늘》(평양 : 사회과학출판사, 1986), 106쪽.

67) Soviet Embassy in DPRK, "Interview with Pyongyang City Committee Vice-Chairman Comrade Kim Sŏng-yong," 25 February 1955. AVPRF, Fond 0102, Opis 11, Papka 60, Delo 8.

68) Eckart Dege,〈북한 수도 평양의 고대와 현대〉, 26쪽.

기 위해 3,600평방미터에 달하는 김일성광장을 만드는 일이었다. 김일성광장을 만드는 작업은 휴전이 조인된 다음 날, 그러니까 7월 28일——도시 재건을 위한 공식적 계획이 발표되기 이틀 전——에 시작되었다. 김일성광장은 도시를 남과 북으로 가르는 중심축인 스탈린 도로에 의해 양분되었는데, 스탈린 도로의 북쪽 끝은 1946년 소련군의 북한 해방을 기념하기 위해 세워졌다가 재건된 해방탑에 맞닿았다.[69] 도시 재건의 첫 번째 국면은 1960년에 스탈린 도로의 남쪽 끝에 평양대극장을 건설하면서 정점에 달했다. 동베를린에 있는 동명의 도로인 스탈린 가처럼 평양의 스탈린 도로의 양쪽에는 전시용의 복층 주거 건물들이 죽 들어설 것이었다.[70]

PCRC는 약 만 3,000명을 수용하는 새로운 주거지가 1953년 말까지 건설될 것이라 장담했으나, 초창기 재건은 민간 주거지보다는 공공장소와 구조물에 우선순위를 두었다.[71] 구체적으로는 김일성 광장 외에도 모택동 광장, 인민군 광장, 국립극장, 두 개의 새로운 백화점, 모란봉 운동장, 영화제작소, 국제호텔, 그리고 김일성대학과 모란봉 극장을 재건하거나 증축하는 것이었다. 이 모든 기획은 1년 내로 완수되었다. 이는 실로 놀라운 속도라서 나중에 "평양속도"로 불릴 지경이었다.[72] "영웅 도시 평양을 빨리 재건하자!" 와 "전후 민족 경제의 새로운 재건을 위해 모두 하나 되자!"라는

---

69) 《평양 지명사전》, 502쪽 ; 《평양의 어제와 오늘》, 106쪽. 중국 인민의용군에 헌정된 '우정탑'은 1959년에 건립되었다. 스탈린 도로는 '승리도로'로 개칭되었는데, 평양의 해방과 재건에서 수행한 소련의 역할은 이 시점 이후로는 거의 언급되지 않았다.

70) 평양의 스탈린 도로 아파트 단지는 4~5층 규모로서, 베를린보다는 훨씬 소박했다. 베를린의 스탈린 가 역시 스탈린 사후 칼 마르크스 가로 개칭되었다.

71) 《평양 지명사전》, 504쪽.

72) 이 평양속도는 1958년에 7,000호의 아파트 건설에 필요한 재료로 2만 호의 아파트를 건설하는 것, 그리고 아파트 한 층을 14분 만에 짓는 것을 포함했다. 이런 아파트의 질은 거의 언급되지 않았다. 《평양 평론》(1985), 25쪽.

슬로건 아래 평양 시민들은 마치 군사 작전을 펼치듯 재건에 임했다. 이 군사 작전은 PCRC가 1954년 8월 15일 광복 9주년에 맞춰 주요한 재건 목표를 달성하기 위한 투쟁을 제시했던 1954년 6월에 열렬하게 시작되었다.[73] PCRC는 재건 노력에 관련된 소식을 전하기 위해 《건설자》라는 신문을 발간하기까지 했다. 1954년의 투쟁은 광복절 이틀 전인 8월 13일에 조국해방전쟁승리 기념관의 개장에서 정점에 달했다.[74] 그러나 쉴 틈이 없었다. 1955년 2월 10일 PCRC의 네 번째 결의는 1955년 8월 15일 광복 10주년에 맞춰 훨씬 더 많은 성과를 요구했다. 이 목표는 가정, 학교, 공원, 도서관, 병원, 목욕탕, 미장원, 기타 사회문화센터 등을 포함하는 시민 위락 시설에 초점을 맞췄다. 1955년의 144일 총력전은 약 421만 명의 군인, 기술자, 학생, 노동자를 동원했다. 김일성은 1955년 6월에 모든 건설 현장을 직접 방문했다.[75] 이 모든 임무 역시 민족 경제 3개년 계획의 완수에 맞게 1955년 8월 중순에 평양의 기본 재건을 완수하면서 시간 내에 성취되었다.[76]

　전쟁만큼이나 경제 재건도 효율적이었으나 한계도 있었다. 비록 북한 언론에는 재건 노력에 대한 불평이 거의 나오지 않았고, 인구 대다수의 애국적 열정에도 아마 진정성이 담겨 있었겠지만, 평양 시민에 대한 통제는 실로 거대한 것이었음에 틀림없다. 역사를 통틀어 DPRK는 전시 동원 경제에서 좀 더 완화된 형태의 경제 발전으로 성공적으로 옮아가지 못했고, 전후 반세기가 지난 후에도 여

---

73) 《평양 지명사전》, 508쪽.

74) 《평양 지명사전》, 510쪽.

75) 《평양의 어제와 오늘》, 107쪽 ; 《평양 지명사전》, 511쪽.

76) Soviet Embassy in DPRK, "Interview with Kim Sŏng-yong," 1~2쪽. 소련 대사관의 북한 정보원에 따르면, 1954년 계획은 '123% 초과 달성'되었다.

전히 전쟁의 언어와 전술로 경제 문제에 접근했다. 여기서 다시 한 번 우리는 북한을 초기 성공의 희생자로 볼 수 있다. 5개년 계획이 발진했던 1957년에는 광복 12주년에 맞춰 도시 발전의 극적인 성취를 요구하는 더 많은 명령이 하달되고, "애국적 노동자, 학생, 시민"에게 이 투쟁에 나설 것을 독려했다. 모든 관공서마다 매일 노동력의 15% 차출이 요구되었고, 모든 시민은 일요일에 자발적인 노력 봉사에 나서야 했다. 김일성대학, 조선노동당중앙당학교, 인민경제대학, 김책공업종합대학 학생들은 재건 노동에 앞 다투어 나섰고, 지방 학생들도 "뜨거운 마음으로" 참여했다.[77] 매년 더 많은 평양 주민이 재건 노력에 참여했다. 1954년에는 50만 5,624명, 1955년에는 58만 4,624명, 1956년에는 62만 5,431명, 1957년에는 67만 명이었다.[78] 만일 이런 수치들이 믿을 만한 것이라면, 1950년대 말약 100만 명의 평양시 인구 가운데 아주 어리거나 늙은 사람을 제외한 거의 모든 이가 도시 재건 계획에 참여했다고 할 수 있다.

이와 같은 도시 재건을 위한 숨 가쁜 흐름이 평양의 보통 시민들의 삶에 미친 영향과 이 노력에 대한 진정한 열의의 정도는, 현재 이용할 수 있는 공식 기록은 물론, 계획자들의 보고서에도 반대 견해가 나타나지 않았다는 점에서 평가하기 쉽지 않다. 그럼에도 입수할 수 있는 자료에서 도시의 일상생활의 발전의 성격과 충격을 추정할 수는 있다. 전후 소련의 영향 아래에 있었던 다른 곳에서처럼 평양의 주거지 건설은 대부분 중앙에서 계획되었고, 공공으로 소유되었으며, 질보다는 양을 강조하면서 균질하고 적용 가능하며 기능적인 성격을 보여주었다.[79] 그러나 평양의 경험에서 특징

---

77) 《평양 지명사전》, 514쪽.
78) 《평양 지명사전》, 515쪽.

적인 것은 공공 주거지가 건설된 속도다. 평양 중심지에 주거지 건설은 3개년 및 5개년 계획(1954~1961)의 시기에 완수되었다. 1970년대와 1980년대에 시행될 나중의 기획들은 도시 외곽에 집중되었다. 이 초기 국면에서 평양의 주거지 건축은 베를린, 바르샤바, 모스크바의 모델을 따온 것이었고, 독일 바우하우스 학교의 졸업생들에게 도시 계획과 건축에 대한 조언을 받기도 했다.[80] 전후에 재건을 위한 전체 예산 중 주거지에 할당된 예산의 비율은 1955년에 10.9%, 1956년에 14.6%, 1957년에 14.9%, 그리고 1958년에는 12.8%로 줄어들었다.[81] 북한 전역에서 주거지 건설 총면적은 1954~1956년에 472만 평방미터였고, 1957~1960년에는 622만 평방미터였는데, 그중 187만 평방미터가 평양에 해당했다.[82] 1958년 2월에는 단 12일 만에 만 7,000가구를 위한 주거지가 건설되었다.[83] 부품과 노동자들의 조립 라인만 구비되어 있다면, 아파트 한 채가 14분 만에 건설될 수 있었다. 이로부터 '평양속도'가 신속한 주거지 건설을 위한 슬로건이 되었다.[84]

명백히, 이런 속도로 다양성이나 양질이 보장될 리는 만무했다. 아파트는 표준 모델로 조립되었을 뿐이고, 소련의 코뮤날카kommunalka(공동 아파트)에서처럼 몇몇 가구가 하나의 욕실과 부엌을 공동으로 이용했는데, 평양의 경우 많게는 12가구가 하나의 욕

---

79) Peter Marcuse · Wolfgang Schumann, 〈동독의 주거Housing in the Colours of the GDR〉, Bengt Turner · József Hegedüs · Iván Tosics (eds.), 《동유럽과 소련의 주거 개혁*The Reform of Housing in Eastern Europe and the Soviet Union*》(London : Routledge, 1992), 74~144쪽을 보라.

80) Rüdiger Frank, 《동독과 북한*DDR und Nordkorea*》(Aachen : shaker, 1996), 49쪽.

81) 〈토대 건설 지역의 투쟁〉, 《건설자》(1958년 4월), 4쪽.

82) 《조선 중앙 연감》(평양 : 조선중앙통신사, 1959), 202, 333쪽.

83) 《평양》(1958년 5월 10일).

84) 《평양 신문》(1958년 6월 7일).

실과 부엌을 공동으로 이용했다.[85] 벽은 얇았고, 천정은 물이 샜으며, 전기는 오락가락했다. 물론 싸구려로 급조되어 제대로 검사도 받지 못한 건축물이 북한에만 있었던 것은 아니다. 남한도 1995년 서울에서 발생한 백화점 붕괴사고로 상징되는 날림 공사로 악명을 떨치게 된다. 그럼에도 어쨌든 '평양속도'로의 재건이 갖는 결함이 무엇이든지 간에, 이렇게 짧은 시기에 도시는 외관상 폐허에서 잘 정돈된 현대식 메트로폴리스로 거듭났다. 전통 시대의 대문 두 개를 포함해 주의 깊게 보존된 역사적 기념물들을 제외하면, 식민지기 혹은 전식민지기 평양의 모습을 떠올리게 하는 것은 남아 있지 않았다. 오늘날에도 서울에 일부 남아 있는 좁고 구불구불한 길과 어지러운 시장판이 제거되었고, 영웅 가도, 기념 건물, 큰 공원, 국영 백화점으로 대체되었다. 평양은 사회주의 조선의 중추 신경이자 과시 수단이었고, 다른 DPRK 도시들의 모델로 남을 것이었다.

만일 사회주의가 생산 수단의 국가 소유를 의미한다면, 당 언론이 주장했듯이 DPRK는 사실상 1950년대 말에 사회주의 혁명을 성취했다고 말할 수 있다. 북한의 사회주의 혁명은 너무 쉬웠다. 1948년에 체제가 수립되었을 때, 이미 대부분의 공장이 현지에 없는 일본인 소유자들로부터 몰수되어 산업의 90% 이상이 국영이었다. 1958년 말까지 대부분의 농업 부문도 집산화되고 국영화되었다. 국유화는 다른 동유럽 인민민주주의 체제들보다 DPRK에서 훨씬 더 철저하게 이루어졌다. 1960년대 초까지 그 어떤 사적 경제도 남아 있지 않았다. 북한은 마르크스가 '병영 사회주의'라고 부른 것, 그러니까 유일 지도자의 리더십 아래에서 일종의 군사화된 공

---

85) 〈1958년 평양의 재건 결과와 진보〉,《조선 중앙 연감》(1959), 77쪽.

장 사회를 발전시킨 것이다.

1950년대 중엽까지 북한은 제3세계의 기준에서 인상적인 공업 경제와 일반적으로 안정된 기초 위에서 인민에게 생활필수품을 제공해줄 수 있는 소비 경제를 갖추게 되었다. 이러한 조건하에서 국가는 인민의 생활수준을 향상시키는 데 자원을 할당했고, 군사적인 경제 발전의 형태에서 좀 더 다각화된 형태로 이동해갔다. 그러나 공산주의 블록의 불안정성, 미국과 남한으로부터 오는 점증하는 위협감, 그리고 경제 발전을 전쟁 이외의 것으로 보지 못하는 파르티잔 출신의 DPRK 지도자들로 말미암아 체제는 의식적으로 자원을 군수품 생산에 할당하는 선택을 했다. 경제는 정체하기 시작했고, 몇 년 지나지 않아 생활 조건이 점차 하락했다. 아마도 북한이 중국의 대약진 운동 시기의 기근 같은 충격에 직면했더라면, 평형추는 경제 개혁과 유예 기간을 두는 것으로 옮겨졌을지도 모른다. 그 대신에 북한 경제는 수십 년간 지속된 정체를 감수해야 했고, 나라는 소비에트 블록과 중국의 지원으로 근근이 버텼으며, 인민은 사시사철 중단 없는 전시 동원에 내몰리게 되었다. 공포와 희망이 교차했다. 제국주의자들이 가하는 위협에 대한 공포가 눈앞에 펼쳐진 상태에서 북한 인민은 항시 주의를 게을리 해서는 안 된다고 경고 받았다. 남한과의 통일이라는 희망도 있었는데, 이는 현재의 고통을 한꺼번에 보상해줄 것으로 선전되었다. 식량 부족은 1970년대와 1980년대에 상대적으로 완화되었다가 1990년대 초에 다시 심각해졌는데, 이로 말미암아 체제는 다시 한 번 인민 동원에 크게 의존하지 않을 수 없었다.[86]

---

86) James Brooke, 〈북한. 식량 부족 직면. 쌀농사꾼 돕기 위해 도시에서 수백만 동원

4. 표상과 수용

(1) 문학

DPRK, 중화인민공화국, 그리고 다른 동유럽 사회주의 국가들은 소련의 문화 생산이 스탈린의 문화적 차르라고 할 수 있는 즈다노프Andrei Zhdanov에 의해 통제되었던, 이른바 '즈다노프주의'의 정점에서 건립되었다. 즈다노프는 문화가 확고하게 정치적 통제에 종속되어야 하며, 예술은 '사회주의 리얼리즘'의 공식적 모델을 따라야 한다고 주장했다. 문학, 회화, 음악, 연극 등의 '고급 예술'은 대중의 이데올로기적 행동주의이자 교화라는 광범위한 강령의 일부였다.[87] 북한에서도 고도로 현학적이고 정치적인 문학이 노동자, 농민, 병사, 일반 시민 사이에 광범위하게 확산되었다. 이 가운데 많은 것이 직접적으로 소련 모델에서 차용되었으며, 국가에 의해 긴밀하게 통제받고 독점되었다. 물론 해방 이후의 처음 몇 해 동안 비교적 자기의식적인 '예술' 문학과 그것을 생산하는 작가들이 즉각 정치적 통제에 종속된 것은 아니었고, 최소한 은근히 체제에 비판적인 저술도 한국 전쟁 시기까지 지속되기는 했다. 그럼에도 1950년대 말에 이르면 식민지기의 많은 지도적인 작가들이 숙청되었고, 1960년대 말까지 '주체 문학'이 민족주의적 테마를 강조하고 김일성의 인신과 활동을 찬양하면서 지배적인 정통으로 자리 잡았다.[88]

North Korea, Facing Food Shortages, Mobilizes Millions From the Cities to Help Rice Farmers〉,《뉴욕타임즈*The New York Times*》(2005년 6월 1일). http://www.nytimes.com/2005.06/01/international/asia/01korea.html

87) Katherine Verdery,《사회주의 치하의 민족 이데올로기*National Ideology Under Socialism*》(Berkeley : Univ. of California Press, 1995), 88쪽.

88) 김재용,《북한 문학의 역사적 이해》(문학과지성사, 1994), 14~17쪽.

1946년 3월에 북한의 작가들과 예술가들은 "민족 건설에 대중을 동원하는" 예술을 증진하기 위해 북조선문학예술총동맹을 결성했다. 총동맹은 단언하기를, 예술가들에게 가장 긴급한 임무는 부르주아적, 봉건적, 식민지적 사상을 일소하고 사회주의 건설의 물질적 토대를 창출하는 일에 참여하는 것이었다. 총동맹의 20개 정관은 스탈린을 인용하면서 계급의식을 민족주의와 결합시켜 소련으로부터 영감을 받은 사회주의 리얼리즘, 즉 "사회주의적 민족 문화"를 창조하자고 요구했다.[89] '고급 예술'과 '인민 예술'은 모두 현재의 사회주의적 민족 건설의 단계에 합류해야 했고, 예술총동맹의 지부들이 모든 도, 시, 군, 면, 리에 설립되어야 했다.[90]

북한에서 예술적 자유의 한계가 어디까지였는가는 1946년 12월 이른바 '응향 사건'과 더불어 분명해졌다. 원산문학동맹이 서정시집 《응향》을 출간하자, 북조선문학예술총동맹은 강한 비난으로 응수했다. 총동맹의 지도자들은 《응향》의 작가들이 작품에서 비정치적인 리얼리즘을 노정하고 진보적인 민주주의 이념을 결여하고 있다고 비난했다.[91] 1947년 1월에 북조선문학예술총동맹은 작가들을 비난하고 그들에게 자기비판을 요구하면서 "시집 《응향》에 대한 결의"를 발표했다. 이때부터 북한에는 더 이상 '순수 문학'이 존재할 수 없게 되었다.

문학과 예술은 1947년 초 조선노동당이 예술 생산을 검열하고 지도하는 데 발 벗고 나섬으로써 새로운 국면에 돌입했다. 1947년 3월에 조선노동당 중앙위원회는 "북조선의 민주주의 민족 문화의

---

89) 유재천, 〈사회-문화 도구화의 문제점〉, 이상우 외, 《북한 사십년》(을지문화사, 1988), 236쪽.

90) 유재천, 〈사회-문화 도구화의 문제점〉, 234쪽.

91) 김재용, 〈북한의 '남로당' 작가들의 숙청〉, 《역사비평》, 제27호(1994), 223쪽.

수립"에서 문학과 예술이 "인민을 사회주의로 교육해야 하고 민족과 인민에 봉사해야 한다"라고 선언했다.[92] 사회주의 사회의 토대는 1946년 봄과 여름의 토지 개혁, 노동 개혁, 기타 민주주의 개혁들의 성공과 더불어 마련되었다. 그러나 이러한 객관적 환경의 변화에도 인민의 의식은 한 발자국도 더 나아가지 못했다. 그러므로 "문화 혁명", 그러니까 "건국 사상 총동원 운동"은 다음번의 긴급한 임무였다. 이것이 실제로 의미한 것은 모든 문학이 당의 정책을 발전시켜야만 한다는 것이었다.[93]

예술을 정치화하려는 압력은 한국 전쟁 이전 시기 내내 지속되었다. 1949년 말에 김일성은 작가와 예술가 들이 "단지 오락만" 추구하며 "경박한" 행동을 하고 혁명 정신을 결여하고 있다고 비난했다. 그는 그들에게 "인민을 교육하고 공화국을 방어하는 전사들"이 될 것을, 가장 중요하게는 노동자들의 "영웅적 투쟁"을 묘사할 것을 주문했다.[94] 높은 수준의 애국적 내용을 담고 있는 사회주의 리얼리즘은 시대의 요구였고, DPRK의 역사를 통틀어 계속될 것이었다. 김일성은, 한국 전쟁이 한창이던 시절에도 연안파 출신의 김창만이 아마도 의식적으로 마오쩌둥이 연안에서 행한 "예술과 문학에 대한 담화"를 모델로 하여 기초한 것으로 추정되는 연설에서 똑같은 테마를 여러 차례 반복했다.[95]

---

92) 권영민, 〈북한의 문학과 예술 : 이론과 정책〉,《한국 저널》, vol. 31, no. 6(1991년 여름), 59쪽.

93) 김재용,《북한 문학의 역사적 이해》, 21쪽.

94) Kim Il Sung, 〈현재 작가들과 예술가들이 당면한 몇 가지 임무Some Tasks Before Writers and Artists at the Present Time〉,《저작집》, vol. 5, 283쪽.

95) Kim Il Sung, 〈작가들과 예술가들과의 대담Talk With Writers and Artists〉(1951년 6월 31일),《선집Selected Works》, vol. 1(Pyongyang : Foreign Languages Publishing House, 1971), 305~312쪽.

북한 문학 연구자인 김재용은 1947년 이후에 확인되는 문학에 대한 북한식 접근법을 "혁명적 낭만주의"로 지칭한 바 있다.[96] 나는 북한 문학에서 혁명적 **민족주의**의 중요한 요소가 1960년대까지는 지배적이지 않았을망정, 1940년대 말부터 존재했다고 덧붙이고 싶다. 물론 사회주의적 국제주의와 소련에 대한 경의가 1950년대 말까지 북한 문학에서 주요한 테마로 남아 있었음은 사실이다. 소련의 병사, 기술자, 의사와 간호사 들이 북한 사람들을 부모처럼 보살펴준다는, 이른바 "친선의 이야기"가 1960년대 초까지 북한의 픽션에서 눈에 띄는 장르로 남아 있었다.[97] 그러나 한국 전쟁 이전에도 마르크스-레닌주의와 스탈린 숭배는 낭만적 민족주의나 김일성 숭배와 나란히 존재했다. 비록 김일성 숭배는 1960년대 말에 들어와서야 비로소 주체 문학으로 구체화되지만 말이다. 이런 사실은 영화까지 포함한 북한의 다른 예술 형태에 대해서도 마찬가지다.

(2) 영화

영화는 볼셰비키 혁명 이래로 국가의 선전 도구 가운데 가장 중요한 것이었다. 레닌, 스탈린, 무솔리니, 히틀러 모두가 영화의 정치적 잠재력에 경탄했고, 그것을 이용하려 했다. 영화가 가진 광범위한 대중적 호소력과 사람의 감정을 움직이는 영상의 힘, 대부분 문맹인 관객에 접근하는 능력, 작품을 생산하고 확산시키는 데 드는 비용이 개별 예술가를 포섭할 때보다 적게 든다는 이점 때문에 영화는 정치 교육과 대중 교화에서 문학보다 훨씬 더 중요한 수단

---

96) 김재용,《북한 문학의 역사적 이해》, 21쪽.

97) Brian Myers, 〈어머니 러시아 : 북한 픽션에 나타난 소련의 특징들Mother Russia : Soviet Characters in North Korean Fiction〉,《한국 연구*Korean Studies*》, no. 16(1992).

으로 기능했다. 레닌은 "우리에게 영화는 가장 중요한 예술이다"[98] 라고 말했고, 스탈린은 나중에 이 점을 확대하여 "영화는 대중 선동의 가장 위대한 수단이다. 우리의 임무는 그것을 수중에 장악하는 것이다"[99]라고 말했다.

소련은 북한이 독자적인 영화 산업을 발전시키는 데 재빨리 도움을 주었다. 북한 지식인 집단의 성원이었다가 훗날 남한으로 망명한 현수에 따르면, 소련 영화를 보여줄 요량으로 1945년 12월에 인민영화사회가 설립되었다. 인민영화사회는 조-소문화협회와 긴밀하게 관련되어 있었다. 1946년 12월에 인민영화사회는 조인규를 위원장으로 하는 북조선구경위원회로 개칭되었다.[100] DPRK의 잡지《영화예술》은 김일성의 지도와 소련의 도움으로 1947년 2월에 국립영화촬영소가 설립되었고, 북한 영화가 만들어지기 시작했다고 보고하고 있다.[101] 다시 말해서, 북한은 1947년 초에 문학 생산을 통제하기 시작함과 동시에 영화 생산도 관할하기 시작했던 것이다. 미군의 첩보 기관은 1948년까지도 소련이 북한에서 상영되는 영화의 60%가 소련 영화여야 한다고 요구했으나[102] 1949년이 되면 북한 자체가 갓 탄생한 영화 산업을 보유하게 되면서 북한에서 제작된 새로운 영화들이 소련, 중국, 동유럽 영화와 나란히 상영되었다고 보고했다.

---

98) Geoffrey Nowell-Smith (ed.),《옥스퍼드 세계 영화사 *The Oxford History of World Cinema*》(Oxford : Oxford Univ. Press, 1996), 334쪽에서 인용.

99) Richard Taylor,《영화 선전 : 소비에트 러시아와 나치 독일 *Film Propaganda : Soviet Russia and Nazi Germany*》(London : I. B. Tauris, 1998), 49쪽에서 인용.

100) 현수,《적치 6년》, 19쪽.

101) RG 242, SA 2008 9/2,《영화예술》제2호(1949년 2월). 김우성, 〈조국의 통일과 독립과 영화 예술가들의 사명 Unification and independence of the fatherland and the mission of film artists〉, 9쪽.

102) Bruce Cumings,《한국 전쟁의 기원》, vol. 2, 883쪽 주.

다만 영화관에서 상영된 영화들은 적은 수의 도시 관객에게만 다가갔다. 영화를 대중에게 보급하기 위해 '이동영사반'이 시골 전역으로 파견되었다. 식민지기와 남한에서처럼 마을 공터에서 상영된 영화들은 건물 벽이나 두 개의 막대 사이에 걸린 종이 위에 영사되었다. 1940년대 말 한국에서 영화는 여전히 새로운 것이었고, 농부들은 큰 설렘과 기대를 갖고 스크린 앞에 몰려들었다. 1949년에 농민동맹 중앙위원회의 김동운은 이동영사반이 농민동맹의 모든 지부에 파견되었고, 정규적으로 최신 북한 영화들뿐만 아니라 소련 영화들을 상영했다고 보고했다. 도처에서 농부들은 이런 영화들을 보고 크게 감탄하고 환영했다. 김동운은 "농부들의 마음이 단순하고 소박하기 때문에 그들이 도회지 사람들보다 영화에서 더 쉽게 감화를 받고 더 많이 교육받는다"고 보고했다.[103] 실례로 김수환이라는 농부는 자기 마을에서 소련 영화 몇 편을 보았는데, 거대하고 풍요로운 소련의 농장과 행복한 소련 농민들을 보고 깊이 감동했다. "소련 농민들은 작물을 재배하면서 항상 웃고 노래합니다. 대단하다고 생각해요. 우리도 이로부터 많은 걸 배울 겁니다."[104]

1949년의 《영화예술》에서 문화선전부 차관인 김우성은 북한에서 영화의 정치적 중요성에 대해 길게 썼다.[105] 영화의 성격에 대한 그의 진술의 많은 부분이 영화에 대한 정형화된 스탈린의 접근을 반복하고 있는데, "조국의 통일과 독립과 영화 예술인의 사명"이라는 제목으로 시작되는 그의 논설의 내용은 무엇보다 민족주의적 테마를 부각시키고 있다. 김우성에 따르면, 모든 영화는 암묵적

103) RG 242, SA 2008 9/2. 《영화예술》, 〈내 고향〉 특집호, 61쪽.
104) 《영화예술》 특집호, 62쪽.
105) 김우성, 〈조국의 통일과 독립과 영화 예술가들의 사명〉, 5~12쪽.

이든 명시적이든 정치적 내용을 가지며, 할리우드 영화도 미국 독점 자본가의 이해관계를 표현할 뿐이다. 이런 미국 영화는 폭력과 범죄를 이상화함으로써 여기에 쉽게 영향을 받는 북한 젊은이들을 타락시킨다는 것이다. 더욱이 진보적인 영화 제작자들은 할리우드의 반공 세력에 의해 탄압받았던 반면, 소련에서는 레닌 상이나 스탈린 상을 받으며 존경받았다. 소련에서는 다른 예술처럼 영화도 창조적인 성취의 "정상"에 있었으며, 소련 영화는 소련과 동유럽 "인민민주주의 체제"의 영화 예술 수준을 고양했다. 나치 독일, 파시스트 이탈리아, 군국주의 일본도 모두 영화를 억압의 도구로 만들었다. 조선에서 영화의 사명은 영화를 국가로부터 자유롭게 하는 것이 아니라 소련의 영화 제작 모델이라는 "혁명적 지도" 아래에서 적극적인 국가 정책의 도구로 만드는 것이었다. 1945년 8월의 해방 이래 남한의 "민족 반란자"와 "친일파"는 직접 서울에서 일본 식민지 국가 영화 산업을 접수했다. 반대로 북한에서 일본의 영향과 모델은 거부되었고, 영화는 "우리 민족의 영웅적 지도자 김일성 수상의 지도 아래에서" 국가 생산품이 되었다.[106] 그러나 영화의 궁극적 목표는 대중의 애국적 열정을 일깨우는 것이었다. 소련의 형식은 오직 민족주의 정신을 명료하게 하는 방식으로 수용되어야 했다.[107]

1947~1948년에 북한은 새로운 체제의 성취를 찬양하고 남한의 "괴뢰"와 미국 후원자들을 격하시키기 위해 일련의 다큐멘터리 뉴스 영화를 제작했다. 영화 〈영원한 친선〉은 소련을 찬양했으나, 그밖의 영화는 대부분 북한의 정치체제와 경제 건설을 다뤘다. 〈인민

---

106) 김우성, 〈조국의 통일과 독립과 영화 예술가들의 사명〉, 9쪽.
107) 김우성, 〈조국의 통일과 독립과 영화 예술가들의 사명〉, 12쪽.

위원회〉, 〈민주 건국〉, 〈빛나는 승리〉, 〈수평댐〉이 대표작이다.[108]
1948년 DPRK의 수립 직후에 수많은 환호와 후원 아래에서 북한은
첫 번째의 전형적인 영화인 〈내 고향〉을 제작했다.

확실히, 이 영화들이 소련이 무비판적으로 찬양의 대상이 된 소
련 점령기에 제작되었다는 사실 때문에 소련 영화를 베끼기에 급
급할 것이라거나, 계급투쟁에만 초점을 맞추었을 것이라거나, 일
본 식민 통치에서 한국을 해방시킨 붉은 군대에 감사하는 내용으
로 가득 채워져 있을 것이라고 생각할 수 있다. 그러나 소련은 〈내
고향〉에서 언급조차 되지 않았으며, 계급투쟁은 일본 압제에 대항
한 투쟁보다 중요하지 않았다. 심지어 영화 형식도 식민지기 일본
영화나 한국 멜로드라마 전통보다 소련의 몽타주나 퀵컷 같은 테
크닉의 영향을 더 받은 것처럼 보이지는 않는다. 혁명적 변형의 메
시지는 한국 풍경, 마을 생활, 순수하고 때 묻지 않은 농부들, 여성
들의 심성보다 강렬하지 않다. 〈내 고향〉은 한국 농민의 소박함에
대한 정서적 집착, 즉 소련으로부터 채용한 사회주의 리얼리즘과
나란히 일종의 사회주의적 목가주의를 표현하고 있다. 이런 테마
들은 1950년대와 1960년대 북한 문학에서 공통적으로 발견되며,
영화에서는 더욱 강하게 표명되었다.[109]

---

108) 《영화예술》 제2호, 52~56쪽.
109) Brian Myers, 《한설야와 북한 문학 : 북한의 사회주의 리얼리즘의 실패 Han So·rya and North Korean Literature : The Failure of Socialist Realism in the DPRK》(Ithaca, NY : Cornell Univ. Press, 1994).

5. 지배와 헤게모니

> 세습 군주는 사람들을 괴롭힐 이유나 필요가 많지 않다. 그 결과 사람들은 그에게 좋은 감정을 가지게 된다. 따라서 군주가 상식 밖의 사악한 비행으로 미움을 사지 않는 한, 신민들이 그를 따르는 것은 전혀 놀라운 일이 아니다.
>
> 마키아벨리Niccolò Machiavelli, 《군주론*Il Principe*》

모든 국가는 강압과 공모를 동시에 엮어낸다. 그렇지 않다면, 마키아벨리가 말했듯이, 16세기 이탈리아와 세습적인 북한에 모두 해당되는 바, 일개 개인으로서 군주는 공포와 사랑의 균형을 잃고 만다. 북한은 전임자격인 스탈린주의 국가나 일본 군국주의 국가처럼 강압과 공포의 도구에 익숙했다. 그러나 전체적으로 북한의 탈식민적 민족주의, 전시 동원, 고립과 교육은 일반적이고 자생적으로 체제에 충성스럽게 보이는 주민을 만들어냈다. 이것이 북한과 훗날의 동유럽 그리고 소련의 사회주의 사회들——현대의 원(原)자본주의적인 중국은 말할 것도 없고——사이에 드러나는 분명한 한 가지 차이점이다. 예전의 "현실 사회주의" 아래의 일상생활에서 관제 이데올로기에 대한 내적 믿음은 "이 이데올로기가 물질적인 존재 기반을 얻게 되는 외적 의례와 관행을 따르는 것"보다 덜 중요했던 반면, 북한에서 믿음은 정말이지 중요하다.[110] 사실, 이데올로기는 경제적 조건이 열악해지고 국가가 주민들을 결집시키기 위해 점점 더 비물질적인 유인책에 의존하게 됨에 따라

---

110) Slavoj Zizek, 《누가 전체주의에 대해 말했는가? : 개념 사(오)용에 대한 다섯 가지 제언*Did Somebody Say Totalitarianism? Five Interventions in the (Mis)use of a Notion*》(London : Verso, 2001), 90쪽.

훨씬 더 중요해진다. 이런 의미에서, 인도 출신의 역사가인 구하 Ranajit Guha의 표현을 빌리면, 제국이 "헤게모니 없는 지배"를 실천하는 식민지적 조건에서와는 달리,[111] 현재에 이르기까지 DPRK는 지배와 헤게모니를 동시에 행사해왔는데, 헤게모니는 주민 대중을 종속시키는 가치와 의미를 창출했다.[112] 일본의 제국주의 국가는 헤게모니를 행사할 수 없었으며, 남한의 잇따른 권위주의 체제들도 마찬가지였다.

그러나 1980년대 말 이후의 북한에서는, 해방 이후 20년 동안 형성된 주체성에서 구체화된 탈식민적 주체성이 심각한 긴장 아래에 놓이게 되었다. 1960년대와 1970년대의 짧은 시기 동안에 전시 동원에서 일상생활의 물질적 발전으로 우선순위가 이동했다.[113]

그 이래로 대부분의 북한 사람에게 일상생활은 훨씬 더 음울해졌다. 1990년대 말의 기근으로 인해 일상생활은 생존 투쟁으로 전락했고, 비록 외국의 원조로 상황이 나아지기는 했으나 주민 대다수가 기아선상에서 간신히 살고 있다. 이는 신체적으로도 극적인 변화를 야기했는데, 북한 사람은 한 세대 전보다 훨씬 키가 작아졌고 여위었다. 탈북자들의 증언에 따르면, 일부 북한 사람은 지금처럼 계속 고통을 받느니 차라리 전쟁에 뛰어드는 것을 더 선호한다

---

111) Ranajit Guha, 《헤게모니 없는 지배 : 식민지기 인도의 역사와 권력*Dominance without Hegemony : History and Power in Colonial India*》(Cambridge, MA : Harvard Univ. Press, 1997).

112) 그람시Antonio Gramsci는 자신의 지적 선구자로서 마키아벨리가 공포와 사랑의 균형을 추구했던 것과 똑같은 방식으로 지배와 헤게모니를 나란히 놓았다. Antonio Gramsci, 《축약판 옥중수고*Selections from the Prison Notebooks*》, Quinton Hoare · Geoffrey Nowell-Smith (eds. · trans.)(New York : International Publishers, 1971), 12쪽.

113) 가령 1974년에 DPRK는 일체의 세금을 폐지했고, 세계에서 최초의 '면세 국가', 즉 물질적으로 만족한 시민들을 가지고 있다는 또 다른 표시(체제는 그렇게 선언했다)로서 '면세 국가'를 선언했다.

고 한다.[114] 공식적으로 인정받는 문학에서조차 북한 이데올로기
의 "의식적인 신화 만들기 내부의 균열"을 보여주는 징후가 드러
난다.[115] 일반 경제의 차원에서 국가는 사적 시장을 공식적으로 인
정했고, 2002년에는 이전 시기의 경제 관행에서 크게 벗어나는 일
련의 임금·가격 개혁을 단행했다. 대부분의 지역에서 기초 식료
품에 대한 공적 배급제가 붕괴했고, 이와 더불어 사회주의적 소비
주의가 점진적이며 부분적인 사적 소비주의의 출현으로 대체되었
다. 물론 체제도 잘 알고 있듯이, 이와 같은 이행에는 거대한 위험
이 도사리고 있다. 시장 지향의 경제 개혁을 위해서는 소비주의 욕
구가 장려될 필요가 있다. 이는 DPRK의 지도부가 유럽의 공산주
의 몰락과 중국 수정주의의 등장을 보면서 나름대로 근거 있게 정
확히 지적한 바였다. 체제의 지배는 아직 심각한 정도로 문제시되
고 있지는 않다. 그럼에도 헤게모니는 이미 일상생활의 수준에서
취약해지고 있다.

---

114) B. K. Martin, 《아버지 지도자의 사랑스런 보호 아래에서 : 북한과 김씨 왕조*Under
the Loving Care of the Fatherly Leader : North Korea and the Kim Dynasty*》(New York :
Thomas Dunne Books, 2004), 514, 526, 534쪽.

115) Stephen Epstein, 〈새로운 밀레니엄의 벽두에 읽는 북한에 대한 짧은 이야기들On
Reading North Korean Short Stories on the Cusp of the New Millennium〉, 《악타 코레아
나*Acta Koreana*》, vol. 5, no. 1(2002년 1월), 40쪽.

소비하거나 몰락하거나

하랄트 데네 :: 권형진 옮김

1. 경직된 계획경제와 엄청난 국민의 요구 사이에서 독일민주공
   화국 정권의 무원칙한 소비경제 약속은 어떻게 해체되었나

  1949년 10월 독일민주공화국DDR(이하 동독)을 건국할 당시만
해도 사람들은 새롭고, 훨씬 좋은, 사회적으로 평등한 독일을 만들
려고 했다. 그러나 매우 어려운 상황에서 시작된 이런 사회복지정
책의 모험은 이렇게 설정된 목표에 한 번도 도달하지 못했다. 제3
제국의 정치적·경제적 폐허 위에서 이 모험은 시작되었다. 스탈
린에 의해 건설된 국가는 항상 국민의 자기 결정권을 제한했다. 뿐
만 아니라 항상 상대적으로 허약한 동독의 경제력은 서독의 사회
모델과 왕성한 소비 스타일과 직접적으로 비교되고 비난받았다.
1949년 이후 체제 비교 부문에서 서독의 소비문화가 훨씬 우월한
것으로 증명되었고, 개별적인 소비에서도 서독의 모델이 우월한
것으로 드러났다.

  하랄트 데네Harald Dehne는 현재 독일 베를린 홈볼트 대학 유럽민속학연구소의
상임연구원으로 재직 중이며, 《문화, 학문과 정치를 위한 온라인 저널Kulturation :
Online -Journal für Kultur, Wissenschaft und Politik》의 편집진으로 활동하고 있다. 일상
사에 대한 중요한 작업으로 평가받는 《역사작업장 Werkstatt Geschichte》을 편집했다.

동독에서의 경제 실험은 물자 부족과 주민들의 소극적인 동참을 핑계로, 피부로 느낄 수 있을 정도의 독재와 함께 시작되었다. 정권의 강력한 통제 때문에 1950년대 중반까지 동독인들은 희망과 좌절 사이를 오가야 했다. 식량 공급 개선은 농업 집단화로 인해 부분적으로는 완전히 실패했고, (1958년에는 기괴하게도 실제로 진지하게 받아들여졌던) 놀고도 먹을 수 있는 상태의 나라를 만들겠다는 약속은 지켜지지 않았을 뿐만 아니라, 오히려 수십만 명이 동독에서 서독으로 탈출했다.

1961년 베를린 장벽 건설 후 4년 동안 어느 정도 봄날과 같은 시간이 흘러갔다. 1970년대에 들어 결국 동일한 역사에서 시작된 서독과 분명히 구분되는 강한 사회주의 성향의 동독 사회가 완성되었다. 물론 이것은 1971년 열린 독일통일사회당SED(이하 통사당) 제8차 전당대회 이후 수립된 사회복지 계획이 어느 정도 성공한 것에 힘입은 바 있다. 그러나 1970년대 말이 되면서 동독의 실험은 완전한 실패의 길로 접어들고, 사회적 동력이 확연하게 쇠락해간다. 그러나 이 위기는 서서히 진행되었고, 외부에서보다 내부에서 이 위기를 감지하는 것이 더 어려웠다. 특히, 이러한 위기는 오늘날 역사적 맥락에서 보면 애초부터 선명하게 인식할 수 있지만 20년 전에는 현실적으로 인식하는 것이 훨씬 더 어려웠다.

이 글에서는 1989년 '통독Wende' 시기까지 서독으로 탈출하려 했던 동독 국민의 10~15%에 해당하는 사람들이 아니라 동독의 일상을 적극적으로 담당했던 사람들을 다룰 것이다. 물론 1961년의 베를린 장벽 건설 이전에도 수많은 사람들이 기꺼이 동독에 남을 이유는 충분했다. 사회적 비전과 같은 정치적 이유나 가족, 집, 직장 또는 언젠가는 좋아질 것이라는 단순한 희망 같은 개인적인 이유들이 그것이었다. 대부분의 사람들에게 동독에서의 생활은

'일상실용주의적alltagpragmatisch'이라고 할 수 있다. 이것은 대부분의 동독인들이 현실 상황과 타협하고 동독의 일상에서 나타나는 '분쟁 요소들'[1]과 '합의점들'을 현실로 받아들였다는 것을 의미한다. 이것은 개인의 소비생활에서의 어려움에도 그대로 나타나지만 소비자 세대와 시기에 따라서 분명한 차이가 나타난다.

동독이 존재했던 40년 동안, 동독에는 '경제 기적'을 만든 서독의 사회시장경제 정책과 비교할 만한 지속적인 어떠한 소비정책 전략도 없었다. 40년 동안 동독의 당과 정부 지도층은 국민들의 소비 욕구와 관련된 수많은 곤란한 상황에 처해 있었다. 이것은 계속되는 물자 부족과 민간 소비의 문화적 의미에 대한 정치적 이해의 부족 때문이었다. 허약한 국민 경제를 먹여 살리고 동시에 생산 시설과 사회 설비의 재건을 통해 전쟁 전 수준에 도달해야 하는 궁핍한 전후 시기와 전쟁 배상 시기에는 무엇보다도 생존에 필수적인 국민의 식량 공급이 최우선 과제였다. 그 밖의 다른 모든 욕구는 거의 사치로 치부되었다. 사실, 생계를 위한 최소한의 소비재를 보장하는 것을 넘어서 국민들이 원하는 안락함을 제공해줄 수는 없었다. 하지만 기독교에서 말하는 낙원에 대한 약속처럼 언젠가는 공산주의가 성공할 것이라며 사람들을 위로했다.

심각한 결과를 가져온 개인의 소비 욕구에 대해 동독 정권이 제대로 평가하지 못한 것은 반복적으로 나타난 물자 부족 현상 때문만은 아니었다. 개인의 소비 욕구는 독일의 노동운동 이데올로기의 중요한 구성 요소 중 하나였다. 개인적인 소비는 부르주아 문화의 한 현상으로, 자본주의 제도를 작동시키는 필수불가결한 요소

---

1) Ina Merkel (ed.), 〈그래도 우리는 국가적인 불평자 모임은 아니다*Wir sind doch nicht die Mecker-Ecke der Nation*〉,《동독 텔레비전에 보내는 편지*Briefe an das DDR-Fernsehen*》 (Köln · Weimar · Wien : Böhlau, 1998), 9쪽.

로 이해되었다. 마르크스주의 이론에 따르면, 보편적인 생산 체제를 갖춘 부르주아 사회에서는 물질의 풍요가 아니라 각 개인의 발전과 개인 간의 관계를 확대·증진시키는 데 사용할 풍부한 여가 시간을 중시한다고 본다. 이런 이유로 정치적 선전에서 물질적 필요보다는 정신적 욕구가 강조되었다. "아는 것이 힘이다"가 사회민주주의 노동운동의 이상을 표현하고 있다는 것은 잘 알려진 사실이다. 앞으로 달성할 '미래 국가'에서 노동자의 복지가 향상될 것이라는 것은 자본주의적 상황 아래 살아가는 노동자들의 열악한 생활 조건을 생각할 때 자동적으로 이해되었다.

이런 점에서 사회주의 이데올로기는 애초에 소비문화에 대한 개념을 내포하고 있지 않다. 문화학적으로도 사회주의 사회의 문화적 이상인 '다방면으로 뛰어난 인간'은 정신적인 분야에서의 욕구뿐만 아니라 물질적인 풍요로움도 함께 가지고 있는 인간이라는 사실이 오랫동안 은폐된 채 인식되었다. 1970년대에 들어서야 비로소 마르크스주의적 시각의 동독 문화 이론[2]에서도 보편적인 소비를 고려하지 않고는 공산주의의 보편적인 인간상을 생각할 수 없게 되었고, 소비 욕구의 대중적 해소와 발전이 사회주의의 내재적 사회정책 목표로 제시되었다.

동독의 소비정책이 안고 있는 세 번째 곤란한 문제는 서독인들의 앞서 나가는 소비 행태를 동독 주민들이 항상 볼 수 있었다는 것이었다. 항상 서독의 소비 수준이 기준이 되는 것이 문제였다. 서독의 소비 수준이 속도를 더하면 동독은——많은 경우 아무런 대책 없이——서독의 소비 모델에 단순 반응하는 정도에 머물 수밖에

---

2) Dietrich Mühlberg, 《문화가 무엇인지 우리는 어떻게 아는가. 현대 문화 인식의 역사적 교육을 위한 제고 *Woher wir wissen, was Kultur ist. Gedanken zur geschichtlichen Ausbildung der aktuellen Kulturauffassung*》(Ost Berlin, 1983) 참조하라.

없었다.

2. 약속과 위안─허약한 동독 정권은 어떻게 소비 욕구를 채워주려 했는가

소비사적으로 동독 건국 후 초기에는 거의 모든 노력이 주민의 기본 식량을 확보하는 데 집중되었다. 그러나 1953년 6월 17일의 동독 주민 폭동은 인간의 물질적 욕구를 인정하고 충분한 양의 식량을 안정적으로 공급할 것을 약속하는 새로운 소비정책을 채택하도록 만들었다. 그럼에도 1960년대까지 항상 생필품이 부족했으며 상품의 질도 전혀 개선되지 않았다.

1950년대 초 통사당 정치국도 서독의 부흥을 이끈 사회시장경제의 '모두 더 나은 삶을 살아야 한다'는 모토를 생각해내야만 했다. 서독에서 경제 기적이 실제로 현실이 되었고, 식량 과잉Fresswelle, 자가용, 자택 건설, 해외여행, 휴대용 라디오와 이후에 등장하는 텔레비전 같은 모든 것이 1950년대에 이미 동독 지도부에게 엄청난 압박으로 작용했다. 동베를린과 인근의 브란덴부르크의 소위 '구역Zone'에 거주하는 수천 명의 동독인이 매일같이 서베를린으로 출근했다. 그리고 동독의 5마르크가 서독의 1마르크밖에 되지 않는 높은 환율에도 더 많은 동독인이 그곳에서 생필품과 다른 소비재를 구입했다.

동독 지역에서는 구하기 어렵거나 찾아보기 힘든 많은 물건들을 서독에서는 구할 수 있었다. 서방 지역에는 단순히 '더 좋은 커피'만 있는 것이 아니라 동독의 것보다 훨씬 맛있는 다양한 커피를 살수 있었고, 바나나도 동독보다 더 쌌다. 서독 수상 아데나워Konrad

Adenauer는 1957년 유럽공동체 설립 이후 서독 국민들을 위해 재치 있게 이들 열대 과일의 무관세 수입 조치를 관철시켰고,[3] 정치적으로는 '동독 지역의 형제자매(동포)'들에게 약간의 질투심을 일으키는 데 성공했다.[4]

그러나 동독에서는 (크리스마스 축제를 제외하고는) 거의 구하기 힘든 바나나를 서독에서는 언제나 싼값에 살 수 있는 이상한 상황이 되면서 바나나가 정치적 상징물이 되는 기이한 현상이 나타났다. 바나나는 이제 '오랫동안 공동의 운명이었던 사치품 부족 상황에서 동독 시민들의 소박하지만 강렬한 소유욕을 자극하는 상징'이 되었다.[5]

처량한 상황에 빠진 동독인들에게 휘황찬란한 서독의 소비사회는 그들의 욕망을 부추겼고, 통사당도 어쩔 수 없이 그 방향으로 움직일 수밖에 없도록 만들었다. 동독 정부는 1958년 '최저 소비에 대한 약속Versprechen von Konsum'과 관련하여 새로운 공격적인 정책을 실시한다. 서독에서는 이미 8년 전에 폐지한, 1939년

---

3) 특히 Jürgen Bernd, 〈바나나*Banane*〉, Hermann Bausinger u.a., (ed.),《단어, 사건, 의미. 국민소(小)백과사전*Wörter, Sachen, Sinne. Eine kleine volkskundliche Enzyklp die*》(Tübingen, 1992), 24쪽에 나오는 〈1957년 3월 25일의 로마조약에 대한 아데나워의 첨부 기록 : "서독의 바나나 수입에 고려되어야 할 특별 요구"*Adennauers Zusatzprotokoll zu den R mischen Vertrr gen vom 25. 3. 1957 : Mit R cksicht auf "besondere Bed rfnisse bei der Einfuhr von Bananen in die Bundesrepublik*〉를 참조하라.

4) Georg Seeßlen, 〈바나나. 신화 정치 보고*Die Banane. Ein mythopolitischer Bericht*〉, Riner Bohn · Knut Hickethier · Eggo Müller, (ed.),《베를린 장벽 쇼. 동독의 종말, 독일 통일과 대중매체*Mauer-Show. Das Ende der DDR, die deutsche Einheit und die Medien*》(Berlin : Edition Sigma, 1992), 56쪽.

5) Gottfried Korff, 〈적기와 바나나. 동독과 서독 통일 과정에서 나타난 상징에 대한 기록*Rote Fahnen und Bananen. Notizen zur Symbolik im Prozess der Vereinigung von DDR und BRD*〉,《스위스민속학지*Schweizerisches Archiv f r Volkskunde*》, Band 86(Basel, 1990), 147쪽.

부터 실시된 식량배급제의 마지막 잔재를 5월에야 겨우 폐지한 동독의 공산주의 사회는 이제 '거대한 걸음Siebenmeilenschritten'을 내디뎌야 했다. 1958년의 상황을 고려하여 가능한 시간을 산정했을 때, 이 정책의 성과는 현재의 청소년들이나 경험할 수 있는 25년에서 40년 안에나 가능한 것이었다.

이를 위한 비책으로 화학프로그램Chemieprogramm이 제시되었다. 1958년 11월 결정된 이 계획은 당의 표현을 빌리면 '[화학이)[6] 빵과 풍요와 아름다움'을 가져다줄 것이었다. '따라잡고 추월한다'는 기치 아래 사회주의 동독이 자본주의 서독보다 경제적으로 앞서 있음을 증명하게 될 것이라고 강조했다. 수년 내로 중요한 모든 생필품과 소비재의 일인당 소비량이 서독의 개인 소비 수준을 따라잡고 능가해야만 했다. 하지만 지나치게 의욕적인 이 프로젝트는 곧 원자재 부족으로 어려움에 부딪치게 된다. 일부 산업 분야의 성장률이 좋다는 것으로 전반적인 물자 부족 때문에 고통받는 경제 상황을 속일 수는 없었다. 또한 (고기, 버터, 설탕 같은) 기본적인 생필품과 모든 가구에 필요하지만 구할 수는 없는 '소소한 물건들(1000 kleinen Dingen)'의 부족으로 생기는 주민들의 물자 부족 현상도 속일 수 없었다. 공산주의 미래에 대한 선전 문구와 이미지들이 더 열정적이고 화려해지면 질수록 동독은 더 빠른 속도로 그런 미래와 멀어지고 있었다.

그들의 약속대로라면 계급 없는 공산주의 사회에는 모든 것이 존재하며, 모든 사람은 실제로 자신에게 필요한 것만을 취한다. 이제 낙원에 도달함으로써 1845년 마르크스와 엥겔스가 《독일이데

---

6) (옮긴이주) 이것은 통사당 정권이 화학 산업 육성으로 식량난 극복과 생활수준의 향상이 가능하다고 선전한 것이다.

올로기*Die deutsche Ideologie*》에서 소개한 인류의 완전한 자기실현이 가능해진다. 그에 따르면 "사회가 모든 생산을 조절하고 이를 통해 모든 것이 가능해진다. 사람들은 오늘은 이걸, 내일은 저걸 하고, 사냥꾼이나 어부와 목동 그리고 비평가가 될 필요 없이 마음 내키는 대로 아침에는 사냥을 하고 오후에는 낚시를 하고 저녁에는 가축을 돌보며 식사 후에는 토론을 할 수 있다."[7]

더 나은 삶에 대한 이러한 꿈은 오늘의 힘든 노동과 모든 것이 부족한 일상을 참고 견디면 머지않아 찾아올 것이라고 선전했다. 동독 건국 10년이 지난 후에도 여전히 계속되는 일상적인 생필품 구입의 어려움과 이로 인한 분노를 앞에 두고 벌이는 소비 낙원에 대한 약속은 기괴하기까지 한 것이었다. "40년간의 동독 역사에서 1950년대 말보다 더 공산주의 이상향을 적극적으로 선전한 시기는 없었다. 어처구니없이 순진하며, 항상 조형미를 살리고 생동감 넘치는 색상으로 대중들 위에 지속적으로 쏟아 부은 공산주의 미래에 대한 열띤 설명은 주로 첨단 기술과 목가적인 환경을 찬미하는 미사여구로 꾸며졌다. 사회주의적 이상에 필요한 요소들은 대중 선전에서는 거의 언급되지 않았다."[8]

나는 초등학교에 갓 입학했을 때 어린이 잡지에 나오는 (오늘날의 현대적인 공항에 있는 것과 같은) 방문객들이 타고 이동하는 끊임없이 도는 자동 보도(무빙 워크)와 (오늘날 중요한 정치가들이 타는 헬리콥터 같은) 호화 택시 정거장을 갖춘 (오늘날의 이케아

7) Marx · Engels, 《독일이데올로기*Die deutsche Ideologie*》, 《마르크스 엥겔스 전집 3*MEW 3*》(Ost Berlin, 1969), 32쪽 이하.

8) Rainer Gries, 《대중매체로서의 생산품. 서독과 동독의 생산커뮤니케이션의 문화사 *Produkte als Medien. Kulturgeschichte der Produktkommunikation in der Bundesrepublik und in der DDR*》(Leipzig, 2003), 229쪽 이하.

IKEA와 같이) 엄청난 상품이 진열되어 있는 대형 백화점의 그림에 강한 인상을 받았다. 물론 약간 시간이 지나면서 급속히 나타났지만, 무엇 때문에 당시 공산주의가 그렇게 몰락했을까? 거의 문 앞에 도달했는데 갑자기 공산주의로 가는 창문이 나타나 그것을 열도록 만들었다. 약 3년 동안 사회주의 선전은 동독인들의 소비 욕구를 즉각 해소할 수 있다고 약속하는 이상 사회에 대한 믿음을 널리 퍼트렸다. 그러나 동독 정권은 여전히 해결할 수 없는 현실 문제들을 안고 있던 동독의 국가 경제로 인해 그런 과대 포장된 표현들이 순전히 희망 사항임을 인정해야만 했고, 소리 소문 없이 이들을 폐기처분해 버렸다.

다른 지역에 비해 소비재가 우선적으로 공급되던 동독의 대도시들, 특히 주 수도와 산업 중심 도시에서도 물자 공급은 양적에서 뿐만 아니라 높아진 시민들의 질적 요구도 충족시키지 못했다. 그러나 도시보다 농촌 지역에서의 물자 부족은 훨씬 심각한 수준이었다. 전통적으로 인구 밀도가 높지 않은 지역은 유통망이 제대로 형성되어 있지 않았다. 동독 수립 이후 국민 소비를 책임진 동독 정권은 이와 같은 (자본주의) 과거의 유산을 극복하고 농민과 노동자들의 국가에 사는 농촌 주민들의 물자부족을 개선하고자 했다. 이를 위해 농촌 지역에서의 판매는 소비협동조합에 위탁되었다. 이와 함께 서독의 소비 수준에 뒤떨어지지 않고 물자가 부족한 경제 상황을 항상 위협하는 사재기를 막기 위해[9] 1956년 지방의 주민들을 위한 통신 판매 제도를 도입했다. 20년간 유지된 이 계획은 대량 소비 욕구를 충족시키기보다는 오히려 더 많은 문제를 야

---

9) Dirk Schindelbeck, 《상표, 디자인과 캠페인*Marken, Moden und Kampagnen*》 (Darmstadt : Primus Verlag, 2003), 121쪽.

기하여 결국 소리 소문 없이 사라지고 말았다. 이와 비슷한 허망한 계획으로는, 1959년 농촌 주민들의 소비 욕구를 충족시키기 위해 지방에 대형 판매 단지를 조성하려고[10] 한 사례가 있었다. 이러한 실험이 실패한 원인은 부족한 건설 능력뿐만 아니라 그곳에 진열할 상품이 부족했다는 데 있었다.[11]

이와 반대로 위기가 기회가 된 성공 사례도 있다. 식량배급제를 폐지하고 엄청난 정치적 압력에 못 이겨 1950년대 말부터 동독의 전체 농업 생산을 협동조합화하면서 1966~1967년까지 생필품 부족 현상이 새롭게 지속되었다. 이런 상황에서 갑자기 식용 닭 생산 부문에서 산업화가 진행되었다. 이러한 성공은 몇몇 의욕적인 경제 부문 담당자들이 그들을 방해하는 당과 정부의 관료주의에 과감히 대항한 결과였다. 1967년 말부터 동부 지방에 구이 통닭이 있었는데, 이것을 '골트브로일러Goldbroiler'라는 상표로 냉동하여 판매하거나 농촌식으로 차려주는 (특별히 빨리 나오는) 레스토랑에서 사먹을 수 있도록 했다. 이러한 레스토랑은 베를린에만 세 군데가 있었다. 어찌 보면 진부해 보이는 대량으로 사육된 가금류 가공 생산은 1960년대 말 지속적인 식량 부족에 허덕이던 동독에서 단순히 식량 문제 해결만이 아닌, 동독민의 분위기를 달래면서 한 시대를 풍미한 미식가들의 히트 상품으로 기록되었다.

이러한 발명은 물론 지배 구조를 보장하는 식량 공급 업무라는 입장으로 해석할 수 있다. 즉 강제에서 화합으로 변화한 것이다.[12] 또한 비너발트 체인 레스토랑Wienerwald-Kette[13]의 통닭구이와

---

10) Annette Kaminsky, 《복지 · 아름다움 · 행운. 동독의 소비소(小)역사Wohlstand. Schnheit. Glück. Kleine Konsumgeschichte der DDR》(München, 2001), 56쪽.

11) Annette Kaminsky, 《구매 충동. 동독 통신 판매의 역사Kaufrausch. Die Geschichte der ostdeutschen Versandh user》(Berlin, 1998), 17쪽.

294 욕망과 소비

비교할 수 있는 동독의 이러한 발명은 힘든 동독의 일상 소비생활을 완화시켰다고 할 수도 있다. 통독이 된 현재 '골트브로일러'는 전 독일 지역에서 동독을 상징하는 단어가 되었다.

3. 중앙관리복지의 환상—1971년 이후의 소비사회주의

1970년대와 1980년대를 특징짓는 1,700만에 달하는 '개인적인 소비'를, 책상에서 하나의 총괄적인 공급 계획을 세우고 이를 과시적으로 실행할 수 있다고 했던 것은 정말로 현실을 무시한 처사였다. 돌이켜보면 '소비사회주의Konsumsozialismus'는 일종의 쿠데타였으며,[14] '경제와 복지정책의 통일'이라는 새로운 노선을 독단적으로 결정한 호네커Erich Honecker의 개척자적인 행동 방식의 결과였다.

1971년부터의 기간에 한정해서 동독의 특성을 규정하기 위해 몇 년 전부터 사용된 '복지독재Fürsorgediktatur'[15]라는 개념이 설득력

---

12) Patrice G. Poutrus, 《골트브로일러의 발명. 동독의 정권 유지와 소비생활 발전 사이의 관계에 대하여Die Einfindung des Goldbroilers. Über den Zusammenhang zwischen Herrschaftssicherung und Konsumentwicklung in der DDR》(Köln · Weimar · Wien, 2002), 225쪽.

13) (옮긴이주) 뮌헨에서 시작된 저가 레스토랑 체인으로 현재 전 세계에 지점을 가지고 있으며, 통닭 메뉴가 유명하다.

14) Peter Skyba, 〈정권 유지 수단으로서 사회복지 정책. 동독의 결정 과정과 그 결과 Sozialpolitik als Herrschaftssicherung. Entscheidungsprozesse und Folgen in der DDR〉, Clemens Vollnhals · Jürgen Weber (ed.), 《평범함의 외관. 통사당 독재하의 일상과 지배Der Schein der Normalitit. Alltag und Herrschaft in der SED-Diktatur》(München : Olzog, 2002), 44쪽.

15) Konrad H. Jarausch, 〈복지 독재로서 현실 사회주의. 동독에 대한 개념 정의Realer Sozialismus als Frsorgediktatur. Zur begrifflichen Einordnung der DDR〉, 《정치와 시대사Aus Politik und Zeitgeschichte》, B. 20(1998), 33~46쪽.

을 갖는다. 호네커가 동독 최고의 권력자로 등장한 통사당의 제8차 전당대회에서는 국민의 이익을 위한 노선의 전환과 거대한 사회복지 계획이 제안되었다. 이 대회에서는 소비 욕구가 존재하며 이를 만족시켜야 한다는 사실뿐 아니라 무엇보다도 동독이 이 부문에서 엄청나게 낙후되어 있음을 인정했다. 당 지도부가 '국민의 물질적 · 문화적 수준'을 향상시키겠다고 침이 마르도록 약속하자, 동독 사회 전반에 걸쳐 큰 기대감이 넘쳐흘렀다. 실제로 가족을 위한 사회복지가 개선되었고, 노동 임금이 인상되었으며, 무엇보다도 주택 건설 계획이 실행되었다.

그러나 이러한 복지 '선물'을 위해 필요한 어떠한 물질적 준비도 갖춰지지 않은 상태였다. 결국에는 더는 지급할 것이 없었고, 기대하던 경기 회복도 완전히 불투명한 상태로 기대할 수 없게 되었다. "처음에는 효율성을 높이기 위해, 다음에는 생활수준을 높이기 위해 엄청난 노력을 했던 울브리히트Walter Ulbricht와 달리 호네커는 모든 것을 미래로 미뤘다. 생활수준의 향상과 광범위한 복지 대책들은 경제력을 향상시키는 자극제가 될 것이다. 그와 함께 선전의 힘을 빌려 국민들에게 개선된 사회복지 상황과 체제에 관심을 가지도록 하여 이를 통해 국면을 진정시키려고 했다."[16]

게다가 이 사회복지 계획의 분명한 내용과 구성에 필요한 경험이 아주 짧을 뿐만 아니라 학술적으로도 기초 연구가 거의 진행되지 못했다는 것이 문제였다. 사회복지정책에 대한 연구는 늦춰 잡

---

16) André Steiner, 〈분노와 낭비 사이. 동독의 소비문화에 대한 경제적 유전 인자들에 대하여Zwischen Frustration und Verschwendung. Zu den wirtschaftliche Determinanten der DDR-Konsumkultur〉, Neue Gesellschaft für Bildende Kunst (ed.), 《기적의 경제. 1960년대 동독의 소비문화Wunderwirtschaft. DDR-Konsumkultur in den 60er Jahren》(Köln u.a. : Böhlau, 1996), 35쪽.

아도 1960년대에 들어서면서 거의 중단된 상태였다.[17] 이런 상황에서 전체적인 수요와 공급 계획의 적절한 수준을 알기 위해서라도 어쩔 수 없이 '소비와 생활수준'이라는 주제로 연구를 시작해야 했다. 이를 위해 '사회주의 생활수준을 수치로 통계 내는'[18] 작업과 사회주의 생활 방식에 영향을 미치는 요소들을 계층화하는 작업이 이루어졌다.

그러나 '사회주의적'이라는 표식을 가진 소비사회Konsumgesellschaft'를 소비하는 '문화사회Kulturgesellschaf'[19]로 발전시킨다는 동독 정권의 마지막 개념적 시도는, 얼마 가지 않아 경제적 자원이 고갈되면서 계획 실현 자체가 불가능해졌다. 또한 정부의 소비생활 향상 약속과 일상적인 물자 부족으로 고통 받는 국민들의 요구가 충돌하면서 실현 불가능한 것이 되고 말았다. 그렇다고 이러한 상황 때문에 통사당의 집권 의지가 변한 것은 아니었다. 오히려 불만이 고조될수록 더욱 비장하게 자신들의 집권 의지를 강조했다.

---

17) Günter Manz · Ekkehard Sachse · Gunnar Winkler (ed.),《동독의 사회 정책. 목표와 현실Sozialpolitik in der DDR. Ziele und Wirklichkeit》(Berlin : Weist, Wolfgang, Dr., 2001) ; 이외에도 나의 다음 비평 논문을 참조하라. Harald Dehne,〈동독의 사회 정책 비사Insider-Geschichte der Sozialpolitik in der DDR〉,《문화, 학문과 정치를 위한 온라인 저널Online-Journal für Kultur, Wissenschaft und Politik》(2003년 1월). 이 온라인 저널의 웹사이트는 www.kulturation.de이다.

18) Günter Manz (ed.),《국민의 물질적, 문화적 생활수준과 국민 경제 계획Das materielle und kulturelle Lebensniveau des Volkes und seine volkswirtschaftliche Planung》(Ost Berlin, 1975), 41쪽.

19) Ina Merkel,《이상향과 필요. 동독의 소비문화사Utopie und Bed rfnis. Die Geschichte der Konsumkultur in der DDR》(Köln, 1999), 12쪽.

4. 제도화된 결핍—대량 범죄의 벼랑 끝에 선 사회

결국 이러한 모든 것이 결합하여 대중매체와 학술적인 저술에서 동독을 '결핍사회Mangelgesellschaft'로 부르는 것이 일반화되었다.[20] 물론 이러한 표현은 동독 시민들의 일상생활의 한 단면, 즉 주기적인 분노와 '물자 조달'을 의미하는 궁핍 생활, 물자 부족과 상품과 서비스 부족, 그리고 무제한적으로 소비가 허용된 사치품을 제외하고 일어나는 잦은 공급 불가능 상황에 국한된 것이었다.

물론 이런 결핍 개념은 동독인들의 채워지지 않은 소비 열망을 표현한다. 왜냐하면 이러한 수십 년간의 궁핍함에서 얼마 떨어지지 않은 곳에 서독의 화려한 물질세계의 풍요로움이, 진정한 소비사회가 존재한다는 것을 모두 알고 있었기 때문이다. '결핍사회'라는 꼬리표가 물건 구입에서 일어나는 일상적인 분노의 한 면만을 강조하고 있는데, 이것은 대부분 고발적인 의도로 사용되었다.

그러나 동독에서의 일상생활이 어떻게든 부족한 것을 메워보겠다고 들이는 끊임없는 헛수고보다는 개별적인 소비에서 실제로 더 많은 어려움을 겪은 것이 사실이었다면, 결핍사회의 개념 사용은 두 가지 흥미로운 문제를 제기한다. 첫째, 통사당의 수뇌부가 권력 유지를 위해 이런 심각한 물자 부족 상황을 원했던 것은 아닐까? 둘째, 물질적·사회적 이익 수혜의 형태가 어떻게 사회 내부의 계층을 변화시켰고, 누가 그 결핍의 수혜자들인가?

우선 정권 유지 수단으로서 결핍 유지 테제를 인정하는 몇 가지 점을 이야기할 수 있다. 생필품 부족이 아주 심각하지 않고, 정치

---

20) 현재 널리 사용되는 이 개념의 배경에 대한 논의는 Ina Merkel, 《이상향과 필요》, 218쪽 이하를 참조하라.

적으로도 중대한 위기를 극복하여 전체적으로 체제가 유지되는
한 결핍은 잘 작동된다. 왜냐하면 결핍을 극복하기 위한 대체 수단
을 찾고 임시 대책을 마련하기 위해 사람들이 많이 시간과 노력을
투자하기 때문이다. 또한 물자 부족을 극복하기 위한 끊임없는 활
동들은 창의력을 결집시키고 공권력에 대항하여 사회적 권력 투
쟁을 벌일 수 있는 사람들의 내재된 힘을 순화시키는 역할을 하기
도 한다.

　그렇지만 이러한 효과가 실제로 미리 계산된 것이었을까? 오히
려 지배 수단으로서 국가권력과 관대함을 시위하기 위해 국민들을
어려운 상황에 처하게 했고, 그로써 지배자들의 선행에 소비자들
이 의존하도록 했을 가능성이 더 높다. 그러나 이러한 논리로 주
택, 전화, 자동차 등의 부족이 의도적이었다고 밝힐 수 있을까? 그
리고 이것이 맞다면 부정적인 부작용이 너무 큰 위기 상황을 만든
것은 아닐까? 자동차 등록 또는 판매자와 구매자 사이에 이해가 일
치하여 행해지는 중고차 암거래는 보통 신규 가격의 2배 이상으
로 거래되는 호황을 누렸다. 이런 경우와 마찬가지로 모든 사회 집
단에서 일상화된 위법적인 거래에 대해 1970년대와 1980년대 국
가 권력은 완전히 무기력했다.[21]

　또한 동독에서 결핍은 동독 국민들 사이에서 선망하는 지위에 있
거나 물물교환을 할 수 있는 운 좋은 지위에 있을 경우, 지위를 이
용해 이익을 취할 수 있는 다양한 방법을 만들어냈다. 이러한 결핍
상황은, 예를 들어 기술자나 판매원, 의사, 식당의 종업원, 택시 운
전사 같은 많은 사람들에게 부당하게 자신이 가진 권력 상승을 맛

---

21) Rainer Gries, 《대중매체로서의 생산품》, 272쪽 ; Stefan Wolle, 《독재의 신성한 세계. 동독의 일상과 지배 1971~1989 Die heile Welt der Diktatur. Alltag und Herrschaft in der DDR 1971~1989》(Berlin, 1997), 218쪽 이하.

볼 수 있는 기회를 제공했다. 진짜 혜택 받은 자리를 가진 자들은 서독의 마르크화를 사용할 수 있는 사람들이었다. 그들은 서독의 마르크화로 동독화를 사용할 수 없는 인터숍Intershop[22]이나 서유럽의 물건을 수입하여 판매하는 게넥스 선물 서비스Geschenkdienst Genex[23]를 통해 물건을 구입하여[24] 동독의 소비재와 서비스업의 공급 부족과 관계없이 생활했다.

그러나 이러한 예외적인 사례들 때문에 비참한 일상 현실을 간과해서는 안 된다. 오늘날 회고록에서 자주 언급되지는 않지만 직업 윤리를 잘 지키고자 했던 사람들이 생각하는 것처럼 드문 것은 아니었다. 동독의 대중매체에서 눈에 거슬릴 정도로 자주 이야기되는 '노동자의 명예Arbeiterehre'는 실제로 존재했다. 그리고 기술자의 노동 윤리가 영원히 계속되기를 원했고, 또 그것은 옳은 것이기 때문에 넓은 의미에서 국가에 충성하기 위한 것이라기보다는 오히려 문제를 해결하기 위한 실질적인 것으로 인식되었다. 그들이 얼마나 열의를 가지고 일에 임하는가는 기술적인 문제에 대한

---

22) (옮긴이주) 1962년 동독에서 설립된 소매상점 체인으로, 이곳에서는 동독의 마르크화를 사용할 수 없고 일종의 수표로만 물건을 구입할 수 있었다. 외화난을 겪고 있던 동독 정권이 외국 여행자들을 상대로 외화 벌이를 하기 위해 만든 상점이다.

23) (옮긴이주) 1956년 동독 정부가 설립한 회사로 정식 명칭은 '선물 서비스와 무역 유한회사Geschenkdienst-und Kleinsxporte GmbH.'로, 줄여서 '게넥스 선물 서비스'사로 불렸다. 이 회사의 설립 목적은 인터숍과 마찬가지로 동독의 외한 부족을 해결하는 것이었다. 서독 국민이 카탈로그에서 물건을 골라 서독의 마르크화로 지불하면 선물하고자 하는 동독의 친지에게 복잡한 절차를 거치지 않고 배달되었다. 특히 동독의 마르크화와 서독의 마르크화의 환율을 1:1로 계산하여 동독 정부가 엄청난 이익을 챙겼다.

24) Katrin Böske, 〈없으며 있기. 인터숍 소사(小史)*Abwesend anwesend. Eine kleine Geschichte des Intershops*〉, Neue Gesellschaft für Bildende Kunst (ed.), 《기적의 경제》, 214∼222쪽 ; Franka Schneider, 〈"아주머니의 주소지에 따라 모두에게". 게넥스 선물 서비스 *"Jedem nach dem Wohnsitz seiner Tante". Die GENEX Geschenkdienst GmbH.*〉, 《기적의 경제》, 223∼232쪽.

실질적인 해결 방안을 모색하고, 때로는 기발한 임기응변 대책을 제시함으로써 나타났다. 권력을 장악한 관료주의에 대항해서 '불법개발Schwarzentwicklungen', 즉 허가 없이 기계나 설비 또는 소비재를 개조하는 창의적인 기술자나 직능장Meitster들에 대한 수많은 사례는 실제로 존재했다.[25]

5. 사회적 충돌 극복을 위한 연극―당국에 대한 허풍과 거짓 위협

사사로운 욕구를 채우기 위해 인민(국가)의 재산에서 자신에게 '배당되었다고 생각되는' 부분을 요구하거나 그냥 '가져오는' 아주 사소하고 일상적인 사기 행위는 동독의 일상에서 아주 흔한 일이었다. "사람들은 함께 사회주의를 비웃는 농담을 만들었고 함께 국가로부터 도둑질을 했다."[26] 많은 사람들이 국영기업에 놓인 물건 중에서 필요한 상품이나 물건을 자신의 집으로 '가져가거나', 회사의 운송 수단을 개인적인 목적으로 사용하거나, 의사에게 진찰을 받거나 미용실에 가기 위해, 가장 흔하게는 장을 보러 가기 위해 근무 시간에 직장을 이탈하는 것을 아무렇지도 않게 생각했다.

이와 같이 아무런 죄의식 없이 개인의 이익을 위해 행동하는 사례들이 동독 사회에 만연했다. 하지만 불복종이나 훗날 동독의 몰

---

25) Friedrich Thießen (ed.), 《계획과 파산의 사이. 동독 노동자 사회의 경험담*Zwischen Plan und Pleite. Erlebnisberichte aus der Arbeiterwelt der DDR*》(Köln · Weimar · Wien, 2001).

26) Stefan Wolle, 〈독재에 대한 향수? 기억과 사실로서 사회주의의 신성한 세계*Sehnsucht nach der Diktatur? Die heile Welt des Sozialismus als Erinnerung und Wirklichkeit*〉, Clemens Vollnhals · Jürgen Weber (ed.), 《평범함의 외관》, 37쪽.

락이 점점 더 먼 과거가 되면서 실제보다 과대평가[27]되는 자기 성찰을 통한 저항 행동들은 당시 전혀 없었다. 동독 국민 대다수는 이러한 게임의 규칙을 아주 명백하게 인식하고 있었고, 자신의 게임 공간(행동반경) 내에서 이를 최대한 즐겼다. 이러한 행동은 허풍스러운 연극인들이 극화했다. 노동자들이 점점 더 이러한 '노동자들의 사회arbeiterlichen Gesellschaft'[28]에서 자신들의 힘이 높아지는 것을 즐기는 것과 마찬가지로 예술 분야에서도 이들의 의도된 도발은 지식인들에게 적절한 저항의 즐거움을 주었다.

'청원서 쓰기'도 동독 건국 이래 국가 · 당 권력과 국민 사이에서 벌어진 수많은 의식 중 하나였다. 통계에 따르면 1949년부터 1989년 사이에 동독의 거의 모든 가정이 한 건의 청원서를 작성했다.[29] 이렇게 사회 제도에 대한 제안과 희망을 공식적으로 표현할 수 있는 가능성은 통치자를 그들의 비판자들과 좀 더 가깝게 만들었다. 이것은 완전히 모순으로 가득 찬 화해였다. 처음에는 국민들이 거의 접촉할 수 없는 당국에 개인적인 바람을 청원하는 것이었으나, 시간이 지나면서 이와 같은 사회제도는 청원 신청자가 사회 참여와 개인적 이익 사이에서 효과를 발휘할 수 있는 수단으로 변질되

---

27) 물론 항상 플라스틱 생산물에 대해 이유를 들어 의식적으로 거부하는 것도 역시 국가에 대한 저항의 한 형태로 인정할 수 있다. David F. Crew (ed.), 《냉전기 독일의 소비 *Consuming Germany in the Cold War*》(Oxford : Berg Publishers Ltd, 2003)에서 Eli Rubin의 글을 참조하라.

28) Wolfgang Engler, 《동독인. 잃어버린 나라에 대한 지식*Die Ostdeutschen. Kunde von einem verlorenen Land*》(Berlin : Aufbau-Verlag, 1999), 200쪽. 이 개념에 대해서는 Wolfgang Engler, 《전위로서 동독인*Die Ostdeutschen als Avangarde*》(Berlin, 2004), 73쪽 이하를 참조하라.

29) Felix Mühlberg, 〈비공식적인 분쟁 해소 수단으로서 청원서*Eingaben als Instrument informeller Konfliktbew ltigung*〉, Evemarie Badstübner (ed.), 《기괴할 정도로 다른. 동독에서의 일상*Befremdlich anders. Leben in der DDR*》(Berlin : Dietz, 2000), 233쪽.

어갔다.

제출된 수많은 청원서들이 지속적으로, 그리고 말 그대로 '사회 민주주의'라는 구호 아래 작동하는 사회적 규정에 대한 적극적인 시민의 자발적인 동기에서 쓰였는지, 아니면 사리사욕을 위해 쓰인 것인지, 구체적으로 무엇을 요구하는 것인지 거의 구분할 수 없었다. 최종적인 결정을 요구하는 개인적인 청원건들은 대부분 개인적인 이해(주택, 탁아소, 승용차 또는 그 밖의 고가의 소비재 등)와 관련된 것이었지만, 동독의 '실존하는 사회주의(현실사회주의)'제도의 문제점을 개선하고자 하는 희망을 담은 것도 있었다.

청원 신청은 동독 주민들이 공급 부족 현상에 대해 언론이나 라디오와 텔레비전 방송을 통하지 않고 여론을 형성하는 또 하나의 방식이었다.[30] 이러한 방식으로 동독의 인민들은 당국의 문서화된 답변을 들을 권리——물론 여기까지가 그들이 가진 권리의 한계였지만——를 가졌고, 이것은 가끔 정도를 넘어 양측에게 하나의 게임이 되기도 했다. 셀 수 없을 만큼 많은 청원서 제출로 동독 국민들은 '여유를 찾고', 당국으로 하여금 만만치 않은 행정력을 동원하게 만듦으로써 자신들의 존재감을 인식시켰다고 느꼈다. 하지만 시간이 지나면 행정 기관은 항상 무미건조하고 획일적인 위로의 답장을 보냈다. 더는 '동참하지 않겠다'거나 투표하지 않겠다거나 해외여행을 신청함으로써 당국을 위협하는 사례가 점점 증가했다. 그러나 각각의 사례를 종합해보면 대부분 더 좋은 주택이나 새로운 자동차를 요구하지만, 종종 제기된 문제가 '아직도 전혀' 해결되지 않았다거나 답변이 공정하지 못하다는 의사를 표현한 것이었다. 청원서 제출은 다양한 불만이 배출되는 분출구로

---

30) Rainer Gries, 《대중매체로서의 생산품》, 264쪽.

이용되었지만, 동독의 제도와 물자 공급 문제는 전혀 개선되지 않았다.

소매업은 항상 위로는 매번 상품 진열대를 채우지 못하는 '공급 명령'을 지시하는 기관에, 아래로는 소비재 및 서비스 개선을 강력히 요구하는 국민의 압박에 시달리는 원치 않는 완충지대 역할을 해야만 했다. 한쪽에서는 공급 부족 상황을 개선하겠다고 동독 지도부가 국민들에게 끊임없이 공표했고, 또 다른 쪽에서는 국민들이 필요한 많은 물건을 상점에서 구입할 수조차 없거나 구입 가능하더라도 질이 형편없는 물건을 사야 했다.

동독 사람들은 소위 '구입자 권리'를 광범위하게 요구함으로써 소비자의 지위를 높일 수 있었다. 소비자들에게 유리한 문구로 재정된 법률은 소비자의 권익을 높여주었다. 흔하게 접할 수 있는 '쉽게 구별 가능한 제품 불량'의 경우는 소비자들의 강력한 행동 가능성을 높여주었다. 소비자들이 어떤 상품을 구입할 경우 판매원들에게 복잡한 절차 없이 물건을 교환할 수 있는 권리를 주었고, 때로는 거의 현실적으로 불가능했지만 새로이 물건을 구입해야 하는 경우에는 판매자에 대해 복수를 하거나 제한된 정도 내에서 그들의 권한 남용에 주의를 줄 수 있었다. 소위 국가 권력을 대변하며 국민의 반대편에 선 소매상점에 불만이 가득했던 소비자들은 아직은 모의전 수준이었지만 그래도 최소한 손님이 왕이라는 것을 입증할 수 있었다.

6. 시대와 세계 개방에 대한 반항—내가 부르짖은 정신

대중매체와 학술 저서에서 동독은 종종 '벽감사회Nischengesellschaft'라고 표현된다. 이것은 불복종의 현실과 무엇보다도 공적 · 사적 생활에서 개인들이 자신을 드러내지 않으려는 것을 의미한다. 여가 시간에 동독의 체제에서 벗어날 수 있는 목적지들Aussiegsziele로는 개인의 주말 별장이나 교회의 토론 모임이었다. 이에 서독의 텔레비전 저널리스트 메르세부르거Peter Merseburger는 서독의 텔레비전이 방송을 시작하는 매일 저녁 시간에 동독의 많은 시민들이 정신적으로는 서독으로 여행을 했다고 주장했다. 동독 청소년들이 서독에서 유행하는 패션을 따라하고, 음악을 즐기며, 소비 스타일을 공공연히 따라하는 것에서 '정신적으로는 공화국을 탈출'했다고 표현했다.[31] 이런 정신적 탈출과는 달리 1970년대 이후 많은 청소년들 사이에서 정기적인 일상 탈출이 동독의 대안 문화로 널리 퍼졌다. 주중에는 착하고 거의 눈에 띄지 않게 자신이 맡은 일을 하지만 주말에는 사회적 통념에서 벗어나 자신들만의 방종한 주말을 연출했다. '청바지와 파카단Jeans-und-Parka-Fraktion'[32]은 동독 사회에서 허용되는 자유 공간으로 스스로 들어가 휴식을 취한 보기였다.

답답한 동독의 일상을 넓힐 수 있는 또 다른 가능성들은 분명히 적극적인 동의와 소극적인 허가가 같이 병존하는 것이었다. 1950년대부터 경영자들과 당 관료들이 1년에 두 번 라이프치히 박람회를 정해진 시간 동안 세계로 향해 열리는 창문Zeitfester으로 소개하고 있었던 반면에, 1970년 이후 베를린의 '정치가요제Festival

---

31) Dorothee Wierling, 《건국 1년생. 동독의 1949년생—시험적인 집단 자서전 쓰기 *Geboren im Jahr Eins. Der Jahrgang 1949 in der DDR-Versuch einer Kollektivbiographie*》(Berlin, 2002), 215쪽.

32) Michael Rauhut · Thomas Kochan, 《안녕 안녕, 뤼벤 시여. 동독의 블루스광, 방랑자와 히피들 *Bye bye, L bben City. Bluesfreaks, Tramps und Hippies in der DDR*》(Berlin : Schwarzkopf & Schwarzkopf, 2004).

des politischen Liedes'는 2월 1주 동안 정기적으로 '정치페스티벌' (작곡자 한스- 에카르트 벤첼H.-E. Wenzl)과 동독에 비판적인 청소년들이 즐길 수 있는 국제적인 청소년 축제로 발전했다.

경력을 쌓기 위해 모인 많은 명예직의 조직가들과 진심에서 우러나 참가한 사람들, 그리고 단순히 모험과 국제적 감각을 경험하고 싶어 모인 사람들에게 8일 동안 '세계로 향한 창'이 열렸고, 이를 '문화 부문 당 관료들은 동독에 새로운 바람이 불도록 만드는 데 이용했다.'[33] 이 정치-박람회Polit-Kirmes는 전 가족이 주말을 즐길 수 있는 그런 행사였다. 이런 행사들은 당연히 정치적 통제를 받았지만 일반적으로 이것을 감수하고 받아들였다. 왜냐하면 이 축제는 적어도 자신들이 전 세계에 퍼져 있는 사회주의자들의 한 부분임을 느낄 수 있게 했고, (서베를린에서 문화카니발Karneval der Kulturen이 열리기 이전에) 국제적인 문화 교류에 참여할 수 있는 아주 작지만 가능한 방법 중 하나였기 때문이다.

7. 맺는말

종합하면 지금까지 세 가지 생각들에 대해 이야기했다. 동독이 존속했던 40년의 기간 동안 많은 동독 국민들이 다양한 이유로 국가 권력이 공표했던 소비와 사회복지에 대한 약속을 믿었다. 그리고 이러한 약속은 종종 진지한 자세에서, 적어도 부분적으로나 시기적으로 믿음을 얻었다. 국민들이 해결할 수 없었던 동독 지도부

---

33) Andreas Herbst · Winfried Ranke · Jürgen Winkler, 《동독은 이렇게 작동했다. 동독 조직과 제도 백과사전So funktionierte die DDR. Lexikon der Organisationen und Institutionen》 (Reinbeck : Rowohlt TB-V., 1994), 279쪽.

의 소비 약속은 (서독의 과시적인 소비 양태를 동독인들이 따라잡을 수 있다는 생각을 최종적으로 고려하지 않더라도) 동독 체제 붕괴의 아주 중요한 한 원인이었다. 그리고 다양한 이유에서 체제에 화합하고 많은 요구에 동참하는, 또한 종종 두 가지 생각을 마음에 품거나 결국에는 혼란 상황에 빠졌지만 실제로 국가에 충성했다.

비판적인 동참과 부분적인 저항은 종종 그 차이가 아주 미미한 것이었다. 이러한 '사회놀음Gesellschaftsspiel' 내부에는 (물론 익히 알려진 모든 규칙을 알고 이용하고, 처벌을 원치 않는 한 넘지 말아야 할 경계선이 있다는 것을 인정한다면) 이용할 수 있고 빠져나갈 수 있는 기회와 허점, 그리고 물러날 공간이 존재했다. 이렇게 아주 많은 사람들이 그들의 소비 욕구를 만족시킬 수 있었지만 전체가 다 만족할 수는 없었다. 그러나 주어진 위험을 인식하면서 일상생활을 풍요롭게 만들기 위해, 끊임없이 필요한 물건을 얻기 위해 사냥을 나서는 것은 많은 것을 변화시켰다. 그리고 많은 시간과 노력을 필요로 했다. 서독에서는 쇼핑이 오래전에 이미 인생의 즐거움이 되었지만 동독에서 물건 사기는 시간을 잡아먹는 힘든 일과였다.

꿈으로 본 나치 민족공동체의 일상

나인호

1. 나치 헤게모니와 대중의 일상

평범한 독일인들은 나치 독재를 어떻게 경험했는가? 그리고 이
로부터 어떤 태도를 발전시켰으며, 어떻게 행동했는가? 이 글의 출
발점이 되는 이러한 문제의식은 이제 그다지 새로울 것이 없어
보인다. 나치 독일에 대한——특히 1990년대 이후의——최근 연
구들은 이미 이러한 문제의식을 공유하고 있다.[1] 이와 유사하게

나인호는 연세대 사학과와 같은 대학 대학원에서 서양사를 공부했다. 이후 독일에
유학하여 보훔 대학 역사학부에서 근현대사와 역사이론을 공부했다. 박사학위 논문
으로 역사 속에서 인간들이 꿈꿔왔던 미래상을 재구성한다는 취지하에 독일 빌헬름
제국기의 자유주의자들의 집단적 미래관을 다룬 〈나우만 서클의 유토피아와 위기에
대한 표상, 1890~1903〉을 썼다. 귀국 후에는 서울대 서양사학과에서 박사후연수과
정을 마쳤다. 주 전공 분야는 독일사 근현대사 및 역사이론이며, 특히 개념사 연구에
천착했다. 최근에는 독일에서의 국사서술을 비판적으로 고찰하는 사학사 연구에 몰
두하고 있다. 〈자본주의정신 : 독일 부르주아지의 근대문명 비판〉을 비롯한 다수의
논문을 발표했으며,《혁명이냐 개혁이냐Sozialreform oder Revolution 1890~1903/04》
를 독일에서 출판했다. 인천대 초빙교수를 역임했으며, 현재 대구대 역사교육과 교
수로 재직하고 있다.

1)《현대사 잡지Journal of Contemporary History》, 39(2004년 4월), 특히 163~167쪽 ;
Norbert Frei, 〈국민공동체와 전쟁 : 히틀러에 대한 대중적 지지People's Community and
War : Hitler's Popular Support〉, Hans Mommsen (ed.),《이상과 현실 사이의 제3제국 : 독

국내에서도 20세기에 존재했던 여러 독재체제들에 대한 대중의 경험과 반응, 더 나아가 근대 국민국가 일반의 지배와 이에 대한 대중의 경험 및 반응을 비교하려는 연구 프로젝트가 진행되고 있다.[2]

최근의 이와 같은 연구 경향은 두 가지 측면에서 종래의 연구들과 구별된다. 먼저, 관점의 전환이 그것이다. 그동안 전체주의론이나 파시즘론, 그리고 지난 1970년대와 1980년대 서독 역사학계에서 진행된 이른바 '의도주의자들과 기능주의자들의 논쟁'[3]은 모두 '위로부터의' 관점에 입각하여 나치와 같은 독재체제의 역사적 성격을 '객관적'으로 규명하려 했다. 반면 최근의 연구들은 '아래로부터의' 관점에 입각하여 무엇보다 당대인의 '주관적'인 나치 독일의 경험을 읽어내려 하고 있다.[4]

일사의 새로운 시각들 *The Third Reich Between Vision and Reality. New Perspectives on German History 1918~1945*》(Oxford/New York : Berg Publishers, 2001), 59~77쪽 ; 선구적 연구로는 데틀레프 포이케르트, 《나치 시대의 일상사 : 순응, 저항, 인종주의》, 김학이 옮김(개마고원, 2003)을 참고하라.

2) 임지현 · 김용우 엮음, 《대중독재 1—강제와 동의 사이에서》(책세상, 2004) ; 《대중독재 2—정치 종교와 헤게모니》(책세상, 2005). 대중독재론에 대한 탁월한 비판은 김학이, 〈나치 독재와 대중〉, 《근대의 경계에서 독재를 읽다》(그린비, 2006), 125~176쪽.

3) 이 논쟁은 독재자의 의지가 효율적으로 관철되는 지배를 강조한 전체주의론에 대한 반박에서 나왔다. 전체주의론에 입각하여 나치 독일에서 히틀러의 결정적 역할을 강조한 '의도주의자들'에 대해 '기능주의자들'은 히틀러의 역할은 생각보다 중요하지 않았으며, 오히려 나치 독일은 당, 군부, 기업가 등의 상호 경쟁에 의한 비정상적인 다극적 정치 체제Polykratie였음을 강조했다. 따라서 나치 독일은 굳이 연합군에게 패전하지 않았더라도 궁극적으로 스스로 해체될 운명이었다는 것이다.

4) 최근의 연구 경향에 투영된 '경험의 역사'에 대한 강조는 독일에서는 특히 1980년대에 유행했던 일상사와 구술사와 밀접한 관련이 있다. 나치 시대에 대한 대표적인 구술사 연구는 Lutz Niethamer (ed.), 《'오늘날 자리매김해야 하는 그 시절이 알려지지 않고 있다.' 루어 지방에서의 파시즘 경험 *Die Jahre weiss man nicht, wo man die heute hinsetzen soll.' Faschismuserfahrungen im Ruhrgebiet*》(Berlin/Bonn : Dietz Verlag J. H. W. Nachf, 1983) ; Hans Mommsen · Susanne Willems (eds.), 《제3제국의 통치 경험 : 연구와 자료*Herrschaftsalltag im Dritten Reich. Studien und Texte*》(Düsseldorf : Patmos Verlag, 1988)가 있다.

이러한 관점의 전환과 더불어 최근의 연구들은 내용적으로 나치 독일의 모습을 새롭게 해석하고 있다. 앞서 말한 '위로부터의' 관점에 입각한 연구들은 나치 체제가 본질적으로 폭력과 억압의 지배체제였다는 전제 아래 진행되었다. 그러나 최근의 연구 경향은 박해와 폭력은 나치 정권의 한 단면일 뿐, 나치는 사람들을 유혹하고 매료시키는 데 열중했다는 점을 부각시킨다. 또한 거의 모든 독일 국민은 물질적인 면은 물론이고 정신적인 면에서도 큰 득을 보았고, 결과적으로 나치 독재체제는 사람들의 마음을 만족시켰다고 밝히고 있다. 따라서 이제는 나치 정권이 어떻게 강력한 사회적 결속력을 생산하는 데 성공했고, 또 대중이 왜 나치를 지지했는지를 묻지 않고서는 나치 독일에 대한 연구가 불가능할 정도가 되어버렸다.[5] 연구 패러다임의 이러한 변화는 이탈리아 파시즘의 경우에도 마찬가지다.[6]

이 글 역시 기본적으로 이와 같은 연구 경향을 따르고 있다. 그러나 동시에 나치 독일에 대한 대중의 긍정적 경험과 나치 지배체제가 피지배자들의 동의를 얻어 자신을 보강시키는 데 성공했음을 강조하는 최근의 수정주의적 경향 속에는 또 다른 편향성의 위험이 도사리고 있다는 점도 강조되어야 한다. 영국의 역사가 에번스Richard Evans가 적절하게 지적한 바와 같이 이러한 연구 경향

나치 독일에 대한 일상사 연구의 최근 성과는 알프 뤼트케, 〈일상사—중간보고〉, 이상록·이유재 엮음,《일상사로 보는 한국 근현대사—한국과 독일 일상사의 새로운 만남》(책과함께, 2006), 41~75쪽을 참고하라.

5) 이제 독일 역사학계에서 이러한 수정주의적 경향은 새로운 정통으로 자리 잡은 듯하다. 예를 들어 독일사에 대한 슐체의 통사 서술을 보라. 하겐 슐체,《새로 쓴 독일 역사》, 반성완 옮김(지와사랑, 2003), 271~275쪽.

6) 예를 들어 Victoria de Grazia,《동의의 문화 : 파시즘 이탈리아에서의 여가의 대중적 조직화 *The Culture of Consent. Mass Organization of Leisure in Fascist Italy*》(Cambridge et. al : Cambridge Univ. Press, 1981).

속에서 일부 연구자들은 독일인들이 히틀러의 충심 어린 지지자였으며, 더 나아가 열광적으로 나치의 인종 학살의 도구가 되기를 자처했다는 도덕적 비난의 목소리마저 내고 있다.[7]

그러나 평범한 독일인들이 항상 히틀러와 나치 정책의 적극적 지지자였다는 주장은 이들이 언제나 나치가 행한 테러와 폭력의 수동적 희생자였다는 종래의 주장만큼이나 과장되고 일방적이다. 더 나아가 이런 수정주의적 해석에 내포된 도덕적 편향성은 한편으로는 독일 국민 전체를 악마화시키는 수단으로 작용할 수도 있다. 하지만 다른 한편으로는 이전의 나치당원이었던 독일 역사가 콘체Werner Conze가 말년에 "독일 국민이 행했던 결단과 노력이야말로 민족사회주의가 성공하는 데 결정적 요소였다"고 주장했듯이, 나치 독재의 시대적 정당성을 옹호하는 구실을 줄 수도 있다.[8]

나의 의도는 이러한 편향성을 피하면서, 동의를 얻기 위한 나치의 노력, 즉 나치의 헤게모니 공세에 대한 대중의 경험과 태도를

---

7) Richard Evans, "Introduction", 《현대사 잡지》, 39(2004년 4월), 163~167쪽. 특별히 논란을 불러일으킨 D. J. Goldhagen, 《히틀러의 자발적 사형집행인들 : 평범한 독일인들과 홀로코스트Hitler's Willing Executioners. Ordinary Germans and the Holocaust》(New York : Alfred A. Knopf, Inc. 1996)는 이러한 편향성을 극단적으로 밀고나가고 있다. 이후 진행된 젤러틀리의 연구는 비록 골드하겐의 단일 인과적 설명 방식을 수정하여 나치 정권에 대한 대중적 합의의 다양성, 사안에 따른 차별성, 그리고 모순성을 지적하고 있다. 하지만 본질적으로는 골드하겐과 동일한 노선에서 나치 독재에 대한 대중의 자발적이고 적극적인 합의를 강조하고 있다. Robert Gellatly, 《히틀러를 지지함 : 나치 독일에서의 동의와 강제Backing Hitler. Consent and Coercion in Nazi Germany》(Oxford : Oxford Univ. Press, 2001) ; Robert Gellatly · Nathan Stoltzfus (eds.), 《나치 독일의 사회적 아웃사이더들 Social Outsiders in Nazi Germany》(PrincetonOxford : Oxford Univ. Press, 2001).

8) Werner Conze, 〈국가 및 민족 정책. 단절과 새로운 시작Staats - und Nationalpolitik. Kontinuit tsbruch und Neubeginn〉, W. Conze · M. Rainer Lepsius (eds.), 《독일연방공화국의 사회사 : 지속의 문제에 대한 고찰들Sozialgeschichte der Bundesrepublik. Beitr ge zum Kontinuit tsproblem》(Stuttgart : Klett -Cotta, 1983), 441~467쪽을 참고하라.

살펴보는 것이다. 이를 위해 필요한 전제는 강제와 동의를 상호배제적인 것으로 보아서는 안 되며, 강제와 동의의 내재적 상호관계, 즉 강제를 통한 지배의 구성에 동의가 어떻게 결합되는지, 동의 형성을 통한 지배의 구성에 강제가 어떻게 작용하는지를 주목하는 태도이다. 이 글은 이와 같은 전제에 입각해서 나치 독일에서의 강제와 동의의 문제를 하나의 맥락 속에서 파악하려고 한다. 구체적으로, 나치의 강제와 동의 획득의 기제가 어떻게 상호 관련을 맺은 채 대중에게 경험되었으며, 어떻게 이들의 심리에 영향을 주었는지를 분석한다.

이를 위해 나는 특별히 꿈을 분석의 대상으로 삼았다. 일과 놀이, 휴식과 사교와 마찬가지로 꿈 역시 일상의 중요한 한 부분이다. 또한 꿈을 이야기하고 해몽하며, 이를 통해 꿈을 공유하는 것은 매우 오래된 일상의 문화이다. 그럼에도 역사가들은 나치 시대의 일상을 분석하는 데 있어서 꿈을 꾸고 꿈을 이야기하는 것에 특별한 주의를 기울이지 않았다. 이런 점에서 볼 때 이 글은 방법론적으로 일상사 연구의 지평을 넓히는 실험적 시도라고 할 수 있다.

2. 역사학적인 꿈의 해석

사실 꿈은 역사가들에게는 아직 낯선 세계이다. 오늘날의 역사가 중에서 지금까지 꿈을 연구의 소재로 삼은 사람은 프랑스의 중세사가 르 고프Jacques Le Goff[9]나 근대 초를 연구하는 영국의 역

---

9) Jacques Le Goff, 〈중세 서부의 문화와 집단 심리 속의 꿈Dreams in the Culture and collective Psychology of the Medieval West〉, 《중세의 시간, 일과 문화Time, Work and Culture

사가 버크Peter Burke[10] 정도만을 꼽을 수 있다. 근현대사 분야에서는 독일 역사가 코젤렉Reinhart Koselleck 정도가 예외적으로 꿈을 통해 경험의 역사를 구성하려고 시도했을 뿐이다.[11] 이처럼 꿈은 학문 세계에서 역사가보다는 합리적이고 과학적인 꿈의 해석이 주업인 정신분석학자나 심리학자들의 전문 영역이라고 할 수 있다. 물론 일부 역사가들은 정신분석학자들이 다루는 인간 심리의 무의식 영역에까지 관심을 가지고, 정신분석학이나 심리학의 성과물을 역사 연구에 전용하려는 정신분석학적 역사나 심리사학을 발전시켜왔다. 그러나 이 경우에도 무의식의 영역을 읽을 수 있는 전형적 소재인 꿈 자체를 본격적으로 다룬 연구는 찾기 힘들다.[12]

그럼에도 이 글의 주제인 대중의 욕망과 나치 정권의 헤게모니적 공세 사이의 관계를 파악하는 데 있어서, 꿈은 매우 적절한 소재라고 할 수 있다. 다음과 같은 두 가지 이유 때문이다. 먼저, 프로이트가 말했듯이 '꿈은 억압되고 억제된 소원의 위장된 성취'[13]다. 그에 따르면 꿈은 이미 성취한 것이든 억압된 것이든 상관없이

---

in the Middle Ages》(Chicago : Univ. Of Chicago Press, 1980), 201~204쪽 : 〈기독교와 꿈 Christianity and Dreams〉,《중세적 상상력The Medieval Imagination》(Chicago : Univ. of Chicago Press, 1988), 193~231쪽 : 〈대헬름브레히트의 꿈The Dreams of Helmbrecht the Elder〉,《중세적 상상력》, 232~242쪽.

10) Peter Burke, 〈꿈의 문화사The Cultural History of Dreams〉,《문화사의 다양성 Varieties of Cultural History》(Cambridge : Cornell Univ. Press, 1997), 23~42쪽.

11) Reinhart Koselleck, 〈테러와 꿈Terror und Traum〉,《지나간 미래 : 역사적 시간들의 의미론에 대하여Vergangene Zukunft. Zur Semantik geschichtlicher Zeiten》(Frankfurt a. M. : Suhrkamp Verlag, 1979), 283, 286쪽. 이 책의 한국어판은 한철 옮김,《지나간 미래》(문학동네, 1996)이다.

12) 정신분석학적 역사학에 대해서는 육영수, 〈정신분석학과 역사학〉,《서양사론》, 71 (2001), 141~168쪽 : 〈기억, 트라우마, 정신분석학 : 도미니크 라카프라와 홀로코스트〉,《미국학 논집》, 36/3(2004), 172~199쪽.

13) 지그문트 프로이트,《꿈의 해석》, 2판, 김인순 옮김(열린책들, 2003), 206쪽.

무의식, 전(前)의식과 같은 인간 의식의 여러 차원에 머물러 있는 여러 개의 소원들, 즉 다양한 욕망들이 결합되어 표현된다. 그리고 꿈에는 이드와 에고, 그리고 슈퍼에고 같은 인간 주체self를 구성하는 무의식과 의식 속의 여러 하위 주체들이 작용하면서 자기 검열과 욕망(소원)의 위장(가공)이 이뤄진다. 이를 통해 꿈은 내용의 전위나 압축, 심지어는 꿈을 꾼 형식과 꿈을 꾼 사람이 행하는 재현 등을 통해 필연적으로 왜곡된다.[14] 이와 같이 꿈을 통해 역사가는 대중이 지닌 다양한 층위의 욕망과 그것들 사이의──때로는 모순적인──관계를 세밀하게 읽을 수 있다. 물론 여기에는 꿈을 잘 해독해야 한다는 전제조건이 있지만 말이다.

　다음으로 프로이트에 따르면 꿈은 허구적 내용으로 구성되지만 현실의 경험, 정확히 말해 실존적 경험과 깊은 관련이 있다. 낮의 일상에서 경험한 것들은──그 시간적 간격과 상관없이──꿈을 통해 기억되기 때문이다.[15] 더 나아가 그는 오스트리아의 병리학자 슈트리커Salomon Stricker가 말한 "꿈이 오로지 허위로만 이루어진 것은 아니다. 예를 들어 꿈속에서 강도를 만나 두려움에 떤다면, 강도는 상상의 것이지만 두려움은 현실적인 것이다"라는 명제를 인용하면서 꿈이 지닌 현실성을 지적한다.[16] 같은 맥락에서 코젤렉은 다음과 같이 주장한다. 꿈은 사건이 일어날 당시의 순간을 스냅 사진처럼 포착한다. 꿈이야말로 그 사건과 직접적으로 관련된 경험을 증언한다. 보다 정확하게 말해서 꿈은 당대인이 그 사건을 경험할 당시의 '심리적 엑스레이'라고 할 수 있다.[17] 그러므로

---

14) 지그문트 프로이트, 《꿈의 해석》, 176ff., 271, 335ff., 638ff.쪽을 참고하라.

15) 지그문트 프로이트, 《꿈의 해석》, 33ff., 42~67, 95ff., 209ff.쪽을 참고하라.

16) 지그문트 프로이트, 《꿈의 해석》, 107쪽.

17) Reinhart Koselleck, 〈테러와 꿈〉, 294쪽을 참고하라.

역사가들은 꿈을 사실적인 것에 대한 허구적 내러티브로 간주하면서, 꿈의 해석을 통해 나치가 연출한 미세한 실상과 이에 대한 대중의——무의식적인 영역까지 포함하는——생생한 심리적 반응을 파악할 수 있는 것이다.

　그러나 꿈이 지닌 이와 같은 가능성에도 불구하고 더 큰 문제가 남아 있다. 역사가는 과연 어떻게 꿈을 해석해야 하는가? 가장 중요한 원칙은 정신분석학자나 심리치료사가 하듯이 한 개인의 꿈 체험을 오로지 개인사와 개인의 직접적인 경험과 결부시키면서, 그 꿈의 상징이 그 개인 스스로에게 무엇을 의미하는지 발견하려는 임상적 해석 방식과는 달라야 한다는 점이다. 또한 역사가는 꿈을 꾼 개인들과 인터뷰를 할 수 없으므로 한 개인의 심리적 실재를 진단하고 치료하려는 이러한 방식은 불가능하다. 역사가는 버크가 말했듯이 개별적인 꿈을 엮어서 하나의 맥락을 구성해야 한다.[18] 그리고 그 맥락은 한 개인의 전기적 맥락에서부터 한 사회의 문화적 맥락에 이르기까지 다양하다. 특별히 우리의 연구 목적을 위해서는 꿈을 가족 단위에서부터 정치 조직에 이르기까지 다양한 사회적이고 정치적인 관계와 갈등의 초개인적인 매개체로서 다룰 수 있다. 이처럼 역사가는 개인의 꿈을 정치·사회적 맥락 속에 두고, 제3제국에 대한 직접적인 경험, 즉 나치 시대와 나치의 지배와 결부되어 있는 초개인적인 집단적 경험들이 꿈에서 어떻게 표현되는지 발견할 수 있다.[19]

---

18) Peter Burke, 〈꿈의 문화사〉, 43쪽.

19) Reinhart Koselleck, 〈샤를로트 베라트의 꿈속의 제3제국에 대한 후기*Afterword to Charlotte Beradt's The Third Reich of Dreams*〉, 《개념사의 실제 : 역사의 시간화, 개념의 공간화*The Practice of Conceptual History. Timing History, Spacing Concepts*》(Stanford/California : Stanford Univ. Press, 2002), 331, 334쪽.

정치·사회적 맥락 속에서 꿈을 해석하는 방식은 비단 역사가에게 한정된 것은 아니다. 근래에는 꿈을 통해 심리 분석을 시도하는 심리치료사나 정신분석학자들에게서도 한 개인의 꿈과 보편적인 집단 경험을 연결시키는 이른바 '사회적 꿈' 혹은 '사회적 꿈꾸기'에 대한 연구가 본격적으로 진행되고 있다. 이러한 연구 경향은 꿈을 한 개인의 심리적 실재로 환원시키지 않고, 개인의 내적 세계와 사회적 실재를 매개하는 공간으로 파악한다. 그리고 꿈에 내포된 여러 의미 중 외적인 의미, 즉 사회적 의미를 밝히려고 한다. 이를 통해 사회적 환경이 개인적 자아의 형성과 변화에 미치는 영향이나 '사회적 무의식'의 형성과 변화를 탐구한다.[20]

이 글에서는 꿈을 여러 차원의 자아들이 욕망과 자기 검열을 둘러싸고 긴장하고 갈등하면서 동의를 획득하려는 나치의 헤게모니 공세에 자율적이고 창조적으로 반응하는 게임의 장으로 파악한다. 따라서 여러 상징과 알레고리, 환상적 에피소드로 구성된 꿈의 내용뿐만 아니라, 꿈을 꾼 형식과 꿈의 재현 방식에 내포된 정치적 의미, 즉 피지배자들이 나치의 헤게모니 공세를 반추하고 내면화하는 과정 그리고 이를 통한 자기 정체성의 변화 과정을 분석한다. 이를 위해 나는 기본적으로 유대계 작가이자 저널리스트였던

---

20) Kelly Bulkeley, 〈전체주의 사회 속에서 꿈꾸기 : 샤를로트 베라트의 꿈속의 제3제국에 대한 독해 *Dreaming in a Totalitarian Society : A Reading of Charlotte Beradt's The Third Reich of Dreams*〉, 《꿈꾸기*Dreaming*》, 4(No. 2)(1994), 115~125쪽 ; Mechal Sobel, 《꿈을 가르쳐주세요 : 혁명기 속에서 자아 찾기 *Teach Me Dreams : The Search for Self in the Revolutionary Era*》(Princeton : Princeton Univ. Press, 2000) ; Gordon Lawrence, 《사회적 꿈꾸기 입문 : 생각을 변화시키기*Introduction to Social Dreaming : Transforming Thinking*》(London : Karnac Books, 2005) ; Montague Ullman, 〈꿈과 연결 의 정치*Dreams and the Politics of Connectedness*〉, 《꿈 평가 뉴스레터*Dream Appreciation Newletter*》, 1(1996년 여름)을 참고하라.

베라트Charlotte Beradt의 꿈 모음집을 활용했다.

베라트는 나치가 정권을 장악한 1933년부터 나치의 박해를 피해 1939년 미국으로 망명할 때까지 위험을 무릅쓰고 대략 300여 명의 꿈을 채록했다. 그녀는 이것을 모아 1966년 독일에서 《꿈속의 제3 제국Das Dritte Reich des Traums》이라는 제목으로 출판했다.[21] 이 책에 실린 대다수의 꿈은 베라트가 꿈을 꾼 사람들에게 직접 들은 것이며, 일부는 환자들의 꿈을 주의 깊게 탐구했던 그녀의 의사 친구에게 들은 것이다.[22] 이 밖에도 이 책에는 훗날 그녀가 망명한 이후 책이나 언론 매체를 통해 간접적으로 수집한 꿈들도 일부 수록되어 있다.

베라트의 꿈 모음집에 수록된 꿈들은 전적으로 나치 시대를 증언하는 정치적 꿈들이다. 그녀는 자신이 채록한 정치적 꿈을 책으로 엮기 위해 역사적 맥락이 없는 일반적인 꿈은 제외시켰다. 순전히 폭력적인 내용이거나 공포와 이에 대한 육체적 반응을 표현한 꿈, 극단적인 악몽은 제외되었다. 이러한 꿈은 어느 시대를 막론하고 개인적 위기 상황이나 전쟁 같은 역사적 위기 상황에서 발견되는 일반적인 것이다. 고로 특별히 나치 독재 시대에 국한된 특정한 사안을 말한다고 볼 수 없기 때문이다.[23]

베라트에게 자신의 꿈 이야기를 한 사람들은 평소에 꿈을 주제로 교류해온 그녀의 이웃들, 즉 베를린에 살고 있는 보통 사람들이었다. 이들은 사회적으로 다양한 연령대에 걸친 다양한 계층의 사

---

21) 이 글은 Charlotte Berdadt, 《꿈속의 제3제국Das Dritte Reich des Traums》(Frankfurt. a. M. : Suhrkamp Verlag, 1994) 및 영역본 《꿈속의 제3제국The Third Reich of Dreams》 (Chicago : Quadrangle Books, 1968)을 참고했다. 이후 인용은 특별한 경우가 아닌 한 영역본을 기준으로 했다.

22) Charlotte Berdadt, 《꿈속의 제3제국》, 12쪽.

23) Charlotte Berdadt, 《꿈속의 제3제국》, 13~14f.쪽.

람들이었다. 그 범위는 공장주에서부터 재단사, 우유 배달원, 가정부에 이르기까지, 노동자와 상품 판매인에서 학생, 의사 나아가 공무원에 이르기까지 광범위했다. 이들 가운데는 독일인도 있었고 뉘른베르크 인종법 때문에 사회적 차별을 감수해야 했던 유대인도 있었다.[24]

이렇듯 철저하게 나치 시대라는 역사적·정치적 맥락 속에서 재구성된 보통 사람들의 꿈은 이 글의 연구 목적을 위해 매우 유용한 자료가 되었다. 하지만 동시에 이러한 꿈은 몇 가지 문제를 내포하고 있다. 먼저, 베라트의 꿈 이야기는 그녀가 편집하고 윤색한 것이라, 꿈의 객관적 증거력 내지는 진실성을 훼손하고 있다는 정당한 비판이 제기될 수 있다.[25] 그러나 과연 꿈의 진실성이란 무엇인가? 프로이트가 말했듯이 꿈이란 본질적으로 왜곡되는 것, 즉 이미 꿈꾸면서 자기 검열 기제로 그 내용을 위장하고 가공하며, 또한 깨어난 후에 꿈을 꾼 사람 스스로 재현을 통해서도 그러하고, 더 나아가 청취자의 해몽이나 해석을 통해 윤색될 수밖에 없는 것이 아닌가? 꿈의 참된 의미는 프로이트가 말했듯이 자기 혹은 청취자의 해석을 통해 보충되는 것이 아닌가? 따라서 꿈의 진실성은 마치 문학작품이 주는 진실성처럼——해석의 주체가 스스로이든 타인이든——해석자에게 유의미(有意味)한 재현을 통해 비로소 생겨나는 것이 아닌가?

그런데 베라트의 꿈 이야기는 그녀가 취하는 해석의 일방성 때문에 더 큰 문제를 가지고 있다. 그녀는 자신의 작업을 일종의 '전체주의의 심리학'에 대한 연구라고 생각했다.[26] 그녀는 자신의 꿈

---

24) Charlotte Berdadt, 《꿈속의 제3제국》, 10쪽 이하를 참고하라.
25) Kelly Bulkeley, 〈전체주의 사회 속에서 꿈꾸기〉, 116쪽.
26) Charlotte Berdadt, 《꿈속의 제3제국》, 16쪽.

모음집을 통해 20세기 전체주의 치하의 역설적 실존과 전체주의적 지배의 직접적 효과를 보여주고 싶다고 강조했다.[27]

이러한 관점을 확대하여 코젤렉은 "테러를 꿈꿨을 뿐만 아니라 그 꿈 자체가 테러의 한 부분"이었음을 강조하면서, 나치 시대의 꿈은 전체주의적 지배의 실상을 보여주는 증거이며 동시에 교묘하고 효율적인 전체주의적 지배 수단이었음을 강조한다.[28] 이와 유사하게 '사회적 꿈' 연구가들 또한 이 시대의 꿈을 전체주의적 지배와 연관시켜 해석하고 있다.[29] 그러나 이 글은 앞에서 피지배자들은 단지 수동적 희생자였다는 전체주의론적 관점의 일면성을 비판한 바 있다. 베라트의 꿈 모음집을 새롭게 독해하다 보면 그 속에 담긴 꿈 스스로가 그녀의 해석에 많은 구멍이 있음을 보여준다.

마지막으로 베라트의 꿈 이야기는 나치 시대 중 1933년부터 1939년의 이른바 안정기에 한정되어 있다. 따라서 그녀의 자료에 의존하다 보면 역사가들이 일반적으로 구분하는 나치 시대의 세 시기 가운데 2차대전 시기 전반의 공세기와 후반의 수세기에 대한 고찰은 누락될 수밖에 없다. 이를 보완하기 위해 이 글에서는 자료를 일부 보충했지만, 극히 주변적으로만 이뤄졌다. 왜냐하면 전쟁 시기의 꿈들은 홀로코스트의 기억과 트라우마라는 또 다른 주제의 연구에 더 적절하기 때문이다.

---

27) Charlotte Berdadt, 《꿈속의 제3제국》, 13, 15쪽.

28) Reinhart Koselleck, 〈테러와 꿈〉, 286f.쪽.

29) 주 20의 Kelly Bulkeley, Mechal Sobel, Gordon Lawrence, Montague Ullman의 글을 보라.

3. 민족공동체의 강제와 자아 보존의 욕망

제3제국이 들어선 지 1년 뒤인 1934년에 45세의 어떤 의사는 이런 꿈을 꿨다.

저녁 9시경이었다. 진료를 끝낸 나는 마티아스 그뤼네발트[30]에 대한 책을 든 채 소파에 몸을 쭉 뻗고 휴식을 취하려던 중이었다. 그때 갑자기 내 방의 벽이, 다음에는 내 아파트의 벽이 사라졌다. 나는 주위를 둘러보았고, 내 시야에 들어오는 모든 아파트에 더는 벽이 없다는 무서운 사실을 발견했다. 그리고 스피커에서 이렇게 울려대는 게 들렸다. "모든 벽을 철거한다는 이달 17일자 포고령에 의거해……."[31]

이처럼 이상한 악몽에 시달린 그 의사는 다음 날 아침 곧바로 이 꿈을 기록했다. 그는 이후 이 꿈을 기록했다는 이유로 고발당하는 꿈을 다시 꿨다고 한다. 계속해서 그는 자신의 꿈을 상세하게 재현했는데, 사실은 벽이 사라지기 전에 구역 감시인이 다가와 왜 창문에 깃발을 달지 않았냐고 강압적으로 묻자, 감시인을 진정시키고 브랜디를 따라주면서 '내 집에서는 안 돼'라고 생각했다는 것이다. 그리고 실제로는 그뤼네발트에 대한 책을 단 한 번도 읽어본 적이 없을 뿐만 아니라 가져본 적도 없지만, 이 책을 순수한 독일인의 상징으로서 공공연하게 이용했다는 것이다. 그러면서 자신은 비록 정치적이지 못하지만, 자신의 꿈을 구성하는 요소와 꿈에서 한 행동은 본질적으로 '정치적'인 것이었다고 했다. 또한 그는

---

30) 독일적 정신을 표현한 신비주의 화가.
31) Charlotte Berdadt, 《꿈속의 제3제국》, 21쪽.

계속해서 또 다른 꿈을 꿨는데 이 꿈에서 그는 "그 어떤 집도 더는 사적(私的)이지 않아서, 바다 속 깊은 곳에서 살고 있다"고 했다.[32]

우선 꿈의 내용을 보자. 이 꿈이 증언하는 나치 독일의 현실은 전체주의적이다. 사적 개인을 '민족공동체'의 공적인 일원으로 탈바꿈시키려는 정권의 강제에 개인은 마지못해, 그러나 자발적으로 타협하기를 원한다. 그뤼네발트에 대한 책을 매개로 정치적이고 독일적인 낯선 내가, 사적 공간에서 일하고 휴식하는 평소의 나와 공존하는 것이다. 그러나 정권의 강제는 마침내 공사의 구별마저 철폐한다. 그리고 이에 대한 어떤 내면적 반감도 불허한다. 드디어 개인은 공적 영역에서 완전히 도피하여 '바다 속 깊은 곳', 즉 순수한 사적 영역에 침잠하기를 열망한다. 무엇보다도 자아 보존의 욕망 때문이다.

1933년에 30세가량의 자유주의적 성향의 교양 있는 여성이 꾼 꿈 역시 이를 명료하게 보여준다. 그녀는 꿈속에서 거리의 이정표들이 철거되고 대신 포스터들이 곳곳에 걸려 있는 것을 보았다. 그 포스터에는 말하기가 금지된 스무 단어가 검은 바탕에 하얀 글씨로 적혀 있었다. 그 첫 글자는 '주님'이었는데 그녀는 신중하게도 그 말을 독일어가 아닌 영어로 꿈꿨다는 것이다. 그리고 말하기를 "그 다음 말들은 기억할 수 없다. 아니면 그 다음 말들을 꿈꾸지 않았을지도 모른다. 그런데 마지막 단어는 '나'였다."[33]

전체주의적 강제의 경험과 내면 깊숙한 곳에서나마 자아를 지키려는 열망은 꿈의 형식과 재현 방식에서도 잘 드러난다. 베라트에게 꿈 이야기를 들려주었던 사람들 일부는 이른바 전형적인 꿈을

---

32) Charlotte Berdadt, 《꿈속의 제3제국》, 22쪽.
33) Charlotte Berdadt, 《꿈속의 제3제국》, 23쪽.

꾸지 못했다. 전형적인 꿈이란 누구나 같은 방법으로 꾸고 모두에게 같은 의미를 주는 다수의 꿈으로서, 동일한 경험에서 유래한다고 할 수 있다. 이처럼 전형적인 꿈은 사회적 실재에 근거하고 이에 대한 초개인적·집단적 무의식을 읽을 수 있는 사회적 꿈이다. 따라서 베라트의 꿈 모음집에 실린 꿈들이 전형적인 꿈이 아니라면, 이는 사회적 환경이 비정상적으로 교란되어 있으며, 이에 대한 무의식적인 대응 역시 정상적으로 표현되지 못했음을 의미한다.

예를 들어 벌거벗은 꿈의 전형적인 형태를 보자. 벌거벗은 꿈에서는 당황하든 자유를 느끼든 상관없이 대개의 경우 벌거벗은——혹은 군인의 경우 제복 대신에 사복을 입은——자신에게 낯선 사람들은 무관심하며 절대로 자신을 비난하지 않는다.[34] 그러나 26세의 운송 노동자가 꾼 꿈에서는 그가 제복을 입지 않은 채 나치돌격대 대열 속에서 행진하자 갑자기 돌격대원들이 그를 몽둥이로 때리려 했다.[35] 앞서 언급한 의사도 전형적인 꿈에서라면 당혹감 정도를 느끼는 것으로 끝나야 했다.

또한 대부분의 사람들은 그 형식과 위장 정도가 기껏해야 캐리커처나 정치 풍자 수준에 불과한 단순명료하고도 쉽게 기억할 수 있는 꿈을 꿨다. 이 덕분에 베라트는 굳이 자유연상 같은 특별한 심리학적 꿈 해석의 테크닉이 없이도 꿈 내용을 쉽게 해석할 수 있었다. 이러한 맥락에서 베라트는 자신이 들은 꿈들을 '명료한 유사pseudo 꿈' 내지 '의식적 꿈'으로 명명한다.[36]

동시에 꿈을 재현할 때 많은 사람들은 꿈을 뚜렷이 기억하려고

34) 지그문트 프로이트, 《꿈의 해석》, 295ff.쪽 ; 피오나 스타·조니 주커, 《꿈, 제발 날 깨우지 말아줘!》(남경태 옮김(휴머니스트, 2003))는 전형적인 꿈의 주제들을 다루고 있다.

35) Charlotte Berdadt, 《꿈속의 제3제국》, 123f.쪽.

36) Charlotte Berdadt, 《꿈속의 제3제국》, 15f.쪽.

노력했다고 말했다. 앞서 말한 의사는 다음 날 아침 곧바로 자신의 꿈을 기록했다. 1934년에 어느 젊은 유대인 여성은 자신이 독일인들에 동화되는 꿈을 꿨는데 꿈에서 깨자마자 '곧바로 단어 하나하나 모든 것'을 기록했다.[37] 또한 상당수의 사람들이 '절대로 잊지 않을 것'이라는 말로써 자신의 꿈 이야기의 서두를 꺼냈다. 더 나아가 일부 소수는 10년에서 20년이 흐른 뒤에도 그 꿈을 기억하고 있었다.[38]

이처럼 명료하고 망각되지 않는 꿈은 일종의 트라우마 증세라고 할 수 있다. 이는 우선적으로 제3제국에서의 새로운 경험이 이전 시기의 다른 모든 경험을 압도하리만큼 강렬했다는 것을 의미한다. 그리고 깨어 있을 때의 의식 속에서는 망각되었던 스트레스, 불안, 더 나아가 공포의 경험이 꿈속에서 강하게 상기되고, 또다시 그 악몽의 기억이 깨어 있을 때의 의식에 강렬하게 침투하는 것이다. 더 나아가 상당수의 사람들은 꿈과 깨어 있는 의식 사이의 이러한 과정이 부단히 교차됨에 따라 거의 망상 편집증paranoia 단계에 이를 정도로 스트레스와 불안감, 공포감의 상승을 경험했다.

앞서 언급한 의사는 사방의 벽이 철거되는 꿈을 꾸고 나서 이것을 기록했고, 또다시 이 꿈을 기록했다는 이유로 고발당하는 연속적인 꿈을 꿨다. 꿈속에서의 사건(태도)과 깨어 있을 때의 사건(태도)이 연쇄적으로 얽혀가면서 동일한 꿈의 줄거리를 엮어가는 과정은 다른 꿈에서도 발견된다. 여러 차례 반복하면서 점차 그 줄거리가 상세해진 괴벨스의 공장 방문에 대한 60세 공장주의 꿈이나, 45세 안과 의사의 돌격대와 수용소에 대한 연속적인 꿈, 혹은 독일

---

37) Charlotte Berdadt, 《꿈속의 제3제국》, 136f.쪽.
38) Charlotte Berdadt, 《꿈속의 제3제국》, 11f.쪽.

인 아버지를 둔 32세 여비서의 유대계 어머니에 대한 네 차례의 꿈 등이 그 전형적 사례이다. 심지어 뉘른베르크 인종법 때문에 유대인 변호사와 강제 파혼당한 21세의 여학생은 꿈을 꾼 지 몇 달 뒤에 동일한 주제의 꿈을 연속해서 꾸기도 했다.[39)]

이는 곧 일상의 모든 부분을 남김없이 공적 영역으로 만들려는 체제의 폭력적 강제가, 어느덧 개인의 내적 세계와 외적 현실 사이의 간격을 적절히 유지하고 매개하는 꿈이라는 자율적 공간마저 위협하고 있음을 의미한다. 미국의 꿈 연구가 벌클리Kelly Bulkeley는 꿈(꿈꾸고, 꿈을 기억하고 공유하는 것)을 개인과 사회를 연결시켜주는 문화로 본다. 보다 정확히 말하면, 꿈이란 인간이 자아를 창조적이고 자발적으로 표현하면서, 내적인 실재와 외적인 실재가 맺는 여러 관계를 가지고 놀이하는 공간이라는 것이다.[40)] 이처럼 인간은 꿈을 통해 자신의 내적인 심리적 실재와 외적인 사회적 실재 사이의 관계를 창조적으로 발전시키는 것이다. 그런데 꿈이 위협당하고 있다는 것은 개인의 자아가 주체적이고 자연스럽게 사회성을 획득할 가능성이 사라지고 있음을 의미한다. 이러한 위협의 강도가 세질수록 결국에는 외적인 실재와 관계가 단절된 채 내면세계 속에 침잠한 고독하고도 수동적인 개인이 되게 된다. 그리고 그 끝은 자아의 상실과 동물적인 생존 본능만의 지속이다.

그렇다면 꿈에 대한 나치의 강제와 위협은 어느 정도로 성공했을까? 전체주의론에 따르면 나치 독일은 매우 효과적인 테러와 강제를 통해 철저히 고립된 수동적 개인, 더 나아가 자아를 잃어버리고 체제에 동화된 개인을 조작해내는 데 성공했다고 한다. 그러나

39) Charlotte Berdadt, 《꿈속의 제3제국》, 5~9, 62f., 67f., 69~75쪽.
40) Kelly Bulkeley, 〈전체주의 사회 속에서 꿈꾸기〉, 119쪽.

베라트에게 꿈 이야기를 들려주었던 사람들은 결코 자폐적이고 수동적인 개인은 아니었고, 더구나 자아를 잃어버린 사람들이 결코 아니었다. 물론 지금까지 언급한 바와 같이 나치는 밤의 일상까지 찾아와 사람들을 강제하고 위협했다. 하지만 사람들은 이에 항복하지 않고 의식적으로——지극히 정치적인——꿈을 꾸고, 이를 기억하면서 능동적으로 대처했다.

이러한 능동적 대처 속에는 꿈을 교묘하게 위장하고 가공하는 방식이 들어 있었다. 예를 들면 베라트는 꿈을 수집할 당시 "꿈꾸기가 금지되었다는 꿈을 꿨지만, 나는 어떻게 해서라도 꿈을 꾸려고 했다"는 증언을 여러 차례 들었다.[41] 또한 특이하게도 많은 사람들이 꿈을 꾼 것은 또렷이 기억했지만, 동시에 선별적으로 한 부분을 자발적으로 완전히 망각하거나, 정작 내용이 이해되지 않는 꿈을 꾸기도 했다. 앞서 언급한 30세가량의 여성은 영어로 꿈을 꾸면서, 그중 일부는 꿈을 꿨는지 모를 정도로 완전히 잊어버렸다고 말했다. 어느 청소부 아주머니가 1933년 여름에 꾼 꿈은 이런 맥락에서 매우 절묘하게 위장되어 있다.

꿈을 꾸었는데, 그 꿈속에서 나는 다시 꿈을 꾸며 조심하려고 러시아어로 잠꼬대를 했다. (나는 러시아어를 전혀 못하고, 잠꼬대도 하지 않는다.) 정부에 대해 뭔가를 말하면서, 나를 포함한 그 누구도 내 말을 이해하지 못하게 하려고 그랬던 것이다. 이는 금지된 것이고, 누군가 신고할 것이기 때문이다.[42]

---

41) Charlotte Berdadt, 《꿈속의 제3제국》, 10쪽.
42) Charlotte Berdadt, 《꿈속의 제3제국》, 51f.쪽.

이처럼 자신도 이해할 수 없는 꿈을 꿨다는 것, 혹은 꿈의 내용이 선별적으로 망각되었다는 것은 비록 그것이 공포심에서 나온 것이긴 하지만, 자아의 놀이 공간을 방어하려는 적극적 행위가 창조적으로 이뤄졌음을 보여준다. 여기서 우리는 나치 정권이 보통 사람들의 일상에 자행한 테러와 강제의 한계를 읽을 수 있다.

이러한 점은 일상이 완전히 말살되고 동물적 수준의 실존만이 용납되었던 나치 강제수용소에서의 꿈과 비교해보면 명료해진다. 어느 수용소 수감자는 "꿈꾸는 것이 금지되었기 때문에" "전부가 크리스마스 과자와 비슷하게 보이는 사각형, 삼각형, 팔각형"만을 꿈꿨다고 한다. 다른 수감자의 꿈 역시 사람도 등장하지 않고 줄거리도 없으며 추상적이다. 그 꿈에는 모든 시간의 차원이 사라져버리고 없다. 단지 자연적·음악적 혹은 건축학적 정경들만이 펼쳐졌다. 또 다른 수감자의 꿈도 마찬가지다. 그 꿈은 시간의 흐름이 사라져버린 불연속적인 장면들과 빛 그리고 총천연색의 아름다운 영상으로 가득 차 있었다.[43] 이 모두는 외적 실재를 반영하는 그 어떤 내용도 없는 단순하고도 추상적인 꿈들이다. 이들은 꿈꾸는 것을 금지시킨 나치의 강제에 굴복한 사람들이었다.

그런데 이들은 모두 홀로코스트의 생존자들이었다. 1991년에 진행된 홀로코스트 생존자들에 대한 연구에 따르면, 생존한 수감자들이 수용소 감시인들보다 공포의 꿈은 더 많이 꿨으나 꿈을 꾼 횟수는 감시인들보다는 훨씬 적었다고 보고했다. 또한 '매우 적응을 잘한' 생존자들의 꿈은 '이보다는 적응을 잘 못한' 생존자들의 꿈보다 내용이 더 단순했고, 과거와 관련성이 더 적었다. 이러한

---

43) 나인호, 〈코젤렉과 나치 독재 희생자들의 꿈〉, 《서양사론》, 84(2005), 213~240쪽 (인용은 230쪽 이하).

결과를 통해 이 연구는 '매우 적응을 잘한' 생존자들은 꿈을 기억하는 것을 억압하는 데 성공했다고 주장한다.[44] 이것이 바로 강제수용소에서의 생존 방식이었다. 앞서 언급한 경우와 정반대로, 가능하면 꿈을 꿔서도 안 되고, 꿈을 기억해서도 안 되는 것——이것이 바로 자아를 상실하고 동물적 본능에 따라야만 생존할 수 있었던 강제수용소의 역설이었다.

그러나 아직 일상의 공간 속에서 살 수 있었던 보통 사람들이 경험한 나치 독일은 전체가 강제수용소나 군사훈련장으로 이루어진 완벽한 경찰국가가 아니었다. 사람들은 비록 나치의 강제와 테러 속에서 스트레스와 불안, 공포를 느끼긴 했지만, 정치적이고 사회적인 정체성을 지키려고 적극적으로 노력했다. 이처럼 자아를 견지했던 사람들은 잠재적으로나마 저항의 능력을 가지고 있었다. 나치는 결코 강제만으로 사람들을 '민족공동체' 속에 동화시킬 수 없었다.

4. 강제에 의한 저항 의지의 상실과 순응

지금까지 살펴본 것처럼 강제만을 통한 동의의 획득은——강제수용소를 제외하면——나치 독일에서 불가능했다. 그러나 동시에 테러와 강제는 극소수를 제외하면 많은 사람들에게 저항의 의지를 상실하게 했다는 것도 지적되어야 한다. 베라트에게 자신의 꿈을 들려줬던 사람들은 테러의 주사선 사이에서 아직 자아를 견지

---

44) Peretz Lavie · Hanna Kaminer, 〈홀로코스트 생존자들의 꿈*Dreams that Poison Sleep : Dreaming in Holocaust Survivors*〉, 《꿈꾸기》, 1(No. 1)(1991), 11~22쪽.

한 채 자신의 태도를 능동적으로 결정할 수 있는 사람들이었다. 더 구나 이들은 나치 정권에 적극적인 공감이나 지지를 표명하지 않은 '잠재적 반대자'로 분류될 수 있는 사람들이었다.

이들은 정치적으로 나치당과 여타의 나치 조직에는 가입하지 않았거나, 그럴 수 없었던 사람들이다. 이들 중 일부는 유대인이었다. 또한 독일인이었지만 아리아인의 특질이 결여되었다는 이유로, 혹은 사상적·종교적 이유로 이른바 '질 나쁜 자들'로, 더 나아가 '의심스러운 자들'로 분류되는 꿈을 꾼 사람들이었다.[45] 또한 이들 가운데는 바이마르 공화국 시절에 중도에서 좌파에 이르는 정치적 성향을 가진 사람들도 있었다. 일부는 자유주의 정당의 지지자였고, 일부는 사회민주당 당원이었거나, 사회민주당의 노동자 조직이었던 제국의 깃발Reichsbanner에서 활동한 사람들이었다. 이처럼 이들은 나치의 '열광적 지지자들'이나 '정권 덕택에 이득을 취했던 사람들', '자신들이 적으로 간주한 사람들에게 복수를 할 수 있었기 때문에 나치 정권 아래에서 기쁨을 누렸던 수많은 부류의' 사람들과는 다른 비주류들이었다.[46] 그럼에도 이들 대다수는 저항을 행위로 표출할 수 없었다.

일반적으로 '잠재적 반대자'들은 나쁘게 전개되는 현실 때문에 갈등하는 꿈을 꿨지만, 그 꿈속에서조차 최악을 막기 위한 어떠한 행동도 취할 수 없었다.[47] 심지어 어떤 사람들은 꿈속에서 불평조차 말할 수 없었다. 바이마르 공화국 시절 제국의 깃발에 가입했던 36세의 사무직 노동자는 다음과 같은 일련의 자기 희화적 꿈을

---

45) 베라트는 이 두 부류의 사람들의 꿈을 별도의 장으로 엮어 편집했다. Charlotte Berdadt, 《꿈속의 제3제국》, 77~108쪽을 참고하라.

46) Charlotte Berdadt, 《꿈속의 제3제국》, 10, 169f.쪽.

47) Charlotte Berdadt, 《꿈속의 제3제국》, 65~75쪽.

꿨다.

    나는 격식을 차린 채 책상 앞에 앉아 요즈음 돌아가는 상황에 대해 공식적으로 불만을 제기하기로 결심했다. 단 한 글자도 없는 백지를 봉투 속에 넣으면서, 한편으로는 내가 불평할 수 있다는 것에 자부심을 느꼈지만, 다른 한편으로는 나 자신이 그렇게 부끄러울 수가 없었다.
    (또 다른 꿈에서) 나는 불평을 접수하러 경찰서의 해당 부서에 전화를 거는 중이었다. 그런데 나는 단 한마디도 말할 수 없었다.[48]

    물론 소수의 영웅적 저항자들도 있었다. 이러한 사람들은 앞에서 든 예와 다르게 꿈속에서 자신이 무엇인가 결연한 행위를 하는 꿈을 꿨다. 먼저 소극적 저항자들의 꿈을 보자. 하나는 신원을 알 수 없는 남자의 꿈이고, 다른 하나는 남편이 체포당한 일군의 아내들이 베를린 경찰청 앞에서 시위를 벌이는 광경을 본 한 중산층 주부의 꿈이다.

    나는 갑자기 내가 돌격대 대오의 한가운데로 돌진했다는 것을 발견했다. 붉은 전선[49]의 옷을 입고서 말이다. 진짜로 죽을 각오를 해야 한다고 속으로 다짐했다. 그러나 그럴 수 없었다. 그들이 내 옷을 찢고, 나를 때리기 시작했을 때도 말이다.[50]

    매일 밤 나는 나치 깃발에서 역십자가Swastika를 떼내는 꿈을 꿨다. 그러는 동안에 행복감과 자부심을 느꼈다. 그러나 아침이 되면 언제나

---

48) Charlotte Berdadt, 《꿈속의 제3제국》, 60f.쪽.
49) 공산주의 재향군인단.
50) Charlotte Berdadt, 《꿈속의 제3제국》, 96쪽.

역십자가를 다시 깃발에 촘촘히 꿰매곤 했다.[51]

이 두 꿈의 특징은 비록 결연한 행동은 했지만 끝에 가서는 공포심 때문에 꼬리를 내리는 모호한 꿈이라는 것이다. 소원을 이루려는 욕망이 자기 검열을 이기지 못했다. 반면 실제로 공개적으로 저항 행위를 한 사람들은 꿈속에서도 일관성 있는 용감한 행위를 했다. 그리고 꿈속의 행동은 실제의 저항 행위로 이어졌다. 1934년부터 저항 신문을 제작·배포했던 29세의 여성은 같은 기간에 끊임없이 저항 행위를 하는 꿈을 연속적으로 꿨는데, 가장 드라마틱한 부분은 다음과 같다. 그녀는 어느 홀 안의 히틀러 그림 좌우로 뛰어다니며 "우리는 당의 오래된 적들이다. 저항해야 한다, 저항해야 한다!"를 외쳤다. 그러자 사람들이 그녀를 쳐다보기 시작했다. 처음에는 적은 수만이, 그러나 점점 많은 사람이 그녀의 말에 동의했다. "그러나 단 한 사람도 동참하지는 않았다." 그래도 그녀는 히틀러의 그림이 걸려 있는 모든 곳을 뛰어다니며 저항해야 한다고 수백 번 외치고 또 외쳤다.[52]

이처럼 꿈속에서 비록 동조자는 많았지만 정작 동참자는 한 명도 없는 가운데서도 그녀는 용감하게 저항했다. 이러한 꿈은 매우 명료한 꿈이다. 프로이트에 따르면 이런 꿈을 꾼 사람은 결코 불안하지 않고 불쾌해하지도 않는다. 왜냐하면 자기 검열에 손상 받지 않고 자신의 소원을 성취한 이상적인 경우이기 때문이다.[53] 한마디로 공포를 극복한 꿈이다. 이러한 영웅적인 꿈의 전형은 백장미

---

51) Charlotte Berdadt, 《꿈속의 제3제국》, 96f. 쪽.

52) Charlotte Berdadt, 《꿈속의 제3제국》, 100~103쪽.

53) 프로이트는 비스마르크가 1863년에 꾸었던 꿈을 대표적인 예로 들었다. 지그문트 프로이트, 《꿈의 해석》, 447~451쪽.

단의 숄Sophie Scholl이 1943년 처형당하기 전날 밤 꾼 꿈이다. 그 꿈에서 그녀는 가파른 언덕(그녀의 해몽에 따르면 '난관') 위의 교회로 어린 소녀(그녀의 해몽에 따르면 '이상')를 안전하게 안고 가다 심연을 발견한다. 그리고 소녀를 안전하게 심연 저편에 내려놓고, 심연 속으로 뛰어든다.[54] 아마도 그녀는 매우 만족한 상태로 꿈에서 깨어났을 것이고, 의연하게 죽음을 맞았을 것이다.

5. 은밀한 강제와 유혹을 통한 동의

그러나 이러한 영웅들은 극소수였다. 대다수의 '잠재적 반대자들'은 불안과 공포를 느낀 채 불쾌한 아침을 맞았을 것이다. 그러나 과연 이들이 직접적인 테러와 강제의 희생자였는가? 정상적인 시민들은 나치의 직접적이고 노골적인 테러를 일상생활에서 경험하기 힘들었다. 젤러틀리가 지적하다시피, 나치의 테러와 강제는 매우 선별적으로 행해졌다. 그 목표물은 '민족공동체'의 질서와 안녕을 해치는 사회적 아웃사이더들, 즉 보통 사람들이 거의 무관심으로 일관했던 공산주의자 같은 정치범, 일반 범죄자, 창녀, 동성애자 같은 반사회적 인물, 외국인 노동자나 여호와의 증인 등의 사회적 소수파들이었다.[55]

베라트가 접촉한 '잠재적 반대자들'은 대다수가 정상적 시민이었다. 물론 유대인도 있었지만 젤러틀리가 주장하듯이 1930년대 후반까지는 반유대주의가 본격적으로 대중의 관심을 끌지 못했

---

54) Charlotte Berdadt,《꿈속의 제3제국》, 107f.쪽.

55) Robert Gellatly,《히틀러를 지지함》, 특히 1~8쪽 ; Robert Gellatly · Nathan Stoltzfus (eds.),《나치 독일의 사회적 아웃사이더들》, 3~19쪽.

고, 따라서 유대인들이 테러의 직접적 대상이 된 경우는 그리 많지 않았다. 물론 앞서 언급했다시피 이들 중에는 꿈속에서 '질 나쁜 자들'이나 '의심스러운 자들'로 불린 사람들도 있었다. 그러나 실제로 직접적 테러의 대상이 된 경우는 극소수의 영웅적 저항 행위자들에 불과했다. 한마디로 베라트와 접촉한 사람들 대다수는 직접적 테러를 경험하지 못한 일반 시민들이었다.

오히려 문제가 되는 것은 선전을 통한 은밀한 테러와 강제였다. 나치는 선전을 통해 사람들을 '민족공동체'에 헌신하는 새로운 인간으로 변화시키길 원했다. 히틀러가 강조했듯이 나치는 선전을 사람들에게 새로운 세계관을 '가르칠' 뿐만 아니라 '강제'하는 것으로 이해했다.[56] 인종적 순수성과 공공성을 바탕으로 한 건강한 '민족공동체'의 구성원으로 거듭나기 위해 사람들은 정규적으로 '민족의 시간'에 지도자 히틀러의 격정적인 연설을 청취해야 했다. 그리고 라디오와 영화, 인쇄 매체들과 예술 감상을 통해 매일매일 좋은 우리와 나쁜 그들, '민족공동체' 안팎에 있는 '적과 동지'를 구별하고, 우리 사이의 내적 결속감과 적에 대한 증오심을 키우도록 훈육되고 훈련받았다.

전통적으로 선전 기술은 나치의 전체주의적 지배의 효율적 수단으로서 직접적 테러와 함께 강조되어 왔다. 동일한 맥락에서 베라트도 선전이야말로 '심리적 테러의 도구'였음을 강조한다. 실제로 베라트와 접촉한 사람들의 꿈에서는 확성기, 라디오, 포스터, 공고문, 퍼레이드, 행진과 제복 등 다양한 선전 매체들이 중요한 상징으로 등장한다. 이들이 지녔던 불안과 공포는 이러한 나치의 선전

---

56) G. L. Mosse, 《민족사회주의적 일상 *Der nationalsozialistische Alltag*》(Frankfurt a, M. : Verlag Anton Hain Meisenheim, 1993), 28f.쪽.

을 통한 반쯤의 진실, 모호한 관념, 그리고 사실과 소문과 추측의 조합으로 조성되었음이 확실하다.[57]

그러나 선전을 일방적으로 은밀한 강제만으로 보아서는 안 된다. 선전은 확실히 테러와 강제 이상이었다. 선전은 대중의 마음을 사로잡기 위한 '호소'의 성격을 강하게 내포하고 있었다. 나치는 선전을 통해 패전의 굴욕과 경제 위기를 극복하고 부활하고 있는 '민족공동체'의 긍정적 이미지를 부단히 제시했다. 예를 들어 나치의 선전정책을 연구한 웰시David Welch는 비록 나치의 선전이 사람들을 자신들의 세계관에 동화시키는 데는 실패했을지라도, 최소한 현존하는 가치들과 편견을 강화하는 데는 성공했다고 지적한다.[58]

앞서 언급한 젤러틀리는 이보다 훨씬 더 나아가 나치 선전이 매우 효과적인 동의 창출의 기제였다고 강조한다. 그에 따르면 대중이 정권에 보여준 동의의 수준은 세계관적으로 심화된 합의의 수준이었다. 사회적 아웃사이더, 즉 '민족의 적' 혹은 '공동체의 낯선 자들'에 대한 나치의 박해는 대중매체를 통해 대대적으로 선전되었다. 그리고 이를 통해 이른바 '좋은 시민들'은 이러한 폭력과 테러를 공동체의 법과 질서, 이상적 가치를 위해 행한 선한 일로 받아들이고 환영했다. 이들 보통 시민들은 법정과 강제수용소에 대한 나치의 선전을 기쁘게 수용하면서, 경찰과 게슈타포의 자발적인 밀고자가 되었다. 한마디로 나치의 폭력과 테러마저도 열렬한 대중의 지지를 받았다는 것이다.[59]

물론 젤러틀리의 주장은 지나치게 일방적이다. 지금까지 살펴본

---

57) Charlotte Berdadt,《꿈속의 제3국》, 15, 45쪽을 참고하라.

58) 데이비드 웰시,《독일 제3제국의 선전 정책》, 최용찬 옮김(혜안, 2000).

59) Robert Gellatly,《히틀러를 지지함》, 특히 256~264쪽.

것처럼 베라트가 접촉했던 '잠재적 반대자들' 중 상당수는 외관상 '좋은 시민들'이었지만, 이들은 나치의 노골적 테러와 선전을 통한 은밀한 강제를 결코 기뻐하지 않았을 뿐만 아니라, 간접적 위협으로 느꼈다. 그럼에도 나치의 선전이 지녔던 대중적 호소력을 결코 무시해서는 안 된다. 왜냐하면 나치의 선전을 통한 이데올로기 공세는 허공의 메아리가 아니라, 실제적인 물적 토대에 기반을 두었기 때문이다. 경제 회복, 고용의 창출, 외교적 성과, 공정한 사회복지정책, 또한 라디오 및 국민차의 보급, 고속도로와 '기쁨을 통한 힘'이라는 슬로건 속에 전개된 노동 계급을 위한 바캉스와 같은 대중적 소비문화의 발달은 나치의 대중을 향한 유혹이 매우 강력했음을 시사한다.

최근의 연구 결과에 따르면 '민족공동체'는 단순히 신화가 아니라 실재였다. 물적 공세를 통해 보통 사람들은 체제가 견고할 뿐만 아니라 심지어는 매력적이라고 느꼈고, 더 나아가 삶이 변했다는 느낌, 이제 민족적 부흥 속에 개인적으로도 많은 기회와 멋진 미래가 펼쳐질 것이란 기대감이 보편화되었다고 한다.[60] 특히 앞서 살펴본 의사처럼 꿈속에서나마 사적 공간을 열망하던 사람들에게 나치의 물적인 헤게모니 공세는 그들이 공적인 문제에 더는 관심을 갖지 않는 한 개인적 안녕과 소비의 공간 속에 침잠하면서 자아를 지킬 수 있는 타협점을 제공했음이 틀림없다.

정리해보자. 선전의 사례를 통해서 드러나듯이 나치의 은밀한 강제는 곧 대중에 대한 유혹과 유기적으로 결합되어 있었음을 알 수 있다. 앞서 우리는 '잠재적 반대자들'이 극소수를 제외하고 대부분 강제에 의한 순응, 즉 저항의 의지를 상실한 채 어쩔 수 없이

---

60) Norbert Frei, 〈국민공동체와 전쟁〉, 63~65쪽.

순응했음을 지적했다. 그러나 아래에서 알 수 있듯이 이들은 단순한 강제적 순응을 넘어서서, '민족공동체' 속에 자발적으로 동화되어갔다. 이러한 동화의 과정 속에는 나치의 은밀한 강제와 적극적 유혹의 기제가 밀접하게 결합되어 작동했다. 그러면 이 과정을 구체적으로 살펴보자.

(1) 강제 자체에 대한 자발적 동의

'민족공동체' 이데올로기의 중심축 중 하나는 인종주의다. 셈족처럼 보이는 코 때문에 유대인으로 오해받을 수 있었던 22세의 어느 여대생은 자신의 코와 정체성에 대해 여러 차례 꿈을 꿨다. 그런데 그녀가 이 꿈을 꾼 시점은 뉘른베르크 인종법이 발효되기 이전이었다. 먼저 그녀는 아리안 혈통 증명을 발급받기 위해 관청에 가서 할머니의 혈통 증명서를 제출했으나, 차가운 표정의 공무원은 그녀의 서류를 찢어 벽난로 속에 던지면서 "당신이 아직도 순수한 아리안이라고 생각하느냐"고 말하는 꿈을 꿨다. 또 다시 그녀는 꿈을 꿨다. 그녀의 가족은 케이크와 가족의 족보를 담은 서류철을 들고 외출을 했다. 그런데 갑자기 "그들이 오고 있다"는 외침이 들렸고, '그들이 누구이며 우리가 무슨 범죄를 저질렀는지'를 알고 있던 그녀의 가족은 도망쳤고 시체 더미 밑에 숨었다. 그 시체들의 서류철에 자신의 서류를 끼워 넣은 채 말이다.

또 다른 꿈에서 그녀는 발트 해를 항해하는 어느 선상에 있었다. 여기서도 그녀는 자신이 유대인이 아니라는 것을 증명하기 위한 서류들을 담은 커다란 서류철을 들고 있었다. 그런데 갑자기 서류가 사라졌고, '내가 가진 가장 중요한 것'이 없어졌다고 소리쳤다. 그사이 그들이 가져갔음을 깨달았고 그들을 찾고자 했다. 그러자 "네가 할 수 있는 일은 없어"라고 누군가 속삭였다. 또 다른 꿈에서 그녀는 잘 생긴 금발의 장교에게 자신의 서류가 왜 없어졌는지 물었다. 그 장교는 당황해했다. 순간 그녀는 자신이 총에 맞아 죽었다는 것을 깨달았고, 그에게 구해달라고 했으나 소용이 없었다. 그래서 키스 공세를 폈지만 그는 부끄러운 줄 알라고 했다. 그녀는 덴마크 배를 타고 있었던 것이다. 그래서 독일 해안으로 다시 헤엄쳐 돌아왔다. 그리고 독일 해변으로 와 오두막에 숨어서 히틀러 소년단원들이 하이킹을 하는 것을 훔쳐보면서 '그들과 함께하면 얼마나 좋을까'라고 생각했다.[61]

이처럼 그녀는 꿈속에서 인종적 이유로 박해를 받으면서도, 오히려 나치의 인종주의에 동화되고 있다. 그리고 자신이 인종적으로 열등하다는 사실을 당연한 것으로 느끼면서 나치 운동에 참여하고 싶어 한다. 이처럼 나치 인종 이데올로기의 테러와 강제는 희생자 스스로 자신에 대한 테러와 강제를 만들어냈다. 강제 자체가 동의를 얻은 것이다.

(2) 격심한 정체성 갈등을 수반한 순응

이들 '잠재적 반대자들'의 꿈 상당수는 격심한 자기 안의 갈등을 겪던 그들이 결국 나치 체제에 순응했음을 보여준다. 이러한 경우 체제와 타협하고 순응하려는 이드와 에고의 욕망이 양심과 신념을 지키라는 슈퍼에고의 요구를 누르고 승리했다고 할 수 있다. 가장 대표적인 것으로 앞서 잠시 언급한 60세 공장주 S씨의 연속된 꿈을 들 수 있다. 그는 20년간 동료 사민당원들을 자신의 공장에 고용했던 사람으로, 성격이 권위적이었다. 그는 히틀러의 권력 장악 직후 괴벨스가 자신의 생명과도 같은 공장을 방문하는 꿈을 꿨다.

---

61) Charlotte Berdadt, 《꿈속의 제3제국》, 79~84쪽.

괴벨스가 방문하자, 그는 두 열로 도열한 자신의 노동자들 중간에 서서 나치 식 인사를 하기 위해 손을 올리려고 했다. 그런데 그는 조금 조금씩 힘들게 손을 올려야 했고, 이는 무려 30분이나 걸렸다. 괴벨스는 자신의 이러한 '투쟁'에 대해 무관심했다. 마침내 그가 손을 거의 올리려는 순간, 괴벨스는 "당신의 인사는 필요 없어"라고 했다. 그리고 몸을 돌려 문으로 걸어갔다. 그는 꿈에서 깰 때까지 부끄럽게도 '자신의 공장 안, 자신의 고용인들 앞에서' 괴벨스의 안짱다리를 쳐다보며 그 자세로 그대로 서 있었다. 이후 그는 자기 소외와 굴욕감이 빚어낸 스트레스 속에서 같은 주제의 다양한 꿈을 꿨다. 어느 꿈에서는 팔을 들어 올리려는 노력이 너무나 힘겨워서 마치 괴벨스 앞에서 우는 것처럼 땀이 온 얼굴을 적시기도 했고, 다른 꿈에서는 그가 '순응하자는 사인'을 주기 위해 자신의 노동자들을 쳐다보았으나, 그들은 무표정하게 쳐다볼 뿐이었다. 또 다른 꿈에서는 그가 팔을 들기 위해 사투를 벌일 때, 그의 등뼈가 부러지고 말았다.[62]

베라트에 따르면 S씨는 이후 여전히 자기 고집과 용감한 성격으로 공장을 잘 운영했다고 한다. 그런데 베라트는 그 꿈을 강제에 굴복한 것으로 해석한다. 하지만 앞서 살펴본 대로 여기에는 강제뿐만 아니라 나치의 유혹도 분명히 큰 역할을 했을 것이다. 앞서 잠시 언급한 45세의 안과 의사가 1934년에 꾼 비슷한 꿈이 이를 증명한다.

나는 강제수용소에 있었다. 그런데 수감자들은 아주 좋은 대우를 받고 있었다. 그곳에서는 만찬 파티도 열렸고 극장 공연도 했다. 나는 강

---

62) Charlotte Berdact, 《꿈속의 제3제국》, 5~8쪽.

제수용소 생활에 대한 보도가 실제와 얼마나 다르게 과장되었는지 생각하고 있었다. 그러나 곧바로 나는 거울을 보았고 내가 수용소 의사 제복을 입고 다이아몬드처럼 빛나는 특별한 장화를 신고 있다는 것을 알았다. 나는 철조망에 기대어……울기 시작했다.[63]

만찬 파티와 극장 공연, 수용소 의사의 제복과 빛나는 장화. 이 모든 것은 나치가 행한 헤게모니 공세의 물적 토대와 그 속에서 잘 나가는 자신을 상징한다. 유혹에 굴복한 그 의사는 양심의 갈등 속에서 결국 울고 말았다.

(3) 소외감에서 나온 능동적 순응 혹은 동의

'잠재적 반대자들'의 '민족공동체' 속으로의 동화 과정은 단순히 내키지 않는 타협이나 수동적 순응에 머물지 않았다. 이들의 많은 꿈들이 나치 체제에 대한 이전의 부정적인 태도가 천천히 변해가는 것을 보여준다. 베라트의 꿈 모음집에 나오는 가장 짧은 꿈이다.

"이제는 언제나 '아니오'라고 말할 필요가 없다"고 말하는 꿈을 꿨다.[64]

체제에 가장 잘 타협한 경우가 이런 꿈을 꾼 사람들이다. 그리고 베라트가 나치 독일에서 이뤄진 '전형적'인 소원 성취의 꿈[65]이라고 지적했듯이, 이러한 꿈이 보통 사람들의 심리 상태를 대변하는 꿈이었다. 이들의 꿈은 별다른 갈등 없이 자발적으로 '민족공동

---

63) Charlotte Berdadt, 《꿈속의 제3제국》, 63쪽.
64) Charlotte Berdadt, 《꿈속의 제3제국》, 119쪽.
65) Charlotte Berdadt, 《꿈속의 제3제국》, 111쪽.

체'에 동화하고자 하는 열망을 표현하고 있다. 이들은 꿈속에서 나치가 대중의 마음을 사기 위해 노력하고 있으며, 동시에 대중적 지지를 받고 있음을 잘 인식하고 있었다. 그리고 동시에 '민족공동체'에서 왕따를 당하지 않을까, 더 나아가 혹시 '공동체의 낯선 자들', 혹은 '민족의 적'으로 몰리지 않을까 하는 두려움도 느끼고 있었다. 이처럼 나치의 강제와 동의의 기제는 유기적으로 동시에 작동되면서 '잠재적 반대자들'마저 변화시켜갔다. 구체적 사례를 살펴보자.

나치 집권 초기 베를린에 살던 어느 30대 남성은 꿈속에서 나치당을 위해 일요일 날 '동물원 역Bahnhof Zoo'[66]에서 모금을 하라는 지시를 받았다. 그러나 그는 편히 쉬고 싶어서 모금함 대신 담요와 베개를 들고 역으로 갔다. 약 1시간 뒤에 히틀러가 역사에 나타났는데, 그 복장이 기묘했다. 서커스 광대 같기도 하고 사자 조련사 같기도 한 복장에 가죽 장화를 신고 있었다. 히틀러는 초등학생들의 마음을 사기 위해 과장되고 인위적인 제스처를 취하며 머리를 숙였다. 그러고 나서 상급반 학생들에게는 엄격한 자세를 취했다. 다음에는 수다를 떠는 여성들에게 요염한 자세를 취했다. 그는 자신이 모금함도 없이 잠만 자는 척하는 집단의 대표라는 것을 히틀러가 알아챌까 봐 불안했다. (그는 강제수용소의 존재를 알고 있었고, 여기에 반대하고 있었다.) 그사이 히틀러는 계속 돌아다녔고, 그는 다른 사람들이 히틀러를 두려워하지 않는다는 사실에 놀라워했다. "심지어 어떤 이는 히틀러와 얘기하면서 시가를 물고 있었고, 많은 사람들은 미소를 머금고 있었다!"

그 청년은 베개와 담요를 들고 역사 중앙 계단으로 내려갔다. 거

---

66) 실재하는 역 이름.

기서 그는 히틀러가 연극을 하듯이 계단 꼭대기에 서서 오페라 〈마술*Magika*〉에 나오는 노래를 부르면서 퇴장하는 것을 보았다. 그때 모든 사람들이 히틀러에게 갈채를 보냈고, 히틀러는 정중하게 인사를 했다. 그러고 나서 히틀러는 경호원도 없이 다른 사람들과 똑같이 보관소 앞에서 외투를 찾으려고 줄을 섰다. 그걸 보고 청년은 "그렇게 나쁜 사람은 아닌 것 같아.……그에게 반대하여 문제를 일으킬 필요는 없을 같아"라고 생각했다. 마침내 그는 담요와 베개 대신 모금함을 들고 있었다.[67]

더 나아가 어떤 이들은 '민족공동체'에 참여하고 싶은 열망과 소외의 공포가 결합되면서 더욱 노골적으로 체제에 동의하는 꿈을 꾸기도 했다. 21세의 어느 여대생은 꿈속에서 '민족 통일의 날'(실제로 이러한 국경일은 없다) 축제가 벌어질 때, 여행 중이었다. 기차 식당 칸에는 길게 줄지어 앉은 사람들이 모여 노래를 부르고 있었다. 그러나 그녀는 조그만 식탁에 혼자 앉아 있었다. 그녀의 꿈 재현을 직접 들어보자.

그들은 웃음을 참을 수 없을 정도로 웃기는 정치 가요를 부르고 있었다. 다른 식탁으로 옮기면서도 나는 웃음을 참을 수가 없었다. 이제 일어설 수밖에 없었다. (처음에는 나가려고 했다. 그런데 이윽고 나 혼자 다른 노래를 부른다면 웃기지 않을 것 같다는 생각이 들었다.) 그래서 나도 같이 따라 불렀다.[68]

---

67) Charlotte Berdadt, 《꿈속의 제3제국》, 112~114쪽.
68) Charlotte Berdadt, 《꿈속의 제3제국》, 116f.쪽.

(4) 대중 욕망의 구현자 히틀러―적극적 동의

어떤 사람들은 꿈속에서 히틀러에 대한 열광적 지지자가 되었다. 26세의 어느 운송 노동자의 꿈이다. 그가 민간인 복장으로 돌격대 대열 속에서 행진하고 있는데, 돌격대원들이 그를 몽둥이로 때리려고 했다. 이때 히틀러가 나타나 "내버려둬, 우리는 바로 이 사람이 필요해"라고 말했다.[69] 33세의 어느 가정부는 에로틱한 분위기의 꿈을 꿨다.

나는 매우 크고 몹시 어두운 극장 안에 있었다. 두려웠다. 나는 그곳에 있으면 안 되었다. 당원만 그 극장에 갈 수 있기 때문이다. 히틀러가 다가왔다. 나는 더욱 두려워졌다. 그런데 그는 내가 극장에 있어도 좋다고 했을 뿐만 아니라, 내 옆에 앉아 내 어깨를 그의 팔로 감쌌다.[70]

이러한 꿈에서 히틀러는 성적 욕망의 대상이자 정치적 희망의 구현자로 나타난다. 한 가정주부는 나치의 갈색 의상을 입은 사람들을 이상하게 생각하면서 머뭇거리고 있자, 히틀러가 다가와 한 손으로는 정치 광고 전단을 내밀고 다른 손으로는 머리에서 등 아래로 자신을 애무하는 꿈을 꿨다.[71]

심지어 유대인마저 히틀러의 열렬한 지지자가 되는 꿈을 꿨다. 반(半)유대계 혈통을 가진 45세의 여성은 꿈속에서 히틀러와 함께 보트를 타고 있었다. 그런데 그녀가 '나는 유대인 피를 가졌으므로' 여기에 탈 수 없다고 말하는데도, 히틀러는 전혀 이상하게 생각하지 않고 그녀를 부드럽고 자비롭게 쳐다보았다. 이에 그녀

---

69) Charlotte Berdadt, 《꿈속의 제3제국》, 123f. 쪽.

70) Charlotte Berdadt, 《꿈속의 제3제국》, 125쪽.

71) Charlotte Berdadt, 《꿈속의 제3제국》, 126f. 쪽.

는 유대인 정책만 제외하면 '무솔리니처럼' 당신은 '진짜 위대한' 인물일 거라고 히틀러에게 속삭였다. 그러자 히틀러는 공감을 했다.[72]

100% 유대인 혈통을 지닌 의사의 꿈은 약간 다르다. 그러나 여기서도 히틀러는 공정한 지도자로 나온다. 꿈속에서 히틀러가 "치료비로 얼마를 원하느냐"고 물었다. 그러자 그는 "돈은 필요 없습니다"라고 대답했다. 그때 히틀러의 측근 중 하나인 금발의 키 큰 젊은 사내가 "뭐라고? 이 부정직한 유대인 놈아, 돈이 필요 없다고?"라고 말을 가로챘다. 그러나 히틀러는 명령조로 말했다. "물론이야. 돈이 필요 없겠지. 우리의 유대인들은 그런 사람들이 아니야."[73]

요절한 독일 역사가 포이케르트는 지도자 히틀러 신화가 대중에게 발휘한 강력한 영향력을 지적한 바 있다. 나치 정권이 엄청난 개별적 비판에 직면했던 순간에도 히틀러의 인기는 변하지 않았다. 따라서 이 현상을 국민 다수가 체제에 대해 근본적으로 합의한 것으로 해석할 수 있다는 것이다. 그가 제대로 지적했듯이 비판은 대부분 중하위 당직자 같은 하위 권력자에게 집중된 반면, 체제에 대한 동의는 히틀러 개인에게 모아졌던 것이다.[74]

이렇듯이 우리는 '잠재적 반대자들'에게서도 히틀러 신화가 발휘했던 힘을 읽을 수 있다. 이들의 꿈속에서 히틀러는 이들의——매우 역설적이지만——나치 체제에 대한 기대를 표현하는 상징으로 작용하고 있다. 물론 괴벨스나 괴링 같은 다른 나치 지도자들도 가끔 친근한 인물로 이들의 꿈에 등장한다. 그러나 이들은 언제나

---

72) Charlotte Berdadt, 《꿈속의 제3제국》, 128쪽.

73) Charlotte Berdadt, 《꿈속의 제3제국》, 129f.쪽.

74) 데틀레프 포이케르트, 《나치 시대의 일상사》, 94~107쪽.

긍정적으로 표현되던 히틀러와 달리 '안짱다리'나 '돼지' 같은 말
로써 부정적으로 표현되기도 했다.

구체적으로 히틀러에 대한 꿈에서 히틀러는 자신들의 억눌린 욕
망과 염원을 충족시켜주는 매우 이상적인 인물로 등장했다. 이들
이 히틀러를 통해 표현했던 열망은 내용적으로는 다르다. 누구는
사회적 위세를 얻길 원했고,[75] 누구는 직업인으로서 인정을 받고 싶
어 했으며,[76] 누구는 단순히 '민족공동체'가 인정하는 개인이 되기
를 원했다. 이 모든 것은 모든 체제가 보장해야 하는 개인의 정상적
열망이다. 사람들은 히틀러에 대한 꿈을 통해 모든 부조리와 모순
을 지녔음에도 불구하고 결국은 나치 체제가 개인의 소박한 꿈에
부응하는 좋은 미래를 가져다줄 것이라는 기대감을 표현했다.

6. 맺는말

나치 독재의 헤게모니 공세와 대중의 관계를 다루면서, 나는 한
편으로 종래의 전체주의적 편향성을 극복하고자 했다. 전체주의
론은 나치 독일의 대중을 단지 사회성을 상실한 수동적 개인으로
파악하면서, 대중이 테러와 강압에 의해 위로부터 조작된 채 동원
되었다고 주장한다. 그러나 꿈을 통해 본 나치 시대의 대중은 정
치·사회적 정체성을 견지한 채 스스로 판단하고 행동할 수 있는

---

75) 예를 들어 60세인 어느 노인은 "나는 거리 한구석에서 히틀러 소년단이 행진하는
것을 보고 있다. 그들은 나를 에워싸고 합창한다. '그대는 우리의 지도자라네'"라는 꿈을
꿨다.(Charlotte Berdadt,《꿈속의 제3제국》, 124쪽)
76) 앞서 본 안과 의사는 꿈속에서 자신만이 히틀러를 치료할 수 있다는 데 자부심을 느
꼈다.(Charlotte Berdadt,《꿈속의 제3제국》, 62쪽)

능동적 주체였다. 동시에 나는 다른 한편으로 대중을 히틀러와 나치 독재의 열광적 지지자, 더 나아가 공모자로 파악하는 최근의 수정주의적 편향성도 극복하고자 했다. 이를 위해 동의와 강제가 가지는 내적 연관성을 중시하면서 나치 독재에 대한 대중의 다양한 심리적 반응을 유형화시켰다.

물론 대중의 다양한 반응은 일상사가들이 지적하다시피 각자가 처한 상황과 각각의 생활양식, 인식의 지평에 따라 다양했고 다층적이었던 경험들을 반영한다.[77] 그러나 이 글은 이러한 원론을 넘어서서, 좀 더 구체적으로 연구 대상을 한정시켰다. 여기서 해석한 꿈들은 나치 정권에 적극적 공감을 표시하거나 정권 덕택에 이익과 기쁨을 누리지 못했던 비주류의 보통 사람들, 즉 '잠재적 반대자들'의 꿈이었다. 그럼에도 이들 역시 나치 독재의 헤게모니 공세에 대해 강제적 순응에서부터 적극적 동의에 이르기까지 다양한 심리적 반응을 보였다.

이들 중에는 나치의 강제 때문에 저항 의지를 상실하고 할 수 없이 순응한 사람들도 있었다. 반면 어떤 사람들은 이데올로기적으로 나치에 동화되어 스스로를 강제한 사람들도 있었다. 한편 다른 이들은 나치의 유혹과 은밀한 강제 사이에서 자아의 갈등과 분열을 경험하면서 체제에 동화되어갔다. 그러나 똑같이 유혹과 강제에 노출되었지만, 내적 갈등 없이 서서히 동화되어 결국 나치 체제를 지지한 사람들도 있었다. 더 나아가 꿈속에서 히틀러의 열광적 지지자가 되면서, 나치 체제가 자신의 개인적 욕망을 실현시켜줄 수 있다고 기대한 사람들도 있었다.

이러한 심리적 스펙트럼은 비단 나치 독일과 같은 독재체제뿐만

---

77) 데틀레프 포이케르트, 《나치 시대의 일상사》 ; 알프 뤼트케, 〈일상사—중간보고〉.

이 아니라 의회민주주의 체제에서도 충분히 가능한 근대국가 일반의 현상이다. 공적 영역의 공세로 사적 영역이 위협받았다는 것이 나치 독일에서의 강제와 공포의 경험이었다면, 역으로 사적 영역의 공세로 공적 영역이 위협받는 미국 같은 나라에서도 공사의 경계가 모호해짐에 따라 대중은 충분히 강제와 공포를 경험할 수 있다.[78] 또한 사회복지정책과 대중적 소비, 대중에 대한 호소가 의회민주주의 체제의 지배 헤게모니를 구축하기 위한 전략이라면, 이 역시 나치 독재의 효율적인 대중 유혹의 전략이었다.

중요한 것은 근대국가의 헤게모니 공세 안에는 대중을 도덕적 재앙, 집단적 병적 쾌감 상태로 몰아갈 수 있는 위험성이 존재한다는 점이다. 오스트리아의 시골 불량배 출신 예거슈테터Franz Jägerstätter는 1938년 아래의 꿈을 꾼 후 나치에 복무하기를 거부하고 용감하게 형장의 이슬로 사라졌다.

산을 휘돌아 달려가는 아름다운 기차가 보였다. 이 기차를 향해 사람의 물결이 계속 이어졌다. 그 속에는 어른들뿐만 아니라 아이들도 있었다. 그런데 이들을 되돌리는 건 거의 불가능해보였다. 이런 상황에 저항하는 어른이 얼마나 적었는지를 말하는 것마저 증오스럽다. 얼마 후 나에게 어떤 목소리가 들려 왔다. "이 기차는 지옥으로 가고 있어."[79]

---

78) 최근 버지니아 공대의 총기난사 사건에서도 드러났듯이, 미국 총기협회의 사적 이해관계가 얼마나 위협적으로 미국의 공공 생활에 영향력을 행사하는지를 상기해보라!

79) Mechal Sobel, 《꿈을 가르쳐주세요》, 10f.쪽.

IV

극한적 일상과
일상적 일상

프리모 레비의 회색지대와
수용소의 일상*

김용우

1. 극한 상황 속의 일상

이 글은 수용소의 '일상'을 다룬다. 수용소 가운데서도 나치 독일의 그것, 그중에서도 악명 높은 아우슈비츠 수용소 수감자들의 '일상'의 의미를 규명하는 것이 이 글의 주제다. 아우슈비츠 수용소의 극한 상황 속에서 수감자들의 삶은 어떠했는가? 시시각각 다가오는 가혹한 선택의 기로에서 그들은 어떻게 행동했는가? 그들 가운데 살아남은 자는 누구이고 또 죽은 자는 누구이며 그들의 삶은 어떻게 달랐는가? 한마디로 이 글은 아우슈비츠 수용소 수감자들의 파란만장한 삶과 죽음의 이야기를 중심에 놓고 선과 악, 가해

---

* 이 글은《호서사학》, 46(2007년 4월)에 발표한 글을 수정, 보완한 것이다.

김용우는 서강대에서 사학을 전공하고 같은 학교 대학원에서 프랑스 파시즘에 대한 연구로 박사 학위를 받았다. 20세기 초부터 현재에 이르는 장기 지속적 현상으로서의 파시즘 성격을 규명하는 글을 전문 학술지와 대중지에 발표했다. 최근 이탈리아 파시즘으로 관심을 넓혀 문화사적이고 사학사적 맥락에서 파시즘의 성격을 규명하는 작업과 파시즘의 대중주의적 측면에 관심을 집중하고 있다. 최근 저서로는《호모 파시스투스》와 공저인《대중독재 1─강제와 동의 사이에서》,《대중독재 2─정치종교와 헤게모니》가 있다. 영국에서 발간되는 학술지《전체주의 운동과 정치 종교》편집위원이며 한양대 비교역사문화연구소 연구 교수 겸 상임 연구원으로 활동하고 있다.

프리모 레비의 회색지대와 수용소의 일상 349

자와 피해자, 책임과 기억의 문제를 되물어봄으로써 나치 수용소의 참담한 과거와 온전하게 대면할 수 있는 방식을 모색하는 데 그 목적이 있다.

어떤 시각에서 보면 '아우슈비츠의 일상'은 모순 어법처럼 들릴 수 있다. 테러와 질병과 굶주림과 가혹한 노동, 가스실로 가는 선별 작업 속에서 죽음의 극단적 공포와 늘 함께 살아야 했던 아우슈비츠의 수감자들에게서 일상을 찾는다는 시도 자체가 일종의 신성모독처럼 여겨질 수 있다. 아우슈비츠를 비롯하여 많은 나치 수용소의 전율을 경험했던 생존자들의 증언 역시 이러한 상황을 뒷받침한다.

인간 존엄성과 문명의 마지막 흔적마저 사라져버린 현세의 지옥, 바로 그 수용소에서 수감자들은 오로지 생존이라는 절체절명의 목표를 향해 핏발을 곤두세운 야수로 전락했다. "이 전쟁에서 도덕성, 민족적 단결, 애국심, 자유, 정의, 인간 존엄성과 같은 이상들은 썩은 누더기처럼 인간에게서 빠져나갔다.……살아남기 위해 인간이 저지르지 않을 죄악은 없었다."[1] 그러므로 인간의 온기가 차갑게 식어버린, 유례 없는 참상 앞에서 일상을 거론하는 일, 일상사의 잣대를 들이대는 일 자체가 허망해 보일 수 있다. 필요한 것은 오로지 원혼들을 위해 기념비를 세우고 그 앞에서 숙연히 머리를 숙이는 것이라고 생각할 수도 있다.

그러나 아우슈비츠에도 일상은 있었다. 물론 가공할 공포와 처절한 죽음의 또 다른 한쪽에 기상 나팔 소리와 함께 잠에서 깨 세면, 배식, 점오, 노동, 취침으로 이어지는 단조롭고 반복적인 삶이

---

1) Tadeusz Borowski, 《신사 숙녀 여러분, 가스실은 이쪽입니다 This Way for the Gas, Ladies and Gentlemen》, Barbara Vedder (trans.)(New York : Penguin Books, 1976), 168쪽.

수용소에도 있었다는 의미만은 아니다. 또한 배급되는 빵과 수프로 순무, 당근, 감자, 마호르카 담배, 속옷, 칫솔, 숟가락, 비누, 빗자루, 페인트, 전선, 구두약, 전등, 윤활유 등 온갖 물품을 거래하는 항상 활기 넘치는 '시장'이 수용소에도 있었다는 의미만도 아니다.

아우슈비츠 수용소 같은 극한 상황에서 나치 친위대원을 비롯한 수용소 관리들은 절대자와 같은 권위를 발휘했지만 그 가운데서도 수감자들에게 선택의 여지는 존재했다. 그리고 어떻게 살 것인가, 어떻게 죽을 것인가의 기로에서 수감자들의 행동 역시 다양하게 나타났다. 많은 생존자의 증언은 수용소의 삶이, 생존을 위해 수단과 방법을 가리지 않는 모습과 목숨을 걸고 적극적으로 저항하는 태도를 양극으로 하여 넓은 스펙트럼을 그리고 있었음을 보여준다.

아우슈비츠에서도 인간은 '행위 주체agent'였다. 수감자들은 수용소의 극한 상황을 각각의 방식으로 경험했고 전유했으며 그것을 또한 행동으로 옮겼다. 나치 독일과 스탈린 치하 소련의 악명 높은 수용소에서도 도덕적 삶은 가능했다는 프랑스의 저술가 토도로프Tzvetan Todorov의 주장이 설득력을 얻는 것도 같은 맥락에서다. "선택이 없는 곳에는 어떠한 종류의 도덕적 삶도 들어설 자리가 없기" 때문이다.[2] 사실상 생존자들의 증언은 수감자들 사이에 명백히 존재했던 사랑, 헌신, 도움, 우정 같은 덕목들이야말로 극한 상황을 견딜 수 있게 한 가장 중요한 요인이었음을 밝히고 있다.[3]

---

2) Tzvetan Todorov, 《극단에 맞서 *Face a l'extreme*》(Paris : Seuil, 1994), 39쪽.
3) Tzvetan Todorov, 《극단에 맞서》, 40~50쪽을 참고하라.

만약 일상사의 관심이 사회 전체나 개인을 움직이는 근본적인 동력으로서 구조와 힘에 초점을 맞추는 태도에서 벗어나 "사람들이 실제로 행동하는 바, 사람들 사이의 상호작용과 만남이 역사적 '구체'를 생산하고 재생산하며 변형하는 바에" 맞추어져 있다면 아우슈비츠의 일상사 역시 불가능하지 않다.[4] 물론 아우슈비츠 같은 공간의 일상은 '정상적 삶normal life'은 아니다. 그러나 일상사의 관심은 '정상적인 삶'(정상적인 삶을 어떻게 정의할 수 있는지도 사실 모호하지만)에만 국한되지 않는다. 오히려 때로는 "사람들 사이의 상호작용과 만남이 역사적 구체를 생산하고 재생산하며 변형하는" 방식은 정상적이지 않은 일상에서 더욱 예리하게 그 면모를 드러낼 수 있다. 그러므로 일상사의 탁월한 업적이 나치 독일이나 스탈린주의 소련과 같은 전체주의 사회의 '비정상적 일상'에 대한 분석에서 나온 것은 단순한 우연의 산물이 아니다.

어떤 의미에서 아우슈비츠 수용소 수감자들의 삶은 '극한 상황 속의 일상'이라는 표현으로 좀 더 정확하게 규정될 수 있을지 모른다. 왜냐하면 아우슈비츠 수용소의 일상은 포이케르트가 말하는 '비상 상태에 처한 일상' 혹은 피츠패트릭의 표현처럼 '비상한 일상성extraordinary everydayness'의 한 부류이면서 동시에 그 극단적 양상을 보여주기 때문이다.[5]

---

4) Alf Lüdtke, 〈노동하는 사람들 : 일상생활과 독일 파시즘People Working : Everyday Life and German Fascism〉,《역사공방History Workshop Journal》, vol. 50(2000), 75쪽. 또한 알프 뤼트케, 〈일상사—중간보고〉, 이상록 · 이유재 엮음,《일상사로 보는 한국근현대사—한국과 독일 일상사의 새로운 만남》(책과함께, 2006), 43~75쪽.

5) 데틀레프 포이케르트,《나치 시대의 일상사 : 순응, 저항, 인종주의》, 김학이 옮김(개마고원, 2003), 19쪽; Sheila Fitzpatrick,《일상적 스탈린주의. 비상한 시대의 일상생활 : 1930년대의 소비에트 러시아Everyday Stalinism. Ordinary Life in Extraordinary Times : Soviet Russia in the 1930s》(Oxford : Oxford Univ. Press, 1999), 2쪽; Robert Gildea · Olivier

이른바 '극한 상황 속의 일상성'에 누구보다도 깊은 관심을 가진 인물은 레비Primo Levi이다.[6] 1919년 토리노의 유대인 가문에서 태어난 레비는 토리노 대학에서 화학을 전공한 과학도로, 1938년 파시스트 체제가 인종법을 공포하여 유대인 탄압을 시작하자 1943년 반파시즘 저항 조직에 가담했다. 같은 해 말 체포된 레비는 1944년 2월 아우슈비츠로 이송되었고 마침내 1945년 1월 아우슈비츠에서 해방되었다. 1945년 10월 토리노로 돌아온 레비는 화학자로 활동하는 한편, 1947년 우여곡절 끝에 출간된 아우슈비츠 수용소의 증언록 《이것이 인간인가Se questo è un uomo》를 시작으로 증언, 소설, 시에 이르는 다양한 장르에서 활발한 저술 활동을 했다.[7] 그리고 《이것이 인간인가》가 출간된 지 약 40년 후인 1986년에 간행된 《침몰한 자와 구조된 자I sommersi e i salvati》에서 다시 한번 수용소의 참담하고 고통스러운 현실과 그 기억의 문제에 정면으로 맞섰다.[8] 그리고 그 다음 해인 1987년 4월 스스로 목숨을 끊었다.[9]

Wieviorka · Anette Warring (eds.), 《히틀러와 무솔리니 지배에서 살아남기. 점령 유럽의 일상Surviving Hiter and Mussolini. Daily Life in Occupied Europe》(Oxford : Berg, 2006), 8~9쪽.

6) 프리모 레비의 생애에 대해서는 다음의 전기들을 참고하라. Mirna Cicioni, 《프리모 레비. 지식의 다리Primo Levi. Bridge of Knowledge》(Oxford : Berg, 1995) ; Myriam Anissimov, 《프리모 레비. 한 낙관주의자의 비극Primo Levi. Tragedy of an Optimist》, Steve Cox (trans.)(New York : The Overlook Press, 1999) ; Ian Thomson, 《프리모 레비의 일생 Primo Levi. A Life》(New York : Picador, 2002).

7) 프리모 레비, 《이것이 인간인가》, 이현경 옮김(돌베개, 2007). 이후 필요한 경우 한국어 번역본을 참고하지 않고 직접 번역한 경우에는 '(번역 저자)'라고 표시했다.

8) Primo Levi, 《침몰한 자와 구조된 자The Drowned and the Saved》, Raymond Rosenthal (trans.)(New York : Vintage Books, 1989).

9) 레비는 자신이 살고 있는 3층집에서 추락사했다. 대부분의 사람들은 레비가 자살했다고 하지만 그와 가까웠던 사람 중에는 그가 지병 때문에 현기증으로 추락했다고 주장하

이 시대의 가장 재능 있는 작가이자 탁월한 아우슈비츠 증언 문학의 거인으로 칭송받고 있지만 아우슈비츠와 유대인 학살에 대한 레비의 시선은 과거에나 현재에나 논란의 대상이다. 《이것이 인간인가》의 원고는 이탈리아의 유명 출판사인 에이나우디를 비롯하여 6개의 출판사에서 출판을 거부당했다. 특히 에이나우디에서 레비의 저서를 검토하고 출판 불가 결정을 내렸던 사람은 레비와 마찬가지로 유대인이면서 저명한 문인이었던 긴츠부르그Natalia Ginzburg였다는 사실은 아이러니컬하기까지 하다.[10] 《침몰한 자와 구조된 자》는 작가로서 레비의 입지가 확고해진 시점에 저술되어 《이것이 인간인가》와 같은 우여곡절을 겪지는 않았다. 그러나 이 경우에도 논란은 있었다. 이탈리아의 작가 카몬Ferdinando Camon은 프랑스의 저명한 출판사 갈리마르에 《침몰한 자와 구조된 자》의 프랑스어 번역을 여러 차례 의뢰했지만 받아들여지지 않았다는 사실을 지적한다.[11]

레비의 저서들이 처했던 이러한 상황은 어떻게 이해할 수 있을

는 이도 있다. 레비의 사망 원인과 그것이 초래한 논란에 대해서는 주 6에서 언급한 전기들과 특히 다음을 참고하라. Alexander Stille, 〈전기적 오류Biographical Fallacy〉, S. G. Pugliese (ed.), 《프리모 레비의 유산The Legacy of Primo Levi》(New York : Palgrave Macmillan, 2005), 209~220쪽 ; Jonathan Druker, 〈프리모 레비의 저작에서 자살을 읽는 위험성에 대해 On the Dangers of Reading Suicide into the Works of Primo Levi〉, 《프리모 레비의 유산》, 221~231쪽.

10) Ferdinando Camon, 〈영어판 후기Afterword to the American Edition〉, in idem, 《프리모 레비와의 대화Conversations with Primo Levi》, John Shepley (trans.)(Marlboro : The Marlboro Press, 1989), 73쪽; Ian Thomson, 〈'이것이 인간인가'의 탄생〉, 《프리모 레비의 유산》, 53~57쪽.

11) Ferdinando Camon, 〈영어판 후기〉, 73쪽. 《침몰한 자와 구조된 자》의 프랑스어 번역본은 1989년 갈리마르에서 마침내 출판되었다. Primo Levi, 《침몰한 자와 구조된 자. 아우슈비츠 이후 40년Les naufra s et les rescapé. Quarante ans apré Auschwitz》(Paris : Gallimard, 1989).

까? 카몬은《이것이 인간인가》의 출간을 거부했던 긴츠부르그가 '미숙함 아니면 무감각' 때문에 레비의 책을 이해할 수 없었다고 비난하고 있지만 여기에는 분명 여러 다른 요인이 작용했을 것이다.[12] 나는 그 요인 가운데 하나가 바로 '극한 상황 속의 일상'에 대한 레비의 남다른 관심이라고 생각한다. 아우슈비츠와 유대인 학살의 문제를 정면으로 다룬 두 저작에서 레비의 관심은 줄곧 수용소라는 거대한 인간 말살 기계의 구조와 그 작동 방식, 그리고 그 안에서 벌어지는 수감자들의 다양한 삶과 죽음의 양태에 집중되어 있다. 특유의 명료하고 차분한 어조를 유지하면서 레비는 가해자와 피해자의 이분법을 넘어 공격당하고 무너지며 파멸하는 인간성과 동시에 그 안에서 어떻게 인간성이 살아남고 소생할 수 있는가를 낱낱이 기록하고 분석했다. 이러한 '극한 상황 속의 일상'에 대한 레비의 관심은 나치 수용소와 유대인 학살을 비난하고 고발하는 방식을 넘어서 그 참담한 현실을 그대로 드러내고 또 이해할 수 있을 때만 그와 같은 과오를 되풀이하지 않는다는 깊은 신념을 깔고 있었다.

《이것이 인간인가》를 처음 접하는 독자들이 궁금해하거나 의아해하고 심지어 충격을 느끼는 이유 가운데 하나도 이러한 레비의 시선과 무관하지 않다. 이 책을 읽은 이탈리아 학생들이 가장 많이 던진 질문이 이러한 정황을 잘 보여준다. 이 책에는 "독일인에 대한 증오의 표현이나 복수의 열망이 전혀 나타나지 않습니다. 당신은 독일인들을 용서했나요?"[13] 이러한 의구심은 비단 젊은 학생들

---

12) Ferdinando Camon, 〈영어판 후기〉, 73쪽.

13) Primo Levi, 〈자기 인터뷰 : '이것이 인간인가'에 부친 1976년 후기 *A Self-Interview : Afterword to 'If This is a Man'(1976)*〉, Marco Belpoliti · Robert Gordon (eds.), 《기억의 목소리 : 인터뷰, 1961~1987 *The Voice of Memory. Interviews, 1961~1987*》(New York : New

에게만 국한되지 않았다. 같은 아우슈비츠의 수감자, 생존자, 그리고 탁월한 증언자로 명망을 얻은 아메리Jean Améry나 비젤Elie Wiesel의 평가 역시 크게 다르지 않았다.

아메리는 레비의 독일인에 대한 태도를 비판하면서 그를 '용서하는 자Verzeihende'라 규정했다.[14] 레비의 사망 직후 이탈리아의 한 일간지와 가진 인터뷰에서 비젤은 레비와 자신의 차이를 열거하면서 이렇게 말했다. "내 생각에 레비는 생존자에 대해 너무 가혹합니다. 이 점에서 우리의 의견 차이는 확실합니다. 그는 생존자들에게 너무 많은 죄의식을 부여하고 있습니다."[15] 아메리와 비젤의 비판은 용서하는 자와 가혹한 자라는 상반된 말로 표현되었음에도 같은 지점을 향하고 있었다. 레비의 시선이 가해자인 나치 독일인들의 행위보다는 수감자, 말하자면 희생자들의 삶에 불공평하게 집중되어 있다고 비판했다.

그러나 나는 레비의 이러한 시선과 '극한 상황 속의 일상'에 대한 그의 각별한 관심은 단점이 아니라 장점이라는 주장에 동의한다. 나아가 그것이 단순한 장점을 넘어 레비가 우리에게 남긴 가장 탁월한 유산이라고 주장하고 싶다.《이것이 인간인가》전반을 관통하는 레비의 이러한 시선은 40년 후 다시《침몰한 자와 구조된 자》에서 좀 더 명확하고 직설적으로 표현되었다. 그는 여기서 처음으로 등장한 '회색지대La zona grigia'의 개념을 통해 우리/그들, 정복자/피정복자, 좋은 사람/나쁜 사람, 가해자/희생자, 친구/적과 같은 단순하고도 안온한 이분법을 넘어 수용소의 현실을 드러내

Press, 2001), 185쪽.

　14) Risa Sodi, 〈프리모 레비와의 인터뷰*An Interview with Primo Levi*〉,《파르티잔 비평 *Partisan Review*》, vol. 54(1987), 363~364쪽.

　15)《라 스탐파*La Stampa*》, 1987년 4월 14일자.

고 그것을 성찰함으로써 인간 자체를 이해하려는 자신의 문제의식을 버릴 수 있었다. '회색지대'의 개념을 중심으로 레비는 수동적인 기억이 아니라 능동적인 기억을, 성역화되고 신성화된 기억이 아니라 미래를 향해 열린 기억을 위한 성찰을 구체화할 수 있었다.

이 글은 회색지대의 개념에 기대어 수용소라는 '극한 상황 속의 일상'의 의미를 되새겨봄으로써 레비가 일생을 바쳐 필사적으로 감싸 안았던 그의 문제의식을 이해하고 또 그 가치를 새롭게 평가해보기 위한 시도다.

2. 회색지대와 회색인들

'침몰한 자와 구조된 자', 레비는 《이것이 인간인가》의 한 장에서 수용소에서 살았던 수감자들의 운명을 그렇게 규정했다. 〈침몰한 자와 구조된 자〉는 1943년 12월 파시스트 민병대에 체포되어 카르피-포솔리 수용소를 거쳐 아우슈비츠로 이송되는 과정과 소련군의 진격으로 아우슈비츠가 소개되고 결국 1월 27일 해방되는 과정을 연대기적으로 다루고 있는 장들과 아우슈비츠에서의 에피소드를 중심으로 수용소의 다양한 경험을 기술한 장들을 합한 총 17장 가운데 한 장에 불과하다. 그러나 그 부피에 비해 이 장이 담고 있는 의미는 훨씬 깊다. 한때 레비가 '침몰한 자와 구조된 자'를 책 제목으로 하려 했지만 출판사의 권유로 '이것이 인간인가'로 바꾸었다는 사실을 봐도 이 장의 중요성을 알 수 있다.[16]

---

16) Ian Thomson, 〈'이것이 인간인가'의 탄생〉, 55쪽. 오늘날 이탈리아의 가장 독창적인 사상가 중 한 사람으로 평가받는 아감벤Giorgio Agamben이 이 장에 담긴 레비의 성찰에

레비의 분석에 따르면 수용소 밖의 삶과는 달리, 생존 투쟁이 그 원시적인 메커니즘을 드러내는 수용소에서 대다수의 수감자들이 처하게 되는 상황은 '침몰한 자'들의 운명이다. 포기하는 방식을 선택했던 사람들, 수감자들 사이의 속어로는 '회교도mussulmano'라고 불렸던 이들은 내려진 모든 명령을 수행하고 배급량만큼만 먹고 작업장과 수용소의 규칙을 준수하는 자들이었다. 이들은 운이 없거나 무능하거나 아니면 또 다른 이유로 "바다로 흘러가는 개울물처럼 끝까지 비탈을 따라 내려가" 가스실 아니면 녹초가 되어 죽음에 이른 자들이었다.[17]

통상 3개월을 넘기기 힘들었기에 이들의 삶은 짧았다. 그러나 수감자 가운데 다수를 차지한 것도 이들이다. 이들이 사실상 "수용소의 척추다. 이들은 끊임없이 교체되면서도 늘 똑같은, 침묵 속에 행진하고 힘들게 노동하는 익명의 군중/비인간이다. 신성한 불꽃이 이미 이들의 내부에서 꺼져버렸고 안이 텅 비어 진실로 고통스러워할 수도 없다. 이들은 살아 있다고 부르기가 망설여진다. 죽음을 이해하기에는 너무 지쳐 있기 때문에 죽음을 두려워하지 않는 이들 앞에서 이들의 죽음을 죽음이라고 부르기조차 망설여지는" 존재들이다.[18]

그러나 이들은 우리 시대의 모든 악을 그 자체로서 드러내는 존

각별히 주목하는 것은 우연이 아니다. Giorgio Agamben,《아우슈비츠가 남긴 것들. 증언과 기록*Remnants of Auschwitz. The Witness and the Archive*》, D. Heller-Roazen (trans.)(New York : Zone Books, 2002)을 참고하라.

17) 프리모 레비,《이것이 인간인가》, 136쪽. '회교도'라는 표현에 대해 레비는 이렇게 설명하고 있다. "어떤 이유에서인지 모르지만 수용소의 고참들은 힘없고 무능력하고 선별당할 가능성이 짙은 불운한 사람들을 가리킬 때 '회교도'라는 표현을 썼다."(프리모 레비,《이것이 인간인가》, 133쪽 주)

18) 프리모 레비,《이것이 인간인가》, 136쪽.

재이자, 최선의 인간들이다. "우리 시대의 모든 악을 하나의 이미지로 형상화할 수 있다면, 나는 내게 친근한 이 이미지를 고를 것이다. 고개를 숙이고 어깨를 구부정하게 구부린, 뼈만 앙상한 한 남자의 이미지다. 그의 얼굴과 눈에서는 생각의 흔적을 찾을 수 없는" 존재들이다.[19] 동시에 우리 시대의 모든 악을 그대로 형상화하고 있는 이들은 바로 그 이유에서 최선의 인간들이다. 왜냐하면 적나라한 정글의 법칙이 지배하는 곳에서, 문명의 마지막 불꽃마저 꺼져버린 곳에서 "최악의 존재들, 그러니까 가장 적합한 존재들이 살아남기" 때문이다. 그러나 "최선의 인간들은 모두 죽었다."[20]

'구조된 자'들은 누구인가? 레비에 따르면 대부분 "몰인정하고 단호하며 비인간적인 사람들이 살아남았다." 먼저 이들은 친위대의 선택을 받아 소위 수용소의 '관리직'에 오른 사람들로 이른바 '특권층Prominenz'으로 분류될 수 있는 사람들이다. 카포Kapo, 블록장, 요리사, 의사, 간호부, 야간 경비병, 막사 청소부, 화장실 관리자, 세면실 관리자 들이 여기에 포함된다.[21] 레비가 볼 때 이들 가운데 흥미로운 경우는 유대인 출신 '특권층'이다. 다른 사람들은 이른바 '인종적' 우월성 때문에 수용소에 들어오면서부터 자동적으로 그런 임무를 맡게 될 가능성이 컸다. 하지만 유대인이 '특권층'이 되기 위해서는 많은 노력이 필요했고 또 그 자리를 유지하기 위해 더욱더 폭력적이고 잔인하게 행동했기 때문이다. 그러므로 레비가 보기에 "유대인 특권층들이 만들어내는 인간상은 슬프면서도 주목할 만한" 현상이었다.[22]

---

19) 프리모 레비, 《이것이 인간인가》, 136쪽.
20) Primo Levi, 《침몰한 자와 구조된 자》, 82쪽.
21) 프리모 레비, 《이것이 인간인가》, 137쪽.
22) 프리모 레비, 《이것이 인간인가》, 137쪽.

그러나 레비는 또 다른 방식으로 '구조된 자'의 반열에 든 사람들에 주목했다. 이들은 어떤 특별한 기능을 수행하지 않으면서도 기민함과 열정으로 특정한 작업에 늘 성공하는 사람들로, 레비의 가장 큰 관심을 끌었다. 이들은 노역, 허기, 추위, 무기력과 싸워야 하며 경쟁자에 대한 동정심을 버리고 기민함과 인내심과 의지력을 쌓고 키우며 체면과 양심을 버리고 모든 존엄성, 모든 양심을 던져버린 채 맞서 싸우는 야수처럼 혹독한 상황에서 생존 본능에 의지해야 했던 사람들이다. 이러한 수용소에서의 삶은 만인에 맞선 단독자의 고통스럽고 힘든 투쟁을 함축했고 따라서 여기에는 결코 적지 않은 일탈과 타협이 끼어들었다. 왜냐하면 "자신의 도덕 세계의 한 부분이라도 포기하지 않은 채 생존한다는 것은, 강력하고도 직접적인 행운이 작용하지 않는 한, 순교자나 성인의 기질을 타고난 소수의 뛰어난 사람들에게만" 가능한 일이기 때문이다.[23]

이러한 방식으로 살아남았던 예를 레비는 셉셸Schepschel, 알프레드 엘Afred L., 엘리아스Elias, 앙리Henri의 경우를 통해 접근한다. "그의 정신 속에는 살고자 하는 초라하고 기본적인 욕망만이 자리 잡고 있을 뿐인" 셉셸,[24] 엄청난 노력과 치밀한 계획을 통해 언제나 헌신적으로 일하고 정중하게 행동하며 깨끗한 외모를 유지함으로써 수용소의 '특권층'에게 "자신이 진짜 구제되어야 하는 잠재적인 특권층이라는 확신을 심어주는 데" 성공한 알프레드 엘,[25] "수용소의 원시적 삶에 어울리는 원시인"으로 "목적도 없이, 모든 형태의 자기 절제와 양심을 결여한 채 살아가는", 그리고 바

23) 프리모 레비, 《이것이 인간인가》, 140쪽.
24) 프리모 레비, 《이것이 인간인가》, 141쪽.
25) 프리모 레비, 《이것이 인간인가》, 143쪽.

로 이러한 결함 덕분에 살아남은 엘리아스,[26] 18세의 프랑스 출신 유대인 앙리의 경우가 그것이다.[27]

이들 중에서도 레비는 특히 앙리의 수감 생활을 자세히 소개하면서 보기 드문 혐오감을 드러냈다. 프랑스어, 독일어, 영어, 러시아어를 구사했고 뛰어난 과학적, 고전적 식견을 갖춘 앙리는 보급 투쟁, 동정심 유발, 도둑질을 수용소에서 살아남을 수 있는 세 가지 전략으로 삼고 그것을 성공적으로 실천에 옮겼다. 영국 전쟁 포로를 유혹해 귀한 담배와 달걀을 얻을 수 있었던 앙리는 자신의 생존에 도움이 될 만한 기회가 오면 "마치 창세기의 악마처럼 냉혹하고 쌀쌀한 모습으로 갑 을 온몸에 두른 채 모든 이의 적이 되어 비정할 정도로 교활하고 이해할 수 없는 인간이" 되었다.[28] 레비는 앙리가 지금 살아 있다는 것을 알지만 "다시 만나고 싶지 않다"고 잘라 말했다.[29]

1986년에 발간된 《침몰한 자와 구조된 자》에서 레비는 《이것이 인간인가》의 문제의식을 좀 더 분석적이고 심도 있는 방식으로 발전시켰다. 《침몰한 자와 구조된 자》에서 무엇보다도 우리의 관심을 끄는 부분은 제2장 〈회색지대〉다. 여기서 레비는 거의 본성처럼 인간 의식에 내재해 있는 이분법적 사고와 단순화하는 경향에 문제 제기를 하면서 수용소에 대한 대부분의 시선 역시 이러한 경

---

26) 프리모 레비, 《이것이 인간인가》, 148~149쪽.

27) 본명이 스탱베르Paul Steinberg인 앙리는 오랜 침묵을 깨고 1996년 자신의 회고록을 발간했다. Paul Steinberg, 《또 다른 기록Chroniques d'ailleurs》(Paris : Ramsay, 1996). 레비와 스탱베르의 입장을 비교한 다음 글을 참고하라. Susanna Egan, 〈침몰한 자와 구조된 자 : 프리모 레비와 폴 스탱베르의 대화The Drowned and the Saved : Primo Levi and Paul Steinberg in Dialogue〉, 《역사와 기억History and Memory》, vol. 13(2001), 92~112쪽.

28) 프리모 레비, 《이것이 인간인가》, 152쪽.(번역 저자)

29) 프리모 레비, 《이것이 인간인가》, 153쪽.

향에서 벗어나지 못했다고 지적한다. "역사적, 자연적 현상 대부분은 단순하지 않다. 아니 우리가 그랬으면 하는 것처럼 단순하지 않다. 또한 수용소 내부의 인간관계 네트워크 역시 단순하지 않다. 그것은 희생자와 가해자 두 진영으로 단순화될 수 없다. 오늘날 수용소의 역사를 읽거나 쓰는 사람들은 누구나 선과 악을 가르고 한쪽 편을 들면서 최후의 심판에서 예수님을 흉내 내려는 경향, 아니 그러한 욕구를 드러낸다."[30]

회색지대의 개념은 이분법적 인식의 틀을 깨고 수용소의 현실을 드러내고 사고하며 또 이해하기 위해 만들어진 개념이다. 가해자와 희생자, 선과 악으로 단순히 구분할 수 없는 공간, "주인과 노예로 두 진영이 갈라지면서도 모이는 곳", "대단히 복잡한 내적 구조를 가지고 있고 우리의 판단 필요성을 그 자체로 혼란스럽게 할 가능성이 농후한" 영역인 회색지대는[31] "인간이 어떤 존재인지를 이해하려면, 비슷한 시험에 다시 들었을 때 우리의 영혼을 지키려면, 반드시 알아야 할" 공간이기도 하다.[32] 회색지대를 본격적으로 다루고 있는 제2장을 레비가 책 전체에서 가장 중요하다고 강조한 이유도 여기에 있다.[33]

레비의 회색지대에는 실로 다양한 사람들이 모여 살거나 잠시 머물고 혹은 스쳐 지나간다. 레비 스스로 1년 가까운 세월을 보냈던 아우슈비츠의 '회색인grigio'들은 '구조된 자'라는 이름으로 《이것이 인간인가》에서 이미 언급된 바 있다. 그러나 《침몰한 자와 구

---

30) Primo Levi, 《침몰한 자와 구조된 자》, 37쪽.

31) Primo Levi, 《침몰한 자와 구조된 자》, 42쪽.

32) Primo Levi, 《침몰한 자와 구조된 자》, 40쪽.

33) 《침몰한 자와 구조된 자》의 "제2장이 가장 중요하다고 믿는 까닭은 바로 여기에 있습니다. 그 장의 이름은 '회색지대'지요."(《루니타L'Unità》, 1992년 11월 7일자) Myriam Anissimov, 《프리모 레비. 한 낙관주의자의 비극》, 387쪽에서 재인용.

조된 자》의 제2장에서 레비는 '구조된 자'들 외에도 두 가지 대단히 흥미로운 사례를 소개, 분석하고 있다.

아우슈비츠와 그 외 절멸 수용소의 '특수부대Sonderkommando'가 그 하나다.[34] 아우슈비츠에만 대략 700명에서 1,000명에 달했던 이들은 가스실로 보내질 새로운 수감자들의 질서를 유지하고, 가스실에서 시체를 수거하고 금니를 뽑고, 여성의 머리카락을 잘라 모았다. 또한 옷, 신발 그리고 그 밖의 죽은 자들의 가방 속에 든 물건을 정리하여 소각장crematoria으로 시신을 옮겼으며 화덕을 관리하고 유골을 끄집어내 제거하는 일을 담당했다. '특수부대'는 간혹 독일인, 폴란드인, 러시아인 죄수들이 포함되기도 했지만 대부분 유대인으로 구성되었다. 이들은 처벌로 배치되는 예외적인 경우를 제외하고 대부분 기존의 수감자 중에서 세심하게 선별되거나 막 도착한 신참 수감자 중에서 지원자를 받았다.

'특수부대'에게 주어진 특권은 그다지 크지 않았다. 몇 개월 동안 충분히 배를 채울 수 있는 것이 이들의 가장 큰 특권이었을 뿐이다. 이것을 제외하고는 다른 수감자들의 운명과 다를 게 없었다. 게다가 수용소를 지배했던 친위대원들은 이들이 혹시라도 살아남아서 증언하는 것을 막기 위해 악랄한 수법을 고안했다. 몇 개월 동안 임무를 수행하고 나면 다양한 속임수를 동원하여 부대원들을 살해했고 새로운 부대의 첫 임무는 선임자들의 시신을 소각하는 일이었다.

친위대원들이 '특수부대'를 바라보고 대하는 방식이 다른 수감자들과 크게 다르지 않았지만, 그래도 그들 사이에는 일종의 묘한 동질감, 혹은 "강요된 공모의 비열한 유대"가 존재했다.[35] 친위대

---

34) '특수부대'에 대해서는 Primo Levi,《침몰한 자와 구조된 자》, 50~60쪽을 참고하라.

원들과 '특수부대'원들 사이의 축구 경기가 이를 입증한다. 소각장 관리를 책임진 친위대원 대표들과 '특수부대'원 대표들이 참가하고 나머지 친위대원들과 '특수부대'원들이 관중으로 참가한 이 축구 경기에서 "지옥의 문턱에서가 아니라 마을 잔디밭에서 벌어진 경기인 양 이들은 편을 가르고 배팅을 하고 환호하고 선수들을 독려했다".[36]

레비에 따르면 이러한 상황은 다른 범주의 수감자들과는 결코 벌어질 수 없는, 생각조차 할 수 없는 것이었다. 그러나 친위대원들은 '특수부대'원들, 레비의 표현에 따르면 "화장장의 갈까마귀들"과 동등한 혹은 거의 동등한 입장에서 경기장에 들어설 수 있었다.[37] '특수부대'원들과 친위대원 사이의 이러한 "휴전 뒤에는 사탄의 웃음소리가 들린다.……우리는 너희를 끌어안았고 타락시켰으며 우리와 함께 바닥으로 떨어졌다. 우리처럼 너희 자신의 피로 더럽혀진 자부심 높은 너희 종족도 우리와 다를 바 없다. 너희 역시 우리처럼 그리고 카인처럼 형제를 죽였다. 와서 함께 경기하자."[38] 레비가 '특수부대'를 '회색인'의 극단적인 범주로 이해한 것은 바로 이러한 정황과 무관하지 않다.

두 번째 사례는 폴란드 우지 게토의 수장이었던 룸코브스키Chaim Rumkowski이다.[39] 1940년부터 1944년까지 동유럽에서 최초이

---

35) Primo Levi, 《침몰한 자와 구조된 자》, 54쪽.

36) Primo Levi, 《침몰한 자와 구조된 자》, 55쪽. 또한 Debarati Sanyal, 〈아우슈비츠의 축구 경기 : 홀로코스트 비평에서 심판하기A Soccer Match in Auschwitz : Passing Culpability in Holocaust Criticism〉, 《표상Representations》, vol. 79(2002), 1~27쪽을 참고하라.

37) Primo Levi, 《침몰한 자와 구조된 자》, 55쪽.

38) Primo Levi, 《침몰한 자와 구조된 자》, 55쪽.

39) 룸코브스키에 대해서는 Primo Levi, 《침몰한 자와 구조된 자》, 60~69쪽 ; Primo Levi, 《유예의 순간들. 아우슈비츠 회고록Moments of Reprieve. A Memoir of Auschwitz》, Ruth Feldman (trans.)(New York : Penguin Books, 1987), 119~128쪽을 참고하라.

자, 규모 면에서는 바르샤바 게토 다음 가는 우지 게토를 지배한 룸코브스키의 일화는 비록 나치 수용소는 아니지만 회색지대와 '회색인'의 문제를 함축적으로 보여주었다. 1917년부터 우지에 정착한 실패한 기업가 룸코브스키는 1940년 2월 나치가 건립한 게토의 수장이 되었다. 레비의 표현에 따르면 그는 이후 4년 동안 '독재자' 혹은 '절대 군주이면서 계몽 군주'로서 게토를 지배했다. 그가 원했던 것은 게토 유대인들의 복종과 존경뿐 아니라 사랑이었다. 자신의 초상이 그려진 우표를 발간하고 앙상한 말이 이끄는 마차를 몰고 찬송시를 짓게 하고 어린 학생들에게 자신을 찬양하는 글짓기를 과제로 주었다. 동시에 그는 질서 유지의 명목 아래 600명에 달하는 경찰을 조직하고 그 수를 알 수 없는 스파이를 곳곳에 투입하여 사실상 자신의 권력을 다지려 했다. 심지어 그는 히틀러와 무솔리니의 방식을 모방한 연설 기법을 동원하기도 했다.

레비가 보기에 룸코브스키는 '배신자이자 공범자'였다. 또한 그는 '메시아'처럼, 게토 유대인들의 '구원자'처럼 행동했고 스스로 그렇게 확신했다. "역설적이게도 그의 억압자와의 동일시는 피억압자와의 동일시와 나란히 진행되었다."[40] 게슈타포가 자신의 수하를 사전 경고 없이 체포하자 룸코브스키는 용감하게 그들을 구원하러 나섰고 나치의 조롱과 구타를 의연하게 받아들였다. 나치가 게토에 더 많은 직물 헌납과 가스실로 보낼 어린이와 노인, 환자들의 수를 더 늘리라고 요구하자 직접 나치와 협상에 나서기도 했다. 그러나 동시에 게토 안의 저항 세력을 무자비하게 진압하기도 했는데, 왜냐하면 나치에 예속된 상황에서 일어난 저항 운동이 아니라 자신의 권위에 대한 도전으로 여겼기 때문이다.

---

40) Primo Levi, 《침몰한 자와 구조된 자》, 64쪽.

1944년 9월 러시아군의 압박이 가속화되자 나치는 우지 게토를 폐쇄하기 시작했다. 룸코브스키 역시 다른 유대인들과 같은 운명에 처하게 되었다. 그러나 그 와중에도 한 독일 기업가에게 줄을 대어 자신의 지위에 걸맞은 아우슈비츠 여행을 준비했다. 그는 게토의 유대인들을 가득 실은 화물차 뒤에 달린 특별 차량을 타고 자신의 가족과 함께 가스실로 향했다.

룸코브스키의 이야기는 그 결말이 수용소와 직결되어 있지만 수용소 철장 넘어 벌어진 일이다. 그러나 레비가 보기에 수용소의 '회색인'들 못지않게 이 게토 이야기는 "억압으로 불가피하게 촉발된 인간의 모호성이라는 근본적인 문제를 너무도 웅변적으로" 드러내고 있다.[41] 이 점에서 '유대인의 왕' 룸코브스키의 경우는 '특수부대'원들과 함께 손쉬운 법적, 도덕적 판단을 불가능하게 하는impotentia judicandi 회색지대의 극단적인 예이다. 두 경우는 레비의 표현처럼 "그 자체로 완결된 이야기가 아니다. 함축적이고도 의미심장하며 대답보다는 질문을 제기하고 그 자체로서 회색지대라는 주제 전체를 요약하고 있다".[42]

3. 회색지대와 미래로 열린 기억

'극한 상황 속의 일상성'의 핵심과 닿아 있는 레비의 회색지대의 개념은 어떻게 이해되고 해석될 수 있는가? 또 그것은 고통스러운 과거를 기억하고 대면하는 데 어떤 함의를 지니는가?

---

41) Primo Levi, 《침몰한 자와 구조된 자》, 60~61쪽.
42) Primo Levi, 《침몰한 자와 구조된 자》, 66쪽.

회색지대가 무엇인가 하는 문제와 관련하여 레비의 대답은 명쾌하지 않다. 앞서 언급했듯이 레비는 회색지대를 "주인과 노예로 두 진영이 갈라지면서도 모이는 곳", "대단히 복잡한 내적 구조를 가지고 있고 우리의 판단 필요성을 그 자체로 혼란스럽게 할 가능성이 농후한" 영역으로 '불완전하게' 정의될 수 있을 뿐이라 지적한다.[43] 사실상 가해자이면서도 희생자이며 희생자이면서도 가해자로 복잡하게 얽히는 회색지대는 간단히 해명될 수 없다. 회색지대에 대한 간명한 정의를 내리는 대신 아우슈비츠의 카포에서부터 '특수부대', 그리고 수용소의 철조망을 넘어 유대인 게토의 룸코브스키 이야기까지 다양하고 구체적인 사례를 동원해 회색지대를 해명하려 한 레비의 노력도 같은 맥락에서 이해할 수 있을 것이다.

회색지대는 모호성 그 자체가 본질일 수 있다. 그리고 이러한 회색지대의 모호성은 다양한 원천에서 비롯된다.[44] 먼저 악과 무고함이 뒤섞여 있기 때문이다. 아우슈비츠의 수감자들처럼 억압의 희생자는 부당한 고통을 당한다는 점에서 무고하다. 그러나 동시에 그 희생자는 어느 정도 자발적으로 다른 무고한 희생자에게 악을 행할 수 있다. 그렇다고 다른 희생자에게 악을 행하는 희생자와 아우슈비츠의 친위대원처럼 희생자가 아닌 가해자가 행하는 악은 분명 차원이 다르다. '회색인'의 행위는 무고하면서도 무고하지 않다는 역설이 성립되는 것도 이 지점이다. "회색지대는 선과 악을 넘어서 있다. 이는 선과 악이 존재하지 않기 때문이 아니다. 불가피한 상황이 선과 악 사이에 연속성을 만들고 전반적인 판단을 내리는 데 적합하지 않기 때문"이라는 한 이탈리아 비평가의 지적

---

43) Primo Levi, 《침몰한 자와 구조된 자》, 42쪽.

44) Claudia Card, 〈여성, 악, 회색지대 *Women, Evil, and Gray Zones*〉, 《메타철학 *Metaphilosophy*》, vol. 31(2000), 519쪽.

은 같은 맥락에서 이해할 수 있다.[45]

회색지대가 가진 모호성의 또 다른 원천은 행위자의 동기에 있다. 아우슈비츠의 카포는 수용소의 희생자이면서 협력자로서 일정한 권한을 부여받는다. 어떤 경우 이러한 권한은 예컨대 아우슈비츠의 랑바인Hermann Langbein, 부헨발트의 코간Eugen Kogan, 마우타우젠의 마르살렉Hans Marsalek처럼 저항 운동에 이용될 수도 있다. 하지만 레비의 표현대로 "외관상 협력자였지만……위장한 저항자"였던 이들의 행위는 무고한 희생자들에게 피해를 줄 수도 있다.[46] 레비가 한 인터뷰에서 밝힌 이야기는 이러한 정황을 잘 반영한다. 아우슈비츠에서 어느 정도의 권력을 장악한 공산주의 레지스탕스 조직이 조직원을 보호하기 위해 가스실로 갈 선별자 명단을 바꾸어 조직원을 구원했다는 그 일화는 '회색인'의 동기가 가진 모호성을 그대로 반영하고 있다.[47]

회색지대의 모호성은 무엇이 회색지대를 만드는가 하는 문제와도 연결된다. 《침몰한 자와 구조된 자》에서 레비는 두 가지 조건을 제시한다. 그 하나는 이러하다. "권력의 영역이 제한되면 될수록 그만큼 외부 조력자의 필요성이 늘어난다."[48] 나치는 광대한 정복지를 운영하기 위해 피정복자의 도움을 받아야 했다. 피정복자들의 대독 협력은 이러한 상황에 대한 고려 없이는 설명할 수 없다. 그러나 문제는 외부의 협력자들이 한때 적이었다는 사실이다. 그러므로 이들을 장악하는 최선의 길은 "이들에게 죄의식을 짐 지우

---

45) Cesare Cases, 〈레비는 부조리를 다시 생각했다Levi ripensa l'assurdo〉, 《침몰한 자와 구조된 자I soomersi e i salvati》(Torino : Einaudi, 2003), 187쪽.

46) Primo Levi, 《침몰한 자와 구조된 자》, 46쪽.

47) Primo Levi, 〈기억의 의무The Duty to Memory(1983)〉, 《기억의 목소리》, 247쪽.

48) Primo Levi, 《침몰한 자와 구조된 자》, 42쪽.

고 피로 뒤덮고 가능한 한 더럽힘으로써 더는 배신할 수 없도록 공모의 유대를 확립하는" 일이다.

또 다른 하나는 이렇게 요약된다. "억압이 거세면 거셀수록 그만큼 피억압자들 사이에서 기꺼이 협력하려는 경향이 늘어난다."[49] 가혹한 테러와 탄압 속에서 사람들은 그것이 이데올로기적 매력이든, 정복자에 대한 비굴한 모방이든, 근시안적 권력욕이든, 강압을 피하기 위한 재빠른 계산이든, 다양한 동기에서 회색지대의 형성에 이바지한다. 희생자와 가해자 사이에는 "빈 공간이 있는 것이 아니라 의식과 행동의 회색지대가 존재한다. 회색지대는 타협, 그 불가피성 때문에 발생하는 끔찍한 타협으로 이루어져 있다"는 화가이자 레비의 사촌 델라 토레S. L. Della Torre의 지적은 이러한 맥락에서 이해할 수 있다.[50]

회색지대의 이러한 모호성은 자칫 심각한 곡해의 원천이 될 수도 있다. 먼저 가해자와 희생자가 뒤바뀌고 또 뒤섞이며 모방하는 회색지대를 인간 본성의 한 부분으로 보편화하고 상대화하는 논리가 그것이다. 카바니Liliana Cavani 감독의 경우가 좋은 예이다. 수용소의 수감자였지만 살아남아 이제는 유명 인사의 아내가 된 한 여인이 수용소에서 자신을 강간하고 고문했던, 그러나 지금은 호텔 보이가 되어 있는 남자를 빈의 한 호텔에서 만나 이전의 가학-피학적 관계로 다시 빠져든다는 줄거리를 가진 영화, 레비의 표현을 빌면 "아름답지만 잘못된 영화"〈호텔 야근 직원*Il portiere*

49) Primo Levi,《침몰한 자와 구조된 자》, 43쪽.

50) S. L. Della Torre, 〈아우슈비츠의 시험대에 오른 선과 악*Good and Evil at the Test of Auschwitz*〉, Massimo Giuliani,《아우슈비츠의 켄타우루스. 프리모 레비의 사상에 대한 성찰*A Centaur in Auschwitz. Reflections on Primo Levi's Thinking*》(Lanham : Lexington Books, 2003), 45쪽에서 재인용.

di notte〉을 감독한 카바니는 자신의 영화를 이렇게 설명했다.[51] "우리는 모두 희생자 아니면 살인자입니다. 그리고 우리는 이러한 역할을 기꺼이 받아들입니다. 오직 사드와 도스토예프스키만이 이를 진정으로 이해합니다."[52]

레비의 반박은 단호하다. "내 깊숙한 곳에 살인자가 잠복해 있는 지 나는 알지 못하며 또 알고 싶지도 않다. 그러나 나는 안다. 나는 무고한 희생자이며 살인자가 아니라는 사실을. 또한 나는 안다. ……살인자와 그 희생자를 혼동하는 것은 도덕적 질병이거나 심미적 꾸밈이거나 아니면 공모의 사악한 조짐이다. 무엇보다도 그 것은 진실을 부정하는 자들에게 바치는 〔의도적이든 아니든〕 귀중한 봉사이다."[53]

레비의 회색지대가 악용되는 사례도 적지 않다. 그 대표적인 예는 유엔 사무총장 출신으로 오스트리아 대통령에 출마했던 발트하임Kurt Waldheim을 둘러싼 논란이다. 레비의《침몰한 자와 구조된 자》가 출간될 무렵 열기를 더해가고 있던 '발트하임 사건'의 핵심은 그가 대독 협력자였으며 특히 그리스인, 유고슬라비아인, 그리스 유대인들을 나치 수용소로 이송하는 일에 협조했다는 것이다. 당시 한 인터뷰에서 레비는 발트하임을 '회색인'으로 규정하면서 이렇게 지적했다. "그는 분명한 책임이 있는 인물입니다. 그러나 그는 나치 기계라는 더 거대한 책임 안에 속해 있는 사람입니다."[54] 레

---

51) Primo Levi,《침몰한 자와 구조된 자》, 48쪽.

52) Primo Levi,《침몰한 자와 구조된 자》, 48쪽. 이 영화에 대해서는 Saul Friedlander, 《나치즘에 대한 성찰. 키치와 죽음에 대한 에세이*Reflections of Nazism. An Essay on Kitch and Death*》, Thomas Weyr (trans.)(Bloomington : Indiana Univ. Press, 1993), 129쪽을 참고하라.

53) Primo Levi,《침몰한 자와 구조된 자》, 48~49쪽.

54) Risa Sodi, 〈프리모 레비와의 인터뷰〉, 365쪽 ; 〈정의의 기억 : 프리모 레비와 아우슈

비의 이 발언에 기대어 일부에서, 예컨대 한때 파시스트였다가 파르티잔으로 변신했으며 이후에는 때때로 반유대주의자로 비난받던 이탈리아의 언론인 보카Giorgio Bocca 같은 인물은 발트하임이 '회색인'이라면 그의 과거는 정당화될 수 있고 용서받아야 한다는 식의 논리를 폈다. 레비는 "보카가 내 말을 왜곡했다"고 반박했지만 이 일로 레비는 심한 정신적 충격을 받았다.[55]

레비의 회색지대에 대한 이러한 남용과 오용은 몰이해의 산물이다. 《침몰한 자와 구조된 자》 전편을 관통하는 대전제는, "인간 행위는 법적이며 인간학적 (혹은 심리학적) 차원 모두에서 검토되어야 하며" 어느 한쪽을 위해 다른 한쪽이 무시되거나 과소평가되어서는 안 된다는 것이다.[56] 레비는 한 인터뷰에서 이러한 대전제를 암시했다. "나는 우리 모두가 똑같은 존재라고 생각하지 않습니다. 왜냐하면 우리는 신자의 경우 하느님 앞에서, 신자가 아닌 경우 법 앞에서 똑같은 존재가 아니기 때문입니다. 우리 모두는 똑같은 존재가 아니며 우리의 죄도 그 정도가 다릅니다."[57] 법적 차원을 존중한다는 것이 인간을 자유로운 행위자로 간주하고 따라서 각자의 행위에 책임을 져야 한다는 점을 전제하고 있다 할 때, 가해자와 희생자 사이의 구분을 흐리는 일은 용납될 수 없는 것이다.[58] 그러므로 레비가 카바니와 보카에게 강하게 반발한 것은 놀

비츠Memory of Justice : Primo Levi and Auschwitz〉,《홀로코스트와 제노사이드 연구 Holocaust and Genocide Studies》, vol. 4(1989), 99~100쪽을 참고하라.

55) Ian Thomson,《프리모 레비의 일생》507쪽.

56) Tzvetan Todorov,《악의 기억, 선의 유혹. 20세기에 대한 연구M moire du mal, Tentation du bien. Enquete sur le si cle》(Paris : Robert Laffont, 2000), 197쪽.

57) Tzvetan Todorov,《악의 기억, 선의 유혹. 20세기에 대한 연구》, 197쪽에서 재인용.

58) Tzvetan Todorov, 〈프리모 레비 사후 10년Ten Year Without Primo Levi〉,《살마군디 Salmagundi》, vol. 116/117(1997), 11쪽.

라운 일이 아니다. 이들은 인간행위의 인간학적/심리적 차원만을 부각시켰을 뿐 아니라 그것을 특정한 정치적, 이데올로기적, 미학적 목적에 이용했기 때문이다.

이러한 오용과 곡해를 피하면서 레비의 회색지대가 지니는 성찰적 함의를 수용소 수감자들의 삶뿐만 아니라 수용소 너머로 확장, 적용할 수 있는가? 나치 수용소라는 극한 상황에서 출발한 레비의 성찰은 수용소에서만 적용되는 것이 아님은 분명해 보인다. 수용소가 아닌 유대인 게토의 룸코브스키의 예가 그러하다. 또한 레비는 나치에 점령된 다양한 유럽 국가에서 출현한 대독 협력 체제 역시 회색지대를 낳는 산실임을 지적했다. 나아가 권력이 소수에게 집중되어 있고 다수에게 그러한 권력을 행사할 경우 회색지대는 어디서든 발생할 수 있음을 암시했다. 레비의 시선이 수용소에 집중되어 있는 이유는 수용소가, 나치와 소련의 수용소를 포함하여, 회색지대의 문제를 성찰할 수 있는 '탁월한 실험실'이기 때문이다.[59]

분명 회색지대의 개념이 조심스럽고도 주의 깊게 해석되고 확장된다면, 인간 존재의 모호성과 모순성을 성찰하는 데 중요한 역할을 할 수 있다. 미국의 페미니스트 철학자 카드Claudia Card의 분석은 이러한 예 가운데 하나로 볼 수 있다. 카드의 주장에 따르면 가부장제와 여성 혐오의 억압적 환경 속에서 살아가는 여성들에게도 회색지대는 존재한다. 나름의 자부심을 가지고 창녀촌을 운영하는 여성, 건강과 안전을 위협할 수 있는 여성성을 훈육하는 어머니, 레즈비언 딸을 배척하는 어머니, 가부장제의 추악한 일을 신뢰와 책임감으로 수행하는 여성의 경우 모두 확장된 회색지대에 포함될 수 있다는 것이다. 그리고 이러한 회색지대에 대한 성찰 없

---

59) Primo Levi, 《침몰한 자와 구조된 자》, 42쪽.

이는 페미니즘의 발전도 없음을 강조한다. 카드의 표현처럼 "여성이 악행에 가담하는 일을 진지하게 다루는 것이 처음에는 페미니스트의 단결에 위험이 되더라도 그와 같은 상황을 무시하는 일은 피상적인 페미니즘만을 낳을 것이기" 때문이다.[60]

이처럼 레비의 회색지대는 우리에게 끊임없이 묻고, 고민하고, 망설이며, 성찰하게 한다. 그리고 이러한 방식으로 레비는 수용소의 기억을 우리 마음속에 늘 살아 있게 만든다. 안온한 이분법적 판단이 수동적인 기억, 화석화된 기억, 신성화된 기억을 가져오기 십상이라면 회색지대가 자극하는 것은 능동적인 기억, 미래를 향해 열린 기억이기 때문이다. 레비의 위대함은 "고발이나 증언에 있는 것이 아니다". 오히려 그것은 "확실한 답변을 얻기 어려운 문제들을 끊임없이 스스로 되묻고……통념을 토대에서부터 문제시하는 데" 있다는 이탈리아의 저술가 벨폴리티Marco Belpoliti의 평가는 레비의 회색지대가 지닌 함의를 탁월한 솜씨로 요약하고 있다.[61]

나치 죽음의 수용소와 홀로코스트의 증언자이자 작가, 비평가로서 레비의 각별한 위상 역시 바로 여기에 있다. "레비의 '회색지대'론, 모든 수감자들은…… 죄가 있다는 그 이론은 나에게는 단순하고 불공평해 보인다. 수감자들의 '상대성'을 거론함으로써 그는 학살자들의 죄의식을 덜어주고 있다. 나는 그에게 말했다. 오직 범죄자들만이 유죄임을, 희생자와 가해자를 비교하는 일은 학살자들이 저지른 행동의 책임을 흐리게 하고 심지어 그것을 부정한다."[62] 앞에서 인용했던 비젤의 인터뷰는 이렇게 이어진다. 그러나

---

60) Claudia Card, 〈여성, 악, 회색지대〉, 512~513쪽.

61) Marco Belpoliti, 〈거울을 통해 : 이탈리아어판 서문*Through the Looking Glass : Preface to the Italian Edition*〉, Primo Levi, 《아우슈비츠의 블랙홀*The Black Hole of Auschwitz*》(Cambridge : Polity Press, 2005), xiv쪽.

사실상 비젤은 레비의 회색지대 개념의 함의를 충분히 이해하지 못했다. 레비가 회색지대라는 개념을 통해 학살자의 죄를 덜어주고 가해자에게 죄의식을 심어주려 한 것은 아니기 때문이다. 몰이해에서 나온 비젤의 비난보다는 미국의 한 랍비가 내린 다음과 같은 평가가 더 타당해 보이는 이유도 여기에 있다. "엘리 비젤은 괴물을 보고 얼굴을 돌린 후 그것을 신화로 만들었다. 그러나 프리모 레비는 괴물의 얼굴을 정면으로 바라보면서 눈을 크게 뜬 채 우리에게 그 괴물에 대해 말하고 있다."[63]

괴물의 얼굴을 똑바로 바라보는 일, 자신을 그토록 괴롭혔던 아우슈비츠의 일상과 온전히 대면하는 일은 그 자신이 희생자였던 레비에게 가혹한 일임이 분명하다. 그러나 레비는 그 괴물을 향해 비난의 목소리를 높이기보다는 낮은 목소리로 차분히 그러나 명쾌한 논리로 그 괴물이 사실 우리 모두의 모습일 수 있음을 지적한다. '유대인의 황제' 룸코브스키의 예를 소개하면서 레비는 그를 비웃거나 손가락질하지 않는다. 대신 그 성찰의 시선을 자신에게로 향한다. "우리 모두의 모습이 룸코브스키에 투영되어 있다. 그의 모호성은 우리의 그것이며 우리의 제2의 본성이다."[64] 또한 "룸코브스키처럼 우리 역시 권력과 특권에 너무도 현혹되어 있어 우리의 본질적인 허약성을 잊는다. 의도적이건 아니건 우리는 권력과 화해하면서 우리 모두 게토에 있다는 사실을, 게토의 울타리에 갇혀 있다는 사실을, 게토의 바깥에는 죽음의 군주들이 지배하고

---

62) Lucienne Kroha, 〈다시 읽는 프리모 레비*Primo Levi Today*〉,《독일 및 유럽 연구를 위한 캐나다연구소 온라인 학술대회 회보*Conferences en ligne du Centre canadien d'tudes allemendes et europ ennes*》, vol. 2(2005)에서 재인용.

63) Lucienne Kroha, 〈다시 읽는 프리모 레비〉.

64) Primo Levi,《침몰한 자와 구조된 자》, 69쪽.

있다는 사실을, 그리고 그 가까이 (아우슈비츠 행) 기차가 기다리고 있다는 사실을 잊는다".[65]

요컨대 레비의 회색지대 개념은 나치 수용소의 일상을 가능한 한 있는 그대로 대면하려는 시도에서 탄생한 것이다. 극한적 상황의 일상에 존재하는 회색지대가 이분법적인 도덕적 판단을 지속적으로 유보하게 하거나 불가능하게 만드는 이유도 바로 그 모호성 때문이다. 아우슈비츠의 '특수부대'에 대한 레비의 다음과 같은 평가 역시 이 점을 잘 요약하고 있다. "우리는 화장장의 갈까마귀 이야기를 동정심과 엄격함으로 성찰해야 한다. 그러나 모든 판단은 정지되어야 한다."[66] 말하자면 회색지대의 존재는 안일하고 성급한 판단의 자리에 지속적인 성찰이 들어서게 만드는 것이다.

회색지대로 응축되는 레비의 성찰이 궁극적으로 향하는 지점은 '세상의 항문anus mundi'이라 불린 아우슈비츠의 비극에 정면으로 맞서는 일이다. 그것이 아무리 고통스럽고 절망적이라 하더라도, 혹은 죽음의 위험을 무릅쓰고서라도 레비가 아우슈비츠의 비극과 그것의 인간학적 모호성을 외면하지 않았다면 그 이유는 다른데 있지 않다. "한번 일어난 일은 다시 일어날 수 있기" 때문이며 "이것이야말로 우리가 말해야 할 모든 것의 핵심이기 때문이다".[67]

---

65) Primo Levi, 《침몰한 자와 구조된 자》, 69쪽.
66) Primo Levi, 《침몰한 자와 구조된 자》, 60쪽.
67) Primo Levi, 《침몰한 자와 구조된 자》, 199쪽.

"마지막 순간까지 나는 증언할 것이다"
—빅토르 클렘페러를 통해 본 나치 체제하 유대인 정체성

이진일

---

1. 클렘페러 현상

1995년 독일에서 출간된 클렘페러의 나치 시대의 삶을 기록한 일기는 불과 1년 만에 15만 부 이상이 팔리는 놀라운 반응을 일으켰다. 동독에서 언어학과 불문학 학자로 활동했던 그는 서독에서는 거의 이름이 알려지지 않았던 인물이었다. 출판의 상업적 성공에 힘입어, 이듬해 빌헬름 제국 시대까지를 기록한 그의 자서전과 바이마르 시대의 일기가 출간되었으며, 1999년에는 1945년 이후 그의 동독에서의 삶을 기록한 일기가 출판되었다. 그에 대한 높은 국민적 관심은 그의 삶을 다룬 다큐멘터리와 드라마, 여러 편의 전기, 그의 학자로서의 업적을 주제로 다룬 잡지의 특집호 등으로 이어지면서 일종의 '클렘페러 현상'을 만들어냈다.[1]

이진일은 성균관대학 사학과에서 석사과정을 마치고, 독일 튀빙겐 대학 역사학부에서 바이마르 시대의 독일 사회주의 노동자 교육 정책에 대한 연구로 박사 학위를 받았다. 귀국 후에는 독일 사회의 과거사 청산 과정과 전후 독일의 역사 정책, 홀로코스트 등에 관심을 기울여왔다. 최근 발표한 논문으로는 〈전후 독일의 기억 문화—그 연속과 단절〉, 〈"독일만의 예외적 길"에 대한 비교사적 접근〉 등이 있으며, 현재 성균관대학 사학과 연구 교수로 재직 중이다.

그는 누구이며, 독일인들은 그의 책에서 도대체 무엇을 발견했기에 그에게 열광했을까?

나치 치하의 삶을 기록한 일기와 자서전, 회고록 등은 많다. 하지만 유대인이 독일 땅에서 공개적으로 살아남아 소위 '민족공동체'가 만들어낸 가해자와 희생자의 다양한 내면을 그 시작부터 종말까지 일관되게 보여준 기록은 지금까지 알려지지 않았었다.[2] 클

---

1) Victor Klemperer, 《이력서, 1881~1918년의 기억들*Curriculum vitae, Erinnerungen 1881~1918(I/II)*》(Berlin : Aufbau, 1996) : 《삶을 쌓아가지만 무엇을 위해서냐고도 왜냐고도 묻지 않는다. 1918~1932(I/II)*Leben sammeln, nicht fragen wozu und warum. 1918~1932(I/II)*》(Berlin : Aufbau, 1996) : 《마지막 순간까지 나는 증언할 것이다. 일기 1933~1945(I/II)*Ich will Zeugnis ablegen bis zum letzten, Tageb cher 1933~1945(I/II)*》(Berlin : Aufbau, 1995) : 《참으로 불편한 상황에 처해 있구나. 일기 1945~1959*So sitze ich denn zwischen allen St hlen. Tageb cher 1945~1959*》(Berlin : Aufbau, 1999). 1998년부터는 그의 일기가 영어로 번역되어 그에 대한 관심이 영미권으로 확대된다. H. A. Turner, 〈빅토르 클렘페러의 홀로코스트Victor Klemperer's Holocaust〉, 《독일 연구지*German Studies Review*》, no. 3(1999), 385~395쪽을 참고하라. Peter Jacobs, 《빅토르 클렘페러, 사실상 독일적 산물—어느 전기*Victor Klemperer, Im Kern ein deutsches Gewaechs—Eine Biographie*》(Berlin : Aufbau, 2000) ; Walter Nowojski, 《로만어 학자 빅토르 클렘페러—연옥의 기록자*Victor Klemperer, Romanist—Chronist der Vorhoelle*》(Berlin : Aufbau, 2004) ; 《프랑스 비교 연구*Lendemains, Vergleichende Frankreichforschung*》, vol. 21, no. 82/83(1996)의 클렘페러 특집 등을 참고하라.

2) 클렘페러의 일기에 비견할 만한 기록으로는 최근에 발굴된 브레슬라우 출신의 유대인 역사학자 콘Willy Cohn의 일기 《어느 곳에서도, 어떠한 권리도 없이. 브레슬라우 유대인 몰락의 일기*Kein Recht, Nirgends. Tagebuch vom Untergang des Breslauer Judentum 1933~1941*》(Köln : Böhlau, 2006)가 있다. 역사학자 래퀴에르Walter Laqueur에 따르면, 나치 시대를 겪은 유대인들의 일기는 지금까지 약 120종 정도 출판되었지만 대부분이 시기적으로 짧은 기간에 한정되어 있으며, 아직도 약 300~400개 정도의 출판되지 않은 일기가 남아 있다고 한다. Walter Laqueur, 〈세 명의 증언자 : 빅토르 클렘페러, 빌리 콘, 리처드 코흐의 유산Three Witnesses : The Legacy of Victor Klemperer, Willy Cohn and Richard Koch〉, 《홀로코스트와 제노사이드 연구*Holocaust and Genocide Studies*》, vol. 10, no. 3(1996), 252~266쪽, 특히 253쪽. 래퀴에르는 빌리 콘이 재직하던 당시 브레슬라우 인문고등학교의 학생이었다. 빌리 콘과 그의 가족은 1941년 리타우엔으로 끌려가 그곳 수용소에서 죽음을 맞는다.

렘페러는 독일 여성과 결혼함으로써 마지막까지 강제수용소로의 추방과 죽음을 면할 수 있었고 그 경험을 기록으로 남겼다.[3] 무엇보다 그의 일기는 기록된 날들의 촘촘함과 내용의 세밀함에서 다른 어떤 기록들을 능가한다. 자서전과 일기 등 그가 남긴 삶의 기록만 합쳐도 7,000여 페이지가 넘으며, 이 또한 많은 부분을 생략하고 편집한 결과이니 가히 기록을 위해 바쳐진 삶이었다고 할 만하다.

그의 기록은 시대에 대한 증언이나 자의식의 변화뿐 아니라 일상의 소소한 기쁨과 좌절, 이웃이나 동료들 간의 시기와 질투, 매일 부딪히는 의식주에 대한 걱정, 언제 닥칠지 모르는 강제 추방에 대한 두려움, 그럼에도 놓을 수 없는 패전에 대한 막연한 기대 등이 점철된, 어찌 보면 단조롭고 일관성 없으며, 모순되기까지 한, 그저 그런 보통 사람의 일상과 경험의 흔적이다. 일기를 통해 그는 자신이 겪었던 유대인으로서의 모멸감뿐 아니라 학문적 성과에 대한 자괴감, 사회적 상승을 위한 노력과 좌절 등을 솔직하게 드러냈다. 그에게서 매일매일의 기록이란 현실에서의 패배와 좌절, 세상이 주는 고통으로부터의 도피 수단이었다. 그는 일기를 통해 히틀러 집권 이후 유대인 보이콧, 각종 시민권의 박탈, 재산 몰수, 집단 수용, 강제 노역, 추방과 집단 학살까지, 마치 올가미처럼 조여오는 폭압의 점진적 강화 과정이 가졌던 내밀한 모습을 생생하게

---

3) 물론 독일인과 결혼했다고 모두 살아남을 수 있었던 것은 아니었으며, 이들도 역시 기본적으로 '박멸대상'으로 규정되었다. 하지만 1941년 이후 뒤늦게 시작된 이들에 대한 분리작업의 시기와 시행강도, 법 규정의 해석 등에 있어 지역마다 큰 차이가 있었다. 독일인과 결혼한 유대인, 그들 사이에 태어난 아이들에 대한 취급과 관련해서는 Nathan Stoltzfus, 〈가슴에서의 저항, 장미거리에서의 저항 운동과 독일인-유대인 간의 결혼Widerstand des Herzens, Der Protest in der Rosenstrasse und die deutsch-jüdische Mischehe〉,《역사와 사회Geschichte und Gesellschaft》, vol. 21, no. 2(1995), 218~247쪽을 참조하라.

보여주었다.

개종한 유대인으로서 돌아갈 곳도 없고 독일인으로 남을 수도 없는 상황에서, 그는 지금까지 독일인이라고 믿어왔던 신념을 더는 유지할 수도, 그렇다고 포기할 수도 없었다. 왜 클렘페러를 포함하여 그와 동시대의 많은 유대인들은 1933년 히틀러의 집권 이후에도, 뉘른베르크 인종법 발표 이후에도, 또는 1938년 '제국 수정의 밤' 이후까지도 독일을 떠나지 못했으며, 앉아서 학살의 날들을 기다려야만 했는가? 일기는 복잡한 그들만의 내면세계를 우리에게 비춰준다.

또한 그는 나치 하의 고립된 상황에서 자신의 유년 시절부터 1차대전 종전까지의 일기를 바탕으로 1,300여 페이지에 달하는 자서전을 쓰기도 했다. 우리는 한 유대인이 기록한 자서전과 일기를 통해 빌헬름 제국 시대부터 바이마르 공화국과 파시즘, 1945년 이후 동독의 사회주의 체제까지 80년 동안 네 체제를 겪은 파란만장했던 한 삶의 유전(流轉)과 깊이를 짐작해볼 수 있다. 물론 역사가들이나 일반 독자들은 그의 기록에서 현대사의 굴곡 많았던 경험을 생생히 전해주는 문헌적 가치를 발견한 것이겠지만, 그것만으로 그를 둘러싼 모든 현상을 설명하기는 부족하다.

클렘페러는 바이마르 시대에 드레스덴 공대의 로만어 교수로서, 중산층 도시민의 안정된 삶을 누렸다. 그는 후대에 남을 탁월한 연구 성과를 남긴 학자도 아니었고, 그저 중간 정도의 능력과 까다롭지 않은 성격을 지닌 평범한 생활인이었다. 그런 그가 죽는 날까지 놓지 못하고 스스로에게 수백, 수천 번 되물었던 질문은 "나는 어디에 속하는가?Wohin gehöre ich?"라는 문제였다.

클렘페러는 단순히 독일 사회로의 동화가 아니라 그 사회의 중심에 서고자 함을 삶의 목표로 품었던 사람이다. 그는 유대인이라는 자부심까지는 아니더라도 유대인으로서의 자의식마저도 가지지 않으려 했고, 스스로에 대한 자학에 가까운 모멸감에 시달리기도 했다. 18세기 말 이후 시작된 독일에서의 '유대인 해방'과 독일 사회로의 동화 과정이 지역과 시기에 따라 다양한 형태로 진행되었던 만큼, 독일 시민권을 획득한 유대인의 유대적 혹은 독일적 정체성도 다양한 모습을 띨 수밖에 없었다. 이런 의미에서 클렘페러의 경우를 독일 사회에 동화된 유대인의 의식을 보여주는 전형적인 예라고는 할 수 없지만, 혹독한 탄압을 거치면서도 독일인이고자 하는 의지를 포기하지 않았던 그의 경우는 적극적으로 독일 사회에 동화되고자 했던 유대인들의 자기 정체성을 이해하는 중요한 사례이다.

그는 자신의 독일적 정체성에 흔들림 없는 믿음을 가졌고, 히틀러의 집권도 그것을 바꿔놓지 못했다. 자신에게 '게르만주의Deutschtum'[4]는 모든 것을 의미했지만, '유대주의Judentum'는 아무런 의미도 없다고 생각했다. 그 모든 탄압에도, 혹은 그럴수록 클렘페러는 더욱더 자신의 게르만주의에 집착한다. 그는 "여기 유대인, 저기 아리아인, 그렇다면 나는 어디에 있으며 그 많은 '정신적 독일인'들은 어디에 있는가"[5]라고 하면서, 혈통이 아니라 정신적으로 어디에 속하는지가 중요한 것이라고 스스로를 위무했다. 자신이 생각하고 믿었던 그 게르만주의가 점점 더 폭압적인 모습으로 다

---

4) 'Deutschtum'을 우리말로 번역하면 '독일적인 것의 총체', '독일적 존재', '독일적 정신' 혹은 '독일인', '게르만주의' 등으로 번역할 수 있겠지만, 글의 맥락마다 뉘앙스가 조금씩 달라질 수밖에 없다. 고심 끝에 여기서는 '게르만주의'로 통일했다. 이러한 표기는 우리에게 비교적 덜 어색하고, 이의 대칭 개념으로서의 'Judentum'을 '유대주의'로 표현할 수 있는 장점이 있다.

5) Victor Klemperer, 《삶을 쌓아가지만 무엇을 위해서냐고도 왜냐고도 묻지 않는다 II》, 643 (1930년 8월 6일).

가와도, 그는 자신이야말로 진짜 독일인 혹은 또 다른 모습의 독일의 대표자라고 생각했고 떠나간 독일인들이 다시 돌아오기를 기다렸다. 그들은 모두 어딘가에 숨어 있다는 것이다. 자신의 의사와 상관없이 존재의 기반을 빼앗긴 사람으로서 그는 이처럼 집착에 가깝게 게르만주의를 갈구하고 포기하려 하지 않았다.

그는 이러한 자신의 모순된 내면과 찢어진 자의식을 충분히 인식하고 있었다. 물론 그가 직접 쓴 기록이라는 이유로 그가 남긴 일기와 자서전을 모두 사실로 간주할 수는 없다. 사람의 기억은 부정확할 뿐만 아니라 기회주의적이기까지 하며, 일기 속에는 글 쓰는 이의 욕망과 착각, 과장 등이 혼재해 있으며, 이를 역사가들이 분별해내기란 쉽지 않다. 또 그 어떤 자전적 문서도 이러한 분별을 스스로 드러내지 않는다. 그의 글을 해독하는 일부 평자들은 절망적 상황에서 표출된 과장된 그의 게르만주의에 대한 고백을 문자 그대로 받아들임으로써, 클렘페러를 혹독한 탄압에도 불구하고 진정한 독일 민족의식을 간직했던 전형적인 인물로 드러내고자 한다. 하지만 그러한 시도는 그의 의식이나 일기가 가지고 있는 모순과 이중성을 간과한 (혹은 일부러 보지 않고 무시하는) 자의적 해석이다.[6]

이 글에서는 그러한 위험을 충분히 의식하면서, 그의 정체성의 형성 과정과 정체성의 기저를 이루었던 게르만주의의 의미를 추

---

6) 클렘페러 사후 1996년, 나치 시대와 관련된 중요한 저작물의 작가에게 수여되는 '숄-오누이Geschwister-Scholl' 상이 그에게 수여된다. 이 자리에서 축사를 맡은 독일의 저명한 보수주의 작가 발저Martin Walser는 클렘페러를 극한 상황 속에서도 굽히지 않고 민족적 정체성을 고수한 인물로 칭송하면서, 마치 독일인과 유대인 사이의 공생 관계가 나치의 혹독한 시련 속에서도 끊이지 않은 채 오랜 전통을 가지고 지금까지 이어오고 있는 양 현실을 왜곡시킨다. Martin Walser, 《정확성의 원칙. 빅토르 클렘페러를 위한 축사Das Prinzip Genauigkeit. Laudation auf Victor Klemperer》(Frankfurt/M. : Suhrkamp, 1996).

적할 것이다. 다음으로는 다양한 형태로 전개되는 억압의 현실 속에서 클렘페러가 어떻게 대응하며 스스로를 방어했는지, 그 과정에서 클렘페러의 정체성에 대한 확신은 어떻게 변해갔는지를 구체적인 일상 속에서 확인해보고자 한다.

2. "이곳에 머무르고자 함은 무언가 역할을 하고 싶어서다"

클렘페러의 선조들은 프라하의 게토에서 살았다. 그의 아버지 빌헬름 클렘페러Wilhelm Klemperer는 유대교 회당에서 설교하는 랍비였으며, 그는 1881년 오늘날 폴란드 땅인 란츠베르크에서 아홉째로 태어났다.[7] 그는 세 살 때 폴란드의 브롬베르크로 갔다가 다시 아홉 살에는 베를린으로 이주한다. 그의 아버지는 정통 유대교의 성직자였지만 유대교적 전통에 매이지 않으려는 사람이었고, 베를린의 개혁 유대교 부설교자로 자리를 옮긴 후에는 이러한 종교적 계율에서 더욱 자유로워진다.[8] 클렘페러가 아버지의 종교적 성향을 '종교적 의혹으로 각인된 사람'으로 표현할 만큼 그의 아버지는 개혁 정신으로 철저히 무장된 사람이었다.[9] 그의 아버지는 자식들에게 유대교적 교육 방식보다는 이성에 바탕을 둔 종교교육을 시키고자 했다. 자식들은 어려서부터 안식일에 지켜야 할 계율을 지키지 않아도 될 만큼 자유로웠고, 식사 시간마다 기도를

---

7) 클렘페러와 동시대에 독일과 미국 등에서 활동했던 유명한 지휘자 오토 클렘페러 Otto Klemperer는 그의 사촌이기도 하다.

8) 클렘페러의 베를린 개혁 유대교에 대한 서술은 그의 《이력서, 1881~1918년의 기억들 I》, 41~42쪽을 참고하라.

9) Victor Klemperer, 《이력서, 1881~1918년의 기억들 I》, 41쪽.

하지 않아도 되었다.[10] 그의 가족이 다니는 베를린의 개혁 유대교 회당은 독일어로 예배보며, 독일어 찬송가를 사용했으며, 그것도 토요일이 아니라 일요일에 진행되었다.

그는 아홉 살 때, 아버지가 베를린 개혁 유대교 회당으로 옮기기로 확정되자, 바로 그날 저녁에 지금까지 가던 유대인 가게가 아닌 일반 독일 정육점에서 사온 소시지를 맛있게 먹던 어머니를 기억한다. "그것은 단지 놀이의 호기심 같은 것이었고, 지금까지 금지된 것에 대한 기쁨, 반항, 자만 등이 포함된 모습이었다. 하지만 그 밑에서 그녀는 무언가 더 커다란 것을 느끼고 있었다."[11] 이제부터 그와 그의 가족은 여느 독일인이 먹는 것과 똑같은 것을 먹을 수 있게 된 것이다. 그것은 그의 가족에게는 지금까지 익숙했던 삶의 울타리를 넘어 '게르만주의로 넘어오는 순간'이었고, 클렘페러는 오랫동안 기억에 남는 남다른 기억으로서 이 사건을 자신의 자서전에서 상세하게 설명한다.

클렘페러는 자신의 정체성의 많은 부분을 아버지로부터 이어받았다. 그의 아버지는 자신이 유대인 출신의 독일인이라는 사실에 별다른 갈등을 갖지 않았던 사람이었다. 그는 자식들이 독일 교양 시민계급Bildungsbürgertum으로 성장하길 바랐고, 그러기 위해서는 독일의 문화와 교육을 체득해야 한다고 생각했다. 자신의 자서전에서 클렘페러는 아버지에 대해 "그는 자신을 완전한 독일인으로, 제국 시민으로 생각했다. 그는······1866년 전쟁과 1870년 전쟁의 결과에 대단히 만족했다. 그는 자유주의적이었고,······스스로를 그 당시 사람들이 말하던 융커 계급에 대항하는 진보적 시민 계

---

10) Victor Klemperer, 《이력서, 1881~1918년의 기억들 I》, 33~34쪽.
11) Victor Klemperer, 《이력서, 1881~1918년의 기억들 I》, 44쪽.

급에 속한다고 생각했다"[12]고 썼다. 나아가 그의 아버지는 자신이 떠나온 체코 민족은 교양 있는 민족이 아니라고 낮춰보았고, 오스트리아인도 독일 문화의 정신적 유산의 소유라는 측면에서 완전한 독일인으로는 생각하지 않았다.[13] 이러한 아버지의 모습은 클렘페러가 장차 가지게 될 세계관과 정체성 형성의 기본 배경이 되었다. 그는 고등학교 졸업반 때 이미 "스스로를 유대인으로도, 유대인 출신 독일인으로도 생각하지 않았으며, 전적으로 독일인으로만 생각했을 뿐이다"[14]고 적는다.

그는 1902년에서 1905년까지 뮌헨, 제네바, 파리, 베를린 등에서 철학, 라틴어, 로만어 등을 공부했다. 1906년 피아니스트 슐렘머Eva Schlemmer라는 독일 여성과 결혼한 후에는 돈을 벌기 위해 학업을 중단하고 유대인단체에서의 강연과 자유기고가로 전전하며, 1912년에야 중단했던 학업을 마치기 위해 대학으로 돌아간다. 그는 1914년 1차대전이 발발하자 형들을 따라 독일군에 자원입대하지만, 1916년 3월 방광염으로 제대한다.

클렘페러는 군대와 사회에서의 경험을 통해 유대인이라는 꼬리표가 하나의 장벽임을 점차 실감하게 된다. 하지만 그럴수록 자신의 힘과 능력으로 남들에게 인정받아야 한다는 의식을 강하게 가지게 된다. 그에 앞서 사회에 진출한 두 형은 변호사와 의사로서 사회적 성공을 거뒀고, 그는 결혼 후에도 이들에게 물질적 도움을 받고 있었다. 그는 젊은 시절, 두 형 밑에서 늘 기가 죽어 움츠린 채 살았으며, 신체적으로도 등이 구부정했던 그는 서른이 넘도록 형에게 몸을 똑바로 세우라는 말을 들어야 했다. 이러한 환경 때문

---

12) Victor Klemperer, 《이력서, 1881~1918년의 기억들 I》, 17쪽.
13) Victor Klemperer, 《이력서, 1881~1918년의 기억들 I》, 19쪽.
14) Victor Klemperer, 《이력서, 1881~1918년의 기억들 I》, 248쪽.

에 그는 늘 자신의 위치를 불안해했고, 그러한 모습이 때로는 주변 사람들에게 불필요한 자만심이나 거만함으로 비치기도 했다. 그는 소심했고, 끊임없이 흔들리며 일관되지 못한 사고를 가지고 있었지만, 동시에 어떻게든 혼란스러운 세상을 헤쳐나가고자 하는 강력한 의지를 가지고 있었다.[15]

그는 열여섯 살 때부터 '거부하거나 억제할 수 없는 힘에 이끌려' 죽는 날까지 거의 매일 일기를 쓴다. 그는 일기를 쓰는 행위가 자신이나 자신이 몸담은 세계가 이리저리 흔들릴 때 늘 중심을 유지할 수 있게끔 '균형봉Balancierstange 역할'을 했다고 고백한다.

국외자로서 일정한 거리를 두고 세상을 관찰할 수 있었던 그는 현실의 면밀한 관찰자이면서, 권력자와 세태에 대한 엄정한 비평가이기도 했다. 동시에 그는 일기를 통해 한 인간이 겪는 비밀스러운 감정들, 부끄러움과 자부심, 희망과 불안, 어느 것도 결정 내리지 못하는 자신의 우유부단함까지 과장 없이 적어 내려갔다. 때론 보고하듯 의식적으로 세밀한 부분까지 조리 있고 명확한 문체로 써나가는 그의 글쓰기는 젊은 시절 그의 저널리스트적인 감각과 경험의 반영이었다. 시간이 흐를수록 그에게 일기 쓰기는 하나의 습관에서 없어서는 안 될 일종의 의식으로 변해간다. "나는 모든 것을 기록한 보고서를 내게 제출해야 했다. 그렇게 하지 않으면 나는 뭔가 불확실해져서 내 경험을 끝맺지 못한 것처럼 느꼈다. 따라서 일단 쓰고 나면 매번 그것으로 종결되었기 때문에 한번 문자화된 것을 다시 읽지는 않았다. 물론 끊임없이 다른 급한 일이 많아 그런 것들을 모두 기억해낼 시간도 없었고, 차라리 기억하고 싶지 않은 것도 많았다."[16]

---

15) Victor Klemperer, 《이력서, 1881~1918년의 기억들 I》, 260~262쪽.

하지만 나치의 집권 이후, 그의 일기 쓰기의 의미는 달라질 수밖에 없었다. 일기를 쓰는 행위는 자신의 목숨에 대한 직접적인 위협이면서 동시에 구원이었다. 그는 히틀러 체제 아래서 기록을 남기는 것이 목숨을 걸어야 할 만큼 위험한 행위임을 충분히 인식하고 있었다. "나는 내게 말하고 또 말한다. 내가 일기에 기록물로서의 가치를 두었다가 만일 발각된다면, 내 목숨뿐 아니라 에바를 포함하여 내가 이름을 거론한 여러 사람이 목숨을 잃을 것이다. 내게 그런 의무를 부여할 권한이 있는가, 아니면 단지 남의 생명을 해치는 자기만족인가?"[17]

그럼에도 그는 스스로를 대재앙의 증언자로 임명했고, 동시에 그 역할은 그의 삶에 새로운 의미를 부여해주었다. 자신이 이 어둠의 시간 속에서 살아남아야 하는 또 다른 중요한 이유를 발견한 것이다. 그는 다 쓰고 난 자신의 일기장을 아내의 친구인 독일인 의사에게 맡기면서, 만일 자신에게 무슨 일이 발생하면, 후일 세상이 좋아졌을 때 드레스덴 국립도서관에 기증할 것을 부탁한다.[18]

3. "모든 것을 동화시키지만 나만의 고유함은 유지할 것!"

많은 사람들이 정체성을 이야기하지만, 정작 한 사람에게서 정체성을 구성하는 실체를 파악하기란 쉽지 않다. 정체성이란 "개인의 의식 속에 있는 밝혀지지 않은 어두운 어떤 것", "사회적 규범

---

16) Victor Klemperer, 《이력서, 1881~1918년의 기억들 I》, 6~7쪽.

17) Victor Klemperer, 《마지막 순간까지 나는 증언할 것이다 II》, 594~595쪽(1944년 9월 27일).

18) 그가 남긴 모든 유고들은 현재 드레스덴에 있는 작센주립도서관에 보관되어 있다.

과 연결되어 있으면서, 동시에 개인의 내면적 성장과 연결되어 있는 것"이며, "스스로 경험하는 자신에 대한 내적인 통일성"이다.[19] 정체성은 자전적 요소뿐 아니라 사회적 환경으로 구성되며, 개인적 특성과 소속 의식 등으로 표출되는 일종의 '사회적 현상'이다.

독일에 거주하던 유대인들은 대부분 독일 사회로의 동화과정을 통해 '유대인 출신 독일 시민'이라는 자신들만의 새로운 정체성을 구성해 갔으며, 그 과정에서 반유대주의와 시온주의는 유대인들의 정체성 형성에 중요한 요소로 작용했다.[20]

독일 사회 안에서의 유대인 정체성 문제는 18세기 후반부터 시작된 '유대인 해방'과 밀접한 관계를 맺고 있다.[21] '유대인 해방' 이후 유대인들은 독일 문화에 빠르게 동화되었고, 경제 · 사회 · 문화 · 예술 부문에서 뚜렷한 참여와 상승이 이루어졌다. 유럽 사회 전반에 퍼진 유대인에 대한 비우호적인 전통과, 유대인이라면 폭리꾼이나 고리대금업자 정도로 보는 일반인들의 눈총은 변화되기 시작했고, 유대인 중산 시민 계층의 국가시민으로서의 자의식을 형성하는 데 중요한 역할을 한다. 하지만 역설적이게도 이런 동화의 성공이 독일인들에게는 유대인을 다시금 불신과 편견을 갖고 보는 배경이 되었다.[22] 1871년 카이저 제국의 성립과 함께 모든

---

19) Hubert Knoblauch, 〈종교, 정체성, 초월Religion, Identität und Transzendenz〉,《문화학 교본, 1권Handbuch der Kulturwissenschaften, Band 1》(Stuttgart : Metzler, 2004), 340~363쪽.

20) Reinhard Rürup,《유대인 해방과 반유대주의, 부르주아 사회에서의 '유대인 문제'에 대한 연구Emanzipation und Antisemitismus, Studien zur Judenfrage' der b rgerlichen Gesellschaft》(Frankfurt/M. : Beck, 1987).

21) Georg G. Iggers, 〈유대적 정체성 없이는 어떤 유대인의 역사도 없다Ohne jüdische Identitaet keine jüdische Geschichte〉, M. Brenner · D. N. Myers (eds.),《오늘날의 유대 역사 서술J dische Geschichtsschreibung heute》(München : Beck, 2002), 44~46쪽.

22) Schulamit Volkov,《문화적 코드로서의 반유대주의Antisemitismus als kultureller

유대인이 독일인과 평등한 권리를 누리게 되지만, 현실에서의 보이는 혹은 보이지 않는 차별은 여전히 존재했다. 물론 법적으로 독일 국적을 가진 유대인들에게 모든 분야가 개방되어 있었지만, 현실적으로 공무원이나 법관, 군, 대학교수 등의 직업에서 성공하기란 여전히 어려웠다. 물론 이런 분야로의 접근은 유대인뿐 아니라 사회민주주의자들이나 좌파자유주의자들, 동유럽에서 온 외국인들에게도 어렵기는 마찬가지였다.[23] 독일 사회에 동화되길 원하는 유대인들에게 자유주의적 이데올로기는 지속적인 신분 상승뿐 아니라 경제, 사회, 문화 영역에서 독일인과 동등한 대우를 약속했다. 그리고 이들에게 그것을 보장하는 가장 확실한 도구는 교육이었다.[24] 재력 있는 대부분의 중상층 유대인들은 아들은 물론 딸까지도 대학 공부를 시키려 했고, 가능하면 상인이나 개인 사업보다는 변호사, 의사, 교수 등 선입견 없고 안정적인 분야에서 자식들이 일하기를 원했다.

클렘페러에게도 정체성의 문제는 전 생애를 관통하면서 삶을 이해하고 해석할 수 있는 실마리와 같은 역할을 한다. 독일 사회의 중심으로 들어가고 싶어 했던 그는 스스로를 독일인의 사회적 규범과 일치시키고 자신의 유대적 흔적을 지우고자 노력한다. 그의 이러한 시도는 독일로 이주해온 동유럽 출신의 특정 유대인 집단만의 행태라기보다는 문화적으로 독일에 적응하고 스스로를 독일 국민이라고 생각했던 대도시의 개종한 유대인들의 일반적인 현상

Code》(München : Beck, 2000), 183쪽.

23) Schulamit Volkov, 《문화적 코드로서의 반유대주의》, 166~180쪽. 1890년경 독일 제국에 살던 유대인들은 모두 57만 명 정도로, 전체 인구의 1.15 %에 해당한다.

24) G. L. Mosse, 《독일의 유대인 지식인, 종교와 민족주의 사이에서*J dische Intellektuelle in Deutschland, Zwischen Religion und Nationalismus*》(Frankfurt/M. : Campus, 1992), 서문.

이었다.[25] 역사학자 게이Peter Gay는 베를린에서 보낸 유년 시절의 회고에서, "유대인으로서의 자의식? 유대적 정체성? 그 모든 것은 나의 부모에게도, 또한 내게도 빈 수사일 뿐이었다. 그 모든 것은 단지 신학자들만의 관심 사항일 뿐이었다. 유대교라는 것이 단지 종교 이상의 어떤 것이 될 수 있다는 사고는 내 부모들에게는 기껏해야 그저 잠시 스쳐가는 생각에 불과했었다"[26]면서, 히틀러라는 낯선 정권 때문에 "갑자기 우리는 유대인이 되어버렸다"고 전한다. 말하자면 클렘페러도 "독일에서 그보다 다섯이나 여섯 세대 앞서서 시작된 동화주의자의 전통에 속해 있던 사람들 중 하나"였을 뿐이었다.[27]

1903년 제네바에서 공부하던 시절, 그는 독일과 독일 민족성을 과장되고 지극히 나이브한 태도로 찬양한다. 그것은 일종의 신앙고백과도 같았지만, 동시에 그가 처했던 고립감의 또 다른 표현이기도 했다.

내가 지금까지 그저 당연한 것으로 생각했던 조국에 대한 애착이 여기 낯선 곳에 오니 더욱더 의식적인 사랑, 신앙에 가까운 믿음과 자부

---

25) G. L. Mosse, 《독일의 유대인 지식인, 종교와 민족주의 사이에서》, 서문. 다른 한편 그가 독일 여자와 결혼했다는 점도 그의 이러한 자세에 영향을 미친 것으로 보인다. 두 사람은 정치적 상황이나 현상에 대한 판단에서 많은 부분 의견을 같이했다. 일기에서 자주 '나' 대신 '우리'라는 표현을 씀으로써 자신과 부인이 동일하게 느끼고 고통 받음을 드러낸다. 부인 에바는 남편에게 헌신적이었고, 그가 사회적으로 더욱더 고립되어갈수록 '우리'라는 부부간의 감정은 더 결속되었다. 그가 한 세대 전에만 태어났어도 유대인들이 독일인과 결혼하기 위해서는 그 부모들이 중매인에게 도움을 요청해야만 했다.

26) Peter Gay, 《나의 독일 문제, 베를린에서의 어린 시절Meine deutsche Frage, Jugend in Berlin 1933~1939》(München : Beck, 1999), 63쪽 이하.

27) Walter Laqueur, 〈세 명의 증언자 : 빅토르 클렘페러, 빌리 콘, 리처드 코흐의 유산〉, 257쪽.

심으로 발전했다. 우리, 우리 독일인들은 사고에서 더 자유롭고, 감성에서 더 순수하고, 행위에서 더 조용하면서 정의롭다. 우리, 우리 독일인들은 진실로 선택된 민족이다.[28]

또 그는 프라하 여행 중에 그곳에 사는 클렘페러라는 자신과 동일한 성을 가진 유대인들의 모습을 보면서, '불쌍한 게토 장사치'에 불과한 그곳 사람들에 비해 자신의 가족들은 독일에서 사회적 상승을 이뤄냈다는 것에 강한 자부심을 느낀다. "비록 저 맞은편에 사는 사람이 나와 피를 함께 나눈 친척이라 하더라도, 살고 생각하고 느끼는 것이 우리와 완전히 똑같을 수는 없다. 그렇다면 혈통이란 것은 도대체 무엇인가? 모든 것은 정신적으로 어디에 속해 있는가에 달려 있으며, 그것만이 인간과 동물을 구분하는 도구다."[29]

그는 전통적인 유대교를 믿는 동유럽 유대인의 절반은 '아시아적 후진성'을 가지고 있다고 생각했다. 그의 이러한 시각은 그 당시 대부분의 동화된 유대인 시민 계층이 지니고 있던 생각이었다.[30] 그는 이처럼 독일 내 유대인이라는 이중적 정체성의 문제를 자신을 사회적으로나 계급적으로 독일인 쪽으로 확실하게 이동시킴으로써 해결하고자 했다. 아울러 이러한 태도는 시온주의에 대한 막연한 반감, 유대적인 것에 대한 의식적 무관심으로 나타났다. 그의 두 번째 부인은 회고하기를 "그는 자신을 오직 독일인으로만 생각했다.······ 유대어는 전혀 못했다. 그보다는 '우리가 더 유대주의에

---

28) Victor Klemperer, 《이력서, 1881~1918년의 기억들 I》, 315쪽.

29) Victor Klemperer, 《이력서, 1881~1918년의 기억들 I》, 19쪽.

30) 볼코프Schulamit Volkov는 유대인들이 독일에서 유대주의와 거리를 두는 정서, 그럼에도 유대주의를 벗어나지 못하는 데서 오는 좌절의 예들은 19세기 전반부터 나타나지만, 이러한 정서가 넓고 뚜렷하게 번지기 시작한 것은 20세기 초반부터였다고 지적하고 있다. Schulamit Volkov, 《문화적 코드로서의 반유대주의》, 182쪽.

대해 많이 알고 있었다."[31]

이처럼 의식적 거부를 통해 그는 반유대주의를 자신의 일로 결부시키지 않았고, 그의 이런 방식은 일정 기간 그런대로 가능했다. 다른 한편 그는 형의 도움에서 벗어나 경제적 독립을 이루고, 스스로의 힘으로 사회적 상승을 이루기 위해 부단히 주변과 싸워야만 했다. 결혼 후 그는 이곳저곳 유대인 단체에서 하는 강연과 잡지 기고 등으로 생계를 유지한다. 그럼에도 그가 강연하러 다니면서 접하게 되는 유대인 조직의 간부들과 자신이 가지고 있는 독일적 정신과는 어떤 연관성도 없다고 생각하면서, 그들의 유대주의를 낯설게 느낄 뿐이었다.[32]

하지만 그의 이런 노력과 달리 주변에서는 그를 여전히 유대인으로만 보려 했고, 이런 정체성의 불일치에 갈등할 수밖에 없었다. 자서전에서 그는 오랫동안 받아들이지 않으려고 부정하고 고민해왔던 이 문제에 대해 다음과 같이 솔직하게 그 내면을 털어놓는다.

고등학교 마지막 학년에 나는 처음으로 유대인 문제에 부딪쳤고, 그 이전에는 그런 문제가 있다는 것을 심각하게 느끼지 못했다. 그 이후 나는 이 문제에서 벗어날 수가 없었다. (혹시 짓눌려 있는 현재의 상황

---

31) 클렘페러는 첫 부인과 1951년 사별하고, 그 이듬해 그보다 마흔다섯 살 연하의 키르히 Hadwig Kirchner와 결혼한다. Bernard Reuter, 〈그는 마치 완전한 독일인처럼 고통 받았다 : 빅토르 클렘페러와 동독에 대한 하드비히 클렘페러 박사와의 인터뷰Der leidet wie ein ganz deutscher Deutscher : Interview mit Dr. Hadwig Klemperer über Victor Klemperer und die DDR〉, 《계간 독일 The German Quarterly》, vol. 75, no. 4(2002), 367쪽. 그녀가 인터뷰에서 '우리'(강조는 필자)라는 말을 사용하는 것이 흥미롭다.

32) Bernard Reuter, 〈그는 마치 완전한 독일인처럼 고통 받았다 : 빅토르 클렘페러와 동독에 대한 하드비히 클렘페러 박사와의 인터뷰〉, 364쪽.

때문에 이렇게 쓰는 것인지, 아니면 내가 정말로 아주 오랫동안 유대인 문제와는 거의 상관없이 지낸 것은 아닌지 나를 돌이켜본다. 아니다. 내가 그것과 마주치기를 원하지 않았다고 하는 것이 진실이며, 나 자신에게 이렇게 주문했다. "그 문제는 너와 상관없어." 그럼에도 그 문제는 늘 나와 함께 있었다.)[33]

그는 독일인과 유대인이 태어날 때부터 사고의 구조상에 차이가 있다는 구분 방식을 반대하면서도, "나는 그런 것이 있다고 생각하지 않는다. 하지만 순수 독일인과 유대인 출신 독일인 사이에 정말로 차이가 있다면, 나의 의지나 사고는 순수 독일인에 속할 것이다"[34]라고 스스로를 규정한다. 하지만 이러한 그의 감정 밑바닥에는 늘 '불안'이 자리하고 있었다. 고향을 떠나온 자의 불안, 돌아갈 곳이 없는 자의 불안, 뿌리박지 못한 자의 불안, 인정받지 못한 자의 불안. 스스로의 의지만으로는 이룰 수 없는 것들의 불확실성에 대한 불안.

그는 개인의 개성이 인종적 특성과는 무관하다고 추론하면서도, 유대인만의 특성은 무엇인가라고 다시 묻지 않을 수 없었다. 그에 따르면 근대적 유대인의 특징은 '불안'이다. 불안이 그들을 게토와 《탈무드Talmud》의 종말로 이끌었고, 과장된 독일적 정신과 프랑스적 정신 등으로 몰아갔으며, 국제주의와 정치적 시온주의로 이끌었다. 그들이 안전하게 되는 순간 그들은 완전히 다른 사람이 된다. 팔레스타인에서 식민지를 이루고 사는 사람은 동유럽의 게토에 사는 사람들과 완전히 다르다는 것이다. 반유대주의와 이것

---

33) Victor Klemperer, 《이력서, 1881~1918년의 기억들 I》, 246쪽.

34) Victor Klemperer, 《이력서, 1881~1918년의 기억들 I》, 247~249쪽.

이 주는 엄청난 압박이 없었다면, 유대인들은 느끼고 생각하는 면에서 완전히 다른 유의 인간이 되었을 것이라는 게 그의 생각이었다.[35]

그의 삶을 지배했던 또 다른 중요한 감정 중의 하나는 열등감이었다. 그는 자신에게 남아 있는 유대적 흔적을 끊임없이 부끄러워했으며, 동시에 자신이 스스로를 부정한다는 사실 자체도 부끄러워했다. 어쩌다 유대인 종교 의식을 접하게 되면 늘 어색해했고, 어느 날 문득 거울을 통해 본 자신의 늙고 마른 얼굴에서 전형적인 '유대인 코'를 발견하고는 당혹스러워한다. 한번은 산책길에서 우연히 만난 자신의 먼 친척에게서 클램페러 가문 특유의 얼굴형을 발견하고 돌아와, "왜 그의 얼굴이 내게는 별로 호감이 가지 않는 유대인상으로 보이고, 왜 나는 그를 바로 외면했을까?"라고 기록하면서, 자신의 근거 없는 잘못된 행동을 자책한다.[36] 며칠 후 만난 다른 먼 친척의 인상을 두고는 "유대인 같지 않고 조용하며, 상당히 호감이 가는" 형이라고 묘사한다.[37] 그는 독일 사회가 자신을 그들의 일원으로 인정해주기를 갈망했던 만큼, 자신이 유대인 가정에서 태어난 것을 부끄러워했다.

특히 그는 시온주의에 강한 반감을 가졌고 시온주의자들을 비난했다. 이 또한 그만의 특징이라기보다는, 독일 사회에 동화된 대부분의 동유럽 출신 유대인들에게 나타나는 공통적 특징이었다. 새벽 1시까지 우연히 어울리게 된 유대인들과의 자리에서, 그는 같이

---

35) Victor Klemperer, 《마지막 순간까지 나는 증언할 것이다 II》, 321~322쪽(1943년 1월 28일).

36) Victor Klemperer, 《삶을 쌓아가지만 무엇을 위해서냐고도 왜냐고도 묻지 않는다 I》, 293쪽(1920년 5월 9일).

37) Victor Klemperer, 《삶을 쌓아가지만 무엇을 위해서냐고도 왜냐고도 묻지 않는다 I》, 302쪽(1920년 5월 31일).

모인 이들의 시온주의적 사고와 언사에 오직 '역겨울degoutant' 뿐이었으며, 자신과는 관계없는 일이라고 토로한다.[38] 그는 시온주의와 히틀러주의를 동일한 것으로 보지는 않았지만, 민족주의를 지향한다는 면에서는 다를 바 없다고 생각할 만큼 냉정했다.[39] 그는 이미 기원후 70년에 사라져 오늘날과 아무 관련이 없는 유대국가를 혈족과 옛 문명권에 집착하여 강제로 연관지우려는 시온주의자들의 시도와 나치즘은 편협한 세계로 되돌아가려는 면에서 서로 비교될 만한 대상이라고 생각했다.[40]

오늘날 독일의 유대교는 온통 시온주의를 지향하고 있다. 나는 민족사회주의나 볼셰비즘에 반대하듯 이러한 경향에 똑같이 반대한다. (나는) 영원히 자유주의적이며 독일적일 것이다.[41]

그가 이처럼 시온주의에 거부감을 드러낸 데에는 시온주의가 유럽 사회에 만연해 있는 반유대주의에 대한 일종의 저항 운동일 뿐 아니라, 자신들처럼 독일 사회에 동화하려는 사람들에 대한 거부에서 나왔다고 보기 때문이었다. 그가 보기에 유대적 전통을 고집하는 시온주의자들은 동화되려는 자신들의 길을 방해하는 존재들이었다. 그리고 그러한 우려의 밑바닥에는 어쩌면 다시 강제적으

---

38) Victor Klemperer, 《삶을 쌓아가지만 무엇을 위해서냐고도 왜냐고도 묻지 않는다 II》, 290쪽(1926년 8월 29일).

39) Victor Klemperer, 《마지막 순간까지 나는 증언할 것이다 I》, 529쪽(1940년 5월 26일).

40) Victor Klemperer, 《마지막 순간까지 나는 증언할 것이다 I》, 111~112쪽(1934년 6월 13일), 319쪽.

41) Victor Klemperer, 《마지막 순간까지 나는 증언할 것이다 I》, 499쪽(1939년 11월 12일).

로 선조들이 살던 게토로 돌아가야 할지도 모른다는 막연한 두려움 같은 것이 자리하고 있었다. 클렘페러가 보기에는 유럽 사회에서 유대인만의 삶과 역사를 지켜나가려는 시온주의 세력이야말로 인종주의에 물든 유대민족주의자들이며, 그런 면에서 민족사회주의와 별반 다를 것이 없어보였다. 그는 처음 시온주의를 제창했던 헤르츨Theodor Herzl의 사상이나 히틀러주의가 모두 전통에 대한 강조, 가난한 사람들과의 연대감에 대한 지나친 과장이라는 면에서 동일하다고 보았다. 그러면서 자신의 이웃인 카츠Katz의 말을 인용해, "헤르츨의 인종 이론이 나치의 근원이다. 나치가 시온주의를 베낀 것이지 그 반대가 아니다"라고 적고 있다.[42]

하지만 시온주의에 대한 맹목에 가까운 불신은 시간이 흐르면서 어느 정도 균형을 찾게 된다. 그러한 변화는 그가 점차 시온주의에 대해 알아가면서 도달하게 되는 과정이었다. 그는 1941년 "히틀러야말로 시온주의의 가장 중요한 지원자이며, 글자 그대로 '유대민족'과 '전 세계 유대주의' 그리고 '유대인'을 창조해낸 장본인이다"[43]라고 쓴다. 또 러시아 출신의 시온주의자 레빈Shmarja Levin이 쓴《망명 중의 유년 시절Kindheit im Exil》을 읽은 후엔 "처음으로 내게 '시온주의는 휴머니즘이다'라는 생각이 떠올랐다"고 적는다.[44]

하지만 그의 시온주의나 유대적 정체성에 대한 거부가 곧 기독교적 신앙으로의 몰입을 의미하는 것은 아니었다. 그는 현실에서

---

42) Victor Klemperer,《마지막 순간까지 나는 증언할 것이다 I》, 565쪽(1940년 12월 10일).

43) Victor Klemperer,《마지막 순간까지 나는 증언할 것이다 I》, 695쪽(1941년 12월 17일).

44) Victor Klemperer,《마지막 순간까지 나는 증언할 것이다 II》, 13~14쪽(1942년 1월 19일).

는 가톨릭은 물론이고 교회에 나가는 일에도 거의 흥미를 느끼지 못했다. 그에게 독일적 정신의 핵심은 개신교적 전통의 프로테스탄트 정신이었으며, 그래서 공부하는 동안 잠시 뮌헨에 머물면서 느꼈던 그곳의 가톨릭적 분위기는 외국처럼 느껴질 만큼 낯설었다. 종교적 영성에 몰입하기에는 그는 너무도 이성적이었으며, 이것은 아버지의 신앙관을 물려받은 결과이기도 했다. 그가 유대교에서 기독교로 개종한 이유도 종교적인 신념에서가 아니라 독일 사회에서 기독교가 가지는 문화적 배경 때문이었다. 그는 기독교를 윤리적으로 이해했고, 이를 통해 정신적으로 독일 사회의 일원이 되고자 했다. 기독교 교리나 구약의 야회 모두 똑같이 믿지 못했지만, 자신이 유대교에서 기독교로 개종한 모티브를 이렇게 설명한다. "그렇지만 나는 기독교를 내가 태어나고 교육받고 결혼한, 독일 문화의 근본적인 요소로 받아들이며, 나의 모든 사고나 감정과 끊을 수 없이 연결되어 있다."[45]

그는 두 번씩이나 세례를 받았다. 한 번은 형의 강권에 못 이겨 1903년 군 입대 직전에 받았고, 다른 한 번은 1912년 미래의 교수라는 직업을 생각하면서였다. 그는 첫 번째 세례를 받은 몇 년 후 이를 취소했는데 그 이유를 다음과 같이 설명하지만, 결국은 형들의 선택이 옳았음을 인정해야만 했다.

나는 내 형들의 앞뒤 돌아보지 않는 출세욕에 대한 단호한 반대 표시로서 1906년 내가 받았던 세례를 취소했다. 하지만 이제 나는 이러한 출세하고자 하는 욕구의 문제에 있어 전적으로 그들과 생각이 같게 되었음을 그때보다 훨씬 정확하고 흔들림 없이 알게 되었다. 바로 독일인

45) Victor Klemperer, 《이력서, 1881~1918년의 기억들 II》, 16쪽.

이 되려는 의지.……독일인과 유대인 중 어느 것을 고를 것인가의 문제에서 선택의 여지없이 독일이 나의 전부이며, 유대적 존재는 아무것도 아님을 깨달았다.[46]

그의 이러한 생각 뒤에는 따지고 보면 자신과 독일인 사이에는 종교 외에는 다른 차이가 없다는 의식이 도사리고 있었다. 단지 그는 독일인과 같은 종교를 가짐으로써 남들과 더는 구분되고 싶지 않았던 것이다. 그는 두 번째 세례를 받으면서 "이제야 비로소 내가 제대로 된 종교를 갖게 되었구나"라며 스스로를 위로한다. 그에게 있어서 기독교로의 개종은 완전한 독일인이 되기 위한 의지의 표명이었다.[47]

클렘페러가 독일인을 진정으로 선택된 민족으로 표현했을 때 그것은 이상화된 교양시민계급을 의미했다. 그가 정체성의 기반으로 삼았던 게르만주의도 독일의 문화유산에서 끌어낸 일종의 근원적 존재에 대한 추상화된 개념이었다. 따라서 그가 현실에서 겪는 독일과 자신의 머릿속에서 이상화된 게르만주의는 처음부터 도저히 일치될 수 없었다. 그렇기 때문에 그는 프로테스탄티즘을 독일 문화의 근간으로는 보지만, 현실 교회 안에서 그것이 실현된 모습을 찾을 수는 없었다. 그의 게르만주의는 현실에서 존재하는 어떤 것이 아니라 일종의 동경의 대상이었고, 때문에 진정한 독일 사회로의 귀속은 그의 모든 노력에도 다가가기 힘든, 여전한 희망사항으로 남겨질 수밖에 없었다. 클렘페러가 상정했던 독일인으로서의 정체성을 구성하는 가장 중요한 요소는 피에 앞서 정신적

---

46) Victor Klemperer, 《이력서, 1881~1918년의 기억들 II》, 16쪽.
47) Victor Klemperer, 《이력서, 1881~1918년의 기억들 I》, 352쪽.

으로 어디에 소속되어 있는가였다. 클렘페러가 생각하는 독일적인 것으로의 동화란 다음과 같은 의미였다.

모든 것을 동화시킬 수 있으면서, 그럼에도 나만의 특성을 지키는 것, 그러한 것들을 밖으로 드러내지 않기. 하지만 지금처럼 어쩔 수 없을 경우에만 보여주기. 그것이 독일적인 것이다.[48]

1919년 12월, 마침내 클렘페러는 드레스덴 공대에서 오랫동안 고대하던 정교수직을 제안받는다. 비록 반유대주의가 학문 분야에서 입신하겠다는 그의 의지를 막지는 못했지만, 유대인이 대학교수로 임용되는 경우는 흔치 않던 환경이었다. 그럴수록 그는 인생의 성공이 자신의 능력에 달려 있다고 굳게 믿었다. 자신이 교수자격 논문 통과 후 쉽게 자리를 잡지 못했던 것도 출신보다는 자신의 저널리스트 활동이나 지도 교수의 이상한 성격 등 다른 이유로 설명하고 싶어 했다.[49]

그에게 교수직은 안정된 수입과 사회적 지위, 자긍심 등을 의미할 수도 있지만, 무엇보다도 진정한 독일인, 제대로 된 일원으로 독일 사회에 진입한 것을 의미했다. 그는 "어제저녁 드레스덴 대학으로부터 로만어 학과 정교수 임용 통지를 받았다.……나는 너무 놀라 얼어붙은 듯 떨렸고 행복감조차 느낄 수 없었다"[50]면서 "나의 임용에서 가장 의미 있는 것은 어쨌든 나는 항구에 있고, 모든 가능성이 내 앞에 펼쳐져 있어, 이제 나는 진정으로 시작할 수 있다

---

48) Victor Klemperer, 《이력서, 1881~1918년의 기억들 II》, 195쪽.

49) Victor Klemperer, 《이력서, 1881~1918년의 기억들 II》, 635~636쪽.

50) Victor Klemperer, 《삶을 쌓아가지만 무엇을 위해서냐고도 왜냐고도 묻지 않는다 I》, 203쪽(1919년 12월 14일).

는 것이다. 내게 더는 나쁜 일이 생기지 않을 것이며, 사회적 · 학문적 · 경제적으로 더욱더 좋은 일만 생길 것이다"[51]라며 환호한다. 이제 그는 오랫동안 동경해오던 교수가, 그것도 독일 대학의 교수가 되었다. 미워하던 자신의 지도 교수도, 우울했던 뮌헨도, 갑자기 모든 세상이 아름답게만 느껴지는 순간이었다.

하지만 그의 이러한 환희는 오래가지 못한다. 그는 곧 자신의 일이 공과대생들에게 그저 기초 교양 정도만 가르치는 것이며, 일부 상류층 여성들만이 자신의 주 청강생임을 알고는 크게 실망한다. 이어서 그는 "학문적 경력에 대한 실망에서 오는 씁쓸함"과 늘어나는 피곤함, 무기력 등에 휩싸이며, 과연 자신이 일생의 과업으로 생각하는 프랑스 문학사에 대한 서술을 완성할 수 있을지 깊은 회의에 빠진다.[52]

그 후 그는 드레스덴 공대를 떠나 일반 종합대학으로 자리를 바꾸고자 계속 노력하지만, 번번이 좌절된다. 그를 막아서는 큰 장벽 중 하나는 유대인이라는 문제였지만, 프랑스 문학자로서도 그는 학계에서 특별히 인정받는 존재는 아니었던 것 같다. 부지런한 저술 활동에도 불구하고 그는 당대뿐 아니라 사후에도 학자로서 이름을 남기지 못했다. 지도 교수였던 포슬러Karl Vossler는 편지에서 클렘페러의 프랑스 현대시에 대한 연구를 언급하면서, 그가 도서관 사서처럼 자료를 모으기만 하지, 그의 글은 비철학적이고, 미학적인 면에서도 100년은 뒤쳐져 있다고 신랄하게 비판한다.[53] 반

---

51) Victor Klemperer, 《삶을 쌓아가지만 무엇을 위해서냐고도 왜냐고도 묻지 않는다 I》, 206쪽(1919년 12월 15일).

52) Victor Klemperer, 《삶을 쌓아가지만 무엇을 위해서냐고도 왜냐고도 묻지 않는다 II》, 313쪽(1926년 12월 31일).

53) Victor Klemperer, 《삶을 쌓아가지만 무엇을 위해서냐고도 왜냐고도 묻지 않는다 II》, 465~466쪽(1928년 12월 31일).

유대주의는 그를 가로막는 현실적 장벽이기도 했지만, 동시에 자신의 무능을 위로하는 훌륭한 평계였다. 때로는 반유대주의를 한탄하며, 때로는 자신의 무능을 한탄하며, 그는 점점 주변과 고립되어간다. 물론 바이마르 사회의 반유대주의적 경향에도 불구하고 드물지만 주변의 다른 유대인들이 지속적으로 대학에 임용되는 것을 그가 모르지는 않았다.

그는 점점 더 강화되는 반유대주의적 행태를 겪으면서도, 유대적 자의식을 강화시켜 현실의 편견과 맞붙어 싸워나가는 길을 선택하지 못했고, 여전히 '비행선처럼' 떠다닐 수밖에 없었다.

이제 곧 마흔이다. 지금까지 늘 게르만주의로 넘어가는 것이 나의 가장 커다란 목표였다.……그리고 이제 독일의 모든 것이 나를 다시 유대인으로 되돌리려 한다. 하지만 내가 시온주의자가 되는 것은 내가 가톨릭 신자가 되는 것보다 더 웃기는 일일 것이다. 나는 이 모든 것과 나 자신 위에 마치 비행선처럼 늘 떠 있었다. 사실은 바로 그 점이야말로 나의 가장 유대인적인 면일 것이다. 아니 어쩌면 가장 독일적인 면인지도 모른다. 그러나 독일인들에게는 어딘지 통일된 정서가 있다. 유대인들도 역시 자신만의 정서를 가지고 산다.[54]

돌아가야 할 곳 없이 늘 떠도는 이의 불안. 그는 예순이 가까워가는 나이까지 여전히 이 문제에서 벗어나지 못했고 "독일인이 따로 있고, 유대인이 따로 있는가?"[55] 반복해서 자문해야 했다. 그는

---

54) Victor Klemperer, 《삶을 쌓아가지만 무엇을 위해서냐고도 왜냐고도 묻지 않는다 II》, 361쪽(1927년 8월 6일).

55) Victor Klemperer, 《마지막 순간까지 나는 증언할 것이다 II》, 426~427쪽(1943년 9월 14일).

정치에 민감한 사람이 아니었고, 그의 성향은 차라리 민족주의 우파Deutschnational에 가까웠다. 하지만 그들이 가졌던 반유대주의적 성향은 그로 하여금 그들을 지지할 수 없게 만들었다.

4. "긍지를 가지고 스스로를 독일인이라고 자부할 수 있다면 얼마나 좋을까?"

지난 세기부터 진행된 독일 사회에 동화되려는 유대인의 꿈은 나치의 집권과 함께 하루아침에 물거품이 되었다. 물론 '유대인 1차대전 참전군인 제국연맹'이나 '민족독일 유대인연합'처럼 새로운 집권자에게 영합하는 보수적 유대인 집단이 1935년까지 존재하기는 하지만 이제 독일 사회에서 대부분의 유대인 조직과 구성원들은 자신들이 더는 독일 사회에 합쳐질 수 없음을 확실히 느끼고 있었다. 그들은 대부분 독일을 위해 1차대전에 자발적으로 참전했고, 독일을 조국으로 생각하면서 프랑스와 러시아에서 온 동족들과 전선에서 맞서 싸웠으며, 전후 공로 훈장까지 받았다. 그들 중 많은 수는 클렘페러처럼 이미 오래전에 기독교로 개종하여 더 이상 유대교인이 아닌 사람들이었다. 하지만 유대인으로 돌아갈 것인가, 독일인으로 남을 것인가는 이제 개인이 결정할 문제가 아니었다. 클렘페러는 1933년을 겪으면서 지금까지의 삶이 잘못되었음을 절실히 깨닫는다.

축적된 나의 모든 지식과 경험에도 불구하고, 내가 전 생애 동안 게르만주의라는 개념에 너무도 단순하게 집착했고 그것을 이상화했다는 사실이 오늘날 너무 부끄럽다. 여전히 내게는 독일적인 것과 기독교적인 것은 동일한 개념이었다……1933년에야 비로소 독일적 존재에 대한 나의 신념, 즉 민족적 특성을 분명하게 규정할 수 있다는 나의 생각은 거의 붕괴에 이를 만큼 흔들렸다.[56]

히틀러의 집권은 그에게 지금까지의 삶과 사고를 다시 돌아보게 할 만큼 커다란 충격이었다.

히틀러가 나의 독일적 존재를 계속 부정함으로써, 그는 처음으로 내게 깊고 지속적으로 영향을 미치는 내 삶의 근본 요소를 아주 예리하게 깨닫도록 만들었으며, 이 삶 속에는 개인적이고 평균적인 일상 외에도 더 보편적이고 전형적인 의미를 주는 것들이 있음을 보여주었다.[57]

클렘페러는 히틀러가 집권한 지 한 달도 넘은 3월 10일에야 비로소 히틀러가 집권했던 1933년 1월 30일에 대해 '1월 30일, 히틀러 수상 취임'이라고 짧게 기록했을 뿐이다.[58] 곳곳에서 테러가 극성을 부리고, 어떠한 저항도 없이 독일이 무너져 내리는 가운데 클렘페러는 '반동적 정권으로 인한 우울증'에 시달렸고, 더는 책상에 앉아 연구에 집중할 수가 없었다. 매일매일 점점 더 나빠지는 상황을 무기력하게 지켜보면서 "모두가 조용히 고개 숙이고 있는 상황"에 깊은 좌절감과 굴욕감을 느낀다. 그리고 막연하나마 본능적으로 자신들의 생명이 위태롭다는 것을 느낄 수 있었다.[59]

---

56) Victor Klemperer, 《이력서, 1881~1918년의 기억들 I》, 287쪽.
57) Victor Klemperer, 《이력서, 1881~1918년의 기억들 I》, 10쪽.
58) Victor Klemperer, 《마지막 순간까지 나는 증언할 것이다 I》, 8쪽(1933년 3월 10일).
59) Victor Klemperer, 《마지막 순간까지 나는 증언할 것이다 I》, 6쪽(1933년 1월 21일). 이 시기 드레스덴에는 4,675명의 유대인이 살고 있었고, 이는 드레스덴 전체 인구의 약

사실 나는 겁이 난다기보다는 수치스럽다. 독일에 대한 수치심. 지금
까지 나는 내가 진정한 독일인이라고 항상 생각해왔다. 그런데 그것은
착각이었다. 20세기와 중부 유럽은 14세기나 루마니아와는 다르다고
생각해왔다. 착각. 이 모든 것의 대가를 우리는 우리의 피로써 치르게
될 것이다.[60]

이제 유대인들은 일정한 시간에만 외출해야 했고, 물건도 유대
인 가게에서만 사야 했다. 1933년 4월 1일 유대인 상점에 대한 보
이콧이 시작되면서, 클렘페러는 담배 몇 개비를 사기 위해 수많은
상점을 돌며 주인의 온정에 기대야 했다. 유대인은 아파도 찾아갈
의사가 없었고, 애완동물의 사육도 금지되어 기르던 고양이마저
이웃에게 넘겨야 했다.

이러한 와중에도 그는 히틀러 집권 후 상당 기간 동안 여전히 게
르만주의에 대한 미련을 버리지 못했다. 처음에 그는 군대만은 적
어도 게르만주의를 간직하고 있으며, 오직 그곳에서 구원이 올 것
이라고 기대하기도 한다. 하지만 그의 이러한 희망과 반대로, 수많
은 대학교수, 신문 편집인, 노동조합과 정당 지도자들이 체포되는
현실과 점점 노골화되고 조직화되는 반유대주의 테러를 보면서
그는 절망한다. "폭발이 올 것이다. 그러나 아마도 이를 위해 우리
의 목숨을 대가로 치러야 할 것이다. 우리 유대인의 목숨을."[61] 그

0.7%에 해당했다. Heike Liebsch, 〈동물도 이보다 더 버려지고 쫓김을 당하지는 않는다.
드레스덴 유대인들에 대한 박해와 학살 1933~1937Ein Tier ist nicht rechtloser und
gehetzer. Die Verfolgung und Vernichtung der jüdischen Bevölkerung Dresden 1933~
1937〉, Hannes Heer (ed.), 《칠흑 같은 어둠의 심장 속에서, 나치 시대의 기록자로서의 빅
토르 클렘페러Im Herzen der Finsternis, Victor Klemperer als Chronist der NS-Zeit》(Berlin :
Aufbau, 1997), 74쪽.

60) Victor Klemperer, 《마지막 순간까지 나는 증언할 것이다 I》, 15 (1933년 3월 30일).

는 이어 "나는 이제 국민성을 믿지 않는다. 내가 예전에 비독일적
이라고 생각했던 모든 것, 난폭함, 정의롭지 못함, 비겁함, 집단 최
면, 술에 만취되는 일까지, 그 모든 것이 여기서 한창이다"[62]라며
변해버린 독일의 모습을 한탄한다.

1935년 7월 21일, 그는 염려하던 교수직마저 잃는다. 그날 그는
한 유대인 노부부를 찾아가 대화를 나누면서 자신이 "영원히 독일
인이며, 독일 민족주의자"임을 숨기지 않는다. 집 주인이 "과연 그
러한 생각을 나치가 인정할까?"라고 되묻자, "나치야말로 비독일
적"이라며, 자신이 지금까지 유지해왔던 "게르만주의와 다양한 국
민성에 대한 근본 원칙들이 마치 노인의 오래된 이빨처럼 흔들거
린다"고 고백한다.[63] 독일 사회에 완벽하게 동화될 것을 확실히 믿
었던 기대가 깨지면서 실망과 분노도 그만큼 커졌다. 이제 독일인
과 유대인 간의 소위 '공생Symbiose'의 삶은 한낱 꿈이요, 허구요,
유대인 학자 숄렘Gershom Scholem이 말한 것처럼 '자기기만Sel-
bstbetrug'임이 드러나는 순간이었다.[64] 1938년 4월, 1920년대 자
신이 다른 대학으로 옮기려 할 때마다 번번이 자신의 길을 가로막
던 한 역사학 교수의 죽음을 접하면서, 그는 인생의 덧없음과 자신
의 어리석음을 한탄한다.

---

61) Victor Klemperer, 《마지막 순간까지 나는 증언할 것이다 I》, 18쪽(1933년 4월 3일).

62) Victor Klemperer, 《마지막 순간까지 나는 증언할 것이다 I》, 18쪽(1933년 4월 3일).
1936년에는 대학 도서관 이용 금지, 1938년부터는 공공 도서관 이용 금지, 1938년 12월에
는 12시부터 20시까지 외출 금지령, 유대인의 운전면허와 자동차 소유 금지, 1941년에는
자신의 타이프라이터까지 압수당한다.

63) Victor Klemperer, 《마지막 순간까지 나는 증언할 것이다 I》, 211쪽(1935년 7월 21
일).

64) Gershom Scholem, 《베를린에서 예루살렘으로 Von Berlin nach Jerusalem》(Frankfurt/M.
: Suhrkamp, 1994), 30쪽.

돌이켜보면, 그 당시 나의 투쟁과 분노는 얼마나 작고 웃겨 보이는가. 다른 한편 히틀러의 신념은 얼마나 독일인들 속에 깊이 뿌리 박혀 있으며, 얼마나 그는 자신의 아리아인 원칙을 철저히 준비했으며, 나는 내가 독일에 속한다고 믿으면서 얼마나 말도 안 되게 내 전 생애 동안 나를 속여 왔던가. 나는 얼마나 완벽하게 고향 잃은 존재인가.[65]

1938년 11월 9일, 마침 그는 베를린 여행 중이었는데, 뒤늦게 그날 밤 드레스덴의 유대교 회당 방화와 유대인 가게 테러 소식을 듣는다. '제국 수정의 밤' 사건에 대한 그의 반응은 의외로 단순하다. "떠나기 전 나췌프Natscheff에게 그날 밤 '갑작스럽게' 유대인 회당에 불이 났고 유대인 가게의 유리창이 부서졌다는 이야기를 들었다"면서, 앞으로 자신은 "나날의 역사적 사건과 폭력, 우리의 우울증에 대한 묘사"보다는 "아주 개인적인 것들과 구체적인 사실들"만을 묘사하겠다고 다짐한다.[66] 이즈음 그는 방광염의 고통과 베를린에서 드레스덴으로 오는 길에 당한 자동차 사고로 바깥세상의 일들에 관심을 기울일 만한 정신이 없었던 듯 보인다.

그럼에도 1938년 11월의 대학살 사건은 클렘페러에게 독일을 떠날 생각까지 하게 만든다. 몰아치는 위험과 탄압도 언젠가는 그 한계에 부딪힐 것이라던 그의 낙관적 기대는 희미해졌고, 정말로 목숨을 부지하는 것조차 어렵게 될지도 모른다는 자각이 들기 시작한 것이다. 히틀러가 집권하자, 이미 적지 않은 수의 유대인들이 독일을 떠나 팔레스타인이나 미국 등 새로운 세계로 떠났다. 하지만 그보다 더 많은 수의 유대인들은 이러한 사태를 곧 잦아들 한때

65) Victor Klemperer, 《마지막 순간까지 나는 증언할 것이다 I》, 401쪽(1938년 4월 5일).
66) Victor Klemperer, 《마지막 순간까지 나는 증언할 것이다 I》, 434쪽(1938년 11월 25일).

의 광풍으로 보았으며, 어서 지나가기만을 숨죽이며 기다리고 있었다. 이들은 1935년 '뉘른베르크 법령'이 발효되어도, 테러와 보이콧으로 점점 자신들의 목을 조여 와도 차마 독일을 떠나지 못하고 머뭇거렸다.[67]

클렘페러도 친척들이 하나 둘 외국으로 이주하는 것을 보면서 마음이 흔들리지만, 다음 순간 "내가 밖에 나가 무엇을 새로 시작할 수 있겠는가, 나는 말 가르치는 선생님조차도 될 수 없지 않은가?"라며 생각을 접는다.[68] 그는 독일에 남음으로써 닥칠 앞으로의 걱정보다는, 독일을 떠나 닥칠 불분명한 미래가 더 두려웠다. 그의 둘째 형 게오르그는 이미 1933년 5월, 베를린의 일하던 병원에서 쫓겨나자 일찌감치 미국으로 이주했다. 그에 비해 클렘페러는 점점 조여 오는 비인간적인 상황 속에서도 여전히 결정을 못하고 망설인다. 그도 한때 외국 이주를 생각하면서 영어를 배울 것을 심각하게 고민하기도 한다. 1938년 말, 형과 리마, 하바나, 시드니, 심지어 예루살렘에까지 여러 지인에게 연락을 취해 구원을 청했지만 그의 모든 시도는 좌절되었다. 형이 미국에서 보내준 신원 보증서를 들고 베를린의 미 영사와 접촉을 시도하지만 그마저도 실패한다. 이미 밖으로 통하는 모든 길이 막혀버린 것이었다. 1938년을 보내는 마지막 날, 그는 절망하며 "도움이 될 만한 그 어떤 가능성도 보이지 않는다"[69]고 적는다.

그의 형은 어릴 적부터 늘 그보다 한 발씩 앞서 갔다. 그리고 그

---

67) 1933년에서 1937년 말까지 약 만 26,000~12만 9,000명의 유대인이 독일을 탈출한다. 1938년에는 3만 3,000~40만 명, 1939년에는 7만 5,000~8만 명이 다시 탈출한다.

68) Victor Klemperer, 《마지막 순간까지 나는 증언할 것이다 I》, 264쪽(1936년 5월 10일).

69) Victor Klemperer, 《마지막 순간까지 나는 증언할 것이다 I》, 450쪽(1938년 12월 31일).

는 언제나 여기에 주눅이 들었고 반항도 했지만, 결국은 형의 생각에 동의하고 만다. 세례를 받는 일이 그랬고, 독일 사회에 동화되어 앞뒤 돌아보지 않고 출세하고자 하는 일도 그랬으며, 세상이 어지러워지자 재빨리 외국으로 탈출함으로써 그토록 집착했던 게르만주의마저도 먼저 버렸다. 클렘페러는 또다시 자신의 형을 따라가지 않기 위해 일부러 독일에 남았는지도 모르겠다. 결국 형이 옳았다는 것을 알고 그는 또다시 절망했지만, 미국까지 따라가 다시금 형의 그늘로 들어가는 것을 원치 않았던 것이다.[70] 1941년 10월 유대인의 해외 이주 금지령 발표. 이제 나치의 처분을 기다리는 길 외의 모든 길은 차단된다.

나치 시대에 시행된 많은 반유대적 강제 규정 중에 클렘페러를 가장 곤혹스럽게 만들고 심리적 타격을 가한 조치는 1941년 가을부터 시행된 유대인 표식Davidstern 착용 의무화였다. 이웃집으로부터 이런 소식을 전해들은 이들 부부는 처음에는 그 실현을 의심한다.[71] 더욱이 그들 부부가 온갖 경제적 어려움과 지난한 재판 과정 등을 거쳐, 마침내 1934년 10월 1일 입주했던 새집마저 나치에게 강제 수용되고, 드레스덴 외곽의 유대인 집단 공동 주택으로 강제 이주해야 한다는 것이 알려지면서 그들은 할 말을 잃는다.

9월 19일 금요일, 다윗의 별을 달고 나가야 할 때부터 상황은 극도로 악화되었다. 나를 포함하여 모든 이가 주변을 둘러보게 된다. 한편으로 나는 정체성과 자부심을 가지고 밖으로 나가겠지만, 다른 한편 나를 닮

---

70) 이러한 해석은 그의 부인과의 인터뷰에서도 확인된다. Bernard Reuter, 〈그는 마치 완전한 독일인처럼 고통 받았다 : 빅토르 클렘페러와 동독에 대한 하드비히 클렘페러 박사와의 인터뷰〉, 372쪽.

71) Victor Klemperer, 《마지막 순간까지 나는 증언할 것이다 I》, 663쪽(1941년 9월 8일).

아걸고 집 밖으로 나가지 않을 것이다.[72]

이제 그는 밖에 나가야만 할 때는 주로 밤을 이용했고, 낮에 물건을 사러 나가기 위해서는 '혹독한 극복'이 필요했다. 그들은 더욱더 고립에 빠졌고, 거리에서 유대인의 자취는 거의 볼 수 없었다. 이후 밖에서 해야 하는 거의 모든 일은 부인 에바의 몫이 되었다.

1941년부터는 버스도 탈 수 없었고, 전차도 오직 앞쪽 승강구만을 이용해야 했다. 그는 어두워져야 비로소 잠깐씩 나가 신선한 공기를 마시곤 했다. 1941년 9월 18일, 마지막으로 그들 부부는 대낮에 함께 외출을 했고, 전차에 앉아 엘베 강을 따라 교외의 숲까지 가을 길을 산책한 후 외식을 했다. 그것은 "감옥 생활을 몇 시간 앞둔 마지막 자유의 호흡"이었다. 부인 에바는 금방 명랑해졌다가 다시 우울해지는 조울증 증상을 보였다. 이런 스트레스 상황에서 자주 감기에 걸리거나 아픈 것은 당연했고, 그런 가운데도 클렘페러는 일기 쓰기와 집필 중인 '프랑스 문학사'에 한 줄을 더 보충하기 위해 필사적으로 매달렸다.

그는 과거에도 유대인과 교류하는 걸 즐기지 않았지만, 달리 자신과 같은 처지의 유대인 외에는 교류할 대상이 없었다. 결과적으로 혹독한 나치의 탄압 아래서도 그가 끝까지 살아남을 수 있었던 것은, 자신과 비슷한 처지의 유대인들과 함께 지내면서 그들에게서 많은 힘을 얻었기 때문이다. 유대인들은 모여서 울며 한탄하거나 상심한 사람들을 위로했다. 낯선 사람들이 찾아와 놀라는 일이 없도록 이웃들끼리 방문할 때는 벨을 세 번 눌렀다. 대부분 경찰은 한 번만 눌렀고 이는 사람들을 놀라게 만들었기 때문이다. 자신들

---

72) Victor Klemperer, 《마지막 순간까지 나는 증언할 것이다 I》, 668쪽(1941년 9월 17일).

끼리의 위로가 아무 근거도 없는 그야말로 '말'뿐인 위로였지만, 그래도 희망은 포기할 수 없었다. 클렘페러는 "위로하는 사람은 늘 자기 스스로도 믿지 못하는 말을 하면서, 자신이 한 말에 스스로 다시 용기를 얻었다. 적어도 그 몇 시간만큼은"이라고 적으며 스스로를 위로했다.[73]

　드레스덴의 유대인들은 남의 눈을 피해 유대인 묘지에서 만나 서로 주워들은 소문을 교환했고, 그런 소문은 대부분 사실과 큰 차이가 없었다. 1942년 1월, 처음으로 클렘페러는 리가로 이송된 유대인들이 기차에서 내린 후 집단 총살당했다는 소문을 이웃에게서 듣는다. 일기는 동유럽에서 벌어진 유대인 대량학살이 늦어도 1942년부터는 유대인 사이에서건 독일인 사이에서건 더는 국가적 비밀이 아니었음을 보여준다. 주로 먼 곳에 친척이 있는 독일인이나 휴가 나온 군인들로부터 퍼진 소문을 통해 폴란드와 러시아에서의 유대인 집단 학살을 전해 들으면서 클렘페러는 소문의 진실성에 대한 심증을 굳혀가지만, 그가 전하는 어투는 의외로 차분하다.[74] 그는 이 일로 크게 분노하거나 충격 받지 않는 모습이었다. 이러한 현상들이 그에겐 점차 대파국을 향해 내려가는 정권의 마지막 모습으로 비춰졌지만, 확실한 것은 아무것도 없었다. 그는 자신의 판단에 균형 감각을 갖기 위해 애를 썼다.

　나는 기꺼이 오늘날의 대파국에 대한 문화사 서술가가 되련다. 과연

---

73) Victor Klemperer, 《마지막 순간까지 나는 증언할 것이다 I》, 668쪽(1941년 9월 17일).
74) 클렘페러의 부인을 통해서도 이 점은 확인된다. 인터뷰에서 질문자가 "그는 홀로코스트 때문에 쓰라린 고통에 빠지진 않은 것 같다"고 묻자, 그의 부인은 "예, 맞는 말입니다. 매일매일이 고통이었죠"라고 답한다. Bernard Reuter, 〈그는 마치 완전한 독일인처럼 고통 받았다 : 빅토르 클렘페러와 동독에 대한 하드비히 클렘페러 박사와의 인터뷰〉, 368쪽.

적어놓은 것을 다시 사용할 수 있을까 묻지 말고 최후까지 관찰하고 기록하기. 제3제국이 처한 국내외의 정치적 상황이 폭발 단계까지 이르렀다는 전체적인 느낌이 온다. 그러나 이건 나의 착각이며, 모든 것이 앞으로 2년은 더 갈지도 모른다.[75]

1942년 3월 처음으로 그는 일기에서 아우슈비츠를 언급한다. "최근에 들은 가장 혹독한 강제수용소는 오버슐레지엔의 '아우슈비츠'(혹은 그 비슷한 이름)이며, 광산 노동을 하는 곳인데 며칠만 지나면 죽음에 처해진다고 한다."[76] 같은 해 10월, 아우슈비츠 여성 수용자의 죽음을 전하면서 그는, "그곳은 빨리 돌아가는 도살장처럼 보인다"[77]고 적거나, 1944년 10월에는 전선에서 돌아온 사병들이 전하는 소식을 기록하면서, "독일군들이 러시아 전선에서 후퇴하는 과정에서 (1,500만의 유대인 중) 600만에서 700만의 유대인이 정확히는 총살과 가스로 도살되었다"고 적고 있다.[78] 그의 이러한 정보가 콘라드Konrad라는 드레스덴의 한 독일인 정육점 주인에게 들은 것임을 생각하면, 이미 1942년부터 일반 독일인들

---

75) Victor Klemperer, 《마지막 순간까지 나는 증언할 것이다 II》, 12쪽(1942년 1월 17일).

76) Victor Klemperer, 《마지막 순간까지 나는 증언할 것이다 II》, 47쪽(1942년 3월 16일). 1941년 9월의 한 통계에 따르면 드레스덴과 그 주변에는 1,265명의 유대인들이 살던 것으로 확인된다. 넉 달 후 드레스덴에서는 첫 번째 강제 이주가 시작된다. 마지막까지 드레스덴에서 살아남은 것으로 확인되는 유대인은 174명이다. Nora Goldenbogen, 〈누구도 그들을 다시 보지 못할 것이다Man wird keinen von ihnen wiedersehen, Die Vernichtung der Dresdener Juden 1938~1945〉, Hannes Heer (ed.), 《칠흑 같은 어둠의 심장 속에서, 나치 시대의 기록자로서의 빅토르 클렘페러》, 109쪽.

77) Victor Klemperer, 《마지막 순간까지 나는 증언할 것이다 II》, 259쪽(1942년 10월 17일).

78) Victor Klemperer, 《마지막 순간까지 나는 증언할 것이다 II》, 606쪽(1944년 10월 24일).

은 놀랄 만큼 정확하게 유대인 학살 소식을 접하고 있었음을 알 수 있다.

1944년 1월 그는 미국의 친구에게 형 게오르그가 잘 살고 있다는 얘기를 전해 듣고 깊은 상념에 잠긴다.[79]

형의 아들들은 미국 여자와 결혼해 모두 자식을 낳았다. 우리 가족과 우리 피붙이들의 운명을 조용히 생각해본다. 아버지는 프라하의 게토 출신. 그의 아들들은 독일에서 성공적인 인물로 성장, 그의 손자들은 영국과 미국과 스웨덴에 살고 있다. 그의 증손자들은 스웨덴과 미국의 혈통을 가지고 있으며, 그들은 자신들의 증조할아버지에 대해서는 전혀 알지 못할 것이다.[80]

이제 클렘페러 가문의 후손은 아무도 독일에 남아 있지 않다. 프라하의 게토에서 시작된 두 세대에 걸친 유대인 가계의 독일 시민으로의 동화의 역사는 끝을 맺게 되었다. 그가 비록 나치 체제하에서 요행히 살아남는다 하더라도 후손이 없으니 결과는 달라질 것이 없었다. 언제 죽을지 모를 자신의 삶을 돌아보면, 그에게 독일적 존재는 더는 당연한 것이 아니었지만 답이 없었다. 전쟁이 끝나기 몇 달 전, 15년 전에 죽은 자신의 형 베르톨드를 생각하며 책상에 앉아 여전히 답변 없는 질문을 스스로에게 던지고 있다.

그는 자신과 자신의 가족을 생각하며 일생 동안 치열하게 실제의 자

---

79) 이것은 그가 외국에서 받는 마지막 편지다. 1944년 1월 15일부터 새 우편법에 따라 유대인들은 외국과 편지 왕래가 금지된다.

80) Victor Klemperer, 《마지막 순간까지 나는 증언할 것이다 II》, 476쪽(1944년 1월 23일).

신이 아닌 다른 사람이 되고자 했다. 어쩌면 우리 유대인들은 어떤 이들은 시온주의자로, 어떤 이들은 독일인으로, 늘 뭔가 다른 존재가 되고자 했던 것 같다. 하지만 진정 우리는 누구인가? 나는 모르겠다. 그리고 이것이야말로 내가 결코 답을 얻어낼 수 없는 문제다. 또한 그것은 내가 죽기 전까지도 가져야 할 가장 큰 두려움이기도 하다. 분명히 내가 끝내 답을 찾지 못할 것이기에.[81]

그는 전쟁이 끝나가는 마지막 순간까지 고통스럽게 자신의 정체성 문제와 대면하지만, 누구도 혹은 무엇도 만족할 만한 답을 주지 못했다. 아니 그는 여전히 그 모든 탄압에도 불구하고 독일적 정체성을 포기하고 싶지 않았다.

1945년 2월 13일, 영국군의 드레스덴 대공습. 이들 부부는 공습의 혼란을 이용해 탈출에 성공한다. 그것은 드레스덴에 남아 있던 마지막 유대인들을 전원 강제수용소로 이송하기로 계획된 3일 전의 일이었다.

5. 맺는말

클렘페러가 열여섯 살부터 쓰기 시작한 일기는 그의 일생을 동반한다. 그것은 클렘페러라는 한 유대인이 겪는 개인사이면서, 동시에 독일로 이주한 한 유대인 가문이 겪는 동화와 파산의 가족사이기도 하며, 독일 교양시민계급의 일상적 삶에 대한 문화사이기

---

81) Victor Klemperer, 《마지막 순간까지 나는 증언할 것이다 II》, 626쪽(1944년 12월 11일).

도 하다. 우리는 그의 일기를 통해 홀로코스트와 파시즘이라는 거대 담론에 가리워졌던 보통의 독일인들의 일상의 경험들을 복구시킬 수 있다. 무엇보다 그의 일기는 나치가 행했던 다양한 사업이나 유대인 억압의 방법들이 철두철미하게 중앙의 계획 아래 진행된 일사불란한 과정이 아니라, 각 행정기관들 간의 경쟁과 충돌, 시행착오, 무능과 부패, 지역에 따른 법규 해석과 시행의 편차 등이 동반된, 전혀 통일적이지 않은 모습들이었음을 보여준다. 그것은 전체주의 사회가 가졌던 또 다른 얼굴이었다. 클렘페러는 미국이 참전하기 전까지는 외국에서 우편물과 소포 등을 받을 수 있었다. 또 히틀러의 집권과 함께 모든 유대인이 한꺼번에 공직에서 쫓겨난 것이 아니라, 일부는 여전히 1936년까지도 그 자리를 유지했고, 클렘페러의 경우처럼 비록 얼마 안 되는 금액이라도 연금을 정기적으로 받는 등의 다양한 삶이 있었음을 보여주었다.

다른 한편, 그는 기꺼이 관찰자의 위치를 넘겨받았지만 결코 공정한 관찰자가 될 수는 없었다. 때로는 독일인들의 나치 정권에 대한 비판이나 유대인에 대한 그들의 동정심을 과장해서 받아들이기도 한다. 그는 처음부터 체제의 종말을 애타게 기다렸고, 그래서 임박한 파국의 실마리를 찾고자 필사적으로 매달렸다.

그는 왜 그토록 일기에 집착했을까? 자신보다 20년쯤 앞서 태어난 유대인 출신의 극작가 슈니츨러Arthur Schnitzler처럼 일기가 자신에 대한 수수께끼를 풀어줄 '요술 거울'로 기대했을까? 슈니츨러 또한 일기를 통해 "나는 누구인가?"라는 문제를 반복해서 질문했지만, 스스로에 대해 아무것도 모른다는 사실만 깨달았을 뿐이라고 게이는 우리에게 전한다.[82] 비록 클렘페러가 일기를 쓰기

---

82) Peter Gay, 《부르주아전―문학의 프로이트, 슈니츨러의 삶을 통해 본 부르주아 계

시작한 동기가 동시대의 수많은 시민계급처럼 '철저한 자기 성찰'에 있었다 할지라도, 나치즘 치하에서의 일기 쓰기는 자신과 자신의 부인, 그리고 주변 지인들의 생명까지 걸어야 하는 행위였다. 어떤 의미에서 그는 살기 위해 일기를 썼으며, 동시에 일기를 쓰기위해 매일매일을 살아간 사람이기도 했다. 그것은 그의 저항 방식이었다. 그것은 불의한 체제에 대한 저항이자 불만족스러운 세상과 그 속에서 불화하는 자신의 삶 자체에 대한 저항이었다.

그가 지금까지 자신이 지녀왔던 고정관념과 미련을 끊어버리고 끊임없는 회의와 부정을 통해 스스로를 변화시켜가는 과정은 감동적이다. 그 과정에서 그는 지금까지 스스로 일궈낸 독일적 정체성을 지키고자 했으며, 그것은 지금까지 자신이 걸어온 길을 부정하고 강제로 되돌리려는 나치의 시도에 대한 나름의 대응 방식이었다. 이런 고통을 겪으면서 점차 그는 독일적 정신세계에 기반을 둔 자신의 정체성이 허구였음을 깨닫는다.

스스로를 부정하고 그가 전적으로 매달렸던 동화란 과연 처음부터 가능한 일이었을까? 어쩌면 그의 삶은 처음부터 잘못 설정된 목표를 좇아 달려왔는지도 모른다. 그도 그것을 내내 의심하고 있었다. 때로는 우회적으로, 때로는 알듯 모를 듯, 그는 일기의 구석구석에 자신의 짧았던 꿈과 잘못된 길에 대한 회의를 털어놓는다. 그러한 과정을 통해 그는 민족주의와 과장된 쇼비니즘의 찌꺼기들을 털어버릴 수 있었고, 점차 보편적 인간성에 바탕을 둔 계몽정신만이 진정으로 지켜야 할 유일한 문화적 가치임을 깨닫는다. 그것은 자신의 의식과 평생을 공부했던 학문(18~19세기 프랑스

급의 전기*Schnitzler's Century : The Making of Middle - Class Culture 1815~1914*》, 고유경 옮김(서해문집, 2005), 362~363쪽.

계몽주의 문학)이 삶의 차원에서 합치되는 순간이었다. 이제 그에게 남은 것은 세계 시민으로서의 이상이었다.

정치적으로 어떤 변화가 오더라도, 나는 내면에서 완전히 다른 사람이 되었다. 나의 게르만주의는 누구도 뺏어가지 못할 것이다. 그러나 나의 민족주의와 애국심은 이제 영원히 떠나버렸다. 나의 사고는 이제 완전히 볼테르적인 코즈모폴리턴처럼 바뀌었다. 모든 민족주의에 기반을 둔 경계 만들기는 내게는 야만일 뿐이다. 전 세계 국가들의 연합, 세계 경제의 통합. 그것은 문화의 획일화를 의미하는 것이 아니며, 더욱이 공산주의와는 아무런 관련이 없다. 볼테르와 몽테스키외는 내가 아는 그 어떤 사람들보다도 중요하다.[83]

클렘페러의 길었던 악몽은 드레스덴 폭격 이후 피난길에서 돌아옴으로써 모두 끝난다. 1945년 6월 9일 토요일, 그들 부부는 석 달 반 만에 그리운 옛집으로 돌아와 반갑게 다시 드레스덴의 옛 이웃들과 재회한다. 다행히 옛집은 빈 채 옛 모습대로 남아 있었다. 히틀러의 집권과 함께 급격히 차가워진 독일인 이웃이었지만, 전쟁의 패망 이후 언제 그런 세월이 있었냐는 듯 그들은 다시 살가운 이웃으로 돌아와 있었다. 나치 시대를 기록한 그의 일기의 마지막 페이지는 흡사 영화의 해피엔딩 장면을 떠올리게 만들면서 희망에 찬 모습으로 끝을 맺고 있다.

마침내 동화(童話)의 전환점. 글라서Glaser 부인은 우리를 눈물과 입

---

83) Victor Klemperer, 《마지막 순간까지 나는 증언할 것이다 I》, 430쪽(1938년 10월 9일).

맞춤으로 환영했다. 그들은 우리가 죽었다고 생각했다. 글라서 씨는 그동안 조금 노쇠해졌고 무덤덤했다. 우리는 식사를 마쳤고, 어느 정도 휴식을 취한 후 오후 늦게 동네의 동산을 올랐다.[84]

1945년, 그들 부부는 동독에 남기로 결정한다. 같은 해 11월에는 독일공산당에 입당하며, 비슷한 시기에 기독교인으로서의 교적을 포기한다.[85] 이 모든 결정은 그로서는 '차악의 선택kleineres übel'이었다. 그것은 지금까지의 삶과 단절이기보다는, 유년 시절 이래 독일인이 되고자 했던 부단한 의지의 연속이었다. 그것은 극단적 시대를 살아내야만 했던 한 인간의 본능적 선택이었겠지만, 동시에 그가 내면에 지녔던 강한 현실주의적 성향의 표현이기도 했다.

---

84) Victor Klemperer, 《마지막 순간까지 나는 증언할 것이다 II》, 830쪽(1945년 6월 9일).
85) 그는 일기에서 나치 시대에 기독교인들이 자신들을 너무 무관심하게 버려둔 것에 실망했기 때문이라고 간단히 이유를 밝힌다. Victor Klemperer, 《일기 선집 1945~1949 *Das Tagebuch 1945~1949, Eine Auswahl*》(Berlin : Aufbau, 1999), 39쪽(1945년 8월 19일). 나치 치하에서 저항 운동에 참여하지도 않았고 강제수용소에 끌려가지도 않았던 그는 소련군 점령하에서 나치 체제의 희생자로 인정받기 위해서는 뭔가 적극적인 행위가 필요했다. 그의 공산당 입당은 그런 측면에서 이해할 수 있다. 이후 그는 쉽지 않은 과정을 거쳐 빼앗겼던 대학교수 자리를 되찾았고, 그때까지의 소극적 삶에서 벗어나 동독 재건 과정에 적극 참여한다. 부인 에바가 죽은(1951) 다음 해 클렘페러는 하드비히 클렘페러와 결혼하며, 8년의 결혼 생활 끝에 1960년 드레스덴에서 죽음을 맞는다. 클렘페러 사후, 하드비히 클렘페러는 오랜 작업 끝에 그의 일기들을 세상에 내놓는다. 첫 부인이 살아서의 그의 생명을 구했다면, 두 번째 부인은 그의 이름이 '독일인'으로 후대까지 길이 남도록 만들었다고 할 수 있으리라. 하드비히 클렘페러는 현재 드레스덴에 살고 있다.

소비에트 체제 국가에서의 지식인의 일상생활 —1956~1970년 폴란드

크쉬시토프 잘레프스키 :: 오승은 옮김

1. 지식인-예술인 대 정치인

〔빈첸티〕크라시코가 어제 죽었다. 우리에겐 커다란 손실이다. 바로
2주 전만 하더라도 그는 여기 있었다. 우리는 거의 두 시간가량 이야기
를 나눴다. 나는 완전히 그가 주류에서 밀려났음을 깨달았고, 그래서
중요한 것은 물어보지 않았다. 그는 실망했다.[1]

크쉬시토프 잘레프스키Krzysztof M. Zalewski는 현재 폴란드 바르샤바 대학 사회학
과 박사과정에 재학 중이다. 쿨라Marcin Kula 교수 지도하에, '민족, 종교, 계급, 이
데올로기 사이에서 : 보스니아 노비 파자르 지역의 사회 엘리트들의 변신 1943~
1993Between Nation, Religion and Class Ideology. Transformations of Social Elites
in Sanjak of Novi Pazar/Raska oblast 1943~1993'을 주제로 박사 학위 논문을 쓰고
있다. 주요 관심 분야는 구유고슬라비아 민족주의로, 〈정치와 상징, 다민족 사회 문
제에 직면한 유고슬라비아 공산당 : 수보티치를 중심으로Polityka i symbole.
Komunistyczna Partia Jugosławii wobec społeczności wieloetnicznej. Przykład
Suboticy(Wojwodina)〉, 《러시아 유럽 연구Studia z dziej w Rosji i Europy środkowo
Wschodniej》, Tom. XL(Warsaw : IH PAN, 2005), 〈무슬림 혹은 보스니아 사람 : 산쟉
(세르비아 · 몬테네그로) 지방의 무슬림들의 민족 프로젝트 재정의 과정에서 나타난
정치적 조건과 역사의 역할Muzułmanie czy Bośniacy? : o warunkach politycznych i
roli historii w redefinicji projektu narodowego słowiańskich muzułmanów w Sandż-
aku(Serbia i Czarnogóra)〉, 〈폴란드, 유럽 통합, 세계 : 폴란드 국학원 회의 다큐멘터
리Polska Unia Europejska : świat. Materiały ze Zjazdu Polskiego Towarzystwa Nauk
Politycznych〉 등의 논문을 발표했다.

전후 폴란드의 가장 영향력 있는 지식인 중 한 명인 이바슈키에
비치Jarosław Iwaszkiewicz는 자신의 일기장에 이렇게 쓰고 있다.
이 일기는 지식인과 공산당 고위 공직자의 관계를 잘 보여준다. 폴
란드 인민공화국PPR의 '정치적 엘리트'와 '상징적 엘리트'의 관계
는 그 관계를 지배하는 규칙을 어겼을 때 나타나는 특별한 상황을
통해, 특히 대화 당사자가 모두 규칙을 위반했다는 인상만으로도
그들이 어떤 상호의존적 관계였는지를 알 수 있다. 보통의 경우라
면 더 힘없는 쪽, 즉 지식인이 당 지도자들에게 특정한 요구를 할
것이다. 여기서 규칙은 분명하다. 지식인은 현실적인 것만을 요구
해야 하고, 또 알아서 자제할 필요도 있다. 즉 특정 정치 상황에서
들어줄 수 있는 것만을 요구해야 한다. 그리고 정치 엘리트는 지식
인의 요구를 너무 자주 거부해서는 안 된다. 너무 자주 거부하면
그 지식인은 다른 고위 당직자에게 갈 것이 뻔하기 때문이다. 지식
인의 요구는 고위 당직자의 허영심을 자극하여, 권력의 위계질서
속에서 자신이 어떤 지위에 있는지를 상징적으로 보여줄 수 있는
기회이다. 그러므로 고위 당직자에게 지식인의 요구가 없다는 것
은 정치적 지위를 잃어간다는 명백한 징후이다.

이 글은 소비에트식 제도가 지배하는 사회에서 권력과 상징적
엘리트의 관계를 일상적인 의사소통을 통해 보여주고자 한다. 이
문제를 위해 1956년부터 1970년까지의 폴란드 인민공화국을 사례
연구하고자 한다. 1956년 이후 폴란드는 스탈린식 통치가 종식되
고 고무카Władysław Gomułka[2]가 새로운 지도체제를 이끌고 있
었다. 당시 폴란드의 많은 도시에서는 대규모 시위가 있었는데 고

---

1) Jarosław Iwaszkiewicz, 〈일기 1974~1976Dziennik 1974~1976〉, 《창조Twórczość》,
no. 2~3(711/712), LXI(2005), 53쪽.

2) 1956년부터 1970년까지 폴란드 당서기장을 역임했다.

무카 서기장은 시위자들의 지지를 받았고, 그것으로 그는 통치 정당성을 확보할 수 있었다.

이 글에서는 지식인들의 일기장을 분석하여 권력 엘리트와 상징 엘리트는 어떤 협상을 했으며, 그들이 상호 협의를 맺은 목적은 무엇인지, 또 그것을 가능하게 한 문화적 배경은 무엇인지 살펴보려 한다.[3] 당시 예술인들은 국가 정치에 많이 의존하고 있어서, 권력 엘리트와 지식인 사이에는 협상할 여지가 충분히 만들어져 있었다. 역으로 정치인들은 정치적인 영역에서 상당 부분을 지식인들에게 의존했다. 그 결과 이들의 협상은 일상생활 영역으로까지 확대되었다.[4]

2. 지식인의 공산주의에 대한 협력―종교적 신념인가 순응주의 인가

전체주의적 정권에 협력한 지식인들에 대한 논의는 그 역사가

---

3) 일상생활에서 두 엘리트 사이의 관계는 1945년 이전 예술적 성숙함에 도달한 사람들에 초점을 맞춰 설명했다. 저명한 수학자 스타인하우스Hugo Steinhaus, 작가이자 사회운동가인 동브로프스카Maria Dąbrowska, 시인이자 작가인 이바슈키에비치Jarosław Iwaszkiewicz, 작곡가 미치엘스키Zygmunt Mycielski, 작곡가이자 작가인 키시엘레프스키Stefan Kisielewski, 미술사가 에스트라이허Karol Estreicher는 전후 이미 사회적, 직업적으로 상당한 지위에 있었고, 인텔리겐치아에게는 중요한 여론 주도자들이었다. 그들은 또한 전후 폴란드 정권과 좌파적 혹은 자유주의적 신념의 온건한 비판자로, 공산주의 원칙에 매혹당한 적은 없었다. 1950년대 그들 중 일부는 이미 지식인계에서 정권에 대한 온건한 비판으로 알려져 있었다.

4) 여기서 일상생활은 쇠르켄Ralf Schörken의 정의인 "친숙한 상황들로 구성된 자연적인 환경으로 인식되는 세계"를 따른다. Maria Bogucka, 〈일상생활―연구 경향과 정의를 둘러싼 논쟁들Życie codzienne―spory wokół profilu badań i definicji〉, 《문화역사연구 *Kwartalnik Historii Kultury Materialne*》, j, 3(1996), 247쪽.

상당히 오래되었다. 폴란드의 경우 1948~1956년의 스탈린주의 시대는, 지식인의 공산 정권 협력에 대한 역사 연구나 논의에서 특별한 지점을 차지한다. 스탈린주의를 어떻게 볼 것인가에 따라 폴란드 인민공화국 전체에 대한 평가가 많이 좌우되기 때문이다. 그동안 주류 역사 연구에서는 1950년대 초기 공산 당국의 전체주의적 의도를 애써 희석시켜왔다. 그러나 분명 공산 정권은 1989년까지도 실질적으로 전체주의적인 성향을 띠고 있었다.[5]

문학과학 출판에 대한 엄격한 통제가 도입된 것은 1947년이 되어서였다. 상징적 엘리트를 통제하던 공산당 중앙위원회는 폴란드작가연맹ZLP을 통해 소위 사회주의적 리얼리즘이라고 불리는 특정 스타일을 예술가들에게 요구했다. 사회주의적 리얼리즘은 공산당의 이데올로기를 창작에서 구현하는 것이었다. 작가나 예술가들은 새로운 시스템을 만들려는 노동자들의 노력과 지지, 그리고 새로운 제도가 어떤 성공을 거두었는지를 자신들의 작품 속에 묘사해야 했다. 예술 작품의 중요 요소 중 하나는 새로운 제도의 적, 즉 서구 자본-제국주의자들, 파괴활동분자, 폭리업자, 부농 등에 대한 부정적 이미지를 만들어내는 한편, 공산당이나 국가 지도자들은 긍정적으로 그리는 것이었다. 이렇게 사회주의적 리얼리즘은 문화, 예술 등의 상징적 영역에 정치적 통치가 어떻게 영향을 미치는지를 보여주는 중요한 요소다.

국립 연구 기관에서 일하는 학자들도 상황은 마찬가지였다. 1940년대 말 연구소의 관리직은 종종 당 기구 관리자들이 맡거나 아예 당 기구에 종속되었다. 1950년대 중반 탈스탈린화가 진행되

---

5) Aleksander Krajewski, 《협력과 저항 사이에서Między współpracą a oporem. Twórcy kultury wobec systemu politycznego PPR(1975~1980)》(Warszawa : Wydawnictwo TRIO, 2004), 11쪽.

420 극한적 일상과 일상적 일상

자 지식인들은, 스탈린 통치기 자신들의 행동은 권력 엘리트들이 시킨 것일 뿐 자신들은 책임이 없다고 주장했다. "일어난 사태에 책임을 져야 하는 것은 우리가 아니다. 우리는 명령을 받았다. 명령이 우리에게 주어졌다."[6]

지식인들의 공산주의에 대한 협력은 다양한 각도에서 설명할 수 있다. 지식인은 보통 세 범주로 나뉜다. 공산주의에 굳은 신념을 가진 지식인,[7] 반대급부를 위해 새로운 제도를 받아들인 지식인,[8] 두 가지 특성을 다 보이는 지식인.[9] 첫 번째 부류의 지식인은 종교와 같은 신념 때문에 보통 전체주의적이라고 분류하는 신정권을 받아들였다고 해석할 수 있다. 1950년대 자발적으로 공산당에 합류한 지식인들과 젊은이들은 좀 더 공정한 사회 제도를 만들겠다는 공산당의 약속을 거의 종교처럼 믿었다. 폴란드의 역사학자 쿨라Marcin Kula는 최근 공산주의 종교적 특성, 즉 국가 의례나 영웅 만들기 등을 분석했다.[10] 이 분석에 따르면, 소비에트식 제도에 참여한 사람들을 이해Verstehen하는 데 가장 중요한 것은 자발성이다.

이와는 달리 지식인들의 순응주의를 부각하는 해석 틀도 있다. 순응주의는 사회적 통제 장치가 사람들의 생각과 행동을 통제했

6) Karol Estreicher, 《사건 일지*Dziennik wypadk w*》, vol. 2(1946~1960)(Kraków : Pałac Sztuki Towarzystwa Przyjaciół Sztuk Pięknych w Krakowie, 2002), 442쪽.

7) Maria Hirszowicz, 《참여의 반대급부*Pułapki zaangażowania : intelektualiści w służbie komunizmu*》(Warszawa : Wydawnictwo Naukowe Scholar, 2001).

8) Jacek Trznadel, 《국내의 난장판*Hańba domowa*》(Warszawa : AWM Morex, 1997).

9) Czeslaw Milosz, 《포로의 마음*The Captive Mind*》, Jane Zielonko (tran.)(New York : Vintage International, 1990).

10) Marcin Kula, 《의사 종교적 공산주의*Religiopodobny komunizm*》(Kraków : Zakład Wydawniczy 'NOMOS', 2003) ; 마르친 쿨라, 〈종교로서의 공산주의〉, 임지현·김용우 엮음, 《대중독재 2—정치 종교와 헤게모니》(책세상, 2005), 67~89쪽을 참고하라.

다고 보지 않는다. 그 대신 행동에는 행위자의 생각이 들어 있다고 해석한다.[11] 이러한 해석 방식은 폴란드의 사회학자 히르쇼비치 Maria Hirszowicz가 지적했듯이, 공산 체제의 지식인들이 정권에 왜 협력했는지를 이해하기보다는 그 협력 행위 자체에 대해 판단하는 것이다.[12] 지식인들이 스탈린주의에 참여한 것은 자신들의 생각을 드러낸 것으로, 행동을 통해 그들을 판단해야 한다. 즉 지식인들은 희귀한 재회를 쉽게 얻기 위해, 또 젊은 작가들은 정상에 오르는 손쉬운 방법을 찾기 위해 협력했다고 본다.

3. 협력의 역사·문화적 배경

지식인의 공산 정권 협력에 대한 논의는 아주 중요한 문제다. 바로 폴란드 민족이 구성되는 방식을 보여주기 때문이다. 폴란드의 민족 정체성을 결정하는 집단[13]은 상징적 엘리트라 불리는 사람들이다. 상징적 문화의 창조와 재창조, 확산 등 일련의 과정에 관련된 사람들은 역사적으로 볼 때 인텔리겐치아,[14] 즉 지식인intellectuals

---

11) Elliott Aronson, 《사회적 동물The social animal》(New York : Viking, 1972). 폴란드 판에서 인용 ; 《인간—사회적 존재Człowiek—istota społeczna》(Warszawa : Państwowe Wydawnictwa Naukowe, 1987), 33쪽.

12) Maria Hirszowicz, 《참여의 반대급부》, 15쪽.

13) 여기서는 특정 민족의 유산을 구성하는 가치, 상징, 기억, 신, 전통을 유지하고 끊임 없이 재해석하는 것과 그러한 유산과 가치 유형을 자신의 정체성으로 삼은 개인으로 이해했다. A. D. Smith, 《선택된 사람들Chosen Peoples》(Oxford · New York : Oxford Univ. Press, 2003), 24~25쪽.

14) Andrzej Piotrowski, 〈일반·공공 담론에서의 민족 정체성 형성 과정 Proces kształtowania tożsamości narodowej w dyskursie potocznym i publicznym〉, 폴란드 사회학회 발표 논문(2004년 9월), 10쪽.

들이 만든 작품을 읽는 소비층a reading public이라 할 수 있다. 인
텔리겐치아를 민족 엘리트로 인식하는 것은 폴란드 같은 중동부 유
럽의 민족운동에 깊게 뿌리내린 전통이다. 이들 민족은 19세기 민
족자결권을 획득하지 못한 상태였고, 그 결과 근대적 이미지에서
의 정치 엘리트를 배출하지 못했다.

그 결과 '엘리트'라는 용어는 인텔리겐치아를 묘사하거나 그들
이 스스로를 지칭하는 용어로, 많은 중동부 유럽 언어에서 쓰였
다.[15] 1980년대까지 엘리트라는 단어는 대중 담론에서 상징적 엘
리트와 동의어로 이해되었다. 다른 모든 엘리트는 역설적 의미에
서의 엘리트일 뿐이었다. 엘리트의 이러한 자기 인식은 사회의 다
른 분야에서도 통용되었다. 첫 번째 '사회적 존경도'에 대한 조사가
있은 이후 소위 인텔리겐치아 직업(대학교수, 의사, 교사, 엔지니
어)은 비록 물질적으로는 풍족하지 못해도, 전후 폴란드 사회에서
가장 높은 사회적 명성을 유지했다.[16]

역사적으로 인텔리겐치아는 근대화와 도시화의 산물이었고, 높
은 사회적 지위와 지도자적 위치를 획득했다. 사회적 근대화의 수
준이 프랑스, 영국, 독일 같은 중심부에 비해 낮기 때문에 발생한
현상이었다. 근대화로 형성된 민족 정체성은 흔히 문명의 관점에

---

15) Antun Sterbling, 〈남동부 유럽의 엘리트 이동Elitenwandel in Südosteuropa : Einige
Bemerkungen aus elitentheoretischer Sicht〉, Wolfgang Höpken · Holm Sundhaussen
(eds.), 《남동부 유럽의 엘리트들 : 과거와 현재 역할, 연속성, 단절Eliten in S dosteuropa.
Rolle, Kontinuit ten, Br che in Geschichte und Gegenwart》(München : Südosteuropa-
Gesellschaft, 1998), 33쪽.

16) 사라파타Adam Sarapata와 베소워프스키Włodzimierz Wesołowski를 비교하라.
Adam Sarapata · Włodzimierz Wesołowski, 〈직업과 지위의 위계Hierarchie zawodów i
stanowisk〉, 《사회학 연구Studia Socjologiczne》, no. 2(1961), 91~124쪽 ; Henryk Domański
· Zbidniew Sawiński, 《명예의 모델과 사회구조Wzory prestiżu a struktura społeczna》
(Wrocław : Zakład Narodowy im. Ossolińskich, 1991).

서 도덕적 우월감과 열등감이 뒤섞인 상태였다.[17] 쓰디쓴 현실에 직면한 인텔리겐치아와 지식인들은 두 가지 주요한 프로그램을 개발했다. 첫째, 민족의 전통적 삶의 낙후성에도 불구하고 과거는 위대했다고 보거나, 아니면 둘째 거의 혁명에 가까운 정치 프로그램을 제시하여 사회구조를 급진적으로 개혁하는 것이었다. 두 경우 모두 저개발된 사회의 지식인들이 자신들의 정체성을 형성하는 데 서구 담론의 영향을 받았음을 볼 수 있다. 서구 문학과 서구 이미지의 수용자인 지식인들에게는 당연한 일이었을 것이다.

4. 고무카 시대 권력과 지식인의 잠정 협정, 국가 관용의 한계

제한된 언론의 자유 때문에, 개인적인 일기를 통해 자신의 생각을 표현할 수밖에 없었던 것이 폴란드 공산 정권 치하에서만 있었던 일은 아니다. 그럼에도 폴란드 공산당 통치하에서 일기는 예술가들에게 특히 인기가 있었다. 폴란드 인민공화국의 정치적 여건 속에서는 일기가 반드시 개인적인 영역에만 속하는 것은 아니었다. 1967년 반체제 운동에 연루되어 체포된 카르소프Nina Karsov의 경우가 일기에 쓴 개인 의견이 어떻게 형사 재판의 증거물로 사용되었는지를 잘 보여주었다.[18] 이런 상황에서 일부 예술가들이 일기를 스스로 검열한 것은 놀라운 일이 아니다.[19]

---

17) Andrzej Piotrowski, 〈일반 · 공공 담론에서의 민족 정체성 형성과정〉, 11쪽.

18) 카르소프는 '정치적으로 위험한' 일기를 소유한 죄로 3년형을 선고받았다. Andrzej Friszke, 《폴란드—국가와 민족의 운명Polska—losy państwa i narodu 1939~1989》(Warszawa : Iskry, 2003), 293쪽.

19) Zygmunt Mycielski, 《일기 1950~1959Dziennik 1950~1959》(Warszawa : Iskry,

최근 폴란드의 역사학자 자렘바Marcin Zaremba는, 1960년대 폴란드 정치 체제가 거의 완벽에 가까울 정도로 안정적이었다는 아직까지도 유효한 오래된 고정관념을 깨트렸다. 자렘바는 국가 통제 기구나 압수된 소식원의 자료에 근거하여 당시 폴란드가 얼마나 불안정한 상태였는지를 새롭게 보여주었다. 그 새로운 분석에 따르면, 폴란드는 물품 부족과 사회적 불공정 때문에 빈번히 시위가 벌어지는 체제였다. 대중 정서를 살피는 정치경찰의 보고서는 당시 노동자, 농민들이 자신들의 삶의 조건에 불안해하고 만족하지 못했음을 보여준다. 전후 폴란드에서는 양차대전이 가져온 공포감과 또 다른 전쟁이 발발할 수도 있다는 두려움이 사라지지 않았다. 게다가 결핍의 경제shortage economy는 공황market panics을 강화시키고 있었다.[20]

(다른 사회 집단 대비) 상징 엘리트들과 상당수 인텔리겐치아의 의식은 루제비치Tadeusz Różewicz의 1962년 희곡 《증인들 혹은 우리의 작은 안정Witnesses or Our Small Stability》에 잘 묘사되어 있다. 이 희곡은 고무카 서기장이 통치한 10년에 대해 묘사하고 있다. 이 시기에 보인 약간의 안정은 고무카 정권이 폴란드인들에게 정치인으로서 어느 정도 받아들여졌음을 의미한다. 또한 이것은 가까운 장래에는 정권이 교체될 가능성이 없었기 때문이기도 했고, 서유럽에 비해서는 훨씬 낮지만 그래도 스탈린주의 체제의 폴

1999), 272쪽 ; 다른 저자가 지적했듯이 "사람들은 스스로 알아서 지나친 자기 검열을 하고 있었다". Jarosław Iwaszkiewicz, 〈일기 1965~1968Dziennik 1965~1968〉, 《창조》, no. 2~3(699/700), LX(2004), 50쪽.

20) Marcin Zaremba, 〈60년대 폴란드 사회Społeczeństwo polskie lat sześćdziesiątych— między 'małą stabilizacją' a 'małą destabilizacją'〉, Konrad Rokicki · Sławomir Stępień(eds.), 《1968년 3월의 얼굴Oblicza Marca 1968》(Warszawa : IPN, 2004), 24~51쪽.

란드보다는 높은 소비 수준이 보장되었기 때문이었다.

스탈린 통치기와 비교할 때, 고무카 통치기는 적어도 1964년까지는 언론의 자유가 훨씬 더 많이 보장되었다. 폴란드의 작가 스워님스키Antoni Słonimski와 후에 (당국의 요청으로) 이바슈키에비치가 이끈 폴란드작가연맹과 폴란드사회학회, 폴란드역사학회 등이 속했던 문화·과학창작자연맹은 1956년 자치권을 획득했다. 폴란드작가연맹과 일단의 상징적 엘리트들이 그간의 인습적 관례를 깬 것이다. 하지만 일당 체제하에서 이들 단체들은 '전달 벨트transmission belts'라는, 상호 독립적이지만 실질적으로는 여전히 정권이 임명한 기구의 통제를 받았다.[21] 약간의 안정은 당시 폴란드 체제에 다른 대안이 없다는 지식인들의 자각에서 나왔다. 스탈린식의 '위로부터의 혁명' 때와 달리 지식인 엘리트들은 체제와 일종의 잠정 협정을 맺은 것이다.

모든 권력 기구의 대표들(공산당 혹은 국가)은 상징적 엘리트와 '민족 문화의 창조자'로 불리는 지식인들을 이론적으로는 전혀 억압하지 않는 것처럼 행동했지만, 실질적으로는 강압적인 조치를 취했다. 1956년 사태 후, 비밀경찰Służba Bezpieczeństwa의 활동은 제한을 받았고 공포 정치는 중단되었다. 그럼에도 비밀경찰은 여전히 체제의 적으로 간주되는 사람들의 집과 전화에 도청 장치를 설치하거나 미행하여 정보를 수집했다. 그러나 최종적인 탄압 조치에 대한 결정은 공산당 내의 관련 조직에서만 내릴 수 있었다.[22]

정치 당국은 공공 영역에 대한 완전 통제를 포기하지 않았다. 적어도 1956년 사태 이후, 언론 통제 시스템은 중단되었고, 이에 편

---

21) Andrzej Friszke, 《폴란드—국가와 민족의 운명》, 256쪽.
22) Andrzej Friszke, 《폴란드—국가와 민족의 운명》, 229쪽.

집자는 그 어느 때보다도 운신의 폭이 커졌다. 이런 변화에 맞춰 1960년대 중반 이후 공산 정권은 예방 검열의 방법을 더 많이 이용했다. 비록 친구들끼리만 보더라도 정권을 비판하는 예술 작품에는 벌금을 징수했다. 1968년 2월 정치 풍자물로 3년형을 선고받은 슈포탄스키Andrzej Szpotański의 예는 공산당이 일종의 억제 효과를 노린 것으로 보인다.[23]

1963년 3월 14일에는 상징적 엘리트들이 국가 문화 정책에 집단 반대 의사를 표시한 '편지 34List 34' 사건이 있었다. 이 사건으로 국가의 관용이 어디까지인지 그 한계가 명백히 드러났다. 동브로프스카Maria Dąbrowska와 미치엘스키Zygmunt Mycielski 같은 대학교수와 작가 등 대중의 신뢰를 받던 사람들이 서명한 편지의 비판 어조는 그리 강하지 않았다. 이 편지에서 지식인들은 인쇄용지 배급 비율이 낮은 것에 항의했고, 강화된 검열 활동은 헌법에 보장된 표현의 자유를 위반하는 것이라고 선언했다. '자유 유럽 라디오Radio Free Europe'는 편지의 내용을 폴란드 밖으로도 알렸다. 이에 당국은 일련의 탄압 조치, 즉 책의 인쇄와 자유 유럽 라디오 방송을 중단했고 다른 직업에 대해서도 위협을 가했다. 결국 편지에 서명했던 34인 중 10명이 자신들의 서명을 취소했다. 또한 폴란드 당국은 '폴란드 인민공화국을 중상 비방한 자유 유럽 라디오'를 비판하는 편지의 초안을 작성한 후, 600명의 상징적 엘리트들에게 서명하게 했다. 참가자 중 많은 이들이 잘 알려지지 않은 사람들이

---

23) Jerzy Eisler, 《1968년 3월Marzec 1968. Geneza, przebieg, konsekwencje》(Warszawa : Państwowe Wydawnictwo Naukowe, 1991), 164쪽. 검열을 받지 않은 외국 출판물의 엄격한 처벌은 당국의 두려움을 나타낸다. 해외 출판물, 특히 파리와 뮌헨에 근거를 둔 '자유 유럽 라디오Radio Free Europe'에서 발행하는 잡지 《문화Kultura》의 유입으로 국가의 문화적 공공 영역에 대한 독점이 침해당할까 두려워 내린 조치였다.

었다.[24] '구세대'의 저항적 상징 엘리트들이 가고 대신 순종적인 엘리트들이 관제 저항에 동원되었음을 보여주는 사건이었다.[25]

1968년 들어 이러한 상황은 상당히 많이 바뀌었다. 폴란드작가연맹과 학생들은 억압적인 폴란드 공산당에 동의할 수 없으며, 사회주의 체제의 약속을 이행하지 않은 것에 불만을 표기하기 시작했다. 명백한 저항의 징후에 직면하자, 공산 당국은 지식인들을 위협하기 시작했다. 1968년 작곡가이자 작가인 키시엘레프스키Stefan Kisielewski가 정체불명의 사람들에게 몰매를 맞는 사건이 발생했고, 경찰은 끝내 범인들을 찾지 못했다. 사람들은 정치경찰의 소행이라고 생각했다.[26]

5. 클라이언텔리즘, 그리고 상징적 지리학

그렇지만 억압과 감시만이 폴란드 지식인 사회를 통제하는 유일한 방법은 아니었다. 상징 엘리트들에 대한 통제는 좀 더 치밀하게 이뤄졌다. 상징적 엘리트와 정치적 엘리트들의 관계는 클라이언텔리즘clientelism의 지배를 받았다.[27] 클라이언텔리즘 관계에서 상

---

24) Andrzej Friszke, 《폴란드―국가와 민족의 운명》, 291쪽.

25) 지식인들은 일부 공산당 지도자들의 반엘리트주의적 태도를 의식하고 있었다. 그들 중 한 명은 개인적인 대화에서 이렇게 밝혔다. "나는 문제가 없다. 나는 모든 것을 완벽하게 통제할 수 있다. 왜냐하면 비아워스톡Białystok에는 빌어먹을 지식인들이 없기 때문이다." 이런 이유로 지식인들은 현재의 당 지도부를 인정할 수밖에 없었다. 그렇게 하지 않을 경우 상황은 더 나빠질 수 있는 것처럼 보였기 때문이다. Zygmunt Mycielski, 《일기 1950~1959》, 217쪽.

26) Jerzy Eisler, 《1968년 3월》, 322쪽.

27) Antoni Mączak, 《불평등한 우정Nierówna przyjaźń : Układy klientalne w perspektywie historycznej》(Wrocław : Wydawnictwo Uniw. Wrocławskiego, 2003).

징적 엘리트는 이상적이지는 않지만 그래도 현재의 정치 지배체제 안에서 가능한 것을 해결해 달라załatwić고 요청할 수 있었다. 그 대가로 정치 엘리트는 상징 엘리트에게 복종을 요구했다. 주요 정치인 주변에는 일종의 '궁정 시스템'이 만들어졌다. 자신들의 이야기에 귀 기울여주는 고위 공직자가 얼마나 있느냐는 지식인들에게 중요한 문제였고, 이것 때문에 지식인 사회 내에서 갈등이 일기도 했다.[28] 궁정 시스템의 중요한 특성은 위계질서에서 높은 자리에 있는 사람에게 결정권이 집중되어 있고, 엄청난 자유 재량권이 주어졌다는 것이다.

상징적 엘리트의 공산당 지도부에 대한 의존도는 소비에트식 국가 체제에서 접근이 제한된 희귀 재화를 얼마나 가지고 있느냐에 따라 결정되었다. 작가의 급료가 다른 직업에 비해 상대적으로 높기는 했지만, 이들의 수입원은 전적으로 행정 당국의 조정을 받았다. 앞에서 논의된 작가 대부분이 해외에서 자신들의 작품을 출판했지만, 자금의 흐름은 정치 엘리트의 통제 아래에 있는 작가연맹의 감독을 받았다. 규정된 지불 절차를 따르지 않을 경우 언제라도 정권의 처벌을 받을 수 있었다. 한편 국가의 통제를 받는 학술, 예술 단체들은 문화생활의 유일한 조직자이자 후원자로서, 나라 안에서 이뤄지는 모든 학문 예술 활동의 재정 지원을 담당했다.

1960년대 지식 엘리트의 행태는 '상징적 지리학', 다시 말해 세계를 이해하고 자기가 속한 폴란드가 이 세계 안에서 어떤 위치를 차지하는 것으로 보느냐에 따라 많이 좌우되었다. 상상된 현실의 윤곽은 이렇게 그려볼 수 있다. 가장 기본적인 경계선은 동(아시아)

---

28) 이바슈키에비치는 이렇게 적고 있다. "이 더러운 놈 산다우어는 당 중앙위원회에 우리가 그의 졸속 번역을 출판하고 싶어 하지 않는다고 불평하고는 크라시코에게 전화를 걸었다." Jarosław Iwaszkiewicz, 〈일기 1974~1976〉, 47쪽.

과 서(유럽)를 나누는 것이다. 공산주의를 신봉하는 사람들에게 소비에트식 정권을 수립하는 것은 좌파가 추구하는 이상의 실현을 의미했다. 이들은 이성적이고 부유한 유럽과 소련으로 상징되는 야만적이고 원시적인 아시아가 충돌한다고 믿었다. 이 충돌에서 17세기 폴란드 젠트리 계층이 쓰던 용어를 빌리자면, 폴란드는 '기독교 최후의 보루antemurale christianitatis'를 의미했다. 1939년 소련군이 폴란드에 들어온 것을 두고 이렇게 묘사하기도 했다. "리비프에서 많은 젊은 소련 시민들은 서구를 처음으로 만났고, 우리 중 많은 사람은 아시아를 처음 만났다.……불쌍하게 옷을 입고 제대로 먹지 못한 군인들은 농민들에게 아무런 인상도 남기지 않았다. 군부대 전체가 다 그랬다."[29]

(1939년 침공과 1940년대 폴란드에서 공산당 통치가 안정화되던 시기 모두) 폴란드 지식인들 사이에서 소련은 러시아와 동일시되었고, 폴란드 정치 엘리트들은 모스크바 중심부에 의존했다.[30] (1795년 폴란드 분할부터 1918년 사이) 폴란드 낭만주의 담론의 틀이 여기서 다시 등장했다. 18세기와 19세기 폴란드는 폴란드 인민공화국 전 기간 동안 당시 상황을 설명하는 데 흔히 비유적으로 사용되었다.[31]

지식인들은 스스로를 유럽인으로 인식하고 있었지만, 그들은 자신들이 상대적으로 낙후한 유럽에 살고 있다고 믿었다. 지식인들이 따르고자 했던 모델은 서유럽, 주로 프랑스였다. 이바슈키에비

---

29) Hugo Steinhaus, 《회고록 *Wspomnienia i zapiski*》(Wrocław : Oficyna Wydawnicza, 2002), 185쪽.

30) Zygmunt Mycielski, 《일기 1950~1959》, 197쪽.

31) Maria Dąbrowska, 《전투 일기 1945~1965 *Dzienniki powojenne 1945~1965*》, vol. 1(1945~1949)(Warszawa : Czytelnik, 1997), 54쪽.

치는 이렇게 고백했다. "프랑스에 대한 나의 태도를 생각해봤다. 왜 그렇게 가깝고 친밀하게 느껴지는지. 이탈리아도 아니고 우크라이나도 아니고……내게 두 번째 조국은 프랑스다."[32] 그들은 프랑스를 문명의 대들보이자 원천으로 여겼고, 이러한 인식은 일상생활에서도 예외 없이 나타났다. 많은 폴란드 사람들은 여전히 프랑스어를 잘 구사하는 것이 높은 사회적 지위를 나타낸다고 생각했고, 반대로 프랑스어를 못하는 것은 '불명예이자 출신의 미천함'을 의미했다.[33] 프랑스에 대한 이러한 애착은 지정학적 측면에서 보면, 지식인뿐만 아니라 정치 엘리트와 사회 대부분의 사람들이 공유하고 있는 독일에 대한 공포의 반작용이었다. 드골Charles de Gaulle 장군의 프랑스야말로 독일이라는 위험을 약화시킬 수 있는 나라라고 생각했다.

6. 정치적 엘리트와 상징적 엘리트의 공생 관계, 그리고 협력의 장

그럼 이제 지식인, 상징 엘리트와 밀접한 관계를 유지했던 정치 엘리트들이 누군지 좀 더 자세히 살펴보자. 이바슈키에비치의 일기장을 보면 지식인들은 보통 자신들이 개인적으로 알고 있는 정치 엘리트와만 접촉했으며, 그들과의 접촉을 통해 예술가들이 안고 있는 중요한 문제를 해결하고자 했다. 고무카 시대에 가장 많은 권위를 가지고 있던 정치 엘리트는 폴란드 노동당 중앙위원회 정치국원이었다. 이들은 당 중앙위원회의 문화, 교육, 과학 부서를

---

32) Jarosław Iwaszkiewicz, 〈일기 1974~1976〉, 9쪽.
33) Jarosław Iwaszkiewicz, 〈일기 1974~1976〉, 30쪽.

감독했다. 그리고 이들 부서의 감독은 정치국 비서실장(예를 들면, 크라시코Wincenty Kraśko나 오하프Edward Ochab 등)이나 최고위원이기도 한 장관들(예를 들면 테이흐마Józef Tejchma와 모티카Lucjan Motyka 등)이 맡았다. 책임의 분담은 불명확하고 제대로 정해지지 않아서, 법에 따라서가 아니라 비공식 합의를 통한 것이 많았고, 자주 바뀌었다.[34] 정치 엘리트들은 전쟁 전 폴란드에서는 사회적 신분 상승의 기회를 가질 수 없었던 낮은 사회 계급이나 인텔리겐치아 출신들이 많았다. 그래서 이들은 지식인과 접촉하는 것이 한편으로는 자랑스러웠지만, 다른 한편으로는 열등감 때문에 편견을 가지기도 했다.

1945년 이후의 변화와 새로운 지배 계급의 등장을 바라보는 주요 지식인들의 태도는 상당히 모호했다. 지식인들은 당시의 경제 상황, 문화 정책, 불합리한 행정 규정이나 통치자의 무능력에 대한 불만을 일기장에 터트렸다.[35] 그러나 이런 부정적인 태도는 사회 변혁, 특히 교육 기회 제공과 빠른 사회적 신분 상승의 기회에 대해서는 약화되었다. 폴란드의 인텔리겐치아와 지식인들은 서구의 모델을 본받아 폴란드를 근대화, 산업화시키는 것과 함께 '사회적 장애 그룹'에게 더 나은 교육 기회를 제공해야 한다는 신념을 가지고 있었다. 지식인들은 새로운 제도 아래서 대학교 교재를 싼 가격에 손쉽게 구할 수 있고, 등록금이 폐지된 것을 아주 높이 평가했

---

34) Włodzimierz Janowski · Aleksander Kochański,《PZPR 중앙관료제 구조와 개인에 대한 정보Informator o strukturze i obsadzie personalnej centralnego aparatu PZPR 1948~1990》(Warszawa : ISP PAN, 2000).

35) 지식인들은 폴란드의 지속적인 저발전을 놓고 각기 다른 해석을 했다. 비효율적인 정치 경제 제도뿐만 아니라 폴란드(슬라브) 문화도 그 원인이라고 보았다. 그렇게 함으로써 서구의 중동부 유럽에 대한 부정적인 스테레오타입을 고스란히 받아들이고 있었다. Zygmunt Mycielski,《일기 1950~1959》, 209쪽.

다.[36] 또한 농부[37]나 하녀[38]의 아이들이 사회의 일원으로 진출하는 것을 보면서 고무되기도 했다.

그러나 사회 변화에 대한 이러한 긍정적인 시선은 산업 노동자와 좀 더 밀접한 접촉을 하면서 바뀌기도 했다. 산업 노동자들은 비참한 노동 조건에서 실질적인 대표권도 박탈당한 채, 국가 자본주의의 착취에 거의 무방비 상태로 노출되어 있었다. 공장 노동자와 접촉이 잦았던 동브로프스카 같은 몇 명의 지식인들은 노동자들이 영양 부족에 시달리고, 위생 상태가 열악하고 무질서한 생산 현장에서 시간과 에너지를 소진당하며, 심지어 목숨까지 잃는 것을 보았다. 이바슈키에비치는 1961년 2월 이렇게 결론을 내렸다. "나는 확고한 사회주의자다. 그러나 이것은 사회주의가 아니다."[39]

다른 한편, 정치 엘리트와 하는 일대일 접촉이 특정 지식인에게는 좋은 인상을 남기기도 했다.[40] 정치 엘리트와 지식인은 민족 지도자의 역할을 열망했다. 지식인은 스스로를 민족 문화의 창조자이자 방어자라고 인식했다. 지식인의 임무는 "문화를 보존하는 것뿐만 아니라 회복하고 다시 태어나게 하며 확산시키는 것이다".[41]

---

36) Hugo Steinhaus, 《회고록》, 198~199쪽.

37) Jarosław Iwaszkiewicz, 〈일기 1965~1968〉, 38쪽.

38) Maria Dąbrowska, 《전투 일기 1945~1965》, vol. 2 (1950~1954), 224쪽.

39) Jarosław Iwaszkiewicz, 〈일기 1965~1968〉, 98쪽

40) 이바슈키에비치는 흐루시초프Nikita Khrushchev가 "총명하면서도 교활한 것처럼 보였으며 이미 엄청나게 지쳐보였다. 그는 지난 5월보다 더 나빠 보였다. 나는 항상 미코얀 Anastas Mikoyan을 매우 좋아했다"고 기록했다. (Jarosław Iwaszkiewicz, 〈일기 1959~1961 *Dziennik 1959~1961*〉, 《창조》, no. 2~3(687/688), LIX(2003), 77쪽) 이바슈키에비치는 폴란드 수상 치란키에비치Józef Cyrankiewicz를 "급변하는 상황에 반응하는 방식이 매우 현실적이며 정확하다"고 좋아했다. (Jarosław Iwaszkiewicz, 〈일기 1959~1961〉, 94쪽) 모티카Lucjan Motyka도 "지성과 명료한 사고"로 그를 놀라게 했다. (Jarosław Iwaszkiewicz, 〈일기 1965~1968〉, 24쪽)

41) Jarosław Iwaszkiewicz, 〈일기 1974~1976〉, 7쪽.

비록 지식인들을 통제하고 조정했지만, 정치 지도자들도 스스로를 민족 지도자로 인식했다. 그들은 민족 문화와 정체성을 만들어야 한다는 지식인들의 비전을 공유하고 있었다.[42]

당시의 서구 대사관에 대해 말하지 않고 폴란드 인민공화국 엘리트의 일상을 이해하는 것은 불가능하다. 폴란드에 있던 서구 대사관은 자신의 나라를 대표하는 것 이상의 기능을 했는데, 당시 지식인들에게 대사관이 왜 그렇게 매력적이었을까? 첫째, 대사관은 바르샤바에 서구의 향기, 1960년대 폴란드에서는 찾아보기 힘든 서구의 향기를 맛볼 수 있는 곳이었다. 당시 폴란드에서는 일상에서 쓰는 보통 물건을 사는 것조차 커다란 일이었다. 둘째, 대사관을 방문하는 것은 자신의 사회적 지위를 유지하는 데 필수적이었다. 대사의 초대, 특히 프랑스 대사의 초대는 쉽게 오지 않는 중요한 기회라고 생각했다. 이런 인식은 특히 젊은 지식인 사이에서 더 팽배했다. 대사관에서 폴란드의 정치 엘리트와 상징 엘리트들이 만났고, 심지어는 책의 출판을 금지당한 작가도 대사관 파티에 참석할 수 있었다.[43] 대사관 리셉션이나 잘 알려진 지식인의 개인 파티는 과거 정치범들이나 전현직 장관이 만날 수 있는 공간을 제공했고, 이것은 동구권에서 아주 드문 일이었다.[44] 마지막으로 대사관은 이들이 서구 손님들과 만날 수 있는 기회를 제공했다. 비록

---

42) 1959년 기자들과 만난 자리에서 고무카 당서기장은 "당신들은 작가들이야말로 민족의 양심이라고 주장한다.……비록 우리는 지식인은 아니지만, 우리 또한 민족의 양심이다"라고 말했다. Andrzej Friszke, 〈문화인가, 이데올로기인가?Kultura czy ideologia? Polityka kulturalna kierownictwa PZPR w latach 1957~1963〉, Andrzej Friszke (ed.), 《폴란드 노동당의 권력과 사회Władza a społeczeństwo w PPR》(Warszawa : ISP PAN, 2003), 120쪽.

43) Stefan Kisielewski, 《일기Dzienniki》(Warszawa : Iskry, 1996), 51쪽.

44) Zygmunt Mycielski, 《일기 1950~1959》, 333쪽.

비밀경찰의 감시를 받았지만 그들은 그 기회를 놓치지 않았고 즐겼다.

주요 상징 엘리트와 정치 엘리트는 서로에게 각기 다른 서비스를 기대했다. 정치 엘리트의 이해관계와 기대 사항을 먼저 살펴보자. '민족적 학문 문화의 창조자' 지식인들은 존재만으로도 (국가가 주는 상을 받고 언론에 보도됨으로써) 정권의 정통성 부여에 기여하고 있었다. 또한 이들은 한편으로는 문명과 보편적 인간의 가치라는 면에서 진보를 상징하는 존재였고, 다른 한편으로는 그런 진보가 민족적 차원에서 이루어지는 것임을 보여주었다. 이것은 폴란드 민족 전체의 진보를 의미하므로, 권력 엘리트는 더불어 민족적 차원에서 정당화되었다. 예술가와 학자들은 공산당과 공산당 지지자들의 후원을 받는 것으로 공식적으로 비쳐졌다. 이러한 기여는 정권에게 특히 중요했다. 폴란드 정권은 국가 주권의 부재로 지속적으로 권력의 정통성, 특히 공공 영역에서 정통성을 확보할 필요가 있었다.[45]

또 하나의 정통성 확보를 위한 관행은 국회의원으로 활동하는 것이었다. 민주적 방식으로 임무를 수행하고 정부에 책임을 묻기도 하면서, 국회의원들은 자신들의 임무를 행했다. 1968년 '즈낙Znak'이라는 의회 단체의 가톨릭 의원들이 그랬던 것처럼. 물론 미리 정해진 경계선을 넘을 경우에는 처벌을 받았다.

역설적이게도 1960년대 폴란드에서는 반공산주의적 세계관을 가지고 스스로를 재야인사라고 생각하는 사람들이 국민전선Front Narodowy에 참여할 수 있었다. 국민전선은 국회와 공산당에게 완

---

45) Marcin Zaremba, 《공산주의, 정통성, 민족주의*Komunizm, legitymizacja, nacjonalizm. Nacjonalistyczna legitymizacja władzy komunistycznej w Polsce*》(Warszawa : Wydawnictwo TRIO-ISP PAN, 2001).

전한 통제를 받고 있었다. 국회의원이 되거나 다른 정치 단체의 일원이 됨으로써 지식인 사이에서 더 강화된 지위를 누릴 수 있었고, 그 때문에 자신이 일하는 전문 분야에서 자신이 원하는 바를 좀 더 쉽게 이룰 수 있었다.

미술사가 에스트라이허Karol Estreicher가 좋은 예다. "나는 국민전선에서 많은 시간을 낭비했다.……작은 지방 도시 거주자나 생산 공장 근처 마을 출신 농부들로 구성된 정부의 말을 잘 듣는 선전 활동을 하는 조직이었다. 그들은 정부의 계획에 찬사를 보냈다.………말은 그럴듯했지만 행동은 말이 안 되는 것이었다. 그러나 국민전선 지도자를 하면서 나는 대학에서 입지를 굳힐 수 있었고, 대학협의회 개혁 방안을 실행에 옮기기가 쉬웠다. 렙쉬Kazimierz Lepszy는 더는 내 일을 방해하지 않았다."[46]

주요 지식인들은 정치적이지 않은 국제회의 등에도 참석하여 해외에 폴란드 정치 체제의 정통성을 홍보하고 강화시켰다. 이바슈키에비치는 한 회의에 참석한 후 그 느낌을 이렇게 적었다. "나는 트렙친스키Staś Trepczyński와 유럽 안보를 논의하는 범유럽회의에 참석했다. 나는 왜 이런 종류의 행사에 우리가 참여해야 하는지 궁금했다. 하지만 지금은 오히려 이해하기가 쉽다. 왜냐하면 체코 사태 이후에도 우리는 그곳과 접촉을 계속하고 싶었기 때문이다.……모든 국제회의는 블룸Léon Blum, 모흐Jules Moch 같은 정치권력이 없는 모든 서구 정치인들이 자신들의 울분을 터트릴 수 있는 장소였다. 내 시간과……, 돈의 낭비이기는 했다. 기차로 여행했고, 담배를 많이 피웠으며, 보드카와 포도주를 마셨다. 그러고는 집에 있을 걸 하는 후회를 하곤 했다. 물론 집도 지독한 곳이기

---

46) Karol Estreicher, 《사건 일지》, vol. 2, 443쪽.

는 했다."[47]

작곡가 미치엘스키는 국제 음악계에서 활동하기 위해서, 정권을 대표하고 정당화시킨다는 비난을 좀 더 급진적인 지식인들에게 받기도 했다. 서구 지식인과 전후 폴란드를 떠난 이민자들과 오랫동안 접촉해온 미치엘스키는 프랑스나 영국에서 종종 준외교적인 임무를 수행하기도 했다.[48]

7. 상징 엘리트 지도층의 욕구―소비, 여가, 해외여행

지도자급 지식인들은 공산당 지도부에게 다른 서비스를 기대하기도 했다. 물론 엘리트가 가지고 있던 특권 중 하나는 질 좋은 재화를 좀 더 많이 소비할 수 있다는 것이었다. 소비에트식 체제의 국가에서는 노동자와 인텔리겐치아의 생활수준이 같아야 한다. 물론 국가 통계상으로는 같은 수준이었지만, 엘리트들이 더 높은 수준의 소비를 즐길 수 있는 특권마저 폐지되지는 않았다. 사회 구조에서 차지하는 위치나 서로가 원하는 서비스를 제공할 수 있는 능력에서 보면, 인텔리겐치아는 변호사나 교사, 의사보다는 사회적 위치가 낮았고 노동자보다는 높았다. 좀 더 나이든 지식인 세대에게 전쟁 전과 후의 생활수준에는 현격한 차이가 있었다.

하지만 일부 지식인은 정치 엘리트와 동등한, 상대적으로 높은 생활수준이 보장되는 특권을 누렸다. 국가의 상을 받은 작가들은 정부가 운영하는 병원에서 좀 더 나은 의료 혜택을 받았고, 고위급

---

47) Jarosław Iwaszkiewicz, 〈일기 1965~1968〉, 53쪽.

48) 1959년 미치엘스키는 런던으로 가서, 폴란드 임시 정부와 2차대전 당시 탈취당한 예술 작품의 송환 문제를 논의했다. Zygmunt Mycielski, 《일기 1950~1959》, 397쪽

인사의 개인적 도움으로 아파트를 교환하거나 국영 휴양지에서 휴가를 즐겼다. 식사에서도 이런 점이 잘 드러난다.[49] 현실사회주의 국가의 일반적인 상황에서 볼 때, 그들이 먹는 식사는 정말로 풍요로웠다. 이바슈키에비치는 1975년 봄 이렇게 불만을 터트렸다. "저녁 파티에 제공되는 메뉴는 단조롭다. 항상 버섯과 베이컨으로 시작한다." 후에는 역설적으로 이렇게 썼다. "난 구운 송아지 고기와 콘래드Joseph Conrad가 지겹다."[50] 이러한 메뉴는 1970년대 중반 폴란드의 소비재 공급이 특히 악화되었음을 고려할 때, 아주 대조적이다. 만약 작가가 일상용품과 음식을 사기 위해 긴 줄을 서느라고 시간을 빼앗겨 작품 활동에 지장을 받고 싶지 않다면, 일상용품과 음식을 획득하는 데 어느 정도 특권이 필요했다.[51] 작가들은 서구에 있는 친척이나 친구로부터 식품 소포를 받기도 했다.[52]

자동차는 소비 수준을 나타내는 또 다른 주요한 척도였다. 폴란드에서는 자동차가 서구보다도 소유자의 사회적 지위를 강하게 나타냈다. 만약 통계가 믿을 만하다면, 1968년 폴란드에는 87명에 1명꼴로 자동차를 소유했다.[53] 물론 이것을 완전히 믿을 수는 없다. 이바슈키에비치의 일기를 보면, 1967년과 1968년 사이에 그는 연속해서 3대의 차를 도난당하거나 파손당했다.[54] 에스트라이허

---

49) Zygmunt Mycielski, 《일기 1950~1959》, 173, 229, 255, 322쪽.

50) Jarosław Iwaszkiewicz, 〈일기 1974~1976〉, 32쪽.

51) 이런 특권적인 자리에서 물러난 지식인은 돈이 있어도 쇼핑에 어려움을 겪었다. 미치엘스키는 이렇게 말했다. "어제 나는 버터와 빵을 사려고 했지만 허사였다." Zygmunt Mycielski, 《일기 1950~1959》, 218쪽.

52) Zygmunt Mycielski, 《일기 1950~1959》, 177쪽.

53) 《1969 연감Rocznik Statystyczny 1969》, 24(Warszawa : Główny Urząd Statystyczny, 1969), 308쪽.

54) Jarosław Iwaszkiewicz, 〈일기 1965~1968〉, 40, 47쪽.

는 자신의 지위 덕분에 2년에 한 번씩 자동차 배급 쿠폰을 받았고, 새 쿠폰이 나오면 헌 자동차는 팔았다. 폴란드 당국은 이것을 부르주아적 생활 방식이라고 생각했고, 이것이 문제가 되기도 했다.[55]

스탈린 시대와 비교해서 고무카 시대의 특징은 외국인과 개인적 접촉, 특히 서구로 좀 더 쉽게 여행할 수 있는 관광 형태의 접촉이 는다는 것이다.[56] 그렇지만 여기에는 두 가지 장애물이 있었다. 우선 당의 통제를 받는 행정부가 여권 신청 시 긍정적으로 반응해야 했고, 둘째는 경제적인 장애물로서 사회적 혹은 직업적인 접촉은 제한되었다는 점이다

1956년 이후 많은 상징적 엘리트가 서구와의 관계 복원을 찬성했다. 20년간 두 번 서구와 관계가 두절되었다. 첫째는 2차대전 동안, 둘째는 스탈린 통치 기간 동안이었다. 서구와의 접촉을 방해받는다는 것은 지식인에게는 커다란 위협이었다. 1968년 체코 사태의 개입과 같은 정치적 위기가 있을 때마다 접촉은 중단될 것처럼 보였다. 지식인들은 특권 집단으로서 해외여행이 좀 더 자유로웠다. 첫째 그들이 하는 일의 성격상, 둘째 전쟁 전 빈번히 서유럽을 방문하던 그들의 오랜 습관상, 여행은 그들에게 특히 중요했다. 그러므로 해외여행 금지는 공산당이 강제로 지식인들의 복종을 얻어내야 할 때 사용하는 주요한 수단 중 하나였다. 키시엘레프스키는 정치 엘리트들이 받아들일 수 없을 정도로 당 정책을 신랄하게 비판했고, 그 벌로 폴란드를 떠날 수 없었다. "7년간 해외여행을

---

55) Karol Estreicher, 《사건 일지》, vol. 3(1960~1966)(2003)

56) Dariusz Stola, 〈폴란드 국경 폐쇄Zamknięcie Polski. Zniesienie swobody wyjazdu i uszczelnienie granic w latach 40. i 50〉, Dariusz Stola · Marcin Zaremba (eds.), 《PPR : 폴란드 노동당의 정권 유지와 변화PPR. Trwanie i zmiana》(Warszawa : Instytut Historyczny UW&Wydawnictwo Wyższej Szkoły Przedsiębiorczęci i Zarządzania im. Leona Koźmińskiego, 2003), 159~186쪽.

소비에트 체제 국가에서의 지식인의 일상생활 439

허락받지 못했고, 공산당이 나에게 얼마나 많은 해를 가하는지 뼈아프게 깨닫고 있다. 이제 죽기 전에 나이를 먹은 친구들을 만나 얘기를 나누고 싶다."[57] 체육 선수들은 해외여행이 상대적으로 쉬워서, 지식인들은 그들에게 자신들의 사회적 지위를 빼앗기고 있다고 느끼기도 했다.[58]

해외여행(서유럽으로 가는 여행을 의미)의 횟수는 다양한 지식인 집단에서 협상의 대상이었다. 좋은 협상 전략은 여론 주도층이 서구뿐만 아니라 동유럽으로도 여행을 갈 수 있게 싸우는 것이었다.[59] 이데올로기적 이유로 동유럽 여행은 당국에게 아주 중요했다.[60] 가족이나 동료의 여권 신청은 보통 관계 부서나 정치국에 아는 사람이 있을 경우 도움을 받을 수 있었다. 해외여행은 직업 때문이 아니라 개인적인 목적, 예를 들면 좀 더 나은 의료 서비스를 받기 위해서 가기도 했다.[61] 또한 해외여행은 소련 진영 국가에서 살 수 없는 상품을 구입할 수 있는 기회였기 때문에 중요했다. 그러므로 여권 정책 결정자에게 개인적으로 어느 정도 접근할 수 있느냐가 지식인 집단 사이에서 자신의 위치를 결정했다. 이바슈키에비치는 자신의 특권적 지위 덕분에 터키, 덴마크, 프랑스 여행을 다녀왔고, 이는 중간급 당 간부의 권한을 훨씬 넘는 것이었다. 여행은 철의 장막을 넘어 지식인을 지원하는 서구 장학금이나 초청장이 있으면 더 쉽게 할 수 있었다.[62]

---

57) Stefan Kisielewski, 《일기》, 25쪽.

58) 이 과정은 바레야Stanisław Bareja가 감독한 〈그 아내의 남편Mąż swojej żony〉(1960)에 역설적으로 잘 묘사되어 있다.

59) Zygmunt Mycielski, 《일기 1950~1959》, 185쪽.

60) Jarosław Iwaszkiewicz, 〈일기 1965~1968〉, 84쪽.

61) Jarosław Iwaszkiewicz, 〈일기 1974~1976〉, 16쪽.

62) Jarosław Iwaszkiewicz, 〈일기 1974~1976〉, 21, 39쪽.

8. 지식인으로서의 집단 자율권에 대한 상징 엘리트 지도층의 집착

상징 엘리트 지도자들은 지식인들에게 가능한 한 최대의 자율권을 보장해주고자 노력했다. 폴란드작가연맹이 획득한 독립은 당 엘리트가 규정했지만, 다른 소련 진영 국가의 규정된 범위를 훨씬 넘는 것이었다. 폴란드 권력 엘리트는 지식인 집단에서 중요한 위치에 있으면서 독립적인 정치 견해를 가진 인사들을 두려워했다. 그래서 그들의 표현의 자유를 축소하려 했다. 이바슈키에비치는 지식인들을 대신해서 권력 엘리트와 협상에 나섰다. 그는 검열 당국과 문제가 있는 작가들을 대신함과 동시에 공개적으로 이야기하고 출판할 수 있는 것의 범위를 넓히고자 했다. 예를 들면 1960년 5월 오하프와 만난 후 이렇게 쓰고 있다. "나는 그와 검열 당국이 출판을 봉쇄한 파란도프스키Jan Parandowski와 이와코비추프나 Kazimiera Iłłakowiczówna의 책에 대해 이야기했다. 그는 그 사실을 모르고 있었고 놀라워했다. 두 경우 모두 다시 검토해 해결책을 찾겠다고 약속했다."[63]

상징적 엘리트의 특정 자율권은 그들의 세계관이나 현 위치와 상관없는 집단 이익으로 인식되었다. 저항 지식인뿐만 아니라 폴란드 공산당원PZPR도 지식인 엘리트를 대변했다. 이바슈키에비치는 수상과 만난 후 이렇게 말했다. "자비에스키Jerzy Zawieyski, 크루치코프스키Leen Kruczkowski 그리고 브제흐바Jan Brzechwa(오랫동안 폴란드작가연맹 안에 있는 공산당 조직의 비석을 역임했다)는 매우 잘 대처했다.……어떤 일괄적인 약속을 한 것은 아니지만 실

---

63) Jarosław Iwaszkiewicz, 〈일기 1965~1968〉, 84쪽.

현 가능성이 있는 한두 가지〔해결책〕은 약속받았다."[64]

이바슈키에비치와 다른 여론 형성자들은 상징적 엘리트의 상대적으로 약한 위치를 깨달았다. 그래서 이바슈키에비치는 당으로부터 문화 영역과 지식인 집단의 자율권을 확보하고 싶었다. 그는 권력 엘리트와 타협함으로써 이러한 자율권을 지킬 수 있었다. 그는 타협적인 전략을 쓰는 것이 최상의 상황, 즉 문화 재정은 당·정이 담당하지만 정치가 아닌 문화 정책에 대해서는 예술가들이 그 방향을 결정할 수 있게 하는 것이 유일한 방법이라고 생각했다. 그러므로 이바슈키에비치는 1970년대 초 자신의 지지자 중 한 명이 폴란드작가연맹 부회장으로 당선되자 이를 커다란 개인적 성공으로 받아들였다.[65]

1968년의 상황에서 이러한 계획은 큰 효과가 없었음에도, 폴란드작가연맹 지도자들은 불만과 갈등을 공개적으로 표출하지 않았다. "지금 지아디Dziady 사건, 미치엘스키 사건과 오하프에 대한 청원서에 서명하라고 한다. 나는 맹세코 서명하지 않을 것이다.…… 그들은 얼마나 멍청한가? 마치 나라를 구하기라도 하는 것처럼 굴고 있다. 그들(정치인들)은 환상을 갖고 있거나 아니면 이 사건을 중대한 사건으로 만들고 싶은 모양이다. 그러면 다시 원점으로 돌아가야 한다."[66]

명목상 반유대 시위가 벌어지는 동안 당 엘리트는 많은 잡지의 편집자를 선동하여 불편한 지식인, 특히 유대계 지식인들을 제거하려 했다. 문화 잡지《창조Twórczość》의 편집장 이바슈키에비치는 1968년 자신의 상황을 이렇게 쓰고 있다. "가장 중요한 것은 어

---

64) Jarosław Iwaszkiewicz, 〈일기 1965~1968〉, 94쪽.
65) Jarosław Iwaszkiewicz, 〈일기 1974~1976〉, 29쪽.
66) Jarosław Iwaszkiewicz, 〈일기 1965~1968〉, 44쪽.

느 누구도 도와줄 수 없다는 것이다. 내가 아무리 많이 생각을 해도 소용이 없다. 바로 내 코앞에서 선동을 하고 있고, 내가 사직서를 낸다 해도 그것은 《창조》를 죽일 뿐이다. 그렇게 되면 내 친구들의 생활수준은 악화될 것이고 내가 이 지구상에서 유일하게 만족을 느낄 수 있는 일은 사라질 것이다.[67] 이바슈키에비치는 다음과 같이 극적으로 자신의 어려운 역할을 요약했다. "내가 누구냐? 아무도 상관하지 않는다. 당은 선전을 위해 나를 필요로 하고 가족은 돈을 위해, 《창조》의 편집위원회는 보호를 위해 나를 필요로 한다. 난 전혀 중요하지 않은 사람이다."[68]

9. 맺는말

폴란드 전후의 역사 해석에서 가장 많이 사용되는 해석 틀은 정치 엘리트(당국)가 민족(사회)에 반대한다는 것이었다. 이것은 1989년 이전 재야 세력 담론, 그리고 대중적인 담론의 결과로 볼 수 있다. 이 담론에서 당국은 우리에게 적대적인 그들로 인식되었다. 그리고 전통적인 정치 경제 제도의 결함 때문에 준영구적인 갈등이 1956년, 1968년, 1976년, 1980년 계속해서 나타났다고 보았다.

그러나 이 글은 이것과 접근 방식을 달리했다. 이 글의 가정은 각기 이해관계를 달리하는 사회 집단이 최상의 결과를 얻기 위해 서로 협상했다는 것이다. 이익 집단은 반드시 폭동을 통해 자신들이 원하는 바를 표출시킬 필요는 없다. 협상은 매일같이 이뤄졌

---

67) Jarosław Iwaszkiewicz, 〈일기 1965~1968〉, 49쪽.
68) Jarosław Iwaszkiewicz, 〈일기 1974~1976〉, 43쪽.

고, 그것은 아주 흔한 일이었다. 지식인들은 이미 도입된 체제를 가까운 장래에 바꾸는 건 힘들다고 생각했다. 그리고 1950년대 초 강압적이고 폭력적인 스탈린의 통치 기간과 대조적으로, 고무카 시대는 검열이 비교적 완화되었고 덜 권위적이었다. 이러한 분위 기는 새로운 당 지도부와 변화된 상황을 좀 더 쉽게 수용하게 만들 었고, 지식인들은 새로운 상황에 적응하고 타협함으로써 최선의 삶과 작업 조건을 얻고자 노력했다.

구세대 지식인과 정치 엘리트의 상호작용을 통해 양자 모두 서 로 다른 혜택을 보았다. 지식인들은 직업 때문에라도 일상적인 재 화든 고급문화든 서구 문물에 접근할 수 있어야 했다. 또한 아무리 제한적이라 하더라도 해외여행을 해야 했다. 유명한 지식인들은 폴란드 이민 사회와 접촉하는 것도 허용되었다. 상징 엘리트는 그 들의 존재만으로 전국적 차원의 공공 영역에서 당의 통치를 정당 화시키는 역할을 했다. 개인적인 차원에서 보면 주로 중산층 출신 인 당 엘리트들은 지식인 집단에 속하고 싶어 했다.

그러나 권력 엘리트와 지식인의 접촉은 서로 상충되는 이해관계 때문에 불안정했다. 상징 엘리트는 1956년 10월 사태와 급속도로 진행되는 스탈린 해체 작업을 통해 제한적으로나마 획득한 자율 권을 지키고자 했다. 반면 공산당 지도부는 지식인 집단과 그들의 공적 활동을 다시 자신들의 통제 아래 두고 싶어 했다. 이들의 긴 장 관계 징후는 1968년 3월 일련의 사건을 통해 나타났다. 당 엘리 트는 협상의 주도권을 쥐고 있었고, 이는 일상적 접촉에서도 마찬 가지였다. 지식인들이 소련 진영 국가에 비해 협상에서 유리한 위 치를 차지할 수 있는 요인 중 하나는 폴란드 민족 형성에서 상징 엘리트들이 중요한 역할을 한 것이었다. 상징 엘리트 지도자들의 전략은 체제의 정당성 부여에 도움을 주는 대신, 자신들의 상대적 독립성을 확보하는 것이었다. 지식인들은 아직 국가 주권이 확립되지 못했다는 점을 강조하면서, 자신들이 폴란드 문화, 즉 폴란드 민족 정체성을 지키고 있다는 것에서 정당성을 찾고자 했다.

　많은 폴란드 지식인들의 이러한 확신, 즉 협상을 통해 정치 엘리트의 양보를 얻어내야 한다는 확신은 폴란드 인민공화국의 존속 내내 지속된 것으로 보인다. 독립학생연합NZS 소속의 한 회원의 이야기가 이런 점에서 시사적이다. "바르샤바 대학에서 학생 파업 결정이 내려진 후, 나는 학교 복도에서 한 교수님을 만났다. 나를 알아본 교수는 이렇게 말했다. '토마쉬, 자네는 독립학생연합의 재합법화를 위해서 싸우고 있군. 우리가 이미 모든 것을 결정zalatwiliśmy 했는데, 아직 그것 때문에 파업을 하고 있군! 이제 자네는 영원히 재합법화를 잊을 수 있을 거네.' 며칠 후 당 지도부는 거리 시위의 영향으로 재합법화 결정을 내렸다."

V

제도화된 일상

'소비에트 인간형'의 창조
—네프기 '신체문화' 정책을 중심으로*

박원용

1. 들어가는 말

10월혁명으로 정치권력을 장악한 볼셰비키는 그들 앞에 제시된 또 다른 과제의 해결을 위해 부심해야 했다. 새로운 체제를 인정하지 않는 군대의 고위 장교들은 볼셰비키 체제 타도를 위해 병력을 모으기 시작했다. 전제정 시대에 국가 운영에 관여하던 관리 중 일부는 사회주의 체제 건설에 협조할 수 없다며 망명을 선택했다. 영국과 프랑스를 필두로 하는 유럽의 자본주의 국가들은 사회주의의 망령이 유럽의 중심부까지 퍼지는 것을 방치할 수 없다며 군사 개입을 통해 신생 사회주의 정권을 타도하려 했다. 한마디로 소비

* 이 글은 《러시아 연구》, 16권 1호(2006)에 발표한 글을 수정, 보완한 것이다.

박원용은 서울대 서양사학과를 1985년에 졸업하고, 같은 해 러시아사를 전공하고자 석사 과정에 입학했다. 전시 공산주의의 성격을 '국가경제최고회의'라는 기구를 통해 분석한 논문으로 석사 학위를 취득하고 미국 인디애나 대학으로 유학을 떠났다. 혁명 후 러시아 사회를 설명할 수 있는 핵심 주제를 교육 정책을 통한 사회 유동성의 문제로 생각하고, 노동자·농민의 자식들을 위한 특수교육기관인 '노동자 예비학부'를 중심으로 한 고등교육기관의 개혁과 한계를 다룬 논문으로 2000년 박사 학위를 취득했다. 최근에는 영화를 통한 소비에트 체제의 문화 정책, 사회주의 체제하의 일상사에 대한 논문 등을 통해 관심 분야를 넓혀가고 있다. 현재 부경대 사학과 교수로 재직 중이다.

에트 정권의 존속 여부를 그 누구도 쉽게 확신할 수 없는 상황이었
다. 체제와 권력을 지키려는 볼셰비키 지도부의 다양한 시도는 이
러한 상황에서 등장했다.

경제 정책과 국가 기구의 정비를 통해 소비에트 정권이 어떻게
위기를 대처해나갔는지에 대해서는 다방면에서 연구가 축적되어
있다.[1]

이와 더불어 사회문화적 측면에서 새로운 사회 건설을 위한 소
비에트 정권의 시도에 대해서도 많은 연구가 축적되어 있다. 최근
에는 엘리아스Norbert Elias의 '문명화 과정' 개념을 이용하여 소
비에트 사회의 '문화도 культурность'라는 개념이 어떻게 당시
의 인민들에게 확산되어갔고 그것이 결국 스탈린 체제의 안정화
에 어떻게 기여했는지를 보여주는 연구가 이뤄졌다. 또한 남성보
다 종교적 성향이 상대적으로 강한 여성들에게 반종교적 내용의
속요들을 전파시켜 체제가 원하는 새로운 여성상, 즉 무신론적인
소비에트의 신여성으로 어떻게 전환시켜나갔는지를 보여주는 연
구도 등장했다.[2]

소비에트 체제의 가치를 인민들에게 주입하여 새로운 인간형을
만들려고 한 볼셰비키당 지도부의 다양한 시도를 여기서 모두 언

---

1) Silvana Malle, 《전시 공산주의의 경제 조직 *The Economic Organization of War Communism 1918~1921*》(New York : Cambridge Univ. Press, 2000) ; T. H. Rigby, 《레닌의 정부 : 소브나르콤 1917~1922*Lenin's Government : Sovnarkom 1917~1922*》(New York : Cambridge Univ. Press, 1979).

2) Vadim Volkov, 〈쿨투르노스치의 개념 : 스탈린 시대 문명화 과정에 대한 연구 *The Concept of Kul turnost : Notes on the Stalinist Civilizing Process*〉, Sheila Fitzpatrick (ed.), 《스탈린주의 : 신경향 *Stalinism : New Directions*》(New York : Routledge, 2000), 210~230쪽 ; W. B. Husband, 〈신화적 공동체와 신소비에트 여성 : 볼셰비키 반종교적 속요 차스투슈키 Mythical Communities and the New Soviet Woman : Bolshevik Antireligious *Chastushki*, *1917~1932*〉, 《러시아 평론 *Russian Review*》, vol. 63, no. 1(2004), 89~106쪽.

급할 수는 없다. 나는 다만 인민의 다양한 삶의 영역에 걸친 소비에트 체제의 가치 확립은 체제의 기반을 확고히 다지는 데 필수적 과정이었음을 지적하고자 한다. 사회주의 혁명의 성공은 소비에트 체제의 가치를 내면화하고 체제에 순응하는 '호모 소비에티쿠스'의 양성에 달려 있었다는 의미다.[3] 인민의 일상이 구체제와 차별화되면 새로운 체제가 안정적으로 지속될 것이라는 믿음이 이러한 시도에 내재해 있었다.

이 글은 체제의 유지와 발전에 기여할 소비에트형 신인간의 창조와 관련된 다양한 영역 중에서 '신체문화физическая культура'와 관련된 논의를 중점적으로 다룰 것이다. 신체문화를 이 글의 중심으로 삼은 이유는 다음과 같다.

먼저 본문을 통해 밝히겠지만 신체문화는 용어상의 일차적 의미, 즉 신체의 건강 증진을 위한 제반 활동이라는 한정적 의미뿐만 아니라 생활 전반에 걸친 지도 원리의 기능을 가지고 있었다. 1920년대의 신체문화는 당시에 출간된 간행물에서 지적했듯이 스포츠를 위한 조직 작업뿐 아니라 대중의 정치 교육 활동까지 포함하고 있었다. '신체 활동'이나 사전적 의미의 '체육'으로 단순히 번역하기 힘든 이유도 여기에 있다. 또한 삶의 넓은 영역에 관여하는 포괄적인 지침이기도 해서 소비에트 인민들이 신체문화를 체화한 정도를 통해, 볼셰비키 권력의 새로운 인간형 창조 프로젝트의 성과를 비판적으로 검토할 수가 있다. 이 글에서는 광범위한 영역에 관여한 신체문화의 여러 측면 중에서 그것의 실현을 위해 논의된 정책 방향을 중점적으로 다룰 것이다. 신체문화의 정책 방향을 둘러싼

---

3) 호모 소비에티쿠스의 다양한 용례에 대해서는 다음을 참고하라. Andrei Rogachevskii, 〈도서관의 호모 소비에티쿠스Homo Sovieticus in the Library〉, 《유럽-아시아 연구 *Europe-Asia Studies*》, vol. 54(2002), 975쪽.

지도부의 논의는 소비에트 신인간형 창조와 관련된 현실론과 원칙론의 대립을 보여주는 사례이기도 하다.

신체문화 그 자체에 대한 심도 있는 연구는 아직 부족한 실정이다. 소비에트 권력의 체육 정책의 변화 과정을 서술하면서 부분적으로 그 의미를 언급하는 저서들이 있기는 하지만, 체육 정책의 관련 속에서만 지적하고 있어 신체문화의 포괄적 의미를 제대로 부각시키지 못하고 있다. 또한 체제의 신인간형 양성 프로젝트와 어떻게 관련을 맺는지도 보여주지 못한다.[4] 이 글은 이러한 공백을 메워보려는 작은 시도이자, 보다 넓은 의미에서는 1920년대 네프 NEP 사회의 사회주의 체제 수립을 둘러싼 다양한 시도가 어떻게 스탈린주의의 성립으로 귀결되는지에 대한 또 다른 단서를 제공하고자 한다.

2. 신체문화 이론의 기원―표트르 레스가프트

소비에트 정권은 새로운 정치 · 사회체제를 지탱하고 발전시키기 위해 전 시대의 가치와 제도를 일소하는 데 힘을 기울였다. 하지만 그들이 아무것도 없는 진공 상태에서 사회주의 체제에 걸맞은 제도와 가치를 건설하려고 했던 것은 아니다. 약간 변용하면 사회주의 정권에 활용할 수 있다고 생각하는 이념과 제도는 이전 시

---

4) James Riordan,《소비에트 사회에서의 스포츠 : 러시아와 소련에서의 스포츠와 체육의 전개Sport in Soviet Society : Development of Sport and Physical Education in Russia and the USSR》(London : Cambridge Univ. Press, 1977) ; Robert Edelman,《진지한 유희 : 소련 스포츠 관중의 역사Serious Fun : A History of Spectator Sports in the USSR》(New York : Oxford Univ. Press, 1993).

대의 것이라도 배척하지 않았다. 사회주의 체제의 이념을 실현 가능하게 하는 '신인간' 양성과 관련된 교육 정책에서도 이러한 그들의 노력을 확인할 수 있다. 특히 러시아 교육 체계를 확립하는 데 있어 대부분의 책임을 지고 있던 문교인민위원부의 수장 루나차르스키Анатолий Луначарский는 과거 문화유산을 흡수하려는 노력 없이는 수준 높은 소비에트 문화의 창출이 불가능하다고 역설하면서 구시대와의 급격한 단절을 주장하는 공산주의자들을 경계했다.[5]

1962년 신체문화에 대한 백과사전을 출판한 쿠쿠쉬킨Г. И. Ку-кушкин에 따르면 신체문화는 다음의 세 가지 목적을 가진다. "노동자들의 개인적 건강 증진, 사회주의적 노동을 향한 준비, 조국의 방어."[6] 이렇듯 신체문화는 사회주의 체제 수호에 기여할 전사들의 체력 단련을 위한 체육의 의미와 그러한 육체적 건강함을 체제의 발전에 기여하도록 하는 가치 지향적 제반 활동을 포함하는 의미까지[7] 들어 있었다. 그러나 이것이 모두 볼셰비키 정권의 창조물은 아니었다. 신체문화의 일차적 개념 중 하나인 육체와 정신의 조화로운 발달이라는 이상은 제정 시대 사회사상가들에게서도 쉽

---

5) 부르주아 문화의 잔재를 거부하면서 프롤레타리아의 전형적인 문화 유형을 창조하려는 급진주의자들과 루나차르스키와의 갈등은 다음을 참고하라. 박원용, 〈소비에트 정권 초기 고등교육 개혁과 신인간형 창출의 딜레마〉,《서양사론》, 74(2002), 119~131쪽.

6) Hart Cantelon, 〈레닌주의자/프롤레타리아 문화단 지지자들의 문화 논쟁 : 소비에트 노동 계급 사이에서 스포츠가 갖는 함의The Leninist/Proletkul'tist Cultural Debates : Implications for Sport among the Soviet Working Class〉, Hart Cantelon · Roberts Hollands (eds.),《여가, 스포츠, 노동 계급 문화 : 이론과 역사Leisure, Sport and Working-Class Cultures : Theory and History》(Toronto, Ont. : Garamond Press, 1988), 93쪽.

7) Boris Novilov, 〈소비에트 학생들의 인성에 대한 신체문화의 영향The Influence of Physical Culture on the Personality of Soviet Students〉,《스포츠 사회학 국제 평론 International Review for the Sociology of Sport》, vol. 22(1987), 338쪽.

게 찾아볼 수 있다. 이 글에서 그들을 일일이 열거하는 것은 글의 주제를 벗어나는 일이기 때문에 여기에서는 레스가프트Ⅱ. Ф. Лe crаφт의 사상만을 검토하겠다. 소비에트 시기에 들어와 본격적인 개화기를 맞이한 신체문화 이론은 레스가프트의 사상에 많은 부분을 빚지고 있기 때문이다.

생물학자이자 해부학자, 교육가, 사회개혁가이기도 한 레스가프트는 제정기 학교 교육에서 체육을 새로운 교과 중 하나로 정착시키는 데 기여한 인물이었다. 1861년 대학의 해부학 강사로 사회생활을 시작한 그는 1869년 카잔 대학 교수로 임명되었다. 그러나 대학 책임자의 보수적 정책을 비판했다는 이유로 1871년 교수직에서 해임된다. 교수직 해임은 그에게 어떤 의미에서는 새로운 영역을 개척할 수 있는 기회였다. 그는 개원 외과의의 재활치료상담자로 일하면서 유럽과 고대 그리스의 운동의 역사에 대한 책과 체조가 인간의 신체에 미치는 효능에 대한 논문을 발표함으로써 운동과 신체 발달 전문가로 위치를 다져가기 시작했다. 1875년에는 서유럽 국가들의 체육 체계를 연구하기 위해 국방부의 지원을 받아 2년간 총 13여 개의 서유럽 국가를 순방하기도 했다. 이러한 관찰과 연구를 토대로 1877년에 귀국하여 군 사관학교 체육 강좌의 바람직한 방향과 내용을 소개한 책을 출판하기도 했다.[8]

레스가프트는 군 장교의 훈련을 위한 체육 체계 정비와 일반 학교에서의 체육 체계 정비를 위해 노력했다. 이는 인간의 생체에 대한 그의 애초의 관심이 반영된 결과였다. 즉 인간의 신체는 끊임없는 변화와 발전의 과정에 놓여 있다. 이러한 변화와 발전은 부분적

---

8) James Riordan, 《소비에트 사회에서의 스포츠 : 러시아와 소련에서의 스포츠와 체육의 전개》, 48쪽.

으로 사회적 환경의 영향을 받기도 하지만 인간의 신체를 전반적으로 발전시키는 유일한 수단은 운동이라고 생각했다. 그리하여 그는 1892년에 '청년 학생을 위한 신체 발달 증진 협회'를 창설하여 학교와 가정에 체육 활동의 중요성을 인식시키기 위해 노력했다. 이러한 노력의 결과 그는 1896년에 교육부를 설득하여 그의 책임 아래 남녀 체육 강사 양성을 위한 교육과정을 러시아 최초로 설립했다. 1905년에는 체육교사 양성을 위한 상급학교까지 만들었지만 학생들의 소요를 부추긴다는 죄목으로 학교는 1907년 폐쇄되었다. 그의 교육 내용은 10월혁명 이후 볼셰비키 정부가 신설한 '신체문화연구소'의 교육 프로그램으로 재개되었다.[9]

레스가프트에 따르면 육체 운동은 우리 몸의 각 기관을 완성시키는 데 기여함과 동시에 의식과 감정, 의지 등을 형성하는 데에도 영향을 미친다. 따라서 자라나는 세대의 정신과 육체의 균형적인 발전을 위해서는 과학적 체육 체계의 정립이 무엇보다 필요하다고 생각했다. 이를 위해 그는 학교와 가정에서 체육 활동을 피교육자의 나이와 상태에 맞게 4단계로 나누어 실시할 것을 제안했다. 즉 저학년 단계에서는 운동 능력 측정과 무관한 걷기, 뛰기, 던지기 등의 단순한 동작만을 가르치다가 한 단계 위로 올라가면 시간과 거리를 측정하는 달리기와 멀리뛰기 등의 동작을 가르친다. 그리고 다시 그보다 위인 3단계에 이르면 어떤 목표치를 정해 그것에 도달하기 위한 달리기와 멀리뛰기 등을 가르친다. 마지막 4단계에서는 이전의 교육 단계에서 습득한 기술을 운동경기에 적용할 수 있는 어려운 동작으로 발전시켜 기술적인 측면을 강화시킨

---

9) James Riordan, 《소비에트 사회에서의 스포츠 : 러시아와 소련에서의 스포츠와 체육의 전개》, 48쪽.

다.[10] 이렇듯 각 단계별로 차별적인 체육의 목표를 추구하는 과정에서 교사는 아이들이 최소한의 에너지와 시간으로 최대의 성과를 거둘 수 있게 도와줄 수 있다.

체육의 단계별 교육 내용과 더불어 레스가프트가 중시했던 것은 교육의 목적을 성취할 수 있는 구체적 방법이었다. 그에 따르면 학교 체육이 목표로 하는 육체와 정신의 균형적 발전을 위해 사용해야 할 방법은 체조와 단체경기, 답사, 산책 등이었다. 답사나 산책 같은 비운동적 형태도 체육에 포함시켜야 한다고 생각한 이유는 학생들의 정서적 안정과 창조적 사고에 도움을 주기 때문이다. 지역의 풍물을 살피는 답사를 통해 학생들은 생각의 계기를 가지게 된다. 또한 산책이 주는 정서적 안정은 보다 활발한 지적 활동을 위한 에너지를 제공해준다.[11]

그러나 레스가프트가 가장 강조한 것은 학교의 운동경기가 성격을 건전하게 발달시키는 수단이 되어야 한다는 것이었다. 즉 운동경기는 집단정신, 이타심, 사회에 대한 봉사의식을 깨닫게 하는 계기가 되어야지 경기 참가자들의 자기중심주의를 강화하는 계기가 되어서는 안 된다는 것이다. 학교의 운동경기 참가자들은 개개인이 소사회의 성원이라는 인식을 가지고, 이기적인 자기만의 목적은 접고 공동의 목표를 달성하기 위해 참여한다는 인식을 가져야 한다. 이러한 과정 속에서 경기의 참가자들은 '정의감, 동지애, 정정당당한 경기 태도' 등을 체득하는 것이다. 주의할 점은 레스가프트가 지적하는 경기 참여자들의 공동의 목표란 일반적으로 생

---

10) В. В. Столбов·И. Г. Чудинов,《신체문화의 역사*История физической культуры*》(Москва, 1962), 109쪽.

11) П. Ф. Лесгафт,《표트르 프란체비치 레스가프트 회고록*Памяти Петра Францевича Лесгафта*》(Петербург, 1921), 100쪽.

각하는 경기의 승리를 의미하지 않는다는 것이다. 경기에서 승리를 강조하면 운동 능력의 향상을 단계적으로 성취하기보다는 승리에 필요한 특정 기술만을 습득하려 하기 때문이다. 이는 청소년들의 건전한 정서 발달에 도움을 주지 못하며 그들을 성과에만 집착하게 만들 뿐이다. 레스가프트에 따르면 승리의 결과로 주어지는 트로피, 상금 등은 이기적인 욕심을 갖게 하기 때문에 육체와 정신의 조화로운 발전이라는 목표에 부합하지 않는다.[12]

체육을 통해 건전한 육체와 정신을 가진 자유로운 시민을 양성한다는 레스가프트의 교육론은 사실 영국의 공립학교에서 관찰한 것으로, 제한적 의미의 단체정신을 강조하는 운동경기를 위주로 한 영국의 체육 교육에 많은 영향을 받았다.[13] 사실 체육의 목적과 이념은 지역에 따라 다르게 제시된다. 특히 19세기 후반에 유럽 정치 무대를 주도적으로 이끌었던 세 나라인 영국, 프랑스, 독일은 서로 다른 방향을 가지고 있었다. 영국과 독일 모두 체육을 통해 젊은 세대의 에너지와 본능을 사회적 목적에 맞게 길들인다는 목적을 가지고 있었지만, 그 구체적 방법에서는 차이를 보였다. 즉 영국의 체육은 추상적 의미의 공동체보다 구체적으로 학교를 구성하는 성원들의 단합을 강조했다. 반면에 독일의 체육은 국가라는 보다 광의의 공동체에 봉사하고자 했다. 영국의 체육이 공간과 설비를 갖춘 학교들 간의 경기를 강조하는 배타적 경향이었다면, 독일의 체육은 많은 사람이 참여할 수 있는 단체운동을 강조했다. 하나가 귀족적이었다면 다른 하나는 대중적이었다. 프랑스는 이 두 경향을 절충하여 운영하는 모습을 보였다.[14]

---

12) П. Ф. Лесгафт, 《표트르 프란체비치 레스가프트 회고록》, 98~103쪽.

13) James Riordan, 《소비에트 사회에서의 스포츠 : 러시아와 소련에서의 스포츠와 체육의 전개》, 52쪽.

사회주의 혁명을 성취한 러시아에서 엘리트주의적 성향을 보이는 영국식 체육 모델을 채택할 수는 없었다. 체육의 국가주의적 성격을 강조하고 그것을 통해 국민을 교육시킨다는 독일식 모델[15]이 사회주의 정권에 더 어울렸다. 하지만 독일식 체육 모델이 국민 전체에 대한 교육적 기능은 강조했지만 새로운 인간형 창출을 위한 통합적 이념을 제시하지는 않았다. 독일식 모델 또한 인간의 의식과 생활 습관을 개조시키는 공세적인 이데올로기로는 미흡했다. 체조처럼 여러 사람이 동시에 참여할 수 있는 체육의 형태를 독일식 모델이 강조했다 하더라도 운동 능력이 뛰어난 소수의 선수들 위주로 진행되는 스포츠 문화가 독일에서도 여전히 남아 있었기 때문이다. 독일의 스포츠 문화에서도 노동자 대중의 참여가 차단되어 '구경꾼'이라는 수동적 상태에 머물러야 하는 문제가 존재했다.[16]

혁명 지도 세력이 레스가프트의 체육론에 다시 주목한 것은 이 지점이었다. 즉 경기의 승패를 강조하는 운동 시합을 부정하고 소수의 사람만을 위한 여가 활동으로 체육을 한정시키지 않은 점, 단계적 교육 내용을 통한 신체의 발달과 산책이나 답사 같은 운동 외적 활동을 체육의 교과과정에 포함시켜 창조적 정신의 형성을 가능하게 한 점은 혁명 정부의 소비에트형 인간의 창출에 차용될 수 있는 가능성이 있었다. 볼셰비키 정부는 그의 사상을 체제의 필요에 맞춰 신체문화라는 사회주의 체제의 신인간 양성 프로그램으

---

14) Eugen Weber, 〈세기말 프랑스의 체조와 스포츠 : 계급의 아편?Gymnastics and Sports in fin-de-Siècle France : Opium of the Classes?〉, 《미국역사평론The American Historical Review》, vol. 76, no. 1(1971), 71~72쪽.

15) Matthias Marschik, 〈조작과 저항 사이에서 : 나치 시대 비엔나 축구Between Manipulation and Resistance : Viennese Football in the Nazi Era〉, 《현대사 잡지Journal of Contemporary History》, vol. 34, no. 2(1999), 218~219쪽.

16) Robert Edelman, 《진지한 유희 : 소련 스포츠 관중의 역사》, 7~11쪽.

로 발전시켰다.

3. 신체문화 개념의 구체적 활용

노동자 · 농민의 지지를 기반으로 사회주의 체제가 수립되었다
고 볼셰비키가 아무리 강조해도, 그들이 현실적으로 체제를 운영
해나갈 만한 자원과 토대를 가지고 있었는가는 별개의 문제였다.
사회주의 체제에서 5명의 성인 중에 읽고 쓸 수 있는 능력을 가진
사람은 1920년대 들어와서도 2명에 불과했다.[17] 또한 볼셰비키 정
부는 체제의 이념을 실현하기 위해 구체제의 국가 기구를 폐지 또
는 개편하여 새로운 국가 기구를 만들었지만, 이들 국가 기구의 인
적 구성을 획기적으로 쇄신시키지는 못했다. 사회주의 체제의 이
념에 호응하면서 국가 경영에 필요한 지적 능력을 겸비한 인적 자
원을 볼셰비키 정권은 당장 확보할 수 없었다. 이런 상황에서 그들
은 기존의 체제에서 교육받고 국가 관리의 경험이 있는 '구시대의
인사'를 활용할 수밖에 없었다. 소비에트 초기의 15개 국가 기구
중 11개 국가 기구의 인적 구성을 조사한 이로쉬니코프에 따르면,
제정 시대 국가 관리로 일했던 사람들이 소비에트 중앙 국가 기구
에서 차지하는 비율은 50%를 상회했다.[18] 이러한 수치는 볼셰비키

---

17) Peter Kenez, 《선동 국가의 탄생 : 대중 동원의 소비에트 방식 *The Birth of the Propa-
ganda State : Soviet Methods of Mass Mobilization, 1917~1929*》(London : Cambridge Univ.
Press, 1985), 73쪽.

18) D. T. Orlovsky, 〈내전기의 국가 건설 : 중하층 신분의 역할State Building in the
Civil War Era : The Role of the Lower-Middle Strata〉, D. P. Koenker · W. G.
Rosenberg · R. G. Suny (eds.), 《러시아 내전기의 당, 국가, 사회*Party, State, and Society in
the Russian Civil War*》(Indiana : Indiana Univ. Press, 1989), 192쪽.

정부가 신뢰할 만한 인적 자원을 확보하지 못한 상태에서 사회주의 체제의 건설 작업을 추진하고 있었음을 반영했다.

볼셰비키는 사회주의 체제를 정착시키는 데 필요한 인적 자원의 부족을 계속 방관할 수는 없었고, '소비에트 인간형'의 양성을 통해 체제의 존속을 확보해야만 했다. 체제가 필요로 하는 인간형을 길러내기 위해서 다양한 방법이 도입되었다. 교육 제도의 개혁을 통해 체제의 이념에 충실할 뿐만 아니라 자질 면에서도 뒤처지지 않는 간부를 양성하려는 시도도 이러한 맥락에서 행해졌다. 그렇지만 교육 제도의 정비만으로 소비에트 정권이 바라는 새로운 인간형을 창출해낸다는 것은 쉬운 일이 아니었다. 제도적인 개혁과 아울러 구체적인 삶의 양식까지 규율할 수 있는 구체적 지침이 필요했다.

신체문화라는 매우 다양한 개념을 포괄하는 용어가 등장한 것도 이러한 배경에서였다. 즉 당시의 소비에트 정권 지도부는 교육, 생활 방식의 규율, 건강 등의 다양한 영역에 신체문화의 개념을 적용하여 체제가 필요로 하는 새로운 인간형 양성의 지침으로 활용하려고 했다. 어떤 의미에서 그것은 소비에트의 인민이라면 누구나 체득하고 실천해야만 하는 가치의 총합이었다. 따라서 리오르단 James Riordan이 신체문화의 개념이 제시되고 광범위하게 유포된 1920년대의 러시아를 '신체문화의 시대'[19]라고 규정한 것도 지나친 것이 아니었다.

그렇다면 1920년대를 신체문화의 시대라고 부를 수 있을 정도로 그것은 구체적으로 어떻게 적용되고 있었을까? 신체문화는 일차

---

19) James Riordan, 《소비에트 사회에서의 스포츠 : 러시아와 소련에서의 스포츠와 체육의 전개》, 82쪽.

적으로 개인의 건강 증진을 위한 신체 활동을 의미한다고 볼 수도 있지만 그런 좁은 의미로만 한정시킬 수 없다. 개인적 차원을 넘어 소비에트 국가 체제에 기여할 수 있는 사회적 의미가 부여되어야 했다. 이런 맥락에서 신체문화는 사회주의 조국 러시아를 대내외의 적으로부터 구하기 위한 중요한 수단으로 간주되었다. 즉 사회주의 조국 러시아를 무너뜨리려는 외부 제국주의 침략 세력과 내부의 반혁명 분자에 맞서 소비에트 인민의 방어 역량을 강화시키는 수단이었다. 방어 역량의 강화를 위한 소비에트 인민의 훈련은 신체문화의 일차적 내용 중 하나였다. 레닌 또한 브레스트-리토프스크 강화조약 직후인 1918년 3월에 열린 제7차 당대회에서 사회주의 조국을 수호하는 데 필요한 군사훈련을 감당할 만한 육체적으로 강건한 남녀 인민을 체계적이고 집중적인 훈련을 통해 양성해야 한다고 역설했다.[20] 내전의 위기가 본격적으로 감도는 상황에서 신체문화의 일차적 기능은 사회주의 체제 수호의 핵심 기반이라고 할 수 있는 적군(赤軍) 구성원들의 육체적 역량을 강화하는 것이었다.

총군사훈련국Всевобуч의 중요한 설립 목적 중 하나가 바로 이 목적을 달성하는 데 있었다. 볼셰비키 당 중앙집행위원회는 1918년 4월 22일 '강제적 군사훈련에 대하여'라는 법령을 통과시켰다. 이 법령에 따르면, 18세와 40세 사이의 모든 노동자·농민은 8주에 걸쳐 총 96시간에 달하는 기본적 체력 단련과 군사훈련을 받아야 했다. 훈련은 지방에서도 실시되었기 때문에 총군사훈련국은 이들 모두를 총괄하는 중앙 기구로서의 위상을 가지고 있었다.[21]

---

20) Vadimir Lenin, 《당 대회에서의 연설1918~1922 *Speeches at Party Congresses 1918~1922*》(Moscow, 1971), 41~42쪽.

이러한 조직 과정을 통해 총군사훈련국은 "빠른 시일 안에 적군에게 훈련된 인적 자원을 제공하는" 사명을 완수해야 했다.[22]

이렇게 총군사훈련국의 목표는 야심에 찼지만 출발은 순조롭지 않았다. 우선 총군사훈련국이 사회주의 체제의 수호에 기여할 수 있는 인적 자원을 적군에게 공급한다는 설립 취지를 충족하기 위해서는 이념적으로 무장된 교관들을 확보하고 있어야 했다. 그러나 혁명 이후 중·고등 교육기관의 교사들이 제정 시대의 교육기관에서 양성된 것과 마찬가지로 총군사훈련국의 교관들도 전제정 시대의 군대에서 복무했던 사관들이었다. 1918년에 총군사훈련국 내에는 전제정의 군대에 복무했던 만 7,428명의 사관들이 교관으로 복무하고 있었다.[23]

이러한 상황은 이념과 현실 어느 한 만을 강조할 수 없었던 레닌의 고민을 반영하는 것이었다. 하지만 사회주의 체제 수호를 위해 일선에서 싸울 적군에게 필요한 인적 자원을 공급한다는 총군사훈련국의 취지를 생각할 때 시급히 개선되어야 했다. 총군사훈련국의 수장이었던 포드보이스키H. Подвоиский가 "이질적이고 적대적인 성향을 가진 교관들을 훈련국에서 숙청"해야 한다[24]고 한 것도 이런 맥락에서 보면 놀라운 일은 아니다. 게다가 적군 자체의 조직과 기반 강화를 위한 제반 여건, 즉 경제적 지원이라든가

---

21) И. Г. Чудинов (ред.),《소비에트 신체문화와 스포츠 문제에 대한 기본 결의문, 명령과 지시, 1917~1957 Основные постановления, приказы и инструкции по вопросам советской физической культуры и спорта1917~1957》(Москва, 1959), 5~6쪽.

22) James Riordan,《소비에트 사회에서의 스포츠 : 러시아와 소련에서의 스포츠와 체육의 전개》, 69~70쪽.

23) З. Старовоитова,《건강 전권대표Полпред здоровья》(Москва, 1969), 40쪽.

24) James Riordan,《소비에트 사회에서의 스포츠 : 러시아와 소련에서의 스포츠와 체육의 전개》, 72쪽.

군수물자까지 부족한 마당에 미래의 적군 인적 자원을 위해 총군사훈련국에 대한 지원을 강화하는 것은 오히려 적군의 역량을 약화시킬 수 있다는 반론도 제기되었다.[25]

그러나 총군사훈련국이 이렇게 국가 기구로서 위상은 취약했어도, 볼셰비키 권력 초기의 어려움을 해소하는 데 보여주었던 역할을 과소평가할 수는 없다. 총군사훈련국의 훈련 과정을 이수한 우랄 지역의 산업 노동자들은 1920년에 체코 군단의 진격을 저지하는 무용을 발휘했다. 게다가 페테르부르크 군사훈련국의 모든 간부는 1921년 크론슈타트 수병 반란의 진압에서 보여준 혁혁한 성과로 '혁명 붉은 기 훈장'을 수여받기도 했다.[26]

내전기 동안 총군사훈련국이 위기 극복에 기여한 구체적 성과들을 통해, 우리는 신체문화의 일차적 기능을 추론할 수 있다. 즉 소비에트 초기의 신체문화는 적군의 방어 능력을 향상하는 데 기여하는 군사적 기능을 가지고 있었다. 이 점은 총군사훈련국이 1919년 4월에 작성한 "신체문화, 스포츠, 사전 징집 훈련 전 러시아 대회"의 결의문을 통해서도 나타난다. 결의문에 따르면 신체문화는 "피로감과 일탈을 이겨낼 수 있는 건강하고 의지가 굳은 병사를 길러냄과 동시에 혁명적 규율, 강한 의지, 투쟁 정신의 필요성에 대한 이해를 주입"할 수 있어야 했다.[27] 이러한 목적을 가지는 신체문화를 각급 학교, 군대, 모든 형태의 작업장에 보급한다면 소비

---

25) Mark von Hagen, 《프롤레타리아 독재에서의 병사 : 적군과 소비에트 사회주의 국가 1917~1930 Soldiers in the Proletarian Dictatorship : The Red Army and the Soviet Socialist State, 1917~1930》(Ithaca and London, 1990), 29쪽.

26) Ф. И. Самуков (ред.), 《신체문화의 역사 История физической культуры》(Москва, 1956), 30쪽.

27) И. Г. Чудинов (ред.), 《소비에트 신체문화와 스포츠 문제에 대한 기본 결의문, 명령과 지시》, 41쪽.

에트 체제는 언제라도 군사적 위협에 대응할 수 있다고 당 지도부는 생각했다. 신체문화는 일차적으로 체제 수호에 필수적인 강인한 적군 병사를 만들어내는 데 기여해야 했다.

신체문화의 또 다른 필요성은 사회주의 체제의 교육 이념과 관련하여 제기되었다. 교육 체제 정립의 책임을 지고 있었던 루나차르스키는 전인적 인간의 개발을 소비에트 교육의 목표로 주장했다. 그에 따르면 소비에트 인민은 기본적인 과학뿐만 아니라 모든 형태의 예술에 대해서도 지식을 가지고 있어야 했다. 인민들이 소비에트의 '고급문화'를 만들어내기 위해서는 과거의 문화유산에 대한 학습까지도 포함하는 폭넓은 교육을 받아야 한다는 것이다.[28]

이러한 교육 지침은 신체문화의 역할 정립에도 영향을 주었다. 즉 소비에트의 신체문화는 사회주의 의식 함양, 전통 문화유산의 습득 같은 다양한 정신적 측면의 개발과 더불어 육체적 강인함을 겸비하는 것을 의미했다. 이에 따라 체육은 학교 교육에서 필수적 활동으로 간주되어 체육 교육을 강화하기 위한 방안이 논의되기에 이르렀다. 문교인민위원부는 1918년 6월 모스크바에 신체문화의 이러한 이념을 전파할 학교 강사를 양성하기 위해 반년마다 강좌를 개설하기 시작했다. 이 강좌는 다음해에 소비에트 최초의 신체문화연구소의 개설을 위한 기본 여건을 제공했다.[29] 결국 신체문화의 또 다른 기능 하나는 신체 운동이 정신적 발전에도 도움을 준다는 레스가프트의 이론에 근거하여 육체와 정신 모두가 건강

---

28) Anatorii Lunacharskii, 〈신인간의 교육Education of the New Man〉, 《교육에 대하여 : 발췌 논문과 연설 On Education : Selected Articles and Speeches》(Moscow, 1981), 221~224쪽.

29) Ф. И. Самуков·В. В. Столбов·Н. И. Торопов (ред.), 《신체문화와 소련의 스포츠Физическая культура и спорт в СССР》(Москва, 1967), 28쪽.

한 소비에트 인민을 양성한다는 것이었다.

내전기의 급박한 상황이 어느 정도 해소되자 신체문화의 개념에서 군사적 기능을 강조하던 초기의 경향에 변화가 필요하다는 목소리가 나오기 시작했다. 신체문화의 군사적 기능을 강조하기 위해 설립된 총군사훈련국은 1923년에 폐지된 상태였다. 군사적 기능을 강조하는 신체문화의 국가 기구도 사라진 상황에서 새로운 대안 제시는 더욱 절실했다. 사회주의 체제의 가장 확실한 원군으로 규정되는 프롤레타리아트의 문화운동의 한 범주로서 신체문화를 규정해야 한다는 주장이 이러한 상황에서 등장했다.

사회주의 체제가 수립된 직후부터 볼셰비키 내부에서는 사회주의 문화 개념부터 시작해서 그러한 문화를 어떻게 정착시킬 것인가에 대한 광범위한 논쟁이 전개되었다. '프롤레타리아트 문화단 Пролеткульт'은 지배 계급의 위치를 확보한 노동 계급의 예술적 표현 방식뿐만 아니라 부르주아지와 차별되는 프롤레타리아의 전반적 생활 방식을 소비에트 사회에 뿌리내리기 위해 등장한 운동이었다.[30]

프롤레트쿨트 운동의 주창자들은 부르주아 사회에 존재하는 스포츠 문화, 즉 관객과 운동선수의 분리, 타이틀 획득을 위한 경쟁, 여성의 곡선미를 강조하는 체조 등은 혁명적 신문화와 양립할 수 없다고 주장했다. 보다 구체적으로 프롤레트쿨트 운동 진영에 속해 있던 싀소예프 C. Сысоев가 테니스를 어떻게 생각하고 있었는지를 보면 운동과 관련한 그들 신문화의 내용을 유추해볼 수 있다. 싀소예프에 따르면 "부르주아지를 위한 이러한 경기에서 우리

---

30) 프롤레트쿨트에 대한 종합적 연구서로는 다음이 있다. Lynn Mally, 《미래의 문화 : 혁명기 러시아에서의 프롤레트쿨트 운동 Culture of the Future : The Proletkult Movement in Revolutionary Russia》(Berkeley, 1990).

는 현재의 러시아인들에게 꼭 필요한 자질, 즉 어떤 동지적 감정이나 협동 정신을 발견할 수 없다. 테니스는 단지 돈이 많이 들어가는 여름 운동"일 뿐이었다. "사회주의 러시아에서 매스게임과 같은 지원을 테니스는 받을 수도 없고 받아서도 안 된다."[31]

따라서 신체문화는 프롤레타리아에게 사회주의 체제 신문화의 구체적 형태를 제시하는 사명을 부여받았다. 그 올바른 모습이란 경쟁을 강조하는 운동 시합에서처럼 소수만이 참여하고 다수는 구경꾼으로 전락하는 형태가 되어서는 안 되었다. 노동자들이 그들 작업장의 도구를 이용하여 언제나 할 수 있는 노동 체조, 많은 인원이 필요한 매스게임, 답사, 그리고 '제국주의자로부터의 구출', '혁명적 문헌 해외로 반출하기' 등과 같이 다분히 정치적 색채가 가미된 놀이 형태의 개발이야말로 신체문화 역할 중 하나였다.[32] 결국 노동 계급의 독특한 문화를 창조하는 수단으로 기능한다는 신체문화의 개념에서 볼 때, '챔피언' 타이틀의 집착을 낳는 승패를 가르는 시합이나 기록을 좇는 운동 형태는 부르주아적인 것으로 비난받아야 했다. 프롤레트쿨트의 입장에서는 올림픽 경기에서 강조되는 아마추어 정신은 사실 아마추어 정신으로 위장한 엘리트주의에 불과했다. 1920년에 스위스의 루체른에서 국제 노동자스포츠협회가 창설된 것도 자본주의 체제의 스포츠 문화와 구별되는 사회주의 체제의 스포츠 문화를 확립하려는 시도였다.[33]

신체문화는 또한 소비에트 인민의 개인 건강 증진에 기여하는

---

31) C. Сысоев,《붉은 스포츠 Красный спорт》, 21 января(1924).

32) James Riordan,《소비에트 사회에서의 스포츠 : 러시아와 소련에서의 스포츠와 체육의 전개》, 102쪽.

33) D. A. Steinberg, 〈노동자 스포츠 인터내셔널The Workers' Sport Internationals 1920~1928〉,《현대사 잡지》, vol. 13, no. 2(1978), 233~236쪽.

생활 습관을 만들어야 했다. 평상시의 체력 단련을 통해 질병에 대한 예방적 기능을 강조하는 것은 신체문화의 중요한 기능이었다. 이러한 인식은 건강 유지에 있어서 신체문화의 유용성을 강조한 보건인민위원부의 1921년 법령에서도 나타난다. 즉 농촌의 저택과 별장, 수도원을 노동자들을 위한 휴양소로 전환하는 계획을 발표하면서 보건인민위원부는 프롤레타리아의 휴가 시에 신체문화 프로그램 진행을 의무화했다. 이때의 프로그램은 노동자들에게 육체의 건강을 유지하기 위한 가장 기본적인 방법들, 즉 숨 쉬는 방법이라든가 올바른 앉은 자세와 서 있는 자세, 수면과 식사 시가져야 할 올바른 습관, 음주와 흡연의 해로운 영향에 대한 정보 제공 등이었다.[34]

보건인민위원부는 더 나아가 예방적 차원의 신체문화 운동을 전국적으로 확대하려고 했다. 이는 의사이면서 보건인민위원부를 이끌고 있었던 세마쉬코H. Семашко의 적극적 지원으로 가능했다. 노동 대중의 육체적 건강이 사회주의 국가의 경제 발전과 체제 수호를 위한 가장 기본적 전제라고 믿었던 세마쉬코는 '하루 24시간의 신체문화'라는 구호를 통해 신체문화가 인민의 건강 증진에 기여해야 함을 분명히 했다. 그에 따르면 하루 24시간을 일과 휴식, 수면의 세 부분에 균등하게 할당함으로써 육체의 생리적 리듬을 최적으로 유지하게 하는 생활 문화의 정착이야말로 신체문화의 중요한 기능이 되어야 했다.[35]

세마쉬코가 이렇게 합리적 시간 배분을 강조한 것은 이유가 있었다. 즉 사회주의 체제의 기틀을 만드는 과정에서 다수의 당원과

---

34) A. A. Зигмунд, 《신체문화와 생활방식 Физкультура и быт》(Москва, 1925), 36쪽.

35) H. A. Семашко, 《소비에트 신체문화의 노선 Пути советской физкультуры》(Москва, 1926), 34쪽.

비당원 노동자들은 비효율적인 위원회에 참여해야 했고, 그 때문에 발생하는 시간 낭비를 줄이려는 의도였다. 세마쉬코는 하루에도 수차례 열리는 위원회와 회의를 당원과 노동자들의 일상적 업무를 방해하는 주범으로 간주했다. 중요한 것은 회의의 수가 아니라 회의의 질이었다. 위원회 및 회의의 안건은 올바르게 준비되지 않았고 끝없는 토론으로 시간은 소모되었으며 최종 결정은 더디고 불안전하게 내려졌다. 그는 합리적인 시간 배분을 강조하는 신체문화의 운동을 광범위하게 확산시켜야만 정신 및 육체노동에 종사하는 모든 노동자가 과로로 파생되는 문제에서 벗어날 수 있다고 생각했다.[36]

신체문화는 또한 사적인 생활 영역까지 사회 전체의 이름으로 통제하여 소비에트 인민의 일상생활을 획기적으로 변화시키려 했다. 이와 관련하여 신체문화는 개인의 성적 욕망을 사회적 차원에서 승화시키고자 했다. 사회주의 체제의 조속한 토대 구축이 무엇보다 중요했던 소비에트 지도부의 관점에서는 자연스러운 성적 욕망도 통제하여 이를 체제 구축을 위한 에너지로 활용할 필요가 있었다. 신체문화는 젊은 세대에게 운동을 보급함으로써 그들이 성적 욕망의 노예 상태에 빠지기 않게 하려는 의도를 가지고 있었다.

신체문화가 성적 욕망의 억제와 어느 정도 관련이 있었는지는 다음의 자료를 통해 확인할 수 있다. 피누스Пинус라는 의사는 1924년 지금의 볼고그라드에서 공산주의청년동맹Комсомол약 2,000명에게 익명의 조사를 실시했다. 이 조사에서 210명이 자신들을 '신체문화주의자'로 생각했다. 이들 중 신체문화를 실천하는 17세 노동자 중에서 성경험이 있는 비율은 12.5%였지만, 신체문화를 실

---

36) Н. А. Семашко, 《소비에트 신체문화의 노선》, 34쪽.

천하지 않는 경우에는 32.08%로 그 비율이 상승했다. 18세 노동자들의 경우 그 비율은 각각 33%와 52.02%였다.[37] 두 경우 모두 신체문화의 적극적 실천은 성적 욕망의 분출을 자제시킨다는 것을 보여주었다. 이렇게 제어된 젊은 세대의 에너지를 건전한 운동을 통해 발산시킴으로써 미래의 소비에트 전사를 길러내려 했다.

청년동맹은 이러한 맥락에서 모든 청년 운동 조직에 성원들이 적극적으로 참여하고 또한 이를 지도하는 것이 중요하다고 생각했다. 심지어 1923년 콤소몰 6차 대회에서는 신체문화를 실천하는 모든 서클의 정상적 활동을 콤소몰이 도와야 한다는 결의문을 채택했다. 공장과 학교의 콤소몰 세포조직은 운동 서클을 조직하고 신체문화 프로그램 실시의 책임을 지는 신체문화 담당관의 자리에 세포원 중 한 명을 임명해야 했다.[38]

결론적으로 소비에트 권력 초기의 신체문화 개념에는 군사, 교육, 정치, 일상생활에 기여할 수 있는 소비에트형 신인간의 창조라는 의도가 내재해 있었다. 다양한 영역에 기여하는 신인간을 창조하여 소비에트 체제의 기반을 굳건히 하고자 했다. 1925년 당 중앙위원회의 다음과 같은 언급을 결코 빈말로만 볼 수 없는 이유가 여기에 있다. "대중이 받아들이고 있다는 바로 그 사실 때문에 신체문화 운동은 점점 더 중요해지고 있다. 그것은 당의 보다 많은 관심과 강력한 지도력을 요구한다."[39] 당 지도부 차원에서도 신체문화를 소비에트 사회에 정착시키려 했음을 인정하는 말이었다. 그러나

37) Б. А. Ивановски,《성생활과 신체문화*Половая жизнь и физкультура*》(Москва, 1928), 32쪽.

38) А. Г. Иттин,《신체문화와 공산주의 청년동맹*Физкультура и Комсомол*》(Москва, 1925), 24쪽.

39) И. Г. Чудинов (ред.),《소비에트 신체문화와 스포츠 문제에 대한 기본 결의문, 명령과 지시》, 12쪽.

당 지도부의 이러한 의지에도 혁명 이후 러시아 사회가 신체문화의 원칙론적인 의미를 얼마나 받아들였는지는 별개의 문제였다.

4. 네프기 신체문화의 적용을 둘러싼 갈등

소비에트 권력의 체육 정책을 꾸준히 연구하고 있는 리오르단은 앞서 지적했듯이 1920년대를 '신체문화의 시대'라고 규정했다. 신체문화의 이념을 사회 전체에 확산시키려는 당 지도부의 의지와 다양한 영역에 걸쳐 삶의 방식을 변화시키려고 한 신체문화의 개념만을 고려할 때, 이러한 지적은 일면 수긍이 간다. 그러나 위로부터의 이러한 의지가 소비에트 인민들의 생활양식에서 실제로 얼마나 실현되었는가는 별개의 문제이다. '신체문화의 시대'라는 규정이 합당하다고 여길 정도로 당시 인민들의 삶에 신체문화는 얼마나 녹아들어가 있었나? 또한 신체문화의 구체적 적용 방법을 놓고 갈등은 없었는가?

이 질문에 대한 답은 여러 각도에서 모색될 수 있다. 나는 그 답을 신체문화의 일차적 측면, 즉 육체의 균형적 발달을 강조하여 경쟁적 운동경기를 배제하려고 했던 입장이 대중들에게 어떻게 수용되었는지를 살펴보려고 한다. 왜냐하면 신체문화가 비록 다양한 삶의 영역을 포괄하는 생활 방식을 지칭했다 하더라도, 우선은 개개인의 건강 증진과 관련한 체육 및 여가 활동에 많은 의미를 두었기 때문이다. 더구나 체육 및 여가 활동의 영역은 네프 시기의 문화 정책과 관련한 원칙론적 입장과 현실론적 입장의 대립을 보여준다.

신체문화의 이론적 개념에 입각했을 때 자본주의 사회의 승패를 다투는 운동경기에 사회주의 체제의 대중이 몰입해서는 안 되었다. 사회주의 체제의 인민은 기록과 경기 결과에 열광하기보다는 자연의 맑은 공기를 접할 수 있는 산책이라든가 작업장에서 언제든지 할 수 있는 노동 체조 등을 통해 여가를 보내야 했다.

신체문화에 대한 이러한 원칙론적인 입장을 당시의 인민들이 그대로 수용했는지는 물론 별개의 문제다. 다수의 노동자들이 속해 있던 노동조합은 여가 활동에 대한 이러한 원칙론적인 입장에 부정적이었다. 노동조합 지도부는 노동 대중의 여가 활동을 조직하는 주체는 그들과 멀리 떨어져 있는 당 지도부가 아니라 바로 그들과 같이 숨 쉬고 있는 노동조합이 되어야 한다고 생각했다. 그래서 여가 활동을 통제하려는 당의 일반 지침을 노동조합이 거부하는 경우가 빈번했다. 여가 활동의 통제를 둘러싼 이런 갈등은 신체문화에 대한 당 공식 기관지의 다음과 같은 언급을 통해 분명히 드러난다. "많은 노동조합이 당 중앙위원회의 지시를 따르지 않고 있다. 일부 노조 지도자들은 신체문화의 교육적 가치를 과소평가하여 그것을 단지 건강 증진을 위한 수단으로만 간주하고 있다. 운동 동아리들은 노조의 동아리위원회의 관리 아래 있고 연극, 음악 등의 다른 동아리 활동과 같은 정도로 취급되고 있다."[40] 이처럼 노동조합은 운동과 같은 여가 활동에 대해 당과 다른 입장을 가지고 있었다.

노동조합은 여가 활동에 정치적 또는 교육적 의미를 지나치게 강조하면 노동 대중의 광범위한 참여를 기대할 수 없다고 생각했다. 이미 개별 작업장의 노동자들은 노동 체조라든가 체력 단련을

---

40) James Riordan, 《소비에트 사회에서의 스포츠 : 러시아와 소련에서의 스포츠와 체육의 전개》, 91쪽.

위한 신체문화 프로그램보다는 작업장별 운동 시합에 더 열광했다. 이렇게 작업장별 대항 경기에 노동자들이 더 많은 관심을 보임에 따라 경기의 승리를 이끈 몇몇 특정 선수의 활약이 중시되었다.[41] 즉 소수의 운동 기술이 뛰어난 선수만이 즐기는 운동이 아니라 노동 대중 모두가 참여하여 즐기는 신체문화의 정신은 노동자들에게는 아주 먼 곳의 이야기로 들렸다. 추상적인 원칙에 입각한 별다른 즐거움을 느낄 수 없는 체육 활동보다는 승패가 갈리는 운동경기를 관람하면서 느끼는 흥분이 노동자들에게는 더 큰 즐거움이었다.

하지만 노동자들의 태도가 이렇게 당 지도 지침과 부합하지 않는다고 해서 그것을 사회 전체가 그대로 수용했다고 볼 수는 없다. 이미 앞에서 지적한 대로 프롤레트쿨트 운동 진영의 활동가들은 승패를 강조하는 자본주의 사회의 스포츠 문화에 비판적인 태도를 견지하고 있었다. 스포츠의 오락적 기능보다는 정신적, 육체적 건강 증진 기능을 중시했던 보건론자들 또한 이러한 입장을 지지했다. 모스크바 신체문화연구소 소장이었던 지그문트A. A. Зиг-мунд가 이 입장을 대표하고 있었는데, 그는 운동경기를 교과목에서 제외시키고 의학 과목과 보건 체조 등을 강조해야 한다고 주장했다. 경기에서 승리를 강조하면 육체적인 부상을 초래할 정도의 압박감이 생기기 때문에 육체적, 정신적 측면에서 이로울 것이 없다는 것이 이들의 입장이었다. 보건론자들의 주장이 강하게 관철되었던 예는 1925년 제1회 노동조합 경기에서 찾아볼 수 있다. 경기 종목에서 축구, 권투, 기록으로 우열을 가리는 역도, 체조 등

---

41) James Riordan, 《소비에트 사회에서의 스포츠 : 러시아와 소련에서의 스포츠와 체육의 전개》, 92쪽.

이 제외되었다. 더 나아가 그해 말 레닌그라드 지역 신체문화위원회는 지역 내에서 권투를 법으로 금지시켜야 한다고 제안하기도 했다.[42]

신체문화와 관련하여 운동 등을 포함한 여가 활동을 어떻게 조직할 것인가를 놓고 벌어진 이러한 대립적인 견해를 당 지도부는 그대로 방치할 수 없었다. 1925년 6월에 발표된 "신체문화와 관련한 당의 과업에 대하여"라는 문건은 이러한 상황을 해결하려는 시도였다. 이에 따르면 첫째, 당 조직은 스포츠 활동을 정치 교육과 연계시키도록 노력하며 그것이 대중적 정치 조직과 유리되는 것을 방지해야 한다. 둘째, 모든 스포츠 단체를 당이 효율적으로 지도할 수 있도록 하며 독립적 운동 단체는 허용하지 말 것, 마지막으로 그러한 스포츠 활동을 노동자, 농민뿐만 아니라 소수민족까지 참여하는 대중 조직으로 만들어야 한다고 규정했다.[43]

이 결의문 내용에서 드러나듯이 당 지도부는 스포츠 등의 여가 활동에 대한 위로부터의 통제를 전면 포기하지 않는다고 명시하고 있다. 하지만 그것이 대중의 취향과 유리되는 방향으로 나아가는 것도 경계하고 있다. 이는 네프 시대의 불안정한 세력 균형, 즉 이전 전시 공산주의 시대에 비해 사적인 상거래를 어느 정도 허용했다고 하여 그것이 문화 정책 등을 포함한 국가 정책 전반에 대한 국가 통제 이완을 의미하는 것은 아니라는 당내 강경론자들의 입

---

42) F. L. Bernstein, 〈"성에 대해 누구나 알아야만 할 것": 혁명기 러시아의 젠더, 성 계몽과 보건 정책"What Everyone Should Know about Sex" : Gender, Sexual Enlightenment, and the Politics of Health in Revolutionary Russia, 1918~1931〉(미출간 박사학위 논문, Columbia Univ. Press, 1998), 277~278쪽.

43) И. Г. Чудинов (ред.),《소비에트 신체문화와 스포츠 문제에 대한 기본 결의문, 명령과 지시》, 12~13쪽.

장을 일정 정도 반영한 것이었다.[44)]

1925년 결의문을 이렇게 해석하는 것은 '신체문화와 관련된 미래의 정책 방향은 대중의 취향을 우선적으로 반영했다'는 에델만 Robert Edelman의 견해에 나는 동조하지 않기 때문이다. 에델만은 건강한 생활 습관의 정립, 사회주의적 의식의 함양 등 전반적인 삶의 영역에 관여했던 신체문화의 광범위한 의미가 약해지고, 운동 시합에서 승리를 강조하는 제한적 의미가 1925년 결의문 이후 중심 내용이 되었다고 보았다. 또한 당 지도부는 신체문화의 유토피아적이고 실험적인 내용을 거부했고 탁월한 경기 수행 능력을 가진 승자에 대한 우대가 뚜렷한 시대적 흐름이었다고 했다. 물론 신체문화에 대한 실험적 입장이 1920년대 말까지 유지되었다는 것은 인정하지만, 그러한 태도는 당시의 시대적 조류에 역행하는 것이었다고 지적한다.[45)]

하지만 1925년의 결의문 이후에도 신체문화를 포괄적인 삶의 양식이나 총체적 세계관과 결부시키려는 시도는 사라지지 않았다. 결의문 채택 이후 4개월 뒤에 열린 신체문화방법론협의회 제1회 전국대회는 그러한 원칙론적인 입장이 여전히 살아 있음을 보여주는 계기였다. 여기에서 지그문트는 "소비에트의 신체문화 체제에 대하여"라는 보고에서 신체문화의 외연 확대를 강조했다. 그는 소비에트의 신체문화는 노동자 · 농민의 일상생활을 건강하게 하고 대중의 문화 수준을 향상시키는 것을 목표로 해야 한다고 주장

---

44) 1920년대 네프기의 정책 수립을 둘러싼 다양한 측면을 보여주는 연구서로는 다음이 있다. Sheila Fitzpatrick · Alexander Rabinowitch · Richard Stites (eds.),《네프기 러시아 : 소비에트 사회와 문화의 탐구 *Russia in the Era of NEP : Explorations in Soviet Society and Culture*》(Indiana : Indiana Univ. Press, 1991).

45) Robert Edelman,《진지한 유희 : 소련 스포츠 관중의 역사》, 34쪽.

했다. 소비에트의 인민은 건강과 신체 각 기관의 단련을 위해 '자연의 힘'을 최대한 활용해야 한다. 상대방을 이기는 것을 목적으로 하는 운동 형태, 즉 권투, 레슬링, 축구 등은 신체문화의 이러한 목적 달성을 어렵게 하기 때문에 소비에트 사회에서 허용해서는 안 된다. 이 종목들은 승리를 위해 특정 기술의 습득을 강조하여 '편협한 전문화'를 반복할 뿐이며, 그러한 기능을 과시하기 위해 관객을 동원하고 또 그것을 돈벌이 수단으로 활용할 수 있기 때문이다.[46]

더구나 지그문트는 체육 교육을 전반적 교육과정과 분리하여 실시하는 것은 교육적 무지를 드러낼 뿐이라고 주장했다. 다시 말해 인위적인 특정 목표를 위해 학교 교과과정에 체육 교육을 넣는 것이 아니라 사회주의적 신인간의 창조라는 전체 교육과정의 한 부분으로서 기능하도록 해야 한다는 것이다.[47] 신체문화가 소비에트 인민의 전반적 삶의 지침으로서 기능해야 하듯이 학교에서 체육 교육도 소비에트 인간형의 창조라는 전체적 목적에 기여해야 했다.

네프 정책의 시행과 더불어 다시 고개를 들기 시작한 반사회주의적이고 반소비에트적 현상을 타파하기 위해서라도 신체문화에 대한 이상주의적 접근 방식은 쉽게 포기할 수 없었다. 당 지도부는 일보후퇴를 통한 이보전진이라는 수사를 동원하여[48] 시장 관계를 제한적으로 부활시킨 네프 정책을 정당화했다. 하지만 그러한 정당화를 의심하게 할 만한 사례가 빈번하게 등장한 것도 사실이었

---

46) А. А. Зигмунд, 《신체문화 소식 *Известия физической культуры*》, no. 22 (1925), 2쪽.

47) А. А. Зигмунд, 《신체문화 공보 *Вестник физической культуры*》, no. 3 (1925), 2쪽.

48) Roger Pethybridge, 《일보후퇴 이보전진 : 네프기 소비에트 사회와 정치 *One Step Backwards Two Steps Forwards : Soviet Society and Politics in the New Economic Policy*》 (Oxford, 1990).

다. 예를 들어 사회주의 체제의 여성은 매춘 같은 사회악은 걱정할 필요가 없다는 이상과 달리 노동 계급 출신의 대학생들조차 여전히 윤락 여성들과 관계를 끊지 못하고 있었다.[49] 윤락 여성과의 관계는 사회주의 체제의 도덕관에 비추어볼 때 근절되어야 하는 것일 뿐만 아니라 성병 감염이라는 부수적 위험까지 동반함으로써 사회주의 체제의 인적 자원에도 손실을 초래할 수 있었다. 비록 국가 권력이 주도한 것은 아니었지만, 매춘 여성에 대한 정치 및 직업 재교육을 통해 그들을 사회주의 체제의 건실한 일꾼으로 변화시키기 위해 1924년 노동재활원이 등장[50]한 것을 보면 매춘은 혁명 이후에도 드문 현상이 아니었다.

매춘은 분명 사회주의 체제가 만들려는 새로운 인간형에 부합하지 않는 구습이었다. 이것과 더불어 러시아인들의 과도한 음주 습관 또한 소비에트형 인간의 창조를 어렵게 만드는 요인이었다. 러시아 민중들의 과음으로 인한 폐해는 이미 제정 러시아 시대부터 교회의 성직자들과 지방 관리들도 끊임없이 지적한 문제였다. 특히 성직자들은 과도한 음주가 육체와 영혼을 파괴하는 자살의 죄를 저지르게 한다면서 술을 먹고 자살하는 자들에 대해서는 교회의 성사를 주지 말 것을 주장하기도 했다.[51]

---

49) Sheila Fitzpatrick, 〈성과 혁명Sex and Revolution〉, Sheila Fitzpatrick (ed.), 《문화전선 : 혁명기 러시아의 권력과 문화The Cultural Front : Power and Culture in Revolutionary Russia》(Ithaca : Cornell Univ. Press, 1992), 78쪽.

50) F. L. Bernstein, 〈매춘부와 프롤레타리아 : 혁명적 실험으로서 소비에트 노동자 진료소Prostitutes and Proletarians : The Soviet Labor Clinic as Revolutionary Laboratory〉, W. B. Husband (ed.), 《근대 러시아의 인본주의적 전통The Human Tradition in Modern Russia》(Delaware : SR Books, 2000), 113~128쪽.

51) S. K. Morrissey, 〈죽을 때까지 마시기 : 러시아에서 자살, 보드카와 종교적 매장 Drinking to Death : Suicide, Vodka and Religious Burial in Russia〉, 《과거와 현재Past and Present》, no. 186(2005), 117~146쪽.

1920년대에 사회주의 체제의 수립에 몰두하고 있었던 볼셰비키 정부가 이러한 비생산적인 과음 문화의 근절을 위해 다양한 시도를 하리라는 것은 충분히 예상할 수 있었다. 볼셰비키 정부는 농촌에서 도시로 이주한 노동자들에게 공장의 새로운 규율을 체득하게 하여 빠른 시일 안에 생산성을 향상시켜야 했다. 그런 그들에게 공장 밖에서는 물론 공장 안에서도 술을 탐닉하는 노동자 문화는 '야만적'이고 '후진적' 문화로 규정될 수밖에 없었다. 하지만 오랜 시간에 걸쳐 러시아 민중의 생활 속에 녹아 있는 술 문화를 쉽게 근절할 수는 없었다. 공장에 갓 들어온 노동자들은 농촌에서의 그들의 주점을 새로운 일터에서 부활시켰다. 공장의 관리자들 또한 뇌물 성격의 보드카를 마다하지 않았고 노동자들의 엄중한 작업 규율 확립에 적극적으로 기여하지 못했다.[52] 소비에트 인민의 생활양식을 개선시킬 수 있는 포괄적인 이념의 필요성은 여전히 강력했다.

　　반사회적이고 반소비에트적 현상인 매춘과 음주를 근절하는 데 일조하기 위해서 신체문화를 포괄적으로 규정하는 이상론적인 접근은 여전히 필요했다. 보건인민위원부의 책임자 세마쉬코는 이러한 믿음을 다음과 같이 표현했다. 신체문화의 올바른 실천은 "인민, 특히 젊은 세대들의 건강 증진뿐만 아니라 지금의 사회가 제기하는 근본 문제들을 해결하는 데 도움을 준다."[53] 세마쉬코는 여기에서 분명하게 신체문화의 두 기능, 즉 개인의 건강 증진과 사회 문제 해결을 신체문화 운동을 통해 제시하고 있다. 소수의 운동

---

52) Kate Transchel, 〈유동하는 자산 : 초기 소비에트 공장에서의 보드카와 음주Liquid Assets : Vodka and Drinking in Early Soviet Factories〉,《근대 러시아의 인본주의적 전통》, 129~141쪽.

53) Н. А. Семашко,《소비에트 신체문화의 노선》, 29~30쪽.

'소비에트 인간형'의 창조　477

선수만이 자신의 기량을 과시하고 대다수의 사람은 구경꾼으로 남아야 하는 스포츠는 신체문화의 이러한 입장에서는 배척해야만 했다. 신체문화의 실천은 팀 간 경기를 통해 승패를 다투는 스포츠를 통해서가 아니라 공장의 노동자 모두가 함께하는 노동 체조라든가 사회주의적 의식을 함양하는 데 도움이 되는 집단극을 통해서 가능하다는 것이다.

스포츠에 대한 일반 대중의 선호를 부정하는 신체문화의 입장에 대해 1925년 당 결의문 이후 비판의 목소리는 더 높아졌다. 그러나 신체문화 옹호론자들은 소비에트형 신인간의 창조에 기여한다는 점을 내세워 신체문화 역할의 축소를 반대했다. 1920년대는 사회주의 체제 정립을 위한 다양한 실험이 어느 정도 허용되던 시기라 이러한 입장들이 공존할 수 있었다. 그러나 스탈린의 권력 장악이 가시화되고 노동 생산성 향상을 위해 노동자들의 경쟁이 강조되면서 포괄적 삶의 지침으로서의 신체문화 역할은 변화할 수밖에 없었다.

5. 맺는말

혁명 직후 최초 10년간 러시아 사회의 문화 소비 형태는 영국 소설가 오웰George Orwell의 표현을 빌리자면 '빅 브라더'의 의지가 그대로 관철되는 방식으로 전개된 것은 아니었다. 대중들은 혁명 전부터 그들이 즐겨 찾았던 탐정소설, 모험소설 등을 읽으려고 했지 당이 읽히려고 했던 마르크스-레닌주의 저작집을 손에 들지 않았다. 1920년대의 러시아 대중들은 모험담, 일상적 생활 이야기가 담긴 책을 통해 삶의 위안을 얻으려고 했지 정치적 메시지를 학습

하려고 하지는 않았다.[54] 프로파간다의 수단으로서 적극 활용되었던 영화에 대해서도 대중들의 반응은 기대 이하였다. 혁명 10주년을 기념하기 위해 에이젠슈테인Sergey Eisenstein이 만든 〈10월 : 세계를 뒤흔든 열흘간〉이 상영될 때 그들은 영화의 상징성을 이해하려고 노력하기보다는 아예 영화 보기를 포기하고 코를 골면서 잠에 빠져버리는 경우가 비일비재했다. 상영 이틀 후부터 이미 관객 수는 급속히 감소했다.[55] 사회주의 체제의 유지와 발전에 기여할 수 있는 '소비에트 인간형'이 충분히 만들어졌다는 증거는 그 어디에서도 찾기 어려웠다.

소비에트 인간형을 만들기 위해서 볼셰비키 정부가 다양한 시도를 하지 않은 것은 물론 아니었다. 교육 제도의 개혁을 통해 소비에트 정부 운영에서 핵심 역할을 하는 간부를 양성하려 했고, 공동주택 같은 주거 형태를 제시함으로써 이상적인 공동체 의식을 증진시키려 했다. 신체문화라는 이념 또한 이러한 새로운 인간 유형의 창조와 관련하여 제시된 방법 중 하나였다. 그것은 우선 인민들을 육체적으로 강인하게 만들어 사회주의 체제를 수호하는 데 기여할 수 있는 강인한 전사를 만들려는 제반 활동을 의미했다. 그렇지만 신체문화를 일차적 기능만을 가지는 한정적 개념으로 제한하는 것은 그것이 가진 삶의 제반 지침으로서의 역할을 축소시키는 것이었다. 신체문화는 아직 소비에트형 신인간의 생활을 꾸려

---

54) Richard Stites, 《러시아 대중문화Russian Popular Culture》(New York : Cambridge Univ. Press, 1992), 41~42쪽.

55) T. Рокотов, 〈왜 '10월'은 이해하기 힘든가Почему малодоступен Октябрь〉, Robert Taylor · Ian Christie (eds.), 《영화 공장 : 사료로 본 러시아와 소비에트 영화 1896 ~1939The Film Factory : Russian and Soviet Cinema in Documents 1896~1939》(New York : Routledge, 1994), 57쪽.

나간다고 말하기 힘든 인민들이 삶의 형태를 개선하고 인도하기 위한 지침으로서의 의미도 가지고 있었다. 즉 건전한 육체 활동 및 사회 활동을 전개함으로써 매춘과 술의 유혹에서 벗어나도록 하는 삶의 지침으로서의 기능도 가지고 있었다. 이런 맥락에서 신체 문화의 확산은 소비에트형 신인간의 창조에 기여할 수 있는 전제 조건 중 하나였다.

신체문화의 확산을 위한 방법을 놓고 당 지도부의 의견이 하나로 통일되지는 못했다. 대중들의 정서에 보다 부합해야 한다고 생각하는 그룹들은 육체와 정신의 균형적인 발달을 주장하는 원론적인 입장이 신체문화를 대중과 멀어지게 한다고 생각했다. 원칙론에 따라 신체문화를 대중들에게 보급한다면 그들이 보일 수 있는 실천 형태는 작업장에서의 노동 체조, 집단적 매스게임, 자연과 호흡할 수 있는 답사 등이었다. 이러한 실천 형태는 작업장별 운동 시합의 승패를 경험하면서 피곤한 일상에서 탈출하거나 기분 전환을 도모하려는 노동자들의 바람에 부합하지 않았다.

1925년 신체문화와 관련한 당의 결의문은 현실과 괴리된 이러한 상황을 개선하기 위한 타협적인 내용이었다. 그렇지만 육체와 정신의 균형적 발전을 강조하는 원칙론의 입장이 당 결의문 이후 완전히 사라지진 않았다. 경제 부문에서 일정 정도 타협을 했는데, 일상적인 생활 영역에서까지 너무 많은 일탈을 허용하면 사회주의 체제의 가치를 지키기가 어려울 수 있다는 주장이 여전히 설득력을 가지고 있었다.

신체문화는 이렇듯 네프기에 있어서 소비에트 체제의 정책 방향에 대한 강경파와 온건파 사이의 불안정한 타협을 보여주는 또 하나의 사례다. 두 집단 사이의 타협의 균형은 비록 불안정한 상태였지만 네프 기간 동안 유지되었다. 그러나 스탈린의 권력 장악과 더

불어 그러한 균형의 유지 가능성은 소멸되었다. 포괄적인 삶의 지침으로서의 의미도 가지고 있었던 신체문화의 내용도 스탈린 체제의 강화라는 목표에 부응하여 변화해야만 했다. 스탈린은 신체문화와 관련된 대중의 정서를 자신의 권력 기반을 다지기 위해 적극적으로 이용했다. 신체문화의 이러한 전환의 구체적 내용은 차후의 과제다.

프랑코 체제와 축구*

황보영조

1. 들어가는 말

프랑코 체제의 중반기인 1950년대에 스페인 축구는 폭발적인 인기와 명성을 누리게 된다. 그 주역은 단연 레알 마드리드였다. 레알 마드리드는 1956~1960년 유럽컵에서 5연승을 거두며 당시 유럽인들에게 세계 제일의 팀이라는 인식을 심어주었다. 2002년 한국 축구의 월드컵 4강 신화가 한반도를 뜨겁게 달궜듯이 레알 마드리드의 이러한 대활약은 스페인 사회를 온통 축구 열기로 달아오르게 만들었다. 그 결과 축구는 자연스레 스페인 사람들의 일상을 파고들었고, 실제로 학생들은 틈만 나면 학교에서 축구를 했고 학교가 파한 뒤에도 길거리나 공터에서 축구를 했다. 그리고 일에

* 이 글은《역사학 연구》, 128권(2006년 11월)에 발표한 글을 수정, 보완한 것이다.
황보영조는 서울대 서양사학과에서 학사와 석사 학위를 받고 같은 대학에서 박사과정을 수료한 뒤 스페인 마드리드 콤플루텐세 대학에서 역사학 박사 학위를 받았다. 현재 경북대 사학과 교수로 재직하고 있으며, 스페인 근현대사, 특히 스페인 내전과 프랑코 체제 연구에 집중하고 있다. 주요 논문으로 〈스페인 내전 연구의 흐름과 전망〉, 〈프랑코 체제와 대중〉 등이 있다. 이외에《히스패닉 세계》(공역),《대중의 반역》,《정보와 전쟁》등을 번역했고, 공저로《대중독재 1—강제와 동의 사이에서》,《대중독재의 영웅 만들기》,《지중해, 문명의 바다를 가다》등이 있다.

쫓기느라 축구할 엄두를 못 내던 직장인들은 스포츠 잡지를 읽는 것으로 그것을 대신했다. 주말이면 라디오 앞에 모여 축구 경기를 청취하는 것이 이들의 커다란 즐거움이었다.

이렇듯 국민들의 일상을 파고든 축구를 프랑코 체제는 과연 어떻게 다뤘을까? 그리고 체제 유지와 어떤 관련이 있을까? 만약 관련이 있다면 체제 유지에 축구는 어떤 도움을 주었을까? 이 글의 목적은 이런 질문에 대한 답을 모색하는 것으로, 넓게는 스포츠와 정치의 관계를 살펴보는 것이다.

스포츠와 정치의 관계에 대해서는 사실 연구가 별로 되지 않은 황무지나 다름없다. 물론 스포츠의 정치적 유용성을 주장한 이가 없는 것은 아니다. 나이슨Mark Naison과 스토다트Brian Stoddart가 대표적인 사람들로, 스포츠의 가치는 종속 집단들이 지배 계급 통치의 기본 관념을 받아들이게 하는 데 있다고 주장했다.[1] 하지만 이것은 스포츠 이론가들의 주장이지 역사적 연구의 결과물은 아니다.

이 문제를 역사적으로 분석한 연구자는 드물다. 프랑코 스페인의 축구와 정치 문제도 이 점에서 예외는 아니다. 이 주제를 다룬 연구서로는 칸다우J. G. Candau의 《무원칙의 축구El f tbol, sin ley》와 몬탈반M. V. Montalbán의 《스포츠와 정치Deporte y poíltica》, 프리에토L. C. Prieto의 《스포츠와 국가Deporte y Estado》, 쇼Duncan Shaw의 《축구와 프랑코 체제F tbol y Franquismo》, 산탄데르C. F. Santander의 《내전 및 프랑코 체제 시기의 축구El f tbol durante la guerra civil y el franquismo》 정도가 있다.[2] 이 밖에 공산주의와 파시

1) 엘리스 캐시모어, 《스포츠, 그 열광의 사회학》, 정준영 옮김(한울아카데미, 2001), 132~133쪽.

2) J. G. Candau, 《무원칙의 축구El fútbol, sin ley》(Madrid : Penthalón, 1980) ; M. V.

즘 국가들의 스포츠 활용을 비교 연구한 저서도 있다.[3] 이들 연구의 결론은 대체로 축구가 국민들을 어리석게 만들었으며 그 결과 축구 시즌이 되면 국민들은 다른 불온한 생각들을 접고 오로지 축구에만 빠져들었다는 내용이다. 다시 말하면, 프랑코 체제가 축구를 정치적으로 매우 유용하게 활용했을 것이라는 이야기다.

특히, 쇼는 프랑코 체제의 축구와 정치를 설명하기 위해 세 가지의 이미지를 제시했는데, 그 중 두 개의 내용은 다음과 같다.[4] 첫 번째 이미지는 축구 경기의 개회 의식에 대한 내용이다. 때는 1939년 6월 25일 무더운 일요일 오후였다. 스페인 내전이 종결된 지 채 3개월도 지나지 않았고 바르셀로나가 야구에Juan Yagüe Blanco 장군에게 항복한 지 채 5개월도 되지 않은 시점이었다. 바르셀로나의 몬주익 구장에서 세비야와 라싱 데 엘 페롤의 대원수컵Copa del Generalísimo 결승전이 벌어지고 있었다. 두 팀은 경기를 시작하기 전에 일렬로 늘어서서 오른팔을 들고 파시스트식 경례를 했다. 곧이어 장내 확성기에서는 〈태양을 향하여Cara al Sol〉라는 제목의 팔랑헤당가가 흘러나왔다. 선수들은 이 노래를 열정적으로 부르기 시작했고, 경기장을 가득 메운 관중들도 자리에서 일어나

Montalbán, 《스포츠와 정치Deporte y política》(Barcelona : Andorra, 1972) ; L. C. Prieto, 《스포츠와 국가Deporte y Estado》(Barcelona : Labor, 1979) ; Duncan Shaw, 《축구와 프랑코 체제Fútbol y Franquismo》(Madrid : Alianza Editorial, 1987) ; C. F. Santander, 《내전 및 프랑코 체제 시기의 축구El fútbol durante la guerra civil y el franquismo》(Madrid : Editorial San Martín, 1990).

3) T. G. Aja (ed.), 《스포츠와 권위주의. 공산주의와 파시즘의 스포츠 활용Sport y Autoritarismos. La utilizaci n del deporte por el comunismo y el fascismo》(Madrid : Alianza Editorial, 2002).

4) Duncan Shaw, 《축구와 프랑코 체제》, 17~18쪽. 쇼는 이 대목에서 사실 세 가지 이미지를 제시했다. 세 번째 이미지는 축구가 지방주의를 강화하는 데 이바지한 것을 암시하는 내용으로서, 이 글의 연구 목적과 직접적인 관련이 없어 편의상 제외했다.

팔을 높이 쳐들고 한목소리로 노래를 제창했다.

두 번째 이미지는 레알 마드리드의 승리에 대한 찬사를 다룬 것이다. 레알 마드리드는 베르나베우 구장에서 상대팀을 물리친 뒤 언제나 상대팀에게 성대한 저녁 만찬을 제공했다. 1959년 10월 21일 수요일에도 5 : 0으로 완패한 룩셈부르크의 쾨니스 에쉬 클럽 소속 선수들과 기술 위원들을 초대했다. 당시 프랑코 정권을 대표해 참석한 유일 정당인 국민운동의 사무총장 솔리스José Solís가 자리에서 벌떡 일어나 다음과 같은 말로 레알 마드리드 선수들의 승리를 축하했다. "여러분은 하느님의 백성의 이름으로 파견된 대사들보다 훨씬 더 많은 일을 했습니다. 여러분 덕분에 우리를 증오하던 사람들이 이제 우리를 이해하기 시작했습니다. 여러분이 여러 장벽을 허물어주었기 때문입니다……여러분이 거둔 승리는 국내외 모든 스페인 사람들의 자랑스러운 긍지입니다."[5]

첫 번째 이미지는 축구가 파시즘의 선전 수단으로 활용되고 있음을 보여주는 것이고, 두 번째 이미지는 레알 마드리드 축구 선수들 덕분에 스페인을 적대시하던 사람들이 스페인을 이해하는 방향으로 돌아섰다는 이야기를 하고 있다. 이러한 두 이미지는 첫째로 축구가 정치적으로 활용되었고, 둘째로 '사회적 마약'으로 이용될 소지가 다분하며, 셋째로 대외 이미지를 개선하는 데 매우 유용하다는 내용을 함축하고 있다. 이 글에서는 이 내용들을 각각 분석하면서 그 허와 실을 따져보고자 한다. 무엇보다도 30여 년이나 존속한 프랑코 체제의 성격이 단일하지 않다[6]는 점과 축구의 흥행

---

5) 《레알 마드리드 클럽 회보Boletín del Real Madrid C. F.》, 112(1959년 11월).

6) 프랑코 체제가 경제 정책의 근본을 바꿔 이전의 농업 사회에서 이후의 산업 사회로 전이를 시작한 1959년의 경제 안정화 계획을 중심으로 전기와 후기 두 단계로 구분하는 이들이 있다. 그런가 하면 제국주의적 잠재력을 지닌 준(準)파시스트적 단계와 민족가톨

또한 시기별로 차이를 보인다는 점을 고려해야 할 것이다.

이러한 분석은 축구가 당시 스페인 국민들의 일상생활에 어느 정도 영향을 미쳤는지를 가늠하는 데 다소나마 도움을 줄 것이다. 더 나아가 프랑코 체제가 대중을 사로잡기 위한 일종의 스펙터클로서 축구를 얼마나 활용했고, 그 효과가 어떠했는지를 이해하는 실마리를 제공해줄 것이다.[7]

2. 축구의 정치적 활용

프랑코 체제가 축구를 얼마나 정치화했는지를 파악하기 위해서는 축구를 포함한 스페인 스포츠 기구의 지휘 체계와 그 주요 기구의 인적 구성, 축구에 대한 투자 규모를 분석해볼 필요가 있다.

먼저, 스포츠 기구의 지휘 체계를 살펴보자. 프랑코 체제 당시 스페인 축구를 지배한 양대 기구는 전국스포츠위원회와 스페인축구연맹이었다. 전국스포츠위원회는 1941년 2월 22일 프랑코가 서명한 법령에 따라 창설되었다. 이 법령의 서문에는 이 위원회를 설립한 취지가 잘 나타나 있다. 그 가운데 "각종 활동들을 강화하고 통일시켜 조국의 저력을 확고한 기반 위에 올려놓기 위한 팔랑헤 국가의 정책이 스페인 국민들을 교육하기 위한 주요 수단 가운데 하나인 스포츠를 소홀히 할 수 없다……경기는 사회와 국가의 정

릭주의 중심의 코르포라티즘 단계, 관료제적 권위주의 단계 등 세 단계로 나누는 이들도 있다.

7) 히틀러가 스펙터클을 이용해 대중을 팬으로 만들었다는 분석은 이미 나와 있다. N. G. Canclini, 《복합 문화 : 근대로의 출입 전략*Cultura híbridas : estrategias para entrar y salir de la modernidad*》(Mexico : Lucaya Book Stores, 1989)을 참고하라.

치적 매개체로서 다른 어떤 기관보다도 더 좋은, 모든 종류의 스포츠를 부흥·발전시키는 사업이다"[8]라는 대목이 있다. 스포츠가 스페인 국민들을 교육하기 위한 주요 수단 가운데 하나이고 이 스포츠를 부흥·발전시키기 위해서는 경기가 매우 중요하다는 내용이다. 그러니까 스포츠를 부흥·발전시켜 스페인 국민들을 교육하겠다는 것이 위원회의 설립 취지인 셈이다.

이러한 설립 취지는 1930~1940년대 이탈리아나 독일의 그것과 무관하지 않다. 이 위원회의 초대 위원장을 지낸 모스카르도José Moscardó 장군이 위원회 설립에 앞서 1939년 4월 말에 독일을 공식 방문한 적이 있다. 그는 방문을 마치고 귀국하면서 "축구와 육상 경기, 동계 스포츠, 수영에 주안점을 두고 스페인의 스포츠를 재정비하자"라는 내용의 특별 계획을 발표했다. 심지어는 이때 전국스포츠위원회의 본부를 마드리드에 두고 그 위원들을 군인들로 구성하여, 모든 스포츠를 군대의 규율에 따르게 하겠다는 구체적인 계획까지도 언급했다.[9] 이는 모스카르도가 나치의 스포츠 육성 정책에 매우 깊은 인상을 받았음을 보여준다.

프랑코 정권은 이 위원회를 프랑코 체제의 유일한 합법 정당인 국민운동 아래 두었다. 국민운동은 프랑코가 1937년 4월 팔랑헤당과 전통파들을 연합해 만든 스페인전통파팔랑헤당의 별칭이다. 위원회를 이 팔랑헤당의 한 부서로 설치하고 당 사무총장이 그것을 직접 감독했다. 이것은 당이 위원회를 직접 챙기겠다는 이야기나 다름없었다. 결국 전국스포츠위원회가 신정권과 일정한 거리를 둘 가능성, 곧 나름대로의 독립성을 확보할 가능성은 애초부터

---

8) 《전국스포츠위원회 공보Boletín Oficial de la Delegaci n Nacional de Deportes……》, 1(1943년 4월).

9) 《갈리시아의 목소리La Voz de Galicia》(1939년 5월 3일).

전혀 없었다.[10]

　전국스포츠위원회는 각종 스포츠 연맹을 완벽하게 통제할 수 있었다. 그것은 전국스포츠위원회가 각 스포츠 연맹의 회장과 부회장, 이사, 더 나아가 연맹 지부의 지부장과 부지부장을 임명할 수 있었기 때문이다. 더욱이 법령 제4조는 연맹의 결정이 마음에 들지 않을 경우 연맹의 모든 결정을 거부할 권한을 전국스포츠위원회에 부여했다. 스페인축구연맹이라고 해서 여기에서 예외일 수는 없었다.[11] 스페인축구연맹의 회장과 부회장, 이사들은 모두 전국스포츠위원회가 임명했다. 여기에다 스페인 축구 클럽들[12]이 1939년 이후 스페인축구연맹의 꼭두각시였다는 사실을 더한다면, 당시 스페인 축구 관련 기구의 지휘 체계가 팔랑헤당-전국스포츠위원회-스페인축구연맹-축구 클럽으로 이어졌음을 알 수 있다. 이러한 지휘 체계는 프랑코 체제가 정치적 영향력을 행사할 수 있는 통로나 다름없었다.

　다음으로 축구와 관련된 스포츠 기구들의 인적 구성을 통해서도 축구의 정치적 활용 의도를 확인할 수 있다. 전국스포츠위원회의 인적 구성은 주로 팔랑헤당 당원들로 구성된 팔랑헤당 기구나 다름없었다. 위원장은 1936년 공화군에 맞서 톨레도의 알카사르(성

---

10) 프랑코 정권이 스포츠를 이렇게 국민운동의 지휘 감독하에 둔 것 또한 히틀러·무솔리니 체제와 유사하다.

11) 스페인축구연맹은 1902년 창설되었다.

12) 당시 스페인의 주요 축구 클럽으로는 아틀레틱 데 빌바오와 FC 바르셀로나, 레알 마드리드, 아틀레티코 데 마드리드가 있었다. 제일 먼저 아틀레틱 데 빌바오가 1898년에 창설되었으며, 그 뒤를 이어 FC 바르셀로나가 1899년에, 레알 마드리드가 1902년에, 아틀레티코 데 마드리드가 1903년에 각각 창설되었다. 스페인에 축구가 도입된 것은 1890~1900년 영국 유학을 마치고 돌아온 학생들과 스페인에 들른 영국 선원들을 통해서였다. 우리가 오늘날 알고 있는 스페인의 대규모 축구 클럽들은 이렇게 스페인 사람들과 외국인들의 공동 노력으로 창설되었다.

채)를 영웅적으로 사수한 모스카르도 장군이었다. '빨갱이들'을 물리친 그의 영웅담 덕분에 팔랑헤당 당원들 사이에서 인기가 높았다. 하지만 그는 축구에 대해 아는 바가 없었다. 그럼에도 스페인축구연맹의 지도자들을 마음대로 임명하고 해임했다. 임명과 해임의 기준은 단 한 가지, 자신에게 복종하는 착한 팔랑헤당 당원인가 아닌가였다.

1955년 4월 모스카르도가 사망한 뒤에는 올라소J. A. E. Olaso가 그를 대신해 위원장으로 임명되었다.[13] 올라소는 1940년 이후 팔랑헤당 청년전선의 대표를 지낸 인물이었다. 올라소 후임은 우리에게 낯익은 사마란치J. A. Samaranch다. 사마란치는 1966년 12월에 위원장직에 올라 1970년 9월에 해임되었다. 그는 전임자들과 달리 매우 명민하고 유능한 스포츠 행정가였다. 하지만 그가 성공을 거둔 것은 카멜레온 같은 그의 정치력 때문이라는 지적도 있다.[14]

한편, 스페인축구연맹은 1939~1955년 사이 톨레도 알카사르의 영웅 모스카르도의 철권통치 아래 있었다. 그는 연맹 회장을 정기적으로 교체했다. 1939년에는 육군 대령 세그레도Troncoso Segredo를 임명하고, 1940년에는 팔랑헤당 당원 델 판L. S. del Pan으로 교체했으며, 1941년에는 산체스-게라J. B. Sánchez-Guerra를 회장에 임명했다. 1946년에는 팔랑헤당 당원 메네세스J. R. Meneses를 임명하고 이어서 칼레로A. M. Calero를 임명했다. 1950년에는 라

---

13) 그는 당시 국민운동의 사무총장이던 총무장관 쿠에스타M. F. Cuesta가 임명했다.

14) 카멜레온 같은 그의 정치력을 두고 "후안 안토니오는 청색 유니폼이 유행할 때는 청색 유니폼을 입고 그것이 별 의미가 없을 때는 벗어던졌다"는 이야기가 있다.(J. G. Candau,《무원칙의 축구》, 127쪽) 그가 1970년에 해임된 것은 그를 임명한 국민운동의 사무총장 솔리스가 그에 앞서 사무총장직에서 해임되었기 때문으로 보인다.(Duncan Shaw,《축구와 프랑코 체제》, 37쪽)

라냐가M. V. Larrañaga를 임명하고 1954년에는 후르호J. T. Jurjo를 임명했다. 이상의 빈번한 연맹 회장 교체에서 알 수 있듯이 모스카르도에게 회장의 전문성은 안중에도 없었다. 팔랑헤당 당원이고 자신의 마음에만 들면 그만이었다.

모스카르도의 철권통치가 끝나고 올라소 시기와 사마란치 시기에 변화가 나타났다. 올라소는 팔랑헤당 당원이 아닌 마르티네스B. P. Martínez를 회장에 임명했는데, 그는 레알 마드리드의 이사까지 지낸 인물이었다. 그리고 사마란치는 위원장직에 취임하던 1966년에 코스타José Luis Costa를 회장에 임명하여 자신이 해임되던 1970년까지 계속 유지시켰다.

프랑코 체제 후반기에는 이렇듯 연맹 회장 인선에 변화가 나타난다. 하지만 스페인축구연맹은 여전히 무능하고 비효율적인 전국스포츠위원회의 지배를 받아야 했고, 그 결과 축구연맹 또한 무능하고 비효율적이었다. 그 단체의 지도자들은 대부분 축구에 대한 전문 지식이나 인기가 아니라 팔랑헤당 당원 경력과 커넥션을 통해 선임된, 체제 순종적인 무능한 인물들이었다.

마지막으로 축구의 정치적 활용 정도를 알아보기 위해 축구에 대한 정부의 투자 규모를 분석해볼 필요가 있다. 하지만 애석하게도 이에 대한 자료는 거의 남아 있지 않다. 하지만 쇼를 비롯한 연구자들 대부분은 이구동성으로 정부의 투자가 매우 적었음을 지적한다. 이는 스포츠 기구의 지휘 체계나 인적 구성이 축구의 정치적 활용 시도와 걸맞지 않기 때문이다. 히틀러처럼 마땅히 거액을 투자해야 했다. 그런데 왜 투자하지 않았을까? 이것은 프랑코 체제가 체제 전반기 내내 내전의 폐허 속에서 허덕이고 있었다는 점을 감안하면 이해할 수 있다. 따라서 투자 액수가 적었다고 해서 축구에 대한 프랑코 체제의 관심이 적었다고 볼 수는 없다.

이상에서 살펴본 바와 같이 프랑코 체제는 스포츠 기구의 지휘체계와 인적 구성을 통해 스포츠, 특히 축구에 대한 정치적 지배력을 행사했다. 이러한 축구에 대한 정치적 지배는 프랑코 체제 초기에 파시즘의 영향을 받아 더욱 강화되었다. 그 영향은 다음 네 가지 방식으로 나타났다.

첫째는 팔랑헤당 이념의 영향이다. 프랑코가 이탈리아와 독일처럼 단일 정당에 기 한 전체주의 국가 건설에 주력한 것은 아니지만, 개인 지배를 확고히 하기 위해서는 팔랑헤당의 열정과 지원이 필요했고 그 이념을 높이 샀다. 팔랑헤당은 스포츠를 통해 '사내답고 맹렬한' 스페인의 전통적인 남성적 가치를 표현하며 '스페인의 격정'을 드러내고자 했다. 이러한 가치를 구현하는 데는 스포츠 중에서도 축구가 제격이었다. 이에 대해 저널리스트인 아세베도 Evaristo Acevedo는 1969년에 출간한 《켈티베로족 신혼부부들에게 보내는 편지*Carta a los celtíberos esposados*》에서 "스페인적이고 가톨릭적인 문화와 문명을 찾아야 하는 곳은 바로 축구다. 축구야말로 위대하고 영원한 우리 스페인인들의 가치를 알 수 있게 하는 정신적 분위기를 만들어낸다"[15]라고 썼다. 스포츠, 특히 축구에 대한 이러한 의미 부여는 팔랑헤당의 설립자인 프리모 데 리베라J. A. Primo de Rivera의 스포츠의 중요성에 대한 지적들과 그가 1936년 11월 처형되기 직전 알리칸테 감옥에서 축구를 즐겨했다는 기억에 의해 더욱 고무되었다.

둘째는 전국스포츠위원회의 규정에 따라 각 축구 클럽의 이사회에 2명 이상의 팔랑헤당 당원을 두었다. 예를 들어 FC 바르셀로나

---

15) Evaristo Acevedo, 《켈티베로족 신혼부부들에게 보내는 편지*Carta a los celtíberos esposados*》(Madrid : Magisterio Español, 1969), 200쪽.

는 2명의 팔랑헤당 당원 바예스Antonio Vallés와 발미트호나Agapit Vallmitjona를 이사로 선임했다. 이들은 틀림없이 클럽의 주요 의사 결정에 일정한 영향력을 행사했을 것이다.

셋째는 전국스포츠위원회가 축구 경기에 파시즘적 상징을 도입했다. 선수들은 리그전의 매 경기마다 파시스트식 경례를 하고 군중들과 더불어 '스페인 만세! 프랑코 만세!'를 외쳤다.

넷째는 클럽 명칭과 스포츠 용어를 외래어, 특히 영어식 표현에서 카스티야어(스페인어)로 변경했다. 이는 전국스포츠위원회의 지시에 따른 것이었다. 이때 'FC(Football Club) 바르셀로나'는 '바르셀로나 CF(Club de Fútbol)'로, '아틀레틱Athletic 데 빌바오'는 '아틀레티코Atlético 데 빌바오'로, '스포팅Sporting'은 '데포르티보Deportivo'로 바뀌었으며, '풋볼Football'은 '발롬피에Balompié'로, '코 킥Corner Kick'은 '사케 데 에스키나Saque de Esquina'로, '레퍼리Referee'는 '아르비트로Árbitro'로 개칭되었다.[16]

하지만 스페인 축구에 미친 팔랑헤당의 이러한 영향은 오래가지 못했다. 1945년 추축국이 2차대전에서 패배한 뒤 스페인이 파시즘의 마지막 보루로 알려졌고, UN은 스페인에 등을 돌렸다. UN이 스페인에 대해 외교적, 경제적 보이콧을 실시한 것이다. 그에 따라 프랑코는 체제의 이미지를 바꾸기 위한 탈팔랑헤당화 작업이 필요하다고 판단했고, 그 작업을 추진해나갔다. 이러한 탈팔랑헤당화 작업이 축구에도 반영되어 1945년 이후 축구 경기에서는 파시즘적 상징 대부분이 사라졌다. 하지만 각 축구 클럽의 이사회에 팔랑헤당 당원 2명을 두어야 한다는 규정은 1967년까지 유지되었

---

16) 이 밖에도 당시 국가대표팀 선수들의 유니폼을 적색에서 청색으로 바꾸었다. 이로 인해 이 시기를 스페인 축구의 '청색 시기'라고 부르기도 한다. 이상의 내용은 Duncan Shaw, 《축구와 프랑코 체제》, 81~83쪽을 참고하라.

고, 파시즘적 수사(修辭)는 비록 그 형태는 약화되긴 했지만 체제 말기까지 지속되었다.[17]

3. 축구의 사회적 마약 기능

다음으로 짚어볼 내용은 프랑코 체제가 축구를 사회적 마약으로 활용했을 가능성이다. 대표적인 스페인 현대사가 푸시J. P. Fusi와 카Raymond Carr는 그들의 공저에서 프랑코 체제기에 "축구는 단순한 스포츠 그 이상의 차원을 지니고 있었다. 그것은 스페인 국가주의를 불러일으키는 최상의 촉매제였다……1950년 영국을 상대로 한, 혹은 1964년 소련을 상대로 한 승리는 공식 선전을 위한 최상의 역사적 신기원들이었다"[18]면서 축구가 '당면한 현실 도피의 한 수단'으로 이용되었다고 지적했다.

1943년부터 1978년 사망할 때까지 레알 마드리드의 구단주를 지낸 베르나베우Santiago Bernabéu는 1969년에 "우리는 상호 이해는커녕 너무도 혼란스러운 세계에 살고 있다. 사람들은 모두 평온하게 살기를 원한다. 사람들은 문제를 원치 않는다……대중들은 축구를 통해 잠시나마 자신의 문제를 잊곤 한다"[19]고 했고, 2년 뒤에는 "우리는 국가에 봉사하고 있다. 우리가 바라는 것은 사람들에게 만족을 주는 것이다. 사람들이 축구를 좋아하기 때문에 그

---

17) 파시즘적 수사에 앞장선 스포츠 신문은 《마르카Marca》였다. 이 신문은 1938년 팔랑헤당의 주요 지도자 쿠에스타가 창간했다.

18) J. P. Fusi · Raymond Carr, 《스페인 : 독재에서 민주주의로España : De dictadura a democracia》(Barcelona : Ed. Planeta, 1979), 158~159쪽.

19) Juan Matías · J. L. Muniain, 《5,000골5,000 goles blancos》(Bilbao : Gran Enciclopedia Vasca, 1969), 326쪽.

들에게 우리가 봉사를 하고 있다는 이야기다. 스페인 사람들은 축구를 통해 자신들의 일상적인 문제들을 잘 견디고 있다"[20]고 말한 적 있다. 이 말은 곧 스페인 사람들이 축구를 통해 별 낙이 없는 일상생활의 시름을 덜고 배고픔을 잊고 지냈다는 이야기다. 더 나아가 스페인 사람들을 현실 정치에 별 관심을 갖지 않는 정치적 동원해제 혹은 정치적 수동성에 머물게 했다는 이야기가 된다. 축구가 이른바 '사회적 마약'의 효능을 발휘했다는 것이다.

축구의 사회적 마약 기능을 이야기할 때는 흔히 남미의 경우를 거론하곤 한다. 군사위원회가 폭력을 동원해 권력을 장악한 다음 반대파 지도자들을 제거하거나 국외로 추방한다. 그러면 국민들은 두려움에 떨면서 군사 정권의 권력 독점에 굴복하지 않을 수 없게 된다. 집권에 성공한 군사 지도자들은 강제와 탄압으로 국민들의 불만을 잠재우고, 정치에 대한 그들의 의식을 수동적인 상태에 머물게 할 수 있다. 하지만 장기적인 차원에서는 그것만으로 불충분하다는 점을 인식하고 이른바 '빵과 서커스' 정책을 실시한다. 체제를 위한 '서커스'로 제일 적절한 것이 바로 1년 내내 감동적인 드라마를 연출할 수 있는 축구였다.

이러한 맥락에서 남미의 군사 정권들은 국민들의 관심을 정치 현실에서 이탈시키기 위해 다양한 조치를 취했다. 그 대표적인 것 중 하나가 막대한 양의 재정 지원이었다. 브라질의 군사 정권들과 칠레의 피노체트Augusto Pinochet 정권, 파라과이의 스트로에스네르Alfredo Stroessner 정권, 우루과이의 장군들, 아르헨티나의 비델라J. R. Videla 정권이 그렇게 했다. 특히 아르헨티나의 비델라 정권이 1978년 자국에서 개최되는 월드컵을 앞두고 지원한 액수

---

20) 《인포르마시오네스*Informaciones*》(1971년 2월 26일).

는 엄청났다. 그래서 당시 아르헨티나 국가대표팀 감독이었던 메노티C. L. Menotti는 "아르헨티나가……좋은 성적을 거둔다면 아르헨티나 국민이 직면한 문제 중 상당수가 해결될 것이다"[21]라고 말하기도 했다. 결국 아르헨티나는 우승컵을 차지한다. 이러한 재정 지원은 파산 위기에 놓인 클럽들을 기사회생시켰다.[22] 남미의 군사 정권들이 왜 축구에 막대한 재정을 지원했을까? 그 이유는 바로 축구가 국민들을 텔레비전 앞에 붙들어두고 국가주의를 촉발시킬 수 있는 효과적인 수단이라고 보았기 때문이다.

그렇다면 프랑코 정권의 경우는 어떠한가? 1960년대 말에 여론 연구소가 매우 흥미 있는 여론조사 결과를 하나 내놓았다. 가장 많이 읽는 신문의 면이 스포츠 면이라는 응답이 응답자의 40%가량으로 나타났다. 국내외 뉴스라고 답한 응답자는 13%에 불과했다. 그리고 응답자의 57%가 정치에 별 관심이 없다고 밝혔고, 이들 가운데 그 어느 누구도 스페인 의회 코르테스Cortes가 승인한 '제2의 발전 계획II Plan de Desarrollo'을 아는 사람이 없었다. 국민운동의 사무총장이 누구인지 아는 사람은 단지 5%에 불과했다.[23] 이 여론조사의 내용은 중요한 점 두 가지를 이야기해준다. 첫째는 당시 스포츠의 인기가 대단했다는 것이고, 둘째는 응답자 대부분이 정치에 무관심했다는 것이다. 이를 단선적으로 보면 '스포츠의 왕'

---

21) Duncan Shaw, 《축구와 프랑코 체제》, 100쪽.

22) 남미의 군사 정권들은 재정 지원 외에도 텔레비전 중계를 통해 축구를 정치적 최면제로 활용했다. 이를 위해 1960년대 말 아르헨티나의 옹가니아J. C. Ongania 정권은 주당 6경기를 방송했다. 당시 텔레비전 축구 중계로 경기장 관람객이 감소하자 정권은 각 클럽에게 그에 상응하는 보상을 해주었다. 정권은 그 대가로 국민들의 정치적 수동성을 얻게 된다. 참고로 브라질 축구에 대한 분석은 Janet Lever, 《축구에 미치기Soccer Madness》(New York : Columbia Univ. Press, 1983)를 참고하라.

23) C. F. Santander, 《내전 및 프랑코 체제 시기의 축구》, 14쪽.

이라고 할 수 있는 축구의 인기가 급상승하면서 국민들이 정치적 무관심에 빠진 것이 아닌가 하는 추측을 하게 된다.

당시 스페인 축구의 인기가 급상승한 것은 사실이었다. 내전 후에 이미 규모가 작은 구장은 물론이고 아틀레티코 아비아시온의 메트로폴리탄 구장과 차마르틴 구장이 관람객들로 가득 찼다. 1940년대 중반에 급상승한 축구의 인기는 클럽 회원 수의 증가, 축구 경기 도박인 키니엘라에 지출한 금액의 증가, 라디오의 축구 경기 해설 증가를 통해 확인할 수 있다. 더욱이 1950년 브라질 월드컵축구대회에서 스페인 국가대표팀이 전통적인 축구 강호인 영국 국가대표팀을 물리치고 우승을 거두면서 스페인 내에 '축구열 futbolitis'이 후끈 달아올랐다. 아세베도의 표현에 따르면 이후 신문의 각 페이지가 리그전 경기와 국왕컵 경기 소식들, 감독들과 축구 선수들의 인터뷰 내용, 스타 선수들의 천문학적인 몸값 내용 등으로 장식되면서 스페인이 "축구에 흥분하기 시작했다"[24]고 한다.

아세베도는 프랑코 체제기의 축구를 대중의 차원에서 세 종류의 세대로 구분했다. 내전을 수행하고 1946년 이후 국제적인 압력으로 탈정치화하기 시작한 '정치화 세대'와 전국적인 축구열이 나타나기 시작한 1947년부터 언론법의 정보 개방으로 점진적인 탈축구화 경향이 등장하기 시작한 1967년까지의 '축구화 세대', 1970년대 초반 현재 15세 이상의 스페인 사람들로 구성된 '반역 세대'가 그것이다.[25] 이 가운데 두 번째 세대인 축구화 세대가 바로 축구열로 흥분한 세대이다. 무엇이 이 시기 스페인을 축구열로 달아오르게 했을까? 프랑코 정권의 계획적인 정책의 결과였을까, 아니면 우

---

24) Evaristo Acevedo, 《켈티베로족 신혼부부들에게 보내는 편지》, 190~191쪽.

25) Evaristo Acevedo, 《팬들에게 보내는 공개편지 *Carta abierta a un hincha*》(Madrid : Ediciones 99, 1973), 100~101쪽.

연의 산물이었을까? 앞서 이야기한 남미의 군사 정권들과 마찬가지로 프랑코 정권도 축구를 정치적 최면제로 활용하기 위해 축구에 막대한 재정 지원을 했을 것이라고 보는 것이 일반적이다. 하지만 이미 앞장에서 보았듯이 프랑코 정권은 어떤 형태의 재정 지원도 하지 않았던 것 같다. 사실 당시 축구 클럽들은 내전으로 손상된 구장을 수리하거나 새로운 구장을 신축하기 위해 그리고 선수들을 영입하기 위해 재정 지원이 필요했다. 하지만 클럽들은 정부로부터 아무런 지원도 받지 못한 것으로 보인다.

그렇다면 이 시기 들어 축구의 인기가 급상승하고 축구열이 달아오른 것은 무엇 때문일까? 그 주된 요인은 다음 세 가지, 곧 레알 마드리드의 대활약과 외국의 스타 선수 영입, 라디오와 신문, 특히 텔레비전 매체의 영향이었다.

레알 마드리드는 FC 바르셀로나와 아틀레틱 데 빌바오, 아틀레티코 데 마드리드와 더불어 스페인 축구의 4대 '거대 클럽'이자,[26] 이들을 대표하는 클럽이었다. 레알 마드리드는 1955~1958년에 스페인 리그전에서 우승한 다음, 유럽 각국 리그전 챔피언들의 대회인 유럽컵[27]에서도 우승했다. 그리고 1958~1960년에는 스페인 리그전에서는 비록 준우승을 했지만 유럽컵에서 우승을 거두었다. 1960년 레알 마드리드가 대회 창설 이래 5회 연속 유럽컵 우승을 차지하게 되자, 전 세계의 스포츠 신문은 레알 마드리드에 대해 대서특필했다. 유럽컵을 넘어 레알 마드리드를 세계 제일의 팀으로 확인시켜준 국제 경기는 1960년의 제1회 인터컨티넨탈컵이었다. 아메리카 대륙 챔피언 페냐롤 데 몬테비데오와 우루과이에서

---

26) 이들 4대 거대 클럽은 프랑코 체제 기간 동안 치른 73차례의 리그전과 국왕컵에서 우승을 60차례나 차지했다.
27) 지금의 UEFA 챔피언스리그에 해당한다.

치른 경기에서는 0 : 0으로 비겼지만, 마드리드의 산티아고 베르나베우 구장에서 치른 경기에서는 5 : 1의 승리를 거두었다. 비록 일개 축구 클럽의 우승이지만 레알 마드리드가 유럽컵 5회 연속 우승에다 인터컨티넨탈컵 우승마저 차지하는 순간 스페인 국민들이 축구에 얼마나 열광했겠는가? 이에 비교할 수준은 아니지만 2002년 월드컵에서 한국 축구 국가대표팀이 16강을 넘어 4강에 진입하는 순간 한국 국민들이 보여준 열광과 환호를 생각하면 다소나마 짐작할 수 있을 것이다. 남녀노소, 사회 계층, 지역을 불문하고 전국의 모든 스페인 사람들이 흥분의 도가니에 빠졌을 것이다.

레알 마드리드가 이러한 성과를 올리자 사람들은 레알 마드리드가 '체제의 팀'이라고 생각하게 되었다. 레알 마드리드가 체제의 팀이냐 아니냐 하는 것은 당시뿐만 아니라 지금도 논란거리다.[28] 하지만 레알 마드리드가 프랑코 정권으로부터 재정 지원을 비롯한 각종 특혜를 받았다는 의미의 체제의 팀이 아닌 것은 분명하다. 그렇다면 레알 마드리드가 체제의 특별한 지원 없이 어떻게 이런 성공을 거둘 수 있었을까? 그것은 다름 아니라 1943년 9월 레알 마드리드의 구단주에 취임한 산티아고 베르나베우의 지도력 덕분이었다. 그는 취임사에서 "여러분, 우리는 더 좋은 구장이 필요합니다. 그것을 만듭시다"라고 연설한 뒤 각종 반대에도 1947년 대형 구장을 완공했다.[29] 이는 과감한 그의 성격을 보여주는 단면이다. 《레알 마드리드 금서(金書)*Libro de Oro del Real Madrid Club de*

---

28) Duncan Shaw, 《축구와 프랑코 체제》, 44쪽 이하 ; C. F. Santander, 《내전 및 프랑코 체제 시기의 축구》, 154쪽 이하를 참고하라.

29) 1944년 마드리드의 파세오 데 라 카스테야나에 땅을 매입하고, 그해 10월 공사에 착수하여 1947년 완공했다. 구장 이름은 그의 이름을 따 산티아고 베르나베우라고 했다. C. F. Santander, 《내전 및 프랑코 체제 시기의 축구》, 87쪽.

498 제도화된 일상

F tbol》는 이러한 그를 스페인 최고의 왕인 펠리페 2세에 비유할 정도였다. 그가 1978년 사망할 때까지 구단주 직을 유지하게 된 이유가 여기에 있다.

두 번째로는 외국의 스타 선수 영입을 들 수 있다. 쿠발라Ladislao Kubala와 디 스테파노Alfredo Di Stefano의 영입이 그 대표적인 경우이다. 쿠발라는 헝가리 선수로 1950년 헝가리팀이 스페인에서 브라질 월드컵을 준비 중이던 스페인 국가대표팀과 경기를 하면서 스페인에 알려졌다. FC 바르셀로나의 이사회는 공격수로 맹활약을 보인 쿠발라에게 관심을 갖고 협의를 한 결과 1950년 6월 15일 그와 계약을 체결하는 데 성공했다.[30] 쿠발라는 곧 스페인 국적을 신청해 취득하고 2년 뒤부터는 스페인 국가대표팀에 발탁되어 활동하기 시작했다. 그는 바르샤(FC 바르셀로나의 애칭)가 1952~1953년 대원수컵에서 우승하고 1951~1952년과 1952~1953년 리그전에서 우승하는 데 견인차 역할을 했다.

아르헨티나 선수 디 스테파노의 이적 과정도 순탄하지는 않았다. 그는 원래 부에노스아이레스의 리버플레이트 소속이었지만 실제로는 보고타의 미요나리요스에서 뛰었다. 이런 상황 속에서 디 스테파노의 영입을 놓고 FC 바르셀로나는 리버플레이트와, 레알 마드리드는 미요나리요스와 거래를 했다. 결국 FC 바르셀로나의 이사회가 전면 해임되면서 양보를 해준 덕분에, 1953년 10월 레알 마드리드는 450만 페세타를 지불하고 디 스테파노와 계약을

---

30) 당시 스페인을 방문한 헝가리팀은 정치적인 이유로 망명한 선수들로 구성되어 있었다. 따라서 헝가리축구연맹의 승인을 받을 수 없었고 FIFA의 공인도 받지 못했다. FIFA의 승인 문제로 골머리를 앓다가 스페인측 FIFA 대의원인 칼레로A. M. Calero의 노력으로 결국 1951년 3월 쿠발라Ladislao Kubala가 스페인에서 활동해도 좋다는 승인을 받아내는 데 성공했다.

성사시킬 수 있었다. 곧이어 벌어진 1953~1954년 리그전에서 디스테파노의 데뷔는 그 이상 빛을 발휘할 수 없을 정도의 대활약을 보였다. 그 결과 레알 마드리드는 21년의 금기를 깨고 승점 40점을 얻어 리그전 챔피언이 되었다. 당시 디 스테파노가 24골을 넣어 득점왕에 올랐고 23골을 넣은 쿠발라가 그 뒤를 이었다. 쿠발라와 디 스테파노의 활약은 각 클럽의 구단주들을 움직여 더 많은 관중을 유치할 목적으로 구장을 개축하거나 신축하게 만들었다.[31] 이들은 또한 영화의 주인공으로 등장해 관심을 끌기도 했다.[32] 그리고 쿠발라와 디 스테파노의 경기 내용이 스포츠 신문과 잡지의 단골 주제로 떠올랐다.

세 번째이자 마지막으로 라디오와 신문, 텔레비전 등 매체의 영향을 들 수 있다. 당시 스포츠 주간지가 각 주별로 발행되고 있었는데 마드리드와 바르셀로나, 바스크 지방에서 발행된 스포츠 일간지는 최고의 판매 부수를 자랑했다. 특히 《마르카Marca》는 1938년 팔랑헤당의 주요 지도자 쿠에스타M. F. Cuesta가 창간한 신문으로, 최대 일일 40만부의 발행 부수를 자랑하기도 했다. 축구에 대한 기사가 이들 스포츠 신문뿐만 아니라 일간지 스포츠 면의 거의 절반 이상을 차지했다. 당시 축구의 인기가 어떠했는지를 짐작케 해주는 대목이다. 아울러 축구의 대중화에 기여한 것으로 라디오와 텔

---

31) 바르샤의 구단주 미로Francesc Miró Sans는 리에라 블랑카 지역에 땅을 매입하고, 1954년 1월 공사에 착공해 1957년 누캄 구장을 완공했다.

32) 쿠발라의 생애를 다룬 영화는 1953년 카스티요Arturo Ruiz Castillo 감독이 〈에이스들은 평화를 추구한다Los ases buscan la paz〉라는 제목으로 제작했고, 디 스테파노를 다룬 영화는 1956년 세토Javier Setó 감독의 〈금발의 화살Saeta rubia〉과 1960년 마르키나Luis Marquina 감독의 〈일요일의 전투La batalla del domingo〉가 있다. 이들 영화에 대해서는 Fernando Méndez-Leite, 《스페인 영화사IIHistoria del cine español II》(Madrid : Ed. Rialp, 1965), 197쪽 이하를 참고하라.

레비전을 빼놓을 수 없다. 특히 1956년 10월 스페인 텔레비전이 첫 방송을 시작한 후 보급되기 시작한 텔레비전 수상기는 1960년대 초가 지나면서 엄청난 위력을 발휘하기 시작했다.[33]

이상에서 살펴본 바와 같이 프랑코 정권이 축구에 물질적인 지원을 하지 않았으며 축구 인기의 급상승이 레알 마드리드의 대활약, 외국의 스타 선수 영입, 매체의 역할에서 비롯된 것이라면 프랑코 정권이 축구를 애초부터 정책적으로 활성화하려 했던 것은 아님을 알 수 있다. 확실한 증거는 없지만 축구에 정치적 수동성을 창출하는 사회적 마약 기능이나 정치적 최면제 기능이 잠재해 있다는 사실을 프랑코 정권이 이해하기 시작한 것은 아마도 축구의 인기가 급상승하면서부터일 것으로 추정된다. 프랑코 정권은 1950년대 들어 늘어난 스포츠 신문 발행 부수나 축구장에 운집한 관람객 수와 같은 객관적인 지표뿐만 아니라 축구에 대한 전 국민의 열광적인 반응을 지켜보면서 축구를 정략적으로 활용하려 들었을 것이다. 정부의 정책 문건을 접할 수 없는 상황에서 이를 입증할 직접적인 증거를 제시하기는 곤란하다. 하지만 그나마 텔레비전을 통한 축구 중계방송과 주요 인사들의 증언을 통해 나름대로 이를 추정해볼 수 있다.

텔레비전을 통한 축구 중계방송은 사실 방송 시설의 불충분으로 1965년에 들어서야 활성화되었다.[34] 그 이전에는 국왕컵 결승전과 레알 마드리드가 뛰는 화려한 유럽컵 경기만을 방송했다. 하지만 1965년부터는 상황이 바뀌었다. 스페인 텔레비전의 방송 정책이 2

---

33) 텔레비전 수상기는 1963년에 36만 대, 1965년에 125만 대, 1968년에 300만 대가 보급되었다. Equipo Reseña, 《프랑코 체제하의 스페인 문화La cultura español durante el franquismo》(Bilbao : Ediciones Mensajero, 1977), 213쪽을 참고하라.

34) 불행히도 스페인 텔레비전의 축구 중계방송에 대한 통계는 존재하지 않는다.

주마다 스페인 리그전 한 경기를 방송하고 유럽컵 대회의 모든 경기를 방송하는 것으로 바뀌었다. 1970년 2월에는 리그전 경기가 있을 때마다 경기를 방송해주었으며, 한 달에 한 번 경기가 없는 일요일에는 핸드볼 경기를 방송해 국민들에게 즐거움을 주었다.

텔레비전의 축구 중계방송과 관련해서 특히 유념해야 할 대목은 파업과 시위가 집중적으로 발생하는 5월 1일의 노동절을 전후한 시기다. 1965년 4월 말의 방송을 한 예로 살펴보면, 4월 28일 수요일 밤에 사라고사와 웨스트엄 유나이티드의 UEFA컵 위너스컵 경기를 방송했고, 다음 날인 4월 29일 밤에는 스페인 선수가 한 명도 참가하지 않은, 영국인 스타 선수 매튜스Stanley Matthews의 기념 경기를 방송했다. 정권의 입장에서 볼 때 가장 골칫거리인 4월 30일 금요일 밤에는 부다페스트의 바사스와 리스본의 벤피카의 유럽컵 경기를 방송했다. 이러한 방송 프로그램 편성은 정치적으로 가장 민감한 시기에 축구를 매개로 국민들을 텔레비전 앞에 묶어 두려는 의도였다고밖에 볼 수 없다. 따라서 축구 중계방송이 국민들을 정치적 수동성의 상태로 묶어두는 수단으로 활용되었다고 볼 수 있다.

축구의 사회적 마약론을 처음으로 상세하게 제기한 것은 아세베도였다. 그는 1940년대 말 들어 "정치를 희미한 불빛 속으로 밀어내고 경제에 최대 관심을 두기 시작했다. 스페인의 '탈정치화'가 시작된 1947년과 [스페인이]……국제사회에 복귀하기 시작한 1967년 사이의 간격을 어떻게 메웠을까? 그 답은 간단하다. 여론의 '축구화'를 통해서다. 페이지마다 온통 리그전 경기와 국왕컵 경기, 감독들과 축구 선수들의 진술, 스타 선수들의 천문학적인 몸값 이야기 일색인 신문을 통해 국가가 축구에 흥분하기 시작했다"[35]고 지적했다. 여론의 축구화를 통해 전 국민을 흥분시켰다는 이야기다.

레알 마드리드의 구단주 산티아고 베르나베우는 축구가 사회적 마약 혹은 '도피의 밸브válvula de escape' 역할을 한다는 점에 대해 놀라거나 의혹을 제기하지 않았다. 그는 1969년에 출간된 한 책에서 "우리는 상호 이해는커녕 너무도 혼란스러운 세계에 살고 있다. 사람들은 모두 평온하게 살기를 원한다. 사람들은 문제를 원치 않고 아내와 자녀, 가족, 친구들과 함께 집으로 도피하기를 바란다. 다른 것은 중요하지 않다. 이것은 완전한 비극이다. 대중은 축구를 통해 잠시나마 자신의 문제를 잊곤 한다"[36]고 했다. 그리고 2년 뒤 《인포르마시오네스Informaciones》와 한 인터뷰에서는 "우리는 국가에 봉사하고 있다. 우리가 바라는 것은 사람들에게 만족을 주는 것이다. 사람들이 축구를 좋아하기 때문에 그들에게 우리가 봉사하고 있다는 이야기다. 스페인 사람들은 축구를 통해 자신들의 일상적인 문제들을 잘 견디고 있다"[37]며 레알 마드리드가 체제를 위해 봉사하고 있음을 공개적으로 자랑했다.

아틀레티코 데 마드리드의 구단주인 칼데론Vicente Calderón 또한 산티아고 베르나베우와 같은 생각을 하고 있었다. 그는 "축구가 국민들을 멍청하게 만들고 있다고 생각하지 않으십니까? 축구가 국민들을 멍청하게 만들어 국민들이 경기 3일 전과 3일 후까지 축구만 생각하길 바랍니다. 그렇게 되면 다른 위험한 것은 생각하지 않을 것입니다"[38]라고 밝힌 적이 있다.

한편, 1964년 스페인 국가대표팀이 소련팀에 승리를 거두고 유

---

35) Evaristo Acevedo, 《켈티베로족 신혼부부들에게 보내는 편지》, 190~191쪽.

36) Juan Matías · J. L. Muniain, 《5,000골》, 326쪽.

37) 《인포르마시오네스》(1971년 2월 26일).

38) Francisco Cerecedo, 〈스페인 축구의 뻔뻔스러운 사회학Sociología insolente del fútbol español〉, 《가능Posible》, 5(1975년 1월 15일).

럽의 네이션스컵에서 우승을 차지했다. 그때 당시 전국스포츠위원회 위원이던 올라소는 "이것은 스포츠 면에서 평화의 위대한 승리다. 이것은 평화의 25주년을 맞이하여 카우디요Caudillo[39]에게 바치는 우리의 선물이다"[40]라고 역설하며 축구의 승리에 정치적 의미를 부여했다.

이와 더불어 간접적이긴 하지만 정부의 입장을 읽을 수 있는 자료로 1970년 12월 팔라시오스M. F. Palacios 의원이 제출한 코르테스 동의안에 대한 정부 측 답변이 있다. 팔라시오스는 가족 활동과 종교 활동을 위해 모든 축구 경기를 일요일이 아닌 토요일에 진행해달라고 요청했다. 이에 정부는 "팔라시오스 의원이 제기한 내용은 매우 흥미롭지만 우리의 현 스포츠 체제에서는 어렵다. 경기는 당사자들이 그렇게 합의한다면 토요일 저녁에 개최할 수 있다. 그런데 공식 경기를 일요일에 개최하는 데는 두 가지 목적이 있다. 하나는 일요 축제를 위한 것으로 경제적인 이유다. 경기를 토요일에 치를 경우 생산 계층과 노동자들 대부분이 좋아하는 스포츠를 관전할 수가 없다. 두 번째 이유로 축구가 수백만 스페인 사람들에게 즐거움을 선사하는 오락이고 팬들의 규모가 엄청나서 가능하면 더 많은 시민들이 이러한 흥행물에 참여할 수 있도록 그것을 유지·증대시켜야만 한다"[41]고 답변했다. 이는 단순히 국민 대다수가 매우 인기 있는 국민 오락을 즐길 수 있도록 배려해야 한다는 내용으로 볼 수도 있다. 하지만 축구라는 흥행물에 더 많은 국민을 붙들어두려는 계획적인 의도가 담겨 있다고 볼 수도 있다.

---

39) 프랑코 장군이 자신에게 붙인 공식 직함으로, 정치나 군사 지도자를 일컫는다.
40) 《아베세ABC》(1964년 7월 23일).
41) Néstor Luján, 〈또다시 축구를Dios mío, otra vez el fútbol!〉, 《토요일의 화보Sábado Gráfico》(1971년 2월 6일).

마지막으로 스페인 작가 레데스마F. G. Ledesma의 글을 덧붙이겠다. 그는 스페인 내전 이전의 전설적인 골키퍼 사모라Ricardo Zamora를 다룬 전기에서 "내전이 끝났을 때 스페인 축구의 파노라마는 국가의 전반적인 상황만큼이나 암담했다……사람들은 정상으로 돌아가기를……갈망했고 특히 잊어버리고 싶어 했다. 이런 의미에서 축구는 언제나 불행을 극복하는 데 도움을 주었고, 견딜 수 없는 것처럼 보이는 여러 상황을 잊게 만드는 일종의 아편이었다. 이런 점을 알고 있던 신국가의 지도자들은 축구를 재정비하는 데 상당한 노력을 경주했다. 그 노력들이 성공을 거두었음은 의심할 나위가 없다. 대중이라는 일반적인 의미의 스페인 사람들은 국가의 현실 문제보다 좋아하는 축구팀이 몇 강에 오를지에 더 많은 관심을 가졌다"[42]고 했다. 이는 프랑코 체제기에 스페인 축구가 사회적 마약 기능을 담당했음을 짐작하게 하는 내용이다.

이상에서 살펴본 주요 축구 클럽 구단주와 정부의 주요 관계자, 저널리스트와 전기 작가의 인용문들이 물론 프랑코 정권이 축구를 사회적 마약으로 활용했다는 명백한 증거는 아닐 수 있다. 하지만 그렇다고 하더라도 이 증언들로 당시 분위기가 어땠는지 대강 짐작할 수 있으며, 당대 주요 인사들의 기억이 어떠했는지를 보여준다는 점에서 의의가 있다.

사실 축구의 사회적 마약론을 둘러싼 논란에는 다음 세 가지 입장이 있다. 첫째는 몬탈반과 칸다우 같은 언론인들이 취한 것으로서 프랑코 정권이 축구를 정치적 최면제로 이용했다고 보는 입장이다. 이들은 축구에 대한 대중의 수요가 존재한 것은 사실이지만

---

42) F. G. Ledesma, 《사모라 : 세계 최고 골키퍼의 신화와 현실Zamora : Mito y realidad del mejor guardameta del mundo》(Barcelona : Bruguera, 1978), 211~212쪽.

정치적 수동성을 유지하기 위해 정부가 이 수요를 조작했다고 본다. 둘째는 로렌테J. M. Lorente와 《마르카》의 벨라르모Belarmo, 《아베세*ABC*》의 힐레라Gilera 같은 매우 보수적인 언론인의 입장으로, 프랑코 스페인에 나타난 축구열은 특별히 놀라운 현상도 아니고 그것은 전적으로 대중의 거대한 수요로 일어났다고 본다. 이들은 이러한 현상이 1945년 이후 전 유럽과 남미에서도 동일하게 나타났다고 보았다. 셋째는 이상의 두 견해를 종합한 것이다. 텔레비전이 도입되기 전까지는 프랑코 정권이 정치적 최면제로서의 축구의 잠재력을 충분히 감지하지 못했고, 축구열이 뜨거워진 1960년 무렵부터 그것을 이용했을 것이라고 보는 입장이다.[43] 이 세 번째 입장이 비교적 자료와 부합하는 것으로 보인다.

여기서 첫 번째나 세 번째 입장을 취할 경우 그것이 정치적 수동성을 유지하는 데 과연 얼마나 이바지했는지를 검토해봐야 한다. 이에 대해 쇼는 축구열이 정치적 수동성을 만들어낸 것이 아니라 오히려 정치적 수동성 때문에 축구열이 달아올랐다고 보았다. 그러니까 사실은 특별한 이바지를 하지 않았다는 것이다. 내전으로 정치 지도자들이 죽거나 망명을 가거나 아니면 투옥된 상황에서 이들보다 정치적 의지가 떨어지는 남은 자들은 그들과 유사한 운명의 위협 앞에서 새로운 체제를 받아들일 수밖에 없었고, 그것은 국민들을 수동적인 처지에 놓이게 만들었다는 것이다. 게다가 1940년대와 1950년대는 일과 주거를 찾기 위한 투쟁, 가족을 먹여살리기 위한 투쟁의 시대였기 때문에 값싸고 열정적인 형태의 대중오락, 곧 암담한 현실에서 정기적으로 '도피'할 수단에 대한 수요가 엄청났으리라고 본다. 그래서 축구열은 정치적 수동성의 원

---

43) Duncan Shaw, 《축구와 프랑코 체제》, 117~118쪽.

인이 아니라 결과로 보아야 한다는 것이다.[44]

이는 일견 타당해 보인다. 하지만 축구열이 과연 정치적 수동성의 결과라고 분명하게 선을 그어 말할 수 있을까?[45] 상황에 따라 결과로 나타난 측면도 있을 테고 원인으로 작용한 측면도 있을 것이다. 이는 단순한 인과론의 문제가 아니다. 축구열과 정치적 수동성, 이 두 요인이 어느 시점이 되면 상호 상승효과를 가져올 수도 있는 법이다.

4. 축구의 체제 이미지 개선 기능

마지막으로 짚어볼 내용은 축구가 체제의 이미지를 얼마나 개선시켜주었는가에 대한 것이다. 《아베세》에 '힐레라'라는 필명으로 기고를 한 델라 베가E. G. de la Vega는 1985년 11월 28일 쇼와 한 인터뷰에서 축구의 체제 이미지 개선 효과에 대해서 이렇게 잘라 말했다.

"레알 마드리드가 유럽컵에서 여섯 차례나 우승하면서 외국에서 프랑코 체제의 이미지를 개선시킨 점에 대해서는 절대 의심할 나위가 없다……나는 클럽이 스스로 스페인 외교사절의 역할을 받아들이고 그것에 긍지를 지니고 있을 것으로 확신한다. 그런데 당신은 레알 마드리드가 이 역할을 자랑스러워한다는 데 뭔가 불길한 것이 있다고 생각하는 것처럼 보인다. 그 의미는 클럽이 친프

---

44) Duncan Shaw, 《축구와 프랑코 체제》, 119~120쪽.

45) 그렇다면 2002 한 · 일 월드컵 당시 한반도에서 일어난 축구열도 현실적인 좌절감에서 비롯된 것으로 보아야겠지만, 사실은 여러 가지 요인이 복합적으로 작용한 결과가 아닌가 싶다.

랑코파라는 것인데 나는 거기에 동의할 수 없다. 레알 마드리드는 우파 정부든 사회주의 정부든 어떤 형태의 정부 아래에서도 동일한 처신을 했을 것이다. 그리고 그것이 우파 정부든 사회주의 정부든 클럽이 만들어낸 반사 영예를 누렸을 것이다. 이는 전 세계의 성공한 스포츠 팀들에게 언제나 일어났던 것이다. 레알 마드리드는 프랑코 체제의 이미지보다는 스페인 전반의 이미지를 개선시킨 것을 자랑스러워했다. 고려해야 할 중요 사안은 바로 이 점이다."[46]

여기서 힐 델라 베가는 레알 마드리드가 프랑코 체제의 이미지를 개선한 사실에 대해서는 이의를 제기하지 않았다. 그는 다만 레알 마드리드 클럽이 친프랑코파라서 그런 역할을 했다는 주장을 반박하면서[47] 스페인 전반의 이미지를 개선시켰을 뿐임을 강조했다. 이것이 결과적으로 프랑코 체제의 이미지 개선으로 나타났을 뿐이라는 것이다.

스포츠에 한 국가의 대외적인 이미지를 개선시키는 잠재력이 있다는 사실은 이미 잘 알려져 있다. 한 국가가 스포츠를 통해 이미지를 개선할 수 있는 주요 방법으로 올림픽 경기와 월드컵 축구 두 가지가 있다. 소련의 체조 선수들과 오스트레일리아의 수영 선수들, 아프리카의 마라토너들이 올림픽 경기를 통해 자국의 이미지를 개선시킨 대표적인 예이다. 텔레비전과 대중매체를 타고 선수

---

46) Duncan Shaw, 《축구와 프랑코 체제》, 58쪽.
47) 레알 마드리드의 구단주 베르나베우가 친프랑코파인 것은 사실이지만 그렇다고 해서 레알 마드리드를 친프랑코파라고 단정할 수는 없다. 게다가 이를 뒷받침할 근거도 불충분하다. 다만 프랑코 정권이 레알 마드리드가 이룩한 업적의 혜택을 본 것은 의심할 나위 없는 사실이다. 레알 마드리드는 결코 프랑코 정권의 호의를 원하지 않았고 정치에도 큰 관심이 없었다. 이에 대해서는 《엘파이스El País》(1978년 6월 3일)에 실린 베르나베우의 사망 기사를 참고하라.

들의 얼굴과 이름이 전 세계에 알려졌으며 그와 더불어 해당 국가의 이미지도 개선되었다. 월드컵 축구도 마찬가지 역할을 했다. 브라질이 1958년과 1962년, 1970년에 거둔 세 차례의 놀라운 승리는 수수께끼 같은 브라질 국가의 이미지를 강화하는 데 획기적인 기여를 했다. 위대한 펠레Pelé가 주도한 1970년 브라질의 화려한 승리는 메디치E. G. Medici 장군이 이끄는 군사독재의 대외적인 이미지를 상당히 개선시켰다. 이와 비슷하게 아르헨티나의 비델라 장군의 평의회도 1978년의 월드컵 승리로 국제 신인도 면에서 엄청난 혜택을 입었다. 이렇듯 스포츠가 국제사회에서 한 국가의 이미지를 개선하는 위력은 이미 여러 사람을 통해 확인되고 있다.[48]

같은 맥락에서 축구가 프랑코 체제의 나쁜 대외 이미지와 허약한 외교적 입지를 개선하는 데 상당한 기여를 했다는 것도 일반적인 사실이다. 하지만 여기서 주의할 점은 이것이 특정 국가와 구체적인 외교 관계를 시작하거나 강화시키는 데 실제적인 기여를 했다는 이야기는 아니다.[49] 단지 프랑코 체제 스페인의 국제적인 이미지를 개선하는 데 이바지했음을 뜻한다.

스페인은 1946년 UN이 '파시즘의 마지막 보루'로 간주하면서 외교적·경제적 보이콧을 당했다. 프랑코가 이 위기를 타개해나간 방식은 두 가지였다. 하나는 독재가 지닌 파시즘적 내용과 그 상징을 점차 줄여나가는 것이었고, 다른 하나는 냉전 기간 동안 반공산주의를 위한 '서구의 보초' 역할을 자임하는 것이었다. 프랑

---

48) L. C. Prieto, 《스포츠와 국가》, 235쪽.

49) 이를 입증하는 작업은 매우 복잡하다. 사실 이를 입증할 증거도 존재하지 않는다. 스포츠가 적대적인 나라 사이에 외교 관계를 수립하게 해준 예로 흔히 중국과 미국의 '핑퐁 외교'를 든다. 하지만 탁구 경기는 다만 정치·경제적인 상호 이해관계 증진으로 양국이 유착된 이후에 덧붙여진 장식물에 불과했다.

코 스페인이 국제적으로 재기하는 데 핵심적인 역할을 한 것은 미국, 특히 아이젠하워D. D. Eisenhower 대통령의 활동이었다. 스페인의 전략적인 중요성을 간파하고 대원수의 열혈 반공산주의에 깊은 감명을 받은 그는 1950년 8월 스페인에 대량의 차관을 제공했으며, 3개월 뒤에는 미국의 압력을 통해 스페인에 대한 UN의 보이콧을 해제하는 데 중요한 역할을 했다.

스페인은 1950년 이후 더디긴 하지만 확실하게 점차 국제사회의 일원이 되어갔다. 각국의 대사들이 마드리드에 도착했고 1955년 12월에는 UN 가입이 허용되었다. 이제 스페인의 국제적 이미지가 파시스트 독재 국가에서 해안에서 일광욕을 즐기고, 플라멩코를 추며, 투우와 축구 경기 관람객으로 경기장이 붐비는 행복한 나라로 바뀌고 있었다.

축구가 스페인의 대외 이미지를 개선하는 데 유일한 기여를 한 것은 아니지만 가장 커다란 기여를 한 스포츠임에는 틀림없다. 그 일부가 축구 국가대표팀을 통해 성취되긴 했지만 대부분은 레알 마드리드를 통해 이루어졌다. FC 바르셀로나와 아틀레티코 데 마드리드, 아틀레틱 데 빌바오 등 다른 3개의 주요 클럽들도 나름대로 기여를 했지만 레알 마드리드에 비하면 보잘것없었다.

스페인 국가대표팀은 1950년 브라질 월드컵에서 축구의 종주국인 영국을 물리치고 우승을 거둠으로써 전 세계에 확실한 인상을 심어주었다. 스페인 스포츠팀이 세계의 주목을 받은 것은 내전 이래 처음이었다. 저널리스트이자 저술가인 델 로스 리오스C. A. de los R os는 당시를 회상하며 "스페인 선수들에게는 다른 국가들이 스페인을 국제사회의 일원으로 인정하고 원조 대상국으로 받아들이도록 그들 앞에서 국기를 게양할 임무가 있었다"[50]라고 언급했다.

스페인 국가대표팀이 브라질전에서 승리하면서 팔랑헤당 당원이자 의사였던 칼레로A. M. Calero가 FIFA 실행위원회 위원으로 선출되는 길이 열렸다. 그는 1953년에 당시를 떠올리면서 "내가 FIFA 위원이 되었을 때 스페인은 겨우 포르투갈과 아일랜드와만 스포츠 관계를 맺고 있었다. 그런데 지금은 철의 장막 너머 자유 없이 살고 있는 나라들을 제외한 세계의 모든 국가와 그 관계를 정 상화했다. 그리고 제일 강국의 목소리만큼 스페인의 목소리도 청 취와 존중의 대상이 되고 있다"[51]며 우쭐해했다. 이는 월드컵 우승 을 통해 스페인이 서유럽 세계와 좋은 스포츠 관계를 맺게 되었음 을 보여준다. 하지만 스페인 국가대표팀은 1950년 이후부터는 별 다른 성적을 거두지 못했고, 그에 따라 체제의 이미지 개선에도 별 다른 영향을 주지 못했다.[52]

반면에 1950년대와 1960년대는 레알 마드리드의 시대였다. 1956 년부터 1960년까지 거둔 유럽컵 연속 5회 우승뿐만 아니라 그 우 승을 견인한 화려하고 매력적인 공격력 때문에 레알 마드리드는 단숨에 전 세계의 전설적인 축구 클럽으로 떠올랐다. 따라서 레알 마드리드의 외교력에 대한 찬사가 쏟아진 것은 어찌 보면 당연한 일이었다. 국민운동 사무총장 솔리스와 외무장관 카스티에야F. M. Castiella는 레알 마드리드를 외국에 파견한 '최상의 외교사절'이 라고 극찬했다.[53]

프랑코주의 역사가 데 소사Luis de Sosa는 "스페인에 빵과 물이

---

50) C. A. de los Ríos, 〈스포츠와 사회와 정치Deporte, sociedad y política〉, 《대화 노트 Cuadernos para el di logo》, XXV extraordinario(1971년 5월).

51) 《레알 마드리드 클럽 회보》, 40(1953년 11월).

52) 1954년과 1958년 월드컵에서는 터키와 스위스에 각각 패해 본선에 진출하지도 못 하는 수모를 당했다. 1962년과 1966년 월드컵 경기에서는 본선에 진출했으나 한심한 경 기를 보여주었다. 1970년과 1974년 월드컵에서는 아예 본선에도 진출하지 못했다.

53) 《레알 마드리드 클럽 회보》, 128(1961년 1월) ; 《아베세》(1968년 12월 12일).

프랑코 체제와 축구 511

부족했지만 국민들은 마드리드 선수들의 현란한 경기에 녹아내렸다. 레알 마드리드는 스페인 국기를 게양할 줄 안다"[54]고 했으며, 마드리드 언론협회 회장 델 알라모Lucio del Alamo는 1968년 클럽의 한 연회에서 레알 마드리드 선수들을 향해 "여러분은 다행히 아직 매우 젊습니다. 여러분은 아마도 세계 도처에서 우리 스페인의 목을 죄어오던 외교적 봉쇄 시기에 세 종류의 외교사절이 있었다는 것을 기억하지 못할 겁니다. 합창 및 무용단 소녀들과 투우사 마놀레테M. R. Manolete, 레알 마드리드의 골이 그것입니다. 특히 레알 마드리드의 골은 세계에 스페인식 반전을 이룬 최상의 외교사절단이었습니다"[55]라고 외쳤다. 저널리스트 세레세도Francisco Cerecedo는 "레알 마드리드는 날아다니는 외교사절이다……1950년에서 1960년 기간에 일어난 주요 사건 세 가지는 의심할 나위 없이 바티칸과의 정교 협약, 미국과의 협정, 유럽컵 5회 우승이었다. 피오 12세와 아이젠하워, 베르나베우는 스페인을 전권을 지닌 국제사회의 일원으로 만들었다"[56]며 레알 마드리드의 유럽컵 5회 연속 우승이 함축하고 있는 외교적 의미를 격찬했다.

당시 스포츠 신문과 잡지들은 이런 식의 찬사들로 가득했다. 이는 레알 마드리드의 유럽컵 5연패가 스페인과 프랑코 체제의 대외 이미지를 개선하는 데 획기적인 기여를 했음을 지지해주는 내용들이다.

---

54) 《레알 마드리드 클럽 회보》, 169(1964년 6월).
55) 《레알 마드리드 클럽 회보》, 217(1968년 6월).
56) Francisco Cerecedo, 〈스페인 축구의 뻔뻔스러운 사회학〉.

5. 맺는말

그람시Antonio Gramsci의 헤게모니 개념에 따르면, 권력은 위로부터의 폭력으로 얻어지는 것이 아니라 지배 계층이 문화적인 수단을 통해 대중의 동의를 확보해나가는 협상의 과정에서 주어지는 것이라고 한다. 여기서 중요한 것이 대중의 동의를 확보하기 위해 동원하는 문화적인 수단이다. 프랑코 체제가 대중 정책 차원에서 추구한 문화 수단에는 영화와 투우, 가판대 문학, 라디오, 텔레비전, 축구 등이 있다. 프랑코 체제는 이러한 수단을 통해 사회 현실 문제에 대한 인위적인 침묵을 조장하고자 했다. 그래서 소설가이자 언론인인 안손María Anzón은 전후 세대를 사회 현실 문제에 침묵한 침묵 세대라고 규정짓기까지 했다.

이 글에서는 이런 문화 수단 가운데 프랑코 체제기의 축구를 분석하면서 프랑코 정권이 축구를 어떻게 다루었고 그것을 어떻게 활용했으며 그 효능은 무엇이었는지를 살펴보았다. 프랑코 정권은 2차대전 종전까지 스포츠 기구의 지휘 체계 정비와 그 인적 구성을 통해 축구를 비롯한 스포츠의 정치화 작업을 단행했다. 그 목적은 스포츠 교육을 통해 국가의 저력을 확고한 기반 위에 올려놓는 것이었다. 하지만 실제로는 무능하고 비효율적인 결과를 초래했다. 1945년 이후 UN의 외교적, 경제적 보이콧에 밀려 어쩔 수 없이 탈팔랑헤당화 작업을 추진하지만 파시즘적 수사는 체제 말기까지 지속된다.

1950년 이후에는 스페인 국가대표팀의 1950년 브라질 월드컵 우승과 레알 마드리드의 유럽컵 5연승, 외국의 스타 선수 영입, 다양한 매체 활용 등으로 스페인 전역이 축구열로 달궈지기 시작했다. 확실한 증거 자료는 없지만 이러한 축구열은 일정 정도 정치적 최면제나 사회적 마약으로 작용했다. 국민들을 탈정치화시키기 위한 체제의 의도를 텔레비전의 축구 중계방송을 통해 명백히 확인할 수 있다. 하지만 이것은 어디까지나 체제 후반기의 일이다.

또한 스페인 국가대표팀과 레알 마드리드의 화려한 국제 대회 우승은 스페인의 이미지 개선을 넘어 프랑코 체제의 이미지를 증진시키는 데도 상당한 기여를 했다. 파시스트 독재 국가라는 체제 이미지가 축구 열기가 가득한 행복한 나라라는 이미지로 탈바꿈되었다.

축구는 이처럼 프랑코 체제 후반기에 스페인 국민들 속을 파고들었다. 그 결과 한 여론조사 보고서에 나타난 것처럼, 스페인 국민들의 스포츠에 대한 열정은 엄청났지만, 국가 발전 계획 같은 정치의 중대 현안에는 관심이 거의 없었다. 축구가 국민들을 우민화하여, 경기 3일을 전후해서 국민들의 관심이 온통 축구에 쏠리게 될 것이라는 칼데론의 말은 이런 점에서 시사하는 바가 크다.

임시 수도 비시와
비시의 주민들, 1940~1944

이학수

1. 들어가는 말

비시는 프랑스 중부 알리에 도에 소재한 중소 도시로, 1939년 당시 인구는 약 3만 명이었다. 비록 도시의 규모는 작았지만 비시의 명성은 위장병과 간 질환에 효능이 뛰어난 온천 도시로 중세 말부터 프랑스뿐만 아니라 유럽 전역에 널리 알려져 있었다. 17세기에는 서간체 문학에서 걸작을 남긴 세비네 후작 부인marquise de Sévigné의 고향으로,[1] 19세기에는 나폴레옹Napoléon 3세의 온천

이학수는 서울대에서 〈프루동과 노동조합〉(1985)으로 석사 학위를 받았다. 당시 국내 역사학계는 프랑스사와 러시아사 연구가 유행하던 시기였다. 같은 대학 박사 과정에서 같은 주제로 학위를 준비하다가 자료 보완을 위해 1990년 프랑스 사회과학고등연구원EHESS으로 유학을 갔다. 그곳에서 19세기 역사 대신 20세기 현대사를 선택하고 주제도 정치사상사에서 정치사회사로 바꾼다. 지도 교수를 따라 파리8대학을 거쳐 파리4대학으로 학적을 옮기는 등 우여곡절 끝에 결국 〈부르보네 루즈Le Bourbonnais rouge〉(2002)라는 논문으로 박사 학위를 받았다. 12년의 논문 준비 기간 중 3년은 알리에 도의 비시, 몽뤼송, 물랭에서 체류했다. 서울대, 이화여대, 숙명여대, 부산교육대, 해양대 등에서 강의를 하다가, 한양대 연구 교수를 거쳐 현재는 해군사관학교 전사학(해전사) 교수 겸 박물관장으로 재직하고 있다.

1) Hélène Bernard, 《마담 세비네Madame de Sévigné : Lettres》(Paris : Flammarion, 2003), 4~5쪽.

여행으로 프랑스인들에게 알려졌다. 그리고 1940년 7월 10일부터 1944년 8월 20일까지 비시 정부의 임시 수도가 되었다.

비시 정부 치하에서 임시 수도에 거주하던 주민들은 어떻게 살았을까? 그들은 일상생활에서 어떻게 비시 체제에 협조하고 저항했을까? 적당한 거리를 유지하면서, 암묵적으로 지지한다는 태도를 보여 경제적 이익만 취했을까? 아니면 독일 지배가 지속될 것으로 보고 독일에 적극적으로 또 자발적으로 협조했을까? 임시 수도였던 비시는 오늘날 프랑스인들에게 어떠한 의미일까?

이런 질문을 던지고 여기에 답하는 것은 온천으로 유명한 지방 소도시 주민들이 자신들의 도시가 독일 점령기에 비시 정부의 임시 수도가 되고, 또 프랑스 전역이 독일 점령 지역으로 바뀌고 난 뒤에도 임시 수도로 기능한 특이한 상황에서 일상생활을 통해 비시 정권을 어떻게 지지하고 저항했는지를 밝혀보기 위해서다.[2]

지금까지 비시에 대한 연구는 임시 수도로 접근하거나 아니면 비시 체제를 연구 대상으로 하면서 비시 정부의 임시 수도 소재지로서만 다루어왔다.[3] 또 지방 연구자들이 비시 체제 당시 알리에 도에서 전개된 레지스탕스 활동을 연구하기도 했지만,[4] 일상사 방법론으로 비시 도시의 주민들과 비시 체제의 관계를 살펴본 경우

---

2) 이 글은 대체로 임지현 · 김용우 엮음, 《대중독재 1―강제와 동의 사이에서》(책세상, 2004) ; 《대중독재 2―정치 종교와 헤게모니》(책세상, 2005)에서 시도된 방법론에 근거하고 있다.

3) Marc Boninchi, 《비시와 도덕 질서 Vichy et lôrdre moral》(Paris : PUF, 2005) ; Michèle Cointet, 《비시 수도 1940~1944 Vichy capitale 1940~1944》(Paris : Perrin, 1993).

4) Georges Rougeron, 《대독 점령기의 알리에 도 Le d partement de l'Allier sous lEtat fran ais 1940~1944》(Montluçon : Pottier, 1969) ; André Sérézat, 《그리고 부르보네 사람들이 일어섰다 Et les Bourbonnais se lev rent》(Nonette : Éditions Créer, 1986) ; André Sérézat, 《비시에서……발미까지 혹은 전쟁 패배에서 알리에의 해방까지 De Vichy……à Valmy ou de la d faite à la Lib ration de l'Allier》(Moulins : Foyers Ruraux de l'Allier, 1995).

는 적어도 현재까지는 시도되지 않았다. 여기서 비시 주민이란 비시에 거주했던 사람들만을 지칭하지 않는다. 상황에 따라 비시 인근 지역의 주민들을 포함하거나 때로는 비시가 속한 알리에 도 주민 전체를 의미하기도 한다. 비시 체제가 비시에 수도를 정했을 당시, 비시 인근의 주민들과 알리에 도민들은 임시 수도가 일정 부분 자신들의 삶에 직접적인 영향을 주는 것으로 생각했기 때문이다.

1장의 문제 제기에 이어, 2장에서 우리는 비시 정부가 비시로 이전해오기 전 비시 주민들의 삶은 어떠했는지, 또 비시 정부가 이전한 후 비시는 어떻게 변해갔는지를 살펴볼 것이다. 3장에서는 비시 정부를 지지한 사람들은 누구였고 지지한 이유는 무엇인지를, 4장에서는 그렇다면 비시 정부에 저항은 사람들은 누구이며 왜 저항했는지를 밝혀보겠다. 비시 정부에 대한 임시 수도 주민들과 알리에 도민들의 지지와 저항의 상관관계를 알아보는 것이 이 글의 목표다. 마지막 맺는말에서 비시 정부에 대한 지지와 저항은 오늘날 소도시 비시와 알리에 도 사람들에게 무엇을 남겼는지를 간략하게 정리해보겠다.

2. 비시 도시와 비시 주민들

1944년 프랑스가 해방되자마자 비시의 주민들은 비시에 닥쳐올 비난이 우려되어 '비시 정부와 도시 비시는 상관이 없다'고 선언했다. 다시 말해 비시 주민들이 임시 정부를 유치한 것도, 임시 정부가 주민들의 동의를 얻은 것도 아니라는 주장이었다. 해방이 되자 비시의 주민들은 자신들도 새로운 공화국 건설에 기여할 수 있으리라는 기대를 품었고, 호텔 주인들과 기업주들을 중심으로 돈을 모아 비시 주민들의 입장을 대변하고 비시로 날아올지도 모르는 비난에 대처하기 위해 잡지를 간행했다. 그리고 1944년 9월부터 중앙 언론에 비시 도시와 관련된 표현을 할 때, 비시 체제를 암시하는 용어를 사용하지 말 것을 요청했다. 그런데 실제로 비시 도시가 지닌 어두운 과거가 공식적으로 언급된 것은 15년이나 지난 1959년이었다. 당시 드골 대통령이 제5공화국 상원의원 선거 직전 비시를 방문하여 비시 주민들에게 일종의 면죄부를 주는 연설을 했다.

이제, 반복할 필요가 없지만, 저는 여러분을 전적으로 신뢰하려고 합니다. 그리고 저는 비시를 공식 방문하면서 약간의 감동을 받았습니다. 여러분도 그 이유를 알고 있겠지만 우리는 역사를 이어가고 있습니다. 우리는 단 하나의 국민입니다. 예기치 못한 일과 사건이 있었더라도 우리는 위대한 하나의 단일한 프랑스 국민입니다. 제가 이 말을 하고 싶었던 장소가 바로 비시입니다. 이제 과거는 끝났습니다. 비시 만세, 프랑스 만세, 공화국 만세![5]

드골이 비시 정부의 수도에서 국민 통합을 주장하는 연설을 했다는 것은 정치적으로 뜨거운 감자를 건드리면서까지 그들의 지지를 얻어야 할 만큼 그가 처한 정치적 상황이 급박했음을 간접적으로 드러낸다. 하지만 드골 대통령의 화해 제스처는 개인적인 것에 그치고 말았다. 그의 연설에도 불구하고 프랑스 일반 국민들의 비시에 대한 이미지는 별로 나아지지 않았다. 그만큼 임시 수도였다는 비시의 이미지는 프랑스 국민들의 기억 속에 강렬하게 자리

---

5)《르몽드 *Le Monde*》, 1959년 4월 19일, 20일자.

잡고 있었고, 언제나 비시 정부와 대독 협력자, 배신자와 동일시되는 거북한 이미지를 달고 있었다. 그럼, 비시 도시가 임시 수도가 되기 이전과 되고 난 뒤에 어떤 변화를 겪었는지 알아보자.

 (1) 비시는 부르주아 도시였다

 프랑스 중부에 있는 온천 도시 비시가 본격적으로 프랑스인들에게 알려지기 시작한 것은 앞에서도 말했듯이 17세기 세비네 부인의 고향으로 언급되면서부터였다. 그러다가 19세기 중엽 나폴레옹 3세가 이곳의 온천을 이용하면서부터 더욱 유명해졌고, 그 이후 유럽의 부유한 사람들과 식민지에서 온 부자들, 또 노년층 사람들이 온천욕을 하러 오면서 명소가 되었다. 1938년 통계를 보면 약 14만 명의 외국인들이 온천욕을 하기 위해 비시를 방문한 것으로 나타났다.[6]

 알리에 도에는 유명한 온천이 두 군데 있다. 도 북쪽에 있는 부르봉 공작의 영지로 유명한 부르봉라르샹보 온천은 류머티즘 치료로 유명하고, 남쪽에 있는 비시 온천은 소화기 계통 질병이나 피부병이 있는 사람들이 자주 찾는 곳이다. 프랑스인들, 특히 식민지에서 거주하던 사람들은 알코올과 스트레스로 건강을 잃어갈 때쯤이면 비시를 찾아 생명을 연장하려고 했다. 온천욕을 마친 방문객들에게는 여흥이 필요했고, 그래서 비시에는 각종 도박판이 생겨났으며, 도박도 지치면 문화 쪽으로 관심을 돌리곤 했다. 하지만 이들의 문화적 욕구를 만족시켜주는 것은 수준 높은 예술이라기보다 여흥 수준이었고 만담과 상식이 교차하면서 약간의 품위가 가미된 대중문화 정도였다.

---

6) Michèle Cointet, 《비시 수도 1940~1944》, 10쪽.

비시 인근에 거주하는 주민들에게 비시는 언제나 부와 향락의 이미지를 던져주었다. 다시 말해 비시는 알리에 도에 700여 개나 있었던 성(城)을 개조한 대저택의 부자들이 돈을 쓰기 위해 가는 도시로, 파리나 니스의 반열에 올려놓고, 치켜다 보고 있었다.[7] 외부의 시선으로 그린 비시 묘사는 우리의 흥미를 끌고도 남는다.

꽃이 만발한 빌라들이 있는 도시, 초록빛을 띤 알리에 강 너머에 커다란 공원이 있는 도시, 다소 시대에 뒤진 화려한 대저택들이 있고 아직도 하얀 옷을 차려입은 연인들이 산책을 하다가 교향악단이 음악을 연주하는 밤 콘서트에 가는 도시, 오스트리아-헝가리의 거대한 잔재들이 아직도 둥둥 떠다니고 있는 1920년대의 비엔나처럼, 비시는 자신들이 지닌 고대의 장엄함을 유지하고 있었다.[8]

비시는 일찍부터 관광 도시였던 탓에 외국인들과 부자들을 위한 특급부터 별 하나에 이르는 여러 등급의 호텔이 많이 있었다. 1939년 통계에 따르면, 비시에는 약 250개의 호텔과 만 1,000개의 객실이 있었고 1940년 6월 직전에는 객실 수가 만 4,000개에 달했다. 호텔 업종에 종사하는 인구만 해도 약 5,000명이나 되었다.[9]

관광 도시이자 유흥 도시 비시는 호텔에서 일할 노동력과 식민지에서 온 독신 부자들과 유럽에서 몰려온 노인들을 돌볼 하녀와 세탁부가 필요했다. 자연스럽게 이러한 노동력은 비시 인근 농촌에 거주하는 소녀들로 충원되었다. 시골에서 농사일을 거드는 것

---

7) 《라바그*La Vague*》, 1920년 2월 5일자.

8) Michèle Cointet, 《비시 수도 1940~1944》, 9~10쪽.

9) André Sérézat, 《비시에서……발미까지 혹은 전쟁 패배에서 알리에의 해방까지》, 27쪽.

보다 수입이 많았고 도시에서 일한다는 자부심 때문에 많은 농촌 소녀들이 비시로 이동해왔고, 이들은 곧바로 부와 환락의 세계에 발을 들여놓게 되었다. 당시 비시에는 특히 질병 환자들의 기도를 잘 들어주는 성인을 모신 성당이 있었고, 또 시골에서 진출한 소녀들이 매춘에 빠지지 않도록 전적으로 이들만 돌보는 수녀원이 있었다는 것에서 당시 비시의 실상을 엿볼 수 있다.

비시 주변의 농민들은 2차대전이 일어나기 전까지 비시 근교의 라팔리스나 가나에서 행정 업무를 봤다. 그들에게 비시는 자신들과 동일한 정체성을 지닌 사람들이 거주하는 도시가 아니었다. 그곳은 고급문화를 향유하는 곳, 고가의 상점이 있는 곳, 도박을 하다 패가망신하는 곳, 유럽의 부자 노인들이 온천을 하는 곳, 동네 소녀들을 유혹해 빼앗아가는 곳이었다. 비시는 알리에 도에서 오만한 성채처럼 주위의 농민들이나 광부들, 장인들의 접근을 차단한 도시, 아니면 마치 섬처럼 따로 존재하는 이국 도시였다.

(2) 임시 수도를 비시로

1940년 5월 10일 독일군은 기습적으로 아르덴 삼림 지대를 공격했다. 1,500여 대의 독일군 장갑차 공격으로 덩케르크까지 밀린 20만 명의 영국 원정군과 14만 여 프랑스군은 영국이 보낸 구조선을 타고 간신히 후퇴했다. 프랑스 군대가 어이없이 무너지자 약 1,000만 명의 사람들이 고향을 떠나 피난을 갔는데, 여기에는 200만 명의 파리 시민들도 포함되어 있었다. 당연히 프랑스 정부도 대탈주에 동참했다. 레노Paul Reynaud 수상은 1차대전의 영웅 페탱 Philippe Pétain 원수를 부수상에, 전쟁차관에는 드골을 임명했다. 정부는 투르와 보르도에서 짐을 풀었다가 6월까지 계속 피난길에 있었다. 결국 클레르몽-페랑을 거쳐 온천 휴양지 비시에 자리를 잡았다. 레노 수상은 패전이 임박했다고 판단하고 식민지로 정부 이전을 제안했지만 드골은 브르타뉴의 끝으로 가자고 우겼다. 하지만 페탱은 6월 25일 발효될 휴전 조약을 벌써 준비하고 있었다. 1940년 7월 10일 비시의 그랑 카지노라는 공연장에서 의회는 568표 대 80표라는 압도적인 다수결로 페탱에게 새로운 국가를 건설하는 데 필요한 전권을 위임하기로 결정했다. 기권표는 17표였다.[10]

임시 수도를 클레르몽-페랑에서 비시로 이전한 이유는 무엇일까? 그 첫째 이유는 비시에는 임시 정부 청사를 수용할 만한 공간, 즉 호텔들이 있었기 때문이다. 비시의 거부 알레티Alger Aletti 소유의 4성 특급 호텔들은——공원 호텔, 마제스틱 호텔, 칼턴 호텔, 테르말-팔라스 호텔——모두 1940년 6월 비시 정부에 징발되어 정부 청사 사무실로 사용되었다. 4성 호텔 중에서도 공원 호텔이 가장 화려했다. 바로 이 호텔의 중앙 4층에는 페탱 원수의 사무실과 침실이 있었으며 3층에는 부통령 사무실, 2층에는 외무장관실이 있었다. 페탱 원수가 오후 정해진 시간에 4층 사무실 베란다에 교황처럼 모습을 드러내면, 호텔 앞 공원에서 그의 숭배자들이 박수로 환호하곤 했다.

페탱은 공원 호텔을 떠나지 않았지만, 라발Pierre Laval 수상은 호텔에 묵지 않고 매일 저녁 경찰들을 대동하고 비시에서 15km 떨어진 퓌드돔 도의 샤텔동에 있는 자기 저택으로 퇴근했다. 4성 특급 호텔에 이어 라페, 레프랭스, 르플라자, 르테르말, 레장바사되르 같은 1급 호텔에도 정부 청사와 주요 사무실이 들어섰다. 르테르말에는 국방부가 들어섰고, 라페 호텔에는 신문기자들이 북적

---

10) 《관보Journal officiel》, 1944년 7월 10일자.

댔으며, 대사관이라는 뜻의 레장바사되르 호텔에는 호텔 이름 그대로 외교관들이 짐을 풀었다. 놀랍게도 미국을 위시한 대부분의 국가가 비시 정부를 합법적인 정부로 인정했고, 따라서 많은 외교관들이 비시 정부를 따라 파리에서 비시로 이동해왔다.

두 번째 이유는 비시가 지닌 우파 이미지 때문이었다. 만약 좌파나 공산당 세력이 강한 도시였다면 테러 문제를 고려해야 했을 것이다. 클레르몽–페랑만 해도 시장과 국회의원이 모두 사회당원으로, 사회당의 아성이었다. 특히 자주 파업에 돌입하는 미슐렝 공장의 노동자들은 비시 정부에 부담스러웠을 것이다. 그러한 측면에서 비시는 이상적인 도시였다.

독일군이 비시에 처음으로 모습을 나타낸 것은 1940년 6월 18일이었다. 이날 뵈드르에서 독일군과 프랑스군의 격렬한 전투가 있었다. 같은 날 독일군은 알리에 도청 소재지 물랭을 점령한 뒤 밤늦게 샤텔드뇌브르에 도착했다. 6월 19일 아침 8시에는 생푸르생쉬르시울과 비시를 점령했고, 이어 몽뤼송까지 진출했다. 이날 여름 태양이 밝게 빛나는 늦은 아침인 11시 25분경 항공기 7대가 편대를 지어 몽뤼송 상공에서 정확히 생-자크 제철소와 리쉬몽 군부대에 폭탄을 퍼부었다.[11] 이날의 폭격으로 66명이 사망했으며, 100여 명이 부상을 입었다.[12] 몽뤼송 주민들은 아직도 이날의 폭격을 잊지 못하고 독일의 만행을 상기하고 있다.

후일 폭격 항공기의 국적을 두고 학자들 간에 논란이 있었다. 어

11) 알리에 도의 몽뤼송은 물랭, 비시와 달리 공업 도시였다. 특히 이곳의 제철소에서 탱크와 항공기 생산에 필요한 철을 생산하고 있었다. 몽뤼송은 1943년 9월 15~16일에 다시 비행기 폭격을 당한다. 그런데 이번에는 독일 전쟁 물자를 파괴하려는 연합군 항공기들의 폭격이었다. 이 폭격으로 43명이 사망하고 100여 명이 부상을 입었다. André Sérézat,《비시에서……발미까지 혹은 전쟁 패배에서 알리에의 해방까지》, 17쪽.

12)《르상트르Le Centre》, 1940년 6월 29일자.

떤 이들은 이탈리아 항공기, 어떤 이들은 독일 항공기라고 주장했다. 하지만 가장 설득력 있는 것은 독일 공군이 징발한 프랑스 항공기에 이탈리아나 벨기에 국기를 그려 넣은 뒤 독일군 조종사를 태워 폭격하게 했다는 추측이다.[13] 이러한 주장을 뒷받침하는 것은 프랑스 공군이 1940년 5월 10일 당시 약 1,300여 대의 항공기와 140여 대의 폭격기를 보유하고 있다가 모두 독일군에 양도했고, 또 폭탄이 파리 근교의 퀴토 군수 공장에서 생산된 것으로 밝혀졌기 때문이다.[14] 이러한 폭격들은 군사적인 목적보다는 민간인들에게 공포와 불안을 조성하기 위한 것으로 해석된다. 이후 6월 말부터 몽뤼송과 물랭 지역으로 가는 전화 회선이 두절되었고 우편물과 식료품 이동도 제한을 받았다. 물랭과 비시에 이어 6월 22일에는 사회당과 공산당이 장악하고 있던 공업 도시 몽뤼송도 독일군에게 점령되었다. 이런 상황으로 미루어볼 때 알리에 도민들은 전쟁의 한가운데에 있었고, 비시가 임시 수도가 되면서 프랑스의 다른 도시 주민들과 달리 하루하루를 비시 체제와 함께 긴장된 삶을 살았음을 알 수 있다.

그럼, 비시가 임시 수도로 결정되었다는 소식을 비시와 알리에 도 사람들은 어떻게 받아들였을까? 알리에의 3개 주요 도시인 물랭, 몽뤼송, 비시의 주민들을 서로 비교하면서 살펴보자.

알리에 도청 소재지 물랭은 독일 점령 지역과 비시 정부를 가르는 경계선이 도시를 가로질렀던 것으로 유명하다. 물랭 중앙을 가로지르는 알리에 강 위에 건설된 레지모르트 다리가 바로 경계였다. 당시의 사진들에는 레지모르트 다리 검문소에서 독일 헌병들

---

13) André Sérézat, 《비시에서……발미까지 혹은 전쟁 패배에서 알리에의 해방까지》, 15~16쪽.

14) Henri Michel, 《기이한 전쟁 *La drôle de guerre*》(Paris : Hachette, 1971), 302~304쪽.

이 보행자들과 자전거를 타고 가던 사람들의 통행증을 일일이 검사하는 장면이 자주 등장한다. 알리에 도청 소재지 물랭을 통해 독일 점령지 거주자들과 비점령지 거주자들이 서로 왕래하고 있었다. 물랭은 이처럼 독일 점령지와 비시 프랑스 지역의 경계 지역으로 두 진영이 첨예하기 부딪히는 곳이었다. 더구나 물랭은 전통적으로 사회당이 장악하던 도시였다. 앞의 두 이유로 물랭의 주민들은 비시 정부에 저항적이었다.

몽뤼송은 정치적으로 우파 세력이 극히 미약하고, 대신 사회당과 공산당이 경합하는 보기 드문 좌파 도시였다. 게다가 폭격 사건으로 비무장 민간인들이 사망하자 적극적으로 비시 정부에 저항하는 도시로 변해갔다. 나중에 보게 되겠지만 블룸Léon Blum의 오른팔이자 몽뤼송의 시장이며 동시에 상원의원이었던 도르무아 Marx Dormoy가 비시 정권에 전권을 부여하는 투표에 반대한 뒤 암살당하자, 몽뤼송 주민들은 노골적으로 비시 정부에 저항감을 드러냈다. 그들은 알리에 도에 비시 정부의 임시 수도가 자리 잡은 것을 치욕으로 받아들였다. 따라서 몽뤼송 주민들은 반비시 정부, 반독일 레지스탕스 운동을 다른 도시보다 더 격렬하게 전개했다.

반면 비시 주민들은 1차대전 직후부터 1936년까지 항상 우파 시장과 우파 의원들을 배출하면서 우파 성향을 보였다. 또한 전통적으로 가톨릭교회 세력이 뿌리를 내린 도시였다. 비시가 임시 수도가 되자, 비시는 즉시 급격한 변화를 맞았다. 우선 파리-비시 간 논스톱 열차가 생겼다. 그리고 외지인들, 특히 파리에서 상류층이 대거 비시로 밀려오면서 활기를 띠기 시작했다. 호텔과 온천, 카지노, 도박장과 연주회장은 사람들로 넘쳐났고, 국회의원과 경찰, 헌병, 독일인과 군인들까지 비시로 몰려들기 시작했다. 프랑스 전 지역에서 생필품 품귀 현상이 발생했지만, 비시는 사치품과 생필품이 넘쳐났다. 대신 대중들은 감히 넘볼 수 없을 정도의 비싼 가격이었다.

비시는 임시 수도가 되기 전부터 부르주아 도시와 우파 도시였고, 그 결과 임시 수도로 선택되었음을 알 수 있다. 임시 수도로 결정되고 난 뒤 파리의 행정 기구들과 정치인들이 대거 몰려오자, 대부분의 비시 주민들은 어떤 저항이나 고민 없이 바로 비시 체제로 편입되었다. 그들은 알리에 도의 몽뤼송이나 물랭의 주민들과 달리 자신들은 임시 수도 주민들로서, 레지스탕스 세력이나 테러 세력의 위험으로부터 안전하게 보호받고 있다고 생각했다. 또한 비시가 임시 수도가 되면서 경제적으로 활기를 띠자 자신들이 그 수혜자가 될 것을 확신했다.

3. 비시 정부 지지자들

비시의 식당업자들과 호텔업자들은 비시 정부가 비시에 정착한 것을 환영했고 경제적 이유로 비시 정부를 지지했다. 그들은 자신들의 업소가 호황을 누리리라는 사실을 누구보다 잘 알고 있었다. 온천 소유주들도 당연히 비시 정부를 환영했다. 비시는 호텔을 사무실로 사용하는 정부 청사들과 그곳을 가득 메운 공무원들, 각국의 대사관들, 신문기자들, 카지노를 찾아오는 관람객들로 넘쳐났고, 미처 호텔 방을 구하지 못한 사람들은 비시 외곽의 소도시인 가나, 퀴세, 생푸르생쉬르시울 등으로 나가야 했다. 하지만 비시 정부에 대한 이들의 지지는 가변적인 이익과 직결되어 있어 적극적이면서 동시에 일시적인 것이었다.

반면 우파 부르주아, 가톨릭 종교 지도자, 파리에서 몽뤼송으로 당사 사무실을 이전한 도리오Jacques Doriot의 후원자들은 비시 체제에 적극적 지지를 표명했다. 이들은 정치적, 철학적 신념 때문에, 또는 독일의 지배가 지속될 것으로 보고 비시 정부를 적극적으로 지지했다. 또 전국 각지에서 많은 사람들이 비시 정부를 지지하기 위해 비시로 몰려들었다. 그중에서도 특히 농민협동조합 지도자들과 여성단체 간부들이 눈에 띈다. 그들은 마레샬Maréchal(페탱이 원수 계급의 총사령관 출신이어서 종종 이 직함으로 호칭되었다)에게 경의를 표하고 그를 지지하게 위해 비시를 방문했다. 자발적이었건, 자신이 소속된 조직의 대표로 임무를 수행했을 뿐이건 이들도 비시 정부 지지자들로 분류할 수 있다.

비시 인근의 농촌에서 비시로 몰려든 소녀들 역시 비시 정부 지지자로 꼽아야 한다.[15] 그녀들은 가톨릭, 단조로운 농촌 생활, 보수적인 부모의 억압에서 탈출하여 임시 정부 예하 사무실의 타이피스트, 전화교환원, 비서 등으로 취직했다. 이들 중 일부는 비시 정부 하에서 오히려 해방감을 맛보았고, 독일군 장교들과 식사하고 춤추고 그들의 성적 파트너가 되기도 했다. 하지만 해방 후 이들은 심한 대가를 치러야 했다. 특히 독일군과 동거를 했거나 독일군의 아이를 낳은 여인들, 독일군과 어울려 다녔던 여성들은 주민들과 해방군들에게 머리를 삭발당하고 거리로 끌려나와 행진을 강요당했으며, 그 과정에서 사적 처벌을 받았다. 다른 도시의 대독 협력 여성들보다 그 수모의 강도가 훨씬 컸다.

---

15) 농촌 소녀들의 상류 사회 동경, 신분 상승 욕망은 비시 정부 이전에도 존재했다. 그녀들은 비시의 부유층이나 식민지에서 온 부유한 독신 남성들을 통해 꿈을 이루고 싶어 했다. 하지만 대개 비시의 호텔에서 일하거나 부유층의 하녀가 되었다. 그러다 나중에 식민지에서 온 부자나 다른 도시에서 온천욕을 하러 온 관광객을 상대로 매춘을 하는 경우가 많았다.

비시 체제 이전에 알리에 도의 정계나 시 지자체에서 소외되었던 일부 부유층 인사들은 비시 체제를 적극적으로 환영했다. 그들은 종종 인민전선 시기에 눈엣가시로 여기던 열성 공산당원과 사회당원들을 위험인물로 당국에 밀고했다. 비시 정부 시기에는 유독 익명의 고발 편지가 많았다. 이는 그동안 공산당 농민들이 좌파 정당 당원으로, 적색농민조합원으로 자기들에게 도전하고 사회적 항의를 한 것에 대한 일종의 보복 행위였다. 시대가 바뀌었다고 판단한 그들은 사회 하층의 항의를 근절시키기 위해 질서 유지와 기존 사회체제 유지를 비시 정부에 요구했다. 예를 들면, 뒤보스트 Pierre Dubost 사건과 베르나르Leopold Bernard 사건, 알리에 도 출신의 유명한 대독 협력자 베Louis B 사건이 대표적이다.[16]

뒤보스트는 트르토 코뮌의 대저택에 거주하는 대지주이자 법학 박사였다. 그는 1920년 알리에 도의 특이한 현상인 '절반 소작농 métayage'에 대한 책을 쓸 정도로 학식이 있었고, 우파 성향이었던 농민협동조합 부르보네 부지부장이었다. 뒤보스트는 트르토 코뮌의 공산당 시장과 초등학교 교사 벡Bec이 비시 정부가 추진하는 민족혁명에 적대적이라고 마레샬 군대에 고발했다. 결국 이 고발 편지로 시장은 사퇴하고 교사는 다른 학교로 전근을 가야 했다 (두 사람은 10년 뒤인 1950년에 무죄 판결을 받는다). 1944년 8월 부르보네 지방이 해방되자, 뒤보스트는 자기 집에서 항독 유격대원들에게 체포되었고, 이 밀고건 외에도 여타 사건으로 약식 재판을 받은 뒤 현장에서 처형되었다.

한편 베르나르는 알리에의 시골 마을 생토뱅르모니알의 대저택

---

16) André Sérézat, 《비시에서……발미까지 혹은 전쟁 패배에서 알리에의 해방까지》, 64~67쪽.

에 거주하던 사람으로 역시 지역 유지였다. 파리 항소법원 명예 변호사였던 그는 1911년《부르보네 지방의 혁명 사상 *Les idées révolutionnaires dans les campagnes du Bourbonnais*》을 출판한 지식인이었다. 하지만 페탱 정부가 비시에 정착한 지 한 달 만인 1940년 8월 15일 몽뤼송에 있는 지역 군사령관(대령)에게 8명의 공산당원을 고발하는 편지를 보냈다. 여기에는 생므누에 사는 자크 삼형제도 포함되어 있었다.

자크 삼형제는 사람들에게 싹싹하고 친절하지만 고단수로 아주 위험한 인사들입니다. 삼형제는 사람들이 경계하는 바로 그 열성 당원 가정 출신입니다. 공산당 해체 이후 지금은 눈치를 보고 있지만 결코 활동을 중단할 사람들이 아닙니다.[17]

특별 경찰이 이 사건을 조사한 결과 고발은 터무니없는 사실로 밝혀졌다. 경찰은 "현재 이 코뮌의 공산당원들은 어떠한 행동도 하지 않고 있으며, 체제 전복 활동을 한다는 징후도 보이지 않는다. 더구나 베르나르 씨가 고발한 자크 삼형제 중 두 명은 현재 생토뱅에 거주하고 있지만 모리스는 전쟁 포로다('독일에 있다'는 의미)"라는 보고서를 제출했다.[18] 그러자 베르나르는 "내가 태어난 이 지역은 내가 완전히 꿰뚫고 있다"는 편지를 다시 썼다. 하지만 경찰은 다음과 같이 결론 내리고 조사를 중단한다.

본인이 직접 이 지역의 명망 있는 유지들에게 문의한 결과, 그들은

---

17)《경찰보고서 *Rapport de police*》, n° 1~165(1940년 9월 10일), 알리에 도 문서고 Archives départementales de l'Allier(이하 ADA), R 626.

18)《경찰보고서》(1940년 9월 15일), ADA, R 626.

베르나르가 중복 고발한 사건에 대해 '베르나르가 새로운 희생자를 찾고 있는 것 같다'면서 화를 냈다.[19]

　문제는 베르나르의 고발이 무고로 밝혀졌는데도, 자크 삼형제 중 한 명인 조르주는 이 사건 발생 한 달 뒤 다른 공산당원들과 함께 체포되었다는 것이다. 결국 지방 유지의 영향력이 경찰에 통한 것으로 추측된다.

　이상의 두 사건에서 우리는 유사한 점을 찾을 수 있다. 일단 고발자는 그 지역을 대표하는 유지들이었다는 점이다. 더구나 그들은 법률가나 지식인들로 페탱 정부를 적극 지지했다는 것도 공통점이다. 이들은 알리에 지역에 뿌리를 내린 공산당 세력을 근절하기 위해 페탱을 지지한 것으로 보인다. 하기야 당시 경찰들은 고발이 있기만 하면 수사에 착수했고 자신들의 의도대로 죄를 만들어내곤 했다. 다음은 경찰이 몽뤼송에 거주하는 청년 5명을 고발하면서 작성한 기록인데, 당시의 상황을 잘 설명해준다.

　몽뤼송 청년들의 분위기가 전반적으로 수상해 보인다. (이 도시에는) 영국을 좋아하는 집단이 있다. (몽뤼송은) 혁명 폭발 가능성이 있는 첫 번째 도시다. 소위 말하는 도르무아의 살해 이후 여론이 들끓고 있으며, 그곳(영국)에서 지시가 내려올 가능성이 있다. 또한 담배 판매 금지와 식료품 부족으로 유언비어가 확산되고 있으며 이에 편승하여 공산당 구호가 떠돌아다니고 있다.[20]

---

19)《경찰보고서》(1940년 9월 19일), ADA, R 626.

20)《몽뤼송 특별 경찰Commissaire sp cial de Montlu on》(1941년 10월 23일), ADA R 615.

구체적인 증거 없이 일반적인 상황만을 나열한 후, 공산당 청년들을 불온한 세력으로 몰아가는 당시 경찰들의 전형적인 보고서임을 알 수 있다.

레지스탕스 조직인 지역해방위원회가 비시 인근에 있는 도시 가나의 레지스탕스 박물관에 이관한 자료에는 흥미를 끄는 내용이 많다. 마리옹Paul Marion 장관, 극우 파시스트 인사들, 베 등에 대한 서류가 보관되어 있다. 특히 1887년 몽뤼송에서 출생한 베는 법학을 공부한 뒤 세무 공무원이 되었고, 이어 재무부와 건설부의 고위 공무원을 거친다. 1940년 6월 10일 그는 알리에의 친척 집에서 칩거하다가 1944년 1월, 당시 마리옹이 장관이었던 공보부의 정보본부장을 맡는다. 베의 이후 종적에 대해서는 알려진 바가 없지만, 그와 같은 인사들은 고위직에 대한 매력과 일신의 영달 때문에 비시 정권을 지지한 것으로 보인다.

비시 전문 연구자들은 비시 정권 외곽 조직으로 종종 청년건설대를 거론한다. 비시 정부 주도로 결성된 비시 정부의 대표적인 청년 조직이었기 때문이다. 비시 정부는 청년들에게서 프랑스의 미래를 찾으려 했고 따라서 청년들을 위한 기구를 창설했다. 비시 정부는 일찍이 교육체육국을 신설하여 테니스 선수 출신인 보로트라Jean Borotras에게 맡겼고, 리요테Louis Lyautet의 '군 장교의 사회적 역할' 이론을[21] 전문 엔지니어들에게 확대 적용하여 청년사무국이란 기구를 창설한 뒤 이를 라미랑Georges Lamirand에게 맡겼다. 비시 정부 책임자들은 청년사무국을 민족혁명을 완수하는 핵심 부서로 소개하곤 했다. 라미랑은 군 장교의 역할 대신 '엔지

---

21) Louis Lyautet, 《군복무에서 장교의 사회적 역할*Du rôle social de l'officier dans le service militaire universel*》(1891).

니어의 사회적 역할'을 강조했는데, 그 내용은 민족혁명의 가부장적이고 권위적인 정신에 청년 운동을 접목시킨 것이었다. 교육체육국, 청년사무국에 이어 비시 정부의 세 번째 청소년 조직이 바로 청년건설대였다.[22]

프랑스 군대가 해체되면서 입영 대상자 청년들은 병역 의무를 면제받았다. 지방 보이스카우트 단장 출신인 라포르트뒤퇴유La Porte du Theil 장군은 1940년에 입대할 예정이었던 청년들에게 병역 의무 대신 국가에 봉사하는 대안 복무 제도를 제안했다. 이 기구는 사실 보이스카우트 정신에 페탱주의를 접목시킨 것이었다. 비시 정부는 이 제안을 수용하여 독일군 점령 지역을 제외한 프랑스 남부 지역과 알제리의 해당 청년들에게 곧바로 적용했다. 이제 20세에 달한 프랑스 청년들은 1940년 7월에 창설된 청년건설대에 입단하여 삼림 지역이나 도로 정비 작업에 8개월간 의무적으로 복무해야 했다.[23]

한편 알리에 도는 비시 정부의 수도권 지역이어서 여러 정책을 모범적으로 실시해야 하는 상징성을 띠고 있었다. 청년 제1건설대가 알리에 도에서 창단된 것은 바로 이런 취지에서였다. 제1건설대는 트롱셰 숲에서, 알리에의 또 다른 제38건설대는 몽마로 근처에 자리를 잡았다.[24] 트롱셰 건설대의 경우 처음에는 2,000~3,000명의 청년들이 천막생활을 하다가 곧 조야하지만 벽돌 건물을 지

---

22) M. O. Baruch, 《비시 체제*Le r gime de Vichy*》(Paris : La Découverte, 1996), 62~63쪽.

23) 비시 정부가 배포한 청년건설대 선전 포스터에는 망토를 입은 청년이 조국의 미래를 짊어진 듯 먼 곳을 바라보고 있다. 그리고 베르생제토릭스가 뒤에서 청년을 후원하고 있다. 이학수, 〈페탱, 비시 정권의 '르 마레샬' 신화 만들기〉, 권형진 · 이종훈 엮음, 《대중독재의 영웅 만들기》(휴머니스트, 2006), 443쪽.

24) 《뢰브르*L'Oeuvre*》, 1943년 11월 24일자.

어 그곳에서 생활했다.

트롱셰 건설대 청년들은 주로 벌목 작업과 목탄 작업에 동원되었다. 당시 가솔린 부족으로 목탄 수요가 많았고, 노동력 부족으로 도로 사정도 많이 열악했다. 따라서 청년들이 도로 보수 작업에도 동원되었다. 1941년 2월 트롱셰 건설대의 작업 실적은 목탄 50만 kg, 제지용 목재 만 7,200 m^3, 땔감용 목재 만 7,200 m^3, 도로 정비 (돌멩이 제거) 163 m^3, 삼림철도 300m였다.

하지만 이러한 작업성과는 원래 책정했던 목표량에는 훨씬 미치지 못했다. 동원된 청년들의 작업 능률이 낮았던 것 같다.[25] 1940년 트롱셰 숲의 하루 목탄 생산량은 3톤이었고, 이를 청년건설대를 투입하여 6톤으로 올리려 했지만 목표 달성은 불가능했다. 하지만 청년들은 하루 일당으로 1.5프랑을 받았고, 의무 기한이 끝나 집으로 돌아갈 때는 500프랑의 목돈을 받았다.

건설대 청년들은 노동 이외에 틈틈이 비시 체제를 선전하는 학과 교육을 받았다. 몇몇 과목의 내용을 통해 당시 비시 정부의 의도가 무엇이었는지 쉽게 파악할 수 있다. 우선 역사 과목에서는 루이Louis 14세를 배우다가 프랑스대혁명을 거치지 않고 바로 나폴레옹으로 건너뛰었다. 비시 체제가 선호했던 프랑스 역사의 위인들은 베르생제토릭스Vercingetorix, 샤를마뉴Charlemagne, 잔다르크Jeanne d'Arc, 리슐리외Armand Richelieu, 루이 14세, 나폴레옹Napoléon 1세, 파스퇴르Louis Pasteur, 리요테Louis Lyautey 같은 인물들이었다. 그리고 5월 1일을 노동절이 아니라 마레샬 축제일로 가르쳤다.[26] 당연히 청년건설대원들에게는 비시 체제의 구호

---

25) J. de la Porte du Theil, 《1년간의 청년건설대 지휘 *Un an de commandement des chantiers de la jeunesse*》(Paris : Séquana, 1988), 168~169쪽.

26) J. de la Porte du Theil, 《1년간의 청년건설대 지휘》, 243쪽.

인 노동, 가족, 조국이 사회적·정신적 지주가 되었다. 철학 과목에서는 '신이 없는 사회란 불가능하다'면서 '종교적 신앙이 인간의 기본 자질을 형성한다'고 가르쳤다.[27]

청년건설대의 이탈자들이라고 할 수 있는 공산당 청년 조직원들은 위험을 무릅쓰고 이곳에서도 지하 유인물을 돌렸다. 또 청년건설대 생활이 단조롭고 무료하여 이탈하는 청년들도 생겨났다.

1941년 6월 29일 페탱은 비시 시민 운동장에서 청년건설대의 출발을 격려하기 위해 청년건설대에 장엄한 깃발을 하사하는 기념식을 거행했다. 이듬해 4월 26일에는 비시 경마장에서 대대적인 청년건설대 축제를 개최했다. 전국에서 52개 건설대가 이 축제에 참석했고 당연히 마레샬도 참석했다. 그리고 1944년 5월 9일에는 대서양 장벽을 건설한 '토트'라는 독일청년조직을 환영하라는 공문을 일부 건설대에 보냈는데, 여기에는 라로셸 건설대, 생보네트롱셰 건설대(알리에 도 소재), 몽마로 건설대(알리에 도 소재)의 이름이 보인다. 이때에도 알리에 도의 청년건설대가 모범을 보여야만 했다.

청년건설대원들은 당시에 유명했던 에베르 체조와 함께 하루 일과를 시작했다. 노동과 생활은 옥외에서 했는데, 이것은 '땅은 거짓말을 하지 않는다'는 마레샬이 말한 '땅으로 되돌아가기 위한 방식'이었다. 청년건설대는 또한 아침과 저녁에 국기에 대한 예식을 거행했는데, 이것은 '새로운 프랑스'를 만들기 위한 일종의 정신 무장 성격을 띠고 있었다. 청년건설대의 일요일 일과표는 평일과 다소 달랐다. 8시 45분 국기 계양식에 이어 9시 20분에는 행진이 있었고, 이어 10시에 대미사에 참례한 뒤 12시에 공동 식사, 15

---

27) J. de la Porte du Theil, 《1년간의 청년건설대 지휘》, 142쪽.

시에는 공연이 있었다.

청년건설대 지휘부는 당시에 프랑스 청년들이 사기를 잃은 세대라고 판단했다. 패전으로 병역 의무도 없는 실업자 상태였기 때문이다. 따라서 그들에게 육체적·정신적·시민적·지적 교육을 제공해야 한다고 믿었다. 청년건설대 기구는 스카우트 운동과 비슷했지만, 사실은 청년들을 비시 체제 안으로 수렴시켜 비시 체제의 지원 세력으로 양성하려는 목적을 가진 단체였다.

청년건설대가 가동되던 초기에 청년들은 자신들의 지도자를 신뢰했던 것으로 보인다. 청년들은 자주 자신의 대부들을 방문하기도 했다. 하지만 1942년이 되면 청년들이 가졌던 초기의 열정은 대부분 사라지고, 심지어 청년 조직 지도부에서조차 이탈 현상이 나타난다. 트롱셰 청년건설대에 대한 연구에서 알라티엔Pascale Alatienne은 이렇게 지적하고 있다.

한 청년은 자기 친구에게 이런 편지를 썼다. "지도자 중 한 명이 1870년의 그들에게 복수하기 위해 45년을 기다렸다면, 1940년의 그들에게 복수하는 데는 그렇게 오래 걸리지 않을 것이라고 말했다네. 그들조차도 복수가 곧 있을 것이라고 말했다네."[28]

프랑스 청년들은 1870년 보불전쟁 때 프로이센에 패배하고 굴욕적인 조약을 맺은 사실과 1940년에 다시 독일에 패한 것을 잊지 않고 있었고, 조만간 독일에 복수해야 한다는 사실을 공공연하게 말한 것으로 보인다. 1942년 3월 6일 알리에 도지사는 몽뤼송에 있

---

28) Pascale Alatienne, "우편물 검열 연구L'étude des contrôles du courrier",《부르보네 연구Etudes Bourbonnaises》, n° 245(1988), 75쪽.

는 수사 책임자에게 이런 비밀 편지를 보낸다.

1941년 7월 1일부터 15일 사이에 청년건설대에서 연수를 받는 청년 중 일부가 보인 행위는 사회나 교회에 위험합니다. 이 청년들을 감시한 뒤 그들의 모든 행동을 저에게 보고할 것을 요청합니다.[29]

한편 독일군은 청년건설대가 혹시 군사훈련을 하지 않는지 감시했다. 독일군은 젊은 혈기의 청년들이 군사훈련을 받은 후 총부리를 독일로 돌리거나 레지스탕스로 흘러들어갈 것을 경계하고 있었다. 프랑스에 대한 물자 징발이 심해지고 연합군과의 전쟁에서 독일이 점차 밀리기 시작하자, 청년건설대 청년들은 비시 체제의 선전을 거부하기 시작했다. 그리고 1942년 라발Pierre Laval이 집권하면서부터 조직이 와해되기 시작하여, 1943년 초 강제노동국 STO이 가동되자 청년건설대는 급속히 붕괴되었다.

비시와 알리에 도의 가톨릭 고위 성직자들은 초기에는 비시 체제를 적극적으로 환영했다. 비시 정부가 제3공화정보다 가톨릭교회에 훨씬 나은 대우를 해주었기 때문이다. 1941년 8월 15일 성모승천일을 맞이하여 독일 점령지인 알리에의 도청 소재지 물랭에서 있었던 '검은 성모마리아 순례' 사진을 보면 물랭 주교는 비시 정부의 다른 두 대오인 소년조직 및 지방민속단 단체장과 더불어 행렬의 선두에서 걸어가고 있다.

결국 가톨릭 전체가 공동보조를 취했겠지만, 특히 알리에의 가톨릭 종교 지도자들은 비시 정부에 완전히 포섭되었던 것으로 보인다. 고위 성직자들은 앞 다투어 페탱에게 충성 서약을 했고, 그

---

29) 《알리에 도 문서고》, W 996~328쪽.

대신 학교 교육에서 종교 교육을 할 수 있는 권한을 양도받았다. 비시 정권 체제하에서 알리에 도의 사립학교는 물론 심지어 공립학교도 정규 수업 시간에 교리문답 교과목을 포함시켜야 했다. 이는 1905년 정교분리 이후 교실에서 자취를 감추었던 종교 교육이 되돌아온 셈이었다.

또한 인구 감소를 막는다는 이유로 비시 정부는 낙태를 금지했고 실제 낙태 시술을 한 한 여성을 1943년 7월 31일 사형했다.[30] 비시 정권의 전통적이고 가부장적인 정책은 가톨릭교회의 교리와 잘 맞아떨어졌다. 모성에 대한 전통적인 입장을 그대로 간직하는 '민족혁명'은 여성을 가정에 머물게 하면서, 출산과 육아의 신성한 의무를 지키도록 했다. 비시 체제 내내 "어머니가 가정을 만들고 가정이 프랑스를 만든다"는 내용의 정치적 선전이 유행했다. 특히 1939년에 도입된 가족 수당의 보완책으로 대가족에게 더 많은 혜택을 주는 제도가 도입되었고, 이혼을 어렵게 하는 법도 제정했다.[31] 여학생들은 특별 강연 등을 통해 가사를 돕도록 교육받았다.

이런 일련의 여성 관련법들은 비시와 알리에 여성들에게도 적용되었다. 하지만 많은 남성들이 감옥에 수감되어 있거나 전선, 또는 독일에 있었기 때문에 대부분의 여성들이 생계를 직접 책임져야 했다. 열악한 노동 조건을 무릅쓰고 여성들이 노동 일선에 나설 수밖에 없게 되자 비시 정부의 '모성보호정책'은 더는 유지될 수 없었다.

---

30) 이 여성의 이름은 마리Marie로 나치 점령기에 돈을 벌기 위해 낙태 시술을 하다가 기요틴에서 처형당했다. 그녀는 프랑스 역사에서 사형당한 최후의 여성으로 거명된다. 샤브롤Claude Chabrol 감독은 이 내용으로 〈여성들의 업무Une affaire de femmes〉라는 영화를 만들었다.

31) 콜린 존스, 《케임브리지 프랑스사》, 방문숙·이호영 옮김(시공사, 2001), 317쪽.

1943년 2월 16일 라발은 1920~1922년 사이에 출생한 프랑스 남성들을 2년 동안 동원하는 법안에 서명했다. 프랑스 군대가 해체된 상태여서 군 소집을 면제받고 있던 청년들을 청년건설대의 이름으로 동원하던 것과 같은 논리였다. 비시 정권의 공식 발표에 따르면, "프랑스 경제가 요구하는 데 따르는 책임을 모든 프랑스인에게 균등하게 배분할 목적으로 동원한다"는 것이었는데 사실은 프랑스 경제가 아니라 독일 경제를 위한 것이었다. 이렇게 해서 강제노동국이 탄생했다. 이어 강제노동국 사무국과 강제노동국 고위위원회가 발족했다. 보나르Abel Bonnard가 강제노동국 고위위원회 위원장직을 맡는 자리에서, "(강제노동국 기구를 통해) 독일과 프랑스 두 국가의 청년들이 만나게 되었다"는 내용의 축하 연설을 했다. 강제노동국의 하급 근무자들은 비시나 비시 인근의 농촌 출신의 청년층에서 일부 충원되었고, 이들은 자신들에게 부여된 권력을 향유하고 지배자들에게 복종하면서 독일 지배와 비시 체제가 장기간 지속될 것으로 믿고 비시 체제의 적극적인 지지자가 되었다.

비시의 주민들 중에서 비시 체제를 지지한 사람들은 우선 호텔업과 식당업, 온천업에 종사하는 사업자들, 그리고 이들과 하청 관계를 맺고 있던 사람들이었다. 그 다음에는 정치적으로 보수적이었던 지방 유지들과 지방 정치인들, 가톨릭교회, 독일군과 사적 관계를 맺고 있던 일부 여성들, 비시 체제 이후 설립된 조직이나 기구에 충원된 비시의 청년들이었다. 하지만 이들의 비시 체제 지지 성향은 일관적이고 논리적이라기보다 경제적 이익, 현실에 대한 불만, 특히 인민전선 정부에 대한 불만이 비시 체제를 지지하게 했다고 봐야 한다. 일부 청년들은 이전과 다른 현실에 대한 강한 호기심에서 비시 체제를 지지하고 참여했다가, 독일의 착취와 협조 요구가 지나치게 심해지자 비시 체제 저항으로 돌아서기도 했다. 이러한 현상은 특히 청년건설대 대원들에게서 발견되었다.

4. 비시 정부에 저항한 사람들

비시를 포함한 알리에 도에서 비시 정부에 대한 저항은 일부 정치가들의 비협조, 레지스탕스 대원들의 투쟁적 활동, 주민들의 소극적 저항 형태 등으로 나타난다. 비협조 정치가들은 비시 지지자들에게 암살당하거나 수용소에서 사망했고, 레지스탕스 대원들은 프랑스 경찰이나 헌병에게 체포되어 독일 게슈타포에게 이송되었다가 현장에서 처형되거나 수용소로 끌려가 사망했다. 소극적 저항의 대표적인 경우로는 몽뤼송 주민들의 기차 운행 방해 사건을 들 수 있다.[32]

(1) 정치인들
알리에 도의 경우 비시 체제에 저항한 대표적인 사람은 물론 몽뤼송 시장이자 인민전선 정부 시절 블룸 수상 밑에서 내무장관을 역임한 도르무아이다. 페탱에게 전권을 부여하는 투표를 할 당시 도르무아는 사회당 상원의원이었다. 1940년 7월 4일 도르무아는 블룸과 함께 비시에 도착했다. 당시 분위기는 패전의 책임을 인민전선 정부 각료들, 특히 사회당 출신 장관들에게 묻는 험악한 분위기였다. 도르무아는 블룸에게 비시의 분위기를 피해 몽뤼송에 갈

---

32) 비시 정부에 대한 알리에 주민들의 적극적 또는 소극적 저항의 기원에 대해서는 다음 논문을 참고하라. LEE Haksu, 《부르보네 루즈*Le Bourbonnais rouge*》, 파리4대학 박사 학위논문thèse de doctorat de l'Université Paris IV, 2002.

것을 권유했고, 알리에 도의 또 다른 사회당 의원이었던 티브리에 Isidore Thivrier 또한 몽뤼송 인근 도시인 코망트리에 있는 자신의 저택에 머물 것을 제의했다. 사실 블룸과 도르무아에 대한 우파 인사들의 적대감이 너무 노골적이었다. 그래서 비시나 몽뤼송에서 두 사람은 레스토랑에서 식사를 할 때에도 항상 주위를 경계해야 했다. 7월 9일에는 도르무아가 몽뤼송으로 본부를 옮긴 도리오의 부하들에게 협박을 받았고, 도리오가 직접 살해 위협을 한 적도 있었다.[33]

도르무아는 7월 10일 그랑 카지노에서 있었던 투표에서 반대표를 던졌다. 동료 사회당원이자 코망트리 출신인 티브리에와 몽뤼송의 공산당 의원인 자르동Eugène Jardon도 반대표를 던졌다. 이들은 알리에 도의 대표적인 정치인들로 비시 주민들에게도 상당한 영향력을 미치고 있었다. 1936년 총선에서 알리에는 6명의 의원을 선출했는데, 6명 모두 인민전선 후보들이었다. 비시 선거구에서도 예외적으로 인민전선 측에 가담한 급진파 후보가 당선되었다. 이 중 도르무아가 상원의원으로 진출하고 궐석 투표에서 공산당의 자르동 후보가 당선되어, 1940년 알리에 의원의 정치적 배분은 4명의 사회당 의원과 1명의 공산당, 1명의 급진당 의원으로 구성되었다. 상원의원은 2명의 우파 의원과 1명의 사회당 의원으로 구성되었다. 이 중 알리에 출신 1명의 상원의원과 2명의 하원의원이 페탱에게 반대표를 던진 80명에 포함되어 있었다. 다른 2명의 상원의원인 보몽Beaumont과 페로네Peyronnet는 다수파를 따

---

33) Pierre Miguel, 《반대표를 던진 80명의 의원들Les quatre-vingts》(Paris : Fayard, 1995), 189~191쪽 ; Georges Rougeron, 《알리에 도에서 보낸 특별한 시기에 대한 기억 1940~1944M moires d'autre temps en Allier 1940~1944》(Montluçon : Typocentre, 1984), 68쪽.

랐고, 비시 지역의 국회의원 라무뢰Lucien Lamoureux 급진당 의원 역시 비시 체제 지지파로 옮겨갔다.[34]

실제 알리에 출신 국회의원들은 알리에가 독일 점령 지역과 비시 체제를 구분하는 경계여서 독일의 군대 동원에 공포를 느끼고 있었다. 실제 독일군 부대가 클레르몽-페랑에 주둔하고 있어 비시까지 독일군이 이동하는 데는 3시간밖에 걸리지 않았기 때문에 강한 심리적 압박을 받고 있었을 것이다. 또한 인민전선 정부를 반대하던 극우파 인사들은 인민전선 정치인들에게 보복을 가할 의사가 있음을 공공연하게 밝혔다. 특히 독일군 점령 지역에 정치적 기반을 둔 사회당 의원들은 본인들만이 아니라 그들의 친지들까지 위협을 받고 있었기 때문에 비시 체제에 찬성표를 던진 경우도 있었다.

물론 많은 의원들이 비시 체제에 찬성표를 던진 주요 요인은 의원들을 달래고 옥박지른 라발의 노력이겠지만, 투표 바로 일주일 전 알제리 오랑의 서쪽에 있는 메르 엘-케비르 항구에 정박해 있던 프랑스 함대를 영국 해군이 공격하여 프랑스 군함들이 침몰하고 프랑스 해군 1,300명이 전사한 사건이 발생한 것도 하나의 이유였다.[35] 영국 해군의 프랑스 함대 공격은 프랑스인들에게 충격이

---

34) 알리에 도의 사회당 의원 5명 중 3명은 비시 정권을 지지했다. 물랭 시장이자 의원이었던 부데René Boudet는 프랑스의 패배는 기정사실이고 독일 점령지인 물랭에서 시민들을 불 요하게 고통 받게 해서는 안 된다는 이유로 비시 정권을 지지했다. 플랑슈Camille Planche 의원 역시 물랭 출신으로 평화주의자였다. 그는 사회당 내에서 블룸 및 도르무아와 정치 계보가 달랐던 인물로 비시 정권을 지지했다. 마지막 사회당 의원인 리브Paul Rives 는 데아Marcel Déat 계열로 독일 전체주의 체제를 다소 동경하는 인물이었다.

35) Graham Chapman, 《6주간의 전투*Six semaines de campagne*》(Paris : Arthaud, 1972), 119~123쪽 ; Jean-Pierre Azéma, 〈메르엘케비르 드라마Le drame de Mers el-Kébir〉,《역사*L'Histoire*》(1989).

었다. 이를 계기로 페탱 원수와 1940년 6월 16일부로 해군장관이 된 다를랑François Darlan 제독은 프랑스인들에게 영국 공포를 조성했고, 사태를 관망하던 대다수의 프랑스인들은 영국에 실망하고 비시 정부 지지로 돌아섰다.

7월 10일 의원총회에서 페탱에게 전권을 위임한다는 결의안이 통과된 뒤, 알리에 도와 비시의 여론은 전쟁 패배를 야기한 인민전선 정부와 페탱에게 찬성표를 던지지 않은 의원들에게 적대감을 나타냈다. 몽뤼송에서 발간되던 우파 일간지 《르상트르Le Centre》 신문의 논조에서 당시의 분위기를 쉽게 읽을 수 있다.

> 우선 전쟁 패배라는 파국을 야기한 책임자들을 제거해야 한다. 우리를 그토록 불편하게 했던 의회를 가장 먼저 제거해야 한다. 이제 의회는 해산되었다. 나머지는 충분히 무시해버리자. 쓰레기들을 치워버리는 데 시간을 낭비하지 말자. 프리메이슨 단체를 그렇게 해야 한다. 그것도 어제 해결되었다.[36]

이 시기까지만 해도 비시 체제는 자신들이 설정한 일정에 따라 계획들을 차례대로 수행해나가고 있었다. 도르무아는 1941년 9월 25일 4명의 정치인과 함께 비시 정부에 체포되었다. 오리올Vincent Auriol, 모크Jules Moch, 그륀바흐Salomon Grunbach와 도르무아 등은 인민전선 정부를 대표하는 패전 책임자이거나, 유대인이거나, 프리메이슨 단원이라는 이유였다. 특히 도르무아는 인민전선 정부의 내무장관이었고 따라서 당시 카굴 같은 극우파 단체의 해산법을 입법화한 책임자였다. 이때 해산된 단체 회원들 중 일부는

---

36) 《르상트르》, 1941년 7월 13일자.

당시 비시 정권의 주요 인사가 되어 있었다. 1941년 3월 20일 드롬 도의 몽텔리마르로 이송된 도르무아는 감시를 받으며 그곳의 한 호텔에 묵고 있었다. 그해 7월 25일 도르무아는 자기 방의 침대 밑에 설치된 폭탄이 터지는 바람에 사망했다. 누가 폭탄을 설치했는지, 정확한 사망 원인은 무엇인지 추측만 난무할 뿐 아직까지 밝혀지지 않았다.[37] 한편 알리에 도의 같은 사회당 의원 티브리에는 수용소에 끌려갔다가 종전 직전 그곳에서 사망했다. 저항 진영에 섰던 알리에 도의 주민들은 비시 체제에 항거하다 희생된 두 사회당 정치인을 배출한 것에 대해 자부심을 가지고 있다.

(2) 레지스탕스 대원들

1940년 10월 비시 정부의 내무부 정무차관 페루통Marcel Peyrouton의 지시로, 경찰청은 알리에 도에서 "국방과 공공질서에 위험한 인물들을 체포했다"는 발표를 했다.[38] 몇 명이나 또 누가 체포되었는지는 해방이 되고도 알려지지 않다가 1988년 지방 역사가들의 연구로 알려졌다.[39] 28명의 이름이 알려졌고, 이 체포 이후에도 5명이 추가로 구속된 사실이 밝혀졌다. 대부분 알리에 도 공산당 당원으로 지방자치단체 의원이거나 도 공산당 지부의 간부들이었다. 이들이 체포된 이유는 공산당 지하 신문과 유인물, 당원증 등을 소지하고 있었기 때문이었다. 이들은 퓌드돔 도의 아를랑

---

37) Robert Aron, 《비시의 역사*Histoire de Vichy*》(Paris : Editions Fayard, 1963), 397쪽 ; Philippe Bourdrel, 《카굴. 30년간의 음모*La Cagoule. Trente ans de complots*》(Paris : Albin Michel, 1970), 251쪽; Georges Rougeron, 《마르크스 도르무아 1888~1941*Marx Dormoy 1888~1941*》(Montluçon : Grande Imprimerie, 1956), 13쪽.

38) 《르프로그레 드 랄리에*Le Progrès de l'Allier*》, 1940년 10월 11일자.

39) 《부르부네 격주 신문*Bourbonnais-Hebdo*》, 1988년 10월 5~11일자.

을 거쳐 벨기에의 몽스에 수감되었다.[40] 이들은 공산당 당원들이었고 비시 정부를 반대하고 있었지만 대개가 농민이었다.

베갱Henri Béguin은 당시 67세였고 농촌의 계절 임금노동자였다. 수감 중에 이들은 가족과 편지를 주고받을 수 있었다. 일부 사람들은 자신의 상황을 편지로 전달할 수 있었지만 그 내용은 한계를 지닐 수밖에 없었다. 그런데 베갱은 특이하게도 4권의 공책에 당시 식사, 일과, 잡화 구입, 강제 노동, 가혹 행위, 이송, 행진 등과 같은 수감 시절의 일상생활을 꼼꼼하게 기록했고, 이것은 나중에 수감자들의 생활을 엿보는 데 큰 도움이 되었다. 공산당원 외에도 사회당원도 있었고, 정당의 당원이 아닌 사람도 수감되었다. 예를 들면, 비시 인근의 생푸르생쉬르시울 초등교육 장학사 프레데르Freydère 부인도 있었다. 그리고 비시 정권이 금지한 단체 회원들도 있었다. 예를 들면, 자유사상협회 회원과 인권협회 회원들, 프리메이슨 단원들도 수감자 속에 뒤섞여 있었다.

트롱셰 숲 속이나 알리에 도의 야산에서 전개된 레지스탕스 운동은 지방 연구자들이 비교적 자세히 연구했다. 비시 체제 당시 알리에 도에는 북부 지역에 있는 트롱셰 숲과 비시의 우측에 있는 다시즈 숲, 몽뤼송 좌측의 산악 지대, 남부 산악 지대 등에 걸쳐 약 27개의 레지스탕스 조직이 있었다. 이들은 교량 폭파, 전선 절단, 철로 파괴 등의 임무를 수행했다. 이러한 유격대원들의 직접적인 저항과 더불어 비시 정부의 홍보물 훼손, 지하 신문 간행과 운반 및 배포, 레지스탕스 대원들에게 은신처와 식량 제공 같은 소극적인 저항도 간과해서는 안 될 것이다.

---

40) André Sérézat, 《그리고 부르보네 사람들이 일어섰다》, 101쪽.

(3) 소극적 저항자들

비시 체제를 지지하던 가톨릭 종교의 일부 젊은 교직자들은 비시 정부 말기에 독일의 억압과 착취가 심해지자 비시 체제 협조에서 저항으로 돌아섰다. 이들은 교계 상층부를 압박했고 결국 프랑스 가톨릭 주교단은 "프랑스 청년들이 독일로 떠나는 것은 양심적 의무에 해당하지 않는 것"이라는 입장을 밝혔다. 주교단은 비시 정부가 프랑스 사회와 얼마나 동떨어진 정책을 추진하고 있는지를 지적하면서, 교회는 비시 체제의 노동력 동원 정책에 반대한다고 명백히 밝혔다.

이는 당시 가톨릭교회가 비시 체제에 어떤 입장이었는지를 단적으로 보여주는 사건이다. 결국 가톨릭교회는 프랑스 국민들의 지지를 잃을지도 모르는 심각하고 결정적인 상황에 봉착하자 비시 체제와 거리를 두려고 했다. 일부 가톨릭 청년들 역시 강제노동국 기구를 공개적으로 비난하고 강제 동원을 피해 산으로 숨어들어 투쟁에 나섰다.[41]

가톨릭의 지지 철회보다 비시 정부에 더 위험했던 것은 비시 체제 말기에 체제에 대한 간접적이고 수동적인 반대가 광범위하게 퍼지기 시작했다는 점이다.[42] 청년들이 산으로 도주할 때 비시 정부의 공무원들이 이들을 고발하는 대신 방치한 증거들이 도처에서 발견된다. 1943년 여름이 되자 청년들을 강제 노동에서 도망치게 할 경우 해당 공무원을 중벌로 다스린다는 법령이 계속 내려왔다. 이는 당시 그러한 일이 다발적으로 발생했음을 말해준다. 결국

---

41) Claude Bourdet, 《불확실했던 모험 *L'Aventure incertaine*》(Paris : Stock, 1975), 67쪽.

42) Jacques Sémelin, 《무기 없이 히틀러에 맞서다. 유럽 민간 레지스탕스 1939~1943 *Sans armes face à Hitler, la r sistance civile en Europe 1939~1943*》(Paris : Payot, 1989), 212쪽.

도지사들이 직접 동원 기피자들을 색출하는 업무를 맡았다. 그들은 "가능한 한 자주 노동증을 검사하여 신분을 확인하라"는 회람을 계속 내려 보내지만 이 업무를 담당하던 경찰과 헌병들 역시 신분 확인에 열의를 보이지 않았다. 그 결과 독일 측은 프랑스의 행정 기구 작동에 의심을 품었고, 전통적인 프랑스 경찰 기구가 질서 유지를 담당하기 때문이라고 결론을 내렸다. 그래서 자신들이 신뢰하던 의용대 조직을 강화하기로 했다.[43]

강제노동국의 강제 이송에 대한 본격적인 저항은 몽뤼송 주민들에게서 터져 나왔다. 몽뤼송은 알리에 도에서 가장 인구가 많은 산업 도시로 노동운동이 강한 지역이었다. 앞에서 언급했듯이 우파 정치력이 약한 도시로, 사회당과 공산당이 지자체와 국회의원 자리를 두고 경합을 벌이던 곳이며 도르무아의 아성이었다. 특히 도르무아가 드롬에서 페탱 지지자에게 피살된 뒤부터 비시 정부에 노골적으로 저항했다.

1943년 1월 6일 몽뤼송에서 충격적인 사건이 발생했다. 당시 노조 활동과 정당 활동은 완전 금지되어 있었고, 비시 정부의 고정된 다이얼 라디오는 독일에서 일하는 것을 적극 권하고 있었다. 알리에 도는 이 업무에서도 여타 지역보다 모범을 보여야 했고, 몽뤼송 시 당국도 독일 공장에서 노동할 청년들을 선발하기 시작했다. 지원자가 없자 경찰과 의용대는 해당 연령 청년들을 색출하여 특정 장소에 수감했고 곧 이들을 기차에 실어 독일로 이송할 계획이었다.

비시 체제에서 시위는 금지되어 있었고, 비시 정부 기동타격대에 맞선다는 것은 상당히 위험한 일이었다. 시위 주동자나 시위 참

---

43) M. O. Baruch,《비시 체제》, 84쪽.

가자는 당연히 프랑스 경찰에 체포되어 게슈타포에 인계되었다가 납치범 명단에 등재된 채 수용소로 이송되어 결국 죽음의 길로 간다는 사실을 잘 알고 있었다. 그럼에도 몽뤼송 청년들을 태운 기차가 역사를 출발하려는 1월 6일 아침, 몽뤼송 주민들은 기차역으로 와서 역사를 점령하고 기차 철로 위에 누워버렸다. 일부 '테러리스트들'이 아니라 청년들과 여성들을 포함하여 1,500명이 넘는 주민들이 죽음을 무릅쓰고 기차를 온몸으로 막았다. 독일로 강제 이송될 청년들은 시위 여성들에게 아들이자 동생이며 연인이었다.

주민들의 예상치 못한 강력한 저항에 기동타격대도 손을 쓰지 못하고 망설였다. 결국 시위를 진압하기 위해 독일군이 왔고 기차는 여러 시간을 지체한 후 출발했다. 하지만 기차에 타고 있던 청년들이 대부분 기차를 탈출하여 사라진 뒤였다. 이들은 인근의 트롱셰 숲 속이나 근처 산악으로 숨어들어 레지스탕스 활동가로 변신했다. 독일 진압 세력에 주민들이 공개적으로, 그것도 대규모로 저항을 보인 프랑스 최초의 행동이었다.[44]

오늘날에도 비시 체제에 대한 기억을 강하게 전하고 있는 장소로는 비시의 발레리 라르보 문화원 건물을 꼽는다. 원래 이 건물은 "그랑 카지노에서 공연을 본 사람들이 맥주를 마시고 게임을 하고 오페레타를 듣기 위해 왔던 1900년대 바로크풍의 건물 프티 카지노"[45]였다. 그러다가 1944년에 이 건물은 의용대 본부 건물로 징발되었다. 의용대 건물 사무실은 몇 개나 되었는데, 의용대 경찰들이 이 건물의 지하실을 레지스탕스 대원이나 밀고자들이 고발한 무

---

44) René Ballet, 《몽뤼송. 삶을 건설하다*Montlu on. 'Bâtir la vie'*》(Paris : Messidor/Éditions sociales, 1988), 103~104쪽. 나중에 몽뤼송은 이날의 투쟁을 기리기 위해 몽뤼송 역 광장에 저항 기념비를 건립하게 된다.

45) M. M. du Gard, 《비시 연대기*La Chronique de Vichy*》(Paris : Flammarion, 1948), 31쪽.

수한 사람들을 고문하는 장소로 이용했다. 아직도 비시 사람들은 이곳을 지나갈 때면 고문받을 때 내는 비명 소리를 듣지 않으려고 다른 길로 돌아갔던 적이 많았다면서 당시를 생생하게 기억하고 있었다.[46)]

몽뢰송에서 청년들이 독일로 강제 이송되려 했을 때 이를 막은 사람들은 평소에는 소극적 저항자 부류에 포함될 것이다. 다시 말해 소극적 저항자들은 공산당원들, 항독 지하투쟁 청년들, 레지스탕스 대원들, 비시 인근 농촌 지역의 공산당 농민들, 몽뢰송 공산당 청년 조직원들이 체포된 뒤 기차에 태워져 강제로 독일로 끌려갔다는 사실을 알고 있었지만, 비시 정권에 적대적인 행동만 하지 않으면 무사할 것으로 생각하고 평소 침묵으로 일관했던 주민들이다. 그러나 점차 독일의 인적·물적 요구가 거세지고 급기야는 체제에 저항적이지 않는 사람들까지 독일로 강제 이송하자 소극적 저항자들은 비로소 비시 체제에 저항했던 것이다.

사회당과 공산당 지도자들은 소수 몇 명을 제외하고 모두 비시 체제에 저항했고, 그 만큼 희생자도 컸기 때문에, 일반 주민들에게 강한 인상을 주었고 동정을 샀던 것도 사실이다. 해방 이후 레지스탕스 투쟁에 가담했던 공산당원 출신들이 정치에 대거 진출할 수 있었던 것에서도 잘 알 수 있다. 특히 도르무아 상원의원의 피살 소식은 알리에 도민들을 소극적인 저항에서 적극적인 저항으로, 무관심에서 소극적 저항으로 옮겨가도록 만들었다. 이런 식으로 알리에 도 주민들이 비시 정부에 대해 태도가 변해갔지만 비시 주민들은 이와 별개였다. 비시 시민들은 임시 수도 주민들로 안전하

---

46) 2006년 2월 25일 비시에서 베르나르Nicole Bernard(비시 거주, 1935년생)와 한 인터뷰다. 의용대 서류들은 페탱 원수가 비시에서 퇴각할 때 모두 소각되었다고 한다.

게 보호받고 있었다. 임시 수도 비시는 레지스탕스 공격으로부터 철저히 보호받고 있었다. 반면 비시 정부 말기에 가톨릭교회가 비시 정부 지지에서 비판으로 선회한 사건과 몽뤼송의 기차 출발 지연 시위는 침묵하는 주민들에게 큰 파장을 일으켰을 것으로 추측된다.

5. 맺는말

비시의 주민들을 포함하여 알리에의 주민들은 비시 체제 시기에 특별한 경험을 했다. 비시는 프랑스의 임시 수도였고 알리에는 독일 점령 지역과 비시 정부의 경계가 지나가는 지역이었기 때문에, 이곳에 거주하는 사람들은 매일매일 비시 체제를 보고 체험하면서 살았다. 그렇기 때문에 비시 정부를 지지하거나 저항한 양 진영의 사람들은 그만큼 더 상대방에게 적대적이었고 서로에게 깊은 상처를 주었다. 독일 점령기를 살았던 프랑스인 대부분이 점령 지역과 비점령 지역, 대독 협력자와 레지스탕스 대원에 따라 그 체험이 서로 다르고 그로 인해 깊은 상처를 지니고 있다. 그래서 현재에도 계기만 되면 양측 간에 갈등이 재연되고 있지만, 알리에의 경우는 그 정도가 더 심하다고 할 수 있다.

알리에 주민들의 소수만이 독일군과 비시 체제에 적극적으로 협조하거나 저항했으며, 다수는 침묵을 지키면서 일상을 살았다. 앞에서 확인한 대로 알리에 주민들의 지지와 저항의 동기는 명확하거나 일관적이지 않았다.

비시 정부를 지지한 사람들은 우파 정치인들과 호텔업자, 온천업자, 요식업자, 농업협동조합 지도자, 인근의 농촌에서 비시로 이주한 일부 젊은 여성들과 비시 체제의 외곽 단체에 가입했던 청년들이었다. 일부 지지자들은 독일의 지배나 비시 체제가 오래 지속될 것으로 판단했거나 비시 정부의 선전 정책에 영향을 받아, 일부는 경제적 이익을 위해 비시 정부를 지지했다. 또 다른 일부는 자신들의 일상이 비시 체제에 편입되면서 근본적으로 변할 것으로 판단한 사람들이다. 이들은 이전의 일상에서 받던 구속감에서 탈피하여 오히려 비시 체제에서 해방감을 느끼거나 비시 정부에서 자신의 출세가 보장될 것으로 믿고 비시 정부를 지지했다.

비시 체제에 대한 저항은 소수의 레지스탕스 대원들과 정치가들을 제외하면, 처음부터 이데올로기나 애국심 때문에 결정되었다기보다 많은 경우 일상의 무게 때문에 결정되었다. 그리고 소극적 저항에 가담했던 다수의 주민들도 체제에 대한 자신의 입장 표명을 미루고 연기하다가 자신의 삶과 직결되는 최종 순간에 입장을 결정하는 경우가 많았다.

문제는 알리에 도에서 비시 정부에 대한 지지와 저항이 지리적으로 현저하게 구분됨으로써 비시 정부의 임시 수도였던 비시의 주민들이 과거보다 더 부정적인 이미지를 지니게 되었다는 점이다. 비시 주민들의 다수가 비시 정부의 수혜자였고 비시 정부에 적극적으로 협조했으며, 더구나 비시는 비시 정부에 저항한 사람들이 수용되고 고문받던 도시였기 때문이다. 따라서 해방 이후 알리에 도민들은 정체성 형성에 많은 어려움을 겪었고, 양 진영의 대립은 점차 심해지게 되었다. 과거에도 선명하게 구분되던 3개 주요 도시의 특징이 비시 체제를 겪으면서 더욱 굳어지게 되었다. 특히 비시는 알리에 도민들과 프랑스 국민들에게 과거에 지니고 있던 부르주아 도시와 우파 도시 이미지에다 이제는 암흑기 프랑스를 대변하는 도시라는 이미지가 추가되고 말았다.

현재 비시 지자체와 비시 주민들이 도시 이미지와 관련하여 기울이는 노력은 상당히 흥미롭다. 부정적인 도시의 이미지를 개선하기 위해 노력하면서도, 동시에 비시 정부의 유산을 이어가는 이중적인 문화 정책을 펴고 있기 때문이다.

비시 지방자치단체는 해방 이후부터 오랫동안 비시 정권과 맺은 전력 때문에 소극적이고 수세적으로 도시 이미지를 관리해왔다. 비시 정부 시절에 고착된 이미지에서 좀처럼 벗어날 수가 없었기 때문이다. 여전히 온천과 그랑 카지노, 프티 카지노의 도시라는 이미지를 유지하면서, 찾아오는 관광객들을 소극적으로 받아들였다. 그러다가 1990년대에 들어와 비시 주민들은 자신의 과거를 적극적으로 홍보하는 쪽으로 선회했다. 비시가 지금까지 보존해오던 임시 수도의 여러 건물을 온천과 함께 적극적으로 관광 상품화한 것이다. 정부 청사가 들어섰던 건물 중 일부는 아파트로 바뀌었고, 일부 건물은 이름을 바꾸기도 했지만, 여전히 과거의 모습을 그대로 유지하고 있다. 공원 호텔은 건물 전체와 특히 페탱 원수가 지지자들을 맞이하기 위해 오후에 모습을 드러내던 4층을 원형대로 보존하고 있다. 공원 호텔의 중앙 1층은 바로 지자체의 관광사무실로 사용되고 있다. 여름이면 가이드가 나서서 독일과 전 세계에서 몰려오는 관광객들을 대상으로 친절하게 비시 시대를 복원해주고 있다.

또한 비시 도시는 클레르몽-페랑 대학의 지원을 받아 카빌랑이라는 수준 높은 어학원을 개설하여 주로 유럽 지역의 학생들에게 표준 프랑스어를 가르치고 있다. 그리고 여전히 그랑 카지노의 연주와 공연을 고급화하여 관객 대부분이 파리에서 기차를 타고 비시에 와서 관람할 정도이다. 또한 현재 비시 문화원 건물의 지하실은 앞에서도 언급했듯이 레지스탕스 대원들을 구금하고 고문하던 장소였다. 비시 주민들이 지금도 이 건물을 허물지 않고 공공건물로 사용하는 것은, 당시의 기억이 아무리 나빴더라도 그것이 당시를 살았던 사람들의 일상적 체험이었다면 원형 그대로 유지해야 한다는 것이 옳다고 판단했기 때문이다.

에필로그

일상의 미로에 갇힌 권력의 꿈

임지현

    전체주의는 모든 근대 권력의 꿈이다. 민주주의와 독재라는 지배 유형의 차이는 이 근대 권력의 오랜 꿈 앞에서는 불 앞의 얼음이다. 무솔리니는 '대중의 동의란 바닷가의 모래성 같아서 불안정하기 짝이 없다'고 불안해하며 모든 이탈리아인의 자발적 동원이 보장되는 '전체국가total state'를 꿈꾸었다. 사회구성원 전체를 일심단결한 단일한 집단 주체로 만들고자 했던 북한의 주체사상은 무솔리니의 꿈보다 앞서가는 것이었다. 이들의 꿈은 토크빌Alexis de Tocqueville이 민주주의의 문제로 예리하게 간파했던 '다수를 통한 전제tyranny through majority'와 그다지 멀지 않다. 러시아의 푸

    임지현은 서강대 사학과에서 유럽 지성사를 전공했다. 박사학위 논문 〈맑스 · 엥겔스와 민족 문제〉를 제출한 후 한반도의 근현대를 비추어 보는 거울로서의 폴란드 역사에 빠져 20세기의 마지막 10년을 현실사회주의의 잔재로 가득한 폴란드 역사와 씨름하며 보냈다. 《오만과 편견》,《이념의 속살》,《그대들의 자유, 우리들의 자유 : 폴란드 민족해방운동사》,《민족주의는 반역이다》,《바르샤바에서 보낸 편지》 등의 저서를 냈으며,《국사의 신화를 넘어서》,《노동의 세기—실패한 프로젝트?》,《우리 안의 파시즘》 등을 엮었다. 《역사비평》,《당대비평》 등의 계간지와《서양사론》,《역사학보》,《역사와 문화》 등의 학술지 편집 위원을 지냈고, 폴란드 크라쿠프 사범대학과 웨일스 글래모건 대학의 외래 교수, 영국 포츠머스 대학과 미국 하버드 대학의 초청연구원을 역임했다. 현재 한양대 사학과 교수 겸 비교역사문화연구소 소장으로 재직중이다.

틴과 베네수엘라의 차베스 대통령이 누리는 인기를 설명하기 어려웠던 미국 언론이 만들어낸 '민주적 독재자democratator=democrat+dictator'라는 신조어는 이들의 의도를 곧 배반한다. 이 신조어는 실은 9·11 테러 이후 2차 이라크 전쟁으로 이어지는 시기의 부시와 그에게 압도적 지지를 보낸 미국 사회에도 잘 적용된다. 그러므로 이는 '자유민주주의가 가장 세련된 형태의 민주주의'라는 당혹스러운 현실에 대한 '자유 언론'의 불편한 깨달음을 잘 드러내준다.

민주주의와 독재를 막론하고 근대 권력은 가능한 한 균열이 없는 봉합된 지배체제를 꿈꾼다. 인간의 이성에 호소하는 이데올로기적 훈육과 이론 교육을 통해 지배 헤게모니를 확립하는 것만으로는 권력의 꿈을 실현하기에 부족하다. 전체주의를 향한 꿈은 공공 영역을 구상하는 이성의 경계를 넘어 내면의 은밀한 사적 공간을 구성하는 개개인의 마음과 감정의 영역까지 지배하려는 야심찬 프로젝트를 진행한다. 《대중독재 2—정치 종교와 헤게모니》에서 살펴보았듯이, 지배 헤게모니가 이데올로기라는 이성적 차원을 넘어 정치 종교라는 믿음의 차원으로까지 승화하려는 것 역시 이러한 이유에서다. 더 나아가 근대 권력은 대중의 욕망을 만들어내고자 노력한다. '욕망의 교육'을 통해 대중의 다양한 기호로부터 욕망을 떼어내 단일하고 잘 짜인 공적인 기획 속에 흡수하고자 하는 것이다. 인간의 이성과 감성, 마음과 의지, 기호와 욕망까지 지배하려는 전체주의의 기획은 근대 이전의 어떤 권력도 감히 꿈꾸지 못한 그야말로 야심찬 기획이다.

그러나 전체주의의 기획은 권력이 꿈꾸는 유토피아일 뿐이다. 내용면에서는 디스토피아적인 그것은 실현 불가능한 기획이라는 점에서 유토피아적이다. '탁월한' 지배 집단의 입장에서 보면 국가라는 기계를 작동시키는 '톱니바퀴'이자 '소모품'인 '비열하고' '미천한' 대중이 전혀 상상하지도 못한 방식으로 권력과 조우하면서 세상을 나름대로 전유하는 것이다. 전체주의를 향한 권력의 유토피아적 기획이 실패할 수밖에 없는 것은 바로 이 비열하고 미천한 대중이 명령에 따라 기계적으로 돌아가는 '톱니바퀴'가 아니라 역사의 행위 주체라는 데 있다. 지배와 저항의 이분법에 길들여져 있는 권력의 눈으로는 이 행위 주체들이 세계를 전유하는 '꾸불꾸불한' 전략이 보이지 않는 것이다. 저항을 정치적 전위의 체제 전복적 전략의 차원에 못 박아버린 근대적 변혁 주체의 직선에 길들여진 눈에도 이들 다양한 행위 주체들의 '꾸불꾸불한' 전유 행위는 잘 포착되지 않는다. 이들의 저항 전략은 회피나 수동적 방어, 심지어는 지배에 포섭된 것처럼 보이는 적응과 순응까지도 포함하는 '지저분한' 노선이다. 김수영의 시적 통찰을 빌린다면 '바람보다 먼저 눕고 바람보다 먼저 일어서는' 기민한 행위 주체의 저항은 일반적으로 상상하는 영웅적이고 잘난 저항 주체의 모습과는 거리가 멀다.

일상에 대한 미시사적 관찰이나 '두꺼운 묘사'는 이 행위 주체들의 일상이 중층적 모순으로 가득 차 있음을 드러내준다. 일상의 비순응적 저항은 체제의 작동 원리로서의 합의와 공존하기도 하고, 체제에 포섭된 것처럼 보이는 일상의 불만이 총체적인 저항의 불씨를 안고 있는가 하면, 체제 전복을 기도하는 정치적 저항 전략이 지배 담론의 헤게모니에 포섭되어 있기도 한 것이다. 대중독재 체제의 권력과 대중의 관계에 대한 일상사적 고찰은 그야말로 중층적 모순으로 가득 찬 꾸불꾸불한 삶의 경로와 역사 과정의 편린을 드러내준다.

청소년 시절에 유신을 겪은 세대의 경험에 비추어본다면, 여의

도 광장의 반공궐기대회에 동원된 교련복 차림의 '나'는 투덜대면서도 학교 수업을 공식적으로 빼먹는다는 기쁨을 누리고, 반공 구호를 외치면서 공산주의가 나쁘다고 생각하다가도 대열을 이탈할 기회를 호시탐탐 노리고, '국난극복의 위기'를 맞아 사회 기강과 질서가 강화되어야 한다고 믿지만 '나'한테 그 기강이 적용되면 반발하는 '나'는 체제 순응적인가, 저항적인가?

일상사 연구가 아무리 축적된다고 해도 이 질문에 대한 명쾌한 답은 불가능할 것이다. 오히려 축적되면 될수록 역사는 점점 더 오리무중으로 빠지는 것처럼 보인다. 이 점에서 일상사의 결과는 다소 비극적이다. 미시적 관찰이 세밀해질수록 묘사가 두꺼워질수록, 어떠한 일반화도 불가능하다는 일반화만이 가능한 것처럼 보이기 때문이다. 그러나 일상사가 불러오는 이해의 무한정한 파편화에도 불구하고 구체를 넘어선 추상적 차원의 새로운 통찰의 미덕조차 부정되지는 않는다. 그것은 이성적인 것과 비이성적인 것이라는 이분법에서 이성이 차지하는 뿌리 깊은 특권에 대한 비판이다. 이성 중심의 이분법적 패러다임에서는 오늘의 저항 지점이 내일의 억압 지점으로 바뀔 수 있다. 그것은 다시 좋은 헤게모니를 가진 우리가 나쁜 헤게모니를 대체하여 민중을 계몽해 바람직한 사회를 만들겠다는 식의 변혁 전략에 대한 반성적 성찰을 요청한다. 일상을 살아가는 무명씨의 입장에서 보면, 체제가 다르다 해도 권력의 유토피아적 기획에 대중을 동원하는 메커니즘은 동일한 것이다. 충성보다는 배신이, 긍정보다는 부정이, 성공보다는 실패가 지배 구조에 대한 보다 저항적이고 윤리적인 인식의 지평을 열어주지 않을까 하는 기대도 있다. 좌파든 우파든 조국과 민족 혹은 계급과 같은 대의를 위해 죽어간 자들을 위한 기념비가 아니라 탈영자들을 위한 기념비를 만들자던 이탈리아의 반파시스트 빨치산

무명용사의 문제제기도 같은 맥락에 서 있다.

《대중독재 3—일상의 욕망과 미망》은 이와 같은 일상의 문제의식을 대중독재 연구에 투영해보려는 의도로 기획되었다. 한양대 비교역사문화연구소의 '대중독재 연구팀' 연구원들과 일상사의 개척자라 할 수 있는 뤼트케를 비롯한 독일의 일상사 연구자들, 영국과 스웨덴, 미국, 폴란드 등의 연구자들이 '욕망과 미망 사이에서'라는 제목으로 2005년 6월 평창에서 개최된 제3차 대중독재 국제학술대회에서 발표한 논문들을 모았다. 결과가 의도를 배반했다고 하기는 어렵겠지만 의도에 미치지 못한 것은 부인할 길이 없다. 개인적으로는 작업가설로서의 대중독재가 지닌 정치적(?) 딜레마를 해결하는 돌파구로서 일상사에 건 기대가 컸기 때문에 실망이 더 큰지도 모르겠다. '대중독재'의 작업가설을 20세기 독재에 대한 국제적인 연구 동향이라는 큰 맥락에 놓는다면, 그것은 '아래로부터의 역사'가 대중의 저항에서 대중의 동의로 연구의 초점을 옮겨간 것과 흐름을 같이한다. 그것은 공교롭게도 이 땅에서 박정희 체제에 대한 기억의 정치가 독재 비판에서 성공적 근대화에 대한 향수로 흐름이 바뀐 것과 일치한다. 나치즘에 대한 '아래로부터의 역사' 연구가 축적될수록 드러나는 나치즘에 대한 사회적 동의와 대중의 자발적 협력의 크기는 민중사 연구자들의 암묵적 전제였던 '저항하는 노동자'라는 규범적 이해를 여지없이 흔들어 놓았다.

박정희 체제에 대한 기억의 정치학이 작동하는 현실 앞에서 내가 느꼈던 곤혹스러운 경험으로 미루어볼 때, 나는 이들이 느껴야만 했던 당혹감을 어느 정도 이해할 수 있을 것 같았다. '아래로부터의 역사' 혹은 '민중사'가 지녔던 암묵적 전제, 즉 민중은 투쟁과 저항의 주체이자 순결한 희생자라는 규범적 이해가 냉엄한 역사의 현실 앞에서 흔들리기 시작한 것이다. 이에 대한 반응은 크게 두 가지였다. 첫째, 자신의 규범적이고 관념적인 이해의 틀 속에 역사 현실을 꾸겨 넣는 것이다. 그것은 민중은 투쟁하고 저항하는 고결한 집단 주체라는 숭고한 민중주의를 지키기 위한 이념적 선택이다. 그럼에도 이것은 결과적으로 민중에 대한 억압성과 폭력성이라는 역설을 낳았다. 이 숭고한 민중주의에는 명시적 저항과 투쟁을 포기하고 대중독재에 순응하고 동의를 보낸 민중이 자리 잡을 여지가 없다. 그들은 참된 민중 대자적 노동자가 아니라 '봉건제의 탯줄을 끊지 못한', '의식이 성숙되지 못한', '지배 계급에 포섭된', '즉자적' 민중으로 배제되고 타자화되는 것이다. 냉엄한 역사 현실 속에서 모순된 일상을 살아가며 세계를 나름대로 전유하고자 분투한 행위 주체로서의 민중은 사라지고 관념 속에서 이념적으로 구성된 '모범 민중'의 이미지가 현실의 민중을 대변하는 것이다. 이는 '아래로부터의 역사'라는 슬로건에도 불구하고 좌파 지식인이 '위로부터' 민중을 대변하는 전형적인 '재현의 정치politics of representation'를 보여준다. 뿐만 아니라 불편한 역사 현실 앞에서는 눈을 감아버리는, 지적으로 정직하지 못한 태도다.

둘째, 민중이 '부드러운, 잠재적인, 수동적인 협력자'였다는 유쾌하지 않은 역사적 현실과 직면하고 대결하는 방식이다. "인간만큼 현실을 직시하기를 두려워하는 동물도 없다"는 아렌트의 날카로운 지적처럼 이는 매우 불편한 길이다. 이러한 불편함의 밑에는 대중의 광범위한 동의나 지지가 역사적 현실이라 해도, 그것을 주장하는 것 자체가 이미 대중독재 체제를 정당화할 위험성이 있다는 정치적 고려가 작동하고 있다. 이들의 정치적 우려가 전혀 엉뚱한 것은 아니다. 소수의 사악한 지배 집단이 강권으로 다수의 무고한 희생자들을 억압하는 독재와 다수의 뜻에 따라 통치되는 민주주의의 이분법적 사고가 지배적인 한, 이들의 정치적 우려는 당연한 논리적 귀결이다. 그러나 독재와 민주주의의 이분법이 서구중심주의의 산물이며 사실상 자유민주주의의 역사적 정당성을 뒷받침하는 이데올로기라는 점은 《근대의 경계에서 독재를 읽다》에서 지적한 바 있다.

또 정서적 불편함이 이 문제의 핵심은 아니다. 예컨대 나치즘의 경우 이제 나치를 지지하는 광범위한 사회정치적 동의가 존재했다는 사실을 부정하는 역사가는 거의 없다. 심지어는 노동자 저항론의 심층에서 노동자들을 매혹시킨 나치의 사회 정책을 발굴하는 것도 결코 어려운 일이 아니다. 이 해석에서 정작 큰 문제는 대중독재의 헤게모니가 너무 강고해서 전쟁 같은 외부의 충격이 아니라면 거기에서 벗어날 출구가 안 보인다는 점이다.

《대중독재 1—강제와 동의 사이에서》와 《대중독재 2—정치 종교와 헤게모니》에서 대중독재 연구팀이 취한 입장은 두 번째 입장에 가깝다. 그것은 사회적 동의 구조의 생산을 통해 대중독재 체제의 헤게모니가 작동하는 메커니즘을 해명하는 데는 어느 정도 성공적이었지만, 돌이켜보면 출구가 보이지 않는다는 막막함을 감출 길이 없었다. 대중독재의 3년차 연구 주제로 일상사를 택한 것은 그러한 출구를 찾을 수 있지 않을까 하는 막연한 기대에서였다.

행위 주체로서의 민중이 세계를 나름대로 전유하는 실천의 장으로서의 일상이라는 관점에 서면, 지배에 포섭된 순응과 동의에서도 저항의 지점들을 발견할 수 있지 않을까 하는, 어찌 보면 저항의 기제들을 결사적으로 발견하려는 태도 자체가 이미 지배와 종속, 동의와 저항이라는 이분법적 패러다임의 잔재일 수도 있다. 대립쌍처럼 보이는 이 행위 양식은 동전의 앞뒷면처럼 민중이 세상을 전유하는 행위의 서로 다른 표현방식이다. 권력의 부름에 응해 자발적 동원 체제에 편입되는 행위는 사회적 합의구조를 강화하는 동시에 공적 영역에 참여함으로써 '자기권능화'를 실현하는 계기이며, 권력에 대한 순응을 통해 획득된 '자기권능화'는 다시 저항의 기반이 되기도 한다. 나치의 강제수용소 같은 극한적 일상조차도 일상의 이러한 중첩성에서 예외는 아니다.

이 책에 실린 개별 논문들이 일상의 중첩된 모순과 그 모순의 누적된 역사, 그리고 그러한 해석의 정치적 의미를 얼마나 잘 읽어냈는가의 문제는 별도로 하더라도, 대중독재에 대한 일상사적 접근 방식이 갖는 의미는 부정하기 어렵다. 정치적 올바름에 따른 규범적 이해가 아니라 대중독재 체제를 살아내야 했던 사람들의 '꾸불꾸불한' 일상, 모순되고 복합적인 삶이라는 현실에 대한 정직한 이해야말로 강고한 것처럼 보이는 대중독재의 헤게모니에 균열을 내고 출구를 찾는 지름길이라는 생각은 변함이 없다. 여기에 남한의 박정희 체제에 대한 일상사적 연구가 빠진 것은 못내 아쉽다.

그러나 이 책은 완결이 아니라 시작을 의미한다. 한반도의 대중독재에 대해서도 일상사의 문제의식을 투영한 연구들이 진전되고 생산적인 논의가 활성화되는 계기가 되었으면 하는 바람뿐이다. 흔쾌히 논문을 기고한 국내외의 연구자들, 진지하면서도 격의 없는 솔직한 토론에 참가해준 제3차 대중독재 국제학술대회의 참가자들, 그리고 한양대 비교역사문화연구소의 대중독재 연구팀과 연구소의 스태프들 모두에게 깊이 감사드린다.

ㄱ

감정 28, 30
강제 이주 106, 111
강제노동국 536, 538, 545~546
강제수용소 47
게넥스 선물 서비스 300
게슈타포 42, 48~49, 53, 58~59, 62, 64
게이, 피터 389, 413
게티, J. A. 102
결핍사회 298
골드하겐, 대니얼 70
골트브로일러 294~295
공산주의청년동맹 468~469
공장 히틀러 유겐트 225
괴벨스, P. J. 199
교정노동수용소(소련) 87, 105, 111
구입자 권리 304

구하, 라나지트 283
국민방위군 202
국민운동 485, 487, 495, 511
《그때 프리드리히가 있었다》 204
그람시, 안토니오 283
그랑 카지노 522, 540, 547, 551
그뤼네발트, 마티아스 320
김일성 244, 253, 255, 259, 261~262, 276

ㄴ

나치 돌격대 79
나치 친위대 36, 79
나치 수송대 223
내무인민위원부(소련) 88, 107
내무인민위원부 명령 제447호 104

네오-마르크스주의 41

네프 452, 470, 473

노동자들의 사회 302

노동자의 명예 300

뉘른베르크 인종법 79, 318, 324, 335, 379

니에위안쯔 127~128

ㄷ

다수 15~16

다중 16

대독 협력자 519, 528

대원수컵 484, 499

대의제 75

대중 14, 16~17, 557

데이비스, 세라 90, 112, 114

도르무아, 마르크스 525, 530, 539~540, 542~543

《독일이데올로기》291

독일 청소년의 힘 223~224

독일 청소년지도자 216

독일민주공화국 260, 267, 285, 287, 290, 293, 295

독일소녀동맹 215, 217, 220

독일통일사회당 286, 289~290, 296~298

돌격작업반 157, 161

동계모금운동 218

동독 → 독일민주공화국

디 스테파노, 알프레도 499~500

ㄹ

라발, 피에르 536, 538, 541

라싱 데 엘 페롤 484

레닌, V. I. 461~462

레빈, 슈마리야 395

레스가프트, 표트르 454~457, 464

레알 마드리드 482, 497~498, 500, 503, 508, 510

로이반트, K.-H. 69

로트, K.-H. 67~68

론지, 폴 57

루나차르스키, 아나톨리 453, 464

루소, 장-자크 74~75

룸코브스키, 하임 364~366, 374

뤼트케, 알프 48, 198

류사오치 132~133, 135, 145, 150

류친 강령 101

르 고프, 자크 312

르윈, 모셰 107

르포르, 클로드 249

리그비, T. H. 96

리코프, A. I. 113

리펜슈탈, 레니 199

ㅁ

마녀사냥 147~148
마레샬 527, 534
마오쩌둥 121~125, 142, 145, 148, 150
마키아벨리, 니콜로 282
마틴, 테리 111
말만, K.-M. 52, 66, 68
매닝, R. T. 102
메르세부르거, 페터 305
메이슨, 티머시 43~45
모스카르도, 호세 487, 489~490
몰로토프, V. M. 182
몽뤼송 523~525
문화로의 전환 87, 114, 116
문화사회 297
문화카니발 306
문화혁명 123, 126~129, 131, 142, 152
물랭 523~524
민족공동체 29, 44, 46, 62, 64, 71~75,
   84, 236, 321, 327, 330, 333~334
민족독일 유대인연합 401
민족혁명 528, 531~532, 537
민주적 독재자 556
민주주의 74, 556

ㅂ

바바리아 프로젝트 46
바이올라, 린 90, 95~96, 98
반유대주의 387, 391~392, 398, 400
발트하임, 쿠르트 370~371
버크, 피터 313, 315
벌클리, 켈리 324
베라트, 샤를로트 317~319, 321~322,
   324, 330, 332, 337
베르나베우, 산티아고 493, 498, 503
벤첼, H.-E. 306
벽감사회 304
보안국 67
복지독재 295
부하린, N. I. 113
불법개발 301
붉은 전선 329
브라우닝, 크리스토퍼 27
브로샤트, 마르틴 46
브이맨 52
비 발트 체인 레스토랑 294
비시 515, 518~520, 526, 549
비시 정권 516, 531, 537
비시 주민 517, 548, 551~552
비젤, 엘리 356, 374

ㅅ

사모라, 리카르도 505

사회놀음 307

사회민주주의 288, 303

사회주의 리얼리즘 274~276, 281

사회주의적 경쟁 166, 192

사회주의적 리얼리즘 420

산업교육원 156, 180, 189

상징적 엘리트 418, 420, 426~427, 441
　~442

서부장벽 220

셰어러, D. R. 103

소비사회 290, 297~298

소비사회주의 295

소비에트 식 인종청소 → 스탈린식 종족
　살해

소비에트 인간형 460, 475, 479

솔터, 스티븐 44

쇼, 던컨 483~484, 490, 506~507

숄, 소피 330

수권법 207

수정주의 학파 86

쉬라크, 발루어 폰 207, 216

슈미트, 카를 74~75

《슈튀르머》지 77, 83

슐렘머(클렘페러), 에바 384

스코치폴, 테다 256

스타하노프, A. G. 153, 159, 179, 186,

193

스탈린 치하 테러 105

스탈린 헌법 109

스탈린식 종족살해 107

스탈린주의 452

스티븐슨, 질 60

스페인축구연맹 486, 488~490

스포츠 451, 463, 472, 478

시겔봄, 루이스 90~91, 187

시온주의 387, 390~395

신-네프 96

신체문화 451, 453~454, 458, 460, 464,
　466, 477, 480

실존하는 사회주의(현실사회주의) 303

실증적 전환 23

ㅇ

아데나워, 콘라트 289

아렌트, 한나 24, 246

아메리, 장 356

아우슈비츠 410

아우슈비츠 수용소 349, 351

아틀레티코 데 마드리드 497, 503

아틀레틱 데 빌바오 492, 497

에번스, 리처드 310

FC 바르셀로나 491~492, 497, 499

역십자가 329~330

예거슈테터, 프란츠 345

오르조니키제, G. K. 166, 168

《우리는 그때 거기에 있었다》 204, 208,
　　221, 226, 238~239

울브리히트, 발터 296

월드컵 494

웨이 , 에이미르 104

웰시, 데이비드 333

유대인 1차대전 참전군인 제국연맹 401

유대인 해방 387

유럽컵 482, 497, 502, 509, 511

UEFA컵 502

응향 사건 275

이단재판 126, 138

이바슈키에비치, 야로스와프 418, 442

2차대전 60

이케아 292

《인민일보》150

인민주권 74

인민해방군 134, 144

인터숍 300

인텔리겐치아 422~423, 425, 432, 437

일상사 516, 558, 561

임시 수도 517, 524, 526, 549~550

ㅈ

자경 사회 50, 64, 68, 70

작은 사람들 237~238

저우언라이 128, 130, 148, 150

전국스포츠위원회 486, 488, 490~491

전체사 23

전체주의 학파 86

절멸수용소 47

《젊은 병사의 시간》 204

정치가요제 305

정치-박람회 306

정치페스티벌 306

제국 수정의 밤 59, 379, 405

제국 청소년대회 200

제국 청소년지도자 207

제국의 깃발 328

제2국영방송 196

제3제국 41~44, 62, 203, 226

젤러틀리, 로버트 47, 50~51, 62, 64~
　　68, 70, 331, 333

조선노동당 250, 254, 266, 275

조선인민군 257

존슨, 에릭 53~54, 59, 66, 68~69

좀바르트, 게르투르트 69

주체사상 246, 555

중국공산당 122, 127, 129, 131, 137

중앙특별안건심사소조 130~131, 133~
　　134, 136~137, 142

중화인민공화국 123, 125, 132, 135

즈다노프주의 274

지노비예프, G. Y. 113

지식인 420, 422, 431
지지와 저항 517, 549~550

ㅊ

천보다 122~123
청년건설대 531~536
청바지와 파카단 305
청원서 쓰기 302
체육 451, 453~454, 457
총군사훈련국 461~463, 465
총력전 202
축구열 496, 506~507, 513
친위사단 226

ㅋ

카메네프, L. B. 113
카바니, 릴리아나 369~370
카우디요 504
칼데론, 비센테 503, 514
캄파넬라, 톰마소 265
커쇼, 이언 107
코민테른 106
코젤렉, 라인하르트 313~314, 318
코트킨, 스티븐 93
콘체, 베르너 311

쾨스틀러, 아르투르 22
쿠발라, 라디슬라오 499~500
쿨라, 마르친 421
쿨라크 104, 107, 110, 175, 178~179
크룹사 195
클렘페러, 빅토르 35, 376, 379, 381, 383
    ~384, 395, 397, 401, 412
클렘페러, 빌헬름 382
클렘페러, 오토 382
키로프, S. M. 102
키르히 (클렘페러), 하드비히 416

ㅌ

테일러리즘 167
토도로프, 츠베탕 351
톰슨, E. P. 44
통사당 → 독일통일사회당
통합사회당 43
특수부대 363~364, 366~367, 375

ㅍ

팔랑헤당 487~488, 491
퍄타코프, G. L. 113
페탱, 필립 521~522, 530, 534, 536, 542
평양속도 268, 271~272

포슬러, 카를 399

포이케르트, 데틀레프 237~238, 243~
  244, 342, 352

포퓰리즘 98, 113

폴 포트 244

푸코, 미셸 93, 250

퓌러 19, 56, 61, 199

프로이트, 지그문트 313~314, 318, 330

프롤레타리아트 문화단 465

프리모 데 리베라, 호세 안토니오 491

피와 명예 219

피츠패트릭, 쉴라 51, 70, 90, 99, 183,
  352

FIFA 511

화이트, 헤이든 147

화학프로그램 291

획일화 207, 222, 224

히틀러 소년단 31, 33, 79

히틀러 유겐트 195~196, 200, 208, 215,
  235~236

히틀러 유겐트 기동대 223, 225, 229

히틀러 유겐트 비행대 225, 229

히틀러 유겐트 통신대 229

히틀러 유겐트 해양대 229

힐, 크리스토퍼 44

힐튼, 로드니 44

ㅎ

하겐로, P. M. 103

하르호르딘, 올레그 114

하임튀케 죄 56

한국 전쟁 247, 249~250

할핀, 이갈 114, 116

해리스, 제임스 99

핸슬, M. H. 62

헤르츨, 테오도르 395

헬베크, 요헨 94

호네커, 에리히 295~296

호자, 엔버 244

3
일상의 욕망과 미망

엮은이 · 임지현·김용우

기획 · 비교역사문화연구소

펴낸이 · 김현태

펴낸곳 · 책세상

초판 1쇄 펴낸날 · 2007년 9월 20일

초판 3쇄 펴낸날 · 2022년 12월 22일

주소 · 서울시 마포구 잔다리로62-1, 3층(우편번호 04031)

전화 · 02-704-1251 | 팩스 · 02-719-1258

이메일 · editor@chaeksesang.com

홈페이지 · chaeksesang.com

등록 · 1975년 5월 21일 제2017-000226호

ISBN 978-89-7013-664-6 94900

978-89-7013-543-4 (세트)

이 책은 2004년 한국학술진흥재단의 지원에 의해 연구되었음(KRF-2004-072-AM3015)